로마인 이야기

로마인 이야기 7

악명높은 황제들

시오노 나나미 지음 · 김석희 옮김

한길사

ROMA - JIN NO MONOGATARI VII

AKUMEI TAKAKI KOUTEITACHI

by Nanami Shiono

Copyright © 1998 by Nanami Shiono

Original Japanese edition published by Shincho-Sha Co., Ltd.
Korean translation rights arranged with Nanami Shiono
through Japan Foreign-Rights Centre

Translated by Kim Suk-hee
Published by Hangilsa Publishing Co., Ltd., Seoul, Korea, 1998

塩野七生，ローマ人の物語 VII(惡名高き皇帝たち)，新潮社，1998

로마인 이야기 7

악명높은 황제들

차례

제2부 칼리굴라 황제

제1부

티베리우스 황제

(재위 : 서기 14년 9월 17일~37년 3월 16일)

카프리 섬

나폴리 남쪽 30킬로미터 해상에 떠 있는 작은 섬 카프리는 오늘날 쾌속선으로 30분이면 도착해버린다. 좀더 느긋하게 갑판으로 나와 바다 공기를 마시고 주변 경치도 감상하면서 이 섬에 접근하기를 원하는 사람은 연락선을 이용할 수도 있는데, 그렇더라도 한 시간 반이면 너끈히 도착할 수 있다.

하지만 아무리 기능성 향상에 열심이었던 고대 로마인이라도 동력을 인력과 풍력에 의존하고 있었던 이상, 이렇게 빨리 갈 수는 없었다. 흔히 쓰이는 3단 갤리선은 시속이 2노트 내지 3노트, 순풍을 만나 돛을 활용할 수 있는 경우에는 5노트까지 속력을 낼 수 있었다고 한다. 1노트는 한 시간에 1해리, 즉 1,852미터를 달리는 속도를 말한다. 나폴리 만은 조정이나 카누도 연습할 수 있을 만큼 파도가 잔잔하고, 기후도 로마와 더불어 이탈리아에서 가장 온화한 것으로 유명하다. 티베리우스가 필요로 한 것은 유람선이 아니라 정무를 위한 배였고, 게다가 황제 전용선이라면 당시로서는 최고의 성능을 자랑하는 배였을 게 분명하다. 나폴리에서도, 무역항인 포추올리에서도, 군항인 미세노에서도 세 시간이면 카프리 섬으로 건너갈 수 있지 않았을까 싶다.

오늘날 카프리 섬은 지중해에서도 손꼽히는 휴양지라서 누구나 갈 수 있는 곳이지만, 2천 년 전에는 섬 전체가 황제의 사유지였다. 아우구스투스가 카프리 섬을 영유하고 있던 나폴리에 이스키아 섬을 주는 조건으로 취득하는 데 성공했기 때문이다. 로마 세계의 최고권력자가 면적이 네 배나 되고 온천도 솟는 이스키아를 내주면서까지 갖고 싶어했던 카프리 섬은 온천의 이점도 잊게 할 만큼 풍광이 아름답다. '나폴리 만의 진주'라는 별명은 로마 시대부터 있었다. 그러나 아우구스

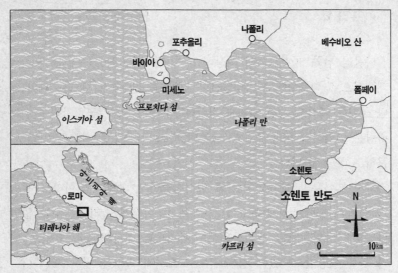

카프리 섬 주변도

투스는 그토록 반했던 카프리 섬을 만끽하지 못한 채 세상을 떠났다. 죽던 해에 나폴리 만을 유람할 때 잠깐 들른 게 마지막이었던 모양이다. 평생 정무에 몰두한 그가 휴양지로밖에 생각지 않았던 카프리 섬은 간절히 바라면서도 항상 뒤로 미룰 수밖에 없었던 꿈이었는지도 모른다.

깎아지른 절벽에 둘러싸이고 모래밭도 전혀 없는 카프리 섬에서 배를 댈 수 있는 곳은 섬 북부에 한 군데밖에 없다. 아우구스투스가 지었다는 별장은 거기서 조금 올라간 고지대에 자리잡고 있었다고 한다. 고지대라 해도 해수면에서 10미터 남짓밖에 안되기 때문에, 바다를 향해 열려 있는 회랑에 서 있는 황제를 알아본 어부들이 그물을 걷어올리던 손길을 멈추고 인사를 보내면 황제도 가볍게 손을 들어 답례할 수 있는 거리였다. 아우구스투스는 섬주민들의 축제에도 가벼운 마음으로 참석하는 소탈한 성격이었다.

오늘날 카프리 섬은 유럽 전역에서 손꼽히는 고급품 상점들이 즐비하게 늘어서 있는 속물적 휴양지로 변모하여, 선착장에서 케이블카를 타면 순식간에 해발 146미터에 있는 섬의 중앙광장으로 데려다준다. 절경을 감상하기보다 선탠에 관심이 많은 요즘 관광객의 요망에 따라 카프리 섬의 호텔들은 햇볕을 쬐기 좋은 섬 남쪽에 몰려 있기 때문이다.

속물이거나 속물을 자처하고 싶은 자들이 자아내는 번잡함에 등을 돌리고, 중앙광장에서 갈라지는 길 가운데 하나에 발을 들여놓는다. 섬 동쪽 끝에 있는 티베리우스 황제의 별장 유적을 찾아가려면 케이블카는 물론 자동차의 편리함도 포기해야 한다. 해발 146미터에서 해발 336미터까지 올라가야 하지만, 길은 별로 험하지 않다. 완만한 오르막길을 올라갈수록 집도 드물어지고, 왼쪽에 펼쳐진 나폴리 만이 점점 더 넓게 시야를 차지하기 시작한다.

나는 지난 30년 동안 이 길을 헤아릴 수도 없을 만큼 숱하게 올랐지만, 지금도 유적에 도착할 때까지 시간이 얼마나 걸리고 거리는 정확히 얼마였는지 생각나지 않는다. 언제나 내 머릿속은 한 가지 생각으로 가득 차버리기 때문이다.

케이블카가 없었던 시절, 티베리우스의 뜻대로 동쪽 끝 벼랑 위에 세워진 별장까지는 오늘날에도 해발 336미터, 바닷물의 수위가 지금보다 6미터 이상 낮았다는 고대에는 해발 350미터 가까운 높이까지 올라가야만 도착할 수 있었다. 로마인이니까 길은 당장 포장했을 게 분명하지만, 티베리우스는 건장한 노예들이 멘 가마를 타고 이리저리 흔들리며 올라갔을까. 하지만 늙어서도 강철 같은 건강을 자랑한 티베리우스다. 도중에 가마에서 내려 제 발로 걸어 올라갔을지도 모른다.

강철 같은 건강과는 거리가 먼 나는 후반 200미터를 소화하는 것만으로도 티베리우스 황제의 인간 혐오증이 얼마나 심각했는지를 절감한다. 그리고 로마 제국 초대 황제인 아우구스투스와 그 뒤를 이어 제2대 황제가 된 티베리우스의 성격 차이는 카프리 섬에 있었던 두 개의

14

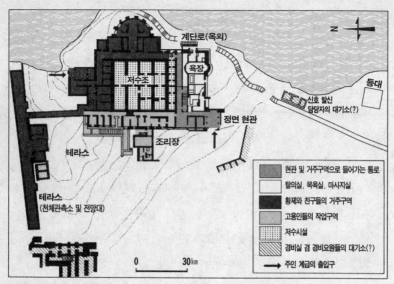

'빌라 요비스' 평면도—로마의 통상적인 빌라와 비교해볼 때, 이 빌라의 특징은 주인의 거주구역과 고용인의 작업구역이 엄격하게 분리되어 있다는 점이다.

별장만 비교해보아도 알 수 있다고 중얼거려보기도 한다.

　오르막길 끝의 절벽 위에 서 있는 티베리우스의 별장은 오늘날 '빌라 요비스'(제우스 별장)라고 불리는데, 지금은 벽돌과 마름돌로 이루어진 유적에 불과하다. 그러나 대규모 저수조만 보아도, 로마인들이 열심히 추구했던 쾌적성은 충족되고도 남았을 것으로 짐작된다. 그렇다면 티베리우스는 이 아름답고 쾌적한 별장에 은둔해 있었던 것일까. 그렇지 않다. 그는 황제 자리를 누군가에게 물려주고 은퇴하여 이 별장에 틀어박힌 것이 아니라, 서기 27년부터 죽을 때까지 10년 동안 이곳 카프리 섬에서 로마 제국을 계속 통치했다. 인간을 혐오하게 되긴 했지만, 인간을 통치하는 책무는 내팽개치지 않았던 것이다. 카이사르가 청사진을 그리고 아우구스투스가 구축한 로마 제국은 티베리우스의 통치를 거치면서 반석처럼 견고해진다.

나는 유적을 보면 머릿속으로 원래 모습을 복원하는 버릇이 있다. 건축물을 복원하면 그 안에서 살았던 인간들도 '복원'되어버린다. 내 공상 속에서 그들은 지금도 살아서 숨쉬고 있다.

율리우스 카이사르를 쓰고 있을 당시에도 내 마음의 눈은 줄곧 그를 보고 있었다. 하지만 내 눈에 비친 카이사르는 혼자 있었던 적이 없고, 늘 젊고 건강한 부하들에게 둘러싸여 있었다. 그들 사이에서는 유쾌한 웃음소리마저 들려오는 듯했다. 루비콘 도강(渡江)이라는 일생일대의 도박에 나섰을 때도 "이 강을 건너면 인간 세계가 비참해지고, 건너지 않으면 내가 파멸한다"는 진심을 토로하고, 그러면서도 수많은 추종자를 거느렸던 카이사르가 아닌가. 그런 그가 홀로 슬픈 생각에 잠겨 있는 모습은 상상할 수 없었다.

아우구스투스도 혼자 있는 모습은 상상하기 어렵다. 카이사르가 모든 결단을 혼자 내렸듯이, 아우구스투스도 대부분의 일을 단독으로 결정했다. 하지만 결단을 내리기에 앞서 의논할 수 있는 사람은 있었다. 그것도 한 명이 아니라 두 명이나 있었다. 따라서 내 마음의 눈에 비친 아우구스투스는 언제나 아그리파와 마이케나스를 좌우에 거느린 모습이다. 이런 아우구스투스도 고독한 우수와는 거리가 멀다.

그러나 티베리우스만은 고독한 우수에 잠겨 있는 모습으로밖에 상상할 수 없다. 그는 키가 헌칠하고 건장한 체격이라서, 이쪽에 등을 돌린 뒷모습조차도 궁상맞고 초라해 보이지는 않았을 것이다. 그리고 그의 등은 손을 내밀려는 사람의 마음을 거부라도 하듯 엄격하다.

고독한 사나이의 시야에 펼쳐진 세계가 거친 바다거나 인간의 생존을 거부하는 사막이었다면, 그래도 그는 자신의 기분과 일치하는 세계에서 살 수 있었을 것이다. 그러나 '빌라 요비스'에서 바라다보이는 전망은 관능적인 지중해에서도 사람의 마음을 매혹시켜 마지않는, 즉 삶이 얼마나 멋진가를 새삼 느끼게 해주는 아름다운 경치다. 북동쪽에서 동쪽으로 뻗어 있는 소렌토 반도의 경치는 사람의 마음을 부드럽게 바꾸어놓고, 눈 아래 펼쳐져 있는 나폴리 만은 끝없이 푸르고, 저 멀리 북서쪽에 자리잡고 있는 미세노 곶에서는 밤이 되면 불빛이 깜박거려 속세의 현실을 생각나게 해준다. 인간을 거부한 남자와 이 절경은 얼마나 어울리지 않는 짝인가!

그러나 티베리우스가 황제에 즉위할 당시부터 인간을 싫어한 것은 아니었다. 그는 진심으로 조화를 이루고 싶어했고 노력도 했다. 아니, 지나칠 만큼 노력했다.

황제 즉위

아우구스투스의 유해가 수도 로마로 돌아온 날짜를 정확하게 밝힌 사료는 존재하지 않는다. 그러나 아우구스투스가 죽은 날이 8월 19일이고 티베리우스가 황제에 즉위한 날이 9월 17일이라는 역사적 사실로 미루어볼 때, 또한 23년 뒤의 일이긴 하지만 아우구스투스와 마찬가지로 나폴리 근교에서 죽음을 맞은 티베리우스의 유해가 로마에 도착할 때까지 걸린 날짜가 열이틀이었던 것으로 미루어볼 때, 아우구스투스의 유해가 수도로 귀환한 것은 서기 14년 9월 초였을 것이다. 한여름이라서 야간에만 운구했다니까, 9월 10일이 지나서야 수도로 돌아왔을지도 모른다. 황제의 유해인 만큼, 마차에 싣고 전속력으로 달려갈 수는 없다. 호위병들이 어깨에 메고 나아가는 아우구스투스의 유해 바로 뒤에는 그의 죽음을 지켜본 티베리우스가 걸어서 따라가고 있었다.

티베리우스는 단순한 친족이 아니다. 생전의 아우구스투스한테 각종 권한을 나누어받아 부황제라고 해도 좋은 신분이었다. 유해를 모신 행렬이 아피아 가도를 따라 북상하는 도중에 티베리우스만은 행렬을 떠나, 먼저 로마로 달려갔을 게 분명하다. 원로원을 소집하는 임무가 그를 기다리고 있었다. 원로원에서 타계한 황제의 장례식을 어떤 형식과 절차로 치를 것인지를 결정하고, 아우구스투스의 유언을 공표할 필요가 있었기 때문이다. 황제의 유언장은 사적인 일이 아니라 공적인 일에 속했다.

서기 14년 초에 작성되어 관례에 따라 여제사장에게 맡겨진 아우구스투스의 유언장은 회의장을 가득 메운 500명 이상의 원로원 의원들이 귀를 기울이는 가운데 법무관(프라이토르)이 낭독한다. 객관성을 존중해야 하기 때문에, 유언장을 낭독하는 법무관은 고인과 인척관계가 없어야 한다. 유언장의 첫마디가 넓은 원로원 회의장 구석구석까지 울려 퍼졌다.

"무자비한 운명이 나에게서 가이우스와 루키우스라는 두 아들마저 앗아가버린 이상, 티베리우스에게 유산의 2분의 1과 6분의 1을 물려줄 것을 여기에 언명하노라."

가이우스와 루키우스는 외동딸 율리아가 낳은 자식이므로, 아우구스투스에게는 외손자이다. 그러나 후사가 없었던 아우구스투스는 이들을 일찌감치 양자로 삼아 곁에 두고 키웠지만, 가이우스는 서기 4년에, 루키우스는 서기 2년에 세상을 떠났다. 23세와 18세의 죽음은 애처롭지만 벌써 10년 전의 일이고, 황제의 후계자였던 두 젊은이의 역량은 너무 형편없어서, 그들의 요절을 탄식한 사람은 외조부인 아우구스투스 한 사람뿐이라 해도 좋을 정도였다. 반면에 55세가 된 티베리우스의 역량과 업적은 누구나 인정하는 사실이었다.

다른 누구보다도 아우구스투스 자신이 인정하고 있었다. 서기 4년에 티베리우스를 양자로 맞아들여, 그에게 10년 기한의 '호민관 특권'을 부여해달라고 원로원에 요청하여 실현한 것만 보아도 그것은 분명하다. 10년 기한이라지만, 이 기한은 얼마든지 경신할 수 있었다. 또한 서기 13년에는 티베리우스에게 모든 속주의 통치권과 로마군 최고통수권을 추어 사실상의 공동 통치자로 삼고, 자기가 죽은 뒤 제국을 경영하는 일이 순조롭도록 미리 준비를 다 끝내놓았다. 아우구스투스로서는 책임을 완수한 기분이었을 것이다. 사실 법제상으로는 완벽하게 책임을 완수했다. 유언장에서도 로마인에게 친숙한 방식에 따라 유산의 3분의 2를 유증받는 첫째 상속인으로 티베리우스를 지정하여 사실상 그를 후계자로 지명했다. 대제국 경영에 가장 큰 적은 지휘계통의 단절이었다.

티베리우스에게 물려준다고 유언하긴 했지만, 아우구스투스는 제 핏줄도 아닌 티베리우스에게 물려주는 이유에 대해서는 한마디도 언급하지 않았다. 따라서 사람들은 아우구스투스가 후계자로 삼을 작정이었던 외손자 두 명을 잃고 달리 선택의 여지가 없었기 때문에 어쩔 수 없이 아내가 데려온 자식인 티베리우스를 후계자로 지명한 것으로 받아들였다. 고대 로마만이 아니라 어디에서나 여자의 음덕은 멸시당하는 숙명을 갖는다.

아우구스투스의 유언은 속된 말로 하면 '쌈박하지' 못했다. 카이사르의 유언과 비교해보면 차이는 명백하다. 당시 18세에 불과했던 아우구스투스를 후계자로 지명한 카이사르는 "그 젊은이가 주어진 지위에 어울리는 역량을 보인다면"이라는 조건 따위는 붙이지 않았다. 만약 조건을 붙였다면, 전쟁터에서는 아우구스투스와 역량 차이가 뚜렷했던 경쟁자 안토니우스가 그 점을 분명하게 지적했을 것이다. 당시는 카이사르가 암살된 뒤 일어난 내전이 한창 진행되고 있을 때였다. 전쟁터에서의 역량 차이를 지적받는 것은 곧 카이사르의 후계자로 부적합하다는 낙인이 찍히는 것이었다. '쌈박했던' 카이사르의 유언 덕택에 아우구스투스는 얼마나 큰 도움을 받았던가.

아우구스투스는 자기도 부대조건은 붙이지 않았다고 말할 것이다.

그러나 장차 어떻게 될지 알 수 없는 18세짜리 청소년한테 부대조건을 붙이지 않는 것과 이미 경험과 실적만이 아니라 공적인 지위도 갖고 있는 50대 사나이에게 부대조건을 붙이지 않는 것은 전혀 다르다. 후자에게 부대조건을 붙였다면 그것만으로도 웃음거리다. 그런데 아우구스투스는 글로 표현하지는 않았지만 그다운 교묘한 방식으로 사실상의 부대조건을 붙여놓았다.

죽기 10년 전인 서기 4년에 티베리우스를 양자로 삼을 때, 즉 후계자 후보로 삼은 단계에서 아우구스투스는 티베리우스에게 게르마니쿠스를 양자로 삼게 했다. 당시 18세인 게르마니쿠스는 아우구스투스의 누나인 옥타비아가 마르쿠스 안토니우스와 결혼하여 낳은 딸 안토니아의 아들이므로, 아우구스투스에게는 손자뻘이 된다. 더구나 티베리우스에게는 당시 16세인 친아들이 있었다. 그럼에도 그에게 굳이 게르마니쿠스를 양자로 삼게 한 것은, 어쩔 수 없이 티베리우스를 후계자로 삼긴 하지만, 티베리우스의 다음 황제는 자신의 핏줄인 게르마니쿠스라고 못박은 것이나 마찬가지였다.

다만 아우구스투스가 "무자비한 운명이 나에게서 가이우스와 루키우스라는 두 아들마저 앗아가버린 이상"이라고 말한 뒤 아무 이유도 들지 않고 티베리우스에게 황제 자리를 물려주겠다고 밝힌 데 대해, 10년이나 지난 일을 새삼 꺼내다니 쌈박하지 못하다고만 생각하면 아우구스투스의 본심을 절반밖에 이해하지 못하게 된다. 그렇다면 그가 10년 전에 죽은 두 아들(실제로는 외손자) 이야기를 일부러 꺼낸 것은 무슨 속셈일까. 그것은 로마 제국의 최고통치자 자리에는 '창업자'인 자신의 피를 이어받은 사람이 앉아야 한다는 의지를 암암리에 밝힌 것이다. 티베리우스에게 물려주는 이유를 전혀 언급하지 않은 것도, 티베리우스는 게르마니쿠스가 황제 자리에 앉을 때까지의 징검다리에 불과했기 때문이다. 그해에 티베리우스는 55세. 라인 강 방위군단 총사령관을 맡고 있는 게르마니쿠스는 28세. 나이로 보아도 당연한 순리이긴 했다.

하지만 황제 즉위가 아직 공식으로 결정되기도 전에 이런 말을 들은 티베리우스의 속마음은 어떠했을까. 회의장을 가득 메운 원로원 의원들의 눈길은 유언장 낭독을 듣고 있는 티베리우스에게 쏠렸을 것이다. 그들은 티베리우스가 어떤 표정으로 듣고 있느냐에 심술궂은 호기심을 느꼈을 게 분명하다. 제2대 황제 티베리우스의 치세는 이렇게 굴욕감과 더불어 시작되었다.

아우구스투스가 한때 징검다리로 삼을 작정이었던 친구 아그리파가 장수하여, 서기 14년에 원로원 회의장에서 그의 유언을 듣는 처지에 있었다면 어땠을까. 아그리파도 아우구스투스의 핏줄은 아니다. 일개 병졸에서 아우구스투스의 오른팔로까지 출세한 아그리파지만, 만약 사병 시절에 카이사르에게 발탁되지 않았다면, 명문 출신을 빼고는 장교가 될 길이 막혀 있었던 공화정 시대의 로마 군단에서는 기껏해야 백인대장까지 진급하는 게 고작이었을 것이다. 군대에 들어가지 않았다면 평생 농부로 살다 죽었을지도 모른다. 그런 처지인 만큼 자신이 '징검다리'로 취급되었다 해도 명예롭게 생각할지언정 굴욕감까지는 품지 않았을 것이다.

그러나 티베리우스는 클라우디우스 씨족의 직계였다. 로마가 공화정으로 이행할 무렵 5천 명의 클리엔테스(피보호자)를 거느리고 로마로 이주한 이 명문 귀족의 역사는 로마사 자체라 해도 좋다. 할아버지가 무슨 일을 했는지도 확실치 않은 아우구스투스의 본가와는 비교가 되지 않고, 아우구스투스가 양자로 들어간 율리우스 씨족도 오랜 역사는 자랑할 수 있지만 공화국 로마를 짊어진 인재의 풍부함에서는 클라우디우스 씨족에 크게 뒤떨어진다. 클라우디우스 씨족은 28명의 집정관

(콘술), 5명의 독재관(딕타토르), 7명의 재무관(켄소르), 6명의 개선장군, 20명의 차석 개선장군을 배출한 집안이다. 티베리우스의 경우는 어머니도 역시 클라우디우스 씨족과 연결되는 리비우스 가문 출신이었다. 티베리우스의 선조 중에서 특히 두드러지는 인물만 거론해도 다음과 같다.

아피우스 클라우디우스—기원전 312년의 재무관으로, 그 직권을 활용하여 로마 최초의 로마식 가도, 즉 당시의 고속도로인 아피아 가도를 건설했을 뿐 아니라 로마 최초의 상수도 건설 책임자로도 이름을 남겼다.(제1권 『로마는 하루아침에 이루어지지 않았다』 참조)

아피우스 클라우디우스—제1차 포에니 전쟁 때 카르타고와의 첫번째 전투에서 승리한 장수.(제2권 『한니발 전쟁』 참조)

티베리우스 클라우디우스 네로—제2차 포에니 전쟁 때 이탈리아에 눌러앉은 한니발과 에스파냐에서 지원하러 달려온 동생 하스드루발의 합류를 저지하기 위한 메타우루스 회전에서 승리한 장수. 이 전투는 그후 한니발을 고립 상태로 몰아넣은 결정타가 되었다.(제2권 참조)

그러나 국가에 인재를 많이 제공했다는 것은 긍정적인 인재만 제공한 게 아니라 부정적인 인재도 제공했다는 뜻이다. 부정적인 인재 중에서 대표적인 보기를 들면 다음과 같다.

아피우스 클라우디우스—기원전 450년 당시의 로마에서 평민세력과 정면 대결한 귀족계급의 아성인 '10인 위원회'(데켐비리)의 중심인물로 이름을 남겼다.(제1권 참조)

클라우디우스 풀크루스—제1차 포에니 전쟁 당시 로마의 패장 가운데 하나. 로마에서는 패전한 장수를 처벌하지 않는 것이 관례지만, 이 사람만은 해임되었다. 전투를 치르기 전에 새점을 쳤을 때 모이를 쪼아먹지 않는 닭에게 화를 내며, "물이라면 마시겠느냐"고 외치면서 그 닭을 바다에 던진 것이 지휘관에게 어울리지 않는 경박한 짓으로 여겨

졌기 때문이다. (제2권 참조)

푸블리우스 클로디우스—귀족은 취임할 수 없었던 호민관이 되기 위해 평민의 양자로 들어가, 명문 출신들이 좌지우지하고 있던 원로원 체제에서 커다란 물의를 일으키면서까지 카이사르파로 전향한 인물. (제4권 『율리우스 카이사르』 참조)

서기 4년에 아우구스투스의 양자가 된 이후, 티베리우스는 더 이상 티베리우스 클라우디우스 네로라고 서명하지 않고 티베리우스 율리우스 카이사르라고 서명했다고 한다. 이제 율리우스 씨족이 되었다는 의사표시였다. 그러나 티베리우스의 몸 속을 흐르고 있는 피는 어디까지나 클라우디우스 씨족의 피였고, 클라우디우스 씨족은 '원로원 체제'의 유력한 지지자였다. 따라서 서명을 바꾼 것뿐이라면, 황제에 즉위한 것을 이용하여 '원로원 체제'로 돌아가면 된다.

그러나 티베리우스의 불행은 자신이 짊어진 전통과는 반대되는 아우구스투스의 정치에 찬성한 점이었다. 공화제라는 구체제를 대표하는 집안의 후손인 티베리우스가 군주제라는 신체제야말로 로마의 장래에 적합하다고 인식하고 있었던 것이다. 그리고 이 인식을 정신면에서 뒷받침한 것은 로마에 인재를 제공해온 클라우디우스 씨족의 자부심이었을 것이다. 클라우디우스 씨족 남자들은 '국익 최우선'을 주조음으로 삼았고, 국체(國體)가 군주제로 바뀌어도 이 주조음에 대한 강한 자부심은 티베리우스의 피 속에 계속 살아 있었다.

아우구스투스의 유언장에는 유산의 3분의 2를 티베리우스에게 물려준다는 선언에 이어, 나머지 3분의 1은 아내 리비아에게 남긴다고 적혀 있었다. 그리고 리비아는 율리우스 씨족의 양녀가 되고, 이름도 율리아 아우구스타로 바뀐다고 되어 있다.

거듭 말하지만, 카이사르나 아우구스투스 같은 사람의 유산은 평민이나 병사들에게 나누어주는 유증으로 없어져버리기 때문에, 그런 지위에 있는 사람의 유산 상속은 곧 권력 상속을 뜻한다. 따라서 아우구스투스는 아내 리비아에게 황제 권력의 3분의 1을 물려준 셈이다. 아우구스투스는 단지 애정만으로 이렇게 중요한 일을 할 남자가 아니었다. 여기에도 참으로 그다운 심모원려가 엿보인다.

게르마니쿠스는 앞에서도 말했듯이 아우구스투스의 핏줄이었다. 뿐만 아니라 리비아의 둘째아들인 드루수스의 맏아들이기도 하다(리비아는 원래 클라우디우스 네로와 결혼한 몸이었으나, 기원전 38년에 24세의 노총각 옥타비아누스[아우구스투스의 본명]와 재혼하면서 세 살바기 아들 티베리우스도 함께 데려갔고, 결혼식이 끝난 지 석 달 뒤에 드루수스가 태어났다―옮긴이). 29세의 젊은 나이에 죽은 드루수스는 아우구스투스의 사생아라는 소문도 있었다. 따라서 리비아가 유증받은 3분의 1의 권력은 사실상 리비아의 손자인 게르마니쿠스에 대한 '예정상속'인 셈이다. 리비아의 맏아들인 티베리우스의 몫은 3분의 2의 상속으로 해결했기 때문이다. 그리고 리비아를 율리우스 가문에 양녀로 들여보낸 것도 리비아에게 유증된 권력이 율리우스 씨족이 아닌 다른 사람에게 넘어가는 것을 미리 방지하기 위한 대책이었다.

율리우스 씨족의 권력을 유지하려는 아우구스투스의 집념이 참으로 대단하다고 생각하는 사람이 많을지 모르지만, 나는 그 생각에 절반은 동의해도 나머지 절반은 동의하지 않는다. 아우구스투스는 이렇게 함으로써 로마 제국의 정국 안정을 꾀했다고 생각하기 때문이다. 정국 안정이 깨지면 내전이 기다리고 있다. 그러나 징검다리라는 사실이 뭇 사람의 눈에 분명해진 티베리우스가 어떤 기분으로 그 굴욕을 참을 수밖에 없었는지는 별문제다.

그에 이어진 아우구스투스의 유언장 후반부는 제6권(『팍스 로마나』

375쪽)에서 서술한 대로다. 그러나 로마 제국 초대 황제 아우구스투스
는 수도에 사는 평민과 군단병에 대한 유증까지 자세히 열거한 뒤, 마
지막으로 앞으로의 제국 통치 담당자들에게 정치적 유언도 남겼다.

"현재의 국경선을 넘어 제국 영토를 확대하면 안된다고 충고하고
싶다."

이는 앞으로 등극할 황제들이 모두 지켜야 할 첫번째 사항이 되지
만, 다른 어떤 황제보다도 아우구스투스의 뒤를 이은 티베리우스에게
는 직접적인 과제가 되었다. 유프라테스 강과 도나우(영어로는 다뉴
브) 강을 국경선으로 삼는 것은 이미 기정 사실이 되어 있었기 때문에
문제가 없다. 문제는 '현재의 국경선'이 라인 강이냐 엘베 강이냐를
아우구스투스가 명확히 밝히지 않은 데 있다. 게다가 아우구스투스는
제국의 온 백성에 대한 유언인 『업적록』(레스 게스타이)에서 다음과
같이 말하고 있다.

"내 함대는 오케아누스(현재의 북해)를 라인 강어귀에서 동쪽으로
킴브리족 땅까지 원정했다. 해로로도 육로로도 거기에 도달한 로마인
은 이제까지 아무도 없었다. 이 지방에 사는 게르만 민족은 사절을 보
내, 로마 백성 및 나와의 우호관계 수립을 요구해왔다."

여기에는 제패했다는 말이 한마디도 없다. 그러나 그보다 9년 전에
티베리우스가 이끄는 로마군은 엘베 강까지 진격했다. 또한 킴브리족
은 엘베 강 동쪽에 사는 부족이다. 그리고 그 땅까지 진격한 티베리우
스는 이제 로마군 최고사령관이었다. 아우구스투스의 '충고'를 들은
원로원 의원들은 모두 다 제국의 북쪽 국경선은 엘베 강이라고 생각하
지 않았을까.

아우구스투스는 죽기 며칠 전에 급한 부름을 받고 돌아온 티베리우
스를 병실로 불러들여, 단둘이 오랫동안 이야기를 나누었다고 한다.
그때 무슨 이야기가 오갔는지는 여전히 수수께끼로 남아 있다. 거기에

대해서는 티베리우스가 죽을 때까지 입을 열지 않았기 때문이다. 어쩌면 라인 강까지 철수하는 문제도 논의되었을지 모른다. 그러나 어쨌든 아우구스투스는 진격한 땅에서 철수하는 로마 사상 최초의 불명예를 전혀 언급하지 않고 죽었다. 이것도 티베리우스에게 남겨진 과제 가운데 하나가 되었다.

유언장 낭독이 끝나면, 아우구스투스의 장례식을 어떤 형식으로 거행할 것이냐를 결정하는 문제가 남는다. 국장으로 거행하는 것은 당연한 일이기 때문에 결정도 간단히 끝났고, 그 이튿날 당장 장례식이 거행되었다. 국장은 원로원 결의를 기다리지 않아도 결정된 거나 마찬가지였기 때문에 준비도 일찌감치 끝나 있었을 게 분명하다. 게다가 아직 늦더위가 기승을 부리고 있는 계절이라, 아무리 시신을 얼음에 채워 보존한다 해도 장례식을 서두를 필요가 있었다. 로마인의 장례식에서는 유해를 관 속에 안치하지 않고, 누구나 마지막 작별인사를 할 수 있도록 침상 위에 안치한다. 그 앞에서 고인의 덕을 기리는 연설을 한 다음, 그대로 사람들이 어깨에 메고 화장터로 운구하는 것이다. 포로 로마노 한복판의 카이사르 신전 앞에서 행해진 추도 연설은 고인의 양자이자 후계자인 티베리우스가 했다. 유해는 '황제묘'(마우솔레움 아우구스티) 앞에서 화장된 뒤, 황제묘 중앙에 매장되었다.

원로원은 반세기 전에 카이사르를 신격화했듯이 아우구스투스도 신격화하기로 결의했다. 그리하여 로마 초대 황제는 '신격(神格) 아우구스투스'(디부스 아우구스투스)가 되었다.

권력이양은 순조롭게 끝나는 듯싶었다. 그런데 다름아닌 티베리우스 자신이 신중을 요구해왔다.

티베리우스는 알고 있었다. 자기가 계승하려 하고 있는 로마 제국 최고통치자의 지위가 로마의 법률과 전통에 비추어보면 얼마나 애매모

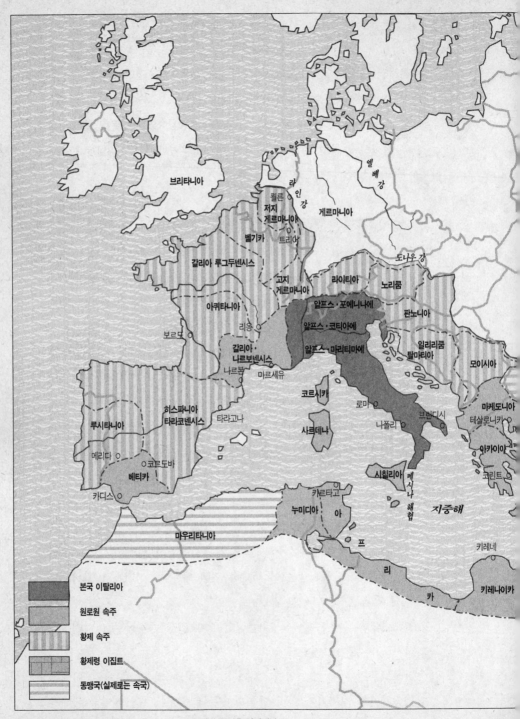

브리타니아

쾰른
저지
게르마니아

라
인
강

게르마니아

엘
베
강

벨기카

트리어

갈리아 루그두넨시스

고지
게르마니아

라이티아

도나우 강

노리쿰

아퀴타니아

리옹

알프스·포에니니에

판노니아

보르도

갈리아
나르보넨시스

알프스·코티아에

알프스·마리티마에

일리리쿰
달마티아

모이시아

나르본

마르세유

코르시카

로마

브린디시

마케도니아
테살로니카

히스파니아
타라코넨시스

타라고나

사르데냐

나폴리

아카이아

루시타니아

메리다

코르도바

코린트

베티카

시칠리아
메
시
나
해
협

지중해

카디스

카르타고

키레네

마우리타니아

누미디아

아

프

리

카

키레네이카

본국 이탈리아

원로원 속주

황제 속주

황제령 이집트

동맹국(실제로는 속국)

로마 제국 전도(서기 14년 당시) ──── 는 오늘날의 국경을 나타낸다.

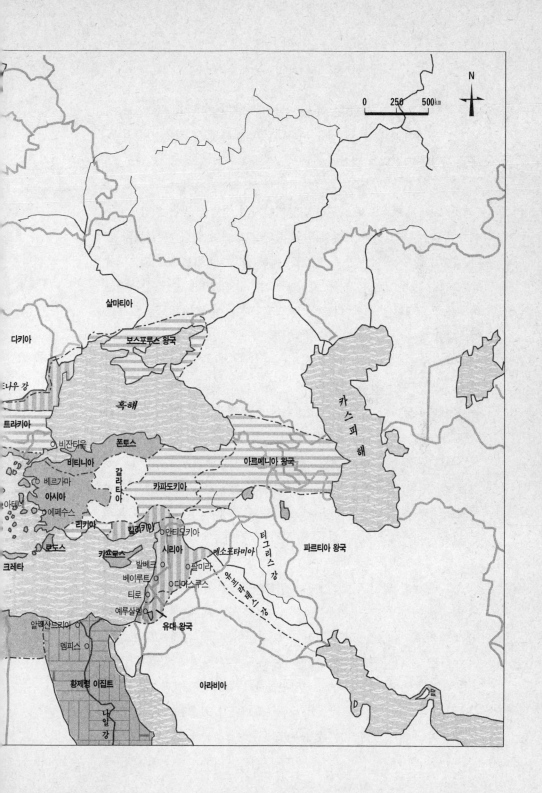

0 250 500km

N

살마티아

다키아

보스포루스 왕국

카스피해

도나우 강

트라키아

흑해

폰토스

비잔티움

비티니아

갈라티아

아르메니아 왕국

베르가마

아시아

에페수스

카파도키아

아테네

리키아

킬리키아

안티오키아

로도스

키프로스

시리아

메소포타미아

티그리스 강

파르티아 왕국

크레타

발베크

팔미라

베이루트

다마스쿠스

티로

예루살렘

유프라테스 강

알렉산드리아

유대 왕국

멤피스

황제령 이집트

아라비아

나일 강

호한 것인지를 알고 있었다. 따라서 아우구스투스가 남긴 '유산' 중에
서도 가장 문제가 많은 이 점을 나름대로 명쾌하게 한 뒤에 자신의 치
세를 시작하고 싶었을 것이다.

로마 황제에 정식으로 즉위하려면 전임자의 지명을 받은 것만으로는
충분치 않고, 원로원과 로마 시민의 승인을 받아야 했다. 원로원의 승
인은 투표로, 시민의 승인은 환호로 이루어지는 차이는 있지만, 양쪽
의 승인을 받지 않고는 황제 자리에 오를 수 없었다. 중국이나 다른
나라들의 황제와는 전혀 다르다. 이것은 로마 제국의 통치권에 줄곧
따라다닌 특색이다.

로마의 주권자는 어디까지나 'S.P.Q.R', 즉 '로마 원로원과 시민'이
었다. 따라서 원로원과 시민이 '승인'한다는 것은 통치를 '위탁'한다
는 뜻이다. 당시 로마인의 사고방식에 따르면, 이 승인은 오늘날의
'선거'와 같은 느낌이 아니었을까. 다만 임기가 분명치 않으면 선거는
성립되지 않지만, 로마 제국의 경우에는 임기를 명확히 하지 않고 통
치를 위탁한다. 아우구스투스는 겉보기에는 공화제이지만 실제로는 군
주제로 가기 위해 고심 끝에 이런 방안을 고안해냈고, 이 때문에 모호
한 점을 수반하지 않을 수 없었다. 하지만 왜 이렇게 되었을까.

안토니우스와 벌인 권력투쟁에 승리하여 로마 세계의 최고권력자가
된 직후인 기원전 27년, 아우구스투스는 대다수 사람들의 예상을 뒤엎
고 공화정 복귀를 선언했다. 그리고 그 자신이 『업적록』에 썼듯이, "그
이후 나는 권위(아우크토리타스)에서는 누구보다 우위에 있었지만, 권
력(포테스타스)에서는 내 동료 집정관들을 능가하지 못했다"고 공언했
다. 이 말을 액면 그대로 믿으면, 제정이 아니라 원수정(元首政)이다.
그러나 이 정의와 맞아떨어지는 원수정은 오히려 중세 및 르네상스 시

대의 베네치아 공화국에서 찾아볼 수 있는데, 제정이냐 원수정이냐로 의견이 갈리는 로마와 달리, 베네치아 공화국 원수의 권위와 권력의 관계는 아우구스투스가 말한 것과 정확히 일치했기 때문이다.

공화국 국회(마조르 콘실리오)에서 선출되는 원수(도제)의 임기는 베네치아 공화국에서는 유일한 종신제였고, 대외적으로나 대내적으로 그가 '공화국의 얼굴'을 맡는다. 그러나 이 원수가 갖는 권력은 현대의 국회에 해당하는 원로원(세나토)에서는 200표 가운데 1표, 현대의 내각에 해당하는 '10인 위원회'(콘실리오 데이 디에치. 베네치아 공화국의 최고의결기관으로, 명칭은 '10인 위원회'이나 실제로는 10명의 원로원 대표와 원수 및 6명의 보좌관으로 구성되었다―옮긴이)에서는 17표 가운데 1표에 불과했다. 게다가 공화국 국회나 원로원의 의원은 세습제인데, 원수만은 세습제가 아니라 당대로 끝난다. 이것이 지켜지지 않으면 원수정이라고 말할 수 없다. 이런 정치체제가 베네치아에서 가능했던 것은 지배하는 영토가 좁고 통치하는 사람의 수도 적었기 때문이다.

한편 고대 로마의 '원수'의 경우, 권위와 권력의 관계는 어떠했을까.

로마의 원수(프린켑스)도 '로마의 얼굴'이었다는 점은 그의 얼굴과 이름이 화폐에 새겨진다는 것만으로도 베네치아와 비슷하다. 게다가 로마 종교계의 우두머리인 최고제사장(폰티펙스 막시무스)을 겸하는 것도 그의 권위 확립에 도움이 되었다. 그러나 권력면에서는 공화제로 일관한 베네치아와는 완전히 다르다.

첫째, 로마군 전체의 최고사령관 지위에 있었다.

둘째, 본국 이탈리아와 수도 로마를 지키기 위해 배치된 근위대(프라이토리아)도 그의 직접 지휘를 받는다.

셋째, '원로원 속주'와 '황제 속주'로 양분된 속주들 가운데 황제 속주를 통치하는 최고책임자이기도 하다.

넷째, 원로원에서 파견된 총독이 통치하는 '원로원 속주'를 포함한 모든 속주의 징세권도 그가 임명하는 '황제 재무관'(프로쿠라토르 임페리알레)을 통해 장악하고 있다.

다섯째, '호민관 특권'(트리부니키아 포테스타스)을 가짐으로써 민회(民會) 소집권을 갖는다. 귀족에 대해 평민의 권리를 지키기 위해 제정된 호르텐시우스 법에 따르면, 원로원에서 부결되어도 민회에서 가결되면 그것으로 법제화, 즉 정책화가 가능하다. 현대식으로 생각하면 국회에서 부결되어도 국민투표에 부칠 권리를 갖는다는 뜻이다.

또한 '호민관 특권'에는 거부권이라는 특권도 딸려 있었다. 거부권이 얼마나 강력한 무기인지는 국제연합 안전보장이사회에서 거부권이 있느냐 없느냐의 차이만 생각해보아도 충분히 알 수 있을 것이다. 이 강력한 권리는 2천 년 뒤인 오늘날에도 '베토'(Veto)라는 라틴어 그대로 통용된다.

여섯째, 로마 제국의 '원수'에게는 많은 이들이 칙령이라고 번역하는 긴급조치령을 발동할 권한도 있었다. 광대한 영토와 숱한 민족을 끌어안고 있는 대제국을 통치하려면 필요할 경우 신속하게 대처해야 할 일이 많았기 때문이지만, 이 긴급조치령을 법제화, 즉 항구화하려면 원로원 의결이 필수불가결했다는 점이 로마 제정의 독특한 점이기도 하다.

일곱째, 대부분의 행정관에 대한 임명권은 '원수'에게 있었다. 임명권이 없는 고위직 관리의 경우에도 천거권을 행사할 수 있었다.

여덟째, 로마 시민에게는 항소권이 인정되어 있었는데, 아우구스투스는 그것까지도 자신의 관할에 포함시켰다. 대법원장까지 겸임하는 거나 마찬가지였다.

그리고 이런 권력을 한 손에 움켜쥔 '원수'는 세습제였다.

이것이 고대 로마의 '원수'의 실상이다. "아우구스투스가 구축한 것은 왕정도 아니고 독재정도 아니고 프린켑스라는 이름에 근거를 둔 국체였다"고 말한 역사가 타키투스는 이런 사정을 전혀 알지 못했거나 알면서도 빈정거린 것으로 여겨진다.

아우구스투스가 강조한 '프린켑스'를 문자 그대로 받아들이면, '로마 시민 중의 제일인자'에 불과하다. 게다가 공식 명칭도 아니다. 사실 발굴된 금석문 어디에도 '프린켑스'는 로마 황제의 별칭으로도 새겨져 있지 않다. '제일인자'라는 명칭은 강력한 권력을 장악하여 '오직 한 사람이 통치하는 체제'를 구축한 아우구스투스의 위장망이었다. 그러나 위장망을 뒤집어썼기 때문에 새로운 문제가 생기게 되었다. 어쨌든 인간은 눈에 보이는 것밖에는 보지 않는 법이기 때문이다.

로마인의 명쾌함, 논리성, 법치주의를 고려하면, 카이사르가 택한 종신독재관 제도가 정치체제로는 훨씬 분명하지 않았나 하는 생각이 든다. 독재관은 로마에서는 위기관리 체제니까, 독재관 밑에서는 원로원을 비롯한 모든 기관의 역할이 명확해지고 명령을 실행하는 형태도 명확하다. 그리고 카이사르는 종신제를 택하긴 했지만 세습제로는 하지 않았다. 유일한 최고통치자가 후계자를 지명하고 그 사람도 다음 후계자를 지명하는 체제는 오현제 시대의 체제와 같다. 하지만 오현제 시대가 되면 할 수 있었던 일도 그보다 150년 전에는 저항이 너무 강했다. 또한 종신독재관이라는 명칭도 본심을 너무 솔직하게 드러내고 있었다. 카이사르는 그래서 살해된 것이다.

현대 연구자들 중에도 모호한 통치체제를 남겨 훗날에 재앙의 원인을 만들었다는 이유로 아우구스투스를 비난하는 사람이 있다. 모호한 통치체제를 남겼다는 데에는 나도 동의하지만, 비난까지 할 마음은 나지 않는다. 제정 로마의 구축은 오로지 아우구스투스가 만든 모호한 형태로만 가능했다고 생각하기 때문이다. 그가 혈통의 계승에 집착한 것도 '제일인자'의 권력 기반이 불확실하다는 것을 알고 '피'로써 그 기반을 확실히 다지려고 생각했기 때문이 아닐까. 하지만 이 모호함의 폐해를 맨 먼저 입게 된 사람은 티베리우스였다. 더구나 티베리우스는 아우구스투스의 '피'를 이어받지 않았기 때문에 더욱 그러했다. 아우구스투스가 죽은 지 한 달이 지나도록 여전히 황제 자리를 물려받는 데 신중한 태도를 취하고 있는 티베리우스의 마음속은 타키투스가 말한 것처럼 "받고 싶은 마음은 굴뚝 같지만, 일부러 망설이고 있는" 건 아니었던 듯하다.

아우구스투스의 장례식이 끝난 지 며칠 뒤인 9월 17일 열린 원로원 회의가 티베리우스 치세의 공식 출발점이었다. 회의가 시작되자마자 그해의 담당 집정관인 두 사람이 공동으로 다음과 같은 동의안을 제출했다.

(1) 고(故) 아우구스투스의 전례에 따라 티베리우스에게도 '원로원의 제일인자'(프린켑스 세나투스)라는 칭호를 부여한다.

(2) 티베리우스에게 작년(서기 13년)에 이미 주어진 '로마군 최고통수권'(임페리움 프로콘술라레 마이우스)은 앞으로도 계속 주어져야 한다.

(3) 티베리우스에게 10년 전부터 인정되고 있는 '호민관 특권'은 계속 인정되며, 그 기한은 '종신'으로 한다.

(4) 티베리우스에게는 생전의 아우구스투스와 마찬가지로 로마 국가를 지키는 데 필요한 모든 권력이 주어진다.

사료는 표결의 세부사항까지는 밝혀주지 않지만, 결과는 가결이었던 모양이다. 뒤이어 집정관 두 명이 티베리우스에게 충성을 서약하고, 원로원 의원들도 충성을 맹세하고, 로마 국가에서는 원로원 계급에 버금가는 제2계급이자 경제계라 해도 좋은 '기사계급'과 제3계급인 평민들도 티베리우스에 대한 충성 서약을 통고해왔기 때문이다.

하지만 집정관 두 명이 티베리우스를 황제로 승인할 것이냐 아니냐를 물은 게 아니라, (1)의 권위와 (2), (3), (4)의 권력을 열거하며 승인을 요구한 사실을 주목해주기 바란다. 바로 여기에 로마 제정의 특색이 잘 나타나 있다. 로마 황제는 하늘에서 내려온 것이 아니라 사람들의 승인을 받아야만 비로소 존재이유를 획득할 수 있는 지위였다.

그러나 위탁의 의미를 갖는 '승인'을 얻은 이상 그것을 받기만 하면 되는 처지가 되었는데도, 발언을 요구받고 일어선 티베리우스의 입에서는 모든 사람이 기다리고 있던 말은 나오지 않았다.

그는 우선 제국 영역의 광대함과 로마 제국의 패권 밑에 있는 민족의 다양함에서 생겨나는 통치의 어려움에 대처하기에는 자신의 역량이 너무 부족하다고 말했다. 아우구스투스니까 할 수 있었던 일이고, 그것이 얼마나 중책인지는 아우구스투스의 만년에 그것을 함께 담당한 자신의 경험으로 절감했으며, 결단하기에 따라서는 제국을 위험에 노출시킬 우려가 있는 임무이기도 하다고 말했다. 그리고 티베리우스는 원로원 의원들을 향해 이렇게 말을 이었다.

"그렇긴 하나, 로마에는 이 중책을 충분히 분담할 수 있는 역량을 가진 인재가 부족하지 않소. 그렇다면 모든 권력을 한 사람에게 위탁하는 것은 최선책이 아니지 않을까 싶소. 재능이 풍부한 사람들의 힘을 결집하면, 대제국 통치라는 어려운 과제도 좀더 쉽게 해결될 수 있을 거라고 생각하오."

티베리우스의 최대 비판자인 역사가 타키투스는 티베리우스의 이 발언이 결코 본심은 아니었다고 주장한다. 주어진 권위와 권력을 얼씨구나 하고 받아들인 게 아니라는 점을 과시하기 위한 위장일 뿐이라는 것이다. 하지만 나는 티베리우스의 본심이었다고 믿는다. 티베리우스의 친아버지는 카이사르 휘하에서 갈리아 전쟁을 치른 사이였지만 철저한 공화주의자였고, 비록 카이사르에게 직접 칼을 들이대지는 않았지만 '3월 15일'의 암살에 찬동한 사람으로 여겨지고 있었다. 그래서 옥타비아누스 시절의 아우구스투스는 처벌자 명단에 그의 이름을 올렸고, 아직 어렸던 티베리우스도 아버지와 함께 망명생활을 할 수밖에 없었다.

클라우디우스 씨족은 코르넬리우스 씨족과 함께 로마 공화정을 담당해왔다고 자부하는 로마의 명문 귀족이었다. 그 피를 이어받은 티베리우스가 원래 자기와 같은 계급에 속하는 남자들에게 협력을 요구한 것이다. 무력으로 이긴 카이사르도 패배한 원로원 계급의 일원인 키케로에게 신생 로마 건설에 협력해줄 것을 요구했다. 카이사르도 이해받지 못했지만, 티베리우스도 마찬가지였다. 티베리우스의 말을 들은 원로원 의원들 대다수는 단지 성가신 문제를 피하고 싶어서 '제일인자'를 받으라고 티베리우스에게 간청했고, 나머지 소수는 타키투스와 같은 냉소를 지었다.

마침내 티베리우스는 말했다.

"중책을 혼자 맡기에는 내 역량이 부족하다는 것을 잘 알고 있지만, 그래도 여러분이 나에게 위임하고 싶어하는 분야에 관해서는 그것을 맡는 데 이의가 없소."

그러자 당장 아시니우스 갈루스가 말했다.

"카이사르(티베리우스는 아우구스투스의 양자가 되었기 때문에 카이사르 가문의 일원이기도 했다), 우리가 위임하면 맡겠다고 말하는 것은 도대체 어느 분야입니까?"

이것은 참으로 심술궂은 질문이었다. 아시니우스 갈루스는 티베리우스의 첫 아내인 빕사니아의 현재 남편이었다. 빕사니아는 티베리우스가 유일하게 사랑한 여인이지만, 아우구스투스의 딸 율리아와 결혼하기 위해 헤어질 수밖에 없었다. 율리아와의 사이가 불행하게 끝난 뒤에도 그는 다른 여자와 재혼하려 하지 않았다. 티베리우스는 갈루스의 질문을 가볍게 받아넘기기에는 임기응변의 재치가 부족했다. 그는 잠깐 망설인 뒤에 입을 열었다.

"만약 자유로운 선택이 허용된다면, 모든 공무에서 제외되는 쪽을 택하겠소. 하지만 현실이 그렇지 않은 이상, 어느 분야를 택하고 어느 분야를 제외할 것인지를 내가 결정하는 것은 나의 생활방식에 어긋납니다."

갈루스가 다시 발언하고 나섰다. 그의 얼굴에는 여전히 냉소가 떠올라 있었을 것이다.

"나는 당신에게 분할할 수 없는 것의 분할 가능성을 물은 게 아니라, 당신한테서 직접 듣고 싶었을 뿐입니다. 국가는 하나이고, 그 국가는 한 사람에 의해 통치되어야 한다고 당신 입으로 말하는 것을 듣고 싶었을 뿐입니다."

이어서 갈루스는 억지로 갖다붙인 것처럼 어색하게 아우구스투스의 업적을 찬양하고, 티베리우스가 오랫동안 전쟁터에서 이룩한 업적과 정치적 업적도 찬양했다.

그래도 티베리우스의 입에서는 '수락'의 말이 나오지 않았다. 마침내 의원들 중에서 헤테리우스가 일어나 발언했다.

"카이사르, 당신은 언제까지 국가를 머리 없는 상태로 방치해둘 작정입니까?"

원로원이 초조해하는 것도 당연했다. 아우구스투스가 죽은 지 벌써 한 달이 지나고 있었다. 라인 강 연안에 주둔해 있는 군단에서는 불온한 소식도 들려오고 있었다.

티베리우스는 마침내 받아들였다. 제국 통치를 위한 권력 위탁을 수락한 것이다. 비록 피는 아우구스투스한테서 물려받지 않았지만, 나이와 경험, 업적, 역량에서 전혀 부족함이 없는 제2대 '제일인자', 즉 사실상의 황제가 탄생한 것이다. 그가 55번째 생일을 맞이하기 두 달 전이었다.

　여기에 이르기까지 원로원 회의장에서 벌어진 논란은, 타키투스가 단정한 것과는 달리, 위선과 그에 반발하는 응수는 아니었던 것 같다. 그보다는 오히려 제정 하에서 황제와 원로원의 모호한 관계를 여실히 보여준 에피소드로 여겨진다.

　티베리우스는 원로원에 협력을 요구했다. 하지만 그것은 아우구스투스가 교묘히 쌓아올린 협력관계, 즉 황제가 통치하고 원로원은 그 통치를 돕는 형식의 협력관계였다. 갈루스의 반발에도 이유는 있었다. 아우구스투스가 공언한 것을 곧이곧대로 받아들이면, 로마의 정체(政體)는 아직도 공화제이고, 그 우두머리는 시민들 중의 '제일인자'에 불과하다. 그러나 실제로는 '제일인자'를 지명하는 것은 전임 '제일인자'이고, 원로원에는 그것을 승인할 권한밖에 남지 않았다. 그런데 이 뻔한 현실에 눈을 감고, 마치 '제일인자'와 원로원이 대등한 관계에 있는 것처럼 협력을 요청하는 것은 무슨 수작이냐는 것이 갈루스의 본심이 아니었을까.

　갈루스도 티베리우스도 아우구스투스가 쌓아올린 '제일인자' 체제가 내포하고 있는 모순을 알면서도 따져묻고 답변한 것이다.

　그렇다 해도 어떻게 아우구스투스는 겉으로는 공화제이지만 실제로는 군주제인 비논리적 정체를 구축하고 무려 40년 동안 기능을 발휘하게 하는 데 성공했을까.

　연구자들은 아우구스투스의 뛰어난 정치 감각을 이유로 든다. 정치 감각이 뛰어났기 때문에 황제와 원로원이라는 상호 대립적인 국가기관 사이의 균형을 유지하고, 함께 기능을 발휘하게 할 수 있었다는 것이다. 여기에는 나도 전적으로 동감이다. 그러나 잊어서는 안될 것이 있다. 그것은 아우구스투스가 권력투쟁에서 실력으로 승리한 인물이었다는 사실이다. 아우구스투스 자신은 아무리 온화하게 행동해도, 그 앞에서는 사실상의 패배자인 원로원이 언동을 자중하지 않을 수 없었을 것이다. 반면에 티베리우스는 전임자가 실력으로 획득한 권력을 물려받은 사람이다. 게다가 피의 계승에 집착한 아우구스투스의 방침에서도 벗어난 후계자, 즉 아우구스투스의 혈육이라는 이점조차도 갖고 있지 않은 후계자였다. 그렇기 때문에 티베리우스는 로마 시민들 중의 '제일인자'를 문자 그대로 해석하는 쪽을 택하여, 원로원의 협력을 받는 것으로 그것을 실행할 수 있다고 생각했던 게 아닐까.

티베리우스는 어머니 리비아에게 '국가의 어머니'(마테르 파트리아이)라는 칭호를 주자는 제안에 대해 "여자에게 명예를 줄 때는 신중해야 하고, 나에게 주어지는 경우도 마찬가지"라면서 거절했다. 실제로 그는 원로원이 주겠다고 제의한 '국가의 아버지'(파테르 파트리아이)라는 칭호를 사양했다.

또한 자신의 입상을 공공장소에 세우는 것도 금지했다. 그를 '도미누스'(주인님)라고 부른 사람에게는 두번 다시 그 호칭을 사용하면 안된다고 명령하고, 공식적으로도 다음과 같은 포고령을 내렸다.

"티베리우스는 자택의 고용인들에게는 '도미누스', 병사들에게는 '임페라토르'(최고사령관), 시민들에게는 '프린켑스'(제일인자)다."

하지만 호칭이야 어떻든 사실상의 황제가 된 티베리우스는 아첨과 무관할 수 없었다. 어느 날 원로원 회의에서 7월이 율리우스, 8월이 아우구스투스라고 명명된 것을 따라 9월을 티베리우스로 부르자고 제안한 의원이 있었다. 티베리우스는 화살 같은 한마디를 내쏘아 그 제의를 물리쳤다.

"'제일인자'가 열 명을 넘어서면 그때는 어떻게 할 것인가."

아첨을 들은 사람이 불쾌감을 느끼는 것은 그런 어처구니없는 말을 듣고 좋아할 정도의 사람으로 평가된 것이 불쾌하기 때문이다. 하지만 세상에서 아첨이 사라지지 않는 것도 사실인데, 그것은 아첨을 듣고 좋아하는 사람이 많기 때문일 것이다. 티베리우스 이후에도 이런 아첨 은 끊이지 않아서 실제로 달 이름이 바뀐 경우도 있었지만, 2천 년이 지난 오늘날까지 남은 것은 7월(줄라이)과 8월(오거스트)뿐이다.

아우구스투스가 신격화되었기 때문에, 그의 양자인 티베리우스도 '신의 아들'이 되어버렸다. 로마 제국의 '얼굴'을 선전하는 최고의 매 체이기도 한 화폐에는 티베리우스도 자신의 옆얼굴 옆에 '신의 아들' (필리우스 디부스)이라는 글자를 새기도록 허용했다. 그러나 포고문에 는 '티베리우스의 신성한(사크라스) 임무'로 되어 있는 것을 '티베리 우스의 힘겨운(라보리수스) 임무'로 바꾸게 하고, '티베리우스의 명령 에 따라(아욱토르 에오)'를 '티베리우스의 권고(수아소렘)를 받아들 여'로 바꾸게 했다. 또한 황제에 즉위한 뒤의 공식 이름은 티베리우스 율리우스 카이사르 아우구스투스가 되어야 당연한데, 티베리우스는 오 리엔트의 동맹국에 보내는 공식 서한에만 이 이름을 사용했다. 로마 시민한테는 여전히 티베리우스 율리우스 카이사르라는 이름을 사용했 다. 아우구스투스라는 이름에는 '신성하다'는 느낌이 따라다니기 때문 이었다. 물론 겉모양은 공화제라도 실제로는 군주제인 정체를 구축한 아우구스투스 자신은 이 의미를 알고 있었기 때문에 그것을 자기 이름 으로 삼았지만.

티베리우스는 원로원 회의석상에서 다음과 같이 말했다.

"원로원 의원 여러분, 지금까지도 여러 번 말했지만 몇 번이고 거듭 해서 말하겠소. 여러분한테서 거의 무한한 권력을 위임받은 제일인자 의 통치가 양심적이고 사려깊은 것인지 어떤지는 원로원과 시민에 대 한 봉사를 완수할 수 있었느냐 아니냐로 판단해야 합니다. 나는 이 생 각을 밝힌 것을 후회하지 않소. 나는 '제일인자'가 짊어져야 하는 제국 통치의 중책을 이해하고 호의를 보이는 '주인'(의역하면 오너)을 여러분 중에서 찾아낼 수 있다고 확신하기 때문이오."

즉위 초기에 티베리우스가 생각한 '제일인자'는 베네치아 공화국 원수처럼 권위는 있지만, 권력에서는 지도자 계급의 다른 사람들과 동등한 존재는 아니었다. 아우구스투스가 창설한 '제일인자'는 권위와 권력을 함께 갖는 지위였고, 티베리우스가 물려받은 것도 그 지위였다. 그러나 그는 통치의 필요상 내놓을 수 없는 '권력'(파워)은 그대로 쥐고 있었지만, '권위'(오소리티)는 극도로 축소했다. 그가 생각하고 있던 '제일인자'는 원수로 번역할 수도 없고 황제라고 번역할 수도 없다. 현대인에게는 귀에 설지만 역시 '제일인자'라고 번역할 수밖에 없다. 적어도 그 자신이 이런 의미의 황제가 되려고 애쓴 초기의 10년 동안은 그렇다.

'제일인자'에 취임한 티베리우스가 맨 먼저 한 일은 집정관을 비롯한 국가 요직의 선출장을 민회에서 원로원으로 옮긴 것이었다. 시민권 소유자인 성년 남자의 수, 즉 유권자 수가 500만 명에 이르렀던 시절, 수도 로마에 사는 수만 명이 모인 민회에서 실시하는 선거는 유명무실해져 있었다. 하지만 그 때문에 원로원 의원들은 엄청난 선거비를 써야 했다. 티베리우스로서는 국가의 지도자인 원로원 계급을 이 부담에서 해방시켜 부흥시키고, 그들에게 제국 통치의 일익을 맡기고 싶었을 것이다.

티베리우스가 두번째로 한 일은 게르마니쿠스에게도 '로마군 최고통수권'을 주자고 원로원에 요청하여 실현한 것이었다. 이 대권을 아우구스투스가 티베리우스에게 나누어준 것은 죽기 1년 전이었다. 그것을 티베리우스는 취임하자마자 실행했다. '제일인자'의 지위에는 오를지

언정 모든 권력을 자기 혼자 틀어쥐지는 않겠다는 의지를 분명히 밝힌 것이다.

인간만큼 태연하게 모순된 삶을 사는 동물도 없다. 강력한 지도자 따위는 필요없다고 말하던 사람들이 위기가 닥치면 당장 '제일인자'니까 앞장서서 현지에 가서 위기 탈출을 지휘해야 한다고 목청을 높여 요구하기 때문이다. 티베리우스의 등극을 전후하여 일어난 '위기'는 도나우 강 방위선을 지키고 있는 판노니아 주둔 3개 군단과 라인 강 방위를 맡고 있는 8개 군단의 반란이었다. 반란이라 해도 처우개선을 요구하여 일어났으니까 경제적 스트라이크다. 다만 스트라이크 참가자가 모두 무기를 가지고 있었기 때문에, 잘못 대처하면 돌이킬 수 없는 사태로 발전할 위험을 안고 있었다.

사람들은 '제일인자'가 직접 출동할 것을 요구했지만, 티베리우스는 여기에 응하지 않았다. 라인 강변에 주둔하는 8개 군단의 총사령관은 1년 전부터 게르마니쿠스가 맡고 있었다. 또한 게르마니쿠스에게는 '로마군 최고통수권'까지 나누어주었다. 게르마니쿠스는 아우구스투스의 유언으로 티베리우스의 다음 황제 자리를 약속받았다. 티베리우스는 권위와 권력을 충분히 나누어준 28세의 게르마니쿠스에게 위기 대처를 일임한 것이다.

다만 판노니아 주둔 3개 군단의 반란에 대처하기 위해서는 수도에서 누군가를 보낼 필요가 있었다. 도나우 강 방위선을 완비하는 작업에는 티베리우스가 직접 나설 예정이었지만, 아우구스투스의 죽음으로 중단된 상태였다. 따라서 이곳에는 3개 군단 전체를 장악하는 데 필요한 권위와 권력을 두루 갖춘 총사령관이 없는 상태였다. 티베리우스는 이 판노니아에 26세가 된 친아들 드루수스를 파견했다. 두 명의 근위대장 가운데 하나인 세야누스가 이끄는 근위병 2개 대대 2천 명도 드루수스를 따라간다. 판노니아에서 이들을 기다리고 있는 것은 3개 군단 1만

8천 명의 병사들이었다. 티베리우스 자신은 수도 로마에 있으면서 젊은 두 장수의 솜씨를 지켜보기로 했다.

군단 봉기

판노니아 군단에서 일어난 반란은 얄궂게도 군단장 브라이수스의 온정에 발단을 두고 있었다. 아우구스투스의 사망 소식을 듣고 티베리우스의 즉위도 확실하다는 것을 안 브라이수스는 타계한 황제를 애도하고 새 황제의 즉위를 축하한다는 이유로 군단병들에게 휴가를 주었다. 토목공사와 군사훈련에서 해방된 병사들은 드넓은 여름철 숙영지를 여기저기 돌아다니거나 끼리끼리 모여 수다에 열중하면서 갑작스럽게 찾아온 여가를 만끽하고 있었다.

사람은 한가해지면 생각을 하게 된다. 병사들은 아우구스투스가 죽은 뒤 자신들의 처지에 불안을 품게 되었다. 어쨌든 아우구스투스의 치세는 40년 동안이나 계속되었다. 그런데 이제 갑자기 그것이 중단된 것이다. 로마 군단병은 지원제인 직업군인이다. 그들의 불안은 일자리를 잃게 될지도 모른다는 두려움에서 생겨났다.

그 불안이 사라지기도 전에 가슴속에 솟아난 생각은 엄격한 규율로 속박된 일상과 토목공사에 내몰렸을 때의 고생이었다. 한가해진 지금에야 그것을 생각해낸 것이다. 게다가 그때 숙영지에는 그런 불만을 부추기기에 알맞은 선동자가 있었다. 원래 극장에서 관객의 박수갈채를 유도하는 일을 하다가 군단병이 된 페르켄니우스라는 졸병이다. 입담이 좋은 이 사내는 병사들 앞에서 이렇게 말했다.

"왜 우리는 한줌도 안되는 백인대장들의 명령에 노예처럼 따라야 하는가. 새 황제의 지위가 아직 확실치 않은 지금이야말로 처우개선을 요구하기에 좋은 때다. 지금 성공하지 못하면 언제 그것이 가능해지겠는가.

우리는 30년이고 40년이고 계속되는 병역을 견디고, 노화를 견디고, 온몸에 박힌 상처를 견뎌왔다. 그런데 제대는 이름뿐이고, 제대한 뒤에도 지원이라는 명목으로 같은 일에 내몰린다. 다행히 살아남아 퇴역해도, 식민이라는 명목으로 늪지대나 불모지로 쫓겨나는 게 고작이다.

병역 자체가 고생은 많고 이익은 적은 일이다. 몸과 마음이 하루 10아시스의 헐값에 팔린 거나 마찬가지다. 이 돈으로 옷이며 무기며 천막을 사야 되고, 토목공사를 땡땡이치기 위해 백인대장의 온정을 사는 돈까지 마련해야 한다. 게다가 규율을 지키지 않으면 채찍질을 당하고, 적과 싸우는 전투에서 죽거나 다치고, 겨울에는 혹한, 여름에는 혹서, 전쟁터에서의 잔학행위, 숙영지에서의 빈곤은 끝이 없다. 이렇게 힘든 병역을 견딜 수 있으려면 몇 가지 조건이 충족되어야 한다.

그 조건은 이렇다. 봉급은 하루에 1데나리우스, 복무기간은 16년, 그밖에는 단 하루도 같은 군기 밑에서, 같은 숙영지에서 근무하지 않는다. 그리고 퇴직금은 현금으로 지급할 것.

근위대 병사들은 하루에 2데나리우스의 봉급을 받고 있으며, 16년 동안 복무하면 집에 돌아갈 수 있다. 나는 도회지에 근무하는 그들의 임무를 트집잡는 게 아니다. 하지만 야만족의 땅에서 근무하는 우리는 천막에서 적을 보는 것만으로도 충분하다."

선동 연설은 본디 과장되게 말하는 법이니까, 이 말을 곧이곧대로 믿을 수는 없다. 군복이나 무기나 천막은 식량과 함께 나라에서 지급해주었으니까, 모든 것을 자비로 마련한다는 것은 거짓말이다. 다만 사복은 별도인 게 당연하고, 백인대장에게 바치는 뇌물은 논할 거리도 안될 것이다.

연봉이 225데나리우스였으니까, 일당이 10아시스라는 말은 사실이

	근위병	군단병(현재의 상태)	군단병(요구사항)
일 당	1.875데나리우스 (30아시스)	(0.625데나리우스) 10아시스	1데나리우스 (16아시스)
연 봉	675데나리우스	225데나리우스	360데나리우스
퇴직금	5,000데나리우스	3,000데나리우스	3,000데나리우스, 현금으로 즉시 지급
근무연수	16	20	16
근무지	본국	속주	속주

1데나리우스(은화)＝16아시스(동화)

다. 하지만 근위대 병사들이 하루에 2데나리우스를 받는다는 말은 정확하지 않고, 실제로는 1.875데나리우스였다. 또한 30년 내지 40년씩 제대하지 못한다는 말은 지나친 과장으로 여겨지지만, 퇴직금 재원이 부족한 탓에 만기가 되었는데도 퇴직금 지급을 미룬 경우는 적지 않았을지도 모른다.

이 선동 연설이 가장 진실을 전하고 있는 것은 도나우 강과 라인 강 연안 근무가 제국의 다른 방위선에 비해 환경도 나쁘고 고생과 희생도 많았다는 점이다. 남국인 에스파냐나 북아프리카, 생활수준이 높은 시리아나 이집트 근무에 비하면, 근무조건은 열악했다 해도 과언이 아니다. 그런데 도나우 강과 라인 강 방위선이야말로 가장 야만적이고 따라서 가장 용맹한 적을 상대해야 했다. 만약 이때의 처우개선 요구가 그대로 받아들여졌다면, 위의 표와 같다.

일개 병사에 불과하지만, 페르켄니우스의 연설은 동료들의 마음을 사로잡았다. 판노니아 주둔군의 숙영지는 처우개선을 외치는 병사들의 함성으로 가득 찼다. 군단장 브라이수스는 병사들의 흥분을 진정시키기 위해서인지, 대대장인 자기 아들을 로마로 보내 병사들의 요구를 황제에게 전하기로 결정했다. 이것으로 일단 병사들은 얌전해졌다.

그런데 숙영지 근처의 나우포르투스에 파견되어 다리나 도로 공사를 하고 있던 분견대 병사들이 본대 숙영지에서 일어난 소동을 알고는, 자기들도 가만히 있을 수 없다고 생각했는지 도시를 약탈하기 시작했다. 나우포르투스는 로마가 '지방자치단체'(무니키피아)로 지정하여 자치를 인정한 도시다. 그런 곳에서의 폭행은 용납되지 않는다. 백인대장들은 말리기 시작했다. 그러자 병사들의 분노는 방향을 바꾸어 백인대장과 공사 책임자를 향해 폭발했다.

로마 군단의 백인대장에는 두 종류가 있어서, 작전회의에 참석할 수 있는 상급 백인대장과 그럴 권리가 없는 하급 백인대장으로 나뉜다. 후자도 병사 80명을 통솔하니까 중대장급 지휘관이지만, 그들의 실체에 가장 가까운 예를 현대 군대에서 찾는다면 미국 해병대 중사일 것이다. 병사들이 화가 나면 맨 먼저 그 화살을 받는 것이 로마 군단에서는 백인대장이었다.

백인대장을 혼내준 뒤 그 여세를 몰아 본대 숙영지로 돌아온 병사들 때문에, 일단 진정되었던 숙영지에서도 다시금 소동이 일어났다. 여기서도 화살을 받은 것은 백인대장들이었다. 반기를 든 자는 맨 먼저 눈앞의 상관에게 분노를 폭발시킨다. 그리고 일단 규율을 어긴 자들의 행동은 이제 뒤로 물러설 수 없다는 두려움 때문에 급속히 고조된다. 숙영지 전체가 폭동에 휘말렸다. 영창이 부서지고, 감옥에 있던 죄수들까지 풀려났다. 이들의 가담이 폭동을 더욱 격화시켰다. 백인대장들 중에는 살해되는 사람까지 나오는 형편이었다. 이런 상황을 보고받은 티베리우스가 아들 드루수스를 보내기로 결정한 것이다.

2천 명의 근위병과 황제 호위병인 게르만 기병중대의 보호를 받으며

드루수스

도착한 드루수스는 아군의 숙영지가 아니라 적지에 들어간 듯한 기분을 느꼈다. 그래도 새 황제의 아들에게 경의를 표하는 것은 소홀히 하지 않겠다는 듯, 반란병들은 숙영지 밖까지 마중을 나왔다. 그러나 상관을 맞을 때의 관례와는 달리 군단, 대대, 중대별로 정렬하지도 않고, 군단기나 부대기도 들지 않고, 복장은 흐트러지고, 오만한 표정으로 인사도 하지 않았다. 군단이라기보다는 폭도라고 말할 수밖에 없었다. 26세의 드루수스는 이런 무리 사이를 지나 숙영지로 들어갔다. 하지만 그가 숙영지를 둘러싼 울타리 안으로 발을 들여놓자마자, 주모자들 사이에 미리 결정되어 있었는지, 숙영지의 사방 출입구를 비롯한 모든 요처를 반란군이 점거해버렸다. 나머지 병사들은 모두 숙영지 한복판에 있는 연단 주위에 모여, 그 위에 선 황제의 아들을 큰 소리로 협박하고 을러댔다.

드루수스는 손을 흔들어 병사들을 침묵시키고, 가져온 티베리우스의 메시지를 낭독했다.

"판노니아에 주둔해 있는 3개 군단은 내가 직접 키우고, 오랫동안 (기원전 12~9년과 서기 6~9년의 합계 6년 동안) 함께 수많은 전투를 치른 군단이다. 그런 병사들의 요망이기 때문에, 선황의 죽음에 대한 슬픔이 누그러지고 정무가 정상적으로 돌아오면 원로원에 여러분의 요구를 전하고 그에 대한 대책을 요청할 것을 약속한다.

그래서 우선 아들을 보낸다. 내 아들이 군단 사령관에게 허용된 권한 안에서 할 수 있는 일은 선처할 것이다. 하지만 그밖의 요구사항은 원로원과 협의하여 결정해야 할 것인즉, 요구를 받아들일 것인가 거부할 것인가를 결정할 권한은 원로원에 있고, 그 권한을 무시하는 것은 옳은 방식이 아니기 때문이다."

티베리우스의 이 메시지를 소개한 뒤, 역사가 타키투스는 이것도 티베리우스 특유의 시간벌기라고 단정하고 있다. 로마군 최고사령관(임페라토르)인 티베리우스가 병사들의 요구를 받아들일 것인가 거부할 것인가를 결정하는 데 원로원과 의논해야 한다는 건 이상한 이야기이고, 그렇다면 전쟁에 호소할 것인가 말 것인가를 결정할 때도 매번 원로원과 협의를 갖느냐는 것이다.

티베리우스가 시간을 벌려고 한 건 사실이다. 하지만 병사들의 요구가 옳으냐 그르냐를 떠나서, 그 요구를 받아들이느냐의 여부는 판노니아에 주둔해 있는 1만 8천 명의 병사로 끝나지 않고 15만 명에 이르는 로마군 전체의 문제가 될 게 뻔하다. 이것은 군사적 사안이 아니라 정치적 사안이다. 티베리우스의 본심은 '거부'였다고 나는 확신한다.

만기가 되었는데도 좀처럼 제대할 수 없는 문제는 개선할 필요가 있지만, 다른 요구사항을 받아들이면 아우구스투스가 결정한 체제가 무너진다. 아우구스투스가 결정한 병사들의 봉급과 복무기간은 로마 국가의 인적·경제적 조건을 고려하여 그 한계선에서 종합한 결과였고, 55세가 될 때까지 생애의 대부분을 아우구스투스 밑에서 보낸 티베리우스는 그 사정을 충분히 알고 있었을 것이다. 아우구스투스는 카이사르가 정한 연봉 140데나리우스를 225데나리우스로 이미 인상했다. 황제가 바뀔 때마다 병사의 봉급을 올려주면 국가 재정은 파탄을 면하기 어렵다. 티베리우스의 치세를 일관한 기본방침 가운데 하나는 세금을 인상하지 않고 국가 재정을 건전화한다는 것이었다.

그러나 당면 문제는 무기를 들고 기세를 올리고 있는 1만 8천 명의 병사다. 이런 경우에 연설 한번으로 진정시켜버리는 카이사르 같은 인물은 고대 로마에서도 별로 나오지 않았다. 티베리우스에게는 시간을 버는 방법밖에 다른 길이 없었다.

그렇긴 하지만, 아들을 그런 위험한 곳에 보낸 티베리우스도 정말 대단한 배짱이다. 황제의 메시지가 낭독된 뒤에도 반란병들은 태도를 바꾸지 않았다. 그들은 요구 관철을 외치며 드루수스를 포위한 채, 수행원들에게 돌을 던져 상처를 입히기도 했다. 드루수스는 티베리우스의 메시지에 들어 있는 '군단 사령관에게 허용된 권한 안에서 할 수 있는 일'조차도 할 수 없었다. 병사들은 '하루 1데나리우스의 봉급과 복무기간 16년'이라는 요구사항에서 한 걸음도 물러서지 않았다. 드루수스는 포로 신세가 된 거나 마찬가지였다. 숙영지 전체를 가득 메운 불온한 공기 때문에, 해가 떨어진 뒤에 뭔가 불행한 사태가 일어나지 않을 리가 없다고 생각한 병사들은 각자 천막으로 들어가긴 했지만, 아무도 잠을 자지 않았다.

그날 밤은 구름 한 점 없이 맑은 하늘에서 달빛이 쏟아져, 사람들의 생각이나 공포와는 정반대인 아름다운 밤이었다. 그런데 공교롭게도 바로 그날 밤 월식이 일어났다. 짙푸른 가을 밤하늘을 비추고 있던 보름달이 조금씩 이지러지기 시작했다. 이런 자연현상에 무지한 병사들은 이것을 불길한 전조로 받아들였다. 천막에서 뛰쳐나온 병사들은 이지러져가는 달을 향해 빛을 되찾아달라고 외치며 기도했다.

드루수스도 막사에서 나와 이지러져가는 달을 바라보고 있었다. 그는, 그리고 그를 따라온 수행원들 대다수는 월식의 원인을 알고 있었다. 드루수스는 이 기회를 활용하자고 생각했다. 그의 명령으로 병사들에게 인망이 있는 백인대장들이 은밀히 뽑혀 소집되었다.

그동안에도 월식은 계속 진행되었다. 빛나는 달이 이지러져가는 것과 반비례하여, 그것을 바라보는 병사들의 불안과 공포는 점점 커져갔다. 달이 완전히 사라져 밤하늘이 캄캄해졌을 때 그들의 공포는 절정에 이르렀다. 숙영지 곳곳에서 타오르는 횃불이 땅바닥에 엎드려 불길한 징조를 한탄하는 병사들의 모습을 비추고 있었다.

그런 그들에게 드루수스의 지시를 받은 백인대장들이 다가갔다. 백인대장들은 한 사람씩 부하 병사들 곁으로 다가가, 절망에 떨고 있는 그들에게 말했다.

"언제까지 황제의 아들을 포로로 잡아둘 작정인가. 그 결과가 어떻게 될지 생각해본 적이 있나. 반란 주모자들을 따르는 것도 좋지만, 그들이 너희에게 봉급을 줄 능력이 있다고 생각하나. 퇴역한 뒤에 땅을 줄 수 있는 게 누구인지 생각해본 적은 있나. 그들이 제국을 통치할 수 있다고 생각하나. 우리 중대는 맨 마지막으로 반란에 가담했으니까, 맨 먼저 이탈해도 좋지 않은가."

병사들은 동요했다. 우선 고참병과 신참병들이 떨어져 나오기 시작했다. 이어서 중대끼리 모이기 시작했고, 다음에는 대대, 마지막에는 군단끼리 모이기 시작했다. 이렇게 되자, 로마인의 성향인 질서에 대한 애착, 무질서에 대한 혐오, 질서를 모르는 야만인을 경멸하는 로마인의 자존심이 돌아왔다. 누가 시키기도 전에 병사들은 내팽개쳐져 있던 군단기와 대대기를 가져다가 다시 천막 앞에 세웠다. 그 무렵에는 달도 원래 모습으로 돌아오기 시작했다. 조금씩 빛을 되찾아가는 달을 향해 병사들은 이번에는 자신들이 저지른 잘못을 용서해달라고 빌었다.

이튿날 아침 일찍 드루수스는 병사들을 소집했다. 연단에 올라선 그는 26세라서 아직 설득력은 미숙하지만 좋은 집안에서 태어난 젊은이답게 기품있는 태도와 말투로 말했다. 나는 어떤 공포와 협박에도 굴하거나 타협하지 않겠다. 제군들이 질서있는 로마 군단병으로 돌아오겠다고 맹세하면, 그리고 나에게 그 일을 해달라고 부탁하면, 나는 관대한 마음으로 제군들의 요구를 재고해달라고 청하는 편지를 아버지에게 보낼 용의가 있다. 이에 반대하는 목소리도 있었지만, 그 목소리도 이제는 찬성을 나타내는 수많은 목소리에 묻혀버렸다. 드루수스는 로마로 편지를 가져갈 파발꾼으로 세 명을 뽑았다. 판노니아 군단장 브라이수스의 아들, 자신의 수행원 중에서 한 명, 그리고 수석 백인대장이었다. 백인대장이라도 수석인 경우에는 사령부 작전회의에 참석하는 '상급 백인대장'이니까, 겉으로는 반란군 병사의 대표 같아도 실제로는 그렇지 않다. 그러나 뉘우침에 사로잡힌 병사들은 아무도 이를 깨닫지 못했다.

파발꾼을 보낸 뒤 숙영지는 평상으로 돌아와, 모두 황제의 회답을 기다리기로 의견이 일치한 듯싶었다. 그러나 로마를 떠날 때 아버지의 뜻을 통고받았는지, 드루수스만은 회답을 기다리지 않았다.

드루수스의 명령에 따라 반란 주모자인 페르켄니우스와 그의 동료 한 명이 사령관 막사로 불려갔다. 두 사람은 막사에 발을 들여놓자마자 살해되었다. 두 사람의 시체는 병사들 눈에 띄지 않도록 숙영지에서 멀리 떨어진 숲 속 어딘가에 매장되었다.

주모자 두 명을 없앤 데 이어, 과격분자 소탕작전이 시작되었다. 명단이 이미 작성되어 있었는지, 소탕작전은 철저하게 이루어졌다. 근위대 병사들과 판노니아 군단의 백인대장들이 그 일을 맡았다.

병사들 사이에서는 거기에 반대하는 목소리조차 일어나지 않았다. 그해에는 여느 때보다 겨울이 일찍 찾아와, 여름철 숙영지에 그대로 머물러 있는 병사들의 기분을 우울하게 했다. 여름철 숙영지는 겨울 추위를 생각지 않고 마련되었기 때문에, 임시로 지은 천막들만 즐비하게 늘어서 있을 뿐이다. 쉬지 않고 내리는 비는 자주 호우로 변하여 천막 안까지 물에 잠겼다. 병사들은 이것도 신들의 분노에 따른 천벌이 아닐까 두려워하며, 스트라이크를 벌이면서까지 실현하려고 애쓴 처우개선 따위는 이제 아무래도 좋다고 생각하게 되었다.

막사 생활이 불편한 것은 드루수스도 마찬가지였다. 그러나 그는 병사들이 먼저 행동에 나서기를 기다리고 있었다.

여름철 숙영지는 임시로 가설된 전선기지인 만큼 음료수와 방어시설만 확보하면 된다. 따라서 인가에서 멀리 떨어진 곳에 마련되는 경우가 많다. 하지만 늦가을부터 이듬해 초봄까지의 거주를 고려할 필요가 있는 겨울철 숙영지는 생활하기에 편한 도시 근처에 설치하는 것이 상례였다. 병사들이 기거하는 곳도 천막이 아니라 상설 막사다. 또한 겨울철 숙영지에는 병사들과 친한 여자들도 기다리고 있었다. 병역을 수행하고 있는 동안은 독신생활을 해야 하는 군단병들에게 이것은 무시할 수 없는 매력을 갖는다.

제8군단 병사들이 먼저 겨울철 숙영지로 돌아가자고 말하기 시작했다. 제15군단 병사들도 거기에 동조했다. 제9군단만은 여기 남아서 티베리우스의 회답을 기다리자고 주장했지만, 그들도 적지에 가까운 여름철 숙영지에 자기들만 남는 것은 불안했다. 이리하여 3개 군단 모두 안전하고 쾌적한 겨울철 숙영지로 돌아가게 되었다.

병사들의 출발을 지켜본 드루수스는, 겨울철 숙영지라면 병사들을 통솔하는 일은 군단장 브라이수스에게 맡겨도 충분하다고 생각하고, 자기는 로마로 돌아가기로 했다. 티베리우스의 '회답'은 로마에서 보내지지도 않았던 모양이다.

이와 같은 무렵, 판노니아의 북서쪽에 자리잡고 있는 라인 강 방위 선에서도 병사들의 반란이 일어났다. 하지만 이 '게르마니아 군단' 의 경우에는 발단도 경과도 결말도 판노니아 군단과는 상당히 다른 양상 을 띠게 된다. 우선 판노니아의 경우에는 3개 군단이었지만, 라인 강 연안은 8개 군단이었다. 판노니아는 1만 8천 명인 반면, 라인 강 연안 은 4만 8천 명이었다.

게르마니쿠스

'게르마니아 군단' 이라고 불린 라인 강 방위군은 상류와 하류로 양 분된다. 담당 지역을 따서 전자는 '고지 게르마니아군', 후자는 '저지 게르마니아군' 이라고 불렸고, 양군은 각각 4개 군단으로 편성되어 있 었다. 6천 명으로 이루어진 각 군단은 군단장의 지휘를 받지만, 고지 게르마니아군과 저지 게르마니아군에는 각각 군단장 위에 4개 군단 전 체를 지휘하는 사령관이 있었다. '고지' 와 '저지' 를 합한 8개 군단의 총사령관은 서기 12년까지는 티베리우스, 서기 13년부터는 게르마니 쿠스가 맡고 있었다. 아우구스투스 황제의 근친자가 계속 이 자리를 맡은 것은 게르마니아 군단이 엘베 강까지 밀고 나아가 게르마니아 전 역을 정복하려는 아우구스투스의 정략을 실천하는 부대였기 때문이다. 따라서 이 게르마니아 군단에는 어디보다도 많은 정예병사가 파견되어 있었다.

그러나 정예가 처음부터 정예는 아니다. 군대 경험을 쌓아야만 비로 소 정예가 된다. 서기 14년 초의 반란은 최근에 병역을 지원하여 변경 인 게르마니아로 보내진 신병들이 일으켰다.

로마 군단병이 되려면 로마 시민권을 갖고 있어야 한다. 당시 로마 시민의 대다수는 이탈리아 반도 출신이었다. 남국인 이탈리아에서 북

52

게르마니쿠스

국인 라인 강 하류지역으로 보내져, 아직 변경 방어가 어떤 것인지도
모르는 그들은 혹독한 기후와 험한 지형에다 변경에서의 무미건조한
생활에 금세 싫증이 났을 게 분명하다. 그래서 처우개선을 요구할 마
음이 생겼을 것이다. 그들도 역시 판노니아에 주둔해 있는 동료들과
마찬가지로, 선황이 죽고 새 황제가 즉위하기 전인 이때야말로 처우개
선을 요구하기에는 절호의 기회라고 생각했다.

그러나 게르마니아 반란이 판노니아 반란과 다른 점은 처우개선이라
는 경제적 스트라이크에 호소하기 전에 우선 게르마니쿠스를 황제로
추대하고 나섰다는 점이다.

티베리우스를 싫어했기 때문이 아니라, 아우구스투스의 피를 이어받
은 사람이 황제 자리를 물려받는 게 당연하다고 생각했기 때문일 것이
다. 또한 자신들이 지지한 걸 알면 게르마니쿠스도 그럴 마음이 내킬
테고, 황제 즉위의 강력한 지지층인 게르마니아 군단 병사들의 처우개
선에도 적극적으로 나서줄 게 분명하다는 계산도 있었다고 역사가 타
키투스는 말하고 있다.

그런데 게르마니쿠스는 단호하게 '싫다'는 반응을 보였고, 뿐만

아니라 그 자신이 티베리우스에 대한 충성 서약에 앞장서면서 병사들도 따를 것을 요구했다. 이렇게 되면 스트라이크를 시작할 수밖에 없다. 또한 이 무렵에는 당시의 정보 전달 경로 가운데 하나인 상인들을 통해 판노니아 반란의 상황도 라인 강 하류의 숙영지에 전해지고 있었다.

저지 게르마니아의 4개 군단에서는 폭동이 한 사람의 선동으로 일어난 게 아니라 병사들 사이에서 자연발생적으로 일어났다는 점도 판노니아 반란과는 달랐다. 따라서 처우개선 요구도 처음부터 있었던 것이 아니라, 우선 폭동이 일어난 다음에 처우개선 요구가 뒤따라 나왔다. 하지만 병사들의 분노가 백인대장들을 향해 먼저 폭발했다는 점은 여기서도 마찬가지였다. 들불이 번지듯 순식간에 여름철 숙영지 전체로 퍼진 폭동에는 사령관 카이키나도 속수무책이었다. 그때 게르마니쿠스는 징세업무를 감독하기 위해 갈리아에 머물고 있었다. 그는 소식을 듣자마자 만사를 제쳐놓고 북쪽으로 떠났다.

총사령관이 도착하면 모든 장병이 숙영지 밖에 정렬하여 맞이하는 것이 관례로 되어 있다. 게르마니쿠스를 맞이한 저지 게르마니아의 4개 군단 병사들도 그 예의는 빠뜨리지 않았다. 얼핏 보기에는 폭동을 후회하고 있는 것처럼 얌전해 보였다. 하지만 게르마니쿠스를 따라 숙영지로 들어간 뒤에는 당장 대열을 흐트러뜨리고 저마다 불만을 토로하기 시작했기 때문에 숙영지 전체가 소란에 휩싸였다.

숙영지 한복판에 있는 연단에 올라선 게르마니쿠스는 우선 그들에게 중대, 대대, 군단별로 정렬할 것을 명령했다. 병사들은 이 명령에 복종했다. 그러나 마지못해 복종하는 느낌이었고, 정렬하는 데 걸린 시간도 평소보다 훨씬 길었다. 게르마니쿠스는 정렬이 끝나기를 참을성 있게 기다린 다음, 이윽고 입을 열었다.

우선 아우구스투스의 영혼에 깊은 경의를 표한 데 이어 티베리우스

가 지금까지 전쟁터에서 세운 숱한 공적을 열거하고, 그 대부분은 제
군들을 이끌고 싸운 전과였다고 말했다. 그리고 티베리우스가 황제 자
리를 물려받는 것은 이탈리아 본국도 승인했고, 갈리아 속주도 충성을
맹세했으며, 제국의 어느 지역에서도 이로 말미암은 소요가 없었다고
말했다. 병사들은 대부분 잠자코 듣고 있었다. 게르마니쿠스는 여기서
처음으로 소란을 언급한다. 28세의 총사령관은 더욱 목청을 높였다.

"상관의 명령에 복종하는 병사의 규율은 어디로 갔는가. 로마의 전
통인 질서 존중의 정신은 어디로 가버렸는가. 대대장과 백인대장은 누
가 추방했는가."

게르마니쿠스가 이렇게 말하자, 병사들은 더 이상 침묵하지 않았다.
일제히 위통을 벗어부치고 전쟁터에서 입은 상처와 채찍으로 얻어맞은
상처를 드러내면서 저마다 항변의 소리를 질렀다. 토목공사에 빠지기
위해 얼마나 많은 돈을 백인대장에게 바쳐야 했는지. 덕분에 수중에
남은 봉급은 얼마나 보잘것없는 것이 되었는지. 도로나 다리를 놓는
공사가 얼마나 힘든 중노동을 강요하고 있는지. 참호 파기, 방책 만들
기, 군량 운반, 공사용 목재 벌채, 땔감용 장작 준비. 이런 중노동이
꼭 필요해서 하는 거라면 모르지만, 단지 병사들을 놀리지 않기 위해
지휘관들이 차례로 생각해내는 거라면서 병사들은 그동안 쌓였던 불만
을 폭발시켰다. 노병들은 복무기간이 긴 것을 호소했고, 신병들은 죽
은 황제의 유증금을 언제 줄 거냐고 따졌다. 그리고 젊은 병사나 늙은
병사를 불문하고 상당히 많은 수의 병사들이 또다시 게르마니쿠스의
황제 즉위를 요구하며, 게르마니쿠스에게 황제 자리를 계승할 뜻이 있
다면 전적으로 지원할 용의가 있다고 외쳤다.

이 말을 들은 게르마니쿠스는 마치 악령의 목소리라도 들은 것처럼
연단에서 뛰어내리더니, 병사들에게 등을 돌리고 사령관 막사를 향해
걸어가기 시작했다. 그러자 칼을 빼든 몇몇 병사들이 그를 에워싸고

연단으로 돌아가라고 강요했다. 게르마니쿠스는 큰 소리로 대꾸했다.

"신의에 어긋나는 짓을 할 바에는 차라리 죽는 게 낫다."

말로만 그런 것이 아니라 허리에 차고 있던 칼을 빼들어 그것으로 제 가슴을 찌르려고 했다. 가까이에 있던 사람이 제지하지 않았다면 정말로 찔렀을 것이다. 하지만 높이 치켜든 칼이 오히려 병사들의 반항심을 자극했다. 멀리 있던 병사들까지도 "찌르고 싶으면 찔러라!" 하고 외쳤고, 가까이에 있던 한 사람은 제 단검을 게르마니쿠스에게 내밀면서 이 칼이 더 잘 든다고 말하기까지 했다. 그러나 고귀한 태생의 젊은 총사령관에 대한 이 무례함에 맨 먼저 마음이 상한 것은 무례한 짓을 한 병사들이었다. 병사들이 기가 죽은 것을 본 막료들은 그 틈에 재빨리 게르마니쿠스를 막사 안으로 끌어들이는 데 성공했다.

넓직한 사령관용 막사 안에서는 대책을 강구하기 위한 회의가 열렸다. 이곳 저지 게르마니아 군단의 반란병들은 고지 게르마니아 군단에도 사람을 보내 공동투쟁을 제의했다는 정보도 들어와 있었다. 만약 고지 게르마니아의 4개 군단도 반란에 가담하면, 그들이 맨 먼저 할 일은 풍요로운 우비족의 근거지(현재의 쾰른)를 약탈하고 불태우는 일일 것이다. 이어서 반란의 불길은 서쪽으로 옮겨붙어, 갈리아로 번질 게 뻔했다. 그리고 반란병들의 시선이 서쪽으로 돌려져 방위선에 공백이 생긴 것을 알면, 라인 강 동쪽에 사는 게르만족이 쳐들어올 것도 충분히 예측할 수 있는 일이었다. 일이 커지기 전에 어떻게든 저지 게르마니아군 내부에서 해결해야 하지만, 그 임무를 맡은 게르마니쿠스는 판노니아에서 사태 해결을 맡은 드루수스와는 달리 티베리우스의 메시지를 받지 못했다.

티베리우스가 친아들 드루수스와 조카이자 양자인 게르마니쿠스를 차별한 것은 아니다. 게르마니쿠스는 군사에 관한 한 티베리우스에 버금가는 대권을 부여받고 있었다. 법을 중시하고 월권행위를 싫어하는 티베리우스로서는 메시지를 보내서 게르마니쿠스의 행동을 속박하고 싶지 않았던 것이다. 그러나 티베리우스는 게르마니쿠스와는 달리 '제일인자'였다. 벼랑 끝에 선 심정이었던 28세의 총사령관은 티베리우스가 갖고 있는 이 권위에 의존하려 했다.

게르마니쿠스는 '제일인자' 티베리우스가 보내온 것으로 꾸며 메시지를 쓰기로 결정했다. 말하자면 문서를 위조한 것인데, 이 위조 문서에는 황제 티베리우스가 승인한 것으로 다음 세 가지 항목이 적혀 있었다.

(1) 20년간의 복무를 끝낸 자에게는 즉시 제대를 허락한다.

(2) 16년간의 복무를 끝낸 자는 예비역으로 돌려, 적의 침입이 있을 때 요격전에 나서는 것 외에는 모든 임무에서 해방된다.

(3) 아우구스투스의 유증금은 두 배로 지급한다.

그런데 병사들은 이것을 시간벌기로 받아들이고, 즉각 실행할 것을 요구했다. 그래서 대대장들은 당장 제대 수속을 시작했지만, 선황의 유증금은 겨울철 숙영지인 베테라(오늘날의 크산텐)로 돌아간 뒤에 지급하겠다고 말했다. 하지만 이 제의도 제5군단과 제21군단이 거부했다. 그래서 게르마니쿠스와 막료들은 어쩔 수 없이 주머니를 털어 모은 돈으로 유증금을 지급했다. 그제서야 2개 군단 병사들은 겨울철 숙영지로 출발했다. 제1군단과 제20군단 병사들은 겨울철 숙영지에서 지급하겠다는 제의를 수락했기 때문에, 사령관 카이키나의 인솔로 겨울철 숙영지인 쾰른으로 떠났다. 다만 빼앗은 게르마니쿠스의 금고를 짐수레에 실어 앞세우고, 군기를 질질 끌면서 흐트러진 대열로 행군했다.

이것으로 저지 게르마니아군을 진정시키는 데 성공했다고 생각한 게르마니쿠스는 고지 게르마니아군이 주둔해 있는 곳으로 달려갔다. 지금까지 저지 게르마니아에 있는 동료들의 반란을 지켜보고 있던 그들에게도 되도록 빨리 손을 쓸 필요가 있었다. 라인 강 상류를 지키는 고지 게르마니아의 4개 군단은 사령관 시리우스의 지휘로 이미 모곤티아쿰(오늘날의 마인츠)에 있는 겨울철 숙영지에 들어가 있었다.

마인츠의 겨울철 숙영지에 도착한 게르마니쿠스는 당장 병사들을 소집하여, 새 황제 티베리우스에게 충성을 맹세할 것을 요구했다. 이미 겨울철 숙영지에 들어와 마음도 느긋해져 있었는지, 제2군단과 제13군단 및 제16군단 병사들은 망설이지도 않고 충성을 맹세했다. 하지만 제14군단 병사들만은 망설이는 기색을 보였다. 이런 태도가 다른 곳에도 파급될 것을 우려한 게르마니쿠스는 누가 요구한 것도 아닌데 고지 게르마니아의 4개 군단에도 저지 게르마니아 병사들에게 준 것과 같은 특전을 인정했다. 그러자 제14군단도 새 황제에게 충성을 맹세했다. 이제 고지 게르마니아 군단은 걱정할 필요가 없어졌다고 생각한 게르마니쿠스는 또다시 라인 강을 따라 북쪽의 쾰른으로 달려갔다. 쾰른의 겨울철 숙영지에는 원로원이 보낸 사절단이 곧 도착하기로 되어 있었다.

원로원 사절단이 오는 목적은 단지 게르마니쿠스에게 주어진 대권인 '로마군 최고통수권'을 공식으로 통보하는 것이었지만, 원로원 의원들의 모습을 본 병사들은 오해했다. 게르마니쿠스한테 받아낸 특전을 백지상태로 돌리기 위해 찾아왔다고 믿어버린 것이다. 쾰른의 겨울철 숙영지에는 제1군단과 제20군단 이외에 제대 수속을 기다리는 고참병들도 모여 있었다. 특전이 백지화되는 것을 누구보다도 두려워한 그들이 다시 폭동에 불을 붙였다.

한밤중인데도 그들은 총사령관 관사로 쳐들어갔다. 겨울철 숙영지의 군단 기지인 만큼, 관사도 천막이 아니라 로마인들이 '빌라'라고 부르는 단독주택 구조로 되어 있다. 그 빌라의 깊숙한 곳에 있는 게르마니

북 해
에이셀 만
엠스 강
베저 강
엘베 강
0 100km
N
위트레흐트
라인 강
크산텐
5 21
저지 게르마니아
쾰른
1 20
게르마니아
마인츠
2 13
14 16
트리어
갈리아
도나우 강
라이티아
노리쿰
고지 게르마니아
판노니아
달마티아
본국 이탈리아

라인 군단의 배치도(도시명에 딸려 있는 □ 속의 숫자는 숙영하는 군단을 나타낸다)

쿠스의 침실까지 쳐들어갔으니까, 이건 이미 병사가 아니라 폭도였다. 그날 밤에는 일단 격퇴했지만, 이를 계기로 폭동은 기지 전체로 확산되었다.

이튿날 아침 일찍 게르마니쿠스는 모든 병사를 소집했다. 노병들의 분노의 표적이 된 사절단장 플랑쿠스도 단상에 올라가, 사절단이 찾아온 목적을 병사들에게 설명했다. 병사들은 다소 얌전해졌다.

하지만 상황이 호전되었다고는 아무도 생각지 않았다. 막료 가운데 한 사람은 고지 게르마니아군의 겨울철 숙영지로 옮기는 게 어떠냐고 게르마니쿠스에게 진언했다. 마인츠에 있는 4개 군단은 황제에 대한 충성 서약도 끝냈으니까 안전하다는 것이다. 책임감이 남다르게 강한 게르마니쿠스로서는 도저히 받아들일 수 없는 진언이었지만, 가족만이라도 피난시켜야 한다는 진언은 한참 망설인 끝에 받아들이기로 결정했다. 망설인 것은 아내 아그리피나가 반대했기 때문이다. 자기는 아우구스투스의 피를 이어받은 몸으로, 위험 같은 건 두려워하지 않는다면서 물러서지 않았다. 그러나 아그리피나는 임신중이었고 두 살바기 아이도 딸려 있었다. 게르마니쿠스는 그것을 이유로 아내를 설득하여, 마치 적의 기습을 받고 도망이라도 치는 듯한 피난 준비가 시작되었다. 총사령관의 처자와 함께 사령관 및 군단장들의 가족도 피난을 떠나게 되었다. 피난처는 마인츠에 있는 고지 게르마니아 군단의 기지가 아니라 갈리아 속주로 결정되었다. 로마 군단 병사들 틈에 있는 것보다는 갈리아 속주민한테 가는 편이 더 안전하게 여겨졌기 때문이다.

그러나 짐수레를 준비하는 소리와 피난에 따라갈 여자 노예들의 울음소리에 잠이 깬 병사들이 막사 밖으로 몰려나왔다. 그들이 본 것은 어린 아들을 품에 안고 짐수레에 흔들리며 떠나려 하는 아그리피나와 그 뒤를 따르는 고관들의 아내와 소수의 호위병이었다. 게다가 행선지는 로마인의 거주지가 아니라 속주라고 한다. 이것이 로마인인 병사들의 가슴을 찔렀다. 역사가 타키투스의 서술을 직역하면 "슬픔과 수치심으로 가득 찼다."

아그리피나의 품에 안겨 있던 두 살바기 아이는 게르마니쿠스의 셋째아들 가이우스로, 군단병들의 마스코트였다. 병사들은 이 귀여운 아이에게 유아용으로 특별히 만든 군복을 입히고, 로마 병사의 군화인 '칼리가'(샌들식 구두)까지 만들어 신기며 귀여워하고 있었다. '작은 칼리가'라는 뜻의 '칼리굴라'가 병사들이 총사령관의 어린 셋째아들을 부를 때의 애칭이 되어 있었다. 그 아이가 자기네 때문에 안전하고 쾌적한 관사를 떠나려 하고 있다. 게다가 신변안전을 로마인이 얕보고

칼리가(caliga)—로마 군단의
백인대장 이하의 병사들이 신는 군화.
가죽으로 만든 단화식 샌들

있는 갈리아인의 손에 맡긴다고 한다. 병사들은 문을 나서려는 짐수레
쪽으로 달려가, 아그리피나에게 돌아와달라고 애원했다. 다른 병사들
은 게르마니쿠스에게 달려가, 로마 군단을 망신시키는 일은 하지 말아
달라고 부탁했다. 이 기회를 놓치지 않으려고 생각했는지, 게르마니쿠
스는 단상으로 뛰어올라갔다. 그리고는 큰 소리로 병사들에게 말하기
시작했다. 조금 길지만 이 연설을 소개하겠다. 게르마니쿠스의 성격이
참으로 잘 나타나 있다고 생각하기 때문이다.

"처자식도 나에게는 황제인 아버지나 아버지가 다스리는 로마 국가
보다 더 중요한 존재는 아니다. 그렇긴 하지만 우리 아버지(티베리우
스)는 자신의 권위로 제국과 군대를 통치할 테니까 안심하고 있다. 나
는 너희들의 영광을 위해서라면 처자식까지도 희생할 각오가 되어 있
었다. 하지만 지금은 처자식을 너희들한테서 떼어놓으려 한다. 미친
폭도로 변한 너희들이 저지를 범죄가 내 피를 흘리는 것에서 그치고,
아우구스투스의 손녀이자 티베리우스의 며느리인 여인을 살해하는 데
까지는 이르지 않도록 하기 위해서다.

　지난 며칠 동안 너희는 온갖 만행을 저질렀다. 폭도에 불과한 너희
를 뭐라고 부르면 좋은가. 총사령관인 황제의 아들을 포위 공격하는
자들을 병사라고 부를 수 있을까. 사절단인 원로원 의원에게 무례한

짓을 일삼는 자들을 시민이라고 부를 수 있을까. 사절들의 신변안전을 보장하고 인권을 존중하는 것은 로마의 적까지도 경의를 표한 로마인의 특질이다. 그런데 너희들은 그것을 모두 유린했다.

신격 카이사르는 사령관의 명령에 복종하겠다는 서약을 깨뜨린 병사들을 '시민 여러분'이라고 부른 것만으로 그들을 제정신으로 돌려놓을 수 있었다. 신격 아우구스투스는 병사들 앞에 모습을 나타낸 것만으로도 그들을 공포에 떨게 할 수 있었다. 나에게는 그들 두 분과 같은 재능은 없지만, 내 부하 병사들이 에스파냐나 시리아에서 근무하는 동료 병사들에게 경멸당할 짓을 한다면 나는 두고두고 낯을 들 수 없을 것이다.

제1군단과 제20군단 병사들이여. 너희는 2년 전까지만 해도 티베리우스를 따라 게르마니아의 들판을 전전하며 야만족에게 승리를 거두고 많은 포상을 받은 병사들이다. 그런데 나더러 아버지 티베리우스가 다른 어떤 군단에서도 받지 못한 나쁜 소식을 가져가란 말인가. 백인대장을 죽이고 대대장을 쫓아내고 원로원 의원을 포로로 삼고 기지를 피로 더럽히고 강을 피로 물들일 만큼 적의에 찬 병사들 틈에서 총사령관이 겨우 목숨을 부지하고 있는 비참한 실상을 보고하란 말인가.

첫날 내가 스스로 가슴을 찌르려 했을 때 그 칼을 빼앗은 친구는 이제 와서 생각해보면 친구가 아니다. 오히려 나에게 단검을 내민 병사가 이제 와서 생각하면 내 편이었다. 그때 죽었다면 그후 계속된 너희들의 만행을 보지도 않았을 테고, 너희가 나 대신 뽑았을 총사령관이 적어도 바루스(토이토부르크 숲에서 게르만족에게 참살당한 장수)와 3개 군단의 복수는 해주었을 것이다. 로마인이 당한 굴욕은 로마인이 풀어야 하고, 설령 제의가 있더라도 그런 명예로운 행위를 갈리아 속주민에게 시키는 것은 신들이 금지하고 있기 때문이다.

오오, 이제 하늘에 계신 신격 아우구스투스여, 젊은 나이에 게르마니아 땅에서 쓰러진 아버지 드루수스여, 여기에 있는 병사들의 마음에서 죄와 더러움을 씻어주소서. 그리고 로마인들 사이에 폭발한 분노가 다음에는 적인 게르만족을 상대로 폭발하도록 도와주소서.

너희가 지금은 표정도 태도도 여느 때의 병사로 돌아온 것 같지만, 사절단을 풀어주고 황제에게 충성을 맹세하고 나에게 아내와 자식을 돌려줄 작정이라면, 만행을 그만두고 주모자를 넘겨라. 그래야만 나도 너희의 참회를 진심으로 믿을 수 있고, 너희의 충성심도 확실해질 것이다."

병사들의 마음은 뉘우침으로 가득 찼다. 게르마니쿠스의 비난도 당연하다고 생각하며 듣고 있었다. 연설이 끝나자마자 많은 사람이 소리쳤다.

"아그리피나를 다시 불러와주십시오."

"저희들 틈에서 자란 칼리굴라를 갈리아인에게 보내지 말아주십시오."

"죄를 지은 저희를 적에게 이끌고 가주십시오."

게르마니쿠스는 아그리피나를 불러오라는 요구는 받아들이지 않았다. 그녀가 임신한 몸이고 계절이 겨울이라는 게 이유였다. 그러나 칼리굴라는 언젠가 돌아올 거라고 대답했다. 그리고 나머지는 너희들 하기에 달렸다는 말을 남기고 관사로 돌아갔다.

병사들은 저들이 지은 죄를 서둘러 속죄하려 했다. 두드러지게 폭력 행위를 저지른 자들이 쇠사슬에 묶여 차례로 제1군단장 앞에 끌려왔다. 재판은 다음과 같이 진행되었다. 칼을 빼든 병사들이 에워싸고 있는 연단 위로 한 사람씩 끌려 올라가면, 그자가 유죄인지 무죄인지를 대대장이 병사들에게 묻는다. 유죄라고 외치는 목소리가 많으면, 그자를 연단 밑으로 떨어뜨려 죽인다. 한 사람이 살해될 때마다 병사들 사이에서는 환호성이 일어났다. 조금 전까지는 동지였던 자를 죽이면 자기 죄가 사라진다고 여기는 것 같았다.

게르마니쿠스는 내버려두었다. 인신공양의 관습에서 일찌감치 벗어난 로마인에게 이것은 분명 야만적이고 잔혹한 만행이었지만, 그가 명령하여 강제로 시킨 게 아니라 병사들의 자발적인 의지의 결과라는 변명이 성립되었기 때문이다.

그는 만행에 호소하지는 않았지만, 병사들에게 증오의 표적이 된 백인대장들을 재편성했다. 그것도 나중에 게르마니쿠스를 유명하게 만든 '민주적'인 방식으로 실시했다.

백인대장들은 한 사람씩 총사령관 앞에 불려나와 이름과 소속 백인대, 출신지, 근속 햇수, 전공(戰功)의 유무 등을 신고한다. 그런 다음 직속상관인 대대장이나 소속 군단병들이 이 백인대장의 근면성과 정직성을 인정하면 계속 근무하게 하고, 반대로 탐욕스럽고 잔인하다는 의견이 지배적이면 해임했다.

쾰른에 있는 겨울철 숙영지의 질서는 이렇게 회복되었다. 하지만 크산텐의 겨울철 숙영지에 있는 제5군단과 제21군단 병사들이 쾰른에서 벌어진 '재판'을 알게 되자 분위기가 뒤숭숭해졌다. 게르마니아 군단에서 일어난 폭동은 그들이 먼저 시작했다. 게다가 어느 군단보다 강경한 태도로 일관한 것도 그들이었다. 처벌받아 마땅한 것은 누구보다도 그들이었다. 게르마니쿠스는 사태가 커지기 전에 손을 쓰기로 결정했다. 필요하면 같은 로마 병사에 대해서라도 무력을 사용할 작정이었다. 쾰른도 크산텐도 라인 강 연안의 군사기지다. 게르마니쿠스는 강을 따라 내려가기 위해 배를 준비하라고 명령했다. 그러나 쾰른을 떠나기 전에 전령에게 비밀 편지를 주어, 크산텐의 겨울철 숙영지를 맡고 있는 사령관 카이키나에게 보냈다. 편지에는 군단을 이끌고 라인 강을 따라 내려갈 테니 자기가 도착하기 전에 주모자를 처단하라, 그러지 않으면 크산텐의 겨울철 숙영지 전체를 적으로 삼게 될 것이라고 적혀 있었다.

카이키나는 소란에 가담하지 않은 병사들을 모아놓고 이 편지 내용을 전했다. 자신을 지키기 위해서라도 조치를 취할 수밖에 없다는 데 모든 사람의 의견이 일치했다.

신호와 함께 시작된 한밤중의 살육은 처참하기 이를 데 없었다. 적과의 전투가 아니다. 한솥밥을 먹으며 동고동락한 사이다. 그리고 밤의 어둠 때문에 표적을 정확히 좁힐 수가 없었다. 이리하여 죄없는 병사들까지도 무참하게 살해되었다.

크산텐에 도착한 게르마니쿠스가 본 것은 피비린내가 진동하고 살해된 병사들의 시체가 사방에 흩어져 있는 로마군 기지의 참상이었다. 게르마니쿠스는 이건 처단이 아니라 학살이라고 한탄했지만, 시체를 불태우라고 명령할 수밖에 없었다.

그러나 전우의 시체에서 풍기는 피비린내는 살아남은 자들까지도 흉포하게 만들고 있었다. 게르마니쿠스는 피에 미친 병사들이 평상으로 돌아오려면 다른 피를 뒤집어쓰는 길밖에 없다고 생각했다. 내란도 아닌데 전우끼리 서로 죽고 죽인 것은 로마 군단에서는 전대미문의 일이었다. 이 오명을 씻으려면 적을 향해 돌격해 나갈 수밖에 없다고 판단한 것이다. 이미 전투철이 지난 10월 말이었는데도 그는 라인 강에 다리를 놓으라고 명령했다.

라인 강 동쪽에 사는 게르만족은 그야말로 날벼락을 맞은 셈이었다. 이 계절에는 로마인도 쳐들어오지 않으리라 믿고 축제에 열중해 있을 때 피에 굶주린 대군이 쳐들어온 것이다. 허를 찌른 기습이었으니까 로마의 승리로 끝난 것도 당연하다. 게르만족을 피의 제물로 바치고서야 겨우 오명을 씻은 기분이 된 로마 병사들은 이번에는 순순히 백인대장을 따라 퀼른과 크산텐의 겨울철 숙영지로 돌아갔다. 게르마니쿠스는 마침내 로마의 티베리우스에게 게르마니아 군단의 반란이 진압되었다고 보고할 수 있었다.

티베리우스는 원로원을 소집하여, 판노니아와 게르마니아에서 일어
난 병사들의 반란은 드루수스와 게르마니쿠스의 노력으로 해결되었다
고 알렸다. 그리고 게르마니쿠스가 병사들에게 준 세 가지 특전은 게
르마니아에 주둔하고 있는 8개 군단만이 아니라 판노니아에 있는 3개
군단 병사들한테도 인정해주자고 요청했다. 이쪽에는 양보해놓고 저쪽
에는 인정해주지 않을 수도 없는 노릇이다. 그런 짓을 하면 판노니아
군단이 또다시 반란을 일으킬지도 모르기 때문이다. 원로원도 동감이
었는지, 티베리우스의 요청을 선뜻 받아들였다.

그날 티베리우스의 입에서는, 그의 이름을 사칭하여 문서를 위조하
면서까지 병사들에게 양보한 게르마니쿠스를 비난하는 말은 한마디도
나오지 않았다. 하지만 이런 양보를 극단적으로 싫어한 티베리우스의
성격을 생각하면, 이날 그의 심중이 어떠했을지는 짐작하기 어렵지 않
다. 실제로 세 가지 항목 가운데 두 가지―복무기간을 16년으로 단축
한다는 항목, 아우구스투스의 유증금을 두 배로 지급한다는 항목―에
대해서는 티베리우스의 의향에 원로원도 찬성하여, 반란이 진압된 지
얼마 후에는 완전히 백지로 돌아갔다. 그러나 티베리우스는 20년이 지
나면 제대시켜준다는 항목은 반드시 지키려고 애썼고 실행했다. 변경
에서 군무에 종사한 경험이 풍부한 티베리우스는 병사들이란 항상 만
기 제대를 꿈꾸게 마련이라는 것을 충분히 이해하고 있었다. 군단병에
게 지급할 퇴직금의 재원을 확보하기 위해, 시민들에게 인기가 없었던
매상세를 폐지하라는 요구에도 귀를 기울이지 않았다.

황제에 즉위한 직후의 티베리우스가 수도 로마에서 판노니아와 게르
마니아의 반란 진압 결과만 기다리면서 시간을 보낸 것은 아니다. 군
단 반란을 진압하는 일은 게르마니쿠스와 드루수스에게 완전히 맡겨두
고 있었던 것도 사실이지만, 로마 제국은 영토가 넓고 통치하는 인종

66

과 민족, 종교와 문화도 다양한 까닭에 시급히 해결해야 할 과제가 끊이지 않았다.

공중안전

55세에 사실상의 황제인 '제일인자'에 취임했을 당시부터 티베리우스는 자기가 인기없는 황제로 끝나리라는 것을 예감하고 있었던 게 아닌가 싶다. 그는 마치 체념이라도 한 듯 처음부터 끝까지 인기를 얻기 위한 정책에는 관심을 보이지 않았기 때문이다.

로마 제국은 율리우스 카이사르가 설계도를 그리고, 아우구스투스가 그 설계도를 토대로 구축한 대건축물 같은 것이다. 하지만 그 건물도 설계 의도를 이해하지 못하는 사람의 손에 넘어가면 설계도에는 없었던 개조가 이루어져, 당초의 건축물과는 전혀 다른 형태로 바뀌어버릴 우려가 있다. 그런 변형을 막으려면, 설계자의 의도나 그것을 토대로 건축물을 세운 사람의 생각을 완전히 이해하고 있는 인물이 건물 주인이 되어, 나중에 누가 손을 대든 간에 기본형은 절대로 바꿀 수 없을 만큼 견고한 건축물로 만들어서 후세에 물려주어야 한다. 티베리우스에게 부여된 과제는 수수하면서도 고생스러운 이 임무였다. 그리고 그에게 부과된 임무의 이런 성격을 충분히 이해하고 있었던 사람은, 그에게 뒷일을 맡기고 죽은 아우구스투스를 빼면 티베리우스 자신뿐이었다.

'평화'(팍스)는 외적에 대한 방위만으로 실현할 수 있는 것이 아니다. 사람들이 안전하게 일상생활을 영위할 수 있어야만 진정한 '평화'다. '팍스 로마나'(로마에 의한 평화)는 이 양쪽의 '팍스'를 의미했다.

황제에 즉위한 직후에 티베리우스가 실시한 정책 중에는 본국 이탈리아의 공중안전 대책을 완비하는 것도 포함되어 있었다. 집에서 한 걸음만 나가도 신변안전을 보장할 수 없다면, 생활하는 데 필요한 사회활동이 정체되어버린다. 또한 인심도 사나워진다. 티베리우스는 도둑, 강도, 상해, 살인, 거기에다 경기장의 '훌리건'까지 공중의 안전을 저해하는 일은 절대 용납하지 않겠다는 방침을 분명히 했다. 그리고 수도 로마의 북동쪽에 상설 기지를 만들어 아우구스투스가 창설한 근위대를 수용하기로 결정했다. 도심에서는 떨어져 있지만 수도 가까운 곳에 9천 명의 근위병을 대기시켜놓기로 한 것이다. '근위대'가 출동한 곳을 보면, 현대 국가의 경찰 같은 역할도 맡고 있었던 모양이다. 로마 제국은 제국의 본국인 이탈리아 반도에는 군단을 배치하지 않았다. 근위대의 주된 임무는 본국의 질서 유지였다.

그러나 '공명정대'(유스티티아)야말로 최고의 '안전보장'(세쿠리타스)이다. 그리고 '공명정대'는 사법이 제대로 기능을 발휘해야만 보장된다. 로마의 재판에서는 고발자가 그 이유를 제시하는 데 이틀, 변호인측 변론에 사흘이 소비되는 게 관례였지만, 중요한 재판에는 티베리우스가 처음부터 배심원 평결이 나오기까지 모든 과정에 몸소 참석했다. 특히 속주 총독의 부정행위를 판가름하는 재판에는 열심이었다. 키가 크고 건장한 체격을 낙낙한 토가로 감싸고, 피고에게 날카로운 질문을 퍼붓는 티베리우스는 정치가라기보다는 검사에 가까웠을 것이다. 커다란 눈을 번득이며 날카롭게 쏘아보고 거의 웃지도 않는 티베리우스는 그 자리에 있기만 해도 위압감을 느끼게 하는 인물이었다.

긴축 재정

'공명정대'는 사법만이 아니라, 선정의 토대인 세제에도 적용된다. 세제에 대한 티베리우스의 생각은 시종일관 한결같았다. 무슨 일이 있어도 세금 인상만은 하지 않겠다는 태도로 일관한 것이다. 선황인 아우구스투스가 정한 것이니까 지키겠다는 마음도 있었지만, 티베리우스 자신도 그 합리성을 인정하고 있었기 때문이다.(아우구스투스의 세제에 관해서는 제6권 234쪽 참조)

그러나 국가 재정은 새로운 지출을 결정한 것도 아닌데 무엇 때문인지 계속 늘어나는 숙명을 갖는다. 제국의 영역은 확대되지 않았지만, 아우구스투스가 세제를 개혁한 지 벌써 반세기가 지났다. 세제는 그대로 두어도 좋지만 개개의 세율은 올리는 게 어떠냐는 논의가 일어나기 시작했다. 그 중에서도 특히 속주민에게 부과되는 세금을 인상하자는 주장이 제기되었다. 이에 대해 티베리우스는 이렇게 대답했다.

"여러분은 양을 죽여서 고기를 먹으려 하지 말고, 털을 얻는 대상으로 양을 생각해야 한다."

'양'은 너무 직접적인 표현이지만, 당사자인 양의 처지가 되면 어떨까. 잡아먹혀버리기보다는 1년에 한번 털을 깎이는 편이 낫다고 생각하지 않을까. 또한 살해된다면 온 힘을 다해 저항하겠지만, 1년에 한번 10퍼센트의 속주세를 내는 데에는 순종해도 좋다. 그리고 '로마에 의한 평화' 덕분에 인근 부족과의 투쟁에 에너지를 소비할 필요도 없어지고, 야만족이나 산적이나 해적 같은 '늑대'에 대한 대책도 지금은 패권자인 로마가 마련해주고 있다. 속주민이 이런 식으로 생각해준다면, 로마는 군사력을 증대하지 않고도 '안전보장'을 확립할 수 있다는 것이 아우구스투스가 생각하고 티베리우스도 찬성한 '합리성'이었다.

그렇긴 하지만 내버려두면 세입은 그대로인데 세출만 늘어나버리는 게 국가 재정의 숙명이다. 여기에는 어떻게든 대비하지 않으면 안된다. 제국 경영의 합리성을 관철하기 위해서는 병역 연한 20년을 엄수하는 것과 더불어 건전 재정을 확립하는 것이 티베리우스에게는 급선무가 되었다.

아우구스투스가 재정을 방만하게 운영했던 것은 아니다. 하지만 이 제국 창설자는 창설자이기 때문에 인기를 소홀히할 수 없었다. 다시 말해서 인기없는 정책을 채택하는 사치는 아우구스투스에게는 허용되지 않았다. 아우구스투스가 새로 만든 로마 황제라는 지위에 정식으로 앉으려면 원로원과 로마 시민의 승인을 얻어야 한다. 원로원과 시민이 승인을 철회하겠다고 나오면 황제의 지위도 위태로워진다.

그러나 '승인'이든 '선거'든, '유권자'는 인기의 유무만으로 승인 여부를 결정하지 않는다. 라틴어로 '비르투스', 즉 재능이나 역량이나 업적을 평가한 뒤에 지지를 계속하기로 결정하는 사람도 많다. 전부 다 그렇지는 않았지만, 인기를 얻기 위한 정책이라도 역시 공익과 일치해야 할 필요가 있었다.

이집트를 대표하는 건축물은 파라오의 유택인 피라미드이고, 그리스를 대표하는 건축은 신들에게 바친 신전인 반면, 로마의 대표적인 건축물을 들라면, 사람들이 현세에서 살아가는 데 유용한 도로, 수도, 다리, 회당, 항만, 목욕탕 같은 사회간접자본이었다고 대답할 수밖에 없다. 로마에서 공익을 중시하는 공사가 활발하게 이루어진 것은 그것을 엘리트의 책무로 생각하는 전통이 존재했기 때문이다. 인기를 얻는 정책과 공익은 이곳 로마에서는 지극히 자연스럽게 공존공영을 이룰 수 있었다.

아우구스투스가 처음 얼마 동안은 경쟁자인 안토니우스에 대한 대항책으로, 그리고 경쟁자를 물리친 뒤에는 제국의 기반을 굳히기 위해 40년 동안 실시한 공공사업은 엄청난 수에 이른다. 협력자였던 아그리파와 마이케나스도 분담하긴 했지만, "벽돌의 로마를 물려받아 대리석의 로마로 만들어 후세에 물려준다"고 호언할 자격은 충분했다. 『업적록』에도 자랑스럽게 열거하고 있는 것을 보면, 공공사업이 인기를 얻기 위한 정책이기도 했다는 것을 알 수 있다.

그러면 아우구스투스를 계승한 티베리우스는 어떠했는가. 결론부터 말하면, 꼭 필요한 경우가 아니면 공공사업을 벌이지 않았다. 그에게는 재정을 재건해야 할 필요성이 더 시급하고 절박했기 때문이다. 공공사업을 하지 않기로 결정할 수 있었던 것은 아우구스투스가 지나치다 해도 좋을 만큼 많은 공공 건축물을 세웠기 때문이다. 이런 건축물을 유지하는 데만도 상당한 비용을 지출해야 했다.

티베리우스가 필요성에 쫓겨 어쩔 수 없이 시행한 공공사업은, 인기에 가장 직접적인 영향을 주는 수도 로마에서는 단 두 건뿐이다. 첫째는 아우구스투스 신전. 신격이 된 선황에게는 신전을 지어서 바칠 필요가 있었다. 둘째는 폼페이우스 극장을 개축한 것이다. 로마에는 돌로 지은 상설 극장이 아직 두 개밖에 없었기 때문에 이용 횟수가 많아서, 유지 보수하는 것만으로는 파손 속도를 따라가지 못해 자주 개축할 필요가 있었다.

그러나 수도와 본국에서는 공공사업에 열성을 보이지 않은 티베리우스도 속주에서는 제법 많은 공공사업을 벌였다. 제국의 방위선인 도나우 강을 끼고 있는 판노니아 지방에서는 특히 많았고, 북아프리카에서도 그것을 보여주는 금석문이 발굴되고 있다. 하지만 이런 경우에도 실용성을 중시하는 티베리우스는 극장을 신축하는 따위의 화려한 사업은 벌이지 않고, 모두 도로나 다리 같은 사회간접자본 공사였다.

로마인들은 구경거리를 제공하는 것도 지도층에 속하는 사람들의 의무라고 생각했다. 고대 로마라면 2천 년 뒤인 오늘날에도 '빵과 서커스'가 연상되는데, 바로 그 '서커스', 라틴어로는 '키르쿠스'(Circus)가 구경거리를 가리킨다. 그리고 '빵'은 밀의 무상배급을 말한다. 누진

과세 제도가 없었던 시절이다. 따라서 유복한 사람은 점점 유복해지니까, 혜택받지 못한 사람들에게 어떻게든 그 부를 환원해야만 사회 안정에 이바지하게 된다. 고대 그리스에서는 연극을 구경거리로 제공했지만, 고대 로마에는 검투사 시합을 비롯하여 다양한 볼거리가 있었다.

아우구스투스는 양아버지인 카이사르를 닮아서 이런 면에도 열심이었다. 『업적록』에 기록된 것만 보아도 다음과 같다.

검투사 시합—8회, 제국 전역에서 모인 경기자들의 체육대회—3회, 전차 경주—7회, 전쟁의 신 마르스에게 바치는 경기대회—매년, 아프리카 야수를 사냥하는 구경거리—26회, 모의 해전—1회.

아우구스투스의 뒤를 이은 티베리우스는 전쟁의 신 마르스에게 바치는 경기대회처럼 종교행사를 겸해서 열리는 것 외에는 어떤 구경거리도 제공하지 않았다. 법률로 금지한 것은 아니다. 황제가 후원자가 되어 비용을 대는 것을 그만두었을 뿐이다. 특히 검투사 시합에는 냉담했다. 티베리우스 자신이 좋아하지 않았다는 이유도 있다. 하지만 카이사르나 아우구스투스도 검투사 시합을 좋아한 것은 아니었다. 지식층에 속하는 사람들 중에는 사람이 죽을 확률이 높은 이 스포츠를 싫어하는 사람이 많았다. 그러나 서민들은 열광했다. 그리고 로마의 서민은 로마 시민권 소유자였고, 따라서 '유권자'이기도 했다.

게다가 구경거리라고는 하지만, 그것으로 생계를 꾸려가는 사람도 적지 않다. 실제로 검투사들은 실업자 신세가 되었다고 항변했을 정도다. 그들은 죽음이 늘 따라다니는 이 위험한 직업으로 큰돈을 벌고, 여자들의 흠모를 받는 존재이기도 했다. 원로원 의원의 딸이 검투사와 눈이 맞아 야반도주한 일까지 있었다. 로마인들에게 검투사 시합은 조금 잔혹한 권투경기가 아니었을까.

티베리우스는 집정관을 비롯한 요직의 선출장을 민회에서 원로원으로 옮겼다. 이 조치는 원로원 의원들에게 호평을 받았다. 하지만 이것도 구경거리를 공짜로 즐길 기회를 서민한테서 빼앗는 결과가 되었다.

요직이 원로원 의원들의 호선으로 결정되면, 입후보하는 원로원 의원은 선거운동을 할 필요가 없다. 시민이 유권자였던 시절에는 구경거리의 후원자가 되어 유권자들을 무료로 초대하는 것이 가장 중요한 선거운동이었고, 그밖에 자기 집안의 '클리엔테스'들을 총동원하여 설득 공작을 벌이거나 심지어는 돈으로 표를 사는 경우까지 있었다. 필요경비 외에는 한푼도 보수를 받지 못하는 국가 요직을 이렇게까지 탐낸 것은 '명예로운 경력'이라고 불리는 요직에 앉아야만 국가 지도층에 속하는 사람이라는 게 증명되었기 때문이다.

이런 선거운동에 필요한 막대한 돈을 절약할 수 있게 되었으니까 원로원 의원들이 기뻐한 것은 당연하지만, 유권자였던 서민들은 공짜로 구경거리를 즐길 기회를 빼앗긴데다 1년에 한번인 선거철이 올 때마다 약간의 임시 수입을 올릴 수 있다는 기대마저도 허사가 되어버렸다. 또한 서민들이 받았던 또 다른 보너스도 티베리우스 시대가 시작된 뒤로는 기대할 수 없게 되었다.

아우구스투스는 황제의 지위가 원로원 의원과 로마 시민권 소유자라는 '유권자'에 달려 있다는 것을 잘 알고 있었다. 그가 이 체제의 창시자였으니까 잘 아는 것도 당연하지만, 그렇기 때문에 이 유권자를 경제적으로 우대하는 것도 잊지 않았다.

원로원 의원은 명예직이라서, 속주 총독으로 부임해도 무보수다. 보수를 받지 않아도 생계를 유지할 수 있도록 최소한 100만 세스테르티우스 이상의 자산을 원로원 의원의 자격으로 규정한 사람은 아우구스투스지만, 이 자격에 미달하는 상태가 되어버린 의원에게는 황제가 지원을 아끼지 않았다. 그렇긴 하지만 이 원조는 황제의 요청을 원로원이 의결해야만 이루어진다. 따라서 이것은 가난한 원로원 의원에게 국비를 지원하는 일종의 복지대책이었다.

로마 시민권 소유자 중에서도 중상류층인 '기사계급'(경제계)에 속하는 시민들의 경우에는, 이들의 경제 능력을 살려 징세업무를 담당하는 '황제 재무관'을 비롯한 각종 행정관료직에 등용했다. 이런 행정직은 유급이었다.

중하류층이라 해도 좋은 로마 평민에게는 하사금이라는 이름의 보너스를 자주 주었다. 이것은 황제가 자기 돈으로 주는 것이므로, 원로원과 의논할 필요가 없었다. 『업적록』에 따르면, 아우구스투스가 준 보너스는 다음과 같다.

기원전 29년—수도 로마의 시민에게 1인당 400세스테르티우스. 받은 사람의 수는 25만 명.

기원전 29년—제국 전역의 식민도시(콜로니아)에 사는 로마 시민에게 1인당 1천 세스테르티우스. 받은 사람의 수는 12만 명.

기원전 24년—수도 로마의 시민에게 1인당 400세스테르티우스.

기원전 23년—자기 돈으로 구입한 밀을 12회로 나누어 무상배급.

기원전 12년—1인당 400세스테르티우스. 받은 사람의 수는 25만 명.

기원전 5년—수도 로마의 시민에게 1인당 240세스테르티우스. 받은 사람의 수는 32만 명.

기원전 2년—나라에서 밀을 무상으로 배급받을 권리가 있는 빈민에게 1인당 240세스테르티우스. 받은 사람의 수는 20만 명 남짓.

그러면 티베리우스는 어떠했는가.

100만 세스테르티우스의 자격에 미달한 원로원 의원을 구제해주는 것은 거부하지 않았다. 다만 그 의원 자신이 원로원 회의장에서 재정 상태의 위기를 호소한 경우에만 원조를 제공하기로 했다. 남들 앞에서 수치를 당하는 것은 누구나 싫어한다. 원조를 요구하는 원로원 의원의 수는 격감했다. 티베리우스는 멋대로 돈을 낭비한 끝에 파산한 사람까지 구제해줄 필요는 없다고 생각한 것이다.

'기사계급'을 활용하는 문제에 대한 티베리우스의 태도는 아우구스투스와 조금도 다르지 않다. 경제관료만이 아니라 군단장에까지 등용했으니까, 로마 사회의 제2계급을 활용하는 데에는 아우구스투스보다 더 적극적이었다고 말해야 할지도 모른다.

제2대 황제 티베리우스는 황제의 하사금이라는 명목으로 평민에게 주는 보너스를 완전히 폐지했다. 다만 그라쿠스 형제 가운데 동생인 가이우스 그라쿠스가 법제화한 이후 150년 동안이나 지속되고 있는 '소맥법'(렉스 풀멘티아)에 따라 빈민에게 밀을 무상으로 배급하는 것은 폐지하지 않았다. 카이사르가 15만 명으로 결정한 무상배급 대상을 '20만 명 남짓한 수'로 늘린 것은 아우구스투스지만, 티베리우스는 이 수를 줄이지도 않았다. '소맥법'은 로마인들이 '프롤레타리'라고 부른 무산자에 대한 사회복지정책이었기 때문이다.

하지만 아우구스투스 시대와 같은 규모로 지출이 계속되면, 시민권 소유자 수는 계속 늘어나기 때문에 언젠가는 국가 재정이 파탄에 이르러 세금 인상을 피할 수 없게 되었을 것이다. 속주세를 올리면 속주민이 반란을 일으킨다. 반란을 진압하려면 군단이 출동하기를 기다릴 수밖에 없고, 그때까지는 국경 밖의 적만 상대하면 되었던 로마 군단은 국경 안에도 적을 갖게 되어 군사력 증강이 불가피해진다. 군사력 증강은 국가 재정을 압박할 수밖에 없고, 결국 세금 인상으로 이어질 수밖에 없다. 이 악순환에 빠지기 전에 한시 바삐 국가 재정의 건전화를 이루어야 했다. 아우구스투스가 사망한 직후에 일어난 군단의 반란은 재정 파탄의 전조이기도 했다. 퇴직금 재원이 확보되지 않은 상태에서는 만기를 맞은 병사도 제대시킬 수가 없고, 그래서 20년 동안 복무하기로 약속한 병사를 30년 내지 40년 동안이나 현역에 붙잡아두는 사태까지 일어났다. 이런 상태를 방치해두면 로마 병사들의 사기에 악영향을 미칠 뿐 아니라, 대제국의 방위체제 자체가 붕괴될 수도 있었다.

재정 재건은 티베리우스에게는 급선무였다. 세금을 인상하지 않고 재정을 재건해야 하는 그에게 남은 길은 긴축 재정밖에 없었다. 이것은 자신의 인기 하락을 각오하는 것이기도 했다.

나는 재정을 건전화해야 할 필요성은 이해하지만, 경제에 대해서는 아무것도 모른다. 그래도 한번 상상력을 발휘해보고 싶어진다. 티베리우스가 단행한 긴축 재정 때문에 로마 제국이 불경기에 빠지지 않았을까. 아우구스투스 시대까지 활발하게 이루어진 공공사업과 구경거리는 경제활동을 활성화했을 테고, 황제의 보너스는 소비 활성화에 도움이 되었을 게 분명하기 때문이다. 그런데 티베리우스는 이것을 완전히 폐지하거나 극도로 억제했다.

하지만 잘 생각해보면 이런 걱정은 필요없다는 것을 알 수 있다.

우선 신규 공사는 줄었지만, 끊임없는 보수를 필요로 하는 건물이나 수도나 도로는 얼마든지 있었다. 로마의 엔지니어들은 "돌은 내 편이고 물은 내 적"이라고 말한다. 조금만 우묵하게 팬 곳이 생겨도 바람이 거기에 흙을 날라온다. 식물 씨앗도 날라온다. 거기에 비가 내린다. 잡초는 조금씩 뿌리를 뻗는다. 불면 날아갈 듯한 잡초가 대건축물을 붕괴시키는 원인이 될 수도 있다. 건물도 도로도 흙이 쌓이거나 물이 고이지 않도록 표면을 항상 반반하게 해두어야 한다. 그러기 위해서는 끊임없는 관리와 수리가 필요했다. 신규 공사는 줄었지만, 공공사업에 쏟아넣는 자금과 인력과 기술이 막대한 것에는 변함이 없었다.

구경거리의 최대 후원자였던 황제가 거기에서 손을 떼어버린 것은 검투사들의 항의가 보여주듯 거기에 종사하는 사람들에게는 경제적 영향을 주었을지도 모른다. 하지만 이로 말미암아 일어난 불만은 공짜로 구경거리를 즐길 기회를 빼앗겼다는 불만이었다. 이런 종류의 산업은 고대에는 일반화되어 있지 않아서, 일자리를 확보해주기에는 미흡했다.

하사금이라는 이름의 보너스도 40여 년에 이르는 아우구스투스의 치세 동안 일곱 번을 헤아릴 뿐이다. 평균하면 6년에 한번이니까, 소비 활성화에 영향을 줄 정도는 아니었을 것이다.

그리고 티베리우스가 광대한 제국 경영을 맡게 된 서기 1세기 전반에는 아우구스투스가 쌓아올린 로마 제국이라는 거대한 경제권(圈)도 상당히 원활하게 기능을 발휘하게 되었고, 따라서 국고 수입 자체도 늘어났다. 속주 중에서도 '황제 속주'라고 불린 지방은 원래 문명도가 높은 시리아를 제외하면 대부분 경제력이 낮은 지역이었다. 수익의 10퍼센트인 속주세도 거의 기대할 수 없는 지방이었다. 그런데 남프랑스를 제외한 갈리아 전역, 남부 에스파냐를 제외한 히스파니아 전역의 경제력이 향상된 것이다. 첫째 이유는 안전이 보장된 것, 둘째 이유는 도로망을 비롯한 사회간접자본 정비였다.

인간은 안전해지면 정착한다. '이동'과 '정착'의 경우, 에너지 활용도와 부의 축적도가 얼마나 큰 차이를 보이는가를 생각해보면 정착의 유리함은 분명해질 것이다. 티베리우스 시대보다 50년 전에 이미 카이사르 덕택에 게르만족의 침략에 대한 두려움에서 해방된 갈리아인들은 수렵민족에서 농경민족으로 변하기까지 했다. 그리고 사회간접자본의 보급은 농축산물의 유통을 촉진했다.

이처럼 경제가 계속 발전하고 있던 시대에는, 긴축 재정이라 해도 모든 분야에서 경비를 줄일 필요까지는 없었다. 쓸데없는 낭비나 불요불급한 분야의 경비를 삭감하는 것만으로 충분하지 않았을까. 어쨌든 불경기에 빠지지는 않았다. 그러나 인간은 눈으로 보고 손으로 만질 수 있는 것으로 판단하는 경향이 있다. 실제 경제는 불경기가 아닌데 불경기처럼 느끼는 '불경기감(感)'이라는 것도 있다. 아우구스투스에 비해 티베리우스는 '쩨쩨하다'는 평가가 정착되었다.

게르마니아 철수

아우구스투스의 뒤를 이은 티베리우스에게 부과된 임무는 우선 황제의 지위를 확립하여 제정을 견고하게 하는 것, 둘째는 국가 재정의 건전화, 그리고 셋째는 북쪽 방위선을 라인 강에 그대로 둘 것인가 아니면 엘베 강까지 확장할 것인가 하는 전략적인 문제였다.

후세의 우리에게는 당연한 일이지만, 티베리우스 시대부터 100년 뒤인 타키투스 시대의 로마인들도 제국의 북쪽 방위선은 라인 강이라는 것을 기정 사실로 인식하고 있었다. 그러나 아우구스투스 시대의 로마가 엘베 강까지 방위선을 확장하여 게르마니아 땅 전체를 제패하려 했던 것도 사실이다. 그런 야심을 언제 누가 단념했는지는 당시의 로마인들도 알지 못했다. 아우구스투스도 티베리우스도 거기에 대해서는 한마디도 남기지 않았기 때문이다. 정복하기 위해 군대를 파견해놓고 결국 철수한 것은 로마 역사에 일찍이 한번도 없었던 불명예인 만큼, 당사자가 둘 다 침묵을 선택했을까. 아니면 아우구스투스는 죽을 때까지 게르만족 제패를 단념하지 않았을까. 그래서 철수하겠다는 결단은 티베리우스가 내렸을까.

현대 학자들이 '지나친 야심'으로 평가하는 아우구스투스의 게르마니아 정복은 기원전 12년에 시작되었다. 그는 아내 리비아가 데려온 자식인 드루수스를 사령관에 임명하여 게르마니아로 군단을 파견했다. 대담한 전략을 구사한 드루수스는 기원전 11년과 10년에 게르마니아 들판을 누비다가 기원전 9년에 드디어 엘베 강에 이르렀다. 하지만 거

기서 돌아오는 길에 말에서 떨어져 젊은 나이에 세상을 떠난다. 이듬
해인 기원전 8년부터 7년까지 게르마니아 전선을 총지휘한 것은 드루
수스의 친형인 티베리우스였지만, 아우구스투스가 전황을 너무 낙관했
기 때문에 로마군은 결정적인 행동을 취하지 못했고, 기원전 6년에는
티베리우스도 로도스 섬으로 은퇴해버린다. 게르마니아 전선에 활기가
돌아온 것은 서기 4년, 티베리우스가 전선에 복귀한 뒤였다. 이듬해인
서기 5년, 티베리우스가 이끄는 로마 군단은 다시 엘베 강까지 진격한
다. 로마에 있는 아우구스투스는 게르만족에 대한 완전 제패가 눈앞에
다가왔다고 생각했을 것이다.

　그러나 서기 7년, 라인 강과 더불어 로마의 양대 방위선을 이루고
있는 도나우 강 남쪽의 판노니아와 달마티아에서 원주민들이 대규모
반란을 일으켰다. 그 처리를 맡을 수 있는 장수는 티베리우스밖에 없
었고, 그가 떠난 게르마니아 전선은 아우구스투스의 피를 이어받은 여
인과 결혼한 퀸틸리우스 바루스가 맡았다. 그리고 서기 9년 가을에 토
이토부르크 숲에서 바루스 휘하의 3개 군단이 전멸한 것이다(제6권
352쪽 참조). 게르마니아 제패를 바라는 아우구스투스에게는 커다란
타격이었지만, 황제는 아직도 체념하지 않았다. 티베리우스는 세번째
로 게르마니아 원정군 총사령관에 취임했다. 그가 이끄는 로마군은 서
기 10년부터 12년까지 3년 동안 게르마니아 들판을 누비며 싸움을 거
듭했다.

　그러나 서기 13년에 아우구스투스는 티베리우스를 로마로 불러들인
다. 자신의 죽음이 가까워진 것을 알고 티베리우스에게 황제의 권력을
나누어주겠다는 게 이유였지만, 내 추측으로는 이제 게르마니아 제패
가 거의 끝났다고 판단하고 게르마니쿠스에게 그 일을 마무리짓게 하
고 싶은 마음도 있었던 게 아닌가 싶다. 티베리우스를 대신하여 서기
13년부터 게르마니아 전선을 총지휘한 사람이 20년 전에 게르마니아

땅에서 젊은 나이에 목숨을 잃은 드루수스의 맏아들인 게르마니쿠스였기 때문이다. 게르마니쿠스라는 이름도 '게르마니아를 제압한 자'를 뜻하는 별명이다. 이 별명은 원래 드루수스에게 바쳐진 이름인데, 아버지에게 주어진 별명이 자식의 이름이 되는 경우는 로마에서는 드물지 않았다. 아우구스투스는 자신과 혈연관계가 있기 때문에 역시 귀여운 게르마니쿠스야말로 게르마니아 정복이라는 대사업을 완성하기에 어울린다고 생각한 게 아닐까.

중간에 군사행동이 정체된 시기도 몇 년 있었지만, 기원전 12년부터 헤아리면 4반세기나 되는 세월을 게르마니아 제패에 바친 셈이다. 아우구스투스는 그 오랜 세월을 백지로 돌릴 수는 없었을 것이다. 아니, 라인 강까지 철수한다는 건 생각조차도 해보지 않았을 것이다.

게르마니쿠스를 티베리우스의 후계자로 생각하고 있던 아우구스투스가 철수할지도 모르는 전선에 그 중요한 인물을 파견할 리가 없기 때문이다. 로마 역사상 전대미문의 불명예스러운 일을 하면, 제3대 황제가 될 인물의 경력에 흠집이 생긴다.

잊어서는 안될 것은 로마 황제가 되려면 원로원과 로마 시민의 승인을 받아야 했다는 점이다. 그리고 승인을 받으려면, 로마인들이 지도자의 최고 미덕(비르투스)으로 여겼던 역량(비르투스)을 갖추어야 했다.

따라서 게르마니쿠스에게 총지휘를 맡겼다는 것은 게르마니아 원정을 계속하여 그곳을 완전히 제패하기를 아우구스투스가 여전히 바라고 있었다는 증거로 여겨진다. 라인 강까지의 철수를 '실행'한 사람이 티베리우스인 것은 알려져 있다. 하지만 앞에서 말한 가설에 따르면, 사료는 존재하지 않지만 철수를 '결심'한 사람도 역시 티베리우스가 아닐까.

하지만 철수는 로마 역사상 최초의 불명예인데다 선황 아우구스투스의 의향에도 어긋나는 일이었기 때문에, 티베리우스도 철수를 실행하는 데에는 신중했을 것이다. 실행할 기회를 노리고 있었던 게 분명하다. 하지만 저지 게르마니아 군단에서 일어난 반란이 그 실행을 지연시켰다.

부하의 잘못은 총사령관의 책임이다. 게다가 그것을 수습하려고 위조문서까지 만들고도 결국 유혈 참사로 해결할 수밖에 없었던 상황은 누구보다도 게르마니쿠스를 괴롭혔다. 가을도 깊어가는데 병사들을 겨울철 숙영지에서 끌어내어, 평화롭게 겨울맞이 채비를 하고 있던 게르만족의 부락을 기습하고, 마치 전투에 승리하기라도 한 것처럼 겨울철 숙영지로 개선하긴 했지만, 그것으로 책임을 벗었다고는 생각지 않았다. 또한 2년 전에 게르마니아 전선 총사령관에 임명된 이후 게르만족을 상대로 전투다운 전투를 해본 적도 없었다. 이래서는 '게르마니아를 제압한 자'라는 이름이 운다. 29세를 눈앞에 둔 혈기왕성한 총사령관은 이듬해 봄에 대대적인 게르마니아 정벌에 나서기로 결심했다. 로마에는 전선의 총지휘관에게 모든 전략을 맡기는 전통이 있다. 로마군 최고사령관인 티베리우스의 지령이 없는 한, 최고사령관 차석인 게르마니쿠스는 자유롭게 행동할 수 있었다.

서기 15년 봄, 게르마니쿠스는 마인츠에 주둔해 있던 4개 군단 2만 4천 명과 속주민 1만 명으로 구성된 보조부대를 이끌고 라인 강을 건넜다. 하류의 크산텐 숙영지에서는 카이키나가 이끄는 4개 군단 2만 명과 보조부대 5천 명이 역시 라인 강을 건넌다. 남쪽과 서쪽에서 쳐들어가는 이 협공작전은 바루스의 3개 군단을 전멸시켜 의기양양해 있던 아르미니우스의 게르만족 통일전선을 분열시키는 데에는 성공했다. 아르미니우스의 장인까지 로마 쪽에 붙겠다는 뜻을 전해온다. 게르마

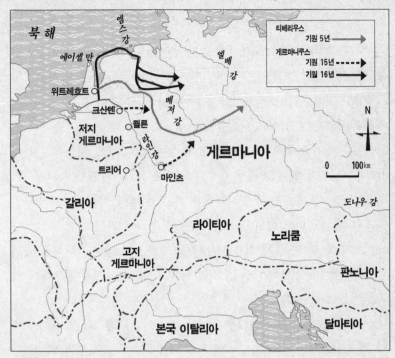

티베리우스와 게르마니쿠스의 진행로 약도

니쿠스는 그에게 후한 대우를 약속하고, 라인 강 서쪽으로 이주하는 것도 허락해주었다. 아르미니우스의 아내도 아버지를 따라왔다. 임신 중이었던 그녀는 로마 군단 기지에서 아이를 낳는다. 안전한 땅에서의 생활을 보장해준다는 명목으로, 그녀는 갓난 아들과 함께 이탈리아로 보내졌다. 게르만족의 자유와 독립의 기수인 아르미니우스(독일식 이름은 헤르만)는 동생에 이어 유력한 부족장인 장인한테도 버림받고, 처자마저 로마 쪽에 빼앗기게 된다.

카이키나의 군단과 합류하여 거의 6만에 이르는 대군을 투입했기 때문인지, 그해의 게르마니아 전쟁은 처음부터 끝까지 로마군의 우세로 일관했다. 바루스와 3개 군단이 전멸했을 때 아르미니우스에게 빼앗긴

3개 군단기 가운데 제19군단의 은독수리 깃발을 되찾는 데에도 성공했다. 로마군은 진격하는 길에 6년 전의 전사자들이 그대로 방치되어 있는 토이토부르크 숲도 방문할 수 있었다. 그때의 정경을 묘사한 역사가 타키투스의 글은 제6권 『팍스 로마나』(359쪽)에서 이미 소개했기 때문에 여기서는 생략하겠다.

공세를 취하고 있을 때는 로마군이 강하다. 하지만 겨울이 다가와 라인 강 연안에 있는 겨울철 숙영지를 향해 돌아서자마자 게르만족의 게릴라 전법이 활기를 띠기 시작했다. 양분된 병력 가운데 카이키나의 군단은 배후로 바싹 다가온 게르만족에게 쫓기며 간신히 크산텐의 기지로 돌아올 수 있었다. 게르마니쿠스도 겨울철 숙영지로 돌아올 때까지 갖은 고생을 겪었다. 돌아오는 길에 잃은 병사의 수가 전투에서 입은 손실보다 많았다는 소문까지 돌았다.

그러나 원로원은 게르마니쿠스와 그 휘하의 사령관 세 명이 수도에서 개선식을 거행할 수 있도록 허가해주었다. 내 추측으로는 티베리우스의 요청을 받아들인 게 아닌가 싶다. 네 장수에게 개선식을 허가하기로 결의한 원로원은 티베리우스에게도 게르마니아 전쟁에 승리한 공으로 '국가의 아버지'라는 칭호를 주겠다고 제의했지만, 그는 단호히 거절했다. '국가의 아버지'라는 칭호를 받으면 게르마니아에서 철수하기도 어려워진다. 하지만 장수들에게 개선식이라는 형태로 상을 주면, '이기고 물러난다'는 식으로 체면을 세우기에 편리했다.

그런데 게르마니쿠스는 원로원 결의에 힘을 얻었는지, 이듬해인 16년에도 게르마니아로 쳐들어갔다.

이번에는 8개 군단에 보조부대를 합하여 8만 명에 이르는 대군을 이끌고 라인 강을 내려가 북해로 나간 다음, 엠스 강을 거슬러 올라가 게르마니아의 심장부로 쳐들어간다는 당당한 전략을 세웠다. 로마군을 맞은 아르미니우스는 이때 처음으로 로마군과 회전(會戰)을 벌였다.

그러나 전술을 구사할 수 있을 때는 역시 로마인이 강해서, 두 번에 걸친 전투는 모두 로마의 대승으로 끝났다. 게르마니쿠스는 회전이 벌어졌던 전쟁터에 빼앗은 적의 무기와 갑옷 따위로 장식한 승전비를 세운다. 거기에는 "라인 강과 엘베 강 사이의 게르만족을 궤멸한 황제 티베리우스의 군대가 그 승전을 기념하여 최고신 유피테르와 전쟁의 신 마르스 및 신격 아우구스투스에게 바친다"는 글이 새겨져 있었다. 바루스가 참사를 당했을 때부터 적의 수중에 들어가 있었던 3개 군단기 가운데 두번째 깃발도 되찾는 데 성공했다.

그러나 그해에도 겨울철 숙영지로 돌아오는 길은 험난했다. 게르만족의 게릴라 전법에는 시달리지 않았지만, 북해의 찬바람과 파도가 로마군을 괴롭혔다. 전투에서의 손실은 적었는데도, 게르마니아의 지형과 기후에 희생되는 사람이 속출했다.

라인 강 연안의 겨울철 숙영지로 간신히 돌아와, 그래도 내년 봄의 게르마니아 전쟁을 생각하고 있던 게르마니쿠스에게 티베리우스한테서 편지가 날아왔다. 편지에는 수도로 돌아와 개선식을 거행하라고 적혀 있었다. 게르마니쿠스는 당장 답장을 보내, 1년만 더 전쟁을 계속할 수 있게 해주면 엘베 강까지 제패할 테니까 허락해달라고 간청했다. 그러나 티베리우스의 태도는 바뀌지 않았다.

이듬해인 17년 5월 26일, 수도 로마에서는 시민들이 열광하는 가운데 게르마니아 정복을 축하하는 개선식이 거행되었다. 카이키나를 비롯한 세 명의 장수가 개선장군의 예복을 차려입고 앞장선다. 정복된 게르만족을 상징하는 아르미니우스의 아내와 자식이 짐수레에 흔들리며 지나가는 모습도 보였다. 그리고 개선식의 하이라이트인, 31세의 젊은 총사령관이 네 필의 백마가 끄는 전차를 타고 등장한다. 이 전차에는 게르마니쿠스의 세 아들과 두 딸도 함께 타고 있었다. 아내인 아그리피나도 개선식 행렬에 참가했다고 말하는 사람도 있다. 게르마니쿠스는 2천 년 뒤의 서구 지도자들처럼 공식석상에도 항상 처자를 대동하는 사람이었다. 또한 로마의 서민들도 2천 년 뒤의 서민들과 비슷했는지, 많은 자녀를 둔 건전한 이 가족에게 박수와 환성을 아끼지 않았다. 개선식이 끝나자마자 게르마니쿠스의 다음 임지가 발표되었다. 그것은 게르마니아 전선이 아니라 게르마니아에서 멀리 떨어진 오리엔트 땅이었다. 황제에 버금가는 격을 가진 사람이 맡아야 할 중요한 임무를 수행하기 위해서라는 게 그를 오리엔트로 보내는 명분이었다.

역사가 타키투스는 "게르마니쿠스는 전쟁을 끝내는 것을 금지당했다"고 말했다. 그리고 그 진짜 이유는 티베리우스가 게르마니쿠스의 전공을 질투했기 때문이라는 것이다.

타키투스의 생각대로, 게르마니쿠스의 임지 변경은 티베리우스의 질투 때문이었다고 해두자. 하지만 티베리우스가 게르마니아 전쟁을 계속할 의지를 갖고 있었다면, 게르마니아 전선을 맡고 있는 총사령관에 누군가 다른 사람을 임명해야 한다. 게르마니쿠스의 후임자가 되기에 적합한 사회적 지위를 가진 인물이 없었던 것은 아니다. 티베리우스의 친아들이면서, 티베리우스의 양자가 된 게르마니쿠스에게는 의동생인 29세의 드루수스가 있었다. 판노니아에서 병사들의 반란을 수습한 인물이다. 하지만 티베리우스는 게르마니쿠스의 후임자를 임명하지 않았다. 드루수스만이 아니라 아무도 보내지 않았다. 뿐만 아니라, 저지 게르마니아의 4개 군단과 고지 게르마니아의 4개 군단을 합하여 8개 군단 전체를 지휘하던 총사령관직을 아예 폐지해버렸다. 이래서는 티베리우스에게 게르마니아 전쟁을 계속할 뜻이 없었다고 볼 수밖에 없지 않은가.

아르미니우스는 아직 살아 있었다. 하지만 로마인에게 치욕의 상징이었던 빼앗긴 군단기 세 개 가운데 두 개는 회수했다. 전쟁터에서 로마군이 얼마나 강한지도 다시금 과시했다. 용케 도망쳤다고는 하지만 아르미니우스는 이제 게르만족 전체의 통일전선을 결성할 역량이 없었고, 게르만족은 분열해 있다. 티베리우스는 지금이야말로 28년에 걸친 게르마니아 전쟁을 끝내기에 좋은 기회라고 판단한 것이다. 하지만 그것은 100년 뒤에 타키투스조차도 오해했듯이, 세간의 평가를 받기 어려운 결단이었다.

라인 강 방위체제

엘베 강까지 국경을 확대하고, 야만적이기 때문에 용맹한 게르만족을 로마 제국에 흡수하여 북쪽의 안전을 확보하려 한 아우구스투스의 꿈은 28년 뒤에 이렇게 막을 내렸다. 그러나 그것을 결정하고 실행한 티베리우스는 단순히 병사를 게르마니아 땅에서 철수시킨 것은 아니었다. 서기 17년부터 북쪽 방위선은 다시 라인 강이 되었지만, 그는 우선 라인 강 연안에 군단 기지를 분산했다.

그때까지 로마군은 라인 강 서쪽 연안에 건설한 겨울철 숙영지를 기지로 삼고, 해마다 봄이 되면 라인 강을 건너 동쪽으로 쳐들어갔다가 가을이 되면 서쪽으로 돌아와 라인 강 연안의 겨울철 숙영지에서 겨울을 나곤 했다. 그렇게 28년이 지났다. 하지만 앞으로는 라인 강 자체가 방위선이 된다. 이제는 겨울철 숙영지도 단순히 겨울을 나고 봄에 출전하기 위한 기지는 아니다. 군단은 습격해온 적을 맞아 싸우러 나갈 때말고는 거기에 1년 내내 주둔하게 된다. 전처럼 4개 군단이나 2개 군단을 한곳에 모아둘 수는 없었다. 한곳에 모이면 모일수록, 그곳이외의 방위선은 허술해진다. 또한 많은 병사를 한군데에 모아놓으면 3년 전과 같은 반란이 재발할 우려도 있었다.

라인 강을 하류 지역과 상류 지역으로 양분하여, 전자를 '저지 게르
마니아'(게르마니아 인페리오르), 후자를 '고지 게르마니아'(게르마니
아 수페리오르)로 부르고 각각 4개 군단씩 배치한 것은 전과 다름이
없었다. 이 두 지역의 경계선은 현재 독일의 본과 코블렌츠의 중간쯤
이라고 생각해도 좋다.

라인 강 서쪽 연안인데도 게르마니아라고 부른 것은 그곳에 사는 주
민도 게르만족이었기 때문이다. 카이사르의 정복으로 이들도 로마 제
국 주민이 되었지만, 정착 민족으로 바뀌긴 했어도 인종은 라인 강 동
쪽 연안에 사는 주민과 같은 게르만족이었다. 게르만이 곧 독일이라는
느낌을 주는 오늘날에도 라인 강 서부는 '라인란트팔츠'라고 불리고,
독일연방공화국에 속한다. 라인 강 하류는 오늘날에는 네덜란드 영토
가 되어 있다.

이야기를 고대로 돌리면, 본 이북의 '저지 게르마니아'에서는 전에
는 4개 군단을 베테라(오늘날 크산텐 부근)와 콜로니아(오늘날의 쾰른
부근)의 두 기지에 배치했지만, 이것을 4개 기지에 분산 배치했다. 그
4개 기지를 북쪽부터 차례로 열거하면 노비오마구스(오늘날 네덜란드
의 네이메겐), 베테라(오늘날 독일의 크산텐), 노바이시움(오늘날 독
일의 노이스), 본나(오늘날의 본)이다. 그리고 콘플루엔테스(오늘날의
코블렌츠)에서 남쪽으로 뻗어 있는 '고지 게르마니아'를 지키는 4개
군단은 대부분 전처럼 모곤티아쿰(오늘날의 마인츠)을 기지로 삼은 모
양이다. 이곳에서는 3년 전에도 반란이 일어나지 않았기 때문인지도
모른다. 다만 마인츠 서쪽에 있는 빙굼(오늘날의 빙겐)이나 북쪽의 아
쿠아 마티아카이(오늘날의 비스바덴)에는 대대 규모의 병력을 분산 배
치했다. 비스바덴에는 당시부터 온천이 솟았기 때문에, 온천을 좋아하
는 로마인은 살기가 좋았다. 그리고 마인츠는 아우구스타 트레베로룸
(오늘날의 트리어)과는 가도로 연결되어 있고, 라인 강 상류의 아르겐

라인 군단의 새로운 배치도(●는 군단기지 소재지)

토라툼(오늘날 프랑스의 스트라스부르)에서도 라인 강변을 따라 마인츠까지 도로가 뚫려 있었다. 이런 도로망은 물론 로마인이 건설한 것이다. 국경에 병력을 항상 배치해둘 필요도 없어졌다. 라인 강 방위선이 확립된 시대에는 마인츠와 더불어 후방의 스트라스부르도 군단이 상주하는 기지로 승격되었다.

　라인 강 서쪽 연안은 이것으로 해결되었지만, 동쪽 연안이 아직 해결되지 않은 상태다. 강과 가까운 동쪽 연안 일대에는 게르마니쿠스의 친아버지이자 티베리우스의 동생이었던 드루수스가 몇 개의 성을 쌓고, 중대 규모의 수비병력을 배치해놓고 있었다.

　그런데 티베리우스는 이들도 모두 철수시켰다. 그 대신 라인 강 동쪽 연안에 살면서 로마와 우호적인 관계에 있던 몇몇 부족을 서쪽 연안으로 강제 이주시켜, 동쪽 연안 일대를 무인지대로 만들었다. 무인지대가 된 유역의 너비가 어느 정도였는지는 분명치 않다. 하지만 살고 있던 사람들을 이주시키면서까지 무인지대를 만들었으니까, 수백 미터 규모는 아니었을 것이다. 무인지대의 너비는 몇 킬로미터, 지형에 따라서는 수십 킬로미터에 이르렀는지도 모른다. 그 무인지대에서는 낮에 가축을 방목하는 것만 허용되고, 경작은 금지되었다.

　강을 따라 띠 모양으로 무인지대를 설치한 것은 적의 습격을 신속하게 알아차리기 위해서였을 것이다. 하지만 로마군은 한번도 이런 방책을 채택한 적이 없었다. 그런데 왜 티베리우스가 이런 방책을 생각해냈을까? 이런 생각을 하던 내 머리에 문득 『갈리아 전쟁기』의 한 구절이 떠올랐다. 카이사르는 이렇게 말하고 있다.

　"게르만족에게 가장 큰 자랑은 영토 주위에 넓은 황무지를 둘러치는 것이다. 그 첫째 이유는 주변의 다른 부족들을 배제하고 아무하고도 교류할 뜻이 없다는 것을 보여주기 위해서이고, 두번째는 기습을 피해 부족의 안전을 보장하기 위해서였다."

　다른 지방에 가면 그 지방의 풍습을 따르는 것은 인간에게 공통된 지혜다. 티베리우스도 그것을 따른 게 아닐까. 게르만족에게는 게르만적으로 대한 것이다.

　그러나 전체 길이가 1천 300킬로미터를 넘는 라인 강과 그보다 더 긴 도나우 강을 따라 상류부터 하류까지 줄곧 이어지는 긴 띠 모양의 무인지대를 만들 수는 없다. 실제로 무인지대는 평야가 많아지는 라인 강 하류 지역에만 설치한 모양이다. 그러면 다른 지역에서는 어떻게 했을까. 티베리우스는 여기서도 카이사르가 남긴 교훈을 활용했다.

　그 교훈은, 라인 강에서는 동쪽 연안, 도나우 강에서는 북쪽 연안에

사는 게르만계 부족들과 우호관계를 맺는 것으로 실행되었다. 로마인
에게 친숙한 표현을 사용하자면, '클리엔테스' 관계를 맺은 셈이다.
클리엔테스를 현대 영어로 번역하면 클라이언트(client)다. 오늘날에는
이 낱말을 들으면 '고객'이라는 뜻이 우선 머리에 떠오르지만, 그보다
는 두목과 부하의 관계로 생각하는 편이 고대 로마인의 쓰임새에 더
가깝다. 그 부족들은 로마의 지배를 받는 속주민이 아니다. 따라서 속
주세를 낼 의무는 부과할 수 없다. 다만 로마 제국이 적지로 생각하는
땅에 살고 있는 그들에게는 보조부대에 병력을 보내야 하는 의무가 부
과된다. 보조부대 병사들은 로마군의 주력인 군단병을 도와서 싸우기
때문에 '보조병'(아욱실리아리스)이라고 불린다. 세금은 안 내도 좋지
만 병력은 제공하라는 조건이라면, 그것은 동맹국 관계다. 로마는 오
리엔트에서는 군주국과 이 관계를 맺었지만, 군주제가 확립되어 있지
않은 미개한 게르만족을 상대할 때는 부족과 이 관계를 맺었다.

그리고 '클리엔테스' 관계도 단순히 두목과 부하의 관계는 아니다.
부족장들에게는 처음부터 세습되는 로마 시민권을 주었고, 로마군에서
'보조병'으로 근무하는 부족민에게도 25년 만기를 다 채우면 로마 시
민권을 주었다. 해변에 밀려오는 파도도 바닷속 여기저기에 얼굴을 내
밀고 있는 암초에 부딪치고 나면 힘이 약해지는 법이다. 단 두 번, 그
것도 극히 짧은 기간만 라인 강 동쪽 연안을 체험했던 카이사르가 그
때 이미 뿌려둔 씨앗을 티베리우스는 좀더 광범위하고 항구적으로 키
우기 위한 상설 체제로 바꾸었다.

로마인이 통치의 기본 노선으로 삼은 것이 '분할하여 통치하라'
(Divide et impera)였던 것은 유명하다. 티베리우스는 로마인의 이 전
통적 사고방식을 제국의 방위체제로 확립한 사람이었다.

서기 1세기 전반의 북쪽 방위체제를 티베리우스 혼자 이룩했다는 것

을 입증하는 명확한 사료는 존재하지 않는다. 하지만 티베리우스의 뒤를 이은 칼리굴라가 아무 일도 하지 않은 것은 확실하고, 그 뒤를 이은 클라우디우스는 제국 경영에 열의를 가지고 몰두한 사람이긴 했지만 이 문제에는 손을 댄 흔적이 보이지 않는다. 그 다음 황제인 네로도 이 문제에 관심을 보이지 않은 점에서는 앞의 두 사람과 마찬가지였다. 따라서 다시 북쪽 방위선 정비에 나선 베스파시아누스 황제가 등장할 때까지 반세기 동안, 라인 강의 방위체제는 도나우 강의 방위체제와 마찬가지로 티베리우스가 생각하고 실행한 상태로 계속 남아 있었다고 생각할 수밖에 없다. 반세기 뒤에 베스파시아누스가 그 지역을 배려하지 않아도 되었다는 사실로 미루어보아, 라인 강과 평행으로 흐르다가 만하임 근처에서 라인 강으로 흘러드는 네카어 강 유역의 골짜기를 로마 제국 영토로 흡수한 것도 어쩌면 티베리우스가 생각하고 실행한 일이었는지 모른다. 이것은 전략상 참으로 중요한 일이었다. 슈바르츠발트(검은 숲)라고 불릴 정도니까 게르만족이 도망쳐 들어가기에는 딱 알맞은 울창한 삼림을 자기 영토로 흡수하게 되기 때문이다. 이건 내 상상이지만, 티베리우스는 적어도 군사전략면에서는 아우구스투스의 후계자라기보다 오히려 율리우스 카이사르의 후계자가 아닐까 하는 생각이 든다.

티베리우스는 이런 방위체제 개편 작업을 현지에 가지 않고 수도 로마에서 모두 해냈다. 그는 도나우 강 방어선 확립을 목표로 삼았던 6년 동안, 그리고 게르마니아 전쟁 때 5년 동안 이곳에서 지낸 경험이 있다. 그래서 게르만족을 알고, 지형과 기후도 알고, 무엇보다 그 땅에서 싸우는 병사들을 알고 있었다. 지령 전달 체계가 제대로 기능을 발휘하고, 부리는 인간의 조직화만 이루어지면 현지에 가지 않고도 얼마든지 일을 해낼 수 있다. 하지만 수도 시민들은 로마에서 움직이지 않는 티베리우스를 보고, 늙어서 게으름뱅이가 되었기 때문이라고 헐

뜯었다. 티베리우스도 이제 60대에 접어들어 있었다.

동방(오리엔트) 문제

인사권을 쥐고 있는 것은 곧 권력을 쥐고 있는 것과 마찬가지지만, 그 권력을 실제로 행사하는 것은 그리 간단치 않다. 임지 변경 같은 인사 행위도 우선 당사자가 납득하지 않으면 안된다. 게다가 주변 사람들까지 납득시켜야 한다. 게르마니쿠스의 임지를 라인 강변에서 유프라테스 강변으로 옮길 때도 우선 게르마니쿠스가 납득하고 원로원과 로마 시민도 납득할 만한 이유를 필요로 했다. 티베리우스의 참뜻은 게르마니쿠스의 임지를 바꾸어 게르마니아 땅에서 군대를 철수하는 데 있었다. 하지만 그 뜻을 교묘하게 실현하기 위해서라도 게르마니쿠스를 오리엔트로 파견하는 이유는 누구나 납득할 만한 것이어야 했다. 당시 로마 시민은 대부분 28년이나 계속된 게르마니아 전쟁이 마침내 성공했다고 믿어 의심치 않았기 때문이다.

파리 국립도서관에 '프랑스의 카메오'라는 작품이 소장되어 있다. 세로가 31센티미터, 가로가 25.5센티미터나 되고, 서기 17년에 제작되었다. 이 대형 카메오는 상중하로 나뉘어, 맨 위에는 카이사르와 아우구스투스, 그리고 티베리우스의 동생이자 게르마니쿠스의 아버지인 드루수스 등 게르만족과의 관계에서 선구자가 된 인물들의 초상이 새겨져 있다. 중간은 게르만족을 제패한 당사자인 티베리우스와 게르마니쿠스와 그 가족들의 초상으로 메워져 있고, 맨 밑에는 정복당한 게르만족의 군상이 새겨져 있는 구도다. 이 작품을 보는 사람들은 지금도 서기 17년 봄에 게르마니쿠스를 맞아 거행된 개선식으로 로마의 게르만족 제패는 완성되었다고 생각할 게 분명하다. 저간의 사정을 모르는 사람들은 그해가 로마군이 게르마니아에서 완전히 철수한 해가 되

프랑스의 카메오

아우구스투스의 카메오

었다고는 상상도 못할 것이다.

오스트리아 빈의 역사박물관에 소장되어 있는 '아우구스투스의 카메오'도 역시 고대 로마 시대에 제작된 유명한 카메오지만, 이 작품이 사실을 반영하고 있는 반면 '프랑스의 카메오'는 사실을 반영하고 있지 않다. 게르만족의 대부분은 여전히 로마 제국 국경 밖에서 살았기 때문이다. 하지만 진격한 땅에서, 게다가 28년이나 지난 뒤에 철수하는 로마 역사상 최초의 결단을 내린 티베리우스로서는 사람들——자기편만이 아니라 적인 게르만족까지——을 속여가면서 교묘히 철수할 수만 있다면 화려한 개선식이든 멋진 대형 카메오든 뭐든지 이용할 마음이 들었을 것이다. 하지만 바로 그렇기 때문에 더더욱 개선장군이 된 게르마니쿠스의 임지 변경은 누구나 납득할 만한 설득력을 가져야 했다.

로마 제국의 동방(오리엔트) 문제는 결국 파르티아 문제다. 파르티아 왕국이 로마를 능가하는 국력을 갖고 있었던 것은 아니다. 이 양대 국이 정면으로 충돌했다면, 카르타고와 싸울 때처럼 승리와 패배를 되풀이하긴 했겠지만 결국에는 로마의 승리로 끝났을 것이다. 파르티아의 군사력은 로마를 이길 만큼 강하지는 않았지만, 그래도 이웃한 여러 왕국에 영향을 줄 만큼은 강했다. 파르티아의 이웃나라들은 로마의 '클리엔테스'였고, 로마의 오리엔트 방위체제는 바로 이런 동맹국들의 네트워크를 바탕으로 성립되어 있었다.

로마는 지중해 주변 지역 전체에 패권이 미치게 된 기원전 1세기부터 파르티아 대책에 적극적으로 나섰다. 루쿨루스, 폼페이우스 등 당대 제일의 장수들은 모두 파르티아를 염두에 두고 오리엔트 제패에 나섰다. 파르티아와는 직접 싸우지 않아도, 그 근처에서 군사행동을 전개하여 파르티아를 봉쇄하는 데 성공해온 것이다. 그리고 이 파르티아 문제를 근본적으로 해결하기로 결심한 카이사르가 파르티아 원정을 떠

로마 제국 동방 약도

나기 직전에 살해된 것은 널리 알려진 사실이다.

　카이사르가 죽은 뒤 내전에서 승리하여 황제가 된 아우구스투스도 방치할 수 없는 이 문제를 해결하는 일에 착수한다. 그러나 그가 채택한 방법은 외교에 의한 해결이었다. 외교에 의한 해결이라고 하면, 현대인들은 평화적으로 대화한 끝에 문제를 해결하는 것으로 생각한다. 하지만 군사력을 사용하여 위협한 뒤에 악수하는 것도 외교다. 아니, 그것이야말로 가장 유효한 외교라는 것은 역사가 증명해준다. 인간은 이치로 깨닫는 경우는 거의 없지만, 칼을 들이대면 눈을 번쩍 뜨는 법이기 때문이다. 아우구스투스가 채택한 외교정책도 이것이었다.

　기원전 21년, 유프라테스 강에 떠 있는 작은 섬에서 평화조약이 조인되었다. 로마측 조인자는 아우구스투스의 대리인으로 파견된 티베리우스다. 당시 21세였던 티베리우스는 조인식에 참석하기 전에는 군단을 이끌고 파르티아를 '협박'한 당사자였다. 그해에 맺어진 조약에 따라 양국의 국경은 유프라테스 강으로 재확인되었고, 두 나라는 서로 침략하지 않겠다고 맹세했고, 양국간의 자유로운 교역도 인정되었다.

그후 이 조약을 이따금 세부적으로 조정할 필요는 있었지만, 로마와 파르티아의 우호관계는 35년 동안이나 지속되었다. 이제 다시 조정할 시기가 와 있었다. 지난번 조정기였던 서기 2년에 아우구스투스가 오리엔트에 보낸 사람은 당시의 '황태자'인 가이우스였다. 이번에도 황제 후계자를 보내야 했다. 페르시아 민족의 나라인 파르티아는 완전한 전제군주국이라서, 사회적 지위가 높은 인물이 아니면 상대하지 않는다. 물론 유력한 인물을 교섭 상대로 환영하는 것은 오늘날의 민주적인 나라에서도 마찬가지다.

그렇다면 게르마니쿠스를 게르마니아 땅에서 멀리 떼어놓으면서까지 오리엔트에 파견하는 것은 당사자인 게르마니쿠스도 로마 시민도 납득하는 대의명분이 될 수 있다. 티베리우스가 사람들의 불만을 폭발시키지 않고 대부분의 사람들이 완전히 제패했다고 믿고 있는 게르마니아에서 철수할 수 있으려면, 게르마니쿠스를 오리엔트에 보내는 명분으로 파르티아와의 문제 해결을 내세워야 했다.

티베리우스는 동방정책에서는 일관되게 아우구스투스의 정책을 따랐다. 왼손에는 무기를 들고, 오른손으로 악수를 하는 방식이다. 그리고 외교의 성패는 그에 앞서 이루어지는 선전전에도 좌우되었다.

티베리우스는 오리엔트에 파견될 게르마니쿠스에게 로마 제국의 동부 전역에 걸친 '최고통수권'(임페리움 프로콘술라레 마이우스)을 주라고 요청했다. 원로원도 선뜻 승인한 것을 보면, 게르마니쿠스야말로 오리엔트에 파견하기에 가장 적임자임을 원로원도 납득하고 있었던 모양이다. 이 결정을 안 파르티아는 로마의 태도가 진지하다는 것을 느꼈을 게 분명하다. 이런 준비를 마친 뒤, 게르마니쿠스는 서기 17년 가을에 로마를 떠나 오리엔트로 향했다. 어디에 가든 가족을 동반하는 그답게, 또다시 아기를 가진 아내 아그리피나와 다섯 살밖에 안된 셋째아들 칼리굴라도 함께 데려갔다. 맏아들과 둘째아들과 두 딸은 로마에 남겨두었다. 그런 탓도 있어서, 게르마니쿠스는 그리스 각지를 관광하며 느긋하게 여행을 계속했다.

게르마니쿠스를 보내기 전에 티베리우스는 친아들 드루수스를 도나우 전선에 파견했다. 라인 강이 방위선이 된 이상, 같은 게르만족을 상대하는 도나우 강 연안의 방위체제를 확립하는 일이 전보다 더욱 다급해졌기 때문이다. 티베리우스 황제는 이때도 자신은 수도에 남아서 양자와 친아들을 둘 다 전선에 보내는 아우구스투스식 통치를 답습했다. 황제가 수도에 남아 있더라도 제국 경영의 두뇌는 어디까지나 황제이고, 전선을 담당하는 사령관들은 그 수족일 뿐이다.

게르마니쿠스, 오리엔트로

31세가 된 게르마니쿠스는 일찍부터 사람들에게 인기가 좋았다. 그는 젊고 산뜻한 미남인데다, 아우구스투스의 누나의 딸한테서 태어난 고귀한 집안 출신이기도 했다. 아내도 아우구스투스의 딸 율리아와 아그리파 사이에 태어난 딸이니까, 초대 황제의 외손녀다. 그는 자녀를 3남 3녀나 두었다. 이렇게 자식을 많이 낳은 것은 특히 로마 서민층의 공감을 불러일으켰다. 부하 병사들의 본심을 알고 싶어서, 해가 진 뒤에 일개 병졸로 변장하고 그들의 천막을 돌아다니며 병사들의 이야기에 몰래 귀를 기울였다는 에피소드도 있다. 그래서 2천 년 뒤인 현대의 어느 역사가는 그를 "열의가 넘치는 딜레탕트"라고 평했지만, 병사들은 민주적이라고 좋게 평가했다. 실제로 성격은 개방적이어서 누구한테나 상냥하고 예의바르게 대했다. 병사들이 반항하면 절망하여 스스로 가슴을 찌르려 하거나, 북해의 태풍에 번롱당해 많은 배가 침몰하자 역시 절망하여 모든 게 자기 책임이라고 외치면서 바

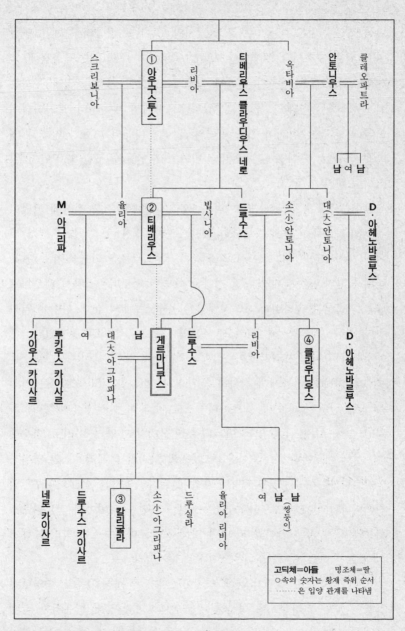

게르마니쿠스 관련 세계도(世系圖 : 셋째딸이 태어날 무렵까지)

다에 뛰어들려고 하는 버릇은 있었지만, 이것도 대중의 눈에는 인간미 넘치는 지도자로 보였다. 그리고 원로원이 주도하는 공화정에 대해서도 친근감을 감추지 않았기 때문에, 공화정 시절을 잊지 못하는 원로원 의원들한테도 평판이 좋았다. 로마에서 남하하여 브린디시에 이를 때까지도, 아피아 가도 연변의 도시나 마을의 대표가 마중과 배웅을 나오고, 무사히 돌아오기를 바라는 서민들의 모습이 끊이지 않았다고 한다.

브린디시에서 출항한 게르마니쿠스와 그 일행은 겨울 강풍에 시달리긴 했지만, 사흘 뒤에는 무사히 그리스 땅을 밟을 수 있었다. 해가 바뀌어 서기 18년 1월, 그는 그리스 서쪽 끝에 있는 악티움을 방문한다. 악티움 앞바다는 반세기 전인 기원전 31년에 안토니우스와 클레오파트라의 연합군과 옥타비아누스 시절의 아우구스투스의 군대 사이에 역사상 유명한 '악티움 해전'(제5권 495쪽 참조)이 벌어진 곳이었다. 이 해전에서 승리함으로써 로마 세계의 최고권력자가 된 아우구스투스는 승전을 내려준 신들에게 감사하기 위해 이 바다가 내려다보이는 악티움 땅에 신전을 세웠다. 게르마니쿠스도 먼저 이 신전을 참배했다. 하지만 그 근처에 남아 있는 안토니우스 군대의 숙영지 자리도 방문했다. 지금 게르마니쿠스는 아우구스투스의 양자인 티베리우스의 양자가 되었으니까, 아우구스투스의 손자뻘이 된다. 하지만 게르마니쿠스의 친어머니인 안토니아는 아우구스투스의 누나인 옥타비아가 안토니우스와 결혼하여 낳은 딸이었다. 다시 말해서 게르마니쿠스는 악티움 해전의 패장인 마르쿠스 안토니우스에게도 손자였다.

게르마니쿠스는 반세기 전에 외할아버지가 결전을 앞두고 숙영했던 땅을 단순한 호기심으로 방문한 것은 아니다. 운명에 희롱당한 끝에 패배자가 되어버린 외할아버지와 그 휘하에서 어쩔 수 없이 조국 로마를 향해 활시위를 당긴 로마 병사들을 일부러 찾아가 추모한 것이다.

흥미로운 것은 이때 게르마니쿠스의 행동을 규탄한 로마인이 한 사람도 없었다는 점이다. 생각해보면 지금은 황제 자리에 앉아 있는 티베리우스의 친아버지도 오랫동안 아우구스투스와 적대한 사람이었다. 로마인들은 패배자를 그냥 용서한 게 아니라, 그리스 사람인 플루타르코스가 평했듯이, "패배자조차도 자신들과 동화시켰던" 것이다. 로마인의 이런 관념은 고대에도 이례적이었지만, 2천 년 뒤인 오늘날에도 매력을 잃지 않은 것은 유감스러운 일이다. 그후 어떤 제국도 패배자를 이처럼 자신들과 동화시키지 않았기 때문이다.

　게르마니쿠스는 『영웅전』의 저자 플루타르코스가 태어나기 28년 전에 그리스를 여행한 셈인데, 당시의 그리스인들도 로마에 대해 플루타르코스와 똑같은 관념을 갖고 있었는지, 게르마니쿠스와 그 일행은 가는 곳마다 열렬한 환영을 받았을 뿐 아니라, 로마가 1개 군단도 주둔시키지 않은 이 지방에서 특별한 경호도 받지 않고 안전한 여행을 즐길 수 있었다.

　그리스를 횡단한 일행은 아테네에 잠시 머물렀다가 에보이아 반도에서 배를 타고 레스보스 섬에 도착한다. 여기서 아그리피나가 막내딸인 율리아 리비아를 낳았다. 레스보스 섬에서 엎드리면 코닿을 곳에 있는 소아시아 서해안에 발을 들여놓은 뒤에도 게르마니쿠스는 길을 서두르지 않았다. 그 바로 북쪽에 있는 트로이를 방문하여, 호메로스의 서사시 『일리아드』에 나오는 전적지를 둘러보았다. 라인 강과 도나우 강 유역의 전쟁터에서 청춘을 보낸 그가 이탈리아에서 동쪽으로 여행한 것은 이번이 처음이었다. 또한 길을 서둘러야 할 절박한 이유도 없었다. 티베리우스가 임명한 몇 명의 '실무진'이 길을 서둘러, 수석 대표가 도착한 뒤에 실행에 옮길 각종 정책을 준비하고 있었기 때문이다.

　로마와 파르티아의 관계를 재조정할 필요가 생긴 것은 언제나 그렇듯이 아르메니아 왕위를 둘러싼 분쟁 때문이었다. 로마에서 자란 보노네스는 아우구스투스의 후원으로 아르메니아 왕위에 올랐지만, 그에게 싫증이 난 아르메니아 국민들이 보노네스를 쫓아내고 폰토스 왕의 아들이자 오리엔트식 군주인 제노네스를 아르메니아 왕으로 삼으려 했다. 아우구스투스가 골라서 왕위에 앉혔을 정도니까 보노네스에게 통치자의 재능이 부족했던 것은 아니다. 부족하기는커녕 로마식 통치자로서는 역량도 있고 열의도 있었다. 그런데 로마인이 생각하는 군주는 통치하는 사람이지만, 페르시아인이 생각하는 군주는 전쟁이나 사냥이나 잔치를 하는 사람이다. 서방과 동방은 가치관이 달랐다. 아르메니아에서 쫓겨난 보노네스는 시리아로 도망쳐, 시리아 속주 총독의 보호를 받는 신세가 되었다. 아르메니아 국민들이 로마에 대한 반항으로 받아들여질 수도 있는 이런 일을 한 것은 이웃나라 파르티아의 후원을 기대할 수 있었기 때문이다. 그래서 용기를 낼 수 있었던 것이다. 아르메니아 왕국을 자기 우산 밑에 두려고 호시탐탐 기회를 노리고 있던 파르티아 왕은 아르메니아에서 로마의 영향력을 배제할 수 있는 절호의 기회라고 생각했다. 어쨌든 로마의 전통적인 동방 전략은 서쪽의 시리아 속주와 북쪽의 아르메니아 왕국으로 강대국 파르티아를 봉쇄하는 것이었기 때문이다.

　그러나 로마와 파르티아 사이에 전쟁의 도화선이 될 위험을 내포한 이 도발에 대해 티베리우스는 참으로 냉철하게 대처한다. 아르메니아가 로마에 중요한 나라임은 변함이 없었지만, 영토욕의 대상으로서가 아니라 전략적 필요 때문에 자신의 패권 밑에 놓아두는 대상이었다. 문화적으로나 역사적으로도 아르메니아인은 파르티아인과 마찬가지로 페르시아 문명권에 속해 있었다. 이 아르메니아의 왕위를 차지하는 인물에게 아르메니아의 신하들이 만족하면 아르메니아 국내도 안정되고,

정치 정세가 안정된 아르메니아가 앞으로도 계속 로마의 우호국으로 남아 있어주면 티베리우스에게는 그것으로 충분하다. 아르메니아 국민들이 왕으로 삼고 싶어하는 제노네스가 로마에 우호적인 폰토스 왕의 아들이고, 그 자신도 반로마적인 인물이 아니라는 것도 이미 조사했을 것이다. 아르메니아 왕이 되려면 그리스식 이름인 제노네스를 아르메니아식 이름인 아르탁시아스로 바꾸라는 것이 티베리우스가 내세운 유일한 조건이었다.

이런 상황에서 게르마니쿠스에게 부여된 임무는 아르메니아 왕국의 두 수도 가운데 하나인 아르탁사타까지 가서 새 왕인 아르탁시아스의 머리에 왕관을 씌워주는 것뿐이었다. 이리하여 아르메니아 국민들의 환호 속에 아르메니아 왕의 대관식이 끝났다.

파르티아 왕은 막 들어올리려 했던 칼을 내리칠 곳을 잃어버린 셈이다. 하지만 파르티아 왕인 아르타바누스는 현실적인 군주였는지, 당장 게르마니쿠스에게 사절을 보내 로마와의 우호조약을 경신하겠다는 뜻을 전하고, 유프라테스 강의 섬에서 만나고 싶다고 조인 장소까지 제안했다. 다만 조건이 하나 있었다. 그것은 시리아 속주 총독에게 도망친 보노네스가 시리아에 계속 눌러앉으면 아르메니아 왕위가 불안정해지는 요인이 될 수 있으니까 보노네스의 망명지를 아르메니아에 가까운 시리아에서 좀더 먼 곳으로 옮겨달라는 것이었다. 게르마니쿠스는 이 요구를 받아들여, 전왕의 망명지를 소아시아의 로마 속주로 결정했다. 그런데 거기로 호송되는 도중에 보노네스는 무슨 생각을 했는지 도망치려 했고, 그를 추적한 백인대장의 칼에 목숨을 잃었다고 한다. 일의 진위는 별문제로 하고, 아르메니아 왕국의 불안정 요인이 될 수 있는 존재도 이것으로 사라진 셈이다.

파르티아를 염두에 두고 아르메니아 문제를 처리한 이 해의 외교는 로마 외교의 성공사례 가운데 하나가 되었다. 그로부터 16년 뒤

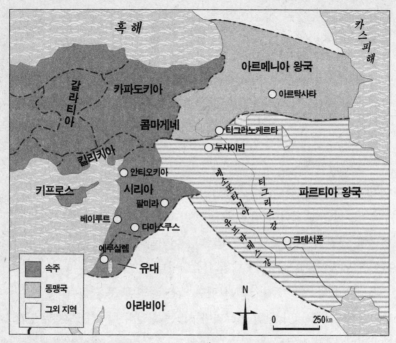

흑해

갈라티아

카파도키아

콤마게네

킬리키아

키프로스

아르메니아 왕국

○ 아르탁사타

○ 티그라노케르타

○ 누사이빈

카스피해

티그리스강

파르티아 왕국

○ 안티오키아

시리아

팔미라

베이루트 ○

○ 다마스쿠스

예루살렘

유대

○ 크테시폰

속주

동맹국

그외 지역

아라비아

N

0   250km

파르티아 주변도(서기 18년 이후)

인 서기 34년에 아르탁시아스 왕이 죽을 때까지 아르메니아 왕국은
계속 평온을 유지했기 때문이다. 로마는 병사를 한 명도 잃지 않고
오리엔트 안정의 열쇠인 아르메니아를 로마 쪽으로 끌어당겨두는 데
성공했다.

　오리엔트에 파견된 게르마니쿠스에게는 아르메니아 왕에게 왕관을
씌워주는 것과 파르티아와의 우호조약을 경신하는 임무 이외에, 이
두 가지 임무만큼 화려하지는 않지만 그에 못지않게 중요한 또 하나
의 임무가 있었다. 로마의 동맹국(사실상의 속국)인 카파도키아와 콤
마게네 왕국에 대한 조치가 그것이었다. 오리엔트의 군주국 가운데
강대국은 파르티아고 중간 정도의 왕국이 아르메니아라면, 카파도키
아와 콤마게네는 약소국이었다. 둘 다 오늘날에는 터키 동부에 자리

잡고 있지만, 로마 제국에는 직할 속주인 시리아와 더불어 가상적국 제1호인 파르티아를 봉쇄하는 전략망의 요충 역할을 맡고 있었다. 서기 18년 당시 카파도키아와 콤마게네의 왕위는 둘 다 비어 있었다. 카파도키아의 늙은 왕은 반로마적 행동을 했다는 이유로 로마에 소환된 채 그대로 이탈리아에 억류되어 있었기 때문에 뒷일을 어떻게 할 것인가 하는 문제가 있었고, 콤마게네 왕은 후계자도 없는 상태에서 사망해버렸다.

티베리우스는 이 두 왕국을 로마의 직할 속주로 만들기로 결정했다. 다만 같은 속주화라도 양국 사이에는 미묘한 차이가 있었다. 카파도키아의 초대 총독에 집정관을 지낸 벨라니우스가 부임한 것을 보면, 티베리우스는 카파도키아를 항구적인 속주로 만들 작정이었던 게 분명하다. 한편 콤마게네의 초대 총독은 아직 집정관을 지낸 경험이 없는 법무관(프라이토르) 세베루스였다. 이로 미루어보아, 티베리우스는 이 약소국을 독립한 속주로 만들기보다는 이웃한 시리아 속주의 일부로 편입시키고, 그 상태에서 왕위 후계자가 자랄 때까지 기다릴 생각이었던 게 아닌가 싶다. 속주화하지 않을 수 없었던 요인이 서로 달랐기 때문에—카파도키아는 왕의 강제 퇴위, 콤마게네는 왕의 자연사—조치도 달라지는 것은 당연했다. 로마인만큼 '케이스 바이 케이스'(그때그때 경우에 따라)를 구사한 민족은 없다. 실제로 20년 뒤에 콤마게네는 다시 왕국으로 복귀했다.

카파도키아와 콤마게네 왕국의 국민은 로마 속주민으로 지위가 바뀌었기 때문에, 속주세를 비롯하여 로마의 세제에 정해진 세금을 납부할 의무를 지게 되었다. 그러나 티베리우스는 비록·항구적인 정책은 아니었지만 세율을 대폭 낮추어주었다. 오리엔트 민중은 전제군주의 통치를 받는 데 익숙해져 있다. 따라서 무언가 특별한 감정이라도 품지 않는 한, 다스리는 사람이 오리엔트인이든 로마인이든 상관없다. 전보다 세율이 낮아지면 환영할망정, 새로운 정권에 대한 불만은 일어나지 않는다. 티베리우스는 건전 재정 확립에 집착했지만, 세금을 받을 수 있는 사람이라면 누구한테서나 받아낸 것은 아니었다.

또한 이와 같은 시기에 로마 본국의 국민에 대해서도 감세 조치가 이루어졌다. 전부터 평판이 나빴던 1퍼센트의 매상세(바꿔 말하면 소비세)를 0.5퍼센트로 내린 것이다. 지금까지 매상세를 완전히 폐지하라는 요구가 나올 때마다, 티베리우스는 로마의 방위비 재원을 확보해야 한다는 이유로 계속 거부해왔다. 이제 두 왕국의 속주화로 세금 수입이 늘어났기 때문에 감세를 단행했지만, 이것은 어디까지나 한시적인 조치였다. 사실 2년도 지나기 전에 매상세는 이전의 세율로 돌아갔다.

피소 총독

오리엔트에 파견된 게르마니쿠스에게는 만사가 순조롭게 진행되고 있었지만, 불상사가 전혀 없었던 것은 아니다. 게르마니쿠스와 시리아 속주 총독인 피소의 사이가 험악해진 것이다.

게르마니쿠스에게는 오리엔트 전역의 '최고통수권'이 주어져 있었기 때문에, 그때까지만 해도 오리엔트 전역의 행정관 중에서 최고위였던 시리아 총독도 게르마니쿠스의 지휘를 받게 되었다. 그런데 게르마니쿠스와 비슷한 시기에 시리아에 온 신임 총독 피소는 티베리우스한테 밀명을 받고 부임한 게 아닐까 하는 것이 많은 연구자들의 추측이다. 더구나 피소는 게르마니쿠스의 아버지 세대에 속하는 인물이다. 이런 원로급 인물을 시리아 총독으로 보낸 것은 정치력이 의심스러운 게르마니쿠스의 감찰관 역할을 겸하게 할 속셈이 아니었을까 하는 것이다. 하지만 이 인사는 실패였다. 피소가 배후 조정자 역할에 충실하지 않고, 겉으로 나서서 참견했기 때문이다. 주어진 임무를 너무 중요하게 받아들이고 사사건건 그것을 과시하는 사람이 있는데, 피소는 그런 사람의 전형이 아니었을까 하는 생각이 든다.

게다가 여자들 사이의 관계마저 나빠지자, 남자들 사이의 험악한 관계는 더한층 수습하기가 어려워졌다. 게르마니쿠스의 아내 아그리피나는 아우구스투스의 직계 후손(아그리피나는 아우구스투스의 딸 율리아의 딸이다)이라는 데 대단한 자부심을 품고 있었다. 그래서 이 여인은 어디에나 얼굴을 내밀고, 군단 열병식에도 참석했다. 그런 아그리피나에게 피소의 아내인 플랑키나가 경쟁심을 불태운 것이다. 시리아 총독 부인도 군단병과 어울려 시간을 보내는 일이 많아졌다. 여자들의 경쟁의식은 모든 면에서 불꽃을 튀기게 되었고, 그것은 특히 권위와 권력에서 게르마니쿠스보다 뒤떨어질 수밖에 없는 피소의 태도에 드러나게 되었다. 시리아 총독은 1개 군단을 나누어달라는 게르마니쿠스의 명령도 무시하고 따르지 않았다.

이 사건으로 정나미가 떨어졌기 때문일까. 서기 18~19년의 겨울을 게르마니쿠스는 가족과 함께 이집트에서 보내기로 결정했다. 다만 이집트는 황제의 개인 영토였기 때문에, 로마의 요직에 있는 사람은 누구든 황제의 허락을 얻어야만 이집트에 들어갈 수 있다. 이것은 아우구스투스 시대부터 내려오는 규칙이었다. 그러나 게르마니쿠스는 오리엔트 전역의 최고사령관이니까 이집트도 자기 관할이라고 생각했는지, 로마의 티베리우스에게 허가를 요청하지도 않고 이집트에 들어가버렸다. 이집트, 특히 그 수도인 알렉산드리아는 외할아버지인 안토니우스와 깊은 인연이 있기 때문에 게르마니쿠스가 각별한 관심을 가졌는지도 모른다.

이제 32세가 된 게르마니쿠스와 그 가족의 이집트 방문은 이 '열의가 넘치는 딜레탕트'의 성격을 생각하면 처음부터 끝까지 그가 바란

대로 진행되었다. 그는 알렉산드로스 대왕의 묘소도 참배했을 것이다. 외할아버지 안토니우스와 이집트 여왕 클레오파트라가 함께 묻혀 있는 영묘도 방문했을 게 분명하다. 알렉산드리아 거리를 호위병도 거느리지 않고 그리스식 투니카(짧은 옷) 차림으로 돌아다녔다. 잊어서는 안 될 것은 이집트에서도 특히 알렉산드리아는 당시에도 여전히 그리스인의 도시였다는 점이다. 이집트를 방문한 사람이라면 누구나 바라는 나일 강 유람도 빼놓을 수 없다. 그는 배를 타고 나일 강을 내려가면서 연안의 피라미드와 신전을 열심히 보고 다녔다. 알렉산드리아 주민들이 식량부족에 시달리고 있다는 말을 듣고는, 로마에 보낼 밀을 저장해둔 창고 문을 열기도 했다. 이런 게르마니쿠스가 알렉산드리아 사람들의 인기를 한몸에 모은 것은 당연하다. 그들이 생각하기에 이 로마의 젊은 '황태자'는 비록 패배하긴 했지만 이집트군을 이끌고 로마와 싸운 마르쿠스 안토니우스의 직계 후손이기도 했다.

티베리우스는 게르마니아 군단이 반란을 일으켰을 당시 게르마니쿠스가 문서를 위조한 것에 대해서는 한마디도 하지 않았지만, 이집트에서 게르마니쿠스가 어떤 행동을 하고 있는가를 알았을 때는 원로원 회의장에서 공식적으로 그를 질책했다. 티베리우스가 질책한 이유는 첫째 로마의 요직에 있는 사람이 경솔하게도 대중 앞에 그리스식 옷차림으로 나타난 것, 둘째로는 신격 아우구스투스가 정한 법률을 어기고 황제에게 허가도 받지 않고 이집트에 들어간 것, 셋째로는 황제의 직속 장관이 통치하고 있는 이집트에서 장관의 뜻을 거역하면서까지 밀 창고를 개방한 것이었다. 원로원도 동감이었는지, 게르마니쿠스에게 신중한 처신을 요구하는 공식 서한을 보냈다.

그러나 이 서한이 도착하기 전에 게르마니쿠스는 이집트를 떠났다. 또한 질책을 받아도 별로 개의치 않는 것이 그의 성격이었다. 어쨌든 그는 이집트 여행에서 하고 싶었던 일은 전부 다 해치웠다.

도나우 강 방위체제

게르마니쿠스가 동방(오리엔트)의 안전보장체제를 정비하고 있는 동
안, 서방(오키덴트)에서도 드루수스가 티베리우스의 정략대로 도나우
강 방위선을 확립하고 있었다.

도나우 강 유역에서 로마의 상대는 게르만족 중에서도 강대한 부족
으로 알려진 마르코만니족이었다. 그 족장인 마로보두스는 로마에서
성장한 사람이라 로마의 국력을 잘 알고 있었기 때문에, 로마와의 정
면 대결을 애써 피해왔다. 이 인물이 도나우 강 북쪽 연안에 건재했다
면 티베리우스도 걱정할 필요는 없었을 것이다. 그러나 함께 싸우자는
아르미니우스의 권유를 계속 거부한 이 게르만 지도자도 휘하 병사들
이 반란을 일으키는 바람에 궁지에 빠지고 말았다. 마로보두스는 티베
리우스에게 지원을 요청했다. 그러나 티베리우스는 라인 강이든 도나
우 강이든 강 너머에 있는 게르마니아 땅으로 진격할 마음이 전혀 없
었다. 황제는 로마 군단을 파견하여 지원해달라는 요청을 거부하고,
마로보두스와 그 가족이 안주할 땅을 북이탈리아의 라벤나에 마련해주
겠다는 뜻을 전했다. 게르만족 족장은 여기에 만족할 수밖에 없었다.

이 문제를 원로원에 보고하고 승인을 요청할 때, 티베리우스는 다음
과 같은 이유를 들어 이 조치의 타당성을 강조했다.

마로보두스만큼 로마에 위험한 게르만인은 없다. 그는 대단히 유능
하고 게르만족에게 강력한 영향력을 갖고 있다. 그 인물을 포로가 아
니라 손님 자격으로 로마의 품에 받아들이는 것은 라인 강과 도나우
강 너머에 사는 게르만족의 세력을 약화시키는 데 도움이 될 뿐 아니
라, 여차할 때는 마로보두스에게 로마 군단을 주어 진격시킬 수도 있
다. 즉 이 정치 망명자를 게르만족에 대한 카드로 사용할 수 있다는
것이다. 실제로 마로보두스가 라벤나에서 느긋하게 살게 된 뒤에도,

티베리우스는 도나우 강 이북에 사는 부족이 남쪽으로 쳐들어올 기미를 보일 때마다 이 카드를 내보이며 협박하곤 했다.

로마인들은 정치적 망명자나 볼모를 이런 식으로 생각하고 있었다. 로마인들이 이들을 감옥에 가두거나 하여 냉대하지 않은 것은 여차하면 카드로 활용할 수 있었기 때문이다.

그런데 마로보두스를 내쫓고 족장이 된 카투아르다스도 얼마 후 쿠데타로 쫓겨나, 로마에 보호를 요청해왔다. 티베리우스는 이 사람도 받아들인다. 카투아르다스가 안주한 곳은 남프랑스의 항구도시인 포룸 율리(오늘날의 프레쥐스)였다. 로마가 활용할 수 있는 카드는 이제 두 장으로 늘어난 셈이다.

그러면서도 티베리우스는 그후 마르코만니족을 통솔한 바니우스를 로마 제국의 '친구'(아미쿠스)로 인정하고, 도나우 강 북쪽 연안에 있는 이 독립국과 동맹관계를 맺었다. 이런 방식이야말로 '리얼 폴리틱스'(현실 정책)가 아닐까. 실제로 이 냉철한 외교 덕택에 로마는 라인 강 동쪽 연안과 마찬가지로 도나우 강 북쪽 연안에도 우군을 갖게 된다. 게르만족의 영웅인 아르미니우스도 계속 고립되어가고 있었다. 게르만족을 결집하여 로마를 격파하겠다는 꿈에 모든 것을 걸었던 이 풍운아도 그로부터 2년 뒤 소규모 충돌에서 목숨을 잃었다. 그리고 그 무렵에는 도나우 강 하류 지역까지도 로마의 패권 밑에 들어가 있었다. 로마가 거기에 사는 트라키아인의 내분을 이용한 결과였다. 티베리우스가 원로원에서 "로마의 안전은 군사가 아니라 정치로 보장되었다"고 말한 것도 거짓말은 아니다. 이런 티베리우스를 몹시 싫어한 타키투스조차도 『연대기』(아날리)에서 이렇게 말할 수밖에 없었다.

"티베리우스의 최대 관심사는 제국의 안전을 유지하는 것이었다."

게르마니쿠스의 죽음

서기 19년 봄, 이집트를 떠나 시리아로 돌아온 게르마니쿠스를 기다리고 있었던 것은 전보다 더욱 노골적으로 반발심을 드러내는 피소 총독이었다. 시리아 속주의 수도인 안티오키아의 총독 관저에서는 격론을 벌이는 두 사람의 모습을 자주 볼 수 있었다고 한다. 그후 피소는 자기가 관할하는 소아시아 서해안으로 가고, 게르마니쿠스는 팔미라로 떠났다. 이때 팔미라에서 더욱 동쪽에 있는 유프라테스 강까지 가서 파르티아와의 우호조약 경신식에 참석했는지도 모른다. 어쨌든 여름철의 사막 여행을 끝내고 안티오키아로 돌아오자마자 게르마니쿠스는 고열로 쓰러져버렸다.

게르마니쿠스를 덮친 고열은 이튿날 아침에는 거짓말처럼 사라졌다. 그런데 그날 밤 또다시 고열이 덮쳐왔다. 하지만 이번에도 이튿날 아침에는 씻은 듯이 사라졌다. 그날 온종일 평소와 다름없는 생활을 했을 정도다. 그러나 밤이 되자 또다시 고열이 덮쳐왔다. 이번에는 이튿날 아침이 되어도 고열은 다소 수그러들긴 했지만 완전히 사라지지는 않았다. 젊은 장수의 체력은 고열의 파도가 밀려올 때마다 눈에 띄게 쇠약해져갔다.

병상에 누워 있는 게르마니쿠스의 주위에서는 이 갑작스러운 병의 원인에 대해 피소 총독이 독약을 먹였기 때문이라고 주장하는 목소리가 커져갔다. 누구보다도 게르마니쿠스 자신이 그렇게 믿었다. 처음 고열이 덮쳐온 지 열흘도 지나기 전에 게르마니쿠스는 병상 주위에 모인 아내와 친구들에게 복수해달라는 말을 남기고 눈을 감았다. 서기 19년 10월 10일, 향년 33세였다.

시리아만이 아니라 오리엔트 전체가 자기편한테는 상냥하고 적한테도 너그러웠던 이 젊은 장수의 죽음을 애도했다. 안티오키아 중앙광장에서 열린 화장식에는 오리엔트에 거주하는 로마인만이 아니라 그리스인과 유대인과 셈족도 참석했다. 항해하기에는 적합하지 않은 계절인데도, 아그리피나는 남편의 유골을 품에 안고 일곱 살바기 칼리굴라와 태어난 지 1년밖에 안된 막내딸을 데리고 로마로 떠났다. 겨울철이라 자주 항구에 들러야 했기 때문에, 이탈리아까지 가는 데는 두 달이나 걸렸다.

게르마니쿠스의 죽음에 대해 역사가 타키투스는 독살이라고 하기에는 독약의 작용이 너무 느리다고 말하긴 했지만, 결국에는 티베리우스의 밀명을 받은 피소가 독살했다는 쪽으로 기울었다. 그의 저서에는 게르마니쿠스의 죽음이 다음과 같이 서술되어 있다.

"육체의 아름다움, 죽음을 맞이했을 당시의 나이, 죽음에 이른 원인, 죽음을 맞은 땅이 고국에서 멀리 떨어진 오리엔트였다는 점에서도 게르마니쿠스의 운명과 알렉산드로스 대왕의 운명은 비슷하다. 둘 다 아름다운 육체를 가졌고, 고귀한 가문에서 태어났고, 30대에 갓 접어든 젊은 나이였고, 타국 사람들 속에서 죽음을 맞이했으며, 가족의 간계에 희생되었다.

그러나 게르마니쿠스는 알렉산드로스 대왕과 달리 친구에게는 상냥하고 쾌락도 자제했으며, 결혼도 한번밖에 하지 않았고 자녀도 많이 얻었다.

장수로서의 역량도 뛰어나, 만약 게르마니아 전쟁을 속행하는 것을 방해받지만 않았다면 알렉산드로스 대왕과 거의 맞먹는 전과를 올렸을 것이다. 만약 게르마니쿠스가 왕으로 태어나 자유롭게 행동할 수 있고 결정을 내릴 권한도 갖고 있었다면, 알렉산드로스 대왕의 군사적 업적조차도 쉽게 따라잡을 수 있었을 것이다. 남에 대한 너그러운 태도, 자신을 다스리는 능력, 그밖의 많은 재능에서도 게르마니쿠스가 알렉산드로스보다 뛰어났기 때문이다."

　이 글은 로마 제국 최고의 역사가인 타키투스가 쓴 것이지만, 현대 연구자들이 실소를 금할 수 없는 부분이다. 어떤 연구자는 "게르마니쿠스의 죽음은 제국의 손실로 이어지지 않았다"고까지 말하고 있다. 오늘날에는 알렉산드로스 대왕의 사인과 게르마니쿠스의 사인이 둘 다 말라리아였다는 게 정설로 되어 있다. 하지만 알렉산드로스 대왕의 경우에도 독살설은 끈질기게 남아 있었다. 젊은이의 죽음은 누구에게나 애석한 마음을 불러일으키게 마련이다. 생전에 인기가 높았던 사람의 때이른 죽음은 그것을 더욱 가속화한다. 그의 결함을 알고 있었던 사람까지도 예상치 않은 죽음 앞에서는 모든 것을 잊어버린다. 라인 강 방위선을 지키는 병사들도 옛 사령관의 죽음에 흐느껴 울었다. 그것은 '게르마니쿠스 신화'의 탄생이기도 했다.

　겨울철 항해를 계속한 아그리피나 일행이 코르푸 섬에 도착하자, 이를 안 사람들은 너나없이 상륙항인 브린디시로 모여들기 시작했다. 수도 로마에서도 티베리우스가 보낸 근위병 3개 대대가 도착했다. 유골 단지를 품에 안고 브린디시에 상륙한 미망인과 어린 자녀들은 큰 소리로 울며 탄식하는 군중의 마중을 받았다.

　고대 로마에서 꽃은 살아 있는 사람을 축복할 때나 무덤 앞에 바치기 때문에, 죽은 직후에는 각자 자신의 재력에 맞는 물건을 불태우는 것으로 애도의 뜻을 나타낸다. 기독교 시대가 된 뒤에도 이 관습은 양초에 불을 켜서 바치는 형태로 계승되었다.

　3천 명의 근위병이 호위하는 가운데 게르마니쿠스의 유골이 아피아 가도를 북상하는 동안, 물건을 태우는 사람들의 행렬이 끊이지 않았다. 유복한 사람들은 값비싼 몰약을 태웠고, 가난한 사람들은 몸에 걸치고 있던 옷을 벗어서 태웠다. 이탈리아 본국은 자연발생적으로 상을 입은 셈이다. 아직도 젊은 아그리피나와 어린 아이들의 모습이 사람들의 눈물을 더욱 자극했다.

수도에서 100킬로미터 떨어진 테라치나에서는 도나우 강 전선에서 달려온 드루수스와 게르마니쿠스의 친동생인 클라우디우스, 오리엔트에 동행하지 않은 게르마니쿠스의 두 아들과 그해의 집정관 두 사람을 비롯한 많은 원로원 의원들이 마중나와 있었다. 아피아 가도는 테라치나부터는 거의 직선으로 로마까지 뻗어 있다. 죽은 게르마니쿠스는 가족과 정부 고관들의 호위를 받으며 이 길을 따라 수도로 향했다.

로마가 가까워질수록 연도에서 맞이하는 사람의 수도 늘어났다. 이제 군중이 된 사람들의 탄식은 주위를 압도하고, 애도의 뜻으로 불태우는 물건이 내뿜는 연기로 맑은 하늘까지 흐려졌다. 이것은 집단 히스테리라고 말할 수밖에 없었다.

그런데 아피아 가도가 끝나고 로마 시가 시작되는 지점에는 누구나 예상하고 있던 사람의 모습이 보이지 않았다. 게르마니쿠스의 양아버지인 티베리우스도, 할머니인 리비아도, 친어머니인 안토니아도 마중을 나오지 않은 것이다. 행렬이 포로 로마노에 들어간 뒤에도 티베리우스는 모습을 보이지 않았다. 그리고 이튿날 거행된 국장에서도 고인을 추모하는 연설을 한 것은 동생 드루수스였고, 티베리우스도 리비아도 안토니아도 장례식에 참석하지 않았다. 사람들은 티베리우스의 양아들인 게르마니쿠스와 친아들 드루수스를 경쟁자로 보았지만, 이 형제는 사이가 무척 좋았다. 게르마니쿠스보다 두 살 아래인 드루수스의 추모 연설은 듣는 이들의 마음에 깊이 스며들었다. 그러나 티베리우스는 영묘에 유골을 매장할 때도 모습을 보이지 않았다.

국장에 참석하지 않은 이유를 티베리우스는 다음과 같이 공표했다. 친어머니 안토니아가 슬픈 나머지 몸져누워서 참석할 수 없는 상태였기 때문에, 리비아와 티베리우스도 그런 안토니아를 제쳐놓고 참석할 수는 없었다는 것이다.

주제넘게 나서기를 극도로 싫어한 티베리우스니까, 이것은 진실이었는지도 모른다. 또한 '냉철한 전문가'이고자 했던 티베리우스가 '열정이 넘치는 딜레탕트'에게 호의를 품지 않았던 것도 이해할 수 있다. 그러나 이런 일은 개인 감정과는 관계없는 예의 문제다. 게다가 게르마니쿠스는 오리엔트 전역을 담당한 최고사령관으로서 어엿한 공인이었다. 이때 티베리우스가 취한 태도는 변명할 여지가 없는 실수라고 말할 수밖에 없다.

실제로 사람들은 과거에 아우구스투스가 어떻게 했는가를 생각해내고 티베리우스와 비교했다. 기원전 9년에 게르마니쿠스의 친아버지인 드루수스가 말에서 떨어져 게르마니아 땅에서 죽었을 때, 아우구스투스는 일부러 500킬로미터나 떨어진 북이탈리아의 파도바까지 마중을 나가서 유해와 함께 로마로 돌아왔다. 사람들은 그 일을 기억해내고, 선황과는 다른 티베리우스의 냉정한 성격을 절감했다.

이 시기의 로마인들은 100년 뒤의 타키투스처럼 티베리우스가 게르마니쿠스를 독살시켰다고까지 생각지는 않았다. 독살이라고 믿기는 했지만, 그것은 피소 총독이 단독으로 저지른 일이라고 생각했다. 그러나 마중도 나가지 않고 장례식에도 참석하지 않은 티베리우스를 로마인들은 도무지 이해할 수가 없었다. 그들은 나름대로 게르마니쿠스의 죽음을 애도하여 상을 입기로 결정했다. 현대식으로 말하면 일제 휴업이었다.

로마 전체가 기능을 멈추었다. 재판도 무기 연기되고, 무역업자들의 사무실도 문을 닫았고, 상점들도 문을 닫았고, 장인들의 작업장에서는 아무 소리도 들리지 않았다. 학원들도 자연히 휴교했고, 신전 근처에 사람들이 모이는 모습이 보일 뿐이었다. 이런 상태가 한 달이 넘도록 계속되었을 때, 티베리우스는 수도 주민에게 포고령을 발표했다. 그

전문을 여기에 소개하겠다.

"수많은 위대한 인물들이 조국을 위해 목숨을 버렸다. 그러나 그들 가운데 어느 누구도 이번에 국민 여러분이 보여준 것과 같은 격렬한 애도는 받지 않았다. 게르마니쿠스의 죽음에 대한 사람들의 비탄은 아버지인 나를 비롯한 고인의 가족 모두에게 대단한 명예인 것은 확실하다. 하지만 그것도 절도를 지킬 필요가 있다.

작은 나라 국민에게는 사적인 비탄에 빠지는 것도 허용되지만, 세계를 지배하는 나라의 지도자나 시민에게는 그런 생활방식이 허용되지 않는다. 고통을 참고 속으로 눈물을 흘리며 그 고통을 씻으려 하고 고인에 대한 상을 입는 행위는 당연하다. 하지만 지금은 의연한 마음을 되찾고 새로운 힘으로 일어서야 할 때다. 카이사르는 외동딸의 죽음에 대한 슬픔을 감추었고, 아우구스투스는 손자들이 차례로 죽었을 때도 의연하게 책무를 수행했다.

최근의 예는 굳이 들 필요도 없겠지만, 로마 국민은 얼마나 여러 번 로마 군단의 패배를 참고, 장수들의 죽음을 견디고, 로마 역사를 장식한 가문 전체의 붕괴도 참아왔는가.

지도자 개개인은 언젠가는 죽어야 할 운명이다. 불멸의 존재는 국가뿐이다. 따라서 이제는 각자 자신의 직무로 돌아가자. 로마 시민이 낙으로 삼고 기다리는 대지의 여신 축제일도 다가왔다. 일상생활은 직무와 즐거움의 두 가지로 성립되는 법이다."

이로써 집단 히스테리도 수습되었다. 사람들은 각자 직장으로 돌아갔고, 학원들도 다시 문을 열었고, 어머니들도 전처럼 집안일에 전념하게 되었다. 그러나 사람들은 이것만은 양보하지 않았다. 피소 총독을 재판정으로 끌어내라는 것이다. 여론의 동향만 보면, 재판도 하기전에 유죄로 결정나버린 거나 마찬가지였다.

피소 재판

게르마니쿠스가 병으로 쓰러졌을 당시 피소 총독은 안티오키아에 없었다. 하지만 소식을 듣고 당장 안티오키아로 달려가지도 않았다. 그리고 잇따라 게르마니쿠스가 죽었다는 소식을 들었다. 피소의 아내 플랑키나는 기쁨을 폭발시켰다지만, 그게 사실이라면 상당히 멍청한 여자다. 피소는 동행한 아들과 친구와 막료들에게 선후책을 의논했다. 임지(시리아의 수도 안티오키아)로 돌아가 게르마니쿠스의 죽음으로 최고책임자를 잃게 된 오리엔트 방위체제를 진두지휘할 것인가, 아니면 로마로 가서 황제와 원로원에 게르마니쿠스와의 불화를 변명할 것인가. 막료들은 안티오키아로 돌아가자고 주장했고, 아들과 친구들은 로마로 가라고 권했다. 피소는 원로원의 유력자이기도 했다. 어느 쪽을 택할까 망설인 끝에 피소는 무슨 생각을 했는지, 시리아에 주둔해 있는 4개 군단 병사들에 대한 회유공작을 시작했다. 하지만 그것도 철저히 한 것은 아니었고, 결국에는 로마로 가기로 결정했다.

그런 일에 시간을 낭비한 탓도 있어서, 피소는 아그리피나보다 훨씬 늦게 로마에 도착했다. 게다가 본국 이탈리아에 들어올 때도 남부 이탈리아의 브린디시가 아니라 중부 이탈리아의 안코나에 상륙했고, 거기서 플라미니아 가도를 따라 내려오다가 도중에 이 가도를 버리고 테베레 강을 따라 로마로 들어오는 우회로를 택했다. 그가 수도에 도착한 것은 티베리우스의 포고령에 따라 수도 주민의 집단 히스테리도 가라앉았을 무렵이었다. 따라서 그는 원로원 의원들한테 사전에 변명할 겨를도 없이 곧바로 피고석에 서게 되었다.

피소를 사형에 처하라고 외치는 군중이 원로원 회의장을 둘러싼 가운데 재판이 시작되었다. 만약 티베리우스가 여론에 신경을 쓰는 통치자였다면, 여론이 원하는 쪽으로 재판을 가져가는 편이 유리했을 것이다. 그랬다면 고인을 마중도 나오지 않고 장례식에도 참석하지 않아서 얻은 악평도 만회할 수 있었을 테고, 후세의 로마인들한테 독살죄를 뒤집어쓰는 일도 없었을 것이다. 하지만 티베리우스는 재판이 시작되자마자 다음과 같은 연설을 했다.

"피소는 내 아버지(아우구스투스)의 친구이자 군단장이기도 했던 사람이다. 그 인물을 나는 게르마니쿠스와 협력하여 동방을 통치하도록 시리아로 보냈고, 사전에 여러분의 승인도 받았다. 따라서 여러분은 냉정하게 재판에 임해주기 바란다. 게르마니쿠스와 사이가 나빴던 원인이 피소 자신의 오만과 경쟁심에 있는지, 그 젊은이의 죽음을 기뻐했다는데, 그것이 단순한 경박함의 결과인지, 아니면 범죄를 저지른 증거인지를 냉정하고 신중하게 검토해달라.

피소는 군단 지휘권을 포함하여 속주의 공무를 위임받고 파견된 공인이다. 따라서 월권행위를 한 사실이 밝혀지면 죄가 된다. 또한 공무상으로는 상관인 게르마니쿠스의 명령에 복종하지 않았다면 그것도 죄가 된다. 만약 게르마니쿠스의 죽음과 그것이 나에게 불러일으킨 슬픔을 피고가 기뻐했다면, 나는 그를 증오할 것이다. 우리 집에는 발도 들여놓지 못하게 할 것이다. 그렇긴 하지만 사적인 모욕에 대해 '제일인자'의 권위를 이용하여 복수할 마음은 전혀 없다.

반대로 처벌받아 마땅한 범죄를 저지른 사실이 밝혀지면, 하수인이 누구였든, 피소가 응당한 처벌을 받는 것은 게르마니쿠스의 자식들에게, 그리고 우리 가족 모두에게 위안을 줄 것이다.

그리고 피소가 휘하 군단 내부에 부정을 만연시키고 군단을 선동하여 반란을 일으키려 했다는 것도 과연 사실인지, 아니면 단순한 소문을 믿은 고발자들의 과장에 따른 허위인지도 밝혀낼 필요가 있다. 만약 후자라면, 설령 그것이 우정의 결과라 해도 내 비난을 각오해야 할 것이다. 게르마니쿠스의 유해는 발가벗겨진 채, 외국인들도 지켜보는 가운데 중앙광장에 전시되었다. 이것은 게르마니쿠스가 독살되었다고 단정하는 것이나 마찬가지다. 그런데도 사인은 아직 분명치 않고, 지금 이 자리에서 밝혀내야 할 문제 가운데 하나다.

나 개인으로서는 아들의 죽음에 눈물을 흘렸고, 앞으로도 눈물을 흘릴 것이다. 그러나 동시에 내 아들을 죽인 혐의로 고발된 피고에게는 모든 수단에 호소하여 변명할 기회가 주어질 것을 보장한다. 게르마니쿠스의 명령 가운데 부당하다고 생각한 것까지도 변명할 기회를 주겠다. 따라서 여러분도 외부의 목소리에 귀를 기울이지 말고 재판에 임해주기 바란다. 그렇게 하는 것이야말로 내 슬픔에 가장 적절히 경의를 표하는 길이라고 생각해달라.

혈연이나 우정 때문에 피고를 변호하러 나선 이들에게도 고발자와 동등한 권리가 보장된 이상, 변호인은 그들과 마찬가지로 성의와 재능을 다하여 피고를 변호해달라.

법 앞에서는 만인이 평등하다. 하지만 게르마니쿠스의 죽음에 대해서는 피고가 딱 한 가지 특권을 부여받았다. 그것은 일반적인 재판정이 아니라 원로원 회의장에서 재판을 받는다는 점이다. 이 점을 빼고는 모두 로마의 통상적인 재판과 똑같이 생각하고 재판을 진행해야 한다.

의원 여러분, 내가 무엇보다도 바라는 것은 여러분이 드루수스의 눈물도 내 슬픔도 국민들의 온갖 목소리도 모두 무시하고 재판에 임해주는 것이다."

재판은 통상적인 재판보다 시간을 훨씬 오래 들이기로 결정되었다. 고발 이유를 설명하는 데 이틀, 변호인측 변론을 듣는 데 사흘, 그 사이에 재판관들이 검토하는 기간인 엿새를 넣고, 그 다음에 판결을 내리기로 결정한 것이다. 고발자는 카이키나, 벨라니우스, 비텔리우스 등 세 사람인데, 모두 게르마니아 전쟁 때 게르마니쿠스 휘하에서 군단장을 맡았던 인물들이다. 오리엔트에 파견된 게르마니쿠스를 자원해서 따라간 장수들이기도 했다. 그들의 주장에 따르면, 피소는 다음과 같은 죄로 처벌받아 마땅했다.

첫째, 시리아에 주둔해 있는 4개 군단 병사들에게 방종한 행위를 허락한 것.

둘째, 동맹국 왕들에게 횡포를 부린 것.

이로써 오리엔트 전역의 최고책임자인 게르마니쿠스에 대한 이들(동맹국 왕들)의 증오심을 불러일으켰고, 군단 내부는 무질서가 지배하게 되었으며, 그 결과 피소는 군단 내부의 불량분자들한테는 군단의 아버지라고 불릴 만큼 인기를 얻었지만, 선량한 병사들한테는 경멸당하게 되었다고 탄핵한 것이다.

셋째, 마법과 독약을 사용하여 게르마니쿠스를 죽인 것. 고발자들이 강조한 것은 피소의 아내 플랑키나가 동양의 마법에 빠져, 주술을 부리는 것을 취미로 삼고 있었다는 점이다. 그리고 마지막으로 그들은 피소가 군단병을 사주하여 조국에 대해 활시위를 당길 작정이었다고 주장했다.

변호인측 논조는 고발자들의 기세에 비하면 너무 약했다. 군단병을 회유하려 했다는 비난은 부인할 수 없었다. 군단을 질서가 흐트러진 상태로 방치한 것도 부인할 수 없었다. 동맹국 군주들의 불만은 공공연한 사실이 되어 있었기 때문에, 그들과 관계가 나빴던 것도 부인할 수 없다. 티베리우스가 특히 중시한 명령 불복의 진위에 대해서도, 게르마니쿠스의 명령을 모두 거부한 것은 아니었다고 반론할 수는 있지만 충실히 실행했다고까지는 말할 수 없었다. 이렇게 되면 변호인측은 독살의 진위 여부에만 반론을 집중시킬 수밖에 없었다.

독살의 증거는 아무것도 없었다. 고발자들은 안티오키아의 총독 관저에서 잔치가 열렸을 때 피소가 직접 게르마니쿠스의 술잔에 독약을 넣었다고 주장했지만, 이것도 설득력이 없었다. 두 사람 사이가 나쁜 것은 공공연한 사실이었기 때문에, 두 사람이 함께 있는 곳에서는 노예들의 시선까지도 피소에게 집중되어 있었기 때문이다.

원로원 내부에서 이처럼 분위기가 달라지자, 회의장 밖에서 재판 과정을 지켜보는 군중의 태도가 강경해졌다. 원로원이 피소를 무죄로 석방해도 자기들 손에서는 도망칠 수 없다고 외치는 사람들 때문에, 피소는 회의장 밖으로 마음대로 나갈 수도 없는 형편이었다. 주위에 장막을 둘러친 가마 속에 숨고, 그 가마를 근위병들이 호위하여 겨우 집에 돌아갈 수 있을 정도였다. 그래도 피소는 아들들의 격려를 받으며, 변론이 끝나는 마지막 날까지 계속 원로원에 다니면서 재판에 출석했다.

그러나 원로원 의원들이 그를 바라보는 시선에서 경멸과 적개심이 사라진 것은 아니었다. 재판에 날마다 참석한 티베리우스도 여느 때처럼 안색 하나 바꾸지 않았다. 분노도 보이지 않고, 동정심도 보이지 않고, 무슨 생각을 하고 있는지 알 수 없는 태도로 일관했다. 피소만이 아니라 피소의 아내인 플랑키나한테도 민중의 분노가 집중되어 있었다. 플랑키나는 남편과 거리를 두게 되었고, 전부터 친한 사이였던 황태후 리비아의 무릎에 매달려 목숨을 건지려 하고 있었다.

피소는 자결을 결심한다. 변호에 나서준 사람들도 증거 불충분으로 독살죄는 면할 수 있었지만 명령 불복의 죄를 면하기는 어려울 거라고 그에게 말했다. 자결만이 아들들을 구하는 길이기도 했다.

판결이 내리는 날 아침, 피소는 목을 자른 모습으로 발견되었다. 그러나 판결은 피고의 생사에 관계없이 내려졌다.

(1) 피소의 이름을 공식 기록에서 말살한다.

(2) 피소의 재산 가운데 절반은 몰수하여 국고에 집어넣고, 나머지는 로마에 있어서 사건과는 관계가 없었던 피소의 맏아들 그나이우스에게 남긴다. 다만 그나이우스는 앞으로 피소라는 성을 바꿀 것.

(3) 시리아에 부임한 아버지와 동행한 둘째아들 마르쿠스는 원로원 의원 자격을 박탈당하고, 아버지의 재산에서 500만 세스테르티우스만 받고 수도 로마에서 10년 동안 추방된다.

(4) 아내 플랑키나는 국모 리비아의 탄원도 있었기 때문에 죄를 불문에 부친다.

황제에게는 항소를 받고 재결을 내릴 권한이 있다. 피고는 이미 죽었기 때문에 항소를 하지 않았지만, 티베리우스는 자기가 가진 권한을 행사했다. 즉 '대법원 판결'을 내린 것이다.

우선 피소의 이름을 공식 기록에서 삭제한다는 판결을 물리쳤다. 로마에 도전한 마르쿠스 안토니우스조차도 그 이름이 공식 기록에 그대로 남아 있다는 것이 그 이유였다. 또한 피소의 둘째아들 마르쿠스의 원로원 의원 자격을 박탈한다는 판결과 10년 동안 수도에서 추방한다는 판결도 철회하고, 그에게도 형과 마찬가지로 죽은 아버지가 남긴 재산의 절반을 물려받을 권리를 인정했다. 아들은 아버지의 뜻에 반대할 수 없는 법이라는 게 티베리우스가 내세운 이유였다. 아내 플랑키나에 대해서는 원로원의 판결을 그대로 인정했다.

원로원은 티베리우스가 내린 '대법원 판결'을 승인했지만, 복수의 신 마르스에게 바쳐진 신전에 게르마니쿠스의 황금상을 세우자는 동의를 제출했다. 티베리우스는 여기에도 반대했다. 이런 신성화는 다른 나라 국민을 상대로 승리했을 경우에만 성립되는 것이고, 자기 나라 안에서 일어난 불상사는 슬픔과 함께 묻혀야 한다는 것이다.

  제국의 모든 국민이 주목했던 피소 재판은 이렇게 끝났다. 여론도 그 이상은 요구하지 않았다. 다만 이 판결 내용은 후세의 로마인들에게 티베리우스가 게르마니쿠스의 죽음에 관여했다는 의혹을 품게 했고, 미망인 아그리피나의 가슴에 티베리우스에 대한 증오심을 심어주게 되었다. 아우구스투스의 핏줄임을 자랑으로 삼고 있던 그녀는 진작부터 아우구스투스와 혈연관계가 없는 티베리우스를 황제 자리를 가로챈 사람으로 보고 있었다. 그런데 게르마니쿠스의 죽음으로 그 생각이 더욱 강해졌다. 경쟁자를 없애기 위해 티베리우스가 피소를 사주하여 남편을 죽였다고 믿어 의심치 않았다.

  며느리의 생각뿐이라면, 티베리우스는 그런 것에 신경을 쓰고 있을 틈이 없었다. 또한 신경을 쓰는 성격도 아니었다. 하지만 '게르마니쿠스 신화'가 저절로 형성되어가는 것을 방치해두느냐 마느냐는 국내 안정까지 좌우할 수 있는 정치 문제다. 법률체계의 창시자인 로마인답다고 해도 좋다. 재판은 모범적으로 끝낼 수 있었지만, 그 때문에 오히려 뒤에 남은 '신화'에 손을 써둘 필요가 있었다.

  피소 재판이 끝난 지 며칠 뒤, 티베리우스는 재판에서 고발자가 되어 열변을 토한 카이키나와 벨라니우스와 비텔리우스를 제사장에 임명하도록 승인해달라고 원로원에 요청했다. 게르마니쿠스의 부하였던 이들 세 사람은 기사계급에 속해 있었기 때문에, 원로원 계급이 맡는 것이 통례인 제사장이 되는 것은 로마에서는 사회적 신분 상승을 의미했다. 원로원은 승인했다. 그후에도 티베리우스는 이 세 사람을 중용했다. 특히 비텔리우스는 훗날 오리엔트에서 로마가 다시 조정에 나설 필요가 생겼을 때, 서기 17년 당시의 게르마니쿠스와 맞먹는 대권을 부여받고 파견된다. 게르마니쿠스파 사람들에 대한 회유공작은 그들을 제사장으로 승격시킨 시점에서 끝났다고 해도 좋다. 그후에도 이들을 중용한 것은 유능한 인재를 활용한 것에 불과했다. 티베리우스는 절대로 정실에 좌우되지 않는 사람이었다.

아그리피나

아우구스투스가 죽은 뒤 율리우스 씨족의 한 갈래인 카이사르 가문의 가장은 아우구스투스의 양자인 티베리우스다. 티베리우스는 아우구스투스의 뜻을 받아들여 게르마니쿠스를 양자로 삼았다. 로마법에 따른 가부장권은 가족 전원의 생살여탈권을 가질 만큼 막강하지만, 가족 전원을 보호할 의무도 부여되어 있다. 법률상의 아들인 게르마니쿠스가 죽은 지금, 그 자녀들을 보호할 의무는 법률상의 할아버지인 티베리우스가 짊어져야 한다.

티베리우스는 게르마니쿠스의 맏아들 네로를 원로원에 데려가, 의원들에게 게르마니쿠스가 남긴 아들에 대한 특별 배려를 요청했다. 네로 카이사르는 성년식을 끝내긴 했지만, 공직을 맡기에는 아직 어린 14세였다. 로마의 주요 공직 경력은 25세 이상이 자격 연령인 회계감사관(콰이스토르)부터 시작된다. 그 전에 별로 중요하지 않은 공직을 몇 가지 경험하는 것이 회계감사관 선거에 출마할 수 있는 조건이었다. 티베리우스가 승인을 요청한 특별 배려는 우선 중요하지 않은 공직을 몇 가지 경험해야 한다는 조건을 면제해주고, 자격 연령이 되기 5년 전인 20세에 회계감사관에 출마할 권리를 인정해달라는 것이었다.

원로원 의원들은 이 요청의 의미를 당장 이해했을 것이다. 황제가 아니라 '제일인자'라는 위선적 명칭으로 불리고 싶어해도, 그리고 황제에 즉위한 이후에도 줄곧 원로원과 협력적인 태도를 취하고 있다 해도, 티베리우스는 역시 아우구스투스의 충실한 후계자라는 것을 느꼈을 것이다. 아우구스투스는 율리우스 씨족이 로마 제국의 최고통치권을 계속 독차지하기를 원했고, 티베리우스도 그 뜻을 충실히 계승하고 있었다. 그래도 의원들은 티베리우스의 요청을 순순히 받아들였다. 로마 국가가 겉으로는 공화제이나 실제로는 군주제라는 것은 이미 기정사실이었기 때문이다.

가족의 일원에 관한 일일지라도 공직과 관련된 문제에서는 원로원의 승인을 얻는 것이 아우구스투스가 창설한 로마식 군주제이지만, 그 아우구스투스도 로마의 전통적인 가부장권에는 손을 대지 않았다. 그래서 티베리우스는 가부장권을 행사하여 네로 카이사르의 약혼녀도 결정했다. 약혼녀는 드루수스의 딸 율리아였다. 티베리우스의 친아들인 드루수스는 게르마니쿠스의 누이동생과 결혼했으니까, 네로 카이사르는 고모의 딸과 결혼하게 된다. 로마 민중은 이것으로 만족했다. 그들이 애도해 마지않는 게르마니쿠스의 아들이 다음 황제 자리를 계승하는 것은 이 약혼으로 확실해졌다고 생각했기 때문일 것이다. 그러나 네로의 어머니인 아그리피나의 가슴 속에 불타는 증오까지 잠재울 수는 없었다. 해가 바뀐 서기 21년, 집정관에 취임하기를 사양했던 티베리우스가 드루수스와 함께 집정관에 출마하여 당선했기 때문이다. 드루수스의 권위를 높이기 위해 황제인 아버지가 아들과 함께 집정관에 취임한 것은 분명했다. 지난번에 티베리우스가 집정관에 취임한 것은 서기 19년이었고, 그해의 동료 집정관은 게르마니쿠스였다. 아그리피나가 보기에 이것은 자기 아들 네로가 황제 자리를 계승할 가능성이 후퇴한 것을 의미했다.

그러나 티베리우스는 그해에 62세가 되어 있었다. 언제 무슨 일이 일어나도 이상하지 않은 나이다. 네로 카이사르는 15세이고, 드루수스는 31세였다. 황제 자리가 매끄럽게 계승되어야만 정국이 안정된다는 점을 중시한다면, 티베리우스→드루수스→네로 카이사르로 이어지는 것도 자연스럽다. 하지만 혈통을 절대시한다는 점에서는 아우구스투스의 (외)손녀딸이라는 이름에 부끄럽지 않은 아그리피나는 그렇게 생각

아그리피나

지 않았다. 드루수스는 2년 전에 아들 쌍둥이를 낳았다. 하나는 곧 죽었지만, 하나는 살아남아서 두 살이 되었다. 티베리우스에게는 첫 손자였다. 아그리피나는 자기 아들한테 와야 할 황제 자리가 티베리우스의 친아들 계통으로 흘러갈 것을 우려했다. 아그리피나의 이같은 걱정에는 나름대로 훌륭한 대의명분이 있었다. 그렇게 되면, 아우구스투스가 생전에 바랐던 것과는 무관한 사람들이 황제의 대를 잇게 된다는 명분이었다. 두 살바기는 아그리피나에게는 시누이의 아들이지만, 그 아이의 아버지인 드루수스는 아우구스투스가 생전에 준비해둔 후계자 후보 명단에는 들어 있지 않았기 때문이다.

아그리피나는 무언가를 생각하기 시작하면 그것밖에는 염두에 없고, 그 생각만 집요하게 물고 늘어지는 성격이었다. 증오심에다 두려움까지 더해졌을 때, 티베리우스에 대한 이 여인의 감정이 다다른 곳은 '아그리피나파(派)'라고 해도 좋은 당파의 결성이었다. 하지만 서기 21년 당시에는 그것이 아직 '게르마니쿠스 신화'와 연결되지는 않았다. 당파라 해도 실제로는 티베리우스를 헐뜯는 여자들을 주위에 모아놓은 데 불과했기 때문이다.

그 정도라면 별로 어려운 일은 아니었다. 티베리우스는 로마 상류층 여자들한테 인기가 없었기 때문이다. 36세에 율리아와 사실상 이혼한 뒤 벌써 30년 가까운 세월이 지났는데도 티베리우스는 여자들을 가까이하지 않았다. 애인이라도 있었다면 가십을 좋아하는 역사가 수에토니우스가 놓칠 리 없으니까. 티베리우스 주변에는 여자의 그림자조차 없었던 게 분명하다. 여자는 아내가 될 수 있다는 희망조차 주지 않는 남자라도 상관없다는 식으로는 좀처럼 생각지 않는 법이다. 게다가 티베리우스는 연회도 좋아하지 않고 오락에도 흥미를 보이지 않는, 문자 그대로 '금욕적인' 생활을 하고 있었다. 이것도 여자들한테 인기가 없는 요인이었다.

그렇다고 해서 티베리우스가 동성애자는 아니다. 여자를 사랑한 적이 없는 남자도 아니었다. 티베리우스가 유일하게 사랑한 여인은 아들 드루수스의 어머니, 아우구스투스의 명령으로 아우구스투스의 딸 율리아와 결혼하기 위해 어쩔 수 없이 헤어진 빕사니아였다. 그 빕사니아가 서기 20년 말에 죽었다. 이혼 직후에 우연히 모습을 본 이후로는 얼굴을 마주치는 것조차 피해온 여자였다. 티베리우스의 뇌리에 박혀 있는 빕사니아는 둘 다 젊었던 30년 전의 모습 그대로였을 것이다.

서기 21년, 황제에 즉위한 이후 처음으로 티베리우스는 로마를 떠났다. 다른 곳에서 해야 할 일이 기다리고 있었던 것은 아니다. 자신과 함께 집정관에 취임시켜 첫번째 후계자임을 세상에 알린 아들 드루수스에게 최고책임자의 경험을 쌓게 해주기 위해서였다. 그 증거로 이 시기에 티베리우스가 줄곧 머문 곳은 아피아 가도로 수도와 곧장 이어져 있는 나폴리 근교였다.

그리고 33세의 드루수스도 꽤 잘 해냈다. 원로원이 소장파와 노장파로 양분되어 세대간의 의견 대립이 험악해졌을 때도 소장파 우두머리인 그가 조정에 나서서 수습하는 데 성공했다. 또한 공공사업을 맡는 도급업자의 부정을 일소한 것도 드루수스였다. 도로 공사는 대개 군단병이 맡지만, 나머지 공공사업은 대부분 민간 '회사'(소키에타스)에 발주되는 체제로 되어 있다. 그래서 발주하는 국가 공무원과 수주하는 사기업 사이에 유착관계가 생기기 쉽다. 집정관 드루수스는 이 양쪽을 고발하여 부정을 적발하고 '회사'들 사이에 경쟁원리를 다시 도입했다. 부정으로 말미암아 크게 부풀어 있던 공공사업비도 이로써 크게 줄어들었다.

그러나 제국 경영은 최고위 행정관인 집정관의 직권으로는 처리할 수 없다. 특히 제국의 평화 유지와 관련된 문제는 로마군 최고사령관인 티베리우스가 나서야 한다. 북아프리카와 갈리아에서 일어난 반란에 대처하는 것은 집정관이 아니라 황제의 몫이었다.

티베리우스는 두 길 가운데 하나를 선택해야 했다. 수도로 돌아가 진두지휘를 할 것인가, 아니면 나폴리 근교에 계속 머물면서 원격조종만 할 것인가. 티베리우스는 후자를 택했다.

다만 후자를 택한 경우에는 신속하고 정확한 정보 수집력과 지휘계통 확립이 요구된다. 티베리우스라는 사내는 이 방면의 재능이 완벽했던 모양이다. 그의 서한을 가진 파발꾼이 급히 말을 달려 아피아 가도를 북상하는 빈도가 부쩍 늘어났다. 그 서한에는 제국 전역에서 그에게 모이는 정보를 토대로 한 정확한 지시나 조언이 적혀 있었다.

사막 민족

북아프리카에서 일어난 소요는 로마군 보조부대에서 군무를 경험한 타쿠팔리나스라는 사내가 사막 민족을 이끌고 로마의 속주를 침략하여 일어난 사건이다. 사막 민족으로서는 로마의 경작지 확대에 위협을 느꼈을 것이다. 이동형 민족은 언제나 정착형 민족에게 적개심을 불태우는 법이다. 또한 이동형 민족이 생활 수단을 획득하는 방법은 주로 정착 민족을 습격하여 약탈하는 것이었다.

이런 사태를 막기 위해 로마의 중앙정부는 1개 군단을 상주시키고 있었는데, 오늘날의 튀니지와 리비아 서부에 이르는 당시의 '아프리카 속주'는 원로원 관할로 이른바 '원로원 속주' 가운데 하나가 되어 있었다. 속주 총독도 원로원 의원들이 호선으로 결정한다. 하지만 원로원 속주를 통치하는 총독에게는 군단 지휘권이 주어져 있지 않았다. 이것도 아우구스투스의 심모원려를 보여주는 한 예다. 속주 총독은 정무만 담당할 뿐, 군사는 그의 직권 밖이었다. 그 땅에 군단이 상주해 있어도, 그 군단의 지휘권은 황제가 임명하는 군단장(레가투스)에게 있었다. 아우구스투스는 원로원 관할로 정해진 원로원 속주에서도 문관과 무관을 나누는 방법으로 황제의 권력을 강화한 것이다.

그러나 이런 체제가 기능을 발휘할 수 있는 것은 안팎으로 문제가 없는 경우였다. 내부의 적이 될 수 있었던 옛 카르타고계 주민은 그들의 수도였던 항구도시 카르타고의 재건이나 수도와 도로를 비롯한 사회간접자본 정비를 통해 이미 로마화되었기 때문에 문제가 없다. 외부의 적도 동쪽의 이집트와 서쪽의 마우리타니아가 로마의 패권 밑에 있는 이상, 걱정해야 할 것은 남쪽의 적뿐이다. 남쪽의 적은 곧 사막 민족이었다. 하지만 유능한 지도자가 없는 한, 그들도 도적떼에 불과하다. 그들을 막는 것은 군대의 임무라기보다 경찰의 임무다. 따라서 1개 군단과 보조부대를 합해 1만 명이 채 안되는 방위력만으로도 충분히 대처할 수 있었다.

그러나 로마군의 전투방식을 잘 알고 있는 타쿠팔리나스가 이끌게 된 뒤로는 부족별로 독립해 있는 도적떼도 군대화하여, 경찰력 정도의

북아프리카

방위력으로는 감당할 수 없게 되었다. 그것이 분명해진 2년 전, 티베리우스는 도나우 강 방위를 담당하고 있던 병력에서 1개 군단을 빼내 북아프리카로 이동시켰다. 이것으로 타쿠팔리나스를 사막 저편으로 쫓아낼 수 있었지만, 지원하러 온 1개 군단이 아프리카를 떠나자마자 또다시 원상태로 돌아가버렸다.

서기 21년, 티베리우스는 이 문제를 근본적으로 해결하기로 결심한다. 그러나 제국 전역의 방위를 담당하는 25개 군단을 늘릴 마음도 없었고, 그 가운데 1개 군단을 북아프리카에 보낼 마음도 없었다. 군사비 증가를 피하고 싶었기 때문이다. 그래서 티베리우스는 시급히 문제를 해결할 필요가 있는 아프리카 속주에만 한정하여, 문관과 무관을 분리했던 그때까지의 체제를 바꾸었다. 기간도 문제가 해결될 때까지로 한정했다. 말하자면 군단 지휘권을 부여받은 총독을 파견하여 침략자에 대한 대책을 일개 군단장의 관할에서 총독의 임무로 바꾸겠다는 것이다. 그렇게 되면 속주의 지휘체계도 통일되고, 정무와 군사를 종합하여 침략자 대책에 나설 수 있게 된다. 이 체제는 항시 적을 상대해야 하는 라인 강이나 도나우 강 전선, 파르티아와 마주보는 시리아 등의 '황제 속주'에서 채택되고 있는 체제였다. 그러나 아프리카 속주는 원로원 속주다. 티베리우스가 결정권을 가진 황제 속주가 아니다. 그래서 티베리우스는 군단 지휘권을 가진 총독을 선발해달라고 원로원에 요청했다.

티베리우스의 요청을 둘러싸고 원로원에서는 토의를 거듭했다. 토론은 활발하게 이루어졌지만, 후보를 한 사람으로 좁힐 수가 없었다. 쾌적한 항구도시 카르타고의 총독 관저에 부임하는 거라면 모를까, 사막에서의 천막생활은 질색이라는 게 원로원 의원들의 본심이었다. 결국 티베리우스에게 돌아온 회답은 황제에게 인선을 위임하겠다는 것이었다.

그래도 티베리우스는 다시 서한을 보내, 군사적 재능이 충분하다고 여겨지는 원로원 의원 두 명의 이름을 적고, 그 두 사람 중에서 한 명을 뽑아달라고 요구했다. 거명된 레피두스와 브라이수스에게는 원로원 회의장에서 소견을 밝힐 권리가 주어졌다. 공화정 시대부터의 명문 귀족인 레피두스는 건강도 좋지 않고 딸도 아직 시집을 가지 않았다는 핑계를 대면서, 완곡한 표현으로 자기보다 브라이수스가 더 적임자라는 말로 발언을 끝냈다. 소장파 의원인 브라이수스는 회피하는 건 비겁하다고 생각했는지, 선발되면 받아들이겠다고 말했다. 원로원 의원들은 이로써 결말이 났다고 기뻐했고, 그들의 표는 당연히 브라이수스에게 몰렸다. 이리하여 북아프리카의 사막 민족에 대한 대책도 명확한 걸음을 내딛게 된 셈이다. 방침만 명확해지면, 로마의 군사력으로 사막 민족을 물리치는 것은 시간 문제다. 실제로 그로부터 2년 뒤, 타쿠팔리나스가 궁지에 몰린 끝에 전사함으로써 문제는 해결되었다.

드루이드교

한편 같은 무렵에 갈리아에서 일어난 반란은 외적의 침략이 아니라 고리대금 이자에 대한 불만이 계기가 되었다. 본국 이탈리아에서는 이

율의 상한선이 연리 12퍼센트로 억제되어 있는데, 속주에서는 무제한이었던 모양이다. 70년 전인 카이사르 시대에 연리 48퍼센트의 고리를 탐했던 브루투스는 예외라 해도, '리스크가 높다'고 여겨진 황제 속주에서의 금융이 '높은 수익률'을 기대하는 것은 경제 논리이기도 하다. 사실 같은 갈리아에서도 로마화가 진행되고 안전한 남프랑스는 원로원 속주지만, 여기서는 반란이 일어나지 않았다. 남프랑스 속주는 본국 이탈리아와 마찬가지로 금융면에서도 '낮은 위험도, 낮은 수익률'이었던 게 아닌가 짐작된다.

그래서 서기 21년의 반란은 70년 전에 카이사르가 정복한 갈리아 동부 지역, 로마인들의 호칭으로는 '장발의 갈리아'(갈리아 코마타)에서 일어났는데, 고리대금에 시달리는 것도 로마가 속주세를 징수하기 때문이라 하여 창끝이 로마 중앙정부로 돌려진 것도 당연하다. 다만 재미있는 현상이 있었다. 반란 주모자들이 모두 율리우스라는 성을 갖고 있다는 점과 로마 시민권 소유자였다는 점이다.

갈리아 제패를 끝낸 뒤 율리우스 카이사르는 전후처리라는 형태로 갈리아의 향후 통치방식을 확립했는데, 그때의 방책 가운데 하나가 피정복 부족장들에게 자기 가문의 이름과 로마 시민권을 하사한 것이었다. 가문 이름을 주는 것은 로마식으로 생각하면 '클리엔테스'(피보호자)로 삼았다는 의미지만, 현대식으로 바꿔 말하면 '지점을 차려주는' 것이고 부하로 삼았다는 뜻이다. 덕분에 장발의 갈리아인 중에서도 지도층에 속하는 사람들은 그후 거의 다 로마 시민이 되었고 율리우스라는 성을 가진 몸이 되었다. 로마 시민권과 '클리엔테스' 관계는 세습이 권리이자 의무였기 때문이다. 서기 21년 당시의 반란 주모자 세 명이 모두 율리우스라는 성을 가진 갈리아인이었다 해도, 카이사르의 갈리아 정책이 실패했다고 말할 수는 없다. 반란을 일으킨 것은 갈리아 동부의 '율리우스'뿐이고, 갈리아 서부나 남부의 '율리우스'들은 일어나지 않았기 때문이다.

그렇다면 왜 반란이 동부 갈리아에서 일어났을까. 고리대금에 대한 반발이라면 로마화가 진행된 남프랑스는 별문제지만 로마화의 정도가 같은 서부 갈리아에서도 반란이 일어나는 게 당연하지 않은가.

그것은 당시의 단편적인 기록으로 상상할 수밖에 없지만, 내 생각으로는 학생들이 관련되어 있고, 그 배후에는 갈리아 민족종교의 사제계급이 관련되어 있었기 때문이 아닌가 싶다.

아우구스투스는 기원전 20년대 무렵에 갈리아를 재편성할 때, '장발의 갈리아'의 최대 부족인 하이두이족의 수도 비브라크테(오늘날의 오퇭)를 학문의 도시로 변모시켰다. 대학 도시라고 부르기는 조금 망설여진다. 고등학교와 전문대학의 도시쯤으로 생각하는 편이 적절할 것이다. 이 도시에 학교를 세운 것은 갈리아의 우수한 젊은이들에게 고등교육을 실시하는 것이 목적이었고, 좀더 배우고 싶은 사람, 다시 말해서 대학(원)에 진학하고 싶은 사람을 위해서는 저명한 교수들이 모여 있는 로마가 있고 아테네가 있고 로도스 섬이 있고 이집트의 알렉산드리아가 있었다.

아우구스투스가 특별히 학문을 애호한 것은 아니다. 교육에 열심이었던 것도 아니다. 그의 목적은 그때까지 갈리아의 종교와 사법과 교육을 한손에 틀어쥐고 있던 '드루이드'(갈리아인, 즉 켈트인의 민족종교인 드루이드교의 사제계급—옮긴이)로부터 교육을 빼앗는 것이었다. 당시의 고등교육은 그리스-로마식 사고방식을 배우는 것이었다. 그리고 사법은 로마에서 파견되어 속주를 통치하는 총독이 관할하였기 때문에, 이것도 드루이드한테서 빼앗은 셈이 된다. 로마와 달리 갈리아에는 드루이드라는 독립된 사제계급이 있었는데, 이들이 막강한 영향력을 행사할 수 있었던 것은 종교 이외에 사법과 교육까지 쥐락펴락하고 있었기 때문이다.

그러나 아우구스투스의 '드루이드' 대책은 이것으로 끝나지 않았다. 드루이드교를 탄압하지는 않았지만, 로마 시민이 이 종교에 귀의하는 것을 금지했다. 로마인들은 에트루리아 민족의 종교든 카르타고인의 종교든, 인신공양을 허용하는 종교는 모두 야만으로 단정하고 혐오했다.

이 금지령으로 드루이드교 사제들은 갈리아 지도층에 대한 영향력도 잃어버린 셈이다. 지도층의 거의 대부분이 로마 시민권 소유자가 되어버렸기 때문이다. 존망의 위기에 몰린 사제들은 여기에다 갈리아인의 민족주의를 결합시킨다. 혈기왕성한 젊은이들을 민족자결이라는 이상(理想)으로 끌어들이는 것은 간단했다. 이리하여 고리대금에 대한 불만과 갈리아 민족주의가 합류했다. 비브라크테가 있는 갈리아 동부에서 반란이 불을 뿜은 이유는 바로 그것이었다. 그러나 반란을 일으킨 사람들은 너무 큰 오산을 저질렀다.

첫째, 게르마니아 정복을 단념하고 게르마니쿠스의 임지를 오리엔트로 변경한 뒤로는 라인 강 방위군단 총사령관에 황족을 임명하지 않았기 때문에 당연히 규율도 흐트러지고 사기도 떨어져 있을 줄 알았지만, 이 예상이 완전히 빗나갔다. 티베리우스의 적절한 조치로 군단장급에는 혈통보다 실력이 뛰어난 사람들이 기용되었고, 항구적인 기지가 된 이상 각 군단 기지의 설비와 기능도 게르마니아 전쟁 당시보다 훨씬 좋아져 있었다. 또한 라인 강변에서 복무하는 병사들의 역할은 게르만족의 침략을 막는 것만이 아니라 배후지인 갈리아의 안정을 유지하는 데에도 있다는 것을 군단 자체가 잘 알고 있었다. 따라서 티베리우스의 명령을 기다리지 않고 언제든지 즉각 행동을 개시할수 있었다.

둘째, 로마 시민으로 구성된 군단과 함께 군무에 종사하고 있는 보조부대의 갈리아 출신 병사들이 동포의 반란을 알게 되면 탈주하여 반

갈리아 전역

란에 가담해주리라고 예상했지만, 이 예상도 깨끗이 빗나갔다. 반란을 진압하도록 파견된 군단의 전위 역할을 맡은 갈리아 병사들은 명령에 거역하지 않고 동포들을 공격했다.

셋째, 남프랑스는 애당초 기대하지도 않았지만, 서부 갈리아와 북부 갈리아도 반란에 동조하지 않았다는 점이다. 결국 서기 21년의 반란은 갈리아 동부에만 국한되었고, 반란자들은 얄궂게도 라인 강변에 주둔해 있는 로마군과 가장 가까운 지방에서 난을 일으킨 셈이 되었다.

넷째, 로마군 최고통수권자인 티베리우스가 고령인데다 수도에 없다는 점을 지나치게 중시한 것도 오산이었다. 늙은 황제는 기후가 온난한 남부 이탈리아에 간 채 수도로 돌아갈 생각도 하지 않고, 당연히 정무도 소홀히 하고 있을 거라고 그들은 예상했다. 무리도 아니다. 수도 로마의 서민들도 모두 그렇게 생각하고 티베리우스를 비난했으니까.

그러나 갈리아의 반란분자와 로마의 서민은 티베리우스라는 사내가 책임 분담을 중시하고, 각자 자신의 임무를 다하는 방식을 좋아한다는 사실을 알지 못했다. 실제로 티베리우스는 수도를 비우고 있으면서도 시시각각 정보를 받았지만, 지령은 내리지 않았다. 주도권은 라인 강 방위선을 책임지고 있는 두 사령관에게 맡겨져 있었다.

동부 갈리아에서 일어난 반란은 8개 군단 가운데 2개 군단과 보조부대만으로 진압되었다. 4만 명이 넘는 반란군을 2만 5천 명의 병력이 반 년도 지나기 전에 진압한 것이다. 주모자인 세 명의 '율리우스'들은 모두 자결했고, 학생들도 대부분 전사했다.

진압이 끝났을 때, 티베리우스는 원로원에 서한을 보내 모든 상황을 소상히 보고했다. 티베리우스를 혐오하는 타키투스도 "무엇 하나 감추지 않고, 무엇 하나 과장하지 않았다"고 평가했을 만큼 객관적인 보고서였다. 거기서 티베리우스는 단기간에 진압에 성공한 이유를 군단장들의 책임감과 역량 덕분으로 돌리고 있다. 그리고 티베리우스는 반란이 일어난 것을 알고도 로마로 돌아오지 않았고, 드루수스는 진압이 진행되고 있는 동안에도 수도에서 꼼짝하지 않았다는 비난에 대해서는 이렇게 변명했다.

"한두 민족이 반란을 일으켰다고 해서 그때마다 우왕좌왕해서는 최고지도자의 품위를 손상시키게 된다. 하물며 세계를 지배하는 도시 로마를 버리면서까지 현장으로 달려가는 것은 당치않은 일이다."

갈리아에서 반란을 진압한 것은 로마군의 전과였다. 그래서 원로원은 로마군 최고사령관인 티베리우스에게 개선식 거행을 허가하기로 결정했다. 다만 그것은 '트리움푸스'보다 격이 낮은 '오바티오'였다. 트리움푸스의 경우에는 개선장군이 네 필의 말이 끄는 전차를 몰지만, 오바티오는 개선장군이 말을 타고 참석하는 약식 개선식이었다.

63세의 티베리우스는 당장 원로원에 서한을 보내, 고맙다는 뜻을 표하는 대신 이렇게 대답했다.

"갈리아인보다 훨씬 전투적인 게르만족에 대해서도 수없이 승리를 거두고, 젊은 시절부터 수많은 트리움푸스의 영광에 빛나는 몸이 다 늙은 이제 와서 말을 타고 로마 시내를 산책하는 포상을 흔쾌히 받아들일 만큼 나는 영예에 굶주리지 않았소."

이런 식으로 빈정거리지 않고는 못 배기는 것이 티베리우스의 성격이었다.

반란에 가담한 학생들의 근거지였던 오툉의 학교는 그후에도 폐쇄되지 않았다. 사료는 높은 이율이 낮아졌는지 어떤지는 전해주지 않는다. 하지만 그후로는 '장발의 갈리아'에서 이 일로 불만이 폭발했다는 기록도 없으니까, 무언가 조치는 취해졌을 게 분명하다.

오툉의 고등교육기관을 존속시킨 것 외에 또 한 가지 확실한 역사적 사실은 티베리우스가 갈리아 전역에서 '드루이드'들을 추방한 것이다. 갈리아(그리스식으로 읽으면 켈트)의 민족종교 사제들은 브리타니아(오늘날의 영국)로 달아났다. 그 땅에 남아 있는 스톤헨지는 이들이 세운 것이라고 한다(스톤헨지는 영국 남부 솔즈베리 평원에 있는 거석 기념물로, 기원전 2800년~기원전 1100년에 걸쳐 세워진 것으로 추정되고 있으며, 그후 드루이드교의 제단으로 쓰였다고 전해진다—옮긴이).

종교관

오늘날에는 프랑스·벨기에·스위스·룩셈부르크·네덜란드 동부·독일 서부를 포함하는 고대 로마 시대의 갈리아 전역에서 드루이드가 모조리 추방되었다는 말이 나온 김에, 티베리우스 황제의 종교관을 고찰해보는 것도 쓸데없는 일은 아닐 듯싶다. 티베리우스와 직접적인 관계는 없었지만, 그가 나라를 다스리는 동안 팔레스타인 땅에서는 나중에 그리스도라고 불리게 되는 예수가 활동을 시작했고, 티베리우스의 치세가 거의 끝날 무렵 십자가에 못박혀 죽게 되기 때문이다.

결론부터 말하면, 예수 그리스도는 10년도 지나기 전에 "카이사르(황제)의 것은 카이사르에게, 신의 것은 신에게"라고 말하게 되는데, 이 구절을 티베리우스가 알았다면 누구보다도 열렬하게 찬성했을 것이다. 정치와 종교의 분리는 율리우스 카이사르에게도 아우구스투스에게도 새삼 생각할 필요조차 없을 만큼 당연한 '이치'였지만, 자신들이 죽은 뒤에 신격화되리라는 것을 생전에 알았다 해도 거부감은 품지 않았을 것이다. 일신교의 신은 그것을 믿는 이들의 생활방식까지 규정하지만, 다신교의 신들은 인간을 보호하는 역할밖에는 갖지 않기 때문이다. 제정으로 가는 길을 개척한 카이사르와 그 뒤에 나타나 길을 고속도로로 만든 아우구스투스라면, 그 길을 걷는 로마인들의 보호자 노릇을 맡기에 적합했을 것이다. 그러나 티베리우스에게 부과된 임무는 고속도로를 완벽하게 유지 보수하고, 다음에 누가 그 자리에 앉더라도 고속도로가 원래의 시골길로 돌아가지 않도록 해두는 것이었다. 고생은 남 못지않지만, 임무의 질은 자연히 달라진다. 이것은 티베리우스 자신이 누구보다도 잘 알고 있었다.

티베리우스는 자신의 신격화로 이어질 만한 일은 신경질적으로 피했다. 7월이 율리우스, 8월이 아우구스투스로 개명된 전례에 따라 9월

의 이름을 티베리우스로 바꾸고 싶다는 원로원의 제안도 단호히 거부
했고, '국가의 아버지'라는 칭호도 받지 않았다. 신전에 그의 입상을
세우겠다는 제의도 상당한 정치적 이유가 없는 한은 받아들이지 않았
으며, 그것도 오래 전부터 신격화의 관습이 있는 오리엔트 속주에만
허용했을 뿐, 다른 지역에서의 제의는 모조리 거부했다. 친어머니인
리비아의 지위도 선황의 아내 자격으로 한정하고, 그 이상의 대우를
받는 것은 허용하지 않았다. 그는 자기가 언젠가는 죽어야 할 운명인
한 인간에 불과하다는 태도를 죽을 때까지 바꾸지 않았다. 그런데 이
런 생활방식으로 일관한 사람이 로마 종교계의 제일인자인 '최고제사
장'이었다. 로마의 종교에는 그 역사가 시작되었을 때부터 끝날 때까
지 독립된 사제계급이 존재하지 않는다. 로마인의 종교가 가진 성격을
이 두 가지 사실보다 더 잘 보여주는 것은 없는 듯하다. 이런 로마에
서 종교와 정치의 분리 분담이 자명한 이치로 여겨진 것도 당연했을
것이다.

개개인을 보호하는 것은 신들의 역할이라 쳐도, 그 인간들이 모여서
구성하고 있는 공동체(레스 푸블리카)를 '보호'하는 것은 정치의 역할
이다. 따라서 종교의 자유를 인정하는 것은 당연하지만, 그것도 사회
불안의 요인이 되지 않는 범위 안에서만 인정해야 한다는 것이 로마
지도자들의 일관된 종교관이었다.

로마가 제정을 걷게 되리라고는 아무도 꿈조차 꾸지 않았던 기원전
3세기의 공화정 시절, 그리스에서 들어온 디오니소스 신앙이 로마 여
인들의 마음을 사로잡은 적이 있다. 포도주를 마시고 취해서 미친 듯
이 춤을 추는 별로 해롭지 않은 종교였지만, 원로원은 사회에 불건전
한 영향을 준다는 이유로 철저히 탄압하여 일소해버렸다. 그러면서도
로마는 정복이 진행됨에 따라 자신의 패권 밑으로 들어오기 시작한 여
러 민족의 고유한 신들을 거부하지 않았다. 그들 자신이 다른 민족의

종교에 귀의하지는 않았지만, 그 종교를 믿는 자들이 예배당이나 신전을 짓는 것은 금지하지 않았다. 제국의 수도가 된 로마에는 수많은 외국인이 정착하게 되었는데, 당연히 그들은 자기네 종교도 함께 가져온다. 기원을 전후한 한 세기 동안, 즉 카이사르와 아우구스투스의 시대만큼 로마인의 종교관이 개방적이었던 시대는 없었던 게 아닐까. 이집트의 종교도, 유대교도 로마에서는 완전한 자유를 누리고 있었다. 그것은 그들 스스로 자기네 종교의 수비 범위를 지키면서, 황제의 수비 범위 안으로 침투하려고 하지 않았기 때문이다.

티베리우스도 이 종교관에서는 전임자인 두 사람과 마찬가지로 합리주의자였다. 테베레 강이 범람하여 공공건물이 집중해 있는 도심이 물에 잠겼을 때의 일이다. 당황한 원로원은 '시빌라의 예언집'(시빌라는 그리스-로마 전설에서, 신들린 상태에서 아폴론의 신탁을 전했다고 하는 무녀[巫女]. 그녀가 지은 예언집은 원래 유피테르 신전에 보관되어, 홍수·역병·전쟁 등이 일어났을 때 원로원의 명에 따라 사제단이 펴보고 신탁을 구했다. 그후 기원전 83년에 큰불이 일어나 타버리자, 각지에서 같은 종류의 예언집을 찾아내어 새로 편집한 다음 기원전 12년에 아우구스투스 황제의 명에 따라 팔라티노 언덕의 아폴론 신전에 보관되었다—옮긴이)을 펴보고 신탁을 구하기로 결정했다. 그러나 티베리우스는 홍수 대책은 인간의 일이라면서 그 제안을 거부하고, 대책을 위한 위원회를 설치하라고 요구했다. 로마인의 종교에 대해서조차도 티베리우스는 합리주의로 일관한 것이다. 하지만 바로 그렇기 때문에 종교가 정치 분야를 침범하는 일은 용납하지 않았다.

어느 해, 테베레 강 서쪽 연안에 사는 유대인들의 행동이 티베리우스의 사고방식으로는 정치 분야에 대한 침범으로 여겨진 적이 있었다. 티베리우스는 긴급조치령을 발동하여, 로마에 사는 유대인 젊은이 4천 명을 사르데냐 섬으로 보내 산적에 대한 경비를 맡기고, 나머지 유대인들도 이탈리아 본국에서 추방해버렸다. 하지만 긴급조치령을 법제화하려면 원로원 의결이 필요한데, 티베리우스는 그것을 요구하지 않았다. 일반적인 조치로 그칠 작정이었을 것이다. 실제로 몇 년 뒤 유대인들은 로마에 돌아와 유대인 공동체를 다시 만들었다. 또한 유대인을 이탈리아에서 추방했을 당시에도 본국 이외의 지역에 사는 유대인에 대해서는 선황 아우구스투스가 정한 방식을 그대로 답습했다. 유대교도는 매년 수입의 10분의 1을 예루살렘 신전에 바칠 의무가 있었지만, 그것도 금지하지 않았다. 유대교도는 병역도 면제받고 있었는데, 이것은 군대에 들어가면 최고사령관인 황제에게 충성을 맹세해야 하기 때문에 유대교의 유일신에게만 충성을 바치겠다는 맹세와 모순된다는 그들의 주장을 인정한 결과였다. 따라서 유대인이라도 유대교를 버리면 병역을 비롯하여 로마의 공직에 취임하는 것이 완전히 인정되었고, 티베리우스 시대에는 이집트 장관까지 된 유대인도 있었다.

사회적 불안 요인이 된다는 이유로 이탈리아에서 추방된 것은 유대교도만이 아니다. 같은 무렵, 이집트의 이시스교도도 추방되었다. 이들의 경우에는 기부라는 명목으로 신자들에게 돈을 받는 방식이 상식을 넘어섰다고 판단되었기 때문이다. 지나친 기부로 가족에게 고발당하는 사례가 속출했던 것이다. 비슷한 비난을 받은 사람으로는 점성술사도 있었다. 하지만 그들은 앞으로 복채를 받지 않겠다고 서약하여 추방을 면했다.

티베리우스는 어떤 종교를 믿든지 자유지만 믿지 않는 사람들까지 끌어들여 피해를 주는 것은 싫어했다. 유대인 사이에는 유대식 재판이 있으니까 사법권을 인정해달라는 그들의 요망을 받아들여, 유대 땅만이 아니라 오리엔트 일대에 뿌리박은 유대인 공동체 내부에서는 사법권까지도 인정해주었다. 온갖 종교를 신봉한 로마 제국의 모든 민족이 "황제의 것은 황제에게, 신의 것은 신에게"에 철저했다면, 몇몇 예외는 있다 해도 로마 황제들이 가장 기뻐하지 않았을까.

재해 대책

서기 22년, 티베리우스는 드루수스에게 '호민관 특권'을 부여해달라고 원로원에 요청했다. 원로원에 보낸 서한에서 티베리우스는 그 이유를 다음과 같이 열거하고 있다. 이게 정말로 친아버지의 관찰인가 하고 의심스러워질 만큼 객관적으로 드루수스의 능력을 평가한 다음, 드루수스는 원만한 결혼생활을 하고 있으며 자녀도 셋이나 두었다는 것, 드루수스도 이제는 자기가 아우구스투스한테 그 대권을 부여받았을 때와 같은 나이가 되었다는 것, 또한 8년에 걸친 일선 사령관으로서의 경험, 개선식 거행의 영예, 두 번에 걸친 집정관 경험 등으로 보아도 호민관 특권을 부여받는 것은 당연하고, 결코 성급한 결단은 아니라고 말했다. 그리고 원로원이 호민관 특권을 부여하는 데 찬성해준다면, 제국을 통치하는 자신의 수고를 드루수스가 조금은 덜어줄 수 있을 거라는 말로 끝을 맺었다.

원로원도 이의가 없었다. 이로써 63세가 된 티베리우스는 정국안정책이라 해도 좋은 후계자 지명을 실현할 수 있었다. 드루수스는 그해에 34세를 맞고 있었다.

그거야 어쨌든, 황제에 즉위하는 데에도 원로원의 승인이 필요할 뿐 아니라 황제의 후계자를 고르는 일도 원로원의 승인이 있어야 실현할 수 있고, 황제 칙령조차도 잠정조치에 불과하고, 그것을 항구적인 정책으로 만들고 싶으면 역시 원로원 의결을 거쳐야 하고, 그렇지 않으면 법제화할 수도 없는 것이 아우구스투스가 창설한 로마의 제정이었다. 로마 황제는 중국 황제를 생각하면 이해할 수 없는 존재다. 페르시아 같은 오리엔트의 군주와도 다르다. '로마적'이라는 형용사를 붙일 수밖에 없는 황제였다.

이렇게 되면 원로원과의 관계를 어떻게 정립해 나가느냐가 대단히 중요해진다. 아우구스투스도 고심했지만, 티베리우스도 이 문제를 방치할 수 없었다.

원로원 의원의 정수는 600명이다. 공무로 제국 전역에 파견나가 있는 의원이 많았지만, 400명 내지 500명의 의원이 토의를 거듭한 끝에 겨우 결정을 내린다. 결론이 나올 때까지 오랜 시간이 걸리는 경우도 종종 있었다. 긴급히 손을 써야 할 때 이런 식으로 시간을 끌면 국가기능이 정지해버리는 것이나 마찬가지다. 그래서 티베리우스는 위원회 방식을 생각해냈다. 원로원 의원 가운데 5명 내지 10명으로 구성된 대책위원회를 설치하고, 거기서 황제의 제안을 협의하여 당장 결론을 내리는 것이다. 또한 그들에게는 결정만 내리는 것이 아니라 현지로 달려가 실행에 옮기는 임무도 부과되어 있었다. 지진이나 화재 같은 재해가 일어났을 때는 이 체제가 훌륭하게 기능을 발휘했다.

서기 17년, 소아시아 남서부에서 대지진이 일어난 적이 있다. 격렬한 진동이 지나간 뒤에는 화재가 일어나, 이 지방의 주요 도시인 사르데스, 마그네시아, 필라델피아가 완전히 파괴되었다. 에페수스까지도 여진 피해를 면치 못했다. 로마 제국에서 이 지방은 '아시아 속주'라고 불리는 원로원 속주다. 여느 때라면 원로원에서 토의를 거쳐 대책이 결정되겠지만, 이번 일은 시급히 대처할 필요가 있었다.

보고를 받자마자 티베리우스는 대책위원회 설치를 요구했다. 그리고 설치된 위원회에 그가 생각한 대책을 제출하고 승인을 요구했다.

(1) 긴급원조와 사회간접자본 설비를 재건하기 위해 1억 세스테르티우스를 국고에서 지출한다.

(2) 피해자에게는 5년 동안 속주세를 면제한다.

142

1억 세스테르티우스는 로마 제국의 방위를 담당하는 모든 장병에게 주는 1년치 봉급의 절반이나 되는 액수다. 그리고 속주세는 현대식으로 말하면 국세와 지방세였다.

티베리우스의 재해 대책은 일시적인 미봉책으로 끝나지 않았다. 그 후의 로마 황제들도 천재지변이 일어날 때마다 이때와 같은 대책으로 대응하게 된다. 이건 당연한 일이지만 긴급원조금의 액수와 속주세 면제 기간은 피해 정도에 따라 결정되었다. 그래도 면제 기간이 3년 이내였던 적은 없다. 티베리우스 방식이 본보기가 될 수 있었던 것은 서기 17년 당시 소아시아 남서부를 재건한 성과가 두드러졌기 때문이다. 사르데스는 3년 만에 복구되어 속주세도 다시 낼 수 있게 되었다고 전해질 정도다.

아들의 죽음

소아시아 재해 지역이 착실히 재건되고, 북아프리카의 사막 민족을 격퇴하는 일도 궤도에 오르고, 그밖에도 국내외 모두 별다른 문제없이 순조롭게 나아가고 있는 것처럼 여겨진 서기 23년, 예기치 않았던 불행이 티베리우스를 덮쳤다. 얼마 전에 후계자로 공인받은 드루수스가 갑자기 사망한 것이다. 64세의 아버지에게 35세의 아들의 죽음이 얼마나 큰 타격이었을지는 쉽게 짐작할 수 있지만, 황제로서는 후계자의 죽음이기도 하다. 장례식을 치르고 끝내버릴 문제는 아니었다. 티베리우스는 잔병 한번 앓지 않는 건강을 자랑하고 있었지만, 그래도 로마인들이 노년의 문턱으로 여기는 60세 고비를 4년 전에 넘어섰다.

원로원 의원들 앞에서 티베리우스는 아들을 잃은 아버지라고는 생각할 수 없는 엄격하고 냉철한 태도로 게르마니쿠스의 두 아들을 부탁했다. 17세의 네로 카이사르와 16세의 드루수스 카이사르를 원로원 의원들 모두가 아버지가 된 심정으로 보호해달라고 부탁한 것이다.

아우구스투스의 피를 이어받은 사람이 로마 제국 황제 자리를 계승해야 한다고 믿었던 사람들은 드디어 '권력 반환'이 눈앞에 다가왔다고 생각했을 것이다. 그렇게 생각한 사람들 가운데 가장 중요한 인물은 아우구스투스의 손녀이고 게르마니쿠스의 미망인이며 네로 카이사르와 드루수스 카이사르의 어머니인 아그리피나였다.

현명한 여자였다면, 드루수스가 살아 있을 때보다 더욱 처신에 조심했을 것이다. 티베리우스의 나이를 생각해도, 자기 아들한테 황제 자리가 돌아오는 것은 시간 문제였기 때문이다. 조용히 기다리고 있으면 좋았을 것이다. 하지만 아그리피나는 정반대로 행동했다.

전에는 주위의 여자들을 부추겨 반(反)티베리우스파를 결성하는 데 그쳤지만, 이제는 그 범위를 남자들한테까지 넓히기 시작했다. 죽은 게르마니쿠스에게 심취해 있던 남자들까지 끌어들이게 되면, 그것은 '게르마니쿠스 신화'와 결부된다는 뜻이었다. 티베리우스의 친아들인 드루수스가 후계자 가도를 질주하고 있을 당시에는 티베리우스파가 황제 자리를 가로챘다는 증오심이 아그리피나를 지배했지만, 드루수스가 죽자마자 종래의 증오에 오만이 더해졌다. 티베리우스에게는 이제 내놓을 카드가 없다는 생각이 아그리피나를 전보다 더욱 오만하게 만들었다.

그래도 이 무렵 아그리피나에게는 브레이크 역할을 맡아준 사람이 있었다. 사는 집은 다르지만 같은 팔라티노 언덕에 살고 있는 리비아였다. 아우구스투스 황제의 미망인이고 '국모'라는 칭호도 받고 있던 리비아는 고령인데도 아직 황제 일가족 안에서는 상당한 영향력을 갖고 있었다. 아그리피나에게는 죽은 남편의 친할머니이고, 밉살스러운 티베리우스의 친어머니이기도 했다. 오늘날 많은 연구자들은 바로 이 무렵에 '아그리피나 파벌'이 형성되기 시작했다고 추측하지만, 티베리우스를 쓰러뜨리고 제 아들을 황제 자리에 앉히겠다는 뜻을 노골적으로 드러내기보다는, 티베리우스에 이어 황제가 될 아들의 주위를 튼튼히 다져놓겠다는 명분을 표면에 내세울 수밖에 없었다.

그러나 티베리우스의 눈에는 며느리의 이런 행동이 어떻게 비쳤을까. 그가 빨리 죽기만을 기다리고 있는 것처럼 보이지 않았을까. 게다가 64세의 황제는 아들을 잃은 해 말에 쌍둥이 가운데 혼자 살아남은 네 살바기 손자마저 잃어버렸다. 그래도 티베리우스가 황제의 책무에서 조금이나마 벗어나는 것은 용납되지 않았다. 어쨌든 어깨의 짐을 일부라도 덜어주려 했던 사람이 죽어버렸기 때문이다. 일에 몰두해 있으면, 사적인 불행도 개인적인 불쾌감도 잊을 수 있었을지 모른다. 아들이 죽은 뒤, 티베리우스는 제국의 최고책임자로서 전보다 더욱 바쁘고 충실한 시기를 보내게 된다.

안전보장(세쿠리타스)

로마인이 처음으로 가도를 만든 것은 아니다. 그러나 가도를 여러 줄기가 그물처럼 얽힌 도로망으로 구성하면 그 기능도 더욱 높아진다는 사실을 생각하고 실행한 것은 로마인이다. 로마인이 처음으로 법률을 만든 것도 아니다. 하지만 법률은 여러 갈래에 걸쳐 있는 법률체계로 만들어야만 법치국가로서 기능을 발휘할 수 있다고 생각하고 실행한 최초의 민족은 로마인이다. 그리고 이 두 가지의 공통점은 필요에 따라 '유지·보수'하지 않으면 기능 저하를 피할 수 없다는 점이었다. 이것이 인간 세계의 현실이었다. 법률면에서의 유지·보수는 곧 현재 실정에 맞게 법률을 고치는 것이다. 법체계의 창시자로 누구나 인정하고 있는 로마인들은 일단 법률을 제정하면 무슨 일이 있어도 끝까지 지켜야 한다고는 생각지 않았다. 그보다는 법률도 도로와 마찬가지로 필요한 경우에는 '수리·복구'해야 한다고 생각했다. 이런 사고방식은 법률의 결과인 각종 체제에도 적용되었다. 어떤 체제든, 체제는 현재 실정에 맞도록 수리·복구되어야 하고, 그것을 게을리하면 체제 자체가 피로를 일으켜 결국에는 무너지기 때문에 긴 안목으로 보면 대단히 비경제적인 결과로 끝난다는 사실을 그들은 잘 알고 있었다.

로마인들이 끊임없이 추구한 기능성, 그것은 자신들이 갖고 있는 힘을 효율적으로 교묘하게 활용해야만 비로소 가능해진다. 이런 사고방식은 '갖고 있는 힘'에서는 로마에 결코 뒤지지 않았던 카르타고나 그리스를 이긴 로마인들의 '철학' 같은 것이었다. 로마인들의 이런 사고방식으로 보면, 아우구스투스가 구축한 체제도 결코 금과옥조는 아니었다. 아우구스투스가 남긴 체제라 해도 남겨야 할 것은 남기고 고쳐야 할 것은 고치는 방식은 아우구스투스의 정치를 계승하는 것과는 조금도 모순되지 않는다. 필요에 따라 불완전한 곳을 고쳐야만, 그 체제를 구축한 사람의 의도가 영원히 지속되기 때문이다. 이따금 '손질'만 하면 기능성을 유지할 수 있는 체제를 구축했다는 것은 그 체제의 창시자에게는 최고의 명예다. 그것은 기본형이 견실하다는 증거이기 때문이다. 이 방면에서 아우구스투스가 보여준 재능은 역시 특필할 만하다고 말할 수밖에 없다.

그러나 '유지·보수'는 누가 해도 마찬가지인 것은 아니다. 어디를 어떻게 손질하면 체제를 유지하고 그 기능성도 유지할 수 있는가를 파악하는 능력과 그것을 실행할 수 있는 결단력이 필요하다. 이런 면에서 티베리우스는 사실상 카이사르로부터 시작된 로마 제정의 3번 타자를 맡기에 딱 알맞은 인재였다는 것은 현대 연구자들 사이에 거의 정착된 의견이다. 그리고 이런 '손질'의 좋은 예가 바로 '팍스 로마나'를 유지하기 위한 방위체제의 손질이었다.

서기 9년에 아우구스투스가 정한 제국 방위력의 기본형을 티베리우스는 전혀 바꾸지 않았다. 15만 명의 로마 시민으로 이루어진 25개 군단의 주전력과 15만 명이 조금 못되는 속주민으로 이루어진 보조부대를 합하여 30만 병력으로 제국의 안전을 보장한다는 기본형은 그대로 유지되었다. 티베리우스는 이것이 서기 1세기 당시의 인적·경제적 한계라고 생각했는지도 모른다. 또한 제6권(『팍스 로마나』 224쪽)에서 말한 군단의 분포상태는 14년 뒤인 서기 23년에 방위체제를 손질할 때도 전혀 바꾸지 않았다. 티베리우스가 바꾼 것은 몇몇 전선, 특히 라인 강과 도나우 강 전선을 지키는 군단의 역할이었다.

라인 강 전선에서 상류인 고지 게르마니아를 지키는 4개 군단과 하류인 저지 게르마니아를 맡고 있는 4개 군단의 임무는 이제 아우구스투스 시대처럼 게르마니아 땅을 정복하고 엘베 강까지 패권을 확장하는 것이 아니었다. 이제는 라인 강 방위선을 사수하는 것이 8개 군단의 주요 임무가 되었다. 군단의 수를 8개로 유지한 것은 '게르마니아 군단'이라는 명칭으로 배후지인 갈리아에 무언의 압력을 가하는 임무도 있었기 때문일 것이다. 광대한 갈리아 전역의 안정을 유지하기 위해 로마는 리옹에 1천 병력만 상주시키고 있었을 뿐이다. 엘베 강을 포기하고 라인 강으로 물러선 것은 갈리아의 로마화를 정착시킨다는 관점에서만 보아도 참으로 현명한 선택이었다. 8개 군단이 모두 엘베 강에 못박혀 있는 상태가 되면, 여차할 때 갈리아로 출동하는 데에도 너무 많은 시간이 걸리기 때문이다.

도나우 강 남쪽 일대를 방위하는 데 7개 군단을 배치한 것도 티베리우스는 바꾸지 않았다. 하지만 이 전선은 라인 강 전선보다 사정이 훨씬 복잡했다.

라인 강 전선의 경우에는, 라인 강을 제국의 방위선으로 삼기로 결정한 카이사르가 라인 강까지의 모든 지역에 로마의 패권을 확립해주었기 때문에, 그것을 견지하기만 하면 되었다. 그러나 도나우 강 전선의 경우에는, 애당초 이곳을 제국의 방위선으로 삼기로 작정한 카이사르가 거기에 미처 손을 대기도 전에 암살되었기 때문에, 실제로 그 일에 착수한 것은 아우구스투스 시대에 접어든 뒤였다. 아우구스투스는 군단을 이끌고 전선에서 직접 싸우는 타입이 아니라서, 처음에는 아그리파가 그 역할을 대신했고, 아그리파가 죽은 뒤에는 티베리우스가 그 일을 맡았다. 둘 다 뛰어난 장수이긴 하지만, 카이사르 같은 천재는 아니다. 결과적으로 도나우 강 방위선을 확립하는 작업은 우선 산맥 하나에 방위선을 구축하고 다음에는 강 하나에 방위선을 구축하는 식으로 서서히 이루어졌기 때문에, 처음 착수한 시점부터 헤아리면 무려 100년이나 되는 세월이 걸렸다.

독일 역사가 몸젠은 서기 1세기 당시의 로마인에게 도나우 강은 '정치적 국경'이었지 '군사적 국경'은 아니었다고 말했다. 도나우 강을 방위선으로 삼기로 결정했을 뿐, 거기에 이르는 모든 지역에 패권을 확립하지는 못했다는 뜻이다. 그리고 당시의 도나우 강은 아우구스투스 시대의 엘베 강과 마찬가지였다고 몸젠은 덧붙였다. 지도상의 국경선에 불과했다는 뜻이다. 도나우 강 연안의 빈이나 부다페스트에 로마군의 모습이 나타나게 되는 것은 티베리우스 시대로부터 반세기나 지난 뒤였다.

그러나 로마사 연구자에게는 너무나 당연한 일이기 때문에 몸젠도 일부러 말할 필요는 없었겠지만, 로마인들에게 도나우 강과 엘베 강은 한 가지 점에서 완전히 달랐다. 로마는 엘베 강은 버렸지만, 도나우 강은 절대로 버리지 않았다는 점이다. 로마는 느린 속도로나마 확실하게 도나우 강 방위선을 확립하는 방향으로 나아가고 있었다. 저간의 사정은 티베리우스의 방위체제 '손질'에도 잘 나타나 있다.

도나우 강 유역도(●는 배치된 군단수를 나타낸다)

알프스에서 발원하여 흑해로 흘러드는 큰 강 도나우의 남쪽 일대를 로마인들은 다음과 같이 분할했다. 가장 상류에 있는 지역이 라이티아 였고, 거기서 하류 쪽으로 내려가면서 차례로 노리쿰, 판노니아, 달마 티아, 모이시아, 트라키아가 있었다. 이곳의 방위—아니, 이 지방에 서는 방위라기보다 패권 확립이라고 말하는 편이 정확하지만—에 투 입할 7개 군단을 어디에 어떻게 배치할 것인가를 결정하는 것이 티베 리우스의 역할이었다.

우선 라이티아 속주의 경우에는, 티베리우스가 직접 참여한 군사행 동의 성과도 있어서, 산악지대는 이미 로마의 패권 밑에 들어와 있었 고, 거기서 도나우 강에 이르는 평야지역에서도 보덴 호와 아우구스부 르크는 로마의 패권 밑에 들어와 있었다. 도나우 강 연안의 레겐스부 르크는 아직 군단 기지가 되지는 않았지만, 이 지방에서는 이미 도나 우 강까지 로마의 패권이 확립되어 있다고 보아도 좋았다. 티베리우스 는 이 속주에 1개 군단도 배치하지 않았다. 무슨 일이 일어나면, 그 바로 북서쪽에 주둔해 있는 라인 강 상류의 수비군단을 급파할 수 있는 거리이기도 했다.

도나우 강으로 흘러드는 인 강을 경계로 그 동쪽에 있는 노리쿰 속주에도 티베리우스는 군단을 배치하지 않았다. 잘츠부르크가 이미 로마의 패권 밑에 들어와 있었다는 사실이 보여주듯, 가장 공략하기 어려운 알프스 산악지대를 제패한 로마는 이 지방에서도 도나우 강을 바로 눈앞에 두게 되었다. 내 상상이지만, 티베리우스는 이제 라인 강 방위선을 견지하는 임무만 맡게 된 '고지 게르마니아군'에 라이티아와 노리쿰을 완전히 제패하는 임무를 부여한 게 아닌가 싶다.

그리고 그 하류에 있는 판노니아 지방을 완전히 제패하면, 빈과 부다페스트만이 아니라 베오그라드까지도 로마의 패권 밑에 들어오게 된다. 티베리우스는 이 판노니아 속주에 3개 군단을 배치했다. 이것은 이렇다 할 산도 없는 이 일대가 아직 로마의 패권 밑에 들어오지 않았다는 증거다. 이곳에서 로마군의 임무는 방위보다는 공격이었다. 사실 7개 군단 중에서도 가장 막강한 3개 군단이 이곳 판노니아에 집중되어 있었다.

판노니아 남쪽에 있는 달마티아 속주는 도나우 강과 직접 접해 있지 않지만, 티베리우스는 여기에도 2개 군단을 배치했다. 그것은 이 지방의 평화를 유지하는 것이 아드리아 해를 사이에 두고 이곳과 마주보고 있는 이탈리아 본국의 평화 유지와 밀접한 관계를 갖고 있었기 때문이다. 하지만 이곳의 2개 군단은 평화를 유지하는 임무만이 아니라, 필요하면 바로 북쪽의 판노니아에 주둔해 있는 3개 군단을 지원하는 임무도 맡고 있었다.

도나우 강 중류에 있는 모이시아 속주에는 2개 군단이 배치되었다. 이 지방에서는 패권 확립이 늦어져서, 도나우 강을 향해 공세를 펴기보다는 도나우 강을 건너 침입해오는 야만족한테서 남쪽의 그리스를 지키는 역할이 지금 상태로는 더 중요했다. '패권자'의 지위를 계속 유지하는 것도 여간 어려운 일이 아니다. 자신의 패권 밑에 들어온 자들을 지켜주어야만 패권자의 지위를 유지할 권리도 가질 수 있기 때문이다.

도나우 강의 가장 하류 지역에는 그 당시에는 트라키아 왕국이 아직 건재해 있었다. 티베리우스는 이 왕국을 오리엔트의 아르메니아처럼 대우하고 있었다. 사실상은 로마의 속국이지만 형식상으로는 독립국인 이 나라에 도나우 강 하류의 방위를 맡길 수 있다고 생각했기 때문일 것이다.

그리고 앞에서도 말했듯이, 티베리우스는 도나우 강 북쪽에 사는 몇몇 부족과 우호관계를 확립하는 정책을 채택했다. 도나우 강 북쪽에도 우군을 가지면, 도나우 강 남쪽 지역에서 더 빠르고 더 쉽게 패권을 확립할 수 있다고 생각했기 때문이다. '분할하여 통치하라'는 정략은 적과 자기편에 모두 적용할 수 있는 것이었다.

그러나 로마의 군사력에 대한 티베리우스의 '손질'은 군단 배치를 재조정하는 것만으로는 끝나지 않았다.

로마의 1개 군단은 제6권(220쪽)에서도 말했듯이 독립된 하나의 조직으로 구성되어 있다. 군단장부터 일개 병졸에 이르는 군단병에다 기사(技師)와 의사, 경리까지 합하면 1개 군단의 정원은 약 6천 명이다. 율리우스 카이사르는 퇴역병을 개척지에 식민할 때 1개 군단을 통째로 보내는 경우가 많았는데, 로마의 군단은 하나의 공동체로서 기능을 발휘하는 데 필요한 인력을 모두 갖추고 있었다. 카이사르는 군단병의 노쇠나 전사나 부상으로 결원이 생긴 경우에도 그것을 보충하지 않았는데, 이것은 그의 목적이 공격에 있었기 때문이다. 오로지 공세만 펴는 군사조직은 동질성을 유지하는 편이 좋다. 그러나 티베리우스가 목표로 삼아야 하는 것은 공격이 아니라 방어였다. 방어에는 질도 중요하지만 양도 중요하다. 제정이 된 이후 로마의 적은 파르티아 왕국을 제외하면 질보다는 양으로 공세를 가해오는 야만족이었기 때문이다.

티베리우스가 맨 먼저 한 일은 결원을 철저히 보충한 것이었다. 25개 군단 하나하나가 방위라는 목적을 위해 최대한으로 기능을 발휘할 수 있는 독립된 조직이어야 했다. 그렇다고 해서 결원만 보충하면 되는 것은 아니다. 질을 유지하는 것도 잊어서는 안된다. 사회의 낙오자를 입대시키면, 군단 내부의 통일성을 흐트러뜨릴 우려가 있었다.

그리고 만기 제대를 꿈꾸지 않는 병사는 없다. 티베리우스는 20년의 복무를 끝낸 병사들에게는 즉각 제대를 허락하고, 퇴직금도 규정대로 지급했다. 검투사 시합도 후원하지 않아서 쩨쩨하다는 평을 들은 티베리우스지만, 이런 일에는 돈을 아끼지 않았다.

또한 로마의 군사력에 빼놓을 수 없는 보조부대를 확충하는 일도 잊어서는 안된다. 군사적 성과는 주전력과 보조전력을 목적에 따라 얼마나 잘 구분해 쓰느냐에 따라 결정되기 때문이다. 그러나 로마 시민으로 구성된 군단을 이끄는 군단장으로서는 속주민 보조병은 아무래도 부리기가 어렵다. 특히 게르만족을 상대해야 하는 라인 강 방위선의 군단 보조병들은 오래 전에 라인 강 서쪽에 정착했다고는 하지만, 적과 같은 게르만족이었다. 또한 보조부대는 정원이 정해져 있지 않았기 때문에, 군단장들은 부리기 어려운 보조병을 되도록 줄이려는 경향이 강해졌다.

티베리우스는 보조부대의 정원도 결정했다. 보조병의 수를 군단병과 같게 한 것이다. 다만 보조병이 절대로 군단병의 수를 넘어서지 못하게 했다. 물론 만기까지 복무한 보조병에게 로마 시민권을 주는 것은 아우구스투스 시대와 마찬가지다. 그리고 티베리우스는 '군단병'과 '보조병'이 만기 제대가 지켜지지 않는다는 것 외에 토목공사에 동원되는 데에도 불만을 품고 있다는 것을 잘 알고 있었다. 알고 있긴 했지만, 제패한 땅에 다리나 도로를 놓는 공사는 제패한 당사자, 즉 병사가 하는 것이 로마의 전통이다. 그렇다면 과중한 노역을 부과하지 않는 방법을 선택할 수밖에 없다. 사료에는 남아 있지 않지만, 티베리우스는 그 방법을 선택했을 것이다. 오늘날의 남부 독일, 오스트리아, 슬로베니아, 크로아티아, 보스니아를 망라하는 로마 가도망은 대부분 그의 치세에 만들어졌고, 그런데도 거기에 불만을 품은 병사들의 '스트라이크'는 두 번 다시 일어나지 않았기 때문이다.

군단에 대한 티베리우스의 '손질'을 시행하는 책임자는 군단장으로 결정되었다. 각자가 책임을 분담하는 방식에 철저해야만 광대한 로마 제국을 운영할 수 있다는 것이 티베리우스의 신념이었기 때문이다.

당연한 일이지만, 책임 분담 방식을 채택하면 임무를 맡을 사람의 인선이 중요한 문제가 된다. 이 면에서 티베리우스는 워낙 뛰어난 능력을 보였기 때문에, 그토록 티베리우스를 싫어한 역사가 타키투스조차도 다음과 같이 쓸 수밖에 없었다.

"어떤 황제라도 티베리우스만큼 교묘한 인선을 해낼 수는 없었다."

티베리우스는 적재적소와 능력위주로 일관했다. 군단장에는 군사 능력, 행정관에는 행정 능력이 뛰어난 사람을 발탁했고, 속주 총독에는 공화정 시대부터의 명문 귀족을 등용했다. 속주 총독의 임무에는 외국과의 교섭도 포함되기 때문에, 명문 출신이 유리해지는 경우도 고려한 것이다. 이렇게 선발 기준은 다양했지만, 적재적소와 능력위주의 원칙은 일관되어 있었다.

속주 출신인 로마 시민도 출신성분 때문에 불이익을 받지 않았다. 사회 불안의 원인이 된다 하여 한때 이탈리아에서 추방한 유대인이라도, 그 자리에 적합한 인재로 여겨지자 이집트 장관에 임명했다. 총독이나 군단장에서는 능력제일주의 경향이 특히 두드러진다. 티베리우스에 이어 칼리굴라, 클라우디우스, 네로가 차례로 황제가 되지만, 이들의 능력과는 관계없이 군단장과 속주 총독에 우수한 인재가 모여 있었던 데에는 놀라지 않을 수 없다. 그들은 모두 티베리우스가 발탁한 인물이거나 그들의 아들이다. 제국의 모든 국민에게 능력만 있으면 그것을 발휘할 곳이 주어진다는 확신을 심어준 공도 크다. 조직이 아무리 잘 만들어져 있어도, 그 조직을 움직이는 것은 역시 인간이다.

티베리우스는 이 모든 일을 아들 드루수스가 죽기 전에 했다고 타키투스는 말했다. 아들이 죽은 뒤에는 정무를 내팽개치고, 측근인 세야누스에게 모든 일을 맡겨버렸다고 한다.

하지만 모든 사업을 아들이 죽기 전에 끝냈음을 입증하는 사료는 존재하지 않는다. 그리고 '개혁'보다 '손질'이라고 하는 편이 타당하게 여겨지는 일일지라도, 결정한 것만으로는 충분치 않다. 그 결정이 어떻게 시행되고 있는가를 감시하고, 경과에 따라서는 다시 '손질할' 필요가 있다. 거기까지 해야만 비로소 효과를 기대할 수 있는 것이다. 그러려면 1년으로는 부족하다. 티베리우스가 로마로 돌아온 뒤 아들이 죽기까지의 기간은 고작 1년이었다. 타키투스는 자긍심 강한 인간이 어떤지를 잘 모르고 있다.

자긍심이 강한 사람은 무엇보다도 우선 자기 자신에게 엄격하다. 자신을 엄격하게 다스리는 인간은 외아들이 죽어도 슬픔에 굴복하지 않는다. 슬픔에 지는 것만은 절대로 허용하지 않는다. 비탄에 잠겨 일을 내팽개치는 것은 보통사람이나 하는 일이고, 자신을 보통사람으로 생각지 않는 인간은 죽어도 할 수 없는 일이다. 가장 큰 슬픔에 사로잡힌 시기에는 오히려 자신만이 할 수 있는 일에 몰두할 것이다. 자긍심을 유지할 수 있는 길은 그것밖에 없기 때문이다. 그리고 보통사람이라면 슬픔을 이겨내고 다시 일을 시작할 무렵, 자긍심이 강한 사람은 비로소 깊고 무거운 피로감을 느끼지 않을까. 타키투스는 드루수스가 죽은 지 2년이 지난 서기 25년에 티베리우스가 원로원에서 행한 연설을 소개하고 있다. 그것은 원로원 의원들이 티베리우스의 업적을 찬양하고 그에게 바치는 신전을 세우고 싶다고 요청했을 때, 그것을 거절하면서 한 말이다.

"나 자신은 언젠가는 죽어야 할 운명에 있는 인간에 불과하다. 그런 내가 하는 일도 모두 인간이 할 수 있는 일이다. 여러분이 나에게 준 높은 지위에 부끄럽지 않은 사람이 되려고 노력하는 것만으로도 힘에 겹다.

후세는 나를 어떻게 평가할까. 내가 한 일이 조상의 이름에 부끄럽지 않았는가. 원로원 의원 여러분의 입장을 지키는 데 도움이 되었는가. 제국의 평화 유지에 공헌할 수 있었는가. 그리고 국익을 위해서라면 나쁜 평판에도 굴하지 않고 해낸 것도 후세는 평가해줄까.

평가해준다면, 그것이야말로 나에게는 신전이다. 그것이야말로 가장 아름답고 영원히 사람들 마음에 남을 조상(彫像)이다. 후세의 평가가 좋지 않으면, 대리석에 새겨진 석상조차도 묘소를 짓는 것보다 더 무의미한 기념물에 불과하다. 나의 소망은 내 목숨이 붙어 있는 한 신들이 계속 나에게 마음의 평정과 함께 인간의 법을 이해하는 능력을 주시는 것뿐이다."

이것이 과연 2년 전에 아들의 죽음으로 비탄에 빠져 정무를 내팽개친 사람의 말일까. 죽어야 할 운명에 있는 인간이라도 할 수 있는 일은 한다는 선언이 아닐까. 현대 연구자 가운데 한 사람은 다음 라틴어 격언만큼 티베리우스 황제에게 어울리는 말도 없다고 주장한다.

"FATA REGUNT ORBEM! CERTA STANT OMNIA LEGE"(불확실한 것은 운명이 지배하는 영역. 확실한 것은 무릇 인간의 재주가 관할하는 영역)

그로부터 2천 년 뒤에 살고 있는 우리 중에는 티베리우스의 생각에 공감하는 사람이 더 많을 것이다. 그런데 티베리우스의 발언을 직접 들은 원로원 의원들은 이 말을 못마땅하게 생각했다. 죽어야 할 운명에 있는 인간임을 강조한 티베리우스를 일부 의원들은 겸손하다고 평했다. 일부는 자신이 없는 증거라고 평했다. 나머지 의원들은 티베리우스의 정신이 용렬함을 보여주는 증거라고 평했다. 그리고 모두 입을 모아 말했다. 인간이라도 최상급 부류에 속하는 사람이라면 항상 더 높은 곳에 도달하기를 바라는 법이고, 이런 점에서도 선황 아우구스투스가 티베리우스보다 나았다고. 타키투스의 논평은 다음과 같다.

"최고권력자쯤 되면 이미 많은 특전을 누리고 있지만, 한 가지만은 죽을 때까지 계속 추구해야 한다. 그것은 자기 자신에 대한 좋은 추억을 남기는 것이다. 명성을 경멸하는 자는 덕(비르투스)을 경멸하는 자가 된다."

고대와 현대 지도자의 차이라기보다는, 동서고금을 막론하고 지도자 노릇을 하기가 얼마나 어려운가를 생각케 하는 말이다. 그러나 죽어야 할 운명에 있는 인간으로서 할 수 있는 일은 하겠다고 생각한 티베리우스의 제국 통치는 타키투스도 인정했을 만큼 순조롭게 진행되고 있었다.

티베리우스가 손질한 각 군단은 국경을 완벽하게 지키고 있었다. 사람들의 가장 큰 소망은 외적의 침입을 두려워할 필요가 없이 안심하고 사는 것이다. 그러나 '평화'는 국경의 안전만을 의미하지는 않는다. 제국 안에 살고 있어서 외적을 두려워할 필요가 없는 사람들에게 가장 절실한 관심사는 강도나 날치기에 대한 걱정에서 벗어나는 것이다. 집에서 한 걸음만 나가도 강도나 날치기를 걱정해야 한다면 곤란하다. 지방자치단체에까지 미친 티베리우스의 시책은 공중의 안전을 우선하는 것으로 일관되어 있었다. 상습적 범죄자에 대한 처벌은 철저했다.

그리고 선정(善政)인지 아닌지를 재는 최고의 바로미터는 세금이다. 티베리우스는 새로운 세금을 일절 부과하지 않았다. 종래의 세금도 세율을 올리지 않았다. 게다가 징세업무의 공정성을 해친 자는 엄벌로 다스렸다. 세금이 낮게 억제되면 대부분의 사람들은 꼬박꼬박 내는 법이어서, 징세업무를 민간 업자에게 위탁하는 방식을 채택했던 제정 로마에서 징세의 공정성을 유지하기 위해서는 탈세보다 세금의 '과다 징수'를 경계할 필요가 있었다.

하지만 티베리우스도 일단 집에 돌아가면, 운명의 신이 지배하고 있는 게 아닐까 싶은 상태와 얼굴을 맞대야 했다.

가족과의 관계

이제부터 이야기할 에피소드는 모두 서기 26년에 일어난 일이라고 타키투스는 말하고 있다.

첫번째 사건은 도미티아스 아프로라는 사람이 티베리우스의 출신 가문인 클라우디우스 씨족의 클라우디아 풀크루스를 간통죄로 고발한 것이 발단이 되었다. 아우구스투스가 정한 법률에 따라 제정 로마에서는 간통이 추방형에 처할 만한 범죄행위로 간주되었다. 따라서 이것뿐이라면 평범한 소송사건에 불과했겠지만, 클라우디아가 아그리피나의 사촌이자 측근이었던 게 문제였다. 아그리피나는 티베리우스가 뒤에서 공작을 꾸며 자기한테 심술을 부리는 게 분명하다면서 화를 냈다. 티베리우스에게 달려간 아그리피나는 그동안 쌓였던 불만과 증오를 터뜨렸다.

티베리우스는 그때 아우구스투스의 영전에 바친 제단 앞에 엎드려 있었지만, 아그리피나는 그것이 끝날 때까지 기다리지도 않았다.

"신격 아우구스투스의 영전에 제물을 바치면서, 그분의 친족은 성가

시게 따라다니며 괴롭히는 겁니까! 당신이 공경하는 석상에는 아우구스투스의 신성한 혼령 따위는 조금도 담겨 있지 않습니다. 아우구스투스의 신성한 혼령을 아직껏 전하는 것은 이런 돌덩이가 아니라 살아 있는 납니다. 그분의 고귀한 피를 이어받은 나 한 사람뿐입니다! 그런 내가 위험을 느끼고 이렇게 상복을 걸치고 있습니다. 클라우디아에 대한 고발은 나에 대한 공격의 시작에 불과합니다. 클라우디아에게 죄가 있다면, 그것은 나한테 충실했다는 것뿐이니까요."

제단 앞에서 일어난 티베리우스는 평소의 울분이 폭발한 듯 말을 멈추지 못하고 있는 아그리피나의 팔을 꽉 움켜잡고 그리스어로 나지막하게 말했다.

"네가 화를 내는 진짜 이유는 통치를 허락받지 못한 데 있다."

클라우디아 풀크루스와 그녀의 간통 상대였던 플루니우스는 유죄판결을 받았다. 물론 이로써 아그리피나의 분노는 더욱 맹렬히 불타오르게 되었다.

두번째 사건은 클라우디아 사건이 일어난 지 얼마 후에 일어났다. 병으로 쓰러진 아그리피나를 티베리우스가 문병했다. 병상에서 아그리피나는 티베리우스에게 눈물을 흘리면서 호소했다.

"나의 외로움을 동정하여 나에게 남편을 주십시오. 아직 여자로서 한창 나이를 지난 것도 아닙니다. 정절을 지키는 여자에게 유일한 위안은 결혼밖에 없습니다. 이 넓은 로마에 게르마니쿠스의 처자식을 맞아들이는 것을 명예로 생각할 남자가 없을 리는 없습니다."

티베리우스는 아무 대답도 하지 않고 등을 돌려 밖으로 나왔다. 타키투스조차도 다음과 같이 논평하고 있다. 아그리피나의 재혼은 단순한 과부의 재혼이 아니라 제국의 후계자 문제와 관련될 수밖에 없는 문제였다고.

세번째 사건은 가족끼리 저녁식사를 하는 자리에서 일어났다.

그날 밤 아그리피나는 식탁에 앉아 있긴 했지만 시종 말이 없었고, 음식에도 손을 대려 하지 않았다. 이를 알아차린 티베리우스는 접시에서 과일 하나를 집어, 싱싱하니까 먹어보는 게 어떠냐면서 아그리피나에게 내밀었다. 아그리피나는 과일을 받아들긴 했지만, 입에 대려고도 하지 않고 그대로 하녀에게 건네주었다. 티베리우스는 며느리한테는 한마디도 하지 않고, 어머니 리비아에게 말했다.

"내가 독살하려 한다고 두려워하는 겁니다. 이래서는 내가 아그리피나를 냉정하게 대한 것도 이상하지 않을 겁니다."

이런 가정 내부의 에피소드를 타키투스는 아그리피나의 딸로 어머니와 이름이 같은 아그리피나의 회상록에서 인용했다고 말했다. 이 아그리피나는 제3대 황제가 된 칼리굴라의 누이동생이며, 나중에 제4대 황제인 클라우디우스의 아내가 되고, 마지막에는 제5대 황제인 네로의 어머니가 되었다. 그녀의 회상록에 이런 에피소드가 적혀 있었다면, 이것이 10세 소녀가 본 황제 일가족의 분위기였다는 이야기가 된다. 그리고 70세가 다된 티베리우스는 가정 밖에서도 만족감을 얻을 곳이 없었다. 그의 출신계급을 생각하면 원로원 역시 그의 집안이라고 하는 편이 타당하지만, 원로원도 그에게 만족을 주는 곳은 아니었다.

원로원과의 관계

강대한 권력을 부여받고 있다는 점에서, 제정 시대 로마의 황제 및 원로원과 가장 가까운 존재를 현대에서 찾는다면 미국의 대통령과 의회라고 할 수 있다. 미국의 대통령과 의회는 유권자의 선거로 뽑힌다는 점이 다르긴 하지만, 그로부터 2천 년이나 지난 오늘날 그 정도의 진보가 없으면 '호모 사피엔스'인 인간으로서 체면이 서지 않는다. 미국에서 대통령과 의회의 관계는 대통령의 소속 정당과 상하원의 과반

수를 차지하는 정당이 다를 경우에 특히 문제가 되는데, 그것은 고대 로마에서도 마찬가지였다.

로마 황제는 단독으로 정책을 시행할 수도 있지만, 그것은 어디까지나 황제 통달이나 황제 칙령이라고 번역되는 '긴급조치령'이고, 그것을 로마인들이 말하는 '법률'(렉스)로 만들어 항구적인 정책으로 바꾸려면 '원로원 권고'(세나투스 콘술툼)라는 이름의 원로원 의결을 거쳐야 했다.

원로원이 '원로원 권고'라는 이름의 입법권을 갖고 있는 이상, 황제가 제출하는 법안(정책)을 단순히 승인하는 기관이 되어버리면 입법기관으로서 제대로 기능을 발휘할 수 없게 된다. 이렇게 되면 황제와 원로원의 균형이 무너져버린다. 선거로 뽑히지는 않지만 그렇기 때문에 각계의 유력자를 망라할 수 있다는 이점을 가진 로마 원로원인 만큼, 이 균형이 무너져버리면 폐해가 크다. 국가의 양대 권력이 정면으로 대결하게 되기 때문이다. 공식적으로는 원로원과 함께 로마 국가의 주권자인 일반 시민은 '황제 지지파'였다고 생각해도 좋다. 빈민을 구제하기 위해 밀을 무상배급하는 것은 사회복지이고, 검투사 시합을 후원하는 것은 선거운동이었다. 둘 다 황제 지지층을 회유하기 위한 정책이었기 때문이다. 하지만 이것은 비단 인기를 얻기 위한 정책만은 아니었다. 재정의 건전화를 위해 긴축재정을 채택한 티베리우스도 검투사 시합을 후원하는 것은 중단했지만 밀의 무상배급에는 손을 대지 않았다. 이런 사실만 보아도 그 점은 분명하다. 무상배급을 받을 자격자의 수도 줄이지 않았다. 이것은 밀의 무상배급이 사회복지대책이었다는 증거다.

'원로원 체제'라 해도 좋은 원로원 주도의 국가 경영 체계가 동맥경화 현상에 빠진 것은 그 체제를 타도한 율리우스 카이사르가 태어나기 30년 전인 그라쿠스 형제 시대부터 알고 있었던 일이다. 카르타고와 국가의 존망을 건 싸움을 하던 시대에는 그토록 훌륭하게 기능을 발휘했던 '원로원 체제'도 승자가 빠지기 쉬운 경직화를 면치 못했다. 하지만 맨 처음 그것을 규탄한 그라쿠스 형제도, 최종적으로 그 체제를 타도한 카이사르도, 원로원을 폐지하는 일은 꿈에도 생각지 않았을 것이다. 원로원은 로마인의 역사이고 전통 그 자체였기 때문이다. 단순하게 생각하면 공화정 시대의 로마는 원로원 주도 체제이고, 제정으로 바뀐 뒤에도 황제 주도 체제로 바뀌었을 뿐 원로원 자체는 여전히 존속해 있었다.

황제와 원로원의 이 미묘하고 참으로 로마적인 관계에 카이사르는 어떻게 대처했을까.

그는 폼페이우스를 짊어진 원로원파를 무력으로 이긴 승자였다. 그리고 겉포장과 속셈을 구분하여 때와 경우에 따라 그 두 가지를 적절히 구사하는 성격도 아니었다. 최고권력자가 된 이후 카이사르는 원로원(의회)에 법안을 잇달아 제출하여 의결을 요구했다. 패배자인 원로원은 거기에 따를 수밖에 없었다. 그러나 그런 카이사르도 지나치게 '황제 주도'가 되는 것은 곤란하다고 생각했는지, 친구인 원로원 의원들이 제출하는 형식으로, 요즘 식으로 말하면 의원입법의 형태로 법안을 제출하여 원로원 의결을 요구하기도 했다. 자기도 모르는 사이에 법안 제출자가 된 키케로는 나중에야 그것을 알고 놀랐다고 말했다.

이런 카이사르를 죽인 것은 브루투스를 비롯한 원로원 의원들이었다. 암살자들은 카이사르가 시행하는 정책에 반대한 것은 아니다. '황제 주도 체제'를 과거의 '원로원 주도 체제'로 되돌리려고 생각했을 뿐이다. 이 암살에 일반 시민이 관여하지 않았다는 사실은 카이사르 암살이 정책의 잘잘못을 따지기보다는 정체의 잘잘못을 따지는 항쟁이었음을 보여준다.

카이사르의 뒤를 이은 아우구스투스도 브루투스를 타도하고 안토니우스를 물리쳤다는 점에서 원로원에 대한 승자였다. 그래도 살해되고 싶지 않았던 아우구스투스는 원로원에 대한 배려를 잊지 않았다. 그렇긴 하지만 그 역시 황제 주도 체제는 바꾸지 않았다. 젊은 나이에 최고권력자가 된 아우구스투스에게는 시간이라는 최고의 우군이 있었다. 참으로 신중하게 적절한 시기를 골라서 원로원이 반대하기 어려운 형태로 법안을 제출하고, 때로는 원로원 의원들이 까맣게 잊어버렸을 무렵을 가늠하여 법안을 제출하고 승인을 받아냈다. 아우구스투스의 치세만큼 황제와 원로원의 관계가 좋았던 시대는 없다고 말하는 것도 원로원이 자진해서 협력했기 때문이 아니라 아우구스투스의 술수가 그만큼 절묘했기 때문이다.

티베리우스는 두 전임자처럼 무력으로 원로원을 이겼다는 이점은 갖고 있지 못했다. 또한 전임자들의 피를 이어받지도 못했다. 율리우스 카이사르는 명문이라도 방계 출신이고, 아우구스투스는 카이사르 가문의 양자가 되긴 했지만 원래는 기사계급 출신으로 이른바 로마 사회의 아웃사이더인 반면, 티베리우스는 원로원 주도 체제의 로마에서 계속 주류를 차지해온 클라우디우스 씨족 출신이다. 이런 티베리우스가 '제일인자'와 원로원은 서로 협력하여 국가 경영을 담당한다는 생각을 갖고 있었던 것은 당연할 것이다. 그리고 티베리우스는 이 생각을 현실화할 때 성심성의를 다했다. 내 생각으로는 지나칠 정도였다.

그러나 양웅(兩雄)의 병립은 이상일 뿐, 현실은 아니다. 두 전임자처럼 원로원의 통치능력에 환상을 품지 않았다면 뒤늦게 현실을 알고 환멸에 빠지는 일은 없겠지만, 티베리우스의 경우에는 환상을 품지는 않았어도 희망이 너무 컸다.

원로원에서 회의가 열리는 날이면, 티베리우스는 호위병도 거느리지 않고 측근들도 대동하지 않고 혼자서 원로원에 나가곤 했다. 앉는 자리도 맨 앞줄이긴 했지만 다른 의원들과 같은 의자였고, 집정관이 회의장에 들어올 때면 다른 의원들과 함께 일어나서 맞이했다. 의원들에게는 정중한 태도를 취했고, 되도록 많은 국가 정책을 원로원과 협력하여 결정하는 자세를 고수하려고 애썼다. 통치를 처음 시작했을 무렵에는 군단병의 만기 제대 등 최고사령관인 자신의 전결 사항조차도 원로원의 승인을 먼저 얻은 뒤에 실행했을 정도다.

그는 원로원에서 자유롭고 활발하게 토의가 이루어지는 것이 자신의 소망이라고 몇 번이나 공언했다. 의원들이 아부성 발언이라도 하면 불쾌감을 보였고, 아첨은 그만두고 발언의 본래 취지를 말하라고 요구하는 것은 의장격인 집정관이 아니라 티베리우스였다. 원로원 의원들에게는 특히 '황제'(임페라토르)라는 호칭을 금하고 '제일인자'(프린켑스)라고 부르도록 요구한 것은 앞에서 이미 말한 대로다.

그런데 원로원 의원들에게 승인을 요청할 때나 반론을 제기할 때도 티베리우스의 말투는 언제나 엄격했기 때문에, 그 말을 듣는 의원들은 발언 내용에는 찬성하더라도 찬물을 뒤집어쓴 듯한 기분을 느끼곤 했다. 티베리우스에게 부족한 것은 유머의 재능이었다. 반대파까지도 웃기면서 자기 뜻대로 일을 추진한 카이사르 같은 재능은 갖추고 있지 못했다. 그리고 티베리우스의 발언이 가장 신랄해지는 것은 의원들이 국책결정기관인 원로원의 존재이유를 망각하고 엉뚱한 소리만 늘어놓으면서 모든 것을 그에게 일임하려는 의도를 보일 때였다. 그럴 때면 티베리우스는 칼처럼 날카로운 말로 그들을 베기라도 하려는 듯 원로원의 권위와 책무를 자각하라고 신랄하게 요구했다. 카이사르나 아우구스투스라면 얼씨구나 하고 넘어갔을 텐데.

원로원 의원 600명이 모두 통치능력이 결여되어 있었던 것은 아니다. 25세가 자격 연령인 회계감사관을 지낸 사람은 30세가 되면 거의 자동적으로 원로원에 들어오는 것이 허용되었기 때문에, 로마 원로원은 인재 풀(pool)이기도 했다. 그러나 광대한 제국을 경영하려면 항시 수많은 인재가 필요했다. 티베리우스는 사람을 보는 안목이 뛰어나서, 인재를 발탁하고 활용하는 재능은 타키투스도 인정할 정도였다. 또한 티베리우스는 적재적소라고 여겨지면 오랫동안 임지를 바꾸지 않을 때도 있었다. 임기가 1년으로 정해져 있는 것은 법무관과 집정관 같은 중앙정부의 고관과 원로원 속주에 부임하는 총독뿐이었다.

이래서는 수도 로마의 원로원 회의장에서 늘상 보는 얼굴들은 대부분 능력이 다른 의원들에 비해 떨어지는 인물인 것도 당연하다. 어쨌든 로마 원로원에는 명문 귀족의 집합소였던 공화정 시대의 영향으로 실력은 없지만 출신 가문은 서민들도 알고 있을 만큼 명문인 사람들이 남아 있었다. 실력으로 원로원에 들어온 사람은 티베리우스에게 등용되어 국경으로 파견된 사람이 많고, 옛 임지에서 새 임지로 파견될 때까지 얼마 안되는 기간만 로마에 머물러 있는 실정이었다.

원로원에는 기득권을 누리는 것밖에는 염두에 없고 안전하고 풍요로운 속주에서 총독을 지내면 그것으로 목표를 달성했다고 생각하는 의원이 많았지만, 그래도 티베리우스는 원로원을 적극적으로 국정에 참여시키려는 노력을 게을리하지 않았다. 아니, 지나칠 만큼 성심성의를 다해 노력했다. 수백 명이 토의를 하면 좀처럼 결론이 나오지 않는 결함이 있었기 때문에, 티베리우스는 효율적인 의사 진행을 위해 위원회 방식을 고안했다. 위원회 위원은 물론 원로원 의원들이 맡는다.

아우구스투스가 시작한 '제일인자' 체제는 제정이 아니라 '원수정'이었다고 주장하는 연구자가 많다. 따라서 황제가 아니라 시민 중의 제일인자가 나라를 다스리는 체제였고, 제일인자와 원로원은 두 다리처럼 서로 협력하여 국정을 운영하는 체제라는 것이다. 원수정이라면 마땅히 그래야 한다. 그러나 나는 아우구스투스를 다룬 제6권에서도 강조했듯이, 이 의견에는 동의하지 않는다. 제일인자 체제는 아우구스투스의 위장망이었고, 그의 본심은 제정 창설이었다고 나는 확신한다. 그렇지만 티베리우스는 처음 얼마 동안은 진심으로 원수정을 믿고 있었던 게 아닌가 싶다. 아우구스투스처럼 겉포장이 아니라 진심으로 원수정의 존재이유를 믿고, 그것을 위해 노력한 게 아닐까.

그러나 원로원의 현실은 그의 기대를 배신할 뿐이었다. 원로원 의원들이 가장 열심히 토의한 의제가 어떤 것이었나를 추적해보면, 티베리우스의 실망과 피로감도 이해할 수 있을 것 같다. 한 가지만 예를 들면, 그들은 임지에 혼자서 부임할 것인가, 아니면 아내를 데려가는 것을 허용해야 할 것인가를 놓고 열띤 토론을 벌였다.

군무와 정무를 겸할 필요가 있는 '황제 속주'의 총독도, 군무는 필요 없이 통치만 하면 되는 '원로원 속주'의 총독도 임지로 아내를 데려가지 못하게 해야 한다는 법안이 제출되었을 때였다. 제안자는 자기가 40년간이나 해외에 근무하는 동안 아내는 로마에서 집을 지키고 있었는데도 자식을 여섯이나 낳았다는 말로 의원들을 웃긴 다음, 법안의 취지를 다음과 같이 설명했다.

과거에는 임지로 아내를 데려가는 것을 법률로 금했지만, 그것도 반드시 이유가 없는 것은 아니다. 남편이 평화로운 시기에 속주를 다스리는 임무를 맡으면 아내는 사치스러운 취향으로 그 임무를 방해하고, 반대로 전쟁을 해야 할 경우에는 공포에 질려 역시 임무에 방해가 되기 쉽다. 게다가 질서를 경시하는 여자 특유의 성향으로 남편 휘하에 있는 병사들을 무질서가 특징인 야만족으로 바꾸어버린다. 또한 여자들은 노고를 좋아하지 않기 때문에, 변경 방위를 맡고 있는 병사들도 거기에 물들어 방위에 따르는 노고를 가치도 없고 보람도 없는 헛수고처럼 생각하게 되기 때문에, 막강한 로마 군단이 허약한 오합지졸로 변해버린다.

그리고 여자는 기회만 주어지면 책략을 부리기 좋아하고 권력을 좋아하는 법이다. 사령관의 아내라는 것을 코에 걸고 백인대장들을 턱짓으로 부리는가 하면, 심지어 군사훈련까지 참관하고 군사적인 문제에까지 참견하는 사례가 있었던 것은 널리 알려진 사실이다.

또한 군사적 임무가 없는 원로원 속주에서도 아내 동반에 따른 폐해는 심각하다. 원로원 속주 총독이 로마로 돌아온 뒤에 직권남용으로 부정을 저질렀다고 고발당하는 경우가 종종 있는데, 이 경우에도 총독 부인이 관련된 사례가 많다. 속주민이 '사업 기회'를 제공하는 형태로 총독 부인에게 빌붙는 경우도 적지 않다. 속주를 다스리는 실무자들도 총독만이 아니라 총독 부인까지 상관으로 모셔야 하는 실정이다. 덕분에 총독 부인은 점점 거만해지고 점점 주제넘게 나서게 되는 것이다.

옛날에는 기원전 215년에 제정된 오피우스 법이나 그밖의 여러 가지 법률로 아내 동반이 금지되어 있었기 때문에 이런 폐해도 나타나지 않았다. 그런데 250년이 지난 지금은 변경을 제외하면 속주도 평화로워지고, 그 때문인지 총독만이 아니라 그 밑의 고관들까지 아내를 임지에 데려가는 것이 상례가 되었다. 그 결과 속주의 군단 기지에서도, 총독이 재판장을 맡은 법정에서도 여자들이 주인 행세를 하게 되었다.

이 제안은 원로원을 여느 때와는 다른 활발한 토론장으로 바꾸어놓았다. 많은 의원들이 반대 입장을 취했는데, 그 중 한 사람은 반대 이유를 다음과 같이 설명했다.

250년 전의 엄격한 관습이 쇠퇴한 것은 시대 변화와 로마를 둘러싼 정세 변화에 따른 것이다. 옛날에는 전투로 세월을 보냈고, 정복하여 속주화한 지방에서도 주민들의 적개심을 걱정할 필요가 있었다. 그런

166

데 지금은 평화가 지배하게 되었다.

지금도 아내들의 필요에 따라 주어지고 있는 권한은, 가정 안에서는 가정을 파괴시킬 정도가 아니고, 가정 밖에서도 로마 지배의 협력자(속주민이나 동맹국 군주들을 가리킴)와의 관계를 악화시킬 정도는 아니다.

그리고 남편과 아내는 인생의 많은 부분을 공유하는 법이다. 그것은 전시든 평시든 다름이 없다.

물론 속주 통치에 폐해가 될 만한 언동은 마땅히 통제되어야 한다. 그러나 고생스러운 임무를 마치고 귀가하는 남편을 기다리는 아내의 상냥한 위로나 격려까지 법으로 규제해야 할 문제일까.

그렇긴 하지만 여자들 중에는 야심에 사로잡히고 물욕에 탐닉하는 자가 있는 것도 사실이다. 하지만 남자들이라고 해서 모두 이 악과 무관할까. 그래도 남자들은 악에 대한 유혹이 끊이지 않는 속주 통치를 맡아서 부임한다. 그리고 이 남자들이 돌아온 뒤에 부정으로 고발되기라도 하면, 세상 사람들은 하나같이 아내가 나쁜 영향을 미친 결과라고 단정해버린다. 그렇다면 독신자는 모두 청렴결백했는가. 고발당한 전임 총독들은 모두 유부남이었는가.

우리 남자들은 직무를 소홀히 한 책임을 아내들한테 돌리려 하는 건 아닐까. 설령 아내들이 남편의 지위나 권력에 편승하려 했다 해도, 그 책임은 마땅히 남편한테 돌아가야 한다.

오피우스 법은 당시의 실정에 맞게 만들어진 법이다. 우리 로마법은 시대가 바뀜에 따라 잊혀지거나 좀더 온건하게 바뀌는 경우가 많았다. 시대의 요청에 따르는 것이 법의 역할이기 때문이다. 한두 명의 남편이 아내를 미처 통제하지 못했다고 해서, 모든 사람을 법률로 규제해야 할 필연성은 없다.

어쨌든 여자는 본디부터 외부의 영향을 받기 쉬운 성(性)이다. 허영심에 사로잡히거나 다른 여자의 권세와 부를 동경하기 쉬운 천성을 갖고 있다. 이런 여자와는 항상 같이 살고 있어도 결혼생활을 안정시키는 것은 어려운 일이다. 그런데 오랫동안 떨어져 사는 것을 의무화하면, 부부관계도 소원해지고 이혼한 거나 다름없는 사이가 되어버리기 쉽다. 이래서는 속주에 부임하는 남편도 마음은 늘 아내가 있는 로마로 향하게 되어, 속주 통치에 전념해야 하는 책무를 소홀히 하기 쉽다.

이 반대론에는 의장역인 집정관도 찬성했다. 공직에 종사하는 사람은 아무리 지위가 높아도 먼 지방으로 출장가는 것을 면할 수 없다. 아우구스투스도 서방이나 동방으로 수없이 여행을 떠나야 했지만, 리비아는 늘 남편을 따라갔다. 내 경우에는 군무로 일리리쿰에 가서 오랫동안 돌아오지 못한 적이 있었는데, 군무 때문에 아내를 동반하지 못해서 그동안 줄곧 아내가 마음에 걸려 일에 정신을 집중시키기가 힘들었던 게 사실이다.

투표 결과, 아내를 임지로 데려가지 못하게 금지하자는 법안은 부결되었다.

원로원의 이 심의에 대해 티베리우스는 완곡하지만 따끔한 충고를 했다. 자신과 관계가 깊은 문제니까 열심히 토의하는 것은 좋지만, 이런 문제보다 더 직접적으로 국사와 관련된 문제를 진지하게 토론해달라는 의미의 충고였다. 실제로 아내 동반 문제에 대해서는 그토록 열심히 토론을 벌인 원로원이 속주에 침입한 야만족을 토벌할 사령관을 선발할 때는 아무도 나서지 않고 저마다 핑계만 장황하게 늘어놓다가, 결국 티베리우스에게 인선을 맡기는 형편이었기 때문이다.

그렇다 해도 아내의 동행을 금지하자는 법안을 제출한 사람이 게르마니쿠스 휘하에서 저지 게르마니아 군단 사령관을 지내고 그후에도 임지가 바뀐 게르마니쿠스를 따라 오리엔트까지 동행한 카이키나였던 것은 흥미로운 일이다. 게르마니쿠스의 아내였던 아그리피나가 얼마나 주제넘게 나서는 성향을 갖고 있었는지는 이것만 보아도 충분히 상상할 수 있지 않을까. 티베리우스는 집 안에서도 피곤하고 집 밖에서도 피곤한 일뿐이었다.

서기 27년, 68세의 티베리우스 황제는 여러 해 동안 가슴 속에 품고 있었을 게 분명한 생각을 마침내 실행에 옮겼다. 수도를 떠나 나폴리 만에 떠 있는 작은 섬 카프리에 틀어박혀버린 것이다.

카프리 은둔

해발 350미터의 벼랑 위에는 2천 년이 지난 지금도 암석을 파내어 만든 거대한 저수조가 남아 있다. 이것만 보아도 주도면밀한 준비를 거친 뒤에 이주를 결행한 것을 알 수 있다. 대리석을 비롯한 건축 자재도 모두 30킬로미터 떨어진 나폴리에서 배로 실어와야 했다.

그리고 이것은 은둔(세상을 떠나 숨어 사는 것)이긴 했지만, 은퇴(사회 활동을 그만두고 조용한 생활을 시작하는 것)는 아니었고, 인퇴(引退 : 현재의 직무나 지위에서 물러나는 것)도 아니었다. 티베리우스는 카프리 섬에 있으면서 로마 제국을 계속 통치했기 때문이다. 나는 쓴 웃음을 지으면서, 이건 '가출'이라고 생각했다.

가출이라면 티베리우스에게는 이미 '전과'가 있었다. 36세 때인 기원전 6년부터 7년 동안 지위도 가정도 모두 버리고 로도스 섬에 틀어박혀버린 것이다. 하지만 그 경우에는 은퇴였고 인퇴였다. 당시에는 아직 아우구스투스가 건재해 있었기 때문이다. 그러나 그로부터 33년 뒤의 두번째 '가출' 때는 제국 통치를 내팽개칠 수가 없었다. 게르마니쿠스가 남긴 두 아들에게 그럴 능력이 있었다 해도, 아직 20세와 19

세에 불과하다. 또한 티베리우스 자신에게도 그 직무를 내팽개칠 마음
은 전혀 없었던 게 아닐까. 그는 6년 전에도 로마를 떠나 나폴리 근교
에 머물면서 제국을 통치한 경험이 있다. 제국 전역에서 들어오는 정
보를 수집하고 명령을 전달하는 체계를 확립하고, 원로원에는 서한을
보내 승인을 요구하는 방식으로 1년 동안 통치를 계속한 적이 있었다.
티베리우스는 1년이 아니라 그보다 훨씬 오랫동안 그런 방식으로 나라
를 다스릴 수 있다는 자신감을 가진 게 아닐까. 자신감이 생겼기 때문
에, 일시적으로 머물기 위한 집이 아니라 지나칠 만큼 완벽한 주거설
비를 갖춘 저택을 카프리 섬에 지은 다음, 분위기가 험악한 가정을 버
리고, 진지하게 국사를 논하려 하지 않는 원로원도 버리고, 카프리 섬
에 은둔한 게 아닌가 싶다.

  역사가 타키투스가 티베리우스를 비난하는 첫번째 이유는 그가 위선
자라는 데 있다. 사전적 설명에 따르면, 타키투스가 말하는 위선자는
겉으로는 착한 사람처럼 행세하면서 뒤에서는 나쁜 짓을 일삼는 부류
를 가리키지만, 나는 티베리우스가 자신의 본심에 충실한 사람이었다
는 생각이 든다. 아니, 티베리우스의 결점은 일관되게 자신의 본심에
충실한 것이었다는 생각마저 든다.
  아무리 독단적으로 정치를 했어도 카이사르는 그 시끄러운 포로 로
마노의 중심에 있는 관저에서 계속 살았다. 아우구스투스는 좀더 조용
한 곳에 살았지만, 팔라티노 언덕의 사저에서 원로원이 있는 포로 로
마노까지는 걸어서 5분도 걸리지 않는다.
  로마 상류층 여자들의 질이, 또한 원로원 의원들의 질이 카이사르와
아우구스투스 시대에는 우수했다가 티베리우스 시대에 갑자기 떨어진
것은 아니다. 인간은 어느 시대에나 결점을 고치려 하지 않는 존재임
은 변함이 없다. 다만 앞의 두 사람은 인간이란 원래 그런 거라고 이

170

해하고, 그 이상은 요구하지 않았을 뿐이다.

카프리 은둔을 결행한 티베리우스는 이렇게 생각한 게 아닐까. 제국을 제대로 통치할 수만 있다면 어디에 있든, 어떤 방식으로 하든 마찬가지가 아니냐고. 하지만 이것은 정치인의 사고방식이 아니라 행정관료의 사고방식이다.

위선을 뜻하는 영어 낱말 'hypocrisy'와 이탈리아어의 'ipocrisia'는 둘 다 그리스어에서 유래했다. 어원을 이해할 수 있도록 그리스어를 라틴어식으로 표기하면 'hypokrisia'가 된다.

다시 말해서 이 낱말의 창조자는 고대 그리스인인데, 창조자인 만큼 그들은 위선을 사전에 나오는 의미—겉치레로 보이는 선행—로만 생각지는 않았다. 그들은 위선을 상급과 하급으로 구분했다. 겉치레로 보이는 선행이라는 설명은 그리스인에게는 하급 위선에 불과하다.

그리스인이 생각한 상급 위선은 겉꾸밈이든 겉치레든 공공의 이익을 목적으로 하는 경우다. 그리스 철학자들은 이런 종류의 위선을 정치인에게 꼭 필요한 수단으로 인정하기까지 했다. 필요악은 아니다. 좀더 긍정적인 의미를 가진 '악'이다.

고대 그리스에서 이런 상급 위선을 실천한 정치가는 페리클레스 한 사람밖에 없었다는 게 재미있지만, 겉으로는 민주정치인 것처럼 보이면서 30년 동안 사실상의 독재정치를 행한 페리클레스가 그리스 쪽의 대표라면, 공화정을 표방하면서 40년 동안이나 사실상의 제정을 편 아우구스투스는 로마 쪽의 대표일 것이다. 그보다 더 재미있는 것은 이 두 사람이 2천 500년 전부터 오늘에 이르기까지 고대 정치가들 중에서는 어느 누구보다도 높은 평가를 받고 있다는 점이다. 인간은 자기가 주권을 갖고 있다고 생각하게 해주기만 하면 그것으로 만족하고, 그 주권을 행사하는 데에는 사실상 전혀 관심을 갖지 않는 존재인지도 모른다. 결과가 나쁘게 나왔을 때만 큰 소리로 불평할 뿐이다.

상급이든 하급이든 관계없이 위선적인 행위 자체를 못하는 성격이 티베리우스의 결점이었다. 그리스어의 위선이라는 낱말은 원래 무대에 선 배우의 연기에서 나왔다. 다시 말해서 위선은 연기를 하는 것이다. 속된 말로 하면 '척하는' 것이다. 공적으로나 사적으로나 티베리우스만큼 '연기'가 서투른 사람은 없었다. 그의 이런 성격이 가장 극적으로 나타난 것이 바로 카프리 은둔이었다. 그래서 타키투스가 내린 악평에 오랫동안 영향을 받은 서구에서 무려 1천 600년 뒤에 처음으로 티베리우스를 옹호한 볼테르와 로마사 연구에서는 최고 권위자인 역사가 몸젠을 비롯하여 티베리우스 복권을 위해 노력한 연구자들은 수없이 많지만, 이들 대다수는 카프리 은둔이야말로 티베리우스가 저지른 치명적인 실책이었다는 점에 의견이 일치해 있다. 정치는 관료적 사고방식으로는 불가능한 '기술'(아르테)이라는 게 그들의 생각일 것이다. 미국 대통령이 미국 영해에 있는 작은 섬에 틀어박힌 채 미국과 전세계를 통치하게 된 경우를 생각해보라. 우선 매스 미디어들이 항의의 대합창을 시작할 것이다. 로마 시대에는 요즘과 같은 매스 미디어가 없었지만, 타키투스를 비롯한 역사가들은 당시의 '미디어'였다.

타키투스는 바로 이런 점을 싫어했지만, 티베리우스는 카프리 섬에 틀어박힐 때 가족한테도 알리지 않고 원로원에도 알리지 않았다. 그저 선황 아우구스투스가 사망한 곳(놀라)에 세워진 신전 봉헌식에 참석하러 간다고만 말하고 로마를 떠났다. 따라서 티베리우스가 그후 10년 동안이나 수도를 비우고 두번 다시 돌아오지 않으리라고 예측한 사람은 아무도 없었다.

그러나 은퇴라고 생각지 않고 '가출'로 생각하면 간단히 이해할 수 있다. 지금부터 가출하겠다고 알리고 집을 나가는 사람이 있을까.

원로원 의원과 시민들은 그런 줄도 모르고, 티베리우스가 신전 봉헌식이 끝났는데도 돌아오지 않자, 기후가 온난한 카프리 섬에서 잠깐 정양을 한 다음 수도로 돌아올 작정인 모양이라고 생각했다. 그들도 티베리우스가 통치를 내팽개치리라고는 생각지 않았고, 내팽개칠 수 있는 상황도 아니었기 때문에, 그렇다면 반드시 수도로 돌아올 거라고 믿어 의심치 않았다. 황제가 수도에 없으면 제국을 통치하는 것은 불가능하다고 생각했다.

원로원 의원이라면, 통치에는 정보 수집이 필수불가결하다는 것쯤 이해하고 있다. 그리고 정보를 수집하기에 가장 좋은 곳은 '세계의 수도'(카푸트 문디)라고 불린 로마였다. 그러나 그들은, 정보 수집의 중요성은 절대적인 속도가 아니라 상대적인 속도에 있다는 것, 다시 말해서 어느 누구보다도 빨리 정보를 얻고, 얻은 정보를 토대로 어느 누구보다도 빨리 판단을 내리고, 그 판단에 따른 지령을 어느 누구보다도 빨리 보내는 데 있다는 것까지는 알지 못했다. 정보의 속도는 절대성이 아니라 상대성으로 생각해야 하기 때문이다. 아우구스투스 시대에 개발된 공영우편제도—고속도로화한 로마 가도를 따라 파발마를 갈아타고 운반하는 것—를 이용해도, 제국 변경에서 보고가 들어오려면 적어도 열흘은 걸렸다. 바닷길은 바람이라는 자연현상에 좌우되는 정도가 심해서, 용케 순풍을 만나면 이집트의 알렉산드리아에서 나폴리 만의 군항 미세노까지 아흐레 만에 도착할 수 있었다. 과학기술이 발달한 현대에는 순식간에 보고가 들어오지만, 그래도 대응책이 늦어지는 경우가 많은 것은 정보가 그것을 활용하는 사람에게 달려 있다는 사실을 실증해준다. 따라서 정보수집과 명령전달 체계만 확립하면, 이론적으로는 어디에 있든지 간에 정보를 활용할 수 있었다.

실제로 티베리우스가 카프리 섬에 틀어박힌 직후 대사건이 두 건이나 일어났다. 거기에 대한 티베리우스의 신속정확한 대응은 볼 만하다고 말할 수밖에 없었다.

로마에서 살라리아 가도를 따라 북쪽으로 10킬로미터쯤 가면 피데네라는 작은 도시가 있다. 이 도시에서 검투사 시합이 열렸는데, 목조 관람석이 무너지는 바람에 5천 명이나 되는 사상자가 발생했다. 이 검투사 시합은 선거운동이 아니라 흥행이 목적이었던 모양이지만, 수용인원이 1만 명 정도인데 그 두 배나 되는 관람객을 받아들인 것이 사고의 원인이었다. 티베리우스는 검투사 시합을 싫어해서 후원하지 않았고, 민회에서 선출하던 정부 고위직도 원로원 의원들 사이의 호선으로 바뀌었기 때문에 선거운동을 위해 검투사 시합을 주최하는 일도 없어졌다. 이런 현실이 10년이나 계속되자, 검투사 시합에 굶주려 있던 서민들이 모처럼 열린 시합에 우르르 몰려들었다. 타키투스는 사상자가 5만 명이라고 했지만, 중세의 필사본에는 숫자를 잘못 쓴 경우가 많기 때문에 실수로 0이 하나 덧붙여졌다고 보는 것이 현실적이다. 피데네라는 도시의 규모를 보아도, 5만 명 이상을 수용할 수 있는 로마 콜로세움 정도의 원형경기장을 지을 만한 곳은 아니었다. 수용인원은 1만 명 안팎으로 보는 것이 타당하다. 관람석이 무너진 것은 정원을 초과하는 관객을 받아들였기 때문이기도 하지만, 검투사 시합 주최자가 건축비를 아끼느라 부실공사를 한 데도 원인이 있었다.

사고 소식을 접한 티베리우스가 즉각 내린 명령에 따라, 수도 로마와 그 주변 도시에서 의사가 총동원되어 부상자를 치료했다. 또한 피데네만이 아니라 그 주변 도시와 마을에 있는 모든 집에는 부상자를 수용하라는 명령이 내려졌다. 사망자의 장례비도 공금에서 내기로 결정했다. 그리고 티베리우스는 원로원에 서한을 보내, 다음 두 가지 항목을 의결(법제화)해달라고 요구했다.

(1) 검투사 시합을 주최하는 자의 자격을 40만 세스테르티우스 이상

의 자산을 가진 자로 제한할 것.

(2) 관람석은 목조라도 그 토대가 되는 토지는 충분히 조성되어야 하고, 조성이 불충분하다고 여겨지는 곳에 관람석을 짓는 것은 불허할 것.

그리고 사고가 발생한 시합을 주최한 사람은 추방되었다.

이 사고의 기억이 채 사라지기도 전에 수도 로마의 일곱 언덕 가운데 하나인 카일리우스(오늘날의 첼리오) 언덕이 화재로 전소되었다. 이 언덕에는 공공건물이 거의 없었기 때문에, 이곳이 몽땅 타버렸다는 것은 곧 사람들이 주택을 잃었다는 뜻이다. 이 소식을 들은 티베리우스는 당장 성금을 보냈고, 수도 주민들도 황제를 본받아 도움의 손길을 내밀었기 때문에, 집을 잃고 길거리에 나앉은 이재민들도 빨리 재기할 수 있었다. 이때 면세 조치는 취하지 않았다. 피해자는 모두 로마 시민권 소유자라서 직접세는 애당초 내지 않았기 때문이다. 티베리우스의 대응이 신속했기 때문에, 처음에는 황제가 수도에 없는 것을 비난하던 사람들의 목소리도 차츰 잠잠해졌고, 원로원은 티베리우스의 신속정확한 조치에 감사한다는 결의를 할 정도였다.

그러나 아무리 대책이 신속정확해도, 사람은 그것만으로 만족하지 않는 법이다. 수도 로마에 사는 서민들은 티베리우스의 부재가 길어지자 그에게 버림을 받았다고 생각하게 되었다. 그리고 원로원은 불만뿐만 아니라 굴욕감까지 맛보게 된다. 원로원에 서한을 보내 의결을 요구하는 것만으로는 원로원의 권위가 서지 않기 때문이다. 아니, 그것은 오히려 권위의 실추를 의미할 뿐이다. 시민 중의 '제일인자'로서 정치를 하는 데 지쳐버린 티베리우스는 시민이나 원로원 의원보다 지위가 높은 명실상부한 황제로서 나라를 다스리기로 결심하고, 그것을 실행하기 시작했기 때문이다. 아우구스투스처럼 '실'(實)만 황제가 아니라, '명'(名)까지도 황제가 되기로 한 것이다.

황제가 수도에 없어도 나라를 다스릴 수 있다는 것은 원로원이 본래의 존재이유를 상실했다는 증거이기도 하다. 부재 통치가 순조롭게 굴러갈수록, 원로원의 존재이유 상실은 더욱 뚜렷해진다. 자신의 무력함을 자각하는 것만큼 굴욕적인 일은 없다. 이리하여 서민들은 서민들대로, 원로원은 또 원로원대로, 각기 나름의 이유로 티베리우스에 대한 감정이 악화하기 시작했다. 인간이라면 누구나 원격 조종을 받기보다는 진두 지휘를 받는 쪽을 좋아하기 때문이다. 그러나 70대에 접어든 티베리우스는 그런 인심의 변화에 신경을 쓰는 기색은 전혀 보이지 않았다. 본디부터 여론의 동향에 좌우되는 성격도 아니었다.

카프리 섬에는 수도에 사는 것과 다름없이 쾌적한 생활을 유지하는 데 필요한 하인들 외에는 10명도 채 안되는 친구가 동행했을 뿐이다. 그들 가운데 여자는 한 사람도 없다. 애인으로 따라온 여자도 없고, 친구의 아내도 없다. 원로원 의원도 딱 한 사람뿐이다. 인종도 다른 이들 동행자의 유일한 공통점은 티베리우스가 좋아한 천문학이나 그리스 문학에 정통하다는 것뿐이었다. 정치나 군사 문제에서 티베리우스의 상담역을 맡을 수 있을 만한 인물은 하나도 없다. 주말에 일을 떠나 시골집 식탁에 둘러앉은 사람들 같은 느낌이다. 개중에는 로도스 섬으로 은퇴할 때 동행했던 사람도 있었으니까, 이들이 티베리우스에게는 몇 안되는 측근들이었을 것이다.

카프리 섬 동쪽 끝 벼랑 위에 세워진 별장을 남쪽 바다에서 바라본 적이 있는 사람이라면, 로도스 섬 중부의 린도스 언덕에 서 있는 신전을 머리에 떠올릴 것이다. 짙푸른 바다를 내려다보는 새하얀 대리석 건물은 그리스인의 미의식의 결정체라 해도 좋을 만큼 아름답다. 물론 지금은 로도스 섬의 신전도 카프리 섬의 황제 별장도 유적밖에는 남아

카프리 섬의 '빌라 요비스'

있지 않고, 머릿속에서 상상력으로 복원해야만 비로소 당시의 모습을 볼 수 있지만. 로도스 섬에서 7년이나 지낸 티베리우스인 만큼, 카프리 섬에서도 그 아름다운 신전과 비슷한 느낌을 주는 곳에서 살고 싶었던 게 아닐까. 로도스 섬의 신전은 신의 집이지만, 카프리 섬의 별장은 황제의 집이다. 신격화로 연결될 만한 일은 신경질적으로 거부한 티베리우스지만, 실제로 사는 곳은 문제가 다르다.

나는 린도스 언덕의 그리스 신전을 찾아갔을 때 여기서 사는 것도 나쁘지 않다고 생각했지만. 카프리 섬의 황제 별장도 찾아갈 때마다 똑같은 생각이 든다. 티베리우스라는 남자는 가출해도 틀어박히는 곳을 선택하는 안목만은 일급이었던 모양이다. 지중해에 떠 있는 섬들 중에서도 로도스 섬과 카프리 섬은 기후가 온난하고 산물이 풍부하며 주변 경관도 뛰어나게 아름답다. 게다가 시골생활의 불편함을 견딜 필요도 없었다. 수도 로마의 저택 못지않게 쾌적한 생활을 누릴 수 있도록 모든 설비를 완전히 갖추었기 때문이다.

어떤 이탈리아 사람에게 이 이야기를 했더니, 티베리우스는 신이 되고 싶었던 게 아닐까 하고 말했다. 내 대답은 단호하게 '아니다'였다. 신전은 신에게 기도하는 곳이지, 목욕이나 마사지를 하는 곳은 아니고, 포도주를 마시면서 '향연'(심포지움)을 즐기는 곳도 아니다. 아무리 대범한 다신교를 믿은 고대인이라도 이것은 확실히 구분짓고 있다. 그거야 어쨌든, 풍광이 아름다운 곳에는 어디에나 신전을 지은 그리스인과, 그런 곳에는 죽음을 피할 수 없는 인간이 현세를 즐길 수 있도록 별장을 짓는 데 열심이었던 로마인의 차이는 재미있다. 그리스 문학을 좋아했지만, 티베리우스도 전형적인 로마인이었다.

린도스의 아크로폴리스 유적을 찾아갔을 때, 나는 나귀를 타고 돌멩이가 흩어져 있는 구불구불하고 좁은 시골길을 한참 올라가서야 겨우 목적지에 도착했다. 카프리 섬의 별장까지 오르내릴 때, 티베리우스는 무엇에 의존했을까. 나귀를 타고 다니는 것은 농민의 풍속이라서, 로마의 상류층 사람들은 좋아하지 않는다. 그렇다면 건장한 노예들이 멘 가마를 타고 오르내렸을까. 티베리우스는 카프리 섬에 은둔한 뒤에도 그곳에만 틀어박혀 있었던 게 아니라, 자주 섬에서 나와 주변에 머물렀다. 로마에만 가지 않았을 뿐이다. 기후가 온난하기로 유명한 카프리 섬이지만, 한겨울에는 역시 추웠다.

이런 생각을 하고 있을 무렵에 공부한 연구서가 테오도어 몸젠이 지은 『로마 제국의 속주들』이었다. 이 책에 흥미로운 대목이 나온다. 로마인으로는 처음으로 그리스의 올림피아 제전에서 우승한 사람이 티베리우스였다는 것이다. 그것은 서기 1년이었고, 4년마다 개최된 올림피아 대회가 195회를 기록한 해였다. 올림피아 대회에서 우승한 사람은 매회 종목별로 이름이 기록되는데, 거기에 티베리우스 클라우디우스 네로의 이름도 있다는 것이다. 이것은 티베리우스의 본명으로, 아우구스투스의 양자가 되기 전에 사용한 이름이다. 그리고 서기 1년이라면 티베리우스가 로도스 섬에 은퇴해 있던 시기다. 로마 쪽 기록에는 나와 있지 않으니까, 은퇴해 있을 때 개인적으로 참가한 게 분명하다. 참가 종목은 네 필의 말이 끄는 전차경주다. 영화 『벤허』에서 호쾌하게 벌어진 경기가 바로 이 전차경주였다. 티베리우스가 41세 되던 해 여름이었다.

전차경주에서 우승할 정도였다면, 키는 평균보다 훨씬 크고, 어깨와 가슴이 두툼하고 건장하며 균형잡힌 체격이고, 눈빛이 날카로울 뿐 아니라 시력도 뛰어나고, 태어날 때부터 한번도 병치레를 하지 않은 건강의 소유자라는 평도 더한층 현실감을 띠게 된다. 로마인들은 포도주에 물을 타서 마시는 것이 보통이지만 티베리우스는 스트레이트로 상당한 양을 마셨다고 하는데, 이것도 체력이 허락했기 때문일 것이다. 그리고 로마인인 만큼, 선착장에서 해발 300미터의 절벽 위에 서 있는 별장까지 이르는 구불구불한 길도, 자갈이 흩어져 있고 비라도 내리면 지나다닐 수도 없는 시골길 그대로 방치하지 않고, 완전히 포장했을 게 분명하다. 어쩌면 티베리우스는 70대에 접어든 뒤에도 걸어서 오르내렸을지 모른다. 나 같은 사람도 운동화로 갈아 신기만 하면 충분히 오르내릴 수 있었으니까.

티베리우스는 쾌적한 집과 지적인 대화를 나눌 수 있는 환경은 확보할 수 있었지만, 한 개인이 아니라 황제라는 공인이다. 공무를 완전히 해내려면 많은 '수족'이 필요했다. 그리고 수족은 다른 사람보다 우수하고 유능하지만, 그에 비례하여 야심도 크다는 결함을 갖기 쉽다. 또한 임무가 중요할수록 그 임무를 맡은 인물의 권력도 커진다. 카프리 섬에 은둔한 뒤, 티베리우스의 수족 가운데 우두머리는 근위대장 세야누스였다.

세야누스

루키우스 아일리우스 세야누스. 그는 로마 사회의 제1계급인 '원로원 계급'이 아니라 제2계급인 '기사계급' 출신이다. 게다가 수도 로마에 오랫동안 살아온 기사계급이라면 경제를 쥐락펴락하는 사람들이니까 부유층에 속하지만, 세야누스는 본국 이탈리아에 수없이 많은 지방자치단체 출신의 기사계급이었다. 로마 사회에서는 중류층이라고 할수 있다. 하지만 카이사르와 아우구스투스가 잇달아 기사계급 출신을 널리 등용하는 정책을 편 덕택에, 세야누스의 아버지는 근위대장에까지 출세한다.

서기 14년에 아우구스투스가 죽고, 티베리우스가 황제에 즉위했다. 그 직후에 티베리우스는 세야누스를 그의 아버지와 함께 근위대장으로 발탁했다. 이어서 이듬해인 서기 15년에는 세야누스의 아버지가 이집트 장관으로 승진하여 알렉산드리아로 떠났고, 세야누스가 유일한 근위대장이 되었다. 근위대장으로는 이례적으로 젊은 34세의 나이였다. 유능한 수족이 되려면 '머리'의 속마음까지 읽어내는 능력을 가져야 한다. 세야누스는 이 방면의 재능도 충분했던 모양이다.

티베리우스가 '가출'한 뒤, 황제 일가족의 주도권은 아그리피나가 쥐게 되었다. 집안의 안주인 격인 리비아는 80대 중반의 고령이고, 티베리우스에게 아내가 없는 이상, 40대에 접어든 아그리피나가 주도권을 잡는 것도 당연하다. 그런데 아그리피나는, 제국의 창시자인 아우구스투스의 피를 직접 이어받은 것은 외손녀인 자신이고, 피를 이어받지 않은 티베리우스는 찬탈자일 뿐 아니라 피소를 시켜서 남편 게르마니쿠스를 독살한 살인 교사범이라고 믿어 의심치 않았다. 게다가 이 여인은 기다릴 줄을 몰랐다.

카프리 섬에 은둔한 뒤 티베리우스는 세야누스를 앞세워 '아그리피나파' 소탕작전을 폈다. 역사가 타키투스는 이것을 며느리에 대한 티베리우스의 증오심에서 나온 것으로 보고 있다. 그러나 현대 연구자들은 대부분 아그리피나가 아직도 '게르마니쿠스 신화'를 받드는 라인 강 연안의 게르마니아 군단과 연락을 취하여 티베리우스에 대한 쿠데타를 획책하기 시작했다는 설로 기울어져 있다. 내 상상으로는 양쪽 다였던 것 같다. 로마 제국 확립이라는 웅대한 목표 앞에서는 각자 자신의 책무를 다하는 것이 가장 중요하다고 믿었던 티베리우스에게, 사사건건 아우구스투스의 핏줄을 들먹이며 주제넘게 나서는 여인만큼 귀찮고 싫은 존재는 없었을 것이다. 티베리우스가 아우구스투스의 강요로 결혼한 아우구스투스의 외동딸 율리아, 아그리피나의 어머니이기도 한 율리아와의 결혼생활이 일찌감치 파탄을 맞은 것도 티베리우스가 이런 타입의 여자를 참지 못했기 때문이다.

9천 명으로 편성된 근위대는 로마 제국의 본국인 이탈리아와 제국의 수도인 로마의 질서를 유지하는 임무를 맡고 있다. 황제에 대한 경호는 카이사르 때부터 라인 강 서쪽 게르마니아 출신인 게르만 병사들이 맡는 것이 상례가 되어 있었기 때문에, 근위대의 임무는 아니다. 사회의 정의와 질서를 유지하는 것이 근위대의 임무니까, 오늘날로 치면 기동대가 딸린 '경찰청'에 가까웠다. 이 기관의 최고책임자가 바로 세야누스였다. 티베리우스가 카프리 섬에 은둔할 당시에도 그는 벌써 12년 동안이나 그 자리에 있었다. 기사계급 출신은 이집트 속주 장관을 출세의 정점으로 생각했고, 세야누스의 아버지도 그 꿈을 이루었으니까, 어쩌면 세야누스도 이집트 장관에 임명될 날을 기다리고 있었는지 모른다. 그러나 티베리우스의 인재 활용 방침은 실력위주와 적재적소였다. 그래서 이집트 장관에는 이집트에 거주하는 유대인을 임명하고,

세야누스는 근위대장 자리에 계속 앉혀두었다.

로마는 법체계의 창시자인 만큼, 세야누스가 사용할 수 있었던 '무기'는 9천 명의 근위대보다는 법률이었다. 그 중에서도 특히 국가반역죄와 간통죄를 다스리는 두 가지 법률이 주요 무기가 되었다.

시민 공동체인 국가의 안전과 질서를 파괴하는 자를 처벌하기 위해 제정된 국가반역죄 처벌법은 공화정 시대부터 있었다. 이 법이 적용된 사례 가운데 가장 유명한 것은 철학자 키케로가 검사 역할을 맡고 율리우스 카이사르가 변호인을 맡은 기원전 63년의 카틸리나 재판이었다(제4권 115쪽 참조). 제정 시대에 접어든 뒤 아우구스투스는 이 법을 개정한다. 개정자의 이름을 달아서 '국가반역죄 처벌에 관한 율리우스 법'이라고 부르는 이 법은 '시민 공동체인 국가' 이외에 '시민 공동체인 국가의 우두머리', 즉 '제일인자'라고 불린 황제의 안전을 위협하는 자에게도 국가반역죄를 적용하도록 규정했다. 기원전 44년의 카이사르 암살사건이 이 법률 개정의 진짜 원인이었던 것은 말할 나위도 없다. '국가반역죄 처벌에 관한 율리우스 법'이 제정된 이후, 황제 암살을 꾀하는 자는 곧 국가 파괴를 꾀하는 자가 되었다. 이 법은 역시 아우구스투스가 제정한 간통죄 처벌법과 함께 반대파에 대한 황제파의 강력한 무기가 된다. 로마가 법치국가였다는 사실을 잊어서는 안된다. 이 나라에서는 정적을 제거할 때도 '법률'을 주요 무기로 사용했다. 그리고 유죄 판결을 받으면, 국가반역죄는 사형, 간통죄는 추방형에 처해졌다.

아우구스투스는 이 두 가지 법률을 제정한 당사자였던 만큼, 그의 시대에도 이 두 가지 법률이 적용된 예는 드물지 않다. 황제의 외동딸과 외손녀까지도 간통죄로 추방당했고, 현직 집정관이었던 무레나는 국가반역죄로 사형에 처해졌다. 무레나의 경우는 아우구스투스에 대한 암살음모를 꾸민 죄였다.

고대 로마의 사법제도가 가진 특징은 검찰이나 검사라는 공직이 존재하지 않았다는 점이다. 변호사는 있었지만, 검사 역할은 피고를 고발한 당사자가 직접 맡도록 되어 있었다. 공화정 시대의 변호사로 가장 유명했던 철학자 키케로는 물론 변호도 했지만, 그가 법정의 스타가 된 것은 고발인으로서 보여준 활약 덕분이었다. 독재관 술라 시대 이후로는 고소한 사람이 승소하면 유죄 판결을 받은 피고의 재산 가운데 4분의 1을 보수로 받을 권리가 인정되어 있었다.

타키투스를 비롯한 역사가들은 이 제도야말로 보수를 노린 마구잡이 고발을 초래한 원인이라고 비난한다. 여기에는 나도 동조하지만, 어쨌든 이 제도를 전혀 이용하지 않은 것은 카이사르뿐이고, 아우구스투스도 이 제도를 폐지하지 않았다. 아우구스투스의 언행은 자신에게 곧 법이라고 공언한 티베리우스답게, 그도 이 제도를 그대로 계승했다. 티베리우스가 '손질한' 게 있다면, 확실한 증거도 없이 아무나 마구잡이로 고발하는 폐해를 막기 위해 고발자의 부정을 적발하는 것이었다. 하지만 이런 대책은 사후약방문이 되기 쉽다. 그리고 사법이 정적을 제거하는 수단으로 이용되기 쉬운 것은 유명한 스키피오 재판(제2권 377쪽 참조)에서도 증명되었다.

티베리우스가 경찰 임무에는 적임자라고 판단했던 세야누스는 역시 유능했다. 그는 티베리우스가 확증이 없는 고발을 싫어한다는 것을 알고 있었기 때문에, 확실한 증거를 잡는 데 전력을 기울였다. 이를 위해 함정 수사를 활용했다. 친밀한 태도로 상대를 안심시키고, 마음을 놓은 상대가 저도 모르게 평소의 생각을 털어놓으면, 벽 너머에 있는 하인에게 그 말을 듣게 하고, 그 하인을 증인으로 출두시키는 것이다. 그리고 원고측의 신뢰도를 높이기 위해 언제나 원로원 의원을 고발자로 내세웠다.

이리하여 아그리피나의 주변 인물들은 국가반역죄나 간통죄로 하나씩 배제되었다. 로마 상류층 사람들은 모두 다 공포에 떨었다. 이제는 하인조차도 믿을 수 없게 되었다.

세야누스는 아그리피나의 맏아들인 네로 카이사르와 둘째아들 드루수스 카이사르를 이간질하는 데에도 성공한다. 그는 티베리우스가 죽은 뒤의 황제 계승을 미끼로 사용했다. 20대 초반으로 생각도 얕고, 수도 로마에서 화려한 사교생활에 탐닉할 줄밖에 모르는 두 젊은이에게 경쟁심을 심어주는 것은 간단했다.

같은 무렵, 티베리우스는 카프리 섬에서 눈을 빛내며 제국의 안전을 유지하는 책무를 계속 수행하고 있었다.

라인 강 하류의 동쪽 연안 일대, 즉 로마의 패권이 미치지 않는 일대에 사는 게르만족의 한 부족이 로마에 반기를 들었다. 로마의 지배를 받는 것도 아닌데 반기를 든다는 건 이상하다고 생각할지 모르지만, 이들도 로마 군단용 피혁을 거래하면서 로마와 관계를 맺고 있었다. 이것은 게르만족에 대한 티베리우스의 대책 가운데 하나였다. 문제의 발단도 상업적인 이유였지만, 게르만족은 티베리우스가 라인 강 동쪽 연안에 띠 모양으로 무인지대를 설치해놓고 거기에 살지 못하게 하는 데 불만을 품고 있었다. 저지 게르마니아 군단이 반란을 진압하기 위해 출동했지만, 게르만족과 격전을 치른 끝에 900명의 병사를 잃고 겨우 승리를 거두었다.

그러나 티베리우스는 이 900명의 전사자에 대한 복수를 목표로 내걸고 동쪽으로 진격하는 것을 금했다. 라인 강 방위선을 견지한다는 전략을 바꿀 마음은 추호도 없었기 때문이다.

라인 강을 지키는 군단병들 중에는 티베리우스가 게르마니쿠스의 임

지를 오리엔트로 바꾸지 않고 라인 강 연안 주둔 8개 군단의 총사령관
직에 그대로 두었다면 게르마니아 땅을 완전히 재패했을 거라고 믿는
사람이 많았다. 이런 생각을 가진 장병들에게 아그리피나와 그 맏아들
네로 카이사르가 유혹의 손길을 뻗쳤을 것이라고 주장하는 연구자가
적지 않다. 하지만 이것은 추론에 바탕을 둔 가설일 뿐, 그것을 실증
하는 사료는 존재하지 않는다. 궁지에 몰린 아그리피나가 분노와 증오
에 불타고 있었을 것은 쉽게 상상할 수 있다. 그리고 900명의 영혼을
달래기 위한 복수전도 치르지 않은 티베리우스의 방식은 100년 뒤에
타키투스한테도 비난을 받았으니까, 당사자였던 병사들이 거기에 불만
을 품었다 해도 이상할 것은 없다. 원래 방어는 공격보다 인기가 없는
법이다.

이 사건이 일어난 지 1년도 채 지나지 않은 서기 29년, 리비아가 세
상을 떠났다. 향년 85세였다. 티베리우스가 카프리 섬에 은둔한 지 2
년이 지나고 있었다.

이번에는 티베리우스도 수도로 돌아올 거라고 사람들은 확신했다.
상류층만이 아니라 서민층에 이르기까지 모두 그렇게 믿었다. 리비
아는 티베리우스의 친어머니일 뿐 아니라, 선황 아우구스투스의 아
내이기도 했다. 그런 여인이 죽었으니, 아들이자 황제인 티베리우스
가 로마로 돌아와 상주를 맡는 것은 사적으로나 공적으로도 당연한
의무였다.

그러나 티베리우스는 카프리 섬에서 편지 한 통을 원로원에 보내왔
을 뿐이다. 이 편지에서 티베리우스는 고인의 장례식을 검소하게 치르
라고 요구하고, 사후에 추증되는 수많은 명예도 되도록 줄이고, 하물
며 신격화는 어머니도 바라지 않았으니까 절대로 하지 말라고 명령했
다. 장례식에서 친족이 하도록 되어 있는 추도사는 17세인 가이우스에

게 맡기라는 말도 적혀 있었다. '칼리굴라'라는 애칭으로 알려진 가이우스는 아그리피나의 셋째아들이고, 젊은 나이에 죽은 드루수스의 손자니까 리비아에게는 증손자였다.

그리고 이 서한의 마지막에서 그는 잠시도 손을 뗄 수 없는 국사가 많아서 어머니의 장례식에 참석할 수 없다고 말했다.

물론 카이사르와 아우구스투스도 어머니의 장례식에 참석하기는커녕 임종도 하지 않았다. 하지만 카이사르는 그때 갈리아에서 전쟁을 치르는 중이었고, 옥타비아누스라고 불렸던 시절의 아우구스투스는 그때 한창 내전을 치르는 중이었다. 모든 국사가 티베리우스의 두 어깨에 걸려 있었던 것은 사실이지만, 카프리 섬에서 편안한 나날을 보내고 있던 티베리우스는 그 두 사람과는 처지가 다르다. 카프리 섬에서 로마까지는 서두르면 하루만에 도착할 수 있는 거리였다.

생각해보면, 장례식은 죽은 사람보다 산 사람을 위한 의식이다. 따라서 가장 깊은 슬픔에 잠기는 사람에게는 장례식에 참석하는 것이 고통스럽기도 하다. 인사치레로 건네는 위로의 말에 대답하는 것만도 참기 어렵다. 제발 가만 내버려두어라, 혼자 있고 싶다고 소리를 지르고 싶어질 때도 있다. 장례식이 끝나면 안도의 한숨을 내쉴 정도다. 티베리우스도 카프리 섬에서 눈앞에 펼쳐진 짙푸른 바다라도 바라보면서 혼자 어머니의 죽음을 슬퍼했는지도 모른다. 국사에 바쁘다는 핑계는 누가 생각해도 억지에 불과했다.

그러나 세간의 반응은 으레 그렇지만 이런 개인 감정을 헤아려주지 않았다. 티베리우스는 친어머니한테도 무정한 사람이라는 것이 원로원 의원에서부터 서민에 이르기까지 모든 시민의 일치된 평가였다. 어머니에게 극진한 효성을 보이면 어지간한 결점은 눈감아주는 것이 동서고금을 막론하고 모든 인간의 공통된 심정이다. 그리고 남에게 이해받지 못한 티베리우스도 남을 이해하려 하지 않은 것은 마찬가지였다.

제국의 안정을 유지하기 위해서는 아그리피나 일파를 제거할 필요가 있었다는 일부 연구자의 주장에는 나도 동의하지만, 나 같으면 그것을 결행하는 시기를 뒤로 미루었을 것이다. 티베리우스라는 사내는 군사적 재능은 뛰어났지만, 정략적 재능은 카이사르나 아우구스투스보다 훨씬 뒤떨어졌다고 말할 수밖에 없다.

아그리피나 일파 소탕

티베리우스가 카프리 섬에서 원로원에 보낸 서한이 회의장에서 낭독된 것은 리비아의 장례식이 끝난 직후였다. 그 편지에는 아그리피나와 그 맏아들 네로 카이사르의 쿠데타 음모에 대해서는 한마디도 언급되어 있지 않았다. 단지 아그리피나가 자기한테 집요한 적개심을 보인다고 말하고, 23세인 네로 카이사르의 방탕한 생활과 소년을 상대로 한 남색 취미를 개탄했을 뿐이다. 여기에 대한 심의를 원로원에 요구한 것도 아니다. 그저 불만을 토로한 편지에 불과했다.

그러나 황제의 서한이 낭독되는 동안 원로원 의원들은 숨을 죽이고 귀를 기울였다. 이 서한의 진짜 의미를 이해했기 때문이다. 황제 자리를 둘러싼 황실 내부의 권력투쟁이 마침내 표면화한 것이다. 이 편지는 게르마니쿠스 일가를 말살하겠다는 티베리우스의 의사표시였다.

낭독이 끝난 뒤에도 한동안은 아무도 발언하지 않았다. 마침내 몇몇 의원이 이 서한을 의제에 올리자고 제안했다. 그러나 다수의 동의는 얻지 못했다. 동의하지 않은 사람 가운데 하나는 티베리우스가 게르마니쿠스의 아내와 아들을 엄격히 비난하고 있는 것은 분명하지만 원로원에 무엇을 요구하고 있는지는 분명치 않다고 말했다. 그리고 티베리우스파의 일원인 의원까지도 황제의 기분이 바뀔지 모르니까 의사 일정에 이 의제를 추가하는 것은 뒤로 미루자고 제안했다. 원로원의 대세는 이쪽으로 기울어, 결국 심의를 미루기로 결정했다.

　이 소식을 전해들은 군중이 원로원 회의장으로 몰려들었다. 그들은 회의장을 에워싸고, 게르마니쿠스 일가에 대한 티베리우스의 비난은 황제의 참뜻이 아니라고 입을 모아 외쳐댔다. 카프리 섬에 있는 황제가 그렇게 믿은 것은 근위대장 세야누스의 꼬드김 때문이라고 주장했다. 민중의 분노는 이때는 티베리우스보다 세야누스를 향해 폭발했다. 시위에 참가한 사람들 중에는 아그리피나와 네로 카이사르의 동상을 짊어지고, 이 두 사람에게 손을 대면 용납하지 않겠다고 외치면서 회의장 앞에서 움직이지 않는 사람도 많았다.

　이런 상황을 보고받은 티베리우스는 다시 원로원에 서한을 보내왔다. 거기에는 우선 원로원에 압력을 가하는 폭도의 행동은 절대로 용납하지 않겠고, 황제 칙령으로 시위를 금지한다는 말이 적혀 있었다. 이어서 아그리피나 모자에 대한 비난을 되풀이하고, 여기에 대해 적절한 조치를 내릴 책무를 회피하려 드는 원로원은 황제의 권위를 손상시켰다고 엄격하게 비난했다.

　한 걸음도 물러서지 않는 티베리우스의 태도 앞에서 민중의 시위는 사라졌고, 원로원도 심의를 시작할 수밖에 없었다. 국가의 중대 사건을 재판하는 것은 원로원의 임무였기 때문에, 원로원이 재판정으로 바뀐 것이다. 배심원이 된 원로원 의원들 앞에는 티베리우스의 유능하고 충실한 수족인 세야누스가 수집한 수많은 증거가 제출되었을 것이다.

　제출되었을 거라고 쓸 수밖에 없는 까닭은, 티베리우스 황제를 가장 상세히 다룬 타키투스의 『연대기』 가운데 서기 29년 중반부터 31년 말까지의 부분이 중세를 거치는 동안 소실되어버렸기 때문이다. 그리고 타키투스 이외의 역사가들은 이 재판의 경과까지는 서술하지 않았다. 그러나 어쨌든 원로원 의원들 중에서 뽑힌 검사와 변호사가 고발 이유를 설명하고 거기에 반대 변론을 펼치면서 당당하게 공방을 벌였으리라는 것은 충분히 상상할 수 있다. 우선 티베리우스 황제가 그것을 강력히 원했고, 국가반역죄를 재판한 다른 사례들을 조사해보아도 검사와 변호사는 법률을 바탕으로 활발한 공방전을 벌였기 때문이다. 피소 재판에도 그토록 많은 시간을 들였으니까, 아그리피나 모자의 재판에도 그에 상응하는 배려가 이루어졌을 것은 분명하다. 그래도 이 두 가지 사건은 분명히 달랐다. 후자의 경우, 시위를 엄금한 황제 칙령이 나온 뒤로는 외부의 압력이 전혀 없었고, 티베리우스가 원고측인 것은 처음부터 분명했기 때문이다.

서기 29년 말에 아그리피나 모자는 유죄가 확정되었다. 아그리피나는 판다타리아 섬(오늘날의 벤토테네)에, 아들 네로 카이사르는 폰티아이 섬(오늘날의 폰차)에 각각 유배형을 받았다. 국가의 안정을 어지럽힌 죄를 지었다는 이유로 둘 다 '국가의 적'으로 단죄된 것이다. 사형에 처하지 않은 것은 반국가 행위의 음모를 꾸몄을 뿐, 게르마니아 군단과 호응하여 봉기를 일으키는 따위의 구체적인 행동을 한 것까지는 입증하지 못했기 때문일 것이다.

고대 로마의 재판에서는 이 두 가지의 차이에 대해 늘 격론이 벌어지곤 했다. 역사상 유명한 카틸리나 음모사건을 다룬 재판에서도 당시 37세였던 율리우스 카이사르는 구체적인 행동을 하지 않았는데도 국가반역죄를 전면적으로 적용하여 사형에 처하는 것은 부당하다고 강력하게 반대했다. 사형을 주장하고, 집정관 권한으로 사형을 집행한 키케로는 그후 오랫동안 이 조치에 대한 비판에 시달려야 했다. 아그리피나 모자가 구체적인 행동을 하지는 않았다 해도 음모는 꾸미고 있었던 게 사실이라면, 유배형은 타당한 판결이 아니었을까. 카틸리나 재판에서 카이사르가 주장했듯이, 위험분자들은 서로 떼어놓고 사회에서 격

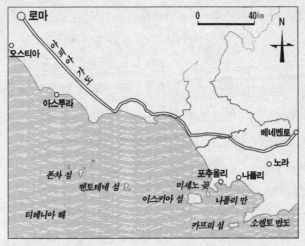

네 개의 섬

리하면 싹이 자라기 전에 잘라버릴 수 있기 때문이다.

그러나 세간은 이 판결에 불만스러운 반응을 보였다. 시위는 일어나지 않았다. 그러나 법정 논쟁에 무관심한 일반 시민들은 이 재판을 육친에 대한 티베리우스의 증오가 낳은 결과로밖에 받아들이지 않았다. 한 집안의 가장이 며느리와 손자를 탄핵하는 것은, 가족이야말로 사회의 가장 건전한 구성요소라고 믿고 있는 로마인들에게는 눈살을 찌푸리지 않을 수 없는 광경이었기 때문이다.

티베리우스 자신은 이 판결에 만족했던 모양이다. 모자의 유배지로 결정된 두 섬에 카프리 섬의 별장만큼 크지는 않지만 상당한 규모의 저수설비를 만들게 했기 때문이다. 아그리피나가 유배된 벤토테네 섬은 전에 아우구스투스가 자신의 외동딸이자 아그리피나의 생모인 율리아를 유배한 섬이었다. 따라서 저수설비는 그 당시부터 있었지만, 티베리우스는 그것을 더욱 대규모로 정비했다. 오늘날에는 바다 속에 잠긴 유적으로 남아 있을 뿐이지만, 로마인만이 그런 완벽한 저수설비를 고안하고 만들어낼 수 있었을 것이다.

카프리 섬에 은둔하고 있는 티베리우스에게는 자기도 섬생활을 하고 있으니까 아그리피나 모자도 섬생활을 충분히 견딜 수 있을 거라는 생각도 있었던 게 아닐까. 벤토테네 섬도 폰차 섬도 절해고도는 아니다. 카프리, 이스키아, 벤토테네. 폰차는 30킬로미터 안팎의 거리를 두고 동쪽에서 서북쪽을 향해 한 줄로 늘어서 있는 섬들이다. 그러나 물 걱정이 없더라도, 섬생활의 쾌적도라는 점에서 보면 이들 네 개의 섬은 같은 조건이 아니었다.

오늘날에는 벤토테네와 폰차도 카프리나 이스키아 같은 관광지가 되기 위해 애쓰고 있지만, 여전히 자연애호가나 유스호스텔 애용자 수준에 머물러 있다. 북풍을 정면으로 받는 위치에 있다는 것, 경치가 단조롭다는 것이 그 이유다. 경치는 시야를 가로막는 것이 있어야만 비로소 절경이라고 부를 만한 경치로 바뀔 수 있는 법이다. 망망대해에 둘러싸여 있는 것만으로는 그저 자연을 접하는 것에 불과하다. 이스키아 섬이 관광지로 인기를 끄는 것은 온천 덕택이고, 경치의 아름다움은 역시 카프리 섬만 못하다. 나폴리 만은 왼쪽의 미세노 곶, 오른쪽의 소렌토 반도에 안겨 있기 때문에, 카프리 섬에서는 북풍도 부드럽게 바뀌고 아무리 보아도 싫증이 나지 않을 만큼 경관이 아름답다. 덕분에 카프리 섬은 2천 년 동안 지중해에서도 손꼽히는 휴양지가 되어 왔다. 나는 벤토테네 섬을 찾아갔을 때 여기서 집필에 전념하는 것도 나쁘지 않겠다고 생각했지만, 그 섬과 카프리 섬 가운데 어디에서 살고 싶냐고 묻는다면 주저없이 카프리를 택할 것이다. 자발적인 은둔과 강제적인 유배는 역시 차이가 있었다.

유배형을 선고받은 아그리피나와 네로 카이사르가 각자 유배지로 떠난 이듬해인 서기 30년. 세야누스는 아그리피나의 둘째아들 드루수스 카이사르에게 불리한 증거를 모으기 시작했다. 사이가 나빴던 형의 몰락에 기분이 좋아졌는지, 아니면 22세밖에 안된 젊은이의 부주의 때문인지, 드루수스 카이사르는 아내한테 경솔하게 속마음을 털어놓았다. 세야누스가 탐색에 이용한 것은 바로 드루수스의 아내였다고 한다. 세야누스가 수집한 증거를 토대로 드루수스 카이사르를 국가반역죄로 고발한 것은 그해의 담당 집정관 가운데 한 사람이었다. 원로원에서 내려진 판결은 유죄. 드루수스 카이사르 역시 '국가의 적'이 된 것이다. 이번에도 사형은 아니었다. 하지만 어느 섬에 격리된 것도 아니었다. 그는 팔라티노 언덕의 황궁 안에 있다는 지하실에 유폐되었다.

아그리피나 일파에 대한 소탕작전은 그후에도 계속되었다. 그래도 사형에 처해진 사람은 하나도 없었다. 티베리우스에 대한 반대 입장을 항상 분명히 해온 아시니우스 갈루스도 유죄 판결을 받은 뒤 집정관 저택에 유폐되었다. 하지만 같은해 폰차 섬에 유배된 네로 카이사르가 죽었다. 경비병에게 반항하다가 살해되었다는 설도 있고, 절망하여 자살했다는 설도 있다.

아그리피나 일파에 대한 소탕작전을 진두지휘한 세야누스의 권세는 이제 절정에 이른 것 같았다. 이듬해인 서기 31년을 담당할 집정관에 다름아닌 티베리우스와 함께 취임하게 되었기 때문이다. 황제가 된 티베리우스가 직접 집정관을 맡을 때의 동료 집정관은 특별한 의미를 갖고 있었다. 티베리우스는 자기 후계자로 결정한 사람의 권위를 높여줄 필요가 있을 때에만 집정관에 취임했기 때문이다. 서기 17년에는 양자 게르마니쿠스와 함께, 그리고 서기 21년에는 게르마니쿠스가 죽은 뒤 후계자 지위에 오른 친아들 드루수스와 함께 집정관에 취임했다. 그런데 다시 9년 만에 세야누스와 함께 집정관에 취임한 것이다. 야심가인 세야누스가 기고만장해진 것도 무리는 아니었다.

세야누스의 몰락

언제나 그렇듯이, 역사가 타키투스는 행위 자체는 좋았지만 그 방식이 음험했다고 비난한다. 티베리우스가 세야누스를 숙청한 것은 좋지만, 그 방식이 음험하다는 것이다.

하지만 음험한 방법 외에 또 어떤 방법이 있었을까. 상대는 한창 활동할 나이인 50세다. 게다가 15년 동안이나 근위대장을 지낸 인물이다. 근위대를 포함한 로마군 최고사령관은 티베리우스지만, 병사들은 다른 누구보다도 직속 상관의 명령에 따르는 법이다. 세야누스는 9천 명의 정예병력을 15년 동안이나 지휘한 반면, 그의 상관인 황제에게는 신변 경호를 맡고 있는 소수의 게르만 병사밖에 없다. 티베리우스의 움직임을 세야누스가 눈치채기라도 하면, 성채도 없는 카프리 섬에서는 대항 수단이 없었다. 신중하고 주도면밀하게 일을 추진할 필요가 있었다. 세야누스를 파멸시키기 위한 작전은 티베리우스가 세야누스와 함께 집정관에 출마했을 때부터 시작되었을 것이다.

하지만 왜 티베리우스는 자기가 발탁하여 중용한 세야누스를 이제 와서 몰락시킬 마음이 들었을까.

일부 연구자들은 이런 가설을 세우고 있다. 아그리피나 일파의 몰락은 세야누스가 독단으로 한 일이고, 카프리 섬에 은둔해 있던 티베리우스는 관여하지 않은 것처럼 보이고 싶었기 때문이라고.

하지만 이 가설에는 동의할 수 없다. 아그리피나 모자에 대한 재판은 티베리우스의 비난에서 시작되었다. 티베리우스는 누가 어떻게 생각하든 아랑곳하지 않고 모자를 노골적으로 비난했다. 그런 티베리우스에게 세야누스는 증거 수집에 필요한 '수족'일 뿐이었다. 일이 다 끝난 뒤에 모른 체할 작정이었다면, 아그리피나 모자에 대한 비난을 그렇게 당당히 되풀이하는 바보 같은 짓은 하지 않을 것이다.

또 일부 연구자들은 이렇게 해석하기도 한다. 티베리우스의 움직임에 불안을 느낀 세야누스가 근위대 병사만이 아니라 소방대원한테까지 뒷돈을 주어 자기편으로 끌어들이려 했기 때문이라고.

이런 일은 실제로 있었던 모양이지만, 몰락하기 직전에 취한 마지막 몸부림에 불과하다. 음험하다는 평판을 들은 것으로도 알 수 있듯이, 티베리우스는 본디 신중한 성격의 소유자였다. 자신에 버금가는 권력자였던 세야누스를 매장하는 중차대한 일을 하루아침에 결정할 사람은 아니었다. 다만 당황한 상대가 스스로 무덤을 파는 짓을 저지르면, 그것을 당장 활용하기는 했을 것이다.

로마사 전문가들은 대부분 다음 가설을 주장한다. 세야누스의 야망을 우려한 티베리우스가 그를 잘라내기로 결정했다고.

아마 그럴 것이다. 하지만 이것은 표면상의 이유였고, 티베리우스의 본심은 다른 데 있었던 게 아닐까 하는 생각이 든다. 세야누스의 야망이 티베리우스의 귀족적인 정신에 거슬렸기 때문이 아닐까.

율리우스 카이사르는 상대에 따라 말투를 바꾸는 사람이었다. 원로원 의원에게는 그들에게 적합한 말투를 썼고, 병사들에게는 병사에 어울리는 말투를 썼다. 여자에게도 그에 상응하는 말투로 대했을 게 분명하다. 하지만 『율리우스 카이사르 씨의 사업』이라는 재치있는 소설을 쓴 베르톨트 브레히트는 이렇게 말하고 있다. 어떤 경우에도 카이사르는 카이사르 이외의 아무것도 아니었다고. 역사가의 비평이 아니라, 오직 작가만이 생각해낼 수 있는 비평이다. 그리고 자신 이외의 아무것도 아니라는 것만큼 진정한 귀족적 정신을 보여주는 것은 없다. 이런 귀족적 정신은 티베리우스도 갖고 있었다. 다만 티베리우스는 상대에 따라 말투를 바꾸는 재주는 갖고 있지 못했지만, 연기가 서투른 사람이었으니까 그건 어쩔 수 없다. 하지만 자신의 절대적 우위를 확신하기 때문에 가질 수 있는 귀족적 정신은 지나칠 만큼 충분히 갖고 있었다. 출신 가문으로 보나, 성장기의 환경으로 보나, 타고난 성격으로 보아도, 그가 귀족적 정신을 갖는 것은 당연했다.

귀족적 정신을 갖는 것과 남의 능력을 중시하고 활용하는 것은 결코 모순되지 않는다. 상대에 따라 말투를 바꾸는 것과 마찬가지다. 인재를 등용하는 것은 수족으로 부리기 위해서일 뿐, 그 사람을 친근하게 생각했기 때문은 아니다. 바꿔 말하면 자신의 생각을 실현하기 위해 인재를 발탁하여 등용했을 뿐이고, 그것이 상대에게 도움이 되었다 해도 그것은 결과론에 불과하다.

이런 식으로 생각하는 사람은 '수족'으로 부리기 위해 발탁한 인물이 '머리'가 되려고 하면 절대로 용납하지 않는다. 자기가 아래로 내려가서 상대와 대등하게 행동하긴 할망정, 상대가 자기 있는 곳까지 올라오는 것은 절대로 용납하지 않는다.

티베리우스가 세야누스를 15년 동안이나 측근에 둔 것은 그가 유능하고 충실한 수족이었기 때문이고, 그를 후계자로 삼을 생각은 단 한 순간도 해본 적이 없을 게 분명하다. 세야누스도 그런 티베리우스의 가슴 속까지는 헤아리지 못했을 것이다.

세야누스의 야심이 '수족'의 분수를 넘어서기 시작한 것을 보여주는 최초의 조짐은 5년 전에 이미 나타났다. 그때 세야누스는 티베리우스에게 2년 전에 과부가 된 리비아와 결혼하고 싶다고 말한 적이 있다. 리비아는 티베리우스의 친아들인 드루수스의 아내였고 게르마니쿠스의 누이동생이니까, 티베리우스의 며느리이자 조카딸로서 이중으로 황실에 속하는 여자였다. 그런 리비아의 남편이 되는 것을 허락한다면, 그것은 세야누스를 황실 식구로 맞아들이는 것을 의미했다.

티베리우스는 허락하지 않았다. 그렇다고 딱 잘라 거절하지도 않았다. 세야누스에게 희망을 갖게 한 채 내버려두었다. 아마 티베리우스는 서기 25년인 이때부터 이미 카프리 섬에 은둔할 생각을 하고 있었을 것이다. 그것은 카프리 섬 별장에 있는 거대한 저수조만 보아도 짐작할 수 있다. 바위를 파내어 만든 이 저수조를 단기간에 완성할 수는 없을 것이기 때문이다. 1~2년 뒤에 카프리 섬에 은둔하여 거기서 제국을 통치할 작정이었다면, 수도의 치안만이라도 누군가에게 위임해야 한다. 또한 그 무렵부터 노골적으로 티베리우스에게 반대하기 시작한 아그리피나에 대해서도 누군가를 시켜서 대책을 강구할 필요가 있었다. 세야누스는 여기에 가장 안성맞춤의 인재였다.

티베리우스는 서기 27년에 카프리 섬에 은둔했고, 29년과 30년에 아그리피나 일파에 대한 소탕작전도 성공적으로 끝났다. 그와 동시에 세야누스의 이용가치도 크게 줄어들었다. 이용가치가 줄어들면, 야망은 방해가 될 뿐이다.

그런데 세야누스는 오산했다. 티베리우스의 뜻을 헤아려 아그리피나 일파를 소탕하는 데 성공했기 때문에, 자신의 이용가치가 더욱 높아졌다고 믿어버린 것이다. 티베리우스가 직접 집정관에 취임하면서까지 그가 난생 처음 집정관에 취임할 수 있도록 애써준 것도 이제는 그가 티베리우스에게 누구와도 바꿀 수 없는 존재가 된 증거라고 믿어버렸다.

게다가 티베리우스는 세야누스에게 드디어 리비아와의 결혼을 허락할 마음이 든 것처럼 냄새를 피우기도 했다. 황실 식구가 될 수 있다는 생각에 세야누스는 그만 50대 남자의 분별력을 잃어버렸다.

서기 31년 1월 1일부터 시작된 집정관 직무에 세야누스가 의욕적으로 매달린 것도 당연하다. 동료 집정관인 티베리우스 황제는 여전히 카프리 섬에 틀어박혀 있기 때문에, 수도 로마에서는 그가 유일한 최고위 공직자다. 게다가 9천 명의 정예를 지휘하는 근위대장도 겸하고 있었다. 공화정 시대부터의 명문 출신인 원로원 의원들조차 이제는 속수무책이라는 심정으로 이 '신참자'(호모 노부스)의 정력적인 활동을 방관할 수밖에 없었다. 그러나 세야누스는 수족이라면 결코 넘어서는 안될 선을 넘어버렸다.

집정관 세야누스는 '가까운 에스파냐'(히스파니아 타라코넨시스) 속주의 총독인 루키우스 아렌티우스를 직접 고발했다. 고발 이유는 속주 총독의 직권을 남용하여 부정행위를 저질렀다는 것이다. 속주 근무자의 부정을 특히 엄하게 다스린 티베리우스를 의식한 고발이기도 했다. 그런데 여기에 티베리우스 자신이 반격을 가해왔다.

여느 때처럼 카프리 섬에서 원로원으로 보낸 서한에서 티베리우스는 그 이유를 이렇게 말했다. 속주민이 로마에 있는 누군가에게 부탁하여 총독을 고발할 권리는 존중하지만, 총독의 임기가 끝나기도 전에 고발하는 것은 속주 통치에 지장을 초래할 수 있다. 따라서 이런 고발은 총독이 로마로 귀임한 뒤에 이루어져야 한다. 그리고 임기중에 총독을 고발할 수 없다는 것을 제국 경영의 정책으로 삼아야겠다고 생각했는지, 그것을 법제화해달라는 요청까지 덧붙였다.

세야누스에게 반감을 품고 있던 의원은 많았고, 티베리우스가 든 이유도 당연하게 여겨졌다. 그래서 임기중에 속주 총독을 고발할 수 없다는 법률이 압도적인 찬성으로 성립되었다. 이것이 세야누스를 처음으로 불안에 빠뜨렸다.

그래도 그는 아직 현직 집정관이었다. 제정으로 접어든 이후로는 황제가 제국 전역의 최고책임자였기 때문에, 집정관은 수도 로마와 본국 이탈리아의 최고책임자였고, 따라서 속주의 최고책임자인 총독과는 동등한 지위에 있었다고 생각해도 좋다. 원로원이 관할하는 '원로원 속

시종 '테러블' 했던 티베리우스

주' 총독에는 집정관을 지낸 사람이 부임하는 게 관례이기도 했다. 이런 까닭에 세야누스는 임기중의 총독을 고발하는 것을 금지한 새로운 법률의 적용 범위에 들어가게 된다. 다시 말해서 세야누스도 집정관 임기중에는 이런 종류의 '반격'을 두려워할 필요가 없다는 뜻이었다. 그러나 72세가 되었어도 티베리우스는, 영국의 어느 연구자의 말을 빌리면 '테러블'(무서운), 로마인의 언어인 라틴어로는 '테리빌리스'한 존재였다. 1월 1일부터 1년 동안 계속되는 집정관 임기가 절반쯤 지났을 때 스스로 집정관을 사임한 것이다.

두 명의 집정관은 거취를 같이하는 것이 관례다.

티베리우스가 사임하면 세야누스도 따를 수밖에 없었다. 서기 31년 후반은 사임한 두 사람을 대신하여 '예정 집정관'(콘술 수펙투스)에 선출되어 있던 다른 두 사람이 집정관을 맡았다.

이로써 세야누스의 불안은 결정적이 되었다. 이 무렵부터 세야누스는 속주에 근무하는 자기편 사람들에게 편지를 보내거나 근위병은 물론 소방대원한테까지 돈을 나누어주기 시작한 모양이다. 발버둥질과도 비슷한 이런 움직임은 카프리 섬에 있는 티베리우스에게 빠짐없이 보고되었다. 그래도 세야누스는 아직 근위대장의 지위를 갖고 있었다. 그것은 여차할 때 그의 명령이 떨어지면 카프리 섬을 포위하는 것까지도 불사할지 모르는 9천 명의 군사력을 갖고 있다는 뜻이었다.

한편 티베리우스는 이미 로마에 있던 칼리굴라를 카프리 섬으로 불러들였고, 그의 형인 드루수스 카이사르도 필요하면 유폐되어 있는 황궁 지하실에서 석방하라는 밀명을 내려놓고 있었다. 티베리우스는 냉정한 사람이니까, 아그리피나의 두 아들의 신변 안전을 걱정해서 그런 것은 아니다. 민중의 인기가 아직 시들지 않은 게르마니쿠스의 아들을 내세워 세야누스가 쿠데타를 일으키는 것을 미리 저지하는 것이 목적이었다. 그리고 세야누스를 은밀히 근위대장에서 해임하고, 마크로를 새로운 근위대장에 임명하여 로마로 보냈다.

10월 17일 밤, 수도로 잠입한 마크로는 우선 로마 북동부에 있는 근위대 병영으로 갔다. 거기서 대대장 9명을 모두 소집하여 티베리우스의 임명장을 보여주고, 지금부터는 자기가 근위대 책임자라고 선언했다. 이어서 마크로는 집정관 레굴루스를 찾아가 봉인된 티베리우스의 서한을 전해주고, 이것을 내일 아침 원로원 회의석상에서 낭독하라고 말했다. 그리고 그 길로 세야누스를 찾아갔다. 세야누스에게는 우선 자기가 근위대장에 임명된 것을 알린 다음, 세야누스의 반응을 가로막듯 얼른 말을 이었다. 내일 아침 원로원 회의석상에서 집정관이 낭독할 서한에는 세야누스에게 호민관 특권을 주라는 티베리우스의 요청이 적혀 있다고. 이 말을 듣고 너무나 기쁜 나머지, 세야누스는 근위대장에서 해임된 의미를 잊어버렸다.

이튿날인 10월 18일은 평소와 다름없이 시작되었다. 원로원 의원들은 분명한 사유도 없이 회의에 결석하면 벌금을 내야 하기 때문에, 오늘도 여느 때처럼 티베리우스의 서한이 낭독되는 것을 듣고 그것을 표결에 부쳐 승인하는 게 고작이겠거니 생각하면서 어쩔 수 없이 회의장으로 가고 있었다. 회의장의 의석은 정해져 있지 않다. 먼저 들어간 사람부터 차례로 자리를 메운다. 다만 연장자나 유력자는 나중에 회의장에 들어가도, 동료 의원들이 그들을 위해 남겨둔 맨 앞자리에 앉을 수 있었다. 그날 세야누스도 당연하다는 듯이 맨 앞자리를 차지했을 것이다.

두 집정관이 입장하자 원로원 회의가 시작되었다. 집정관 가운데 한 사람인 레굴루스가 어젯밤부터 맡아둔 티베리우스의 서한을 뜯어 낭독했다.

타키투스의 『연대기』는 중세를 거쳐 오늘날까지 남아 있지만, 유감스럽게도 이 무렵을 서술한 부분이 사라져버렸다. 따라서 후세의 우리에게는 이날 낭독된 티베리우스의 서한 자체를 알 수 있는 수단이 남아 있지 않다. 타키투스가 티베리우스를 싫어한 것은 유명하지만, 타키투스도 역사가이자 뛰어난 문장가로서 프로다운 자부심을 갖고 있다. 좋고 싫은 감정을 자신의 말로 표현하는 것은 아마추어나 할 일이지 프로가 할 일은 아니다. 진정한 역사가라면 역사적 사실을 서술한 다음, 논평으로 자신의 해석을 독자에게 전한다. 또한 프로 문장가라면 논평조차도 피하는 경우가 많다. 역사적 사실을 늘어놓는 것만으로 독자들에게 '정말 대단한 사람이구나' 라든가 '정말 못된 놈이로구나' 하는 느낌을 준다. 타키투스가 제정 시대 로마의 최고 역사가로 평가되는 것은 이 두 가지 방법의 달인이었기 때문이다.

나는 역사적 사실에 대한 이해나 해석에서는 타키투스와 반대 입장을 취하는 경우가 많지만, 사료를 충실히 전달하고 있다는 점에서는 다른 어느 역사가보다도 타키투스를 신뢰하고 있다. 내가 그를 신용하는 것은 그의 프로 정신을 신용하기 때문이다. 율리우스 카이사르처럼 스스로 써서 남긴 글이 있거나 금석문 등이 남아 있을 경우, 타키투스가 그 사료를 어떤 식으로 요약했는가를 다른 역사가들과 비교해보면 그 차이는 뚜렷하다. 타키투스의 경우에는 진정한 의미의 '요약'이지만, 다른 역사가들——특히 카시우스 디오——은 자신의 문장으로 고쳐 써버렸다. 그 때문에 카시우스 디오가 쓴 로마의 역사적 인물들은 하나같이 같은 말투를 쓰고, 따라서 성격 차이도 뚜렷이 드러나지 않게 되어버렸다. 율리우스 카이사르의 말조차도 명석함과 간결함을 잃고, 50대 여자의 장황한 수다처럼 종잡을 수 없이 길게 늘어진다.

타키투스는 그렇지 않다. 다만 그의 저술을 읽을 때는 그가 앞에서 말한 두 가지 방법의 달인이었다는 사실을 염두에 둘 필요가 있다. 그렇지 않으면 그의 서술에 휩쓸려가는 것으로 끝나는 게 고작이다. 볼테르를 시작으로 근대와 현대에 티베리우스를 복권시키려는 움직임이 일어난 것도 타키투스보다 더 신뢰할 만한 역사 서술이 새로 발견되었기 때문이 아니라, 타키투스의 저술 자체를 철저히 읽었기 때문이라고 나는 확신한다.

그러나 타키투스의 저술에 그 부분이 존재하지 않는 이상, 불만스럽더라도 현재 남아 있는 사료로 참을 수밖에 다른 도리가 없다. 서기 31년 10월 18일 원로원 회의장에서 낭독된 티베리우스의 서한에 대해서도 다른 역사가들의 논평을 전할 수밖에 없다. 거기에 따르면 그날 티베리우스가 원로원에 보낸 장문의 편지는 세야누스를 파멸시키려는 목적을 향해 '완벽하게 구성된 걸작'이었다고 한다.

서한은 우선 별로 중요하지 않은 사소한 국정에 대한 언급으로 시작되었다. 이어서 제국의 안전을 유지해야 할 필요성을 강조한다. 그리고 그것이 이제 위기를 맞고 있다는 한마디가 삽입되면서부터 말투가 바뀌기 시작한다. 자기가 로마로 돌아갈 때는 종래의 호위병만으로는 불안하니까 집정관 가운데 한 사람이 경호해달라는 요구가 나온다. 집정관은 근위대 지휘권도 갖고 있었기 때문이지만, 황제가 근위병의 경호까지 받아야 할 만큼 정치적 정세가 위험하다는 의미다. 늘상 있는 일이기 때문에 별다른 주의도 기울이지 않고 시큰둥하게 듣고 있던 원로원 의원들도 이쯤에서부터 귀를 곤두세우게 되었다. 의원들의 태도가 완전히 달라진 것은 티베리우스가 세야누스 파인 두 의원을 엄격하게 비난했을 때였다. 곧이어 열심히 귀를 기울이고 있는 의원들 머리 위로, 세야누스 본인을 무자비하게 단죄하는 티베리우스의 말이 쏟아져 내렸다. 세야누스의 죄목은 국가반역죄였다. 국가 전복 음모를 꾸몄을 뿐 아니라, 그것을 실제 행동으로 옮겼다는 것이 황제의 고발 이유였다. 황제는 직접 고발자가 되어 구체적인 증거까지 나열했다. 티베리우스의 서한은 주모자 세야누스에게 사형을 선고하고 즉시 집행할 것을 원로원에 요구하는 것으로 끝을 맺었다.

상상도 못했던 사태의 급변에 망연자실한 세야누스는 한동안 자기 신상에 무슨 일이 일어났는지도 이해하지 못하는 것 같았다. 세야누스에게 반감을 품고 있는 의원이 많았던 원로원은 그 사이에 재빨리 사형 판결을 내리고 사형 집행까지 가결해버렸다. 집정관이 형을 선고하기 위해 이름을 불렀는데도, 세야누스는 여전히 망연자실한 상태에서 벗어나지 못했는지 대답도 하지 않았다. 집정관이 세번째로 이름을 불렀을 때에야 겨우 제 이름이 불린 것을 깨달았을 정도였다.

포로 로마노의 감옥으로 끌려간 세야누스는 그날로 당장 참수되었

다. 이 소식을 들은 민중은 환호성을 지르고, 전에 폼페이우스 극장을
수리한 공으로 그 극장 한켠에 세워진 세야누스의 입상을 끌어내어 산
산조각을 내는 것으로 울분을 풀었다. 세야누스는 비밀경찰 노릇도 하
고 있었기 때문에 민중한테도 미움을 받고 있었다. 민중은 효수된 세
야누스의 시체에 대해서도 증오심을 터뜨렸다. 그들은 세야누스의 시
체를 난도질하여 테베레 강에 던졌다. 그동안 근위병들은 막사에만 틀
어박혀 있었다. 전임 대장을 위해 움직인 근위병은 한 사람도 없었다.
일주일도 지나기 전에 세야누스의 맏아들을 비롯한 세야누스파 몇 명
이 공모자라는 이유로 끌려가서 처형되었다.

티베리우스에게는 모든 것이 완벽하게 진행되어 끝난 듯싶었다. 이
런 경우에 일어나기 쉬운 쓸데없는 유혈도 없었다. 하지만 그 다음부
터 그의 지옥이 시작된다.

세야누스는 리비아와의 결혼을 꿈꾸기 시작할 때 아내와 이혼했는
데, 그의 아내 아피카타는 아들의 처형에 절망하여 자살했다. 하지만
자살하기 전에 티베리우스 앞으로 편지를 써서 카프리 섬으로 보냈다.

그 편지에는 그녀의 전남편 세야누스와 티베리우스의 친아들 드루수
스의 미망인 리비아가 드루수스가 살아 있을 때부터 애인 사이였으며,
8년 전에 드루수스가 급사한 것도 두 사람이 공모하여 독살한 거라고
적혀 있었다. 독살이 어떻게 이루어졌는지도 상세히 적혀 있었다고 한
다. 또한 살해한 이유는 사랑의 성취에 걸림돌이 되는 본남편을 제거
하기 위해서만이 아니라, 드루수스가 아내의 간통을 눈치채지 못했는
데도 세야누스에게 적개심을 보였고 이것이 세야누스에게는 위험해졌
기 때문이라고 적혀 있었다. 그거라면 티베리우스도 짚이는 데가 있었
다. 드루수스는 세야누스를 계속 중용하는 아버지에게 정면으로 항의
한 적이 많았기 때문이다.

72세의 티베리우스는 그해 겨울에는 예년처럼 카프리 섬에서 본토로 거처를 옮겨 온난한 남국에서 지내지 않고, 겨울 내내 카프리 섬에서 움직이지 않았다. 아니, 무려 아홉 달 동안이나 카프리 섬에 틀어박힌 채 꼼짝도 하지 않았다. 집정관이 방문하는 것도 허락하지 않았다.

통치자로서의 티베리우스를 높이 평가하는 현대 연구자들은 세야누스 제거에 성공한 이 시기야말로 티베리우스가 로마로 돌아와 제국 통치를 다시 진두지휘할 기회였다고 말한다. 타키투스조차도 티베리우스 치세의 처음 10년은 이론의 여지가 없는 선정이었고, 그 다음 7년은 선정과 악정의 혼합이었으며, 마지막 6년은 악정의 연속이었다고 평했을 정도다. 마지막 6년이란 세야누스를 처형한 뒤부터 서기 37년에 티베리우스가 죽을 때까지를 말한다. 타키투스가 말한 마지막 6년의 악정이 실제로 어떤 것이었는지에 대한 고찰은 뒤로 미루기로 하고, 티베리우스가 여론이나 후세의 평가에 신경을 썼다면 서기 31년 말이 로마로 돌아올 좋은 기회였던 것은 확실하다. 일반 서민들은 광대한 제국이 잘 운영되고 있는 것만으로는 만족하지 않고 진두지휘를 해야만 진정한 지도자라고 믿는 법이다. 티베리우스가 이런 여론에 따라 로마로 돌아왔다면, 마지막 6년에 대한 단죄도 면할 수 있었을 것이다.

그러나 티베리우스는 돌아오지 않았다. 그는 두 달 동안 침묵을 지킨 뒤, 진두에 복귀하기에 좋은 기회였던 서기 31년 말에 다시 원로원에 서한을 보내왔다. 과거의 통치방식을 재개한 셈이지만, 과거와는 무언가가 달랐다. 티베리우스는 이제 분노의 폭발을 억제하려 하지 않는 동시에, 될 대로 되라는 식의 자포자기한 태도를 보였다. 다만 그가 소홀히 한 것은 원로원 계급뿐이고, 제국 통치는 '포기'하지 않았다. 인간은 효과가 눈에 보이면 포기하지 않는 법이다.

피소 재판 당시, 티베리우스는 아버지의 죄가 자식한테까지 미치지 않도록 애썼고, 몇 년 뒤에는 피소의 아들 가운데 하나를 집정관 자리에 앉히기까지 했다. 그러나 티베리우스는 이제 더 이상 그런 사람이 아니었다. 세야누스의 세 자식 가운데 맏아들은 아비의 공모자로 몰려 이미 처형되었지만, 두 자식은 살아 있었다. 그러나 이들도 황제의 명령으로 살해되었다. 그 중 하나는 아직 나이어린 딸이었다. 세야누스와 애인 사이였고, 세야누스와 공모하여 남편 드루수스를 독살했다는 의심을 받은 리비아도 자살을 강요당했다.

티베리우스의 분노는 세야누스 일가족을 몰살한 것만으로는 끝나지 않았다. 세야누스 일파로 지목된 원로원 의원들까지도 모조리 피의 제물로 바치지 않는 한, 그의 분노는 폭발을 멈추지 않았다. 감옥에 갇힌 사람들 중에는 이들의 집에서 일하는 노예들까지 포함되어 있었다고 한다. 이 시기에 희생된 사람들의 이름을 나열하면서, 타키투스는 구역질이 날 정도지만 역시 쓸 수밖에 없다고 말했다. 로마 사회의 지도층인 원로원 계급은 공포에 떨었다.

그러나 타키투스를 비롯한 역사가들이 '폭군의 공포시대'로 단정한 이 시기의 재판 가운데 몇 가지를 검토해보면 기묘한 현상이 나타난다. 그것은 티베리우스의 분노만이 공포시대를 만든 게 아니라, 공포에 사로잡혀 있었을 터인 원로원 의원들도 공포시대를 만드는 데 가담했다는 점이다. 어쨌든 원로원에서 열린 반역죄 재판에서는 피고도 원로원 의원이고 원고도 역시 원로원 의원이었다. 급기야는 집정관끼리도 서로 반목하게 되었다. 마치 자기가 고발당하기 전에 선수를 쳐서 남을 고발하는 느낌이었다. 국가반역죄 처벌법을 내세운 고발은 사법을 정당하게 집행한다기보다 먼저 고발한 자가 이기는 경쟁으로 바뀌어갔다. 눈덩이가 구르면서 점점 커지는 것과 마찬가지다.

　이런 현상에 대한 티베리우스의 태도는 과거와는 전혀 달랐다. 전에는 법집행이 온당하게 이루어져야 한다면서 정력적으로 재판에 개입했지만, 이제는 수수방관하는 태도였고, 형집행에도 관심을 기울이지 않게 되었다. 덕분에 감옥에 갇힌 채 잊혀져버린 사람까지 나오는 형편이었다. 티베리우스가 이런 일을 소홀히 하기 시작한 지 1년 뒤, 벤토테네 섬에서는 유배당한 아그리피나가, 팔라티노 언덕의 황궁에서는 유폐된 그녀의 둘째아들 드루수스 카이사르가 잇달아 사망했다. 이것도 티베리우스의 무관심이 경비병들한테까지 영향을 미쳤기 때문이 아닌가 싶다.

　티베리우스의 희생자들에 대해 타키투스는 이름을 나열하는 것만으로도 구역질이 난다고 말했지만, 이들 희생자들에 대해 구역질을 일으키지 않고 상세히 조사한 연구자가 있다. 바로 이탈리아의 차체리라는 사람인데, 그의 연구서에 따르면 티베리우스 치세에 국가반역죄로 재판을 받은 사람은 모두 63명이었다. 다만 이 숫자에는 '악정의 6년' 만이 아니라 세야누스가 국정을 도맡아 관리하고 있던 시대에 재판을 받은 사람도 포함되어 있다. 게다가 타키투스는 처형당한 사람과 자살한 사람을 혼동하고, 자연사한 사람까지 명단에 추가해버린 모양이다. 또한 자살을 택한 사람에도 두 부류가 있어서, 고발당하고 절망한 끝에 재산과 가족만이라도 지키려고 자살한 사람이 있는 반면, 체력이 약해져서 어차피 죽을 날이 머지 않은 것을 깨달은 사람이 스스로 죽음을 선택한 경우도 있었다. 체력, 지력, 정신력이 모두 쇠퇴한 뒤 노망이 든 상태로 목숨만 부지하는 것을 극도로 싫어한 로마 지도층에서는 음식을 끊고 스스로 죽음을 맞은 예가 드물지 않다. 키케로의 친구였던 아티쿠스도, 그리고 티베리우스가 카프리 섬에 은둔할 때 동행한 원로원 의원인 네르바도 이런 자살을 택했다.

63이라는 숫자가 많으냐 적으냐 하는 문제도 간단치 않다. 카이사르는 '국가반역죄 처벌법'(렉스 마예스타티스)을 한번도 적용하지 않았다. 아우구스투스도 제국을 다스린 40년 동안 불과 두세 번밖에는 이법률을 적용하지 않았다. 그렇다면 63명이 이 법으로 재판을 받은 티베리우스의 치세는 공포시대라는 이름에 걸맞다고 말할 수 있지만, 카이사르는 원로원파와 격돌한 내전에서 수많은 사람을 죽였고, 아우구스투스도 카이사르가 암살된 뒤의 내전 기간에 키케로를 비롯한 300명의 원로원 의원과 '기사계급'에 속하는 2천 명을 브루투스파라는 이유만으로 숙청했다. 로마 사회의 제1계급과 제2계급에 속하는 2천 300명 가운데 130명은 재판도 받지 못하고 즉결처분을 당했다. 사형을 면한 사람들도 재산을 몰수당하는 것은 면치 못했다. 요컨대 정적을 모조리 소탕한 뒤에야, 카이사르는 어쩔 수 없이, 그리고 카이사르 암살에서 교훈을 얻은 아우구스투스는 의도적으로, 그들을 유명하게 만든 '관용'(클레멘티아)을 발휘했다.

그러나 문제는 숫자가 아니다. 전시와 평시의 차이도 고려할 필요가 있다. 그렇긴 하지만 서기 32년 이후의 티베리우스는 과거와는 달리 일관되게 증거에 집착하지도 않았다. 때로는 고발 이유가 모호하다는 점을 날카롭게 지적한 서한을 보내오는가 하면, 때로는 이런 증거로 용케 고발할 수 있었구나 하는 생각이 들 만큼 증거가 모호한 경우에도 개입하지 않고 내버려두었다.

티베리우스가 사람들에게 심어준 '공포'는 이 기회에 원로원의 불량분자를 모조리 쓸어버린 데에도 원인이 있었던 게 아닐까 하고 상상할 수도 있다. 고발에 대한 변론을 읽어보아도, 죽이기에는 아깝다고 여겨지는 인물은 63명 가운데 불과 몇 명뿐이었다. 나머지 대다수는 너무 저질이라서, 원로원 의원의 질적 저하를 개탄하는 티베리우스에게 동조하고픈 마음마저 든다. 원로원 의원은 600명이나 되었다. 선거로

뽑히는 오늘날에도 '선량'이라는 이름에 값하는 인재가 과연 몇 명이
나 될까. '수(數)'를 중시하면 '질'을 유지하기 어렵다. 이것은 동서고
금을 막론하고 변함없는 인간 세계의 현실이다. 하지만 그렇다고 해서
티베리우스를 면죄할 수는 없다. 아우구스투스는 이 600명을 회유하면
서 정치를 해냈기 때문이다.

'자포자기한' 결과든, 의식적으로 원로원의 불량분자를 일소한 결과
든, 실제로 피의 제물로 바쳐진 것은 원로원 계급에 속하는 사람들이
었다. 그러나 티베리우스에 대한 증오를 불태운 것은 일반 서민들도
마찬가지였다.

서민들은 처형당하지도 않았고 재산을 몰수당하지도 않았다. 하지만
티베리우스가 20년의 치세 동안 긴축 재정을 편 결과, 불경기감(感)이
지배하는 세월이 계속되고 있었다. 공공사업은 수리나 복구뿐이고, 신
축 공사는 전혀 없다. 아우구스투스 시대에는 몇 번 있었던 황제의 보
너스도 사라진 지 오래다. 황제는 서민들이 좋아하는 검투사 시합을
비롯한 각종 오락도 후원하지 않았다. 자기가 오락을 제공하지 않을
뿐 아니라 다른 사람들이 제공할 길마저 끊어버렸기 때문에 오락에 굶
주린 세월이 계속 이어지고 있었다. 게다가 황제가 수도에 눌러앉아
제국 통치를 진두지휘한다면 또 모르지만, 아름다운 풍광과 온난한 기
후와 푸른 숲에 둘러싸인 카프리 섬에 틀어박혀 혼자 쾌적한 생활을
즐기고 있다. 마음이 비뚤어지고 완고한 노인네는 그래도 만족하지 못
하고, 건국 이래 로마의 전통과 권위의 상징인 원로원을 국가반역죄라
는 이름으로 분쇄하는 일에만 열의를 쏟고 있다. 이것이 티베리우스에
대한 당시 서민들의 생각이었다.

그 당시 제국의 어느 변경이 야만족에게 위협을 받았거나 오리엔트
의 대국 파르티아와 로마의 관계가 일촉즉발 상태가 되었거나 수많은

속주 가운데 일부에서 반란이 일어났다면, 일반 시민의 관심도 그런 '뉴스'에 쏠려 늙은 황제의 일상에 대해 이러쿵저러쿵 참견할 마음의 여유도 없었을 것이다. 하지만 티베리우스가 즉위할 때부터 견실한 정책을 취했고 그후에도 감시를 게을리하지 않은 덕분에, 20년 동안 로마인들은 이런 '큰일'을 걱정할 필요가 없었다. 그러나 인간은 항상 '뉴스'를 원하는 법이다. '큰일'에 관심을 가질 필요가 없으면, '작은 일'에 관심을 갖는다. 어쨌든 주식인 밀이 부족해지는 사태도 일어나지 않았다. 23년간에 걸친 티베리우스의 치세에 딱 한 번 식량 사정이 불안해진 적이 있다. 밀값이 폭등하고, 시민들의 불만은 폭발하여 정부에 대한 항의운동으로 발전했다. 카프리 섬의 티베리우스는 당장 메시지를 보내 밀 재고량을 밝히고, 따라서 밀값이 폭등할 이유는 전혀 없다고 말했다. 그러자 밀값도 안정되고 항의운동도 진정되었다. 말하자면 마지막 몇 년의 티베리우스에게 쏟아진 악평은 얄궂게도 그가 선정을 편 결과로 생겨난 현상이기도 했다.

뜬소문

카프리 섬의 벼랑 위에 우뚝 솟은 백악의 별장에서 살고 있는 늙은 최고권력자의 일상은 사람들의 상상력을 자극하지 않을 수 없었다. 카프리 섬에 은둔한 뒤 10년 동안 티베리우스는 한번도 공식석상에 모습을 나타내지 않았다. 아우구스투스처럼 섬주민의 축제에 얼굴을 내미는 일도 없었다. 카프리 섬은 땅에서 솟아나는 물이 적었기 때문에, 티베리우스는 황제의 별장에만 빗물을 받아두기 위한 저수조를 만든 게 아니라 섬주민을 위해서도 저수조를 만들었다. 그러나 섬사람들은 그 저수조를 이용하면서도, 그것을 만들어준 사람의 모습은 본 적이 없었다. 다만 선착장에 묶여 있는 황제 전용선을 보고 황제가 섬에 있다는 것을 알 뿐이었다.

카프리 섬을 떠나 본토에서 지낼 때도 티베리우스가 타는 가마는 사방에 장막이 내려진 채였고, 사람들이 접근해서 인사하는 것조차 허락되지 않았다. 황제를 만날 수 있는 사람도 극도로 제한되어 있었다. 임지로 떠나는 총독이나 황제 재무관이 그들 대부분을 차지하고 있었는데, 티베리우스의 인재 활용 기준은 적재적소였기 때문에 임기도 자연히 길어진다. 따라서 직무 때문에 찾아오는 사람의 수도 적어진다. 또한 1년마다 교체되는 '원로원 속주'의 총독을 인선하는 일은 원로원 관할이기 때문에, 그들은 황제를 만나 훈령을 받을 의무도 없었다. 다시 말해서 티베리우스의 일상을 알고 있는 사람 자체가 극히 적었다. 비밀의 베일에 가려져 있을수록 환상이 끼여들 여지는 그만큼 커지는 법이다.

지적인 타키투스는 "폭력적인 방법으로 섬에 끌려간 소년들에 대한 음행"이라고밖에 쓰지 않았지만, 이런 '뉴스'에 특히 관심이 많았던 역사가 수에토니우스의 서술은 훨씬 자세하다. 그의 『황제열전』에는 카프리 섬에서 티베리우스가 저지른 '악행'이 다음과 같이 열거되어 있다.

첫째, 술을 많이 마셨다는 것. 포도주에 물을 타서 마시는 것이 보통인 그리스인이나 로마인에게는, 아무것도 타지 않고 스트레이트로 마시기를 좋아한다는 것만으로도 굉장한 술꾼처럼 보인다. 마시는 양도 많았던 것 같지만.

둘째, 음탕한 성행위를 개발하여 실제로 그런 행위를 시켰다는 것. 각지에서 모아들인 소년소녀들을 한 쌍씩 짝짓고, 거기에 그 방면의 대가를 한 사람씩 붙여서, 티베리우스가 보고 있는 앞에서 이들 세 사람에게 성행위를 시켰다고 한다. 각 팀마다 다른 체위의 성행위를 하도록 되어 있었다. 수에토니우스의 설명에 따르면, 그 목적은 티베리우스의 쇠퇴한 성욕을 자극하는 데 있었다고 한다.

셋째. 총면적이 7천 제곱미터나 되는 부지의 숲이나 동굴 곳곳에 목신이나 요정으로 분장한 소년소녀들을 숨겨놓고, 티베리우스가 그곳에 가면 그 앞에서 그들이 성행위를 해 보이는 새로운 방식을 개발했다는 것. 부지의 총면적이 7천 제곱미터인 것은 사실이지만, 그 땅에는 숲도 동굴도 없다. 나무는 있었지만.

넷째. 티베리우스는 특히 어린 소년소녀를 골라 '작은 물고기들'이라고 부르고, 그 '물고기'들이 널찍한 로마식 욕조에 몸을 담그고 있는 그의 가랑이 사이를 헤엄치면서 혀나 이로 그의 성기를 건드리는 것을 즐겼다고 한다. 게다가 티베리우스는 늙은 뒤에도 성욕이 왕성해서, 신들에게 제물을 바치는 의식을 치르다가 그 일을 돕고 있던 노예의 아름다움에 매혹되어 의식이 끝나기도 전에 노예를 별실로 데려가 성행위를 한 적도 있었다고 한다.

그리고 이런 티베리우스의 음행에 희생된 자들은 역할이 끝나면 해발 300미터 벼랑에서 떠밀려 바다로 떨어지는 운명을 면치 못했다는 것이 오늘날의 나폴리 사람들까지도 굳게 믿고 있는 '티베리우스 전설'이다.

근대와 현대의 로마사 연구자들 대다수는 이런 '악행'을 일소에 부치고 있다. 티베리우스를 언급한 고대 역사가는 그리스 출신 두 명과 유대인 두 명을 포함하여 모두 열 명인데, 티베리우스에게 호의적인 로마의 역사가 파테르쿨루스와 유대인인 필로는 제쳐놓는다 해도, 나머지 역사가들 가운데 그의 악덕을 상세히 언급한 것은 한 사람뿐이다. 대(大)플리니우스와 세네카는 티베리우스의 폐쇄적인 성격에 대해서는 언급했지만 악덕에 대해서는 언급하지 않았다. 그리스인인 플루타르코스도 카프리 섬에서의 고독한 세월에 대해서는 언급했지만, 그의 악덕을 언급하지 않은 것은 마찬가지다. 유대인인 요세푸스 플라비우스도 티베리우스의 악덕에 대해서는 한마디도 언급하지 않았다. 로마의 풍자작가 유베날리스는 카프리 섬에서 점성술사에게 둘러싸여 지낸 늙은 황제를 비웃었지만, 성적인 악행에 대해서는 한마디도 언급하지 않았다. 요컨대 이 일에 대해 상세히 언급한 역사가는 로마인인 수에토니우스뿐인데, 그는 티베리우스가 죽은 지 30여 년 뒤에야 태어났고, 글을 쓴 시기는 티베리우스가 죽은 지 100년이 다되었을 때였다. 타키투스는 항간의 소문을 전하는 형식으로 몇 줄 언급했을 뿐이고, 그보다 후세에 태어난 카시우스 디오는 좀더 자세히 쓰긴 했지만 수에토니우스만큼 자세하지는 않다. 수에토니우스의 『황제열전』은 현대의 '옐로 페이퍼'와 비슷한 점이 없지 않았다.

'작은 물고기들'과 함께 목욕탕에 들어가기를 좋아했다고 소문이 난 사람 중에는 노년의 아우구스투스도 포함되어 있었다. 이런 성행위가 고대 로마의 남자들에게는 동경의 대상이었던 게 아닌가 하는 생각마저 든다. 자기가 하고 싶어도 이룰 수 없는 꿈을 남에게 의탁하는 것은 흔히 있는 일이다. 현대적인 의미에서도 '금욕적'이었던 티베리우스의 생활방식이 오히려 대중의 환상을 자극한 건 아닐까.

금융 위기

티베리우스가 74세의 고령이 된 뒤에도, 최고권력자에게 필수불가결한 냉철함은 조금도 쇠퇴하지 않았다. 서기 33년에 로마를 덮친 금융 위기에 대처할 때도 그는 그 냉철함을 훌륭히 보여주었다.

그해에 일어난 금융 위기는 이제 같은 패거리의 싸움터가 되어버린 원로원에서 고리대금업을 하는 것으로 알려진 한 의원이 고발당한 데서 시작되었다. 고발 이유는 연리 12퍼센트가 상한선인 법정 금리를

위반했기 때문이 아니라, 율리우스 카이사르의 법을 위반했기 때문이
었다. 율리우스 카이사르의 법에 따르면, 금융업자는 누구나 자기 자
금 가운데 일정 비율을 본국 이탈리아에 융자하도록 규정되어 있었다.
그 일정 비율이 어느 정도였는지는 알 수 없지만, 지리적으로나 인재
등용에서 개방주의자였던 카이사르가 그것을 법제화한 것을 보면, 사
태를 그대로 방치할 경우 언젠가는 본국의 공동화(空洞化)를 초래할지
도 모른다고 생각한 모양이다. 어쨌든 그의 시대에는 본국에서의 금리
가 최고 12퍼센트로 제한되어 있었지만, 속주에서의 금리는 그런 규제
를 받지 않았기 때문에 브루투스처럼 48퍼센트의 폭리를 탐하는 원로
원 의원도 있었다. 12퍼센트와 48퍼센트의 차이는 엄청나다. 이 정도
차이라면 브루투스가 아니더라도 융자 대상을 속주로 옮기는 게 당연
하다. 이런 사태가 일반화하기 전에 규제해두자는 것이 카이사르 법의
제정 목적이었다.

율리우스 카이사르의 법이 계속 기능을 발휘한 것은 로마 금융업자
들의 준법정신이 강했기 때문은 아니다. 돈은 돈의 논리로 움직인다.
속주에 대한 융자는 아무리 수익이 많아도, 그만큼 많은 위험을 수반
할 수밖에 없었다. 반면에 본국에 대한 융자는 수익률이 낮은 대신 위
험도도 낮았다.

그러나 벌써 60년 동안이나 '평화'가 계속되고 있었다. 속주 융자에
수반되는 위험도 당연히 줄어들었다. 그런데 '위험'(리스크)은 줄었는
데도 '수익'(리턴)은 여전히 높았다. 그 결과는 카이사르 법의 사문화
(死文化)였다. '일정 비율'이 지켜지지 않게 된 것이다. 부유층인 원로
원 의원들 중에는 공공연히 드러내놓고 하지는 않더라도 금융업으로
이익을 얻는 사람이 많았다.

하지만 법이 사문화되었다고는 해도 완전히 폐지된 것은 아니다. 카
이사르 법을 위반하는 것은 충분히 고발 이유가 될 수 있었다. 원로원

은 깜짝 놀랐다. 이 법률에 따라 재판을 받으면 원로원 의원들 대다수
가 유죄 판결을 받을 것이기 때문이다.

대책을 요구받은 티베리우스는 1년 반으로 기한을 정하고, 그 기한
안에 다시 일정 비율을 맞출 수 있도록 각자 자기 자산을 조정하라고
명령했다.

일정 비율을 채워야 하는 금융업자들은 일제히 채권 회수에 나섰다.
동시에 신규 융자를 중지했다. 결과는 통화량 부족으로 나타났다. 그
런데 이 통화량 부족 사태는 무슨 까닭인지 속주보다 본국의 채무자를
직격했다. 속주에는 대규모 농장이 많은 반면, 본국 이탈리아에는 역
시 카이사르가 제정한 '농지법'에 따라 중소규모의 농장이 많았기 때
문인지도 모른다. 금융 불안이 일어나면 대기업보다 중소기업이 먼저
타격을 받게 마련이다. 그 결과, 상대적으로 서서히 내려가던 본국의
땅값까지도 이를 계기로 폭락했다. 부채 상환을 독촉받은 채무자들이
땅을 팔아서 빚을 갚으려 했기 때문이다. 땅값 하락으로 파산자가 속
출하는 현상이 일어났다. 이렇게 되면 완전한 위기 상황이다. 결국 국
가가 나설 수밖에 없었다.

티베리우스는 1억 세스테르티우스나 되는 돈을 국가가 지원해주기로
결정했다. 현대식으로 말하면 '공공자금 투입'이었다. 이 '공공자금'
은 금융업자를 통해 투입된 것이 아니라, 이를 위해 특별히 설치된
'공적'인 위원회를 통해 '사적'인 채무자들에게 직접 투입되었다. '공'
(公)에서 '사'(私)로 투입된 이 융자금은 3년 기한으로 무이자였지만,
채무자는 채권자인 국가에 대해 융자금의 두 배가 되는 부동산을 담보
로 잡혀야 했다.

이리하여 서기 33년의 금융 불안에서 생긴 위기는 일단 해소되었다.
'일정 비율'을 채울 수 있게 되었는지, 아니면 안전한 융자 대상을 잃
어버리는 불리함을 깨달았는지, 금융업자들이 다시 융자를 재개했기

때문이다.

　그러나 문제가 근본적으로 해결된 것은 아니었다. 그 원인을 타키투스는 처음에는 엄격하게 지켜지던 법률이 차츰 지켜지지 않게 되었기 때문으로 보고 있다. 이런 예는 법률에서 흔히 볼 수 있다. 그러나 나는 로마 제국 전역의 경제구조 변화에 금융도 영향을 받지 않을 수 없었기 때문이라고 생각한다. 본국의 통상적인 금리는 5퍼센트 안팎이었고, 속주의 금리는 위험도에 따라 다르긴 하지만 연구자들의 주장에 따르면 10퍼센트 내지 15퍼센트였다고 한다. 그렇다면 본국과 속주의 금리 차이는 적어도 두 배, 많으면 세 배나 된다. 그리고 로마인 자신이 이룩한 '팍스 로마나' 덕분에 속주에 대한 융자도 전처럼 위험도가 높지 않았다. 본국만큼 위험도가 낮지는 않지만, 중간 정도로 낮아져 있었다. '저위험—저수익'과 '중(中)위험—고수익'을 비교하면, 어느 쪽이 유리한지는 뻔하다. 로마인 금융업자들이 툭하면 '일정 비율' 이상의 돈을 유럽이나 아프리카에 융자해주는 것을 그만두지 않은 것도 단지 '돈'의 논리에 따랐을 뿐이다. 하지만 그랬기 때문에 속주의 경제력은 높아졌고, 로마 제국 전체의 '평화'를 유지하는 데에도 도움이 되었다. 서기 33년에 일어난 이 금융 위기는 본국 이탈리아의 '공동화'를 예고하는 전조가 아니라, 본국과 속주 사이의 '균등화'를 예고하는 전조, 구체적으로 말하면 본국과 속주의 금리 차이가 줄어들 전조가 아니었을까. 그리고 본국민과 속주민, 승자와 패자의 이 균등화야말로 로마의 제국주의가 후세의 영국과 일본을 비롯한 국가들의 제국주의와 다른 점이었다고 나는 확신한다.

　금융 위기가 진정되기를 기다렸다는 듯이, 티베리우스의 결단을 필요로 하는 사건이 오리엔트에서 재발했다. 오리엔트가 문제가 된 것은 무려 17년 만이다. 이것도 역시 티베리우스의 시책이 성공한 사례지만, 아르메니아 왕국은 서기 18년에 아르탁시아스를 왕위에 앉힌 이후, 이 왕의 선정과 로마의 후원 덕택에 줄곧 평화를 누리고 있었다. 그러다가 아르탁시아스의 죽음을 계기로 파르티아가 개입한 것이 문제 재발의 원인이었다. 파르티아는 자국의 왕족을 아르메니아 왕위에 앉혀, 아르메니아를 로마한테서 떼어놓으려 했다.

파르티아는 생각하기를, 카프리 섬에 틀어박혀 있는 고령의 티베리우스는 이제 오리엔트에 정력적으로 개입할 기력이 없을 거라고 판단했다. 그러나 티베리우스는 76세가 되었어도 여전히 티베리우스였다.

파르티아의 움직임을 알자마자 그는 비텔리우스를 오리엔트로 파견했다. 티베리우스는 로마 제국의 동방을 안정시키는 열쇠인 아르메니아 왕국을 파르티아에 넘겨줄 마음이 추호도 없었다. 그는 볼모로 온 이후 줄곧 로마에서 자란 티리다테스를 아르메니아의 새 왕으로 결정했다. 파르티아와 전쟁을 하지 않고 새 왕을 즉위시키는 것이 비텔리우스에게 주어진 임무였다. 시리아 속주 총독에 임명되어 부임하는 비텔리우스에게는 17년 전에 게르마니쿠스에게 준 것과 같은 동방 전역의 최고통수권까지 주어졌다.

이때의 비텔리우스도 티베리우스의 인재 활용이 얼마나 절묘한가를 보여주는 한 예가 되었다. 비텔리우스는 시리아 속주에 주둔해 있는 4개 군단을 전혀 동원하지 않고, 파르티아를 비롯한 오리엔트의 군주국들이 서로 싸우는 것을 지켜보면서 어부지리를 얻는 방식으로 티리다테스를 아르메니아 왕위에 앉히는 데 성공했다.

티베리우스는 오리엔트에서 대국 파르티아를 견제할 수 있는 힘을 가진 유일한 군주국인 아르메니아가 로마의 우방인 것으로 만족했고, 그 이상은 아무것도 요구하지 않았다. 아르메니아는 로마에 연공도 바치지 않았고, 병력을 공급해야 할 의무도 없다. 로마에 우호적인 사람을 왕위에 앉히는 것만이 제정 로마의 대(對)아르메니아 정책이었다.

이 일을 해낸 비텔리우스는 시리아 속주 총독의 관저가 있는 안티오키아로 갔다. 이 시기에 그가 한 일 가운데 하나가 10년 동안 유대 장관을 지낸 본디오 빌라도(로마식 이름은 폰티우스 필라투스)를 해임하여 이탈리아로 송환한 것이다. 본디오 빌라도는 예수 그리스도를 십자가에 못박은 죄로 본국에 소환되어 재판을 받기로 결정된 것은 아니다. 유대 지방 장관으로서의 직무 수행 능력이 로마의 행정관으로서는 너무 미흡하여, 마땅히 고발할 만하다고 판단되었기 때문이다. 예수 그리스도를 둘러싸고 일어난 유대인 사회의 혼란도 빌라도의 악정이 낳은 결과로 여겨졌는지 모른다. 다른 민족이 어떤 종교를 믿든, 티베리우스는 그것을 인정해주었다. 다만 그것이 사회 불안의 원인이 되는 것만은 용납하지 않았다. 본디오 빌라도에 대한 재판은 직무 수행 능력이 떨어지는 행정관에 대한 재판이었지, 그리스도라고 불린 젊은 목수를 죽였기 때문은 아니었다.

소환된 빌라도가 본국으로 돌아간 것과 같은 해인 서기 36년, 로마의 일곱 언덕 가운데 하나인 아벤티노 언덕에서 대화재가 일어났다. 대경기장 관람석 밑에 모여 있던 가게 가운데 하나가 발화점이었다. 율리우스 카이사르가 15만 명을 수용할 수 있는 규모로 재건한 대경기장의 관람석은 3층 구조로 되어 있었지만, 그 당시에는 1층만 석조였고 위의 2개 층은 목조였다. 그리고 석조부 밑에는 대경기장에 모이는 관객을 겨냥한 각종 가게들이 빽빽이 들어차 있었다.

그 가게 가운데 하나에서 일어난 불은 늘어서 있는 가게들을 다 태운 것만으로 그치지 않고, 대경기장의 목조부로 옮겨 붙었을 뿐 아니라 때마침 불어온 세찬 북풍을 타고 아벤티노까지 번져갔다. 오늘날 아벤티노 언덕은 한적한 고급 주택가가 되어 있지만, 시골에 별장을 갖는 것이 보통인 고대 로마인들은 도시에 있는 집에서 한적함을 찾지는 않는다. 그래서 다른 언덕에 비하면 도심에서 조금 떨어져 있는 아벤티노 언덕은 공화정 시대에 세워진 몇 개의 신전 외에는 서민들이 사는 집으로 가득 메워져 있었다. 따라서 화재로 피해를 입은 것은 대경기장과 신전 같은 공공 건축물 외에는 모두 서민들의 집이었다.

이때도 티베리우스의 조치는 재빠르고 철저했다. 100만 세스테르티우스의 의연금을 즉석에서 전달하고, 피해 조사와 복구 대책을 위해 다섯 명의 원로원 의원으로 구성된 위원회를 설치했다. 위원 가운데 네 명은 티베리우스가 임명하고, 나머지 한 명은 집정관이 임명했다. 티베리우스가 임명한 네 사람은 3년 전에 유배지인 벤토테네 섬에서 죽은 아그리피나의 세 딸의 남편들, 그리고 티베리우스의 친아들인 드루수스의 딸을 아내로 맞이한 남자였다. 복구위원회 위원들 가운데 네 명을 황실 가족이 차지한 셈이다. 이런 조치는 수도 시민과 원로원이 '티베리우스가 우리를 저버렸다'는 생각을 잠시나마 잊는 데 도움이 되었다. 티베리우스로서는 드물게 정치적 배려에 따른 인사였다. 오만하게 세평을 무시해온 티베리우스도 이때쯤에는 지쳤는지도 모를 일이다.

마지막 나날들

피로의 조짐을 역사적 사실 속에서 찾는다면, 티베리우스가 냉철하기 이를 데 없는 방식으로 세야누스를 파멸시킨 직후인 서기 32년에 이미 그 조짐을 찾을 수 있다.

그해에 원로원은 국가반역죄를 무기 삼아 자기편끼리 싸우는 양상을 보이기 시작했다. 이런 고발 경쟁의 와중에 티베리우스의 친구인 원로원 의원 코타가 고발당한 일이 있었다. 식탁에서 티베리우스와 그 일가를 화제로 삼았다가 국가반역죄로 몰린 것이다. 황실을 비판한 게 아니라 솔직하게 이야기했을 뿐이지만, 이것이 황제의 권위를 손상시킨 행위로 간주되었다. 그러자 카프리 섬의 티베리우스가 서한을 보내 왔다. 서한에는 이렇게 적혀 있었다.

"원로원 의원 여러분, 내가 무엇을 어떻게 쓰면 좋을지, 아니 요즘에는 쓰면 안되는 게 무엇인지를 알 수만 있다면, 내가 날마다 느끼고 있는 죽을 정도의 고통보다 더한 고통을 신들이 주신다 해도 나는 기꺼이 감수할 거요."

이런 서두에 이어 티베리우스는 코타와의 오랜 우정을 언급하고, 코타가 국가에 세운 공을 칭찬한 뒤, 이런 말로 끝을 맺었다.

"식사하는 자리에서 나눈 대화까지 고발거리가 되는 것이 참으로 한탄스럽소."

그러나 이 서두 부분이 타키투스의 손에 들어가면 "티베리우스도 자신이 저지른 극악무도한 죄의 희생자였고, 그 죄와 그에 따른 죄책감은 너무 심각해서 제 입으로 고백하지 않을 수 없을 정도였다"로 해석된다.

나는 다르게 해석한다. 그것은 심각한 죄책감의 토로가 아니라, 로마 제국의 지도층이라고는 도저히 생각할 수 없는 원로원의 질적 저하에 대한 심각한 절망감의 토로라고. 식사하는 자리에서 악의없이 꺼낸 이야기까지 국가반역죄의 증거로 삼는 원로원을 상대하려면, 티베리우스가 아니더라도 '무엇을 어떻게 쓰면 좋을지, 아니 요즘에는 쓰면 안되는 게 무엇인지를' 알 수 없게 되는 것도 당연하다. 상대가 바보일수록, 무엇을 어떻게 전달할 것인지를 알기 어려워지기 때문이다.

그리고 '내가 날마다 느끼고 있는 죽을 정도의 고통'이라는 말도 혼자서 모든 책임을 짊어지고 있는 사람이 이따금 토로하는 자기연민,

즉 스스로 자신을 불쌍히 여기는 감정이 아니었을까. 왜 자기 혼자 모든 것을 생각하고 실행해야 하느냐는 탄식은 모든 것을 혼자 생각하고 실행해온 사람이 자주 빠지는 일시적인 슬럼프이고, 이 한때의 슬럼프를 빠져나가면 그 사람은 자기연민을 토로한 것 따위는 까맣게 잊어버린 듯이 다시금 정력적으로 '혼자서 모든 것을 생각하고 실행하는' 상태로 돌아가는 법이다. 실제로 이렇게 자제심을 잃고 고통을 토로한 뒤에도, 티베리우스는 이듬해의 금융 위기와 그 이듬해부터 2년 동안 계속된 오리엔트 문제를 해결하고, 그 직후에는 아벤티노 언덕의 대화재에 대한 재해 대책을 마련하는 등, 모든 것을 혼자서 생각하고 실행하는 통치를 계속했다.

그렇긴 하지만 과거의 티베리우스는 촌철살인의 강렬한 빈정거림은 내뱉을지언정 절망감의 토로나 자기연민 따위는 죽어도 입밖에 내지 않는 남자였다. 티베리우스도 늙었고 지쳤다.

서기 36년부터 37년에 걸친 겨울, 77세의 티베리우스는 북서풍이 몰아치는 카프리 섬을 피해 나폴리 만 서쪽 끝에 있는 미세노 곶의 별장에서 지내고 있었다. 그곳은 차가운 북풍이나 북서풍을 피할 수 있을 뿐 아니라, 베수비오 화산이 정면에 바라다보이는 명승지이기도 하다. 지금은 황제 소유가 된 이 별장은 공화정 말기의 뛰어난 장수인 루쿨루스가 지은 별장이었다. 루쿨루스는 장수로서의 능력보다 오히려 호사스러운 생활과 식도락가로 더 유명했다. 지금은 유적밖에 남아 있지 않지만, 루쿨루스의 귀족 취미를 반영하여 화려하면서도 품위있는 해변 별장이었을 것이다. 티베리우스는 이 별장이 마음에 들었는지, 겨울철에는 자주 이곳을 피한지로 삼았다.

그러나 서기 36년부터 37년에 걸친 겨울은 여느 때의 겨울이 아니었다. 77세의 황제는 죽음이 가까워진 것을 알고 있었다. 잔병 한번 앓은 적이 없는 티베리우스는 의사의 충고도 듣지 않고 자기 마음대로 살아왔기 때문에, 차츰 쇠퇴한 체력이 마침내 한계에 이른 것을 누구보다도 잘 깨닫고 있었다. 광대한 로마 제국을 오직 책임감만으로 통치해온 티베리우스다. 후계자에 대한 배턴 터치가 원활하게 이루어지는 것이 얼마나 중요한지도 충분히 알고 있었을 게 분명하다. 티베리우스의 뒤를 이어 제3대 황제가 될 가능성이 있는 사람은 세 명이었다. 연령순으로 열거하면 45세의 클라우디우스, 24세의 칼리굴라, 그리고 티베리우스의 직계 손자인 16세의 게멜루스였다.

티베리우스는 나이로는 가장 적임자인 클라우디우스를 맨 먼저 후보에서 제외했을 것이다. 클라우디우스는 티베리우스의 조카지만, 티베리우스가 아우구스투스의 양자가 되었을 때 클라우디우스의 형인 게르마니쿠스도 티베리우스의 양자로서 율리우스 씨족에 들어왔기 때문에, 티베리우스의 본가인 클라우디우스 씨족의 가장은 이제 이 클라우디우스였다. 이 사람을 후계자로 삼는 것은 율리우스 씨족에 속하는 남자만 황제 자리에 앉히는 데 집착한 선황 아우구스투스의 뜻에 어긋나는 일이었다. 티베리우스 자신도 원래는 클라우디우스 씨족에 속해 있었기 때문에, 더더욱 그 씨족의 일원을 후계자로 삼을 수는 없는 노릇이었다.

어차피 티베리우스에게는 선택권이 없었다. 그를 계승할 사람은 아우구스투스가 이미 티베리우스의 다음 차례로 정해놓았던 게르마니쿠스의 아들들 가운데 유일하게 살아남은 칼리굴라와 티베리우스의 손자로서 율리우스 씨족에 속하는 게멜루스밖에 없었다.

죽음은 서기 37년 3월 16일 찾아왔다. 한 세기 후의 역사가 타키투스는 '무서운 티베리우스'의 죽음에 어울리도록 베개에 질식당해 죽은 것으로 이야기하고 있지만, 티베리우스가 죽은 해에 10대 소년이었던 박물학자 플리니우스는 노쇠에 따른 죽음으로 보고 있다. 나도 노쇠에 따른 자연사였다고 생각한다. 태어난 지 77년 4개월 만에 맞은 죽음이었다.

로마 제국은 타키투스 같은 공화정 동조자가 뭐라고 비판하든 간에 카이사르가 기획하고 아우구스투스가 구축하고 티베리우스가 반석처럼 다져놓은 것은 틀림없는 사실이다.

티베리우스가 새로운 정치를 하지 않았다는 이유로 비판하는 연구자도 있지만, 바로 새로운 정치를 하지 않았다는 점이 중요하다. 아우구스투스가 훌륭하게 구축한 제정도 그를 뒤이은 사람의 방식에 따라서는 한때의 개혁으로 끝났을 게 분명하기 때문이다. 아우구스투스의 뒤를 이은 티베리우스가 그 체제를 견고하게 다지는 일에만 전념했기 때문에, 제정 로마는 다음에 누가 뒤를 이어도 튼튼한 반석일 수 있었다.

그러나 이런 수수한 노력은 남의 평가를 받기 어렵다. 또한 그에게는 변명할 수 없는 성격상의 결함이 있었다. 이 결함은 자주 정치적으로 부적당한 언행이 되어 나타났다. 티베리우스의 죽음을 안 수도 로마 시민들은 환호성을 질렀고, "티베리우스를 테베레 강에 던져라!"고 외치며 덩실덩실 춤을 추면서 온 시내를 휘젓고 다녔다.

그러나 그가 죽은 직후에도 티베리우스의 업적을 정확히 평가한 사람은 있었다. 다만 수도 로마의 시민이나 원로원 의원들 중에는 그런 사람이 없었다. 그를 옹호한 글은 속주 이집트의 수도인 알렉산드리아에 살았던 사람의 저술에서 찾을 수밖에 없다. 로마 시민권도 없는 유대인 필로, 그 깊은 학식으로 '유대의 플라톤'이라고 불렸을 뿐 아니라 알렉산드리아의 유대인 사회를 대표하는 지도자이기도 했던 필로가 바로 그 사람이었다.

"티베리우스 황제가 죽은 뒤 가이우스(통칭 칼리굴라)가 물려받은 제국은 세계의 모든 땅과 바다라 해도 좋은 광대한 로마 제국이었다. 이 제국에서는 어떤 규모의 '싸움'도 과거의 것이 되어버렸지만, 그 원인은 제국 전역에서 공정한 법이 엄정하게 시행되어왔기 때문이다. 제국의 동쪽에서도 서쪽에서도, 남쪽에서도 북쪽에서도, 모든 땅과 바다는 로마 제국의 이름 아래 조화로운 통일체를 이루고 있다. 제국 내부에서는 야만족도 문명인과 뒤섞이고, 정복자는 피정복자와 뒤섞이고, 양쪽 모두의 소망인 평화를 유지하기 위해 각자 자신의 책무를 다한다.

나날의 생활을 보면 저절로 감탄이 나온다. 부가 축적되어 금과 은은 화폐나 공예품의 형태로 넘쳐흐르고, 제국 전역에 퍼진 교역망을 통해 부와 물산이 왕성하게 교류되고 있다. 군사력도 보병, 기병, 해군으로 정비되어, 제국 안에서는 어디서나 안전하게 살 수 있다. 그런 의미에서도 제국은 하나의 통일체다. 유프라테스 강에서 라인 강까지를 끌어안은 제국은 태양이 뜨고 지는 것까지도 끌어안고 있는 듯하다.

이런 모든 특전은 본국 이탈리아에 사는 로마 시민들만 누리고 있는 것은 아니다. 유럽인과 아시아인을 포함한 제국의 모든 백성이 누리고 있는 특전이다. 이런 상태의 제국을 물려받는 행운을 얻은 황제는 가이우스(칼리굴라)가 처음이었다. 개인 규모든 제국 규모든, 부에서도 권력에서도 번영의 기반에서도 무엇 하나 부족한 게 없다. 모든 것이 이미 존재하기 때문이다. 행복은 문밖에서 기다리고 있다. 이제 문을 열고 그 행복을 맞아들이기만 하면 된다."

사회 불안의 원인이 된다는 이유로 본국 이탈리아에서 잠시나마 유대인을 추방한 적도 있는 티베리우스는 자신이 죽은 뒤에 유대인이 이런 글을 쓴 것을 알았다면 어떻게 생각했을까.

근대와 현대의 역사 연구자들이 티베리우스를 복권시키는 경향을 보이고 있는 것은 1천 800년이나 지난 뒤에 사람들의 사고방식이 변했기 때문이 아니라, 고고학이 발전한 덕택이다. 종래에는 고대 역사가의 저술에 의존할 수밖에 없었지만, 이제는 과거의 로마 제국 전역에서 발굴된 수많은 금석문과 그밖의 사료들도 참고할 수 있게 되었기 때문이다. 그것을 독일인답게 철저히 실행한 사람이 19세기의 역사가 몸젠이었다. 몸젠은 역사 저술로 노벨 문학상까지 받은 사람이다. 이 몸젠이 티베리우스에 대해 내린 평가는 "로마가 가졌던 가장 훌륭한 황제 가운데 한 사람"이라는 것이었다.

제2부

칼리굴라 황제
〔재위 : 서기 37년 3월 18일~41년 1월 24일〕

젊은 황제

티베리우스의 사망과 칼리굴라의 등장을 로마 제국에서도 특히 본국 이탈리아와 수도 로마의 주민들은 길고 침울한 겨울이 지나고 화창한 봄이 찾아온 듯한 기쁨으로 맞이했다. 77세의 늙은 황제를 뒤이은 것은 24세 7개월의 아름다운 젊은이였다. 이것만으로도 민심을 새롭게 하는 데 효과가 있었다. 하지만 그것만이 아니었다.

신격 아우구스투스의 피를 이어받은 사람이 황제가 되어야 한다고 믿고 있던 사람들에게, 부모 양쪽에서 아우구스투스의 피를 받은 칼리굴라의 등장은 말하자면 정통성의 회복이었다.

황제의 대항세력이었던 원로원도 칼리굴라의 등장을 환영한 것은 마찬가지였다. 칼리굴라의 아버지인 게르마니쿠스가 원로원에 의지하는 태도를 보였던 것을 생각해내고, 그의 자식이라면 원로원에 서한을 보내 의결해줄 것만 요구한 티베리우스처럼 원로원의 권위를 무시하는 통치는 하지 않을 거라고 생각했다. 게다가 칼리굴라는 젊었다. 젊으면 원로원이 조종하기도 쉬울 거라고 생각했다.

일반 시민들은 두말없이 대환영이었다. 그들 사이에 아직도 뿌리깊게 남아 있는 '게르마니쿠스 신화'가 되살아난 것처럼 기뻐했다. 서민들은 검투사 시합조차 허락하지 않은 티베리우스의 긴축재정 정책에 염증이 나 있었고, 쾌락에도 굶주려 있었다.

병사들, 특히 라인 강 방위선의 8개 군단은 칼리굴라의 즉위를 자기일처럼 기뻐했다. 아장아장 걸어다니던 시절을 라인 강 연안의 군단 기지에서 보낸 새 황제는 병사들이 만들어준 유아용 칼리가(로마 군화)를 신고 놀았기 때문에, 병사들은 그를 본명인 가이우스가 아니라 칼리굴라(작은 군화라는 뜻)라는 애칭으로 부르고 있었다. 그들의 총사령관이었던 게르마니쿠스는 세 아들을 두었지만, 군단병들의 마스코트가 된 것은 셋째아들 칼리굴라뿐이었다. 그 칼리굴라가 이제 황제가 된 것이다. 티베리우스가 즉위했을 때와는 달리, 칼리굴라가 즉위했을 때는 봉급인상과 처우개선을 요구하는 스트라이크도 일어나지 않았다. 이런 움직임은 상대가 요구를 받아들일 수밖에 없는 약점을 갖고 있을 때 일어나는 경우가 많다. 티베리우스의 약점은 그가 아우구스투스의 피를 이어받지 않았다는 데 있었지만, 칼리굴라에게는 이런 약점도 없었다.

서기 37년에 즉위한 칼리굴라만큼 모든 사람의 환영을 받으며 황제 자리에 오른 인물은 아무도 없다. 다시 말해서 적이 없는 상태로 제국의 최고권력자가 된 인물은 오직 칼리굴라뿐이었다. 칼리굴라의 즉위를 축하하는 사람들의 기쁨은 지극히 순수한 기쁨이었다.

민심의 일신에도 두 가지 종류가 있다. 위기 상황에서 탈출하고 싶어서 뭔가 새로운 변화가 일어나기를 바라는 경우가 있는가 하면, 절박한 필요성은 없지만 단지 변화를 원하기 때문에 민심이 일신되는 경우도 있다. 전자의 경우, 변화를 바라는 사람들의 기분은 행복하지 않고 여유도 없다. 반대로 후자의 경우에는 행복하고 여유도 있다. 칼리굴라의 등장을 환영한 사람들의 기분은 후자였다. 유대인 필로가 말했듯이, "행복은 문밖에서 기다리고 있다. 이제 문을 열고 그 행복을 맞아들이기만 하면 되었다."

칼리굴라는 티베리우스가 반석으로 다져놓은 로마 제국이 누리고 있는 행복의 상징으로서 그 로마 제국을 통치하는 최고책임자 자리에 맞아들여진 것이다. 아니, 필로를 포함하여 대부분의 사람들이 그렇게 믿었다.

나폴리 서쪽의 미세노에서 티베리우스가 숨을 거둔 것은 서기 37년 3월 16일이었다.

이튿날인 3월 17일에는 로마 전체가 황제의 죽음을 알았다.

그리고 3월 18일에 이미 원로원은 모든 권력을 칼리굴라에게 주기로 의결했다. 티베리우스의 유해와 함께 수도로 가고 있던 칼리굴라의 모습도 보기 전에 제국 통치권을 그에게 맡긴 것이다.

3월 28일. 선황 티베리우스의 유해가 로마에 도착했다. 유해를 따라 로마로 들어온 칼리굴라는 아피아 가도 종점까지 마중나온 두 집정관과 함께 원로원으로 갔다. 회의장에서는 속주에 나가 있는 의원들을 제외한 모든 의원이 25세가 되려면 아직 다섯 달이나 남은 젊은이를 기다리고 있었다. 열흘 전에 이미 의결된 제국 통치권을 이 젊은이에게 수여했다. 로마 황제가 되려면 원로원과 시민의 승인이 필요하다. 이날 원로원은 공식으로 그에게 '승인'을 준 것이다. 그리고 수도로 들어온 칼리굴라를 맞이한 시민들의 환호와 그에게 던져진 수많은 꽃은 시민들이 그를 '승인'한 증거가 되었다.

칼리굴라에게 주어진 제국 통치권의 내용은 다음과 같았다.

'제일인자'(프린켑스)—로마 시민 중의 제일인자라는 의미밖에 없는 비공식적인 명칭이지만, 피지배자인 속주민을 지배하는 로마 시민권 소유자 가운데 제일인자니까 사실상 최고지배자를 뜻한다. 명칭이 겸허한 것은 시민 평등의 이념에 기반을 두고 있던 공화정 시대의 전통을 근거로 한 아우구스투스의 심모원려를 보여주는 한 예에 불과하다. 따라서 그런 로마 특유의 사정과는 무관한 속주민은 '제일인자'가 아니라 '카이사르'라는 호칭을 사용하는 경우가 많았다. 이 '카이사르'라는 호칭은 나중에는 '황제'의 별칭으로 정착하게 된다.

'황제'(임페라토르)—원래는 병사들이 지휘관의 능력을 칭송할 때 사용하는 호칭이지만, 카이사르 이후로는 로마군 최고사령관을 의미하는 명칭으로 정착한다. 칼리굴라에게는 로마의 모든 군사력을 지휘할 수 있는 통수권이 부여되었다.

'호민관 특권'(트리부니키아 포테스타스)—황제가 군사적 권력을 갖는 것을 의미한다면, 호민관 특권은 정치적 권력을 갖는 것을 의미한다. 황제는 정책 입안권을 갖고, 원로원이 그의 정책을 부결하면 원로원의 결정에 대해 거부권(베토)을 행사할 수 있는 권리도 인정되어 있었다.

요컨대 원로원은 제국 창설자인 아우구스투스의 피를 이어받았다는 이유만으로 25세도 채 안된 젊은이에게 상징적인 존칭만이 아니라 군사적인 최고통수권과 정치적 권력까지 모두 부여했다. 광대한 로마 제국의 통치를 완전히 위탁한 것이다.

그로부터 다섯 달 뒤에 칼리굴라가 스물다섯번째 생일을 맞자, 원로원은 또 하나의 선물을 주기로 의결했다. 그것은 '국가의 아버지'라는 존칭이었다.

율리우스 카이사르는 암살당하기 몇 달 전에 55세의 나이로 이 존칭을 받았다.

아우구스투스가 '국가의 아버지'가 된 것은 제국 통치의 최고책임자로서 30년 세월을 보낸 61세 때였다.

티베리우스는 치세 기간 동안 이 존칭을 세 차례나 증정받았지만, 세 번 다 사양하고 받지 않았다.

이런 영예를 칼리굴라는 25세 생일에 증정받고, 그것을 당연하다는 듯이 받아들였다. '국가의 아버지'라는 존칭만은 원로원이 마음대로 결정하지 못하고, 시민의 요망이 있어야만 비로소 그 요망을 받아들이는 형태로 증정을 결의하는 것이 관례였기 때문에, 이것도 역시 제국 전체가 칼리굴라를 지지했다는 증거였다.

즉위한 지 얼마 되기도 전에 원로원과 시민들에게 이런 대권과 영예를 받은 칼리굴라는, 통치가 어떤 것인지는 몰랐다 해도, 티베리우스의 통치 후반기를 제 눈으로 보았기 때문에 어떤 통치를 하면 사람들의 불만을 사는지는 완벽하게 이해하고 있었다.

자기가 원한 것도 아닌데 대권과 영예를 차례로 증정받은 칼리굴라는 원로원에서 '시정(施政) 연설'을 하면서, 티베리우스 시대와는 정반대의 통치를 하겠다고 선언했다. 물론 원로원 의원들도 일반 시민들도 이 선언에 박수갈채를 보냈다. 칼리굴라는 상당한 웅변가이기도 했기 때문에, 연설 내용과 더불어 듣는 사람의 귀를 즐겁게 해주었다. 젊은 황제가 약속한 것은 다음과 같았다.

(1) 정치적 이유로 본국에서 추방된 자에게는 모두 귀국을 허락한다.

(2) 통칭 '밀고자'(델라토르)라고 불리는 정보원 제도를 완전 폐지하고, 앞으로 밀고하는 자는 엄벌에 처한다.

이로써 황제가 제국 전역에서 정보를 수집하는 체계까지 폐지되고 말았지만, 그 폐해를 깨달은 사람은 당시에는 아무도 없었다. 칼리굴라의 '시정 연설'은 계속된다.

(3) 티베리우스는 해마다 로마 중앙정부의 요직인 집정관, 법무관, 회계감사관, 안찰관을 원로원에서 선출하도록 규정을 바꾸었지만, 이것을 다시 원래대로 민회에서 선출하게 한다.

본국 이탈리아만 해도 유권자 수가 500만 명을 넘는다. 이런 상황에서 직접선거는 유명무실해진 지 오래다. 따라서 칼리굴라가 겉으로 내세운 명분은 유권자를 존중한다는 것이었지만, 정치적 이유 때문에 그런 약속을 한 것은 아니었다. 원로원 의원들이 호선하면 선거운동을 할 필요가 없지만, 민회에서 선출하면 선거운동이 필요해진다. 선거운동이란 유권자를 초대하여 향응을 베풀거나 인기를 얻기 위해 검투사 시합을 후원하는 것이었다. 그 비용을 생각하며 후보자들은 씁쓸한 표정을 지었겠지만, 후보자가 될 걱정이 없는 일반 시민들이 이 공약을 열렬히 환영한 것은 당연하다.

(4) 평판이 나쁜 세금은 폐지한다.

세금은 무엇이든 다 평판이 나쁜 법이지만, 칼리굴라가 폐지하겠다고 선언한 것은 1퍼센트의 매상세였다. 그가 내세운 이유는 매상세가 경제활동에 걸림돌이 된다는 것이었다. 이 세금은 아우구스투스가 방위비 재원을 확보하기 위해 신설했고, 티베리우스도 이 세금을 폐지하거나 줄이라는 목소리가 높았는데도 끝까지 지킨 세금이었다. 칼리굴라는 이 매상세를 폐지하겠다고 선언했지만, 그것을 대신할 재원에 대해서는 한마디도 언급하지 않았다. 아마 그런 것은 생각지도 않았을 것이다.

(5) 티베리우스가 반사회적 언사를 농했다는 이유로 본국에서 추방한 작가들의 귀국을 허락하고, 그들의 작품을 간행하는 것도 허락한다.

이 작가들이 누구이며 작품은 무엇이었는지를 알려주는 사료는 없다.

(6) 역시 티베리우스가 추방한 배우들의 귀국을 허락한다.

티베리우스는 '팬' 끼리의 충돌로 일어나는 혼란을 싫어하여, 그 원인 제공자인 유명 배우들을 본국 이탈리아에서 추방했다.

(7) '제일인자'는 수도 로마에 살면서 원로원 회의에 반드시 출석한다.

이래서는 원로원 의원들한테서도 일반 대중한테서도 호평을 받은 게 당연하다. 선황 티베리우스는 생각도 하기 싫은 존재처럼 완전히 잊혀지고 말았다. 티베리우스는 시체가 되어 로마로 돌아온 지 닷새 만에 화장되어 '황제묘'에 묻혔지만, 그때쯤에는 그가 죽은 직후에 사람들이 외쳤던 "티베리우스를 테베레 강으로!"를 입밖에 내는 사람은 아무도 없었다. 국장은 맑은 겨울날처럼 조용한 분위기에서 순조롭게 끝났다. 엄격하고 고독했던 티베리우스의 최후에 어울리는 장례식이었다. 장례식이 이처럼 조용히 치러진 것은 모든 사람이 무관심해진 증거였다.

유언도 시민과 병사들에게 나누어주는 유증금 외에는 모두 무시되었다. 칼리굴라가 무시한 게 아니라 원로원이 무시했다. 티베리우스는 칼리굴라와 손자인 게멜루스에게 제위 계승권을 균등하게 남겼지만, 원로원은 칼리굴라 한 사람에게만 계승권을 인정했다. 칼리굴라가 오히려 제위 계승권을 인정받지 못한 게멜루스를 양자로 삼았을 정도였다. 황제의 양자가 된다는 것은 다음 제위를 이을 첫번째 후보라는 의미를 갖는다. 원로원은 모든 점에서 티베리우스를 잊고 싶었다. 칼리굴라에게 성급하게 기울어진 것도 티베리우스에 대한 증오심의 반동이었다. 칼리굴라는 이것도 완전히 알고 있었다.

우리는 황제도 국왕도 대관식을 거쳐 즉위하는 거라고 생각한다. 그런데 로마 황제에게는 대관식이라는 게 없다. 로마 제정은 아우구스투스의 심모원려에 따라 독특한 형태를 갖고 있었기 때문에, 황제는 표면상으로는 시민 중의 제일인자에 불과하고, 따라서 다른 시민들과 뚜렷이 구별되는 '관'(冠)이 없다. 로마 황제는 '무관의 제왕'이라고 생각하면 이해하기 쉽다. 화폐에 새겨진 황제의 옆얼굴도 그 절반은 머리에 아무것도 쓰지 않은 '무관의 제왕'의 모습이다.

그렇긴 하지만 로마 황제는 대관식을 거쳐 즉위하는 다른 나라의 왕이나 군주보다 권위와 권력이 훨씬 강대하다. 황제의 조상(彫像)을 만들거나 화폐에 새길 때, 머리 위에 아무것도 없으면 곤란한 경우도 많다. 로마 화폐는 로마 제국만이 아니라 그 주변의 야만족들도 탐내고 있었다. 신용할 수 있는 국제 화폐이기도 했기 때문이다. 그래서 로마 황제는 종종 월계수 잎이나 떡갈나무 잎으로 장식한 월계관이나 시민관을 쓴 모습으로 표현된다. 실제 잎사귀로 만든 것이든 잎사귀를 본뜬 금관이든, 그것은 관이라기보다는 나뭇잎으로 장식한 리본 같은 느낌을 준다. 목덜미에 리본의 매듭 부분이 오기 때문에, 사내답게 굵은 목덜미에 리본을 묶는 것은 위엄을 갖추어야 하는 황제에게는 어울리지 않는다. 그래서 황제가 차츰 오리엔트 색채를 강하게 띠게 되는 제정 후기에는 '관'의 형태도 바뀌지만, 제정 초기와 중기에는 리본 스타일이 지배적이었다. 하지만 무엇 때문인지 이 리본식 '관'이 그들에게는 잘 어울린다. 그리고 대관식도 없이, 원로원과 시민이 승인하면 그때부터 치세가 시작된다는 것도 합리적인 로마인다웠다.

그래서 칼리굴라의 경우도 대관식이나 즉위식을 거행하지는 않았지만, 그가 로마로 돌아오기도 전에 원로원이 그에게 전권을 수여한 3월 18일을 치세의 시작으로 본다. 원로원에서 '시정 연설'을 끝내고 선황의 장례식도 치른 뒤 새 황제가 맨 먼저 한 일은 전통적으로 가족을 중시하는 일반 로마인의 공감을 불러일으키지 않을 수 없는 일이었다.

젊은 황제는 태풍이 다가오고 있다는 보고에도 귀를 기울이지 않고, 로마 외항인 오스티아에 준비해둔 배에 오른다. 바람이 거세지고 있는 것도 아랑곳하지 않고 배를 출항시켰다. 목적지는 벤토테네 섬과 폰차 섬이었다. 유배중에 거기서 사망한 어머니 아그리피나와 형 네로 카이사르의 유해를 가지고 돌아오는 것이 목적이었다.

유해 단지를 품에 안고 로마로 돌아온 칼리굴라를 맞이한 것은 시민들의 눈물과 열광이었다. 눈물은 비명에 죽은 게르마니쿠스의 아내와 아들에게, 열광은 가족을 생각하는 젊은 최고권력자에게 바치는 공감의 표현이었다. 두 사람의 유해는 '황제묘'에 매장되었다. 그리고 칼리굴라는 이 일을 새긴 화폐를 발행했다. 이 일의 정치적 의미를 그가 충분히 알고 있었다는 증거다.

이를 계기로 칼리굴라는 쇠사슬에서 해방되었다. 하지만 티베리우스라는 쇠사슬에서 풀려난 것은 칼리굴라만이 아니라 원로원과 시민도 마찬가지였다. 나는 이것이 향후 칼리굴라의 통치를 이해하는 열쇠이기도 하다고 생각한다.

성장 과정

칼리굴라가 티베리우스한테서 물려받은 것은 안팎으로 적이 없는 평화로운 제국과 건전한 국가 재정과 막대한 흑자였다. 로마 제국은 이제 외적이 침입할 우려도 없고, 내부의 적도 싹이 자라기 전에 제거되었다. 또한 티베리우스는 세금을 인상하지도 않고 신설하지도 않은 채 건전한 국가 재정을 이룩하여, 필요한 비용을 지출하고도 2억 7천만 세스테르티우스나 되는 자금을 저축할 수 있었다. '쇠사슬에서 풀려나다'라는 의미를 가진 낱말은 라틴어에도 있고, 라틴어의 맏아들이라 해도 좋은 이탈리아어에도 있는데, 낱말이 대개 그렇듯이 이 낱말도 몇 가지 파생적인 의미를 갖고 있다. 그것은 '제멋대로 하다'와 '제정신이 아니다'라는 뜻이다.

그러나 칼리굴라의 반생을 생각해보면, 그가 쇠사슬에서 풀려난 해방감을 만끽하며 앞으로는 자기 마음대로 할 수 있다고 생각한 것도 무리는 아니었다. 25세의 나이에 이미 그의 반생은 파란의 연속이었다.

그는 아우구스투스가 타계하기 2년 전인 서기 12년 8월 31일 로마에서 남쪽으로 50킬로미터 떨어진 안티움(오늘날의 안치오)에서 태어났다. 안치오는 오늘날 어촌에 불과한 작은 도시지만, 고대에는 로마 상류층의 호화 별장들이 늘어서 있는 우아하고 아름다운 해변도시였다. 칼리굴라의 다음다음 황제가 되는 네로도 여기서 태어났다. 로마에서 갈 때는 외항 오스티아에서 배를 타면 금방이고, 아피아 가도를 따라 내려오다가 도중에 남쪽으로 뻗은 길을 따라가면 금방 도착할 수 있으니까, 교통도 편리했다.

어린 시절의 칼리굴라는 어린 시절의 아우구스투스를 닮은 사랑스러운 아이였다고 한다. 아우구스투스는 그런 칼리굴라를 본뜬 상을 자기 방에 놓아두고, 귀가할 때마다 거기에 입을 맞추었다고 할 정도였다. 아우구스투스에게 칼리굴라는 손녀 아그리피나의 아들이니까 증손자가 된다.

그러나 칼리굴라는 안치오에도 로마에도 오래 있지 못했다. 남편의 임지에 늘 따라가는 어머니 품에 안겨 머나먼 북국의 라인 강 연안에 있는 군단 기지로 가게 되었기 때문이다. 그가 로마를 떠난 것은 두 살도 안되었을 때였다. 그후 한 달도 지나기 전에 외증조부 아우구스투스가 세상을 떠나고, 황제는 티베리우스로 바뀌었다.

이를 계기로 라인 강 방위를 맡은 로마 군단에서 폭동이 일어난 것에 대해서는 티베리우스를 다룰 때 이야기했다. 두 살바기 칼리굴라의 존재가 폭동을 진압하느라 악전고투를 하고 있던 아버지 게르마니쿠스를 곤경에서 구해주는 실마리가 된 것도 이미 이야기했다. 두 살부터 네 살까지 칼리굴라는 군단 기지에서 군단병들의 마스코트로 자랐다. 누구나 그를 본명 가이우스가 아니라 애칭인 칼리굴라로 부르게 된 것도 이 무렵부터였다.

그는 5세가 되기 조금 전에 부모와 함께 로마로 돌아왔다. 아버지 게르마니쿠스가 개선식을 거행하게 되었기 때문이다. 개선식은 수도에서 거행하는 것이 관례였다. 로마 전체를 열광시킨 5월 26일의 개선식에서 칼리굴라의 아버지는 네 필의 백마가 끄는 전차를 몰았고, 칼리굴라는 두 형—10세인 네로 카이사르와 9세인 드루수스 카이사르—과 함께 이 전차에 동승했다. 당시 30세였던 게르마니쿠스는 시민들의 인기를 한몸에 모았지만, 화목한 가정의 아버지라는 것도 인기를 얻은 원인이었다.

그해 말에 오리엔트로 임지가 바뀐 아버지를 따라 5세의 칼리굴라도 그리스를 가로질러 소아시아를 돌아서 시리아의 안티오키아까지 가는 장거리 여행을 경험했다. 남편의 임지에 늘 동행하는 아그리피나는 교육상의 이유로 위의 두 아들은 로마에 남겨두고 칼리굴라만 데려갔다.

하지만 아버지 게르마니쿠스의 지위가 높았고, 칼리굴라는 원래 호기심이 많은 성격이었기 때문에, 유람여행처럼 느긋했던 이 여행은 어린 칼리굴라에게도 유쾌했을 것이다. 임신중이었던 어머니는 여행길에 들른 에게 해의 한 섬에서 딸을 낳았다.

안티오키아에 있는 총독 관저에서의 생활은 1년도 계속되지 않았다. 이듬해 6세의 칼리굴라는 역시 부모와 함께 이집트를 여행했다. 그리고 이집트에서 시리아로 돌아온 지 반 년도 지나지 않은 서기 19년 10월 10일, 이제 갓 33세가 된 게르마니쿠스가 세상을 떠났다. 칼리굴라는 7세에 아버지를 여읜 셈이다. 게르마니쿠스의 사인이 오늘날에는 말라리아가 분명한 것으로 여겨지고 있지만, 당시에는 남편이 쓰러진 뒤 죽을 때까지 열흘 동안 병상을 지킨 아그리피나는 물론 죽어가는 게르마니쿠스 자신도 시리아 총독 피소가 독약을 먹였기 때문이라고 믿고 있었다. 피소를 사주한 것은 티베리우스라고 믿어 의심치 않는 어머니와 함께 어린 칼리굴라는 배를 타고 로마로 돌아온다.

하지만 로마의 지도자 계급에서 태어난 아이들에게 아버지를 일찍 여의는 것은 드문 일이 아니다. 아버지들은 일찍 죽거나 공무로 해외에 나가 있는 것이 보통이고, 아이들의 양육은 대개 본국에 남아서 집을 지키고 있는 어머니의 역할이었다. 그러나 칼리굴라의 어머니는 다른 어머니들과는 달랐다. 칼리굴라는 아버지의 유해를 품에 안은 어머니에게 이끌려 귀국한 뒤 7년 동안, 즉 7세부터 14세까지의 성격 형성기를 티베리우스에 대한 증오심으로 똘똘 뭉친 어머니 슬하에서 자랐다. 소년 칼리굴라는 법적으로는 할아버지인 티베리우스와 어머니 아그리피나의 사이가 날이 갈수록 험악해지는 가정에서 성장한 셈이다.

칼리굴라가 15세 되던 해, 티베리우스는 카프리 섬에 은둔해버린다. 그로부터 2년 뒤, 선황 아우구스투스의 미망인이자 칼리굴라의 증조모인 리비아가 세상을 떠났다. 리비아의 죽음은 아그리피나와 그 아들들에게는 티베리우스를 제지할 수 있었던 유일한 인물이 사라진 것을 의 미했다.

그해에 칼리굴라의 어머니 아그리피나와 맏형 네로 카이사르는 국가 반역죄로 기소되어 유죄판결을 받고, 각각 벤토테네 섬과 폰차 섬으로 유배를 떠난다. 그 이듬해에는 둘째형 드루수스 카이사르도 같은 죄로 황궁 지하실에 유폐되었다.

어머니가 유배된 뒤 칼리굴라는 할머니 안토니아에게 맡겨진다. 안 토니아는 그 이름으로도 알 수 있듯이 클레오파트라에게 매혹되어 조 국 로마를 배반한 마르쿠스 안토니우스와 아우구스투스의 누나 옥타비 아 사이에서 태어나, 티베리우스의 동생인 드루수스에게 시집간 여인 이다. 화려한 것을 좋아하는 아버지보다 견실한 어머니의 성품을 물려 받았는지, 젊은 나이에 미망인이 된 뒤에도 재혼도 하지 않고 뜬소문 한번 나지 않았다. 아우구스투스와 티베리우스도 그 점을 높이 사서, 안토니아의 저택은 로마에 볼모로 온 속국(로마 쪽 표현으로는 동맹 국) 왕자들의 거처가 되어 있었다. 따라서 그 집에 맡겨진 칼리굴라에 게는 트라키아 왕자나 유대 왕자 등 국제적 색채가 풍부한 학우 겸 놀 이 친구가 생기게 되었다. 17세부터 19세까지의 이 2년이 칼리굴라에 게는 가장 행복한 시기가 아니었을까. 이런 외국 왕자들한테서 칼리굴 라는 큰 영향을 받았다. 이 무렵 폰차 섬에 유배되어 있던 맏형 네로 카이사르가 죽었다.

서기 31년, 티베리우스 황제는 근위대장 세야누스를 숙청하기 직전 에 칼리굴라에게 카프리 섬으로 오라고 명령했다. 이 카프리 섬에서 칼리굴라는 성년식을 치렀다. 성년식을 치른 뒤에는 토가(긴 옷)를 입 는 것이 허용되는데, 19세는 보통 사람들과 비교해도 늦은 편이다. 대 개는 16세, 늦어도 17세에는 성년식을 치러야 한다. 하지만 칼리굴라 가 성년식을 치를 나이가 되었을 무렵, 친권자인 어머니 아그리피나는—티베리우스의 고발 이유를 믿는다면—반(反)티베리우스파를 결성하느라 분주했다. 어쩌면 그것 때문에 어머니는 셋째아들의 성년식을 깜박 잊어버리고 있었는지도 모른다.

어쨌든 늦은 성년식을 치른 자 2년 뒤, 21세의 칼리굴라는 회계감사관에 선출되었다. 로마의 지도자 계급에서 태어난 사람의 책무인 공직 경력에 첫발을 내디딘 것이다. 그해에 칼리굴라는 첫 아내를 맞았다. 같은해 초에는 팔라티노 언덕의 황궁 지하실에 유폐되어 있던 둘째형 드루수스 카이사르가 죽고, 가을에는 벤토테네 섬에 유배된 어머니 아그리피나가 죽었다.

첫 아내와의 결혼생활은 3년밖에 지속되지 않았다. 서기 36년, 로마의 일곱 언덕 가운데 하나인 아벤티노가 완전히 불타버린 해에 젊은 아내는 아이를 낳다가 세상을 떠났다. 아이도 살아나지 못했다.

그로부터 몇 달 뒤인 서기 37년 3월 16일, 티베리우스 황제가 죽었다. 25세도 채 안된 젊은이는 독신에 자식도 없는 홀가분한 상태에서 모든 권력과 만인의 경애를 한몸에 받게 되었다. 그리고 이 젊은 최고 권력자는 전임자처럼 사람들의 비난을 감수하면서까지 로마 제국의 국익을 생각하는 마음은 추호도 없었다. 아니, 이렇게 말해버리면 칼리굴라가 무책임했다는 이야기가 된다. 칼리굴라는 조금도 무책임하지 않았다. 대중이 무엇을 원하고 있는지를 이해하고, 그것을 만족시켜주려고 애썼을 뿐이다. 문제는 국가 재정이 그것을 허락하느냐 아니냐였다. 하지만 즉위한 직후의 칼리굴라에게는 티베리우스가 남겨준 2억 7천만 세스테르티우스의 흑자가 있었다.

치세의 시작

칼리굴라가 원로원과 시민한테 전권을 부여받고 황제가 된 직후 1퍼센트의 매상세(오늘날의 소비세)를 완전 폐지하겠다고 공표한 것은 앞에서 이야기했다. 당장 폐지한 게 아니라 서기 37년에는 0.5퍼센트로 내리고 서기 38년부터 완전 폐지하기로 한 모양이지만, 어쨌든 세금이 폐지되는 것이니까 다들 박수갈채로 맞이한 것은 두말할 나위도 없다.

이어서 6월 1일, 티베리우스의 유언에 따라 하층 시민과 병사들에게 유증금이 분배되었다. 일인당 300세스테르티우스다. 7월 19일에는 리비아의 유증금이 분배되었다. 리비아의 유언 집행인이었던 티베리우스가 집행을 게을리하고 있다가 이제야 분배된 것이다. 금액은 역시 300세스테르티우스였다. 이 두 차례에 걸친 유증으로 병사들은 1년치 봉급의 절반이 넘는 보너스를 받은 셈이다.

그러나 이것은 리비아와 티베리우스의 사유재산에서 지출되는 것이므로 국고에서는 한푼도 나가지 않는다. 그런데 이 두 사람의 유산 상속인은 칼리굴라였다. 공인이었던 티베리우스의 유산을 시민과 병사들에게 나누어준 것은 그렇다 쳐도, 리비아의 유언까지 실행한 칼리굴라를 세상 사람들은 축재에 무관심하고 공공심이 넘치는 황제로 생각했다.

8월 31일에 맞이한 칼리굴라의 생일은 당연히 온 백성의 경사가 되었다. 칼리굴라는 이날을 단순한 생일로 만들지 않았다. 건물이 완성된 뒤에도 아직 봉헌식을 치르지 않은 아우구스투스 신전의 봉헌식을 그날 거행한 것이다. 봉헌식은 최고제사장을 겸임하는 황제가 거행하도록 되어 있다. 하지만 티베리우스는 수도 로마로 돌아오기가 싫어서 계속 미루고 있었다. 그런데 이제 칼리굴라가 아우구스투스 신전의 봉헌식을 거행하자, 원로원과 시민들은 티베리우스의 치세를 뛰어넘어 아우구스투스에서 곧장 칼리굴라로 제위가 계승된 듯한 인상을 받았다. 이런 분위기에서는 자신의 즉위일인 3월 18일을 국경일로 삼고 싶다는 칼리굴라의 요망이 원로원과 시민들의 열광적인 찬성으로 실현된 것도 당연하다. 이런 흐름을 타고, 9월 27일에 원로원은 시민들의 요망을 받아들여 '국가의 아버지'라는 존칭을 칼리굴라에게 정식으로 부여하기로 의결했다. 물론 칼리굴라는 그것을 당연한 것으로 받아들인다. 25세의 젊은이는 율리우스 카이사르와 아우구스투스라는 두 명의 '신격'과 거의 맞먹는 영예까지 얻은 셈이다.

칼리굴라가 로마에 들어온 3월 28일부터 '국가의 아버지'가 된 9월 27일을 지나 10월 말까지 7개월 동안 수도 로마는 날마다 명절 같은 분위기였다. 날마다 어딘가에서 검투사 시합이나 전차경주나 체육대회가 열리고, 연극이 상연되었다. 신전에서는 칼리굴라의 치세가 태평하기를 기원하며 신들에게 제물을 바치는 의식이 거행되었다. 평소에 입는 자연색의 투니카(짧은 웃옷)를 하얗게 표백하거나 물들인 축제용 투니카로 갈아입은 서민들도 그 행사에 참석하고, 여자나 아이들은 머리에 화관을 쓰고 거리를 누빈다. 운동경기에 열광하고, 시합 때는 자기가 좋아하는 선수에게 성원을 보내고, 기진맥진하여 집으로 돌아간다. 그래도 모두들 행복한 얼굴이었다. 길고 혹독한 겨울이 지나고 마침내 봄이 찾아왔기 때문이다. 다만 이 '봄'은 막대한 국고 손실을 수반할 수밖에 없었다.

중병

10월. 이제까지 무슨 일이 있을 때마다 민중 앞에 나타나 사람들의 환호를 받곤 했던 칼리굴라가 갑자기 모습을 감추었다.

칼리굴라는 아직 젊고, 호리호리한 체격이지만 건강해서 이제껏 한 번도 앓아누운 적이 없었다. 그런데 고열로 쓰러져 일어나지 못하고 있다는 것이다. 모두 깜짝 놀랐다. 내 짐작으로는 황제가 된 흥분과 그후 7개월 동안 밤낮으로 계속된 축제 소동이 그 원인이 아닐까 싶지만, 칼리굴라가 고열로 쓰러졌다는 말을 들은 사람들은 그의 아버지인 게르마니쿠스의 죽음을 떠올리고 소스라치게 놀랐다. 수도 로마와 본국 이탈리아는 물론 먼 속주에서도, 심지어는 일신교를 믿기 때문에 황제에게 충성을 맹세하지 않고 그래서 로마의 병역도 면제받고 있는 유대인들까지도 칼리굴라의 쾌유를 빌며 제물을 바칠 정도였다.

즉위한 지 7개월 동안 보너스를 나누어주고 축제와 볼거리를 제공하는 일밖에 하지 않은 칼리굴라가 무엇 때문에 이렇게 사람들의 호의를 얻을 수 있었을까. 이집트 수도 알렉산드리아에 있는 유대인 사회의 지도자이며 '유대의 플라톤'이라고 불릴 만큼 학식이 높았던 필로의 말이 이 의문에 대답해줄 것이다.

"칼리굴라가 중병에 걸렸다는 소식은 당장 제국 전역에 퍼졌다. 이 소식을 전해들은 사람들은 어제까지의 인생을 가득 채우고 있던 좋은 즐거움만이 아니라 도박 같은 나쁜 즐거움까지도 모두 포기해버렸다. 그 대신 집과 거리를 가득 채운 것은 불안과 걱정, 낙담과 실의였다. 마치 제국 전체가 그와 함께 병으로 쓰러진 것 같았다. 하지만 칼리굴라를 덮친 병보다 제국 전체를 덮친 이 병이 더 중증이었다. 칼리굴라의 병은 육체에만 타격을 주는 병이지만, 제국 전체를 덮친 병은 모든 것에 타격을 주는 병이었기 때문이다. 기력, 평화, 희망, 행복을 얻고 누릴 수 있다는 확신. 이 모든 것을 내일부터 박탈당하지나 않을까 하는 불안과 걱정이 사람들을 병자로 만들었다. 어제까지의 평화와 행복 대신, 내일부터는 혼란, 기근, 전쟁, 파괴, 재산몰수, 무법상태에서의 살인과 납치가 횡행하지 않을까. 농경지는 경작할 사람이 없어서 황폐해지고, 노예로 태어나지 않은 사람들까지 노예화하고, 마지막에는 불행을 탄식하면서 죽게 되지 않을까.

이런 불행에 다시 빠지는 것에서 벗어날 수 있는 길은 오직 칼리굴라의 회복뿐이었다. 로마 제국에 사는 사람들은 누구나 그것을 느끼고 있었다.

로마에서 온 나그네가 도착하면, 어느 도시에서나 사람들이 맨 먼저 묻는 것은 칼리굴라의 안부였다. 칼리굴라가 차츰 회복되고 있다는 것을 알았을 때 사람들은 너나없이 모두 거리로 뛰쳐나가 춤을 추었다. 칼리굴라의 쾌유는 제국 전역의 사람들에게는 장래에 대한 불안이 사라진 것을 의미했기 때문이다."

로마 제정이 사람들에게 무엇을 베풀어주었는가를 이 유대인의 언급만큼 잘 보여주는 것도 없다. 율리우스 카이사르가 청사진을 그리고, 그 청사진에 따라 아우구스투스가 구축하고, 티베리우스가 튼튼한 반석으로 만든 제정 로마. 칼리굴라가 물려받은 것은 바로 이 로마였다. 피지배자들까지도 칼리굴라의 회복을 기원한 것은 그의 죽음이 곧 제정 로마의 죽음이 되지 않을까 하고 우려했기 때문이다. 즉위한 지 7개월 동안 정치는 하나도 하지 않았으니까, 제국 전체가 그의 쾌유를 기원한 것은 황제로서의 업적을 평가했기 때문은 아니다. 그것은 칼리굴라가 제정 로마를 상징하는 구체적인 존재였기 때문이다. 그리고 정치를 '하나도 하지 않은' 것도 결과적으로는 오히려 다행이었다.

칼리굴라는 즉위할 때 티베리우스와는 정반대의 정치를 하겠다고 선언했지만, 그 정치는 세금 폐지나 축제나 볼거리 등 자신의 인기를 높여주는 '화려한' 일에만 한정되었고, 속주 통치나 변경 방위 등 일반 서민들의 관심을 끌지 않는 '수수한' 분야에서는 티베리우스의 방식을 조금도 바꾸지 않았다. 수도 로마가 축제 소동으로 7개월을 보내도, 속주나 제국 방위선에서는 티베리우스가 등용한 사람들이 미동도 하지 않고 제국을 지키고 있었다. 역사가 몸젠의 말을 빌리면 '티베리우스의 문하생'들이다. 칼리굴라도 만년의 티베리우스와 카프리 섬에서 6

년 동안 함께 살면서 이 문제의 중요성을 배운 게 아닌가 싶다. 총독이나 군단장을 임명하는 것만큼 권력을 실감케 해주는 것도 없다. 따라서 인사권을 쥔 사람이 바뀌면 그 아랫사람들도 모두 바뀌게 된다. 그런데도 칼리굴라는 4년이 채 안되는 짧은 치세이긴 했지만 티베리우스가 임명한 사람들을 거의 바꾸지 않았다. 칼리굴라가 권력 과시를 무척 좋아했다는 사실을 생각하면, 이것은 참으로 예외적이고 제국에는 다행한 일이었다.

서기 37년 가을에 걸린 중병을 전후하여 칼리굴라의 성격이 완전히 달라졌다고 주장하는 역사가가 많지만, 나는 그렇게 생각지 않는다. 병에 걸리기 전에는 하고 싶어도 조심스러워서 망설인 일을 병에서 회복된 뒤에는 거리낌없이 하게 되었을 뿐이다.

칼리굴라는 사람들에게 인기가 없어서 고독에 시달린 만년의 티베리우스를 가까이에서 지켜보았다. 그런 고통만은 결코 맛보고 싶지 않다고 생각했을 것이다. 25세도 채 안된 젊은 나이에 황제가 된 칼리굴라는 섬세하고 남에게 영향을 받기 쉽고 상처받기 쉬운 성격을 갖고 있었다. 불면증은 늘 그를 괴롭혔다. 그런 칼리굴라가 이제 모든 것을 갖고 있었다. 권위와 권력, 지배자인 그에게는 피지배자인 다른 민족의 애정까지도.

모든 것을 소유하고 있는 사람에게 가장 큰 두려움은 지금 소유하고 있는 것을 잃는 것이다. 사람들이 바치는 애정을 거부한 티베리우스와는 달리, 칼리굴라는 그 애정을 잃지 않으려고 전력을 기울이게 된다. 그리고 제국 전역에서 사람들이 그의 쾌유를 빌며 제물을 불태웠을 때, 그 연기와 냄새는 그때까지의 조심스러움을 떨쳐버릴 용기를 그에게 주었을 것이다. 병에 걸리기 전에 하고 싶은 일을 망설인 것은 그것이 사람들의 호평을 얻을 수 있을지 없을지 몰랐기 때문이 아니라 단지 세간의 반응을 염려했기 때문이지만, 이제 세간은 칼리굴라를 따르고 있는 게 분명했다.

완쾌한 최고권력자가 맨 먼저 한 일은 자신의 양자로 삼았던 게멜루스를 죽인 것이었다. 선황 티베리우스의 유언으로 칼리굴라와 동격의 계승권을 부여받은 게멜루스는 티베리우스가 죽은 지 8개월도 지나기 전에 제거되었다. 황제의 완쾌를 기뻐한 세상 사람들은 25세의 황제가 18세의 제위 계승자를 죽인 것을 완전히 묵인했다.

신으로

서기 37년 겨울부터 38년 초여름까지 7개월 동안이 젊은 최고권력자가 가장 권력에 도취할 수 있었던 시기였으리라. 그런데 25세의 칼리굴라가 생각한 '권력'은 카이사르나 아우구스투스나 티베리우스가 생각한 '권력', 다시 말해서 로마적인 권력이 아니라, 소싯적의 학우이자 친구이기도 했던 오리엔트 왕자들이 가르쳐준 동양적인 권력이었다.

오리엔트 전제군주의 아들인 그들이 고국으로 돌아가 왕위에 오르면, 그 머리 위에는 왕관이 빛난다. 왕으로 불리고, 신민들도 그 앞에 엎드려 머리를 조아린다. 그런데 그들을 고국으로 돌려보내 왕위에 앉히느냐 마느냐의 열쇠를 쥐고 있는 칼리굴라는 '무관'이다. '황제'라고 부르는 것은 병사들뿐이고, 일반 시민들조차도 '제일인자'라고밖에 불러주지 않는다. 하물며 엎드려 머리를 조아리는 것 따위는 아무도 생각조차 하지 않는다. '무관의 제왕'은 아우구스투스가 전제군주제에 친숙한 오리엔트(동방)와는 다른 역사와 전통을 가진 오키덴트(서방)를 고려하여 창설한 '로마 특유의 황제' 형태다. '무관'이기 때문에 오히려 '유관'의 왕보다 상위에 있는 것이지만, 그 의미를 이해하지 못한 칼리굴라는 '관'이 있고 없음의 차이에만 불만을 품었다.

이 차이—칼리굴라의 생각으로는 불공정—를 해소할 수 있는 방법으로 그가 생각해낸 것이 바로 왕보다 위에 있는 신이 되자는 것이었다. 그것도 로마적인 다신교 신들 가운데 하나가 되는 게 아니었다. 그리스나 로마의 다신교에서는 신들에게 계급이 있어서, 최고신 유피테르(그리스의 제우스)와 바다의 신 넵투누스(포세이돈), 그리고 여신인 유노(헤라)와 미네르바(아테네)와 베누스(아프로디테), 남신인 마르스(아레스)와 아폴로(아폴론)가 일급 신으로 되어 있다. 죽은 뒤에 신격화한 카이사르와 아우구스투스도 신으로서는 2급 내지 3급의 지위를 감수해야 한다. 칼리굴라는 자기한테는 신격 아우구스투스의 피가 흐르고 있기 때문에 자기도 역시 신이라고 생각했지만, 3급 신으로 참을 생각은 없었다. 그렇다고 해서 일신교의 신이 되려고 한 것은 아니다. 칼리굴라도 그리스-로마 문명의 아들이었다. 그가 바란 것은 최고신 유피테르와 동일시되는 것이었다.

그리스나 로마의 신들을 조각할 때는 벌거벗은 상반신에 맨발을 드러낸 모습으로 표현한다. 실존 인물도 신격화한 모습으로 표현하고 싶을 때나 죽은 뒤에 제작된 작품이라는 것을 보여주고 싶을 때는 벌거벗은 상반신에 맨발을 드러낸 모습으로 표현하거나, 유명한 '프리마포르타의 아우구스투스상'처럼 갑옷을 입은 차림이라도 맨발로 표현한다. 칼리굴라는 신격화되지도 않았고 아직 살아 있는데도, 그런 모습으로 사람들 앞에 나타났다.

벌거벗은 상반신과 맨발에다 제우스를 흉내내어 머리와 수염을 황금빛으로 물들인 모습으로 원로원에 나타난 칼리굴라를 보고 아연실색한 의원들은 벌어진 입을 다물지 못했다. 때로는 투니카 위에 오리엔트식으로 보석을 수놓은 망토를 걸치고 대중 앞에 나타난다. 제우스 신의 상징인 황금 번개를 손에 들고 등장할 때도 있었고, 포세이돈을 흉내 내어 삼지창을 든 모습으로 나타난 적도 있었다. 현대의 우리는 대중 스타나 그들을 흉내내는 젊은이들의 기발한 차림에 익숙해져 있어서 놀라지도 않지만, 로마 지도자의 이상적인 모습은 '실질강건'이었고 행동거지도 진중해야 한다. 원로원 의원들은 아연실색했지만, 일반 시 민들도 깜짝 놀랐다. 중병으로 머리까지 이상해진 게 아닐까 하고 의 원들은 생각했다.

그런데 당초에는 세간의 평판이 나쁘지 않았다. 젊은이나 서민들은 "재미있잖아" 하면서 박수갈채를 보냈다. 칼리굴라는 젊은이나 서민들 과 취향도 비슷했다.

쾌락

칼리굴라가 해금한 오락을 대표하는 것은 검투사 시합과 전차경주 다. 둘 다 서민들이 열광하는 경기였다.

프로 검투사 중에는 노예 출신도 있었다. 이들이 1 대 1로 겨루는 검투사 시합은 에트루리아 민족의 스포츠였다지만, 에트루리아가 로마 의 패권 밑에 들어온 이후 이 경기도 로마에 수입되었다. 검투사 시합 은 어느 한쪽의 죽음으로 끝나는 경우가 많은데, 이 스포츠에 대한 로 마인들의 태도는 세 부류로 나눌 수 있다. (1) 잔혹해서 싫다. (2) 잔 혹함보다 검투사의 기량을 감상할 수 있어서 좋다. (3) 잔혹하기 때문 에 좋다. 개인적인 기호와는 관계없이 민심을 잡기 위한 수단, 즉 인 기를 얻기 위한 방책으로 검투사 시합을 활용한 카이사르나 아우구스 투스는 제쳐놓고, (1)의 대표적인 예는 티베리우스, (2)에 속하는 사 람은 키케로나 세네카나 소(小)플리니우스 같은 지식인, 로마의 서민 들과 칼리굴라는 (3)이었다.

칼리굴라의 발안으로 프로 검투사의 1 대 1 시합이 프로 검투사와 아마추어인 중죄인의 대결로 바뀌었다. 칼싸움 기술을 전혀 훈련받지 않은 사람이 시합에 나서면 경기는 더욱 잔혹해진다. 서민들이 여기에 열광한 것은 당연했고, 그 경기의 후원자는 칼리굴라였다.

전차경주는 네 필의 말이 끄는 화려한 전차를 누가 빨리 모느냐를 겨루는 경기이기 때문에, 아무나 할 수 있는 스포츠가 아니다. 경제적으로도 상당한 비용이 들 뿐 아니라, 네 필의 말을 한꺼번에 다루려면 고도의 기술이 필요하다. 그래서 로마에서는 부유층에 속하고 말을 모는 데에도 익숙한 사람이나 팀을 짜서 영업하는 사람들이 이 경주에 참가했다. 오늘날로 치면 자동차경주의 '포뮬러 원' 경기와 비슷하다.

영업을 목적으로 하는 경우에는 자금을 대는 '오너', 전차나 말을 정비하는 사람들, 전차를 몰고 직접 경기에 출전하는 마부가 한 팀을 이룬다. 팀은 4개가 있어서, 각각 초록색과 파란색, 흰색, 빨간색으로 구분되어 있었다. 칼리굴라는 '초록' 팀의 열렬한 팬으로서, 시합이 끝난 뒤 경기장 안의 마구간에서 열리는 '쫑파티'에도 으레 참석하곤 했다. '초록' 팀이 우승했을 때는 마부에게 2백만 세스테르티우스의 축하금을 하사한 적도 있다. 황제이면서 전차경주 팀의 열렬한 팬이기도 하다는 것이 서민들의 공감을 불러일으키는 면도 있었다.

그러나 '페라리'를 소유하고 있으면 자기도 직접 몰아보고 싶어지는 법이다. 그렇다고 해서 젊은 시절의 티베리우스처럼 그리스 올림피아에서 4년마다 열리는 경기대회에 참가하여 본바닥에서 기량을 겨룰 자신은 없었다. 그래서 칼리굴라는, 훗날 기독교 본산인 성 베드로 대성당이 세워지는 바티카누스(오늘날의 바티칸) 땅에 네 필의 말이 끄는 전차로도 마음껏 달릴 수 있는 개인용 경기장을 지었다. 도심에서 떨어져 있고 테베레 강을 건너야만 갈 수 있는 곳이라서 개인용 경기장을 짓는 데에도 문제가 없었다.

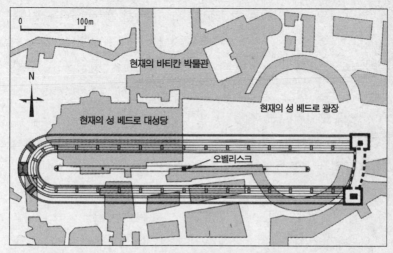

현재의 바티칸 박물관

현재의 성 베드로 대성당

현재의 성 베드로 광장

오벨리스크

0   100m

N

칼리굴라 경기장

전차경주(영화 『벤허』의 한 장면)

전차경주용 경기장(키르쿠스)과 운동경기용 경기장(스타디움)은 네 모서리를 둥글게 한 직사각형의 모양 자체는 다르지 않다. 다만 그리스식으로 한 변의 길이가 1스타디온(185미터)으로 정해져 있는 '스타디움'보다는 '키르쿠스'가 훨씬 길다. 다시 말해서 대형이다. 15만 명을 수용할 수 있었다는 '대경기장'(키르쿠스 막시무스)과는 비교할 수 없지만, 칼리굴라의 '키르쿠스'도 길이가 500미터였다. 지금 그 땅에 서 있는 성 베드로 대성당의 뒷벽에서부터 성 베드로 광장 끝에 이르는 길이다. '키르쿠스'와 '스타디움'의 두번째 차이는 중앙부에 띠 모양의 지대가 있느냐 없느냐에 있었다. '키르쿠스'는 전차가 그 주위를 몇 바퀴나 돌기 때문에 중앙부에 띠 모양의 지대가 필요했다.

기원전 30년에 클레오파트라를 격파하고 이집트를 정복한 아우구스투스는 이집트에서 오벨리스크를 가져와 '대경기장' 한복판에 세웠다. 칼리굴라도 개인용이긴 하지만 '키르쿠스'를 짓는 것이므로 그 중앙부에 있는 띠 모양의 지대 끝에는 오벨리스크가 서 있어야 한다고 생각했다. 그는 오벨리스크를 절단하지 않고 통째로 운반할 수 있는 대형 선박을 만들어, 이집트에서 로마까지 오벨리스크를 가져왔다. 칼리굴라가 하는 일은 모두 돈이 드는 일뿐이었다. 높이가 25미터나 되는 이 오벨리스크는 지금은 100미터쯤 이동하여 베드로 광장 한복판에 우뚝 서 있다.

칼리굴라 시대에는 이처럼 티베리우스 시대와는 전혀 달리 각종 오락 스포츠가 성행하게 되었지만, 이것이 '빵과 서커스'라는 이유로 악평을 받게 된다.

'빵'이란 공화정 시대부터 빈민구제를 목적으로 하는 '소맥법'에 따라 주식인 밀을 무상으로 배급하는 체제였고, 나는 이것을 사회복지정책으로 생각한다. 덕분에 굶어죽는 사람이 별로 없는 시대가 수백 년

동안이나 계속되고 있었다. 고대 로마의 정치, 특히 제정 로마의 정치
는 결코 약자를 잘라버리는 정치가 아니었다.

영어의 '서커스'는 라틴어의 '키르쿠스'에서 나온 말인데, 오늘날의
이탈리아에서 정부가 축구시합을 금지하면 그 정부가 아무리 선정을
베풀어도 전복될 게 뻔하다. 따라서 문제는 황제가 '서커스'의 스폰서
가 되는 것이 옳으냐 그르냐에 있을 뿐이지만, 일종의 포퓰리즘(인민
전체의 이익 증진을 지향하는 정치철학)으로 여겨지는 로마 제정 치하
에서는 민중이 황제에게 그것을 요구했다. 그 증거로, 그들이 원하는
것을 주지 않았던 티베리우스는 민중에게 인기가 없었다. 그때 만약
'대통령 선거'를 실시했다면 낙선했을 게 뻔하다. 따라서 문제는 '빵'
과 마찬가지로 '서커스'도 국가 재정이 허용하는 범위 안에 머무르느
냐의 여부가 아니었을까.

그러나 칼리굴라 시대의 전반에는 티베리우스가 남겨준 흑자가 있어
서, 이 문제는 절실하지 않았다. 따라서 사람들은 칼리굴라가 제공하
는 오락을 만끽하기만 하면 되었다. 만족한 사람들은 칼리굴라가 무슨
짓을 하든 너그럽게 용납해주었다.

칼리굴라는 얼마 전에 타계한 할머니 안토니아에게 '아우구스타'라
는 존칭을 주기로 결정하고, 원로원의 승인도 얻었다. 이 존칭은 아우
구스투스가 죽은 뒤 미망인인 리비아에게 주어진 전례밖에 없다. 안토
니아는 어머니가 유배당하고 어려움을 겪고 있던 사춘기 시절의 칼리
굴라를 맡아서 키워준 사람이다. 칼리굴라는 그 은혜에 보답하고 싶었
겠지만, 안토니아는 외국 여왕인 클레오파트라와 손잡고 로마에 도전
한 마르쿠스 안토니우스의 딸이다. 안토니우스를 이기고 유일한 최고
권력자가 된 뒤, 아우구스투스는 안토니아가 적의 딸이라는 사실보다
누나인 옥타비아의 딸이라는 점을 중시하여 가족으로 대우했다. 아무

리 그렇다 해도, 여자의 존칭인 '아우구스타'는 남자의 존칭인 '아우구스투스'와 같은 의미를 갖는다. 가족의 일원으로 대우한 것과 '아우구스타'라는 존칭을 주는 것은 같은 선상에 올려놓고 생각할 수 없는 별개 문제였다. 아우구스투스였다면 그렇게까지 하지는 않았을 것이다. 티베리우스였다면 절대로 하지 않았을 것이다. 주고 싶으니까 준다는 식의 개인 감정으로 결정할 문제가 아니라, 국가 체제와 관련된 문제다. '아우구스투스'를 황제로 의역한다면, '아우구스타'는 황후가 되기 때문이다.

무슨 일에나 한도라는 게 있는 법이다. 칼리굴라에게는 이제 그 한도가 보이지 않게 되었다.

하지만 칼리굴라도 유배지에서 죽은 어머니 아그리피나의 명예를 회복하는 일까지는 하지 않았다. 국가반역죄의 고발장을 불태워버릴 수는 있어도, 원로원이 내린 유죄 판결을 뒤엎을 수는 없었다. 그가 할 수 있는 일은 비명에 죽은 어머니와 두 형의 유해를 '황제묘'에 매장해주는 것뿐이었다.

25세의 칼리굴라에게는 22세인 아그리피나, 20세인 드루실라, 19세인 율리아 리비아라는 세 누이동생이 있었다. 셋 다 티베리우스가 만년에 골라준 명문 출신 남자들과 결혼했다. 칼리굴라가 한 일은 황제인 자신에게 충성을 맹세할 때 자기 이름 뒤에 세 누이동생의 이름도 덧붙이게 한 것이었다. 로마에는 여자에게 공적인 지위를 주지 않는 전통이 있다. 아우구스투스도 오랫동안 같이 산 아내 리비아에게 유언으로 '아우구스타'라는 존칭을 주었을 뿐이다. 칼리굴라는 이 전통을 깨뜨린 것이다. 그때까지는 최고권력자의 근친이라는 이유로 아무리 강대한 권력을 휘둘러도 사적인 존재에 불과했던 여자들이 칼리굴라 덕에 공적인 지위까지 누리게 되었다. 괴팍한 성격을 가진 사람들은 실제로는 소심한 경우가 많다. 소심한 사람은 남들을 자기편으로 만들려고 애쓰기보다는 자기편이 확실한 사람들로 주위를 에워싸고 싶어한다. 그리고 이런 성격을 가진 사람이 자기편으로 생각하는 것은 같은 핏줄로 이어진 혈연이라는 게 특징이다. 누이동생들을 우대한 칼리굴라는 아내가 된 여자들한테는 냉담하기 이를 데 없었다.

칼리굴라는 21세부터 27세까지 6년 동안 무려 네 여자와 결혼했다. 하나는 죽었고, 둘은 이혼했고, 28세에 죽음을 맞이한 그와 운명을 같이한 것은 네번째 아내인 카이소니아였다. 칼리굴라의 생애에는 어머니와 누이동생들의 그림자는 비쳐도 아내들의 그림자는 비치지 않는다.

대개 황제의 옆얼굴을 새기는 화폐에 등장할 만큼 후한 대우를 받고, 황제의 아내들보다 더욱 로마의 '퍼스트 레이디' 같았던 칼리굴라의 세 누이동생을 성격에 따라 분류하면 다음과 같다.

아그리피나는 오기가 많아서 남에게 지기 싫어하고, 미인인데다 머리도 좋은 야심가다. 드루실라는 고전적인 미모를 가졌고, 성격은 상냥하고 섬세하다. 율리아 리비아는 수수하고 얌전한 성격이다. 오빠의 애정을 한몸에 받은 것은 다섯 살 아래인 드루실라였다.

자신을 신으로 여긴 칼리굴라인 만큼, 인간 세계인 로마에서는 오빠가 누이를 사랑하는 것이 허용되지 않아도 신의 세계에서는 허용된다고 생각했는지도 모른다. 파라오를 신의 화신으로 여기는 이집트 왕가에서는, 클레오파트라의 경우처럼 누나와 남동생이, 또는 오빠와 누이동생이 결혼하는 것이 보통이었다.

그 드루실라가 서기 38년 초여름에 세상을 떠났다. 21세의 젊은 나이에 죽는 사람은 누구나 애처롭지만, 칼리굴라에게는 통렬한 타격이었던 모양이다. 모든 것을 내팽개친 황제는 몇몇 호위병만 거느린 채 말을 타고 수도를 떠났다. 장례식에도 참석하지 않았다. 행선지가 왜 시칠리아였는지는 알 수 없다. 정신없이 말을 달리다 보니 자연히 남쪽으로 남쪽으로 내려갔고, 문득 정신을 차리고 보니 시칠리아에 도착해 있었던 것인지도 모른다. 하지만 난생 처음 보는 메시나 해협과 그 끝에 떠 있는 시칠리아 섬은 칼리굴라가 침착성을 되찾는 데 도움이 된 모양이다. 다만 되찾은 것은 침착성뿐이었고, 드루실라의 죽음은 칼리굴라를 조금도 바꾸어놓지 못했다. 로마로 돌아온 칼리굴라가 한 일은 드루실라의 신격화였다. 죽은 뒤에 신격화의 영예를 받은 것은 지금까지는 카이사르와 아우구스투스뿐이었지만, 이제 21세의 젊은 여인이 거기에 끼게 되었다.

이런 칼리굴라를 시민들이 어떻게 보고 있었는지를 알려주는 사료는 존재하지 않는다. 타키투스가 지은 『연대기』에서도 칼리굴라를 다룬 부분만은 중세를 거치는 동안 몽땅 사라져버렸기 때문이다. 하지만 다른 역사가들의 서술에서 확실한 것만 주워모아 보아도, 일반 시민들의 반응이 싹 달라진 것 같지는 않다. 시민들의 인기를 잃어버리는 것을 무엇보다 두려워한 칼리굴라는 처음 즉위했을 때와 다름없이 검투사 시합이나 전차경주를 후원하고, 다른 유력자들한테도 그런 오락을 시민들에게 제공하도록 강요했기 때문이다.

또한 칼리굴라는 공공사업, 특히 요즘 말로 하면 사회간접자본 정비와 관련된 건설사업이 일반 시민들의 호의를 얻는 데에는 오락 스포츠를 제공하는 것과 마찬가지로 효과적이라는 사실도 알고 있었다.

칼리굴라는 이미 일곱 개의 수도가 물을 공급하고 있는 수도 로마에 새로운 수도를 건설하겠다고 발표한다. 세계의 수도가 된 지 반세기, 인구도 늘어나 있었다. 또한 풍부한 물 공급은 전염병 발생을 막는 방책이기도 했다. 그런데 이 수도 건설 계획은 기존의 수도와 비교해보아도 참으로 야심적인 토목사업이었다. 어쨌든 수원지에서 로마까지의 70킬로미터 가운데 10킬로미터가 넘는 구간을 고가수도로 만들 계획이었기 때문이다. 공사는 서기 38년에 착공되어 52년에 끝나지만, 완공자의 이름을 따서 '아쿠아 클라우디아'(클라우디우스 수도)라고 불리게 되는 이 수도와 역시 칼리굴라가 착공한 '아쿠아 노부스'를 합하면 모두 아홉 개의 수도가 로마 주민에게 일인당 하루 900리터의 물을 공급할 수 있게 되었다고 한다. 2천 년 뒤인 오늘날, 로마 주민에 대한 물 공급량은 그 절반이나 3분의 1에 불과하다.

칼리굴라는 또한 식량의 자급자족 노선을 버린 지 오래인 본국 이탈리아에 '식(食)'을 보장하는 것이 일반 시민의 지지를 확보하는 데에는 아주 중요한 요소라는 것도 알고 있었다. 그러나 티베리우스가 임명한 '서울시장'도 유능한 인물이었지만, 역시 티베리우스가 임명한 '식량청 장관'도 유능했기 때문에, 밀이 부족하거나 밀값이 폭등했다는 불만은 일어나지 않았다. 그래도 뭔가 하고 싶었던 칼리굴라는 시칠리아에 갔을 때 깨달은 일을 실천에 옮겼다. 그것은 밀 생산지인 이집트에서 로마로 곡물을 운송할 때 지나가야 하는 메시나 해협에 피난항을 건설하는 일이다. 이탈리아 반도와 시칠리아 섬을 갈라놓고 있는 메시나 해협은 조류가 빠른 탓도 있어서 항해하기 어려운 곳으로 알려져 있었다. 밀을 가득 실은 배가 태풍을 만나도 조난을 쉽게 피할 수 있도록 한다는 것이 피난항 건설공사의 목적이었다.

사회간접자본을 충실하게 하려는 이런 공공사업은 로마인들이 그 중요성을 이해했을 뿐 아니라 신규 고용 창출로 경기를 활성화하는 효과도 있었기 때문에, 시민들한테는 호평을 받았다. 그러나 '인프라 정비'는 장기간에 걸쳐 이루어지는 것이 보통이라서, 착공할 때와 완공할 때 외에는 황제가 나설 일이 없는 수수한 작업의 연속이다. 다시 말해서 화제성이 부족하다. 칼리굴라는 이것이 불만이었다.

그럴 때인 서기 38년 10월, 수도 로마에서 화재가 일어났다. 사료는 이때 피해를 입은 지역이 어디였는지는 밝혀주지 않는다. 어쨌든 당시 로마에서 화재가 드물지 않았던 것은 로마의 건축물이 지니고 있는 근본적인 약점에 원인이 있었다. 벽이나 기둥은 석조라도, 천장과 지붕은 무게를 줄이기 위해 목재를 사용하는 것이 보통이었기 때문이다.

화재가 발생한 것을 안 칼리굴라가 당장 현장으로 달려가 화재 진압 활동을 진두지휘한 것은 말할 나위도 없다. 26세니까 체력도 있었다.

게다가 이를 계기로 칼리굴라는 화재로 인한 피해는 전액 국가가 보상해주기로 결정했다. 물론 시민들은 대환영이다. 그러나 이것도 이제 곧 찾아올 국가 재정 파탄의 한 원인이 되었다. 칼리굴라의 인기 정책은 전대미문의 일을 하여 사람들을 깜짝 놀라게 하고 싶다는 소망에 바탕을 두고 있다는 점이 특징이었다.

나폴리에서 동쪽으로 가면 폼페이가 나오지만, 서쪽으로 가면 무역항 포추올리에서 시작하여 군항 미세노에 이르는 해변이 이어져 있다. 이곳에는 로마 상류층의 별장이 즐비하게 늘어서 있다. 기후가 온난하고 온천도 솟고 경관도 아름답기 때문에, 이 일대에 해변 별장을 갖는 것은 로마 상류층에 속한다는 증거처럼 여겨지고 있었다. 포추올리는 무역항이라서 그 일대는 늘 활기에 넘쳐 있었지만, 만을 사이에 두고 마주보고 있는 바이아는 포추올리와는 전혀 달리 우아한 고급 별장지대가 되어 있다. 칼리굴라는 말을 타고 포추올리와 바이아를 잇는 해상을 횡단하겠다고 선언했다.

거리는 요즘 단위로 치면 5.4킬로미터. 칼리굴라는 징발한 수많은 선박을 옆으로 잇대어 포추올리에서 바이아까지 늘어놓고, 돛대를 가운데 두고 그 좌우에 널빤지를 걸쳐놓은 다음, 그 위를 흙으로 포장하여 평탄한 도로로 바꾸었다.

마침내 그날이 왔다. 모여든 사람들로 포추올리와 바이아의 선착장은 발 디딜 틈도 없을 만큼 성황을 이루었다. 구경꾼들이 탄 작은 배

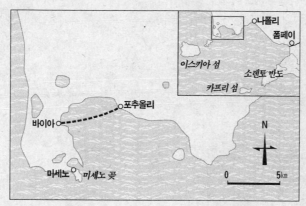

칼리굴라의 '바닷길'

들로 주변 바다까지 가득 메워졌다.

칼리굴라는 배를 잇대어 만든 해상 5킬로미터의 길을 왕복했다. 그
것도 머리에는 산뜻한 초록색 떡갈나무 잎으로 만든 '시민관' ——팍스
로마나를 구현한 아우구스투스가 가장 좋아한 것으로 알려져 있고, 군
대에서는 동료를 구출한 병사에게 주는 최고의 상인 '시민관' ——을 쓰
고, 황금으로 수놓은 망토를 걸치고, 왼손에는 기병이 사용하는 작은
방패를 들고 오른손만으로 말을 몬다. 바이아로 건너갈 때는 우선 기
병 스타일이다.

돌아올 때의 연출도 구경꾼들이 경탄하지 않을 수 없을 정도였다.
칼리굴라는 이집트에서 가져온 알렉산드로스 대왕의 황금 갑옷을 몸에
걸치고, 이번에는 말이 아니라 두 필의 말이 끄는 전차를 탔다. 게다
가 알렉산드로스 대왕이 격파한 페르시아 왕 다리우스의 자손이라는
이유로, 파르티아 왕가가 로마에 볼모로 보내온 왕자까지 동원했다.
이 왕자를 전차에 태워 앞장세우고, 알렉산드로스 대왕으로 분장한 칼
리굴라가 전차를 타고 그 뒤를 추격하는 공들인 연출이다. 갈 때도 돌
아올 때도, 바다 위를 달려가는 칼리굴라의 뒤에는 그의 놀이 친구인

칼리굴라

젊은이들과 근위대 기병들이 붉은색 망토를 바닷바람에 휘날리며 말을
타고 따라갔다. 그리고 관중이 지르는 환호성이 그 뒤를 따랐다. 끝나
고 보면 화제밖에는 아무것도 남지 않는 '거품'이었다. 그러나 실제로
본 사람도, 보지 않고 이야기만 전해들은 사람도 자기네 황제의 젊음
과 로마 제국의 번영을 상징하는 화려한 꽃불에 감탄하듯 오랫동안 좋
은 이야깃거리로 삼았다. 바로 이것이 칼리굴라의 목적이었다. 막대한
비용이 들었지만, 이 목적은 충분히 달성되었다.

  자기는 무관이라도 유관의 왕들보다 상위에 있다는 것을 보여주고
싶은 마음과 항상 사람들의 화젯거리가 되고 싶은 마음이 겹쳐서, 전
대미문의 일에 대한 칼리굴라의 관심은 시들 줄을 몰랐다.
  로마 시대 역사가들의 기록에 따르면, 3단 노가 보통이었던 시대에
칼리굴라는 노가 10단이나 되는 초대형 선박을 만들었다고 한다. 돛은
능직으로 짜서 햇빛이 닿는 각도에 따라 색깔이 달라지는 비단으로 만
들고, 배 안에는 욕실과 살롱에 침실까지 갖추어져 있고, 갑판 위는
회랑식 구조로 되어 있었다. 배에 초록색 잎이 무성한 나무와 과일이

주렁주렁 매달린 나무를 심고, 그 사이에서 잔치를 벌이는 호사스러움을 즐겼다고 한다.

칼리굴라 시대부터 1천 400년이 지난 르네상스 시대에, 만능 천재로는 레오나르도 다 빈치의 선배인 레온 바티스타 알베르티가 오랜 중세 동안 줄곧 전해 내려온 전설의 진상을 규명하기로 마음먹었다. 그것은 로마에서 아피아 가도를 따라 남쪽으로 30킬로미터 떨어진 곳에 있는 네미 호에 로마 시대의 배들이 가라앉아 있다는 전설이었다. 그러나 당시에는 아직 잠수 기술이 발달하지 않아서, 이 배를 탐색하는 작업은 실패로 끝났다. 18세기에 다시 한번 시도했지만, 역시 실패로 끝났다. 20세기에 들어와, 고대 로마를 짝사랑한 무솔리니의 주선으로 대대적인 탐색 작업이 재개되었다. 당시는 고고학의 전성시대이기도 했다. 물을 빼낸 호수에서는 1천 900년 전의 배 두 척이 모습을 드러냈다. 두 척 다 바닥이 평평한 것은 이 배들이 항해보다는 떠 있는 것이 목적이었음을 보여준다. 한 척은 길이가 67미터에 너비가 20미터, 또 한 척은 좀더 커서 길이가 71미터에 너비가 21미터였다. 배에서는 바닥 마감재로 보이는 갖가지 색깔의 대리석 조각이나 모자이크, 조상(彫像)에서부터 청동제 선구(船具)와 조리기구에 이르기까지 수많은 유물이 발견되었다.

이탈리아의 파시스트 정부는 여기서 발굴된 유물만을 보관하기 위한 박물관을 지었다. 그러나 제2차 세계대전 때 유감스럽게도 선체가 소실되어버렸다. 지금은 불타지 않은 대리석이나 모자이크나 청동제품이 남아 있을 뿐이다.

이 두 척이 칼리굴라가 만든 배라는 것을 증명해주는 사료는 지금 상태로는 존재하지 않는다. 로마에는 칼리굴라 말고도 전대미문의 일을 해낸 황제가 많았지만, 그들이 만든 배는 거의 다 공공 용도로 이용하기 위한 것이었다. 개인용으로 배를 만들고, 게다가 변덕의 산물로밖에 여겨지지 않는 낭비를 일삼은 것은 칼리굴라의 장기였다.

그렇긴 하지만 2천 년 뒤인 오늘날에도 푸른 나무가 수면에 그림자를 드리우는 조용하고 아담한 네미 호에 배라기보다는 별장이라는 느낌을 주는 놀잇배를 띄워놓고, 조용히 수면을 미끄러져가는 선박 위에서 잔치를 즐기는 것은 더없는 쾌락이었을 것이다. 칼리굴라는 무엇에서 이 아이디어를 얻었을까. 로마 시내를 흐르는 테베레 강에 떠 있는 섬은 그 당시부터 배 모양을 하고 있었다. 아니면 어린 시절에 아버지 게르마니쿠스에게 이끌려 이집트를 방문했을 때 클레오파트라 여왕의 유산인 화려한 나일 강 유람선을 타본 경험에서 그 아이디어를 얻었을까.

네미 호에서 발굴된 로마 시대의 배 두 척은, 전쟁 때 불타기 전에 연구해본 결과, 고의로 침몰되었다는 사실이 밝혀졌다. 배에서 불이 난 것도 아니고, 망가져서 침몰한 것도 아니었다. 칼리굴라가 살해된 직후에 그와 관련된 것은 모두 폐기되었으니까, 호수 위의 호화로운 놀잇배도 어쩌면 그때 침몰당했을지 모른다. 어쨌거나 칼리굴라 이후의 어느 황제도 이 배를 타고 즐겼다는 기록은 남아 있지 않다.

자금 마련책

칼리굴라가 즉위한 지 3년도 지나기 전에 황제의 사유재산은 물론 국가 재정까지 파탄난 것이 분명해졌다. 티베리우스가 남긴 2억 7천만 세스테르티우스의 흑자는 각종 오락 스포츠를 제공하느라 벌써 오래 전에 탕진해버렸다. 그후로는 이리저리 돈을 변통해서 구멍을 메우고 있었지만, 즉위한 지 3년째가 가까워질 무렵에는 변통할 방법도 바닥나버렸다. 그래도 칼리굴라는 이제까지의 방식을 완전히 바꿀 수가 없었다.

우선 낭비는 그게 무엇이든 갈수록 심해지는 숙명을 갖는다. 둘째, 일반 시민들이 칼리굴라가 베푸는 진수성찬에 입맛이 들어버렸다. 그리고 칼리굴라도 '돈이 떨어지면 정도 떨어지는' 것을 두려워했다. 26세의 칼리굴라에게는 돈 마련이 가장 중요한 관심사가 되었지만, 자신의 지지 기반은 원로원이 아니라 일반 시민이라는 것을 이해하고 있었다. 그래서 돈이 필요했던 것이지만.

지출을 줄일 수 없는 이상, 재정 파탄에서 벗어날 길은 수입을 늘리는 것뿐이다.

제국의 경제는 계속 번영을 누리고 있었다. 70년이나 계속된 평화와 그동안 이루어진 제국 전역의 사회간접자본 정비, 공화정 시대부터 이어진 전통에 따라 각 민족과 각 도시에 자주권을 부여하는 통치 원칙이 경제력 향상으로 나타나고 있었기 때문이다. 당시에 통계가 있었다면, 로마 제국의 경제력은 완만하나마 '상승곡선'을 그리고 있었을 게 분명하다.

조세 수입은 가만 내버려두어도 자연히 늘어나고 있었을 것이다. 하지만 1퍼센트밖에 안되는 세율이라도, 제국의 경제성장을 가장 정직하게 반영하는 매상세를 칼리굴라는 폐지해버렸다.

10퍼센트인 속주세율을 올리는 것은 돈에 쪼들린 칼리굴라도 생각지 않았던 모양이다. 속주세는 피지배자인 속주민에게 부과하는 세금이지만, 세금이 많아지면 속주민도 봉기한다. 고대에는 전제군주국이든 자치를 인정받고 있는 '자유도시'든 관계없이 직접세는 10퍼센트라는 게 불문율이자 상식이었다. 속주에서 폭동이라도 일어나면, 그것을 진압하기 위해 군단을 파견해야 하기 때문에 지출만 늘어날 뿐이었다.

방만한 재정은 그대로 유지하면서 시급히 재정을 건전화해야 하는 어려운 문제에 직면한 사람이 어쩔 수 없이 고식적인 수단에 호소하는 것은 흔히 볼 수 있는 현상이다. 가난해져버린 것은 칼리굴라뿐이고, 다른 사람들은 유복하거나, 유복하지는 않더라도 가난하지는 않았다. 진짜 가난뱅이한테는 칼리굴라도 일절 손을 대지 않았다. 손을 대기는 커녕, 빈민구제를 위해 밀을 무상으로 배급하는 일은 그대로 계속하고 있었다.

그래서 칼리굴라가 궁리해낸 몇 가지 자금 마련책을 추적해보아도, 비참한 느낌은 조금도 들지 않고 오히려 쓴웃음밖에 떠오르지 않는다. 그렇다 해도 칼리굴라는 이 방면에서도 대단한 아이디어 맨이었다.

그는 황실의 가재도구와 패물에서부터 노예까지 경매에 내놓기로 했다. 하지만 경매는 수도 로마가 아니라 속주 갈리아의 수도 격인 리옹에서 하기로 했다. 왜 로마가 아니라 리옹인가. 이 의문에 대한 해답은 다음 세 가지로 좁힐 수 있을 것이다.

첫째, 로마에서 하는 것은 아무래도 창피했다.

둘째, 칼리굴라는 그 물건들을 되도록 비싸게 팔 생각이었지만, 가재도구도 패물도 노예도 시세대로 팔아서는 그다지 큰돈은 마련할 수 없었기 때문이다. 아우구스투스도 티베리우스도 칼리굴라 자신도, 그리고 황실 여인들도, 당시의 상류층이나 해방노예 출신인 벼락부자들에 비해 특별히 사치스런 물건을 소유하고 있었던 것은 아니다. 따라서 물건을 좀더 비싸게 팔려면, 아우구스투스가 사용한 침대라든가, 리비아가 애용한 패물이라든가, 태어났을 때부터 황실 가족을 모신 노예 등, 현대식으로 말하면 부가가치를 활용할 수밖에 없었다.

그렇다면 황제 일가를 보는 데 익숙해져 있는 수도 로마의 주민을 상대하기보다는 멀리 떨어져 있어서 황제 일가에 대한 경의와 동경이 강한 속주민을 상대하는 편이 효과적이었다.

셋째, 아무리 황제 일가에 대한 경의와 동경이 강하더라도, 돈이 없으면 사고 싶어도 살 수 없다. 일부러 로마에서 알프스를 넘어 리옹까지 물건을 가져가는 이상, 운송비를 포함해서 시세보다 비싼 값을 낼 수 있는 사람들을 상대해야 한다. 이 경매에는 갈리아 전역에서 사람들이 몰려들었다고 한다. 부가가치를 더해서 비싸게 살 수 있는 사람들이 있었다는 증거다. 속주까지 포함한 제국 전체의 경제력이 향상되어 있었다는 증거이기도 하다.

그거야 어쨌든, 돈많은 속주민은 아우구스투스가 사용하던 침대에 누워 무슨 생각을 했을까. 칼리굴라가 직면해 있던 궁핍 상태는 경매로 마련한 정도의 돈으로는 도저히 해소할 수 없었기 때문이다.

칼리굴라는 속주민에게만 부과되는 10퍼센트의 속주세를 올릴 생각은 하지 않았지만, 속주세의 감소로 이어지는 길은 철저히 틀어막았다. 요컨대 속주민의 로마 시민권 취득을 사실상 허가하지 않게 된 것이다. 로마 시민이 되면 속주세를 낼 의무도 없어지기 때문이다.

칼리굴라는 이미 로마 시민권을 소유하고 있는 속주민의 아들에게만 시민권 취득을 허용하기로 결정했다. 카이사르와 아우구스투스는 속주민이 일단 로마 시민권을 취득하면 그 사람의 가족과 친족한테도 시민권을 주고, 자손 대대로 시민권을 세습할 권리까지 인정해주었다. 그런데 직계 아들한테만 시민권을 주기로 하자, 속주 출신의 로마 시민들은 불만을 품고 카이사르나 아우구스투스가 준 '디플로마'(증명서)를 내보이며 항의했다. 그러나 칼리굴라는 그렇게 낡은 증서는 무효라면서 받아들이지 않았다.

칼리굴라가 직계 아들의 로마 시민권 취득을 인정해주기로 한 것은 속주세를 늘리는 것보다 로마군의 병력 확보를 더 우선해야 한다는 사실을 알고 있었기 때문이다. 속주민도 '보조병'으로 25년간의 병역을 마치면 로마 시민권을 취득할 수 있고, 그 아들은 아버지를 통해 이미 로마 시민권을 얻었기 때문에 로마 시민권 소유를 조건으로 하는 '군단병'에 지원할 수 있다. 이리하여 로마는 지원제를 고수하면서도 필요한 병력을 확보하고 있었다. 칼리굴라도 이것까지 무시할 수는 없었다.

그래도 궁핍 상태는 개선되지 않았다. 지출을 줄이지 않았으니까 그것은 당연한 귀결이었다. 그래서 칼리굴라는 새로운 세금을 궁리해냈다. 다만 세제의 기본 골격은 신격 아우구스투스가 만든 것이므로 그것을 무너뜨릴 수는 없다. 칼리굴라가 할 수 있는 일은 세제를 조금 손보는 정도에 불과했다.

로마에서는 민사재판의 대상이 되는 금액의 40분의 1, 즉 2.5퍼센트를 재판이 시작된 단계에서 국고에 납부하도록 되어 있었다. 다만 재판이 진행되는 도중에 고소를 취하하면 이 돈을 납부할 의무는 없다고 규정되어 있었다. 칼리굴라는 재판 결과에 관계없이 그 돈을 납부하도록 규정을 바꾸었다.

또한 시내에서 팔리는 땔감에도 일정한 세금을 부과하기로 했지만, 세율이 어느 정도였는지를 밝혀주는 사료는 남아 있지 않다.

역시 세율은 알 수 없지만, 매춘업자와 창녀에게도 수익금의 몇 퍼센트를 세금으로 부과하기로 결정했다. 심지어는 짐꾼한테도 하루 번 돈의 8분의 1을 세금으로 부과했다고 한다.

수에토니우스는 칼리굴라의 다양한 자금 마련책을 재미있게 열거하고 있지만, 그 대부분은 실제보다 과장되어 퍼진 소문을 100년 가까이 지난 뒤에 그가 주워 모은 게 분명하다. 대부분은 믿기 어렵지만, 칼리굴라가 남의 유언장에까지 개입한 것은 로마의 실정을 생각하면 뜻밖에 현실적인 자금 마련책이었다.

로마인들은 평소에 자기가 존경하던 타인을 유산 상속인으로 지명하는 경우가 많았다. 그렇기 때문에 6촌까지의 친족만 공제 대상으로 규

정한 아우구스투스의 상속세는 많은 수입을 기대할 수 있는 세금으로
서 중요한 의미를 갖고 있었다. 그런데 칼리굴라는 유산 상속인 명단
에 자기 이름도 넣으라는 강제 규정을 만들었다. 상속하는 유산은 현
금보다 부동산이 많고, 노예나 검투사처럼 '살아 있는 재산'도 포함되
어 있다. 물론 칼리굴라는 유산을 물려받자마자 경매에 부쳐 현금화하
는 것을 잊지 않았다. 아우구스투스의 상속세법은 6촌 이외의 사람이
상속하는 경우에는 5퍼센트의 상속세를 국고에 납부하도록 규정하고
있지만, 과연 칼리굴라가 이 상속세를 냈는지는 알 수 없다.

하지만 문제는 다른 데 있었다. 아우구스투스가 신설한 상속세는 로
마 시민권 소유자에게만 부과되는 세금이다. 칼리굴라가 유산 상속에
손을 댔다는 것은 곧 로마 시민의 품안에 손을 집어넣었다는 이야기가
된다.

짐꾼이나 매춘업자나 창녀는 로마 시민권 소유자가 아닌 경우가 압
도적으로 많았기 때문에, 이들에게 부과된 세금은 모두 피지배자에 대
한 세금으로 받아들여져서, 지배자인 로마 시민의 불만은 일어나지 않
았다. 연료에 부과된 세금도 마찬가지였다. 그러나 유산 상속에 손을
대는 것은 지배자를 자처하는 로마 시민권 소유자를 직접 겨냥하게 되
었다.

법의 민족인 로마인은 사유재산을 철저히 존중하는 정신이 강하여,
부자든 가난뱅이든 침대 하나까지도 누구한테 물려줄 것인가를 유언장
에 명시하는 관습이 정착되어 있었다. 따라서 칼리굴라가 한 일은 사
유재산권 침해로 받아들여졌다. 그리고 칼리굴라는 이보다 더 중요한
점을 잊고 있었다.

인간은 자기 돈이 들지 않는 한 국가나 개인이 제공하는 볼거리나
오락 스포츠를 기꺼이 받아들이고, 그것을 제공한 사람에게 지지를 아
끼지 않지만, 자기 돈이 든다는 것을 알게 되면 당장 그때까지의 지지

를 거두어버리는 법이다. 칼리굴라는 이 사실을 잊고 있었다. 칼리굴라가 즉위하자마자 열광적으로 지지했던 시민들이 조금씩 냉담해지기 시작했다. 칼리굴라는 그것을 견딜 수가 없었다.

갈리아로

황제에 즉위한 지 2년 반이 지난 서기 39년 가을, 27세의 칼리굴라는 느닷없이 갈리아로 떠났다. 그때부터 이듬해 여름에 수도로 돌아올 때까지 7개월 동안 칼리굴라가 무엇을 했는지는 고대의 역사가들이 남긴 글을 통해 대충 알 수 있지만, 왜 그런 일을 했는지는 알 수 없다. 고대의 역사가들도 거기까지는 관심이 없었던 모양이다. 후세의 연구도 추측의 영역을 넘어서지 못한다. 모든 것을 가지고 있던 칼리굴라에게 부족한 것이라고는 군사적인 영예뿐이었기 때문에, 그것을 얻고 싶었던 게 아닐까 하고 연구자들은 말한다. 어쩌면 그럴지도 모른다. 사람은 자기한테 부족한 것을 채우기 위해 무언가를 하는 경우가 많기 때문이다.

칼리굴라는 '제일인자'(프린켑스)로 불리는 것을 좋아하지 않았다. 하지만 '황제'(임페라토르)는 개선장군을 병사들이 존경하는 뜻으로 부르는 호칭이다. 카이사르가 그렇게 불리는 것은 당연하지만, 아우구스투스와 티베리우스도 '임페라토르'였는데, 칼리굴라만은 그렇지 않았다. 만약 칼리굴라가 명실공히 '황제'가 되고 싶었다면, 즉위한 직후 열광적인 지지를 받고 있을 때 결행한 편이 성공률도 높았을 것이다. 하지만 그 시기에는 밤낮없이 떠들썩한 축제로 세월을 보냈다. 즉위한 지 2년 반이 지난 칼리굴라에게 군사적인 영광 이외에 부족했던 것, 아니 그보다 훨씬 절실하게 부족했던 것은 '돈'이 아니었을까.

당시의 로마는 최강의 군사력을 갖고 있었다. 주력인 군단병만 해도 15만 명, 보조병도 역시 15만 명 정도였다. 동방의 대국 파르티아조차도 전투에서는 로마를 이길 수 있지만 전쟁에서는 이길 수 없다고 믿었을 정도다. 그리고 이 병력의 동향을 결정할 권리는 최고사령관인 칼리굴라에게 있었다.

그러나 아우구스투스는 '팍스 로마나'를 지키는 데 필요한 군사력으로 30만 병력을 유지했고, 로마 제국의 국경선을 더 이상 확대하는 것을 유언으로 금지했기 때문에, 칼리굴라가 그것을 어길 수는 없다고 사람들은 말할 것이다.

하지만 방위선을 쳐놓은 채 쳐들어오는 적을 격퇴하는 것만으로는 방위선을 유지할 수 없다. 우선 쳐들어온 적을 격퇴하고, 다음에는 달아나는 적을 따라 적지로 쳐들어가 적지에서 적에게 타격을 준 뒤에 방위선으로 돌아와서 종래의 방위체제를 다시 구축하지 않으면 '방위'에 성공했다고 말할 수 없다.

라인 강 서쪽 연안에 늘어서 있는 로마 군단 기지는 아우구스투스 시대에는 겨울철 숙영만을 목적으로 하고 있었지만, 티베리우스는 그것을 제국 방위체제의 기반을 이루는 상설 기지로 바꾸었다. 하지만 그것이 라인 강 동쪽 연안에 사는 게르만족에게 앞으로는 라인 강을 건너가지 않겠다는 뜻을 밝힌 것은 결코 아니었다. 그와는 반대로, 그것은 게르만족이 라인 강 서쪽으로 쳐들어올 기미만 보이면 라인 강을 건너가는 것도 불사하겠다는 강력한 의지의 표명이었다. 실제로 티베리우스가 게르마니아 땅에서 철수를 결행한 뒤 20년이 넘는 세월 동안, 로마 군단은 게르만족의 발호를 막기 위해 자주 라인 강을 건너 군사력을 행사했다.

또한 라인 강을 제국의 방위선으로 삼기로 한 것 자체가 칼리굴라 시대에는 아직 현실적인 개념으로 정착되어 있지 않았다. 엘베 강까지 이르는 게르마니아 땅의 제패를 죽을 때까지 꿈꾸었던 아우구스투스는 제국의 영역을 더 이상 확대하지 말라는 유언을 남겼지만, 그 경계선 이 라인 강을 의미하는지 엘베 강을 의미하는지는 명시하지 않았다. 칼리굴라 시대부터 10년 뒤에 태어난 역사가 타키투스조차도, 게르마 니아 제패를 게르마니쿠스에게 맡겨두었다면 엘베 강까지 정복할 수 있었을 텐데 티베리우스가 게르마니쿠스의 군사적 성공을 질투했기 때 문에 그것을 이루지 못했다고 믿었다. 게르마니쿠스는 '게르마니아를 제압한 자'라는 의미의 별명이고, 칼리굴라는 그 게르마니쿠스의 아들 이었다.

서기 39년 당시의 칼리굴라가 게르마니아 제패를 꿈꾸었다 해도 이 상할 것은 없었다. 아버지의 위업을 완수할 수 있다면 그 이상의 군사 적 영예는 없을 뿐더러, 전리품이나 게르마니아를 속주화하여 들어오 는 속주세는 당시의 칼리굴라가 직면해 있던 궁핍 상태를 단숨에 해결 해줄 게 분명했기 때문이다.

갈리아에 들어간 칼리굴라는 리옹에서 잠시 지낸 뒤 라인 강 전선 을 방문했다. 하지만 무슨 사정 때문인지—어쩌면 티베리우스가 임 명한 군단장들의 충고를 받아들였는지도 모르지만—게르마니아 땅 으로 진격하지는 않았다. 8개 군단과 보조부대를 합하여 10만 명 가 까이나 되는 병력을 마음대로 동원할 수 있는 처지였고, 게르마니아 땅으로 진격한다면 수도 시민들이 환호하며 지지했을 게 뻔한데도 그 것을 단념한 것이다. 그래도 사소한 군사행동은 있었다. 오늘날에도 적의 코앞에서 대대적인 군사훈련을 벌이는 경우가 많은데, 서기 39 년 10월에 칼리굴라가 한 것도 바로 그것이었다. 최고사령관이기도 한 칼리굴라는 산야를 가득 메운 병사들 앞에서 일장연설을 하고, "제군의 힘과 사기는 적과 맞섰을 때를 위해 온존해두기 바란다"는 말로 연설을 마무리했다.

　게르마니아 땅으로 진격하는 것을 포기할 수밖에 없었던 칼리굴라는 다음 후보지로 브리타니아에 눈을 돌린다. 브리타니아 침공은 율리우스 카이사르가 시작한 이래 100년 가까이나 방치된 채였다. 방치해두어도 로마에 곤란한 문제는 일어나지 않았기 때문이다. 아우구스투스도 티베리우스도 도버 해협에 가까운, 즉 갈리아에 가까운 오늘날의 켄트 지방에 사는 부족들과 우호관계를 유지하는 것만으로 만족하고 있었다.

　칼리굴라가 브리타니아 침공을 생각한 데 이유가 없었던 것은 아니다. 브리타니아의 유력한 부족 내부에서 주도권 다툼이 일어났고, 그 싸움에서 패한 자들이 갈리아로 도망쳐와서 로마의 군사개입을 간청했기 때문이다. 하지만 이것은 공격당했기 때문에 반격한다는 로마의 전통적 개념에는 잘 들어맞지 않는다. 말하자면 칼리굴라의 브리타니아 침공은 별다른 근거도 없는 즉흥적인 착상에 불과했다.

　그러나 황제의 착상이라 해도, 그것을 실현하는 데에는 많은 장애가 있었다. 우선 침공에 필요한 병력을 어디에서 끌어오느냐는 문제가 있다. 갈리아에는 리옹에 주둔해 있는 1천 명 정도의 병력밖에 없었다. 라인 강에서 이동시키려 해도, 전선을 비워둘 수는 없다. 8개 군단 가운데 이동시킬 수 있는 것은 기껏해야 2개 군단뿐이었다. 이베리아 반도에는 3개 군단이 주둔해 있었지만, 여기서도 이동시킬 수 있는 것은 1개 군단뿐이다. 결국 2개 군단에 해당하는 수의 지원병을 모집하기로 했다. 이렇게 되면 전쟁 비용을 염출하는 문제가 더욱 절실해진다. 돈을 마련하는 것은 칼리굴라에게 가장 골치아픈 문제다.

　정신력이나 사기 같은 불확실한 요소보다는 병력의 수나 무기, 군량 같은 확실한 요소를 먼저 준비한 뒤에 전쟁을 시작하는 것이 로마군의

전통이다. 로마군은 병참으로 이긴다는 말이 있을 만큼, 보급선 확보
는 사령관의 가장 중요한 임무가 되어 있었다. 따라서 전쟁을 시작하
려면 막대한 비용이 필요하고, 이 현실에 누구보다도 먼저 직면하는
사람이 바로 사령관이다. 칼리굴라는 승리한 뒤의 전리품과 속주화한
뒤의 속주세 수입을 기대하고 브리타니아에 눈을 돌렸지만, 군자금을
마련할 길이 없으니 이쪽도 체념할 수밖에 없었다. 국고가 그렇게 빈
약해진 주요 원인은 칼리굴라 자신이 재정을 방만하게 운영했기 때문
이지만.

그래도 이대로 물러서는 것은 불만스러웠는지, 칼리굴라는 도버 해
협 앞에서 군사력을 과시하는 시위를 벌였다. 병사들에게 모래밭에 흩
어져 있는 조개를 줍게 했다고 수에토니우스는 말했지만, 이것은 줍게
한 것이 아니라, 단지 열병식을 치르기 위해 북부 갈리아까지 끌려온
병사들이 아무것도 할 일이 없으니까 조개라도 주운 게 분명하다. 칼
리굴라가 한 일은 모래밭에 정렬한 병력을 사열하고, 모래톱 끝에 등
대를 세운 것뿐이었다.

두 달 뒤인 서기 40년 5월 말에 칼리굴라는 로마로 돌아왔다. 하지
만 통칭 '포메리움'이라고 불리는 도심에는 들어가지 않고, 개선식을
거행하기로 한 8월 31일까지 로마 근교에서 지냈다. 개선장군은 개선
식 날까지 도심에 들어가지 못한다는 로마의 전통적 관습을 지킨 것
이다. 그러나 개선식이라 해도, 네 필의 백마가 끄는 전차를 몰고 행
진하는 정식 개선식이 아니라 말을 타고 행진하는 약식 개선식이다.
이것을 라틴어로는 '오바티오'라고 한다. 원로원은 칼리굴라가 요구
하는 대로 의결하도록 되어 있었지만, 아무리 그렇다 해도 군사훈련
과 열병식밖에 하지 않은 사람에게 정식 개선식까지 허가할 수는 없
었을 것이다.

그래도 칼리굴라는 만족한 모양이다. 약식인데도 일부러 자신의 28세 생일에 맞추어 개선식을 거행했다. 약식이라도 개선식에 참가한 병사들한테 '임페라토르'라는 호칭만은 받을 수 있었기 때문이다. 이 개선식을 끝낸 뒤, 칼리굴라는 손쉬운 자금 마련책에만 관심을 쏟게 되었다. 7개월에 걸친 속주 순행은 궁핍 상태를 더욱 악화시키는 결과만 초래했을 뿐이다.

손쉬운 자금 마련책은 부유층으로부터 빼앗는 것이었다. 부유층은 곧 원로원 계급이다. 거기에 사용할 수 있는 무기는 '국가반역죄 처벌법'밖에 없었다. 티베리우스의 죽음으로 막을 내린 줄 알았던 공포시대가 원로원 의원들에게 다시 시작되었다. 칼리굴라 암살 음모를 꾸몄다는 이유로 칼리굴라의 두 누이동생은 유배되고, 죽은 누이동생 드루실라의 남편이었던 레피두스와 고지 게르마니아 군단 사령관인 게툴리쿠스는 자살을 강요당했다. 즉위할 당시의 열광적 지지는 차츰 시들었지만 그래도 겉으로는 협력관계를 유지해온 칼리굴라와 원로원은 이제 완전한 대결관계로 바뀌었다. 일반 서민층은 자기들과 아무 관계도 없는 부유층이 타격을 받으면 당연히 환영할 터인데도, 그들조차 원로원 계급을 동정하게 되었다. 인간은 너무 많이 받으면 싫증을 내는 법이다. 일반 시민들도 칼리굴라에게 싫증을 내기 시작했다.

자금 마련이 벽에 부딪치고 시민의 열기도 식기 시작한 것을 깨달았는지, 칼리굴라는 제국의 동방 일대를 시찰하러 가기로 마음먹는다. 오리엔트는 풍요로운 땅으로 알려져 있었고, 게르마니쿠스의 아들인 칼리굴라의 즉위에 열광한 것은 서방보다 오히려 동방이었다. 동방에서는 자금을 마련하기도 쉬울 거라고 생각했는지 모른다.

하지만 칼리굴라의 신경을 곤두서게 하는 문제가 그 앞에 나타났다. 이것 또한 그 원인은 칼리굴라 자신에게 있었다. 그 자신의 언동이

'부메랑'이 되어 돌아온 것이다.

로마인과 유대인

고대 로마의 유대 문제에 대한 고찰은 근대와 현대에는 특히 유대 입장에서 이루어지는 경우가 많다. 그것은 자유를 존중하는 유대 민족이 지배자인 로마에 끈질기게 저항한 역사라는 한마디로 요약된다. 하지만 이 가설을 채택한다면, 유대 민족 이외의 다른 민족은 왜 지배자 로마에 끈질기게 저항하지 않았는가 하는 의문에 답할 필요가 있다. 그리스인이나 갈리아인, 에스파냐인, 브리타니아인, 그리고 오리엔트의 여러 민족도 저항하지 않은 것은 아니지만 그처럼 끈질기지는 않았는데, 왜 유대인만이 유독 '끈질기게' 저항했는가 하는 의문에 답하지 않는 한, 이 가설은 성립될 수 없다.

다른 민족들은 자유를 존중하는 마음이 약했고 유대인은 그것이 강했는가.

아니면 로마인을 포함한 다른 민족들이 생각하는 자유와 유대인이 생각하는 자유는 같은 것이 아니었는가.

로마인들이 다른 민족을 지배할 때의 기본 정신은, 제정 로마 시대에 태어난 그리스 사람 플루타르코스도 말했듯이, "패자까지도 자신들과 동화하는" 데 있었다. 패배한 여러 민족들 가운데 유독 유대인만이 동화하기를 거부했다. 승자인 로마인만이 아니라 다른 어떤 민족과의 동화도 거부한 것이 유대 민족이었다. 그것은 무엇 때문일까.

그들의 종교인 유대교가 그것을 허락하지 않았기 때문이다. 유대 민족의 헌법인 모세의 '십계'를 보면, 유대인이 범해서는 안될 첫번째 계명이 '너는 나 이외의 다른 신을 섬기지 말라'로 되어 있다. 일신교인 이상, 그 신은 너그럽지 못한 신이 될 수밖에 없다. 유대교의

유대 주변도

신을 제외한 다른 신은 인정하면 안된다는 것이기 때문이다. 그리고 다신교가 지배적인 시대에 살면서 이런 사고방식을 지키려면, 그것도 약자의 처지에서 지켜내려면 "우리 유대인은 다른 민족과 다르다. 신의 선택을 받은 민족이다"라는 선민사상에 의지할 수밖에 없는 것은 당연한 귀결이다. 유대 민족의 이런 생활방식은 그들이 바빌로니아나 이집트로 잡혀가 노예 신세가 된 시대에는 구세주(메시아)를 기다리는 마음과 함께 비참한 현실을 살아나가는 데 꼭 필요한 양식이 되었을 것이다.

그러나 유대인은 팔레스타인 땅으로 돌아온 뒤에도 이 생활방식을 바꾸지 않았다. 고대의 유대인은 그리스인에 버금간다고 여겨질 만큼 이산(離散) 경향이 강해서 웬만한 도시에는 반드시 유대인 공동체가 있을 정도였지만, 같은 도시에 살면서도 유대인만은 다른 거주자와 동화하지 않았다. 교류도 하지 않았다는 말은 아니다. 도시에 사는 유대인 중에는 금융업이나 무역업에 종사하는 사람이 많았기 때문에, 이런 면에서의 교류는 활발했다. 유대인들은 특히 금융업이나 장사에 뛰어난 능력을 보였다. 다만 교류가 그 이상으로 진척되어, 동화나 융합으로 나아가지는 않았다. 다른 민족한테는 다른 신이 있다. 그 신까지 인정하면 다신교가 되니까, 유대인이 믿는 일신교와는 공존할 수 없었기 때문이다. 하지만 알렉산드로스 대왕 이래 오리엔트를 지배한 그리스인과 그 뒤를 이은 로마인은 다른 민족의 신들도 인정해주는 것을 특징으로 하는 다신교 민족이었다.

다신교 세계였던 고대에는 별종이라고 말할 수밖에 없는 이 유대 민족이 산간벽지에서 양이나 치면서 고립된 생활을 했다면 문제가 되지 않았겠지만, 그들에게는 도시에 거주하고 싶은 욕구가 강했다. 재물은 도시에 있었기 때문이다.

로마인과 유대인은 법률에 대한 사고방식도 달랐다.

유대인에게 '법'이란 모세의 십계처럼 신이 내려준 것을 인간이 지키는 것이었다. 실제로는 모세가 그저 돌조각에 새긴 것을 사람들에게 보여주고, 이것이 신의 뜻이니까 지켜야 한다고 말했을 것이다. 그렇게 말하지 않으면 사람들이 납득하지 않았기 때문이겠지만, 어쨌든 신이 내린 것으로 되어 있는 이상 인간이 감히 바꿀 수는 없는 일이다.

한편 로마인이 생각하는 '법'은 인간이 생각한 것이고, 그것을 법률로 만들 것인지 어떤지도 원로원이나 민회에서 인간이 결정한다. 따라서 현실에 맞지 않게 되면 얼마든지 고칠 수 있다.

로마에도 '십계'와 비슷한 법률이 있었다. 이것은 물론 신의 계시가 아니라 인간이 만든 것이지만, 기원전 449년에 발표된 '십이동판법'이 바로 그것이다. 이름만 보아도 알 수 있듯이, 12개 항목으로 이루어져 있다. 하지만 로마에서 '십이동판법'이 유명무실해지는 데에는 200년도 걸리지 않았다. 현실에 맞도록 고쳐가다 보니, 원래의 법이 어떠했는지도 알 수 없게 되어버렸다.

로마인은 인간에게 법률을 맞추고, 유대인은 법률에 인간을 맞춘다고 말해도 좋을지 모른다. 그러나 유대인의 '법'은 유대인 사이에서만 통용되었지만, 로마인의 '법'은 로마 제국 전역에서 통용되었고, 그후에도 법에 대한 사고방식으로서는 오늘날까지 살아남아 있다. 로마인이 생각하는 '법'은 종교가 아니라 어디까지나 법률이었기 때문이다. 따라서 종교가 다른 사람들한테도, 그리고 시대가 달라져도 적용할 수 있는 기본 사상을 창조할 수 있었다. 이것을 후세는 '로마법의 정신'이라고 부르게 된다.

로마가 제국 안에 사는 이민족을 로마인과 동화시키기 위해 취한 구체적인 방책은 로마 시민권을 주는 것이었지만, 속주세 면제라는 현실적 이익이 있는데도 로마 시민이 되기를 바라지 않은 것이 고대에는 '특수'의 전형이었던 유대 민족이었다. 카이사르가 정한 법에 따라 의사와 교사는 민족에 관계없이 로마 시민권을 얻을 수 있었고, 제정 시대가 진행되면서 이 제도는 제국 전역으로 퍼져가고 있었지만, 유대인은 우수한 민족이라서 의사와 교사를 많이 배출했는데도 이 특전을 활용한 사람은 놀랄 만큼 적다. 로마인이 되어버리면 로마법을 지켜야 하기 때문이었다.

같은 이유로, 로마 군단에 지원하는 유대인도 극히 적었다. 로마 병사가 되면 최고사령관인 황제에게 충성을 맹세해야 한다. 하지만 유대교도가 충성을 맹세하는 대상은 그들의 신뿐이고, 이 계율을 어기면 신의 엄벌이 내린다고 그들은 믿고 있었다.

로마도 이 '특수 사정'을 인정하고, 유대인에 대해서만은 병역을 면제해주었다. 하지만 이것도 유대인이 로마 세계에 동화하는 데 걸림돌이 되고 있었다.

가장 체계적으로 로마 시민을 생산한 것은 로마 군단이다. 로마 군단에 보조병으로 25년 동안 복무하면 로마 시민권을 얻을 수 있었다. 단순히 계산해도 25년마다 15만 명의 로마 시민이 탄생하게 된다. 유대인은 이 로마 시민 생산 체제에서도 이질적인 분자였다.

유대인은 로마 세계의 이방인이 되는 쪽을 택했다. 지배자인 로마인이 강요한 게 아니라, 유대인 자신이 선택한 것이다. 하지만 이것은 오래 전에 알렉산드로스 대왕이 동지중해 세계를 헬레니즘화한 이후 2급 민족이 된 유대인의 사회적 지위가 그대로 지속되는 것을 의미했다. 지배자는 그리스인에서 로마인으로 바뀌었지만, 유대인의 지위는 그대로였다. 자신만이 아니라 남까지도 지켜주어야만 비로소 1급 민족으로 인정받을 수 있다. 이 책무를 거부하면, 유대 민족처럼 우수해도 2급의 지위에 만족할 수밖에 없었다.

물론 일부이긴 하지만 예외는 있었다. 예외가 될 확률이 높은 것은 도시에 사는 유대인, 그 중에서도 특히 지능이 높은 유대인이었다. 그러나 이런 사람들은 현대의 이스라엘 사람들한테도 배신자로 낙인찍혀 있다.

'보편'과 '특수'로 바꿔 말할 수도 있는 로마인과 유대인이 직접 관계를 갖기 시작한 것은 기원전 63년에 폼페이우스가 예루살렘을 점령했을 때였다.

폰토스 왕 미트라다테스를 격파하고, 파르티아 왕국의 움직임은 평화조약으로 억제하고, 시리아의 셀레우코스 왕조를 피 한 방울 흘리지 않고 멸망시켜 헬레니즘 시대의 막을 내린 폼페이우스는, 로마의 패권 밑에 들어온 유대가 독립국으로 존속하는 조건으로 유대교 제사장들에게 정교일치의 통치방식을 바꾸라고 요구했다. 유대 민족은 그것을 거부한다. 폼페이우스는 예루살렘으로 군대를 진격시켰다. 그 자신이 지휘를 맡지 않고 병력의 일부만 보내 공격한 탓도 있어서 당장 정복하지는 못했지만, 그래도 석 달 뒤에는 예루살렘이 함락되었다. 승리자인 폼페이우스는 혼자 신전에 들어갔다. 승리를 과시한다기보다는 유대교 신전에 대한 호기심 때문이었다. 그러나 우상숭배를 금지하고 있는 유대교 신전에는 성소 안에도 아무것도 놓여 있지 않았다. 신전에서 나온 폼페이우스의 감상은 '아무것도 없더라' 는 것이었다. 악의로 한 말은 결코 아니었다.

하지만 이를 전해들은 유대인들이 흥분했다. 예루살렘 신전에는 유대교도가 아니면 들어가지 못하도록 되어 있다. 하물며 성소는 1년에 딱 한 번 대제사장만 들어갈 수 있는 신성한 곳이다. 그리스나 로마의 신전에는 아무나 들어갈 수 있기 때문에, 폼페이우스는 유대교 신전도 당연히 그러리라 생각했고, 게다가 병사도 거느리지 않고 무기도 휴대하지 않고 들어갔으니까 예의는 지켰다고 생각했지만, 유대인들이 보기에 그는 신을 모독한 자였다.

그러나 '보편' 은 그것을 강요하기보다 '특수' 를 허용해야만 비로소 실현할 수 있는 법이다. 구체적으로 말하면, '케이스 바이 케이스' 가 가장 현실적인 방책이다. 로마인은 이 점에서도 훌륭한 전문가였다.

기원전 48년, 파르살로스 회전에서 패배한 폼페이우스를 뒤쫓아 이집트의 알렉산드리아에 간 율리우스 카이사르는 알렉산드리아에 머무는 동안 그 도시에 사는 유대인들을 만났고, 이듬해인 기원전 47년에 알렉산드리아를 떠나 파르나케스와 싸우러 가는 길에 들른 팔레스타인과 시리아에서는 그 지방에 사는 유대인들을 만나서, 지배자인 로마인과 피지배자인 유대 민족의 관계를 명확히 하는 일에 처음으로 손을 댔다. 여담이지만, 파르나케스와의 싸움은 결국 "왔노라, 보았노라, 이겼노라"로 끝나게 되었다.

카이사르와 유대인의 협정은 구체적으로는 2개 항목으로 이루어져 있는데, 둘 다 유대인의 요망을 받아들인 것이었다. 첫번째는 알렉산드로스 대왕이 오리엔트를 정복한 이래 300년 동안 그리스인은 동방세계의 지배계급을 형성하고 있었고, 유대 민족은 상대적으로 불리한 처지에 놓여 있었지만, 카이사르는 이 유대 민족에게 경제적으로 동등한 권리를 주었다. 두번째는 '공무 면제'라고 불러도 좋은 '특전'으로, 군무(軍務)를 포함한 모든 공직에 유대교도가 종사하지 않는 것을 인정한 것이었다. 카이사르가 죽었을 때, 로마인을 제외하면 유대인들이 다른 어느 민족보다 슬퍼한 것도 지배자로는 처음으로 그들의 처지를 인정해준 보호자를 잃었기 때문이었다. 그러나 유대인은 카이사르에게 부탁하여 자신들의 특수성을 공인받은 순간, 보편화로 갈 수 있는 좋은 기회를 놓쳐버렸다. 얼마 후 로마 제국에서는 갈리아인이나 에스파냐인이 원로원 의원이나 속주 총독이 되고, 그리스인이나 이집트인도 원로원 의원을 배출하게 되었고, 심지어는 황제가 된 사람까지 나왔지만, 유대인 중에는 그런 사람이 전혀 없다. '특수'를 인정받았다는 것은 '보편'으로 가는 길을 스스로 차단해버렸다는 뜻이다.

카이사르의 뒤를 이은 아우구스투스는 유대 민족에 대한 대책에서도 카이사르가 깔아놓은 노선을 계승했지만, 제국 통치상 필요할 때는 현실적인 로마인답게 명분을 버리고 실리를 취했다. 여기에는 그의 현실적인 성향만이 아니라, 실제로 현지를 시찰하면서 유대인의 실상을 자세히 파악한 아그리파의 조언도 작용했을 게 분명하다. 아그리파는 또한 건전한 상식인이기도 했다. 유대 왕족에 아그리파라는 이름이 많이 나타나는 것도 이 무렵부터인데, 이것은 아우구스투스의 '오른팔'에 대한 유대인의 감사와 경의의 표시였다. 또한 로마의 현실주의 노선이 30년 동안이나 효력을 발휘할 수 있었던 것은 유대 쪽에도 현실 정치의 달인이 있었기 때문이다.

　순수한 유대인도 아닌데 치열한 권력투쟁에서 승리하여 유대의 주권을 장악한 헤롯 왕은 대왕이라고 불릴 만큼 대단한 인물이다. 폼페이우스가 승리자인 동안은 폼페이우스 편에 붙고, 폼페이우스를 이긴 카이사르가 유대 왕국을 재건하자 당장 카이사르에게 달려가 율리우스라는 가문 이름을 받고 카이사르의 '부하'로 변신한다. 그 카이사르가 암살되자, 동방에서는 브루투스 일파의 세력이 강하다는 이유만으로 카이사르 암살의 주모자인 브루투스와 카시우스 편에 붙는다. 다만 카이사르파인 안토니우스와 옥타비아누스(아우구스투스의 본명)가 반카이사르파인 그 두 사람과 필리피 회전에서 대결했을 때는 어느 쪽에도 가담하지 않을 정도의 냉철함은 갖고 있었다. 뒤이어 안토니우스와 옥타비아누스가 권력투쟁을 벌였을 때는 또다시 동방에서는 안토니우스의 세력이 강하다는 이유로 안토니우스 편에 붙는다. 이를 고맙게 여긴 안토니우스는 클레오파트라가 아무리 간청해도 유대 왕국만은 여왕에게 선물로 주지 않았을 정도다.

　그런데 안토니우스가 패하자마자, 헤롯은 아우구스투스로 이름을 바꾼 옥타비아누스에게 충성을 맹세한다. 서둘러 로마를 방문한 헤롯을 아우구스투스는 로마의 동맹자로 삼고, 유대 왕위를 인정했다. 약소국의 주권자로서 상황 변화에 따라 충성의 대상을 바꾼 헤롯은 그야말로 연명책(延命策)의 표본 같은 존재다. 또한 헤롯은 카이사레아(카이사르의 도시라는 뜻)를 건설하고, 두 아들을 로마로 유학 보내기도 했다. 하지만 로마가 헤롯의 주권을 인정한 것도 그의 이같은 친로마 정책에 기분이 좋아져서 그런 것은 아니었다. 그것은 그의 이용가치를 냉철하게 파악한 뒤에 아우구스투스가 취한 정책이었다.

첫째, 헤롯은 완전한 전제군주였다. 유대에서 전제군주라는 것은 유대교 제사장들이 국정에 간섭하지 못하게 한다는 뜻이다. 로마인은 독립된 사제계급을 두지 않았던 만큼, 종교의 정치 개입에는 항상 불신을 품고 있었다.

둘째, 헤롯에게 가장 중요한 일은 왕위를 유지하는 것이었고, 그러려면 오리엔트에 주둔하는 로마 군단의 후원이 필요했다. 한편 아우구스투스에게 가장 중요한 일은 오리엔트 일대에 평화와 질서를 확립하는 것이었고, 그러려면 로마의 직할령인 시리아와 이집트를 잇는 선상에 자리잡고 있는 유대가 로마와 우호적인 관계를 유지하는 것이 중요했다. 피차 냉철하지 않으면 기능을 발휘할 수 없는 '호혜관계'가 성립한 것이다.

셋째, 현대식으로 말하면 다국적 기업의 본사 회장인 아우구스투스는 특수한 사정이 많은 유대 현지법인의 사장에는 현지인을 앉히는 것이 상책이라고 판단했다. 헤롯은 헬레니즘적인 동방인, 즉 서방적인 동방인이었기 때문에, 아우구스투스의 정책을 충분히 이해할 수 있었다.

넷째, 아우구스투스는 오리엔트 일대에 널리 퍼져 살면서 공동체 네트워크를 형성하고 있는 유대 민족을 다스리려면 그들에게 마음의 고향인 예루살렘의 동향에 주의를 기울여야 한다는 사실을 잘 알고 있었다. 유대교도는 어디에 살든, 예루살렘 신전에 일정한 헌금을 바칠 의무가 있었다. 예루살렘 신전에 돈이 모인다는 것은 그 돈을 한손에 틀어쥐고 있는 제사장들의 권력이 강해진다는 뜻이다. 아우구스투스는 민족주의의 온상이 될 수도 있는 유대교 제사장들을 강권으로 억누를 수 있는 사람이 필요했다. 예루살렘만 안정되면, 오리엔트 일대의 유대인 사회도 안정되기 때문이다.

이런 상태에서 30년 가까운 세월이 흘렀다. 그동안 로마는 유대인과
는 직접적인 관계를 갖지 않고, 이 특수한 민족을 제국 내부에 끌어안
는 데 성공했다. 하지만 기원전 4년에 헤롯 왕이 죽자, 이를 계기로
변화가 일어나기 시작했다.

헤롯 왕은 유대 왕국을 삼분하여 세 아들에게 나누어주었다. 왕국의
북부는 필리포스에게, 남부는 헤롯 안티파스에게, 수도 예루살렘을 중
심으로 하는 중부는 아르켈라오스에게 남겨준 것이다. 북부와 남부의
통치권은 두 왕자가 별문제없이 계승했지만, 문제는 예루살렘이었다.

예루살렘의 유대인들이 제사장들의 신권통치 부활을 요구하며 봉기
했다. 이들은 우선 헤롯이 임명한 대제사장을 면직하라고 요구했다.
이 요구가 받아들여지자, 그들이 보기에는 불순물에 불과한 비유대교
도들을 그들의 '성도'(聖都)에서 추방하기 시작했다. 유대교의 성도는
피바다로 변했고, 젊고 미숙한 아르켈라오스는 시리아 속주 총독에게
군대 출동을 요청할 수밖에 없었다. 이 시기의 시리아 총독은 5년 뒤
게르마니아 숲에서 3개 군단과 함께 목숨을 잃은 바루스였다. 바루스
총독은 군단을 출동시켜 진압하는 강경책을 취하지 않고, 봉기한 급진
파 유대인의 대표가 로마로 가서 왕정을 폐지하고 제사장의 신권정치
를 부활시키고 싶다는 뜻을 황제에게 전달하는 게 어떠냐고 권했다.
50명의 대표가 황제에게 호소하기 위해 로마로 떠났다.

그러나 팔레스타인에서 이탈리아까지는 바닷길이다. 왕복하는 데 걸
리는 기간과 로마에 체류하는 기간을 합하면 반 년은 걸린다. 급진파
는 이 기간을 얌전히 기다리지 않았다. 자기네 요구를 기정 사실로 만
들기 위해서인지, 아니면 일단 움직이기 시작하면 멈출 수 없게 되는
광신의 숙명인지, 예루살렘의 유대인과 비유대인의 충돌은 더욱 격렬
해졌다. 마침내 바루스도 시리아 주둔 4개 군단을 출동시켜 진압하는

강경책을 취할 수밖에 없었다. 결국 헤롯 왕의 상투 수단이었던 단호한 무력 행사만이 예루살렘의 질서를 회복시킬 수 있었다.

로마에서는 66세의 아우구스투스가 팔라티노 언덕에 서 있는 아폴로 신전 앞에서 유대인 대표들을 만났다. 황제는 신전으로 오르는 계단에 서서, 계단 밑에 늘어선 50명의 유대인들이 저마다 호소하는 것을 듣고 있었다. 이들 50명의 대표 뒤에는, 아우구스투스의 허락을 받고 테베레 강 건너편 제14구에 공동체를 이루어 살고 있는 유대인들이 8천 명이나 몰려와 있었다. 예루살렘의 운명은 해외에 거주하는 유대인에게도 중대사라는 것을 아우구스투스는 새삼 인식했을 게 분명하다.

그래도 황제는 유대인의 요청을 받아들이지 않았다. 헤롯 왕의 유언을 존중하는 것이 왕의 유언 집행인으로 지명된 자신의 책무라는 게 그 이유였다. 하지만 아우구스투스의 참뜻이 신권통치를 인정하지 않는 데 있었던 것은 두말할 나위도 없다. 아우구스투스는 왕정을 폐지해달라는 요구는 거부했지만, 그 대신 조세 경감을 약속했다. 헤롯 시대에는 세율이 너무 높았다.

이 회답을 가지고 귀국한 대표들은 경과를 설명했지만, 예루살렘에서 기다리고 있던 유대인들은 납득하지 않았다. 폭동이 다시 일어났다. 아우구스투스도 수습 능력이 없는 젊은 왕 아르켈라오스를 단념할 수밖에 없었다. 10년도 지나기 전에 예루살렘의 유대인들은 소원을 이루었다. 왕정이 폐지된 것이다. 그러나 아우구스투스는 유대교 제사장들에게 통치를 맡길 생각이 추호도 없었다. 로마는 헤롯 왕이 아르켈라오스에게 준 예루살렘과 유대 중부를 직할 통치하기로 결정했다. 하지만 이 지역의 행정은 예루살렘의 유력자들로 구성된 장로회의에 맡겼다. 내정의 자치권은 유대인들에게 남겨준 것이다.

이리하여 서기 6년부터 예루살렘과 유대 중부는 로마의 속주로 바뀌었다. 하지만 속주로는 B급이라고 말할 수밖에 없다. 장관(프로쿠라토르)으로 파견된 사람은 로마의 제2계급인 '기사계급' 출신이고, 직속 상관도 다른 속주 총독처럼 황제가 아니라 시리아 속주 총독이었기 때문이다. 예루살렘은 시리아 속주의 일부가 된 셈이다.

예루살렘을 중심으로 하는 유대 중부를 B급 속주로 만든 것은 아우구스투스가 이 지역을 경시했기 때문은 아니다. 아우구스투스도, 그 뒤를 이은 티베리우스도 적당한 후계자가 없을 때는 일단 속주로 만들어놓고, 다음 후계자가 자라기를 기다리곤 했다. 일단 본사에서 책임자를 보내놓고, 현지인 가운데 적임자가 나타나면 그 사람에게 업무를 인계하는 느낌이다. 유대 통치는 유대인에게 맡긴다는 생각을 버린 것은 아니었다.

유대 담당 장관의 관저도 예루살렘에 두지 않고, 그리스계 주민이 많은 교역도시 카이사레아에 두었다. 이 도시에 사는 유대인들도 온건파가 다수를 차지하고 있었다. 로마는 군사력도 3천 명 정도밖에 주둔시키지 않았다. 그것도 로마 시민인 군단병이 아니라, 시리아에서 모집한 그리스계 지원병이어서, 그리스어를 하는 사람이 많은 유대인과 접촉할 때도 의사소통에는 장애가 없었다. 이 모든 것이 유대인을 자극하기 않기 위한 배려임은 말할 나위도 없다.

그러나 사고방식의 차이 때문에 생기는 마찰은 피할 수 없었다. 어떤 지역을 속주화하면, 로마인은 실정을 정확히 파악하기 위해 인구나 재산을 조사한다. 이런 일을 하는 관습이 없는 유대인은 자신들을 노예로 삼기 위해 그런 조사를 한다고 생각했다. 속주세를 내야 한다는 것도 유대인에게는 납득이 가지 않았다. 가까이에 있는 왕에게 세금을 낸다면 모르지만, 멀리 있는 황제에게 왜 세금을 내야 하는가. 다른 민족의 안전까지 지켜주기 위해 돈을 내야 할 필요가 어디 있는지, 그들은 도무지 이해할 수가 없었다. "황제의 것은 황제에게, 신의 것은 신에게"라는 예수 그리스도의 말은 "왜 우리 유대인이 로마인에게 세금을 내야 하는가"라는 질문에 대한 대답이었다. 그것은 유대교 신전에 내는 돈 이외에 로마에도 돈을 내야 하느냐는 뜻이다. 종교가 안전보장을 대신할 수는 없다는 사실을 알고 있는 유대인이 얼마나 적었는가를 보여주고 있다.

그래도 속주화가 진행되는 이 어려운 시기에 봉기나 폭동이 일어나지 않은 것은 두 가지 요소가 로마에 유리하게 작용했기 때문이다.

첫째, 유대 민족은 바윗돌처럼 단단히 단결되어 있지 않고, 개방적인 사고방식을 가진 항구도시의 유대인과 농민이나 예루살렘 하층민으로 구성된 급진적인 유대교도로 나뉘어 있었다. 전자에 속하는 유대인은 대부분 공업이나 금융이나 무역에 종사했기 때문에, 로마의 직할통치로 질서가 회복되는 것은 그들에게는 환영할 만한 일이었다. 그들은 또한 인구조사와 속주세의 필요성도 이해할 수 있는 사람들이었다.

둘째, 유대를 속주화하는 어려운 일을 해내기 위해 아우구스투스가 등용한 시리아 총독 퀴리누스가 대단히 유능한 인물이었다.

그는 우선 온건파 유대인이 다수를 차지하고 있는 항구도시의 자치권을 재확인한다. 이리하여 유대 중부에서는 예루살렘만이 아니라 카이사레아를 비롯한 여러 도시가 내정 자치권을 갖게 되었다. 이 정책의 목적은 우선 '분할하여 통치하라'는 로마의 통치 좌우명을 실천하는 것이었고, 둘째로는 예루살렘의 영향력을 최대한 배제하는 것이었다. 다시 말해서 급진파와 온건파를 분리하는 것이 이 정책의 목적이었다.

퀴리누스 총독은 예루살렘의 특수성을 배려하는 것도 잊지 않았다. 신권정치의 가장 큰 특징은 종교인이 사법에까지 개입하는 데 있다. 신이 내려준 율법에 따라 인간이 재판을 받는다는 유대교의 입장에서 보면, 이것은 지극히 당연하다. 그래서 로마는 예루살렘과 유대 중부를 직할 통치하더라도 예루살렘에서는 제사장들이 사법을 맡는 것을 인정해주었다.

물론 로마 시민권을 가진 사람은 로마법에 따를 의무가 있고, 죄를 지은 경우에도 로마법에 따라 재판을 받는다.

하지만 로마 시민권을 갖지 않은 유대교도는 유대법을 따르고, 죄를 지은 경우에도 유대법에 따라 재판을 받게 했다. 모세의 십계도 그 절반은 살인, 간음, 절도, 위증, 가택침입을 금지한 항목으로 이루어져 있다. 이것은 로마법에서도 금지되어 있으니까, 유대법에 맡겨도 아무 문제가 없었다. 다만 사형 판결이 난 경우에는 '황제의 대리인'인 유대 주재 '장관'이 허가해야만 사형을 집행할 수 있도록 했다.

예수 그리스도도 예루살렘 제사장들로 구성된 법정에서 사형 판결을 받고, 당시 유대 장관인 본디오 빌라도가 집행을 허락했기 때문에 처형되었다. 제사장들의 압력에 굴복한 빌라도는 손을 씻는 상징적인 제스처를 보이면서, 너희(유대측)가 결정한 일이니까 나(로마측)는 관여할 일이 아니라는 말로 예수의 처형을 허락했다. 만약 빌라도가 유대측 압력에 굴하지 않고 자기가 구현하고 있는 로마법에 따라 행동했다면, 예수는 십자가 위에서 죽지도 않았을 것이다. 신의 이름을 간단히 입에 올리는 것은 유대교에서는 극형을 당해 마땅한 죄지만, 많은 신을 섬기는 로마에서는 죄가 되지 않기 때문이다. 또한 사회 불안의 원인이 될 가능성이 크다는 이유도, 실제로 사회 불안의 원인이 된 것이 아니라 그럴 가능성이 있다는 것뿐이라면 로마법에서는 추방으로 끝날 문제다. 하지만 예수가 십자가에 못박혀 죽지 않고 흑해 같은 곳으로 추방되었다면, 나중에 기독교 확대의 발단이 되지는 못했을 것이다. 이 사실 하나만으로도 빌라도는 조국 로마에 해를 끼쳤다.

시리아 총독 퀴리누스는 빌라도가 유대 장관 자리에 있었던 시기에는 이미 세상을 떠났지만, 그의 유대인 대책은 유대인의 특수성을 충분히 고려하면서 로마의 보편성도 지키는 것이었다.

로마 제국의 금화와 은화 주조권은 황제에게 있었지만, 가장 사용빈도가 높은 동전 주조권은 제국에 속해 있으면서 자치권을 인정받은 도시가 갖고 있었다. 아테네와 스파르타 같은 '자유도시'도 동전 주조권을 가졌고, 제국의 수도인 로마에서도 동전 주조권만은 원로원에 속해 있었다. 다만 로마의 직할 통치를 받는 속주에는 동전 주조권이 없었다. 속주에서 쓰이는 금화와 은화 및 동전은 모두 로마 통화였다. 따라서 거의 모든 돈에는 당연히 황제의 옆얼굴이 새겨져 있었다.

속주가 된 이상, 유대에서도 헤롯 시대처럼 왕이 주조하는 통화가 아니라 로마에서 주조된 통화가 쓰이게 되었다. 그러나 유대교에서는 우상숭배를 금하고 있다. 모세의 십계에도 '새긴 우상을 만들지 말라'고 명시되어 있다.

그래서 퀴리누스 총독은, 유대 속주에서는 가장 사용빈도가 높은 동전에 한하여 황제의 옆얼굴이 새겨지지 않은 통화를 만들게 했다. 금화나 은화는 일반 서민이 만져볼 기회도 드물었기 때문에 그대로 두었을 것이다.

퀴리누스는 유대교가 비유대교도의 예루살렘 신전 참배를 금하고 있는 것도 존중하여, 이것을 어긴 자는 사형에 처하기로 결정했다. 또한 아우구스투스는 유대교만이 아니라 오리엔트의 모든 종교와 거리를 두고 있었지만, 예루살렘 신전에만은 아내 리비아와 함께 봉납품을 바쳤다.

속주민이 된 예루살렘의 유대인을 자극할 수도 있는 요인 가운데 하나는 지배자 로마를 상징하는 군사력인데, 그 병력도 예루살렘이 아니라 거기서 100킬로미터나 떨어진 카이사레아에 주둔시켰다. 카이사레

아에 기지를 둔 로마군 병사가 예루살렘으로 출동해야 할 경우에도 황
제의 권력을 상징하는 군기는 카이사레아 기지에 놓아두고 출동하도록
규정했다.

시리아 총독 퀴리누스가 진두지휘하여 실시한 아우구스투스의 유대
대책은 티베리우스에게 그대로 계승되었다. 아니, 티베리우스는 그것
을 더욱 철저하게 실시했다고 말해야 할지도 모른다. 황제가 티베리우
스로 바뀐 뒤에도 퀴리누스는 여전히 시리아 총독 자리에 남아 있었던
모양이다.

예루살렘 신전에 바쳐진 로마의 봉납품에는 황제를 상징하는 것이
아무것도 없었지만, 티베리우스는 이것조차도 신격이 된 선황 아우구
스투스에게 바쳐진 카이사레아의 신전으로 옮기라고 명령했다. 예루살
렘 신전이 비유대교도의 봉납품으로 더럽혀졌다고 유대교도가 생각지
않도록 하기 위한 배려였다. 또한 유대교 대제사장이 의식을 치를 때
입는 제의는 로마측이 예루살렘 궁전 안에 보관하고 있었지만, 이것도
유대측에 돌려주라고 명령했다. 그때까지는 종교 의식을 치를 때마다
제사장들이 그 제의를 빌려와야 했고, 이교도인 로마인이 보관하고 있
었다는 이유로 그 더러움을 없애기 위한 일주일의 '정화' 기간을 두어
야 했다.

유대를 속주화하는 어려운 작업을 무사히 끝낸 푸블리우스 술피키우
스 퀴리누스가 서기 21년에 죽었을 때, 티베리우스 황제는 조국에 대
한 공헌이 컸다는 이유로 국장을 치러주었다. 퀴리누스는 계급도 낮고
가난한 집안에서 태어났지만, 군단에서 능력을 인정받고 집정관까지
지냈으며, 게르마니아와 아프리카와 시리아에서 중요한 임무를 맡았
고, 죽은 뒤에는 국장의 예우를 받았다. 이것은 출신 계급을 중시한
원로원 주도의 공화정 시대에는 생각할 수도 없는 일이었다. 카이사르

가 시작하고, 아우구스투스가 확립하고, 티베리우스가 반석처럼 튼튼하게 만든 제정이 불리한 조건을 짊어지고 태어난 우수한 인재한테는 오히려 행복한 시대가 아니었을까.

퀴리누스가 죽은 뒤에도, 티베리우스가 감시를 게을리하지 않은 탓도 있어서 유대 민족에 대한 통치는 대체로 무사히 진행되었다. '대체로'라고 말한 것은 예루살렘의 유대인과 직접 접촉한 유대 장관들 중에는 유대 민족의 특수성에 무지하여 그릇된 판단을 내린 사람도 있었기 때문이다. 하지만 그것이 티베리우스에게 알려지면 당장 해임될 뿐아니라, 본국으로 소환되어 재판까지 받을 것을 각오해야 했다. 서기 26년부터 10년 동안이나 유대 장관을 지낸 본디오 빌라도(라틴어로는 폰티우스 필라투스)가 좋은 예다. 그가 해임된 첫번째 이유는 군기를 앞세운 부대를 예루살렘에 입성시켰다는 것, 두번째 이유는 몇 차례에 걸쳐 일어난 주민의 소요 때문이었다.

그러나 유대인의 불만 원인이 반드시 로마측에만 있다고 할 수는 없었다. 항상 약자의 처지에 있었던 민족은 피해의식에서 벗어나기가 어렵다. 그런 유형의 사람들은 의지할 거라고는 피해의식밖에 없기 때문에 강자에 대해서는 과민 반응을 보이기 쉽다. 다른 속주에서는 문제가 되지 않고 끝날 일도 유대인과의 사이에서는 문제가 되곤 했다.

티베리우스가 아우구스투스의 유대 민족 대책을 계승했을 뿐 아니라 더욱 철저히 시행했다고 말한 것은 아우구스투스가 시작한 유대 민족 대책을 예루살렘과 유대 중부의 유대인만이 아니라 제국 전역에 사는 유대인 전체로 확대하여 실시했기 때문이다. 그것도 단순히 확대한 것이 아니라, 동방과 서방의 환경 차이를 고려하여 '케이스 바이 케이스'로 대처했다. '케이스 바이 케이스'는 '분할하여 통치하라'와 더불어 세계를 통치하는 로마의 기본 방침이었다. 또한 이 두 가지 방침은 서로 밀접한 관계를 갖고 있었다.

아우구스투스가 시작한 대책을 티베리우스가 좀더 철저하게 실시한 것은, 아우구스투스가 철저한 실시를 게을리했기 때문이 아니라, 티베리우스의 치세에는 아우구스투스가 직면하지 않아도 되었던 문제에 직면할 수밖에 없었기 때문이다. 그것은 신의 율법에만 따르는 유대 민족의 특수성과 아울러, 유대인이 지닌 또 하나의 특수성에 원인이 있었다.

그리스인과 유대인

그리스어에서 조국을 떠나 외국으로 이주하는 것을 의미하는 '디아스포라'(diaspora)는 오늘날에는 오로지 유대인만의 특유한 현상처럼 여겨지고 있지만, 바빌로니아나 이집트로 강제 이주당한 것은 별문제로 하고, 조국을 떠나 외국으로 이주하는 일에서는 그리스 민족이 선배였다. 로마인들도 '콜로니아'라고 불리는 식민도시를 각지에 건설했지만, 그것은 정략적인 이주였고, 사람들의 자발적인 이주에 따른 현상은 아니다. 자발적인 이주라면 그리스인이 선구자였고, 그 다음이 유대인이었다.

하지만 그리스인의 이주와 유대인의 이주에는 근본적인 차이가 있었다.

그리스인은 아무것도 없는 땅에 도시를 건설하고, 그곳을 기지로 하여 수공업이나 무역업으로 부를 축적한다. 이와는 반대로 유대인은 이미 존재하거나 번영하고 있는 도시로 이주하여 수공업이나 무역업이나 금융업으로 부를 축적했다. 기원전 1천 년에 시작된 그리스 민족의 이주로 지중해 세계에는 서방과 동방을 막론하고 곳곳에 그리스인 도시가 건설되었지만, 유대인이 건설한 도시는 전혀 없다고 해도 좋다. 유

로마 세계의 3대 도시

대 민족은 돈냄새가 나지 않는 곳에는 이주하지 않기 때문이다.

기원을 전후한 시대에도 지중해 세계의 동방에 있는 여러 도시에는 대규모 유대인 공동체가 형성되어 있었지만, 로마를 비롯한 서방 도시에는 동방만큼 규모가 큰 유대인 사회는 존재하지 않았다. 패권국 로마의 수도가 있는 곳인데도 서방에서는 '돈냄새'가 별로 나지 않았기 때문이다.

그러나 '팍스 로마나'의 확립과 사회간접자본의 보급은 서방의 경제력을 향상시키는 결과를 낳았다. 그때까지는 불균형했던 동방과 서방의 경제력이 균형을 이루게 되었다. 지배자인 로마로 부가 집중된 게 아닐까 하고 생각하는 사람이 있을지도 모르지만, 실제로 그 정도는 아니었다. 로마 제정 시대, 제국의 3대 도시는 로마와 알렉산드리아와 안티오키아인데, 이들 가운데 서방에 속하는 것은 로마뿐이고, 알렉산드리아와 안티오키아는 동방에 속한다. 지배자인 로마인 자신이 제국 전역의 부의 흐름은 중요시했지만, 로마에만 부가 집중되는 것은 별로 중요하게 생각지 않았기 때문이기도 하다. 속주세도 피지배자가 지배자 로마에 바치는 상납금이 아니라, 그들의 거주지역을 포함한 제국 전역의 안전을 지키기 위한 안전보장비였다.

어쨌든 아우구스투스 시대부터 본격적으로 시작된 서방의 경제력 향상은 유대인의 관심을 끌 수밖에 없었다. 유대 민족의 이주가 본격적으로 시작될 수 있는 조건이 서방에도 갖추어진 것이다. 이 시기에 황제에 즉위한 사람이 티베리우스였다.

티베리우스와 유대인

티베리우스는 유대 민족의 특수성을 충분히 이해하고 있었다. 시리아 총독 퀴리누스를 계속 중용한 것도, 그리고 예루살렘의 유대인을 자극하지 않으려고 여러 가지 타협책을 취한 것도 그가 유대인을 이해하고 있었다는 증거다. 하지만 유대인을 이해했기 때문에, 특수한 유대 민족이 보편을 지향하는 로마 제국에 가져올 위험도 잘 알고 있었다. 신의 율법에만 따르는 사람들과 인간의 법에 따라 다스리려고 애쓰는 사람들이 어떻게 하면 공존할 수 있을까. 아무 일도 하지 않고 방치하면 위험해질 뿐이다. 오리엔트에서는 연중행사처럼 일어나는 그리스계 주민과 유대계 주민의 충돌이 그것을 증명하고 있었다. 그리스인은 다신교 민족일 뿐 아니라 '법'은 인간이 만드는 거라고 생각하고 있다는 점에서도 로마인과 가깝고, 무엇보다 로마인과의 동화에 별다른 저항감을 갖지 않는 사람들이었다.

티베리우스 앞에는 다음과 같은 현실이 놓여 있었다.

총인구가 100만 명에 이르는 알렉산드리아의 주민은 5개 지구에 나뉘어 살고 있었는데, 그 가운데 3개 지구에는 그리스계 주민이 살고 나머지 2개 지구에는 유대계 주민이 살고 있었다. 로마가 실시한 인구 조사 결과가 남아 있지 않아서 추측할 수밖에 없지만, 인구 100만 명의 대도시 알렉산드리아에 사는 유대인 수는 최소한 40만 명은 넘었을 게 분명하다. 역시 인구가 100만 명에 이르는 동방의 대도시 안티오키아도 사정은 비슷했을 것이다.

한편 로마에서는 14개로 나뉜 행정구 가운데 1개 지구에만 유대인 거주가 허용되어 있었을 뿐 아니라, 로마로 이주한 유대인 자체가 적었다. '돈냄새'가 나기 시작한 지 반세기도 지나지 않았기 때문이다. 당시 로마에 살았던 유대인 수는 2만 명 안팎이라는 것이 연구자들의 추산이다. 100만 명 가운데 40만 명과 100만 명 가운데 2만 명. 특수를 허용하면서 보편을 관철하는 해결책은 바로 여기에 숨어 있을 터였다.

티베리우스는 아우구스투스가 예루살렘의 유대인에게 허용한 사법권을 동방의 여러 도시에 있는 유대인 사회에도 공식적으로 인정해주었다. 예루살렘과 마찬가지로 사형집행만은 로마인 총독이나 장관의 허가를 받아야 하지만, 동방의 유대인들은 신의 율법에 따라 재판받는 것이 허용되었다.

또한 티베리우스는 토요일마다 안식일을 갖고 싶다는 유대인의 요망도 인정해주었다. 이것도 영단이라고 말할 수 있다. 그리스인이나 로마인의 휴일은 신에게 바치는 축제일로서, 평소에 하던 일을 쉬고 종교 의식에 참석하거나 신에게 바쳐진 경기대회와 연극 따위를 구경하는 날이다. 따라서 신에게 기도하는 것말고는 '아무 일도 하지 않는' 유대인의 휴일이 그들의 눈에 이상하게 보인 것도 무리는 아니었다. 하지만 유대인으로서는 모세의 십계 제4조에 '안식일을 기억하여 거룩히 지키라'고 되어 있는 이상, 그것을 지키지 않으면 신의 징벌이 내린다. 토요일에도 일하는 지배자 로마인은 토요일이 올 때마다 '아무 일도 하지 않는' 유대인들을 이상하게 생각하면서도 그들의 관습을 인정해주었다. 유대인 수가 100만 명 가운데 40만 명이라는 기정 사실이 동방의 유대인에 대한 티베리우스의 대책을 결정한 것이다.

하지만 티베리우스는, 유대계 주민의 비율이 100만 명 가운데 2만 명에 불과한 서방에서는 그 비율이 무시할 수 없는 기정 사실이 되기 전에 예방책을 취한다. 그렇다고 해서 유대인 이주를 제한하거나 금지한 것은 아니다. 이주하는 것은 자유지만, 서방에서는 동방과 달리 불리한 조건을 감수하도록 했다. 토요일마다 '아무 일도 하지 않는' 것은 모세의 십계에도 나와 있기 때문에 인정했다. 하지만 유대인 공동체 안에서 유대법에 따라 사법권을 행사하는 것은 일절 인정하지 않았다. 서방으로 이주한다면, 유대교도라도 로마법에 철저히 따르도록 했다. 100만 명 가운데 2만 명이니까 가능한 일이었다.

하지만 동방과 서방을 불문하고 예루살렘을 포함한 모든 도시의 유대인 사회에 강요한 것이 하나 있었다. 종교의 자유도 이주의 자유도 인정하고, 유대교 특유의 관습도 모두 인정하지만, 로마에 반대하는 것을 목적으로 하거나 사회 불안의 원인이 되는 행위를 한 경우에는 절대로 용납하지 않겠다는 거였다. 이것이 로마의 방침이라는 것을 로마 세계에 사는 유대인은 잊어서는 안되었다. 서기 19년, 유대에서는 퀴리누스 총독의 유연한 유대인 대책이 진행되고 있던 시기에, 티베리우스는 사회 불안을 일으켰다는 이유로 일시적으로나마 로마에 사는 유대인을 모조리 이탈리아에서 추방했다. 종교의 자유는 인정하지만 사회 불안의 원인이 되는 것은 용납하지 않겠다는 로마의 이교도 정책은 티베리우스에 의해 확립되었다.

티베리우스는 특히 유대인이 많이 사는 동방에서는 카이사르와 아우구스투스가 실행해온 노선을 계승했다. 그것은 역사를 비롯한 각종 요인으로 말미암아 자칫하면 격렬해지는 그리스계 주민과 유대계 주민의 대립에 대해 로마는 어느 쪽도 편들지 않고 두 민족의 중재자 역할을 맡는다는 전략이다. 어쨌든 제국의 동방은 그리스인과 유대인 없이는 존속할 수 없는 것이 현실이었다.

로마인과 동화하는 그리스인과 달리 동화하지 않는 유대인은 현대식으로 말하면 다국적 기업의 '현지법인'이다. '현지법인'을 경영하는 일은 현지인 '사장'에게 맡기는 것이 최선책이다. 그것은 티베리우스도 알고 있었을 것이다. 그런데 적임자가 없었다. 적임자 후보였던 헤롯 왕의 손자 헤롯 아그리파는 유능하긴 하지만 책임감이 모자란다는게 티베리우스의 평가였다. 따라서 시리아 총독의 지휘를 받는 '장관'을 통해 유대에 대한 직할 통치를 계속할 수밖에 없었다.

티베리우스가 죽을 때까지 로마인과 유대인의 관계는 위와 같았다. 알렉산드리아의 유대인 필로가 로마 제정을 그렇게까지 칭찬한 것(티베리우스를 다룬 222쪽 참조)은 카이사르와 아우구스투스와 티베리우스로 이어진 한 세기 동안의 로마 통치가 제국 안에 사는 유대인의 처지에서도 만족스러웠다는 것을 증명해준다. 칼리굴라도 이 정책을 물려받았다. 아니, 아우구스투스의 피를 이어받은 칼리굴라라면 당연히 종래의 정책을 계승해줄 거라고 필로를 비롯한 유대인들은 믿어 의심치 않았다.

칼리굴라와 유대인

인간이라면 누구나 가슴 속에 다소는 인종차별의 감정이 숨어 있다. 이 감정이 의식의 표면으로 떠오르려면 두 가지 조건이 갖추어져야 한다. 첫째, 날마다 얼굴을 맞대고 사는 사이일 것. 둘째, 그러면서도 이해관계가 일치하지 않는 사이일 것. 오리엔트에 사는 유대인과 오랫동안 대립관계에 있었던 민족은 로마인이 아니라 그리스인이었다. 민족으로서는 대단히 우수한 유대인과 그리스인은 우수하기 때문에 모든 면에서 이해가 대립되었다. 경제적 능력은 물론 학문의 세계에서도 그들은 경쟁관계에 있었다. 경쟁관계가 아니었던 유일한 분야는 해운업이 아니었을까. 배를 부리는 그리스인의 재능은 다른 민족을 압도했기 때문이다.

알렉산드로스 대왕 시절에 시작된 300년의 헬레니즘 시대는 이 두 민족의 처지를 지배자와 피지배자로 갈라놓게 되었다. 하지만 그런 형태가 오히려 두 민족간의 균형관계를 유지하는 데에는 도움이 되었다. 그런데 클레오파트라의 죽음으로 그리스인의 마지막 보루가 로마의 손에 들어간 기원전 30년부터 두 민족은 이제 유일한 지배자가 된 로마인 밑에서 동등한 피지배자의 처지로 '동거'하는 꼴이 되었다.

그렇다 해도 지배자와 피지배자의 관계로 늘 이해가 대립해온 두 민족 사이에 오랫동안 쌓인 대립 감정은 하루아침에 사라지는 게 아니다. 게다가 패권자인 로마 밑에서 이 두 민족의 선택은 양극단이라 해도 좋을 만큼 달랐다. 로마인에 동화하는 길을 택한 그리스인과 동화를 거부한 유대인.

그래도 패자까지 자신들과 동화시키는 보기 드문 성향을 갖고 있었던 로마인은 이질분자인 유대인의 특수성을 인정한 상태에서 로마 지배체제에 편입시켰다. 카이사르와 아우구스투스와 티베리우스로 이어진 한 세기가 유대인에게는 과거의 그리스인 지배 시대와 비교하면 훨씬 살기 좋은 시대가 아니었을까. 유대인들이 칼리굴라의 등장을 그렇게 환영한 것도 로마 제정이 계속되기를 바라고 있었다는 증거다.

그런데 칼리굴라는 로마 황제가 '무관의 제왕'이기 때문에 다른 왕들보다 위에 있다는 사실을 이해하지 못하고, 다른 왕들을 넘어서려면 '신'이 될 수밖에 없다고 생각했다.

　여기서 유대인은 난처해지고 말았다. 칼리굴라가 중병에 걸리자 유
대인들은 제물까지 바치며 그의 쾌유를 빌었지만, 칼리굴라를 신으로
인정할 수는 없다. 그것만은 절대로 안된다. 반대로 그리스인은 다신
교 민족이니까, 신이 하나쯤 늘어난다 해도 문제될 건 없다고 생각했
다. 스스로 신이라고 공언하기 시작한 칼리굴라에게 어떻게 대처하느
냐가 유대인과 그리스인의 대립 감정에 다시금 불을 붙이는 기폭제가
되었다. 이 대립이 이집트의 알렉산드리아에서 폭발한 것은, 제국 동
방에서는 다른 어떤 도시보다도 알렉산드리아에 있는 그리스인 사회와
유대인 사회의 세력이 백중세를 보이고 있었기 때문이다.

　칼리굴라가 즉위한 지 1년 뒤인 서기 38년에 불을 뿜은 알렉산드리
아 폭동은, 그 과정을 추적해보면 그리스인들이 칼리굴라의 이름을 빌
려 유대인에 대한 적대감을 폭발시켰다는 것을 알 수 있다. 다시 말해
서 문제를 일으킨 것은 그리스인 쪽이었다.

　항구에 정박해 있는 유대인 소유의 배는 모조리 불태워졌다. 유대인
거주지역의 집들도 불타고 약탈당했다. 유대인이 집단 거주지역 밖으
로 나오면, 단지 그 이유만으로 살해되었다. 그리스계 주민은 유대교
예배당인 시나고그 안에까지 칼리굴라의 상(像)을 가지고 들어가, 우
상숭배를 금하고 있는 신에게 벌을 받는다고 두려워하는 유대인을 비
웃었다.

　주민들 사이에서 일어난 싸움을 수습하는 일은 황제 대리로 이집트
에 온 장관의 임무다. 이 시기의 장관은 티베리우스가 임명한 플라쿠
스였는데, 오랫동안 선정을 베풀던 그가 종래와는 전혀 다른 태도를
취하고 나섰다. 중재자가 아니라 그리스인 편에 선 것이다. 즉위한 지
1년밖에 안된 칼리굴라는 아직 젊으니까 오랫동안 황제 자리를 지킬
게 분명하고, '신'을 자처하는 칼리굴라의 언동이 널리 알려진 이상,

그것을 기치로 내세운 그리스인의 폭동을 강경하게 진압하기도 어려웠기 때문일 것이다. 하지만 장관 자신이 앞장섰기 때문에, 알렉산드리아 폭동은 이 도시에 거주하는 유대인에 대한 전면적인 탄압으로 확대되었다.

토요일을 안식일로 인정해주는 규정은 폐지되었다. 유대인들은 이제까지 5개 지구 가운데 2개 지구에 거주하고 있었지만, 알렉산드리아에서도 경치가 가장 아름다운 구역에 살 권리가 없다는 이유로 1개 지구에만 몰아넣기로 결정했다. 유대인을 쫓아낸 지구에서는 400채나 되는 저택이 불타고, 시나고그도 불타고, 36명의 제사장들은 경기장으로 끌려가 그리스계 주민의 조롱을 받으며 채찍질을 당했다.

유대인이 경영하는 공장들도 폐쇄되고, 무역도 정지되었다. 일용품 가게조차 그리스인의 습격을 두려워하여 문을 닫아걸었다. 동방에서 제일이라는 알렉산드리아 경제는 거의 절반이 마비상태에 빠져버렸다.

이렇게 되면 유대인 사회로서는 로마 황제에게 직접 호소할 수밖에 없었다. 이런 경우의 직소는 로마법으로 인정되어 있었기 때문에, 알렉산드리아의 유대인 사회는 그 권리를 행사하기로 결정했다. 유대인들도 23년 동안이나 변함이 없었던 티베리우스의 유대 정책에 익숙해져 있었을 것이다. 신을 자처하고 있기는 하지만, 칼리굴라도 제국 통치의 최고책임자다. 만나서 이야기하면 중재자 역할을 상기해줄 거라고 기대했다.

로마로 떠나는 사절단의 단장은 '유대의 플라톤'이라는 말을 들을 만큼 학식이 풍부하고 유대인 사회에서 인망이 높았던 필로로 결정되었다. 이제 70세를 바라보는 나이였지만, 이 인물이 가장 적임자로 여겨진 것은 진지한 유대교도이면서도 그리스-로마 문명의 우수한 요소를 인정하는 데 인색하지 않고, 로마 제정 치하에서 유대 민족이 존속할 가능성을 믿고 있는 도시형의 온건파 유대인이었기 때문이다. 또한 개인적으로도 유복했기 때문에, 사절단 전원의 파견 비용을 부담할 수 있다는 이점도 갖고 있었다.

필로가 갖고 있었던 것은 이런 이점만이 아니었다. 그의 가정 환경이 로마측의 호감을 얻을 만하다고 여겨졌기 때문이다. 친동생인 가이우스 율리우스 알렉산드로스는 유복한 금융업자였는데, 이름으로도 알 수 있듯이 로마 시민이 되어 칼리굴라의 할머니인 안토니아의 재산을 맡아서 운용해주고 있었다. 안토니아의 유산은 대부분 칼리굴라가 상속했기 때문에, 가이우스 율리우스 알렉산드로스는 오리엔트에 있는 황제 사유재산을 운용해주는 사람이기도 했다. 또 다른 친척도 로마 시민이 되어 마르쿠스 율리우스 알렉산드로스로 이름을 바꾸고, 경제계의 중진이 되어 있었다. 이 사람은 유대 왕인 아그리파 1세의 딸 베레니케와 결혼했고, 이 결혼으로 칼리굴라의 친구인 유대 왕자 헤롯 아그리파와는 인척관계가 되었다.

또한 필로의 아들 가운데 하나도 로마 시민이 되는 길을 선택했다. 이 티베리우스 율리우스 알렉산드로스는 군인이 되어, 아버지가 사절단장으로 로마에 간 해에는 로마 군단 대대장이 되어 있었다. 이 유대계 로마인은 그후 눈부시게 출세하여 클라우디우스 황제 시대에는 유대 장관을 지냈고, 네로 황제 시대에는 이집트 장관이 되었으며, 베스파시아누스 황제 시대에는 근위대장으로 승진했다. 로마인에 동화한 유대인도 소수이긴 했지만 존재했다.

필로를 단장으로 하는 유대 사절단이 로마에 도착한 것은 서기 38년 겨울이 시작될 무렵이었다. 그런데 당장이라도 만나줄 줄 알았던 칼리굴라한테서는 좀처럼 알현을 허락하는 통지가 오지 않는다. 당시 로마에 있던 헤롯 아그리파를 통해 부탁해보았지만, 황제한테서 돌아온 대답은 그리스 사절단이 도착하기를 기다렸다가 함께 만나겠다는 것이었다. 겨울 항해는 피하는 것이 보통이었기 때문에, 서둘러 황제에게 호소할 필요성을 느끼지 않는 그리스인들은 출발을 늦추었다. 가을에 출항하지 못하면 이듬해 봄에야 출항하게 된다. 그리스 사절단은 이듬해 봄에나 도착할 거라고 생각할 수밖에 없었다. 알렉산드리아의 그리스인 사회에서도 로마에 파견할 사절단 단장으로 학자를 선택했다. 아피온이라는 유명한 철학자였지만, 신랄한 인물평으로도 유명했던 티베리우스 황제의 말을 빌리면 '말만 번지르르한 학자'였다. 필로는 아피온의 언변에는 두려움을 품지 않았지만, 로마에서 오래 기다리는 동안, 중재자 역할을 맡아주어야 할 칼리굴라에게 불안을 품게 되었다.

드디어 그리스 사절단도 도착하여, 칼리굴라 황제를 만날 수 있게 되었다. 유대측과 그리스측이 함께 초대된 접견장은 로마의 일곱 언덕 가운데 하나인 에스퀼리노 언덕에 있는 황제의 사저였다. 이 저택은 '마이케나스의 정원'이라는 통칭을 갖고 있었다. 아우구스투스의 '왼팔'이었던 마이케나스는 전재산을 아우구스투스에게 남겼기 때문에, 로마 시가지가 한눈에 내려다보이는 이 전망좋은 땅은 황제의 사유지가 되어 있었다. 칼리굴라는 로마 상류층 시민들을 초대하여 거기서 연극을 상연할 계획이었다. 그 준비 상황을 점검하러 '마이케나스의 정원'에 간 김에 그리스와 유대 사절단을 부른 것이다. 따라서 황제 접견은 정해진 장소에 마주앉지 않고 모두 선 채로 시작되었다. 이날 접견의 자초지종은 필로의 기록을 번역하는 것으로 대신하겠다. 이때 칼리굴라는 27세도 채 안된 나이였다.

"황제 앞으로 안내된 우리는 정중하게 고개를 숙이고 두 팔을 앞으로 뻗은 채 '경애하는 황제 폐하' 하고 불렀다. 그러자 그는 빈정거리는 투로 대답했다. '신을 미워한다는 게 바로 너희들이냐? 다른 민족은 모두 나를 신으로 인정하고 있는데, 너희들만이 그 이름을 입에 올리는 것조차 금지되어 있는 누군가를 믿고 있다는 이유로 나를 신으로 인정할 수 없다는 거로군.' 이렇게 말한 뒤, 칼리굴라는 하늘을 쳐다보고 두 팔을 번쩍 들어올리며 신에게 폭언을 퍼부었다. 그것은 우리 유대교도에게는 듣는 것조차 허용되지 않는 신성모독적인 언사였다.

우리에 대한 이런 태도와는 반대로, 그리스 사절단에 대해서는 우리한테 보란 듯이 친절하게 굴었다. 그리스인들은 우쭐해서, 과장된 몸짓으로 구역질이 날 만큼 알랑거리는 말을 늘어놓았다. 사절단원인 이시드로스는 이런 말까지 했다. '주인님, 여기 와 있는 자들이 알렉산드리아에서 어떠했는지를 주인님께서 아신다면, 여기 있는 자들에 대한 증오심이 더욱 강해질 게 분명합니다. 알렉산드리아 주민들은 주인님을 덮친 병이 하루라도 빨리 낫기를 기원하며 제물을 바쳤지만, 유대계 주민만은 그런 건 신이 허락하지 않는다면서 하지 않았습니다.'

우리 유대측은 일제히 큰 소리로 반박했다.

'훌륭하신 가이우스(칼리굴라의 본명)여, 이시드로스의 비난은 터무니없는 중상모략에 불과합니다. 우리도 제물을 바쳤습니다. 그것도 놈들처럼 몇 마리가 아니라 100마리나 되는 가축을 제물로 바치고 기도했습니다. 제물을 바치는 방법도 격식에 따른 것이었습니다. 대개는 제단 앞에서 제물을 죽여 그 피를 제단 주위에 뿌리고 고기는 집으로 가져가서 요리해 먹지만, 우리는 가축을 죽인 뒤 완전히 구워질 때까지 기다리는 정식 의식을 치렀습니다.

게다가 한 번만이 아니었습니다. 폐하께서 즉위하신 뒤 2년 동안 세 번이나 제물을 바치는 의식을 치렀습니다. 첫번째는 폐하께서 제국을 물려받으셨을 때, 두번째는 폐하께서 병으로 쓰러져 제국의 모든 사람들이 폐하와 함께 병에 걸린 것처럼 우울해 있을 때, 그리고 세번째는

폐하께서 게르마니아로 출정하셨을 때 폐하의 승리를 기원하며 제물을
바쳤습니다.'

우리의 열띤 반론에 칼리굴라는 이렇게 대답했다. '제물을 바친 건
사실이라고 하자. 하지만 제물은 신에게 바치는 것이다. 너희가 믿는
종교에서는 신이 하나라고 한다. 너희는 그 유일신에게 제물을 바치면
서 또 다른 신에게 행운이 있기를 기원했더냐?'

이렇게 말하면서도 칼리굴라는 정원 곳곳에 마련된 가설 파빌리온
(관람석)을 점검하러 다니는 걸음을 멈추지 않았다. 남자용과 여자용
파빌리온을 일일이 점검하면서, 아래층과 위층을 빠짐없이 둘러보고,
미흡한 곳을 지적하며 고치라고 명령했다. 그가 고치라고 명령한 것은
비용이 많이 드는 것뿐이었다.

우리는 그의 뒤를 따라 걸으면서, 위층으로 올라가거나 아래층으로
내려가는 일을 되풀이했다. 그러는 동안에도 그리스 사절들은 거리낌
없이 우리에게 비난과 조롱을 멈추지 않았다. 그래도 이따금 칼리굴라
가 던지는 질문에 그들이 논리적으로 대답할 수 없었기 때문에, 황제
와 그리스인들 사이에도 대화는 성립되지 않았다.

칼리굴라는 느닷없이 우리 쪽으로 질문의 화살을 돌렸다. '왜 너희
는 돼지고기를 안 먹느냐?'

이 질문은 또다시 그리스인들의 폭소를 자아냈다. 하지만 우리는 진
지하게 대답했다. '민족마다 제각기 다른 법을 갖고 있습니다. 다른
법을 갖는다는 것은 다른 금지 조항을 갖는다는 뜻입니다. 그리스인도
예외는 아닙니다. 산양은 수가 많아서 값싸게 구할 수 있는데도, 그들
은 산양을 먹지 않습니다.'

그러자 칼리굴라는 큰 소리로 웃은 뒤에 말했다. '거기에 대한 대답
은 간단하다. 맛이 없기 때문이다.'

이런 식으로 진행된 황제와의 면담은 우리를 곤혹스럽게 하고, 마음

을 우울하게 만들 뿐이었다. 칼리굴라는 그래도 다음과 같은 질문을 던졌다.

'유대인 사회가 갖고 있고 현재 행사하고 있는 정치적 권한은 무엇인가?'

우리가 설명하기 시작하자, 그는 귀를 기울이며 우리의 처지를 이해하는 모습까지 보여주었지만, 그것도 오래 계속되지는 않았다. 우리의 설명이 가장 중요한 대목에 접어들었을 때, 그의 발도 정원 한복판에 있는 널찍한 파빌리온 안으로 들어가고 있었다. 칼리굴라가 명령을 내리기 시작했기 때문에 우리는 입을 다물 수밖에 없었다. 그는 거기서 사방에 늘어서 있는 창문을 유리와 비슷한 흰색의 얇은 귀석(貴石)으로 덮으라고 명령했다. 그렇게 하면 햇빛은 들어오지만, 바람이나 지나치게 강한 햇살로부터 관객들을 보호할 수 있다는 것이다. 그렇게 명령한 뒤에 그는 우리를 돌아보며 말했다. '무슨 이야기를 하고 있었지?'

우리는 도중에 끊긴 설명을 다시 시작했지만, 칼리굴라는 여전히 걸음을 멈추지 않고 다음 파빌리온에 발을 들여놓자마자 다시 명령을 내리기 시작했다. 이번에는 파빌리온의 벽을 장식하고 있는 벽화를 다른 것으로 바꾸라는 명령이었다.

그 명령을 끝낸 그는 비로소 우리한테도 정중한 태도를 취하게 되었지만, 그의 입에서 나온 것은 다음과 같은 말이었다. '너희 유대인은 그리스인이 말하는 것만큼 악질적인 민족은 아닌 것 같구나. 하지만 불행하고 어리석은 민족인 것은 확실해. 내가 신의 본질을 상속한 것을 믿지 않는다니 말이다.'

이 말을 남기고 그는 가버렸다. 우리도 물러날 수밖에 없었다."

칼리굴라와 같은 시대에 살았던 이 유대인이 묘사한 칼리굴라는 로마인 역사가들이 묘사한 칼리굴라보다도, 또한 후세 작가들이 묘사한 칼리굴라보다도 훨씬 실상에 가까운 묘사인 듯싶다. 2천 년이나 지난 뒤 알베르 카뮈가 희곡 『칼리굴라』에서 묘사한 칼리굴라, 또는 1980년대에 미국과 이탈리아에서 잇달아 제작된 『칼리굴라』라는 영화에서 섹스와 폭력의 괴물로 묘사된 칼리굴라는 그의 시대로부터 100년이나 지난 뒤에 항간에 떠도는 풍문을 주워 모아서 쓴 수에토니우스의 『황제열전』에서 소재를 얻은 게 분명하다. 그러나 칼리굴라는 다행인지 불행인지 괴물은 아니었다. 머리도 나쁘지 않았다. 그의 불행, 아니 제국의 불행은 정치가 무엇인지를 전혀 모르는 젊은이가 정치를 할 수밖에 없는 지위에 앉아버린 데 있다. 사물의 옳고 그름이나 선악 따위를 판단하는 안목은 그에게도 있었다. 애마인 인키타투스를 원로원 의원에 임명할까 하고 농담을 할 만큼 원로원의 통치 능력이 쇠퇴한 것도 꿰뚫어보고 있었다. 하지만 이 농담이 후세에 전해지면, 말을 원로원 의원에 임명하는 따위의 미친 짓을 저질렀다는 식으로 왜곡되어버린다.

그렇긴 하지만 비판과 실천은 다르다. 뉴스가 없으면 정치가 잘 되어가고 있는 증거라는 말이 있을 만큼 정치의 실천은 수수하고, 그러면서도 일관성이 요구되는 책무다. 임기응변은 좋지만, 단순한 변덕은 정치를 실천하는 사람에게 제 무덤을 파는 짓이나 마찬가지다.

필로가 단장을 맡은 유대인 사절단의 성과는 실패인 동시에 성공이었다고 말할 수밖에 없다. 유대인의 불리한 환경이 개선되지 않았다는 점에서는 실패였지만, 칼리굴라가 새로 임명한 장관은 알렉산드리아의 그리스인들이 더 이상 횡포를 부리는 것을 용납하지 않았다는 점에서는 성공이었다. 로마 제국의 동방에서, 이집트의 알렉산드리아는 시리아의 안티오키아와 나란히 경제의 핵이다. 그런 알렉산드리아가 '시티' 로서 기능을 발휘하려면 유대계 주민의 활약이 반드시 필요했다.

필로가 알렉산드리아로 돌아온 직후, 칼리굴라는 속주로 떠났다. 라인 강 연안과 도버 해협에 가까운 갈리아에서 그가 무엇을 어떻게 했는지는 앞에서 말한 바와 같다. 그후 로마로 돌아와, 약식이긴 했지만 개선식도 거행했다. 하지만 그동안 칼리굴라의 눈을 다시 유대인한테로 돌린 사건이 팔레스타인에서 일어나고 있었다.

힘의 대결

황제를 맞아 라인 강 전선에서 벌어진 것은 단순한 군사훈련에 불과했지만, 수도 로마에서도 그걸로 개선식을 거행해주었을 정도니까 제국의 동방 유대에는 칼리굴라가 게르만족에 대승을 거둔 것으로 전해진 모양이다. 그것을 기뻐한 그리스계 주민들은 칼리굴라를 위해 제단을 세우고, 거기에 제물을 바치려고 했다.

이것이 유대인을 자극했다. 성난 그들은 제단으로 몰려가 대리석 제단을 산산조각으로 부숴버렸다. 이 사건은 로마로 돌아와 있던 칼리굴라에게 보고되었다.

원래 유대인에게 호감을 갖지 않았던 칼리굴라는 이 보고를 받고 격분했다. 그리고는 센세이셔널한 힘의 대결에 호소했다. 유대를 관할하고 있는 시리아 총독 페트로니우스에게 편지를 보내 칼리굴라를 본뜬 최고신 유피테르의 신상을 만들어 예루살렘 신전 안에 세우라고 명령한 것이다. 요즘 같으면 텔레비전의 톱뉴스나 신문의 1면 머릿기사가 될 게 분명하다.

선황 티베리우스가 등용한 페트로니우스는 칼리굴라의 명령에 깜짝 놀랐다. 게다가 칼리굴라는 이 명령을 페트로니우스에게 보낸 편지에만 쓴 게 아니라 공표까지 해버렸기 때문에 유대인들도 모두 알아버렸다.

유대 전역이 스트라이크에 돌입했다. 남자도 여자도, 늙은이도 젊은 이도, 심지어는 어린아이들까지도 총독 관저로 떼지어 몰려가, 신을 모독하는 이런 행위가 실현되지 않도록 손을 쓰라고 요구했다. 알렉산드리아와 안티오키아를 비롯한 해외의 유대인 사회도 이 소식에는 동요를 감추지 못했다. 예루살렘 신전은 그들에게도 '성스러운 곳'이었기 때문이다. 내버려두면 유대 민족의 총궐기로 이어질 수도 있었다.

페트로니우스 총독은 태업하는 길을 선택했다. 티루스(오늘날 레바논의 티레)의 공방에서 제작되고 있는 신상을 되도록 천천히 만들라고 은밀히 명령한 것이다. 그리고 유대인들의 요구에 대해서는 말없이 가볍게 고개를 끄덕이는 방법으로, 다시 말해서 증거가 남지 않는 방법으로 답했다. 이로써 시위도 스트라이크도 진정되었다.

칼리굴라는 자기 명령이 빨리 실현되기를 은근히 기다리고 있었다. 그런데 우상숭배를 엄금하고 있는 유대교의 총본산에 유피테르 신상이 세워졌다는 보고는 좀처럼 들어오지 않고, 신상이 완성되었다는 보고조차도 들어오지 않는다. 칼리굴라는 페트로니우스에게 다시 편지를 보냈다.

"아무래도 그대는 내 명령보다 유대인의 선물을 선택한 모양이군. 그대에게 부과된 임무를 수행하기보다 그들의 호의를 얻는 쪽을 선택했다는 건데, 이는 황제에 대한 불복종에 해당하오. 그래서 황제인 나는 황제의 명령에 복종하지 않으면 어떤 결과가 기다리고 있는지를 명확히 해둘 필요가 있기 때문에, 그대가 스스로 거기에 결말을 짓는 것이 가장 적절한 해결책이라는 결론에 도달했소."

한마디로 말하면 자살을 명령한 것이다. 그러나 이 시대에는 로마에서 안티오키아까지 가는 데 한 달이 걸렸다. 칼리굴라의 명령이 아직 지중해를 가로질러 동쪽으로 항해하고 있을 때, 명령을 내린 장본인은 이미 이 세상을 떠나 있었다.

페트로니우스도 목숨을 건졌지만, 로마 황제와 유대교도의 전면 대결도 이로써 흐지부지되었다. 하지만 칼리굴라 때문에 생긴 제국 통치의 '균열'은 유대 문제만이 아니었다.

파르티아 왕국과의 우호관계도 아르메니아 왕국이 로마 쪽에 붙느냐 파르티아 쪽에 붙느냐를 둘러싸고 또다시 위태로워지기 시작했다. 시리아 총독 페트로니우스도 파르티아와의 경계인 유프라테스 강에 2개 군단을 못박아두지 않으면 안되었다.

70년 동안이나 로마의 믿을 만한 동맹국이었던 북아프리카 서쪽의 마우리타니아 왕국에서도 칼리굴라의 경솔한 행동 때문에 문제가 발생했다.

오늘날의 모로코와 알제리 서부를 합한 면적을 가진 마우리타니아 왕국에 대해, 아우구스투스는 왕가의 대가 끊어졌을 때에도 속주화하지 않고 동맹국으로 존속시키는 방법을 택했다. 카이사르에게 패배한 누미디아의 마지막 왕 유바의 아들을 마르쿠스 안토니우스와 클레오파트라 사이에 태어난 딸과 결혼시켜, 그에게 마우리타니아 왕국을 맡긴 것이다. 칼리굴라 시대에 마우리타니아 왕은 이들 두 사람 사이에 태어난 트로메우스였다. 이 왕의 외조부는 마르쿠스 안토니우스다. 칼리굴라의 증조부도 역시 안토니우스다. 황제가 된 칼리굴라는 동맹국이라 해도 실제로는 속국인 마우리타니아의 왕에게 자기와 같은 피가 흐르고 있다는 것을 참을 수가 없었다. 그래서 트로메우스를 로마로 불러들여 죽여버렸다. 그리고 마우리타니아 왕국을 속주화하겠다고 선언했다. 마우리타니아인들은 여기에 반발하여 봉기를 일으켰다. 제국을 다스리다 보면 항상 어딘가에서 문제가 생기는 법이지만, 로마인들이 걱정도 하지 않은 마우리타니아에서도 문제가 일어난 것이다.

칼리굴라의 치세는 국가 재정의 파탄을 낳았을 뿐 아니라, 외치에서도 여기저기서 균열이 생기고 있었다.

반정(反正)의 칼

테러 행위는 문명이 미숙해서 일어나는 게 아니다. 선거로 낙선시키는 수단을 박탈당했기 때문에 어쩔 수 없이 테러를 저지르는 것도 아니다. 권력이 한 사람에게 집중되어 있어서, 그 한 사람을 죽이면 정치가 달라질 거라고 생각하기 때문에 일어나는 것이다.

서기 40년부터 41년까지 칼리굴라를 둘러싼 환경은 즉위 당시의 열광이 거짓말로 여겨질 만큼 차갑게 식어 있었다. 열광이 차갑게 식기까지는 3년 반밖에 걸리지 않았다. 그리고 칼리굴라는 로마에서는 책임있는 공직을 맡을 수 있는 나이로 여겨진 30세도 채 되지 않았다.

사회복지대책인 '빵'과 인기 정책인 '서커스'가 주어지고 있는데도, 외치의 실패 따위에는 무관심한 일반 시민의 지지도까지 떨어진 것은 땔감에 부과된 세금 때문이었다. 칼리굴라로서는 폐지된 매상세를 되살리는 대신 땔감에 세금을 부과한 것이겠지만, 땔감은 생활에 빼놓을 수 없는 필수품이다. 밀을 무상으로 배급받고 있는 빈민들도 땔감이 있어야 빵을 만들 수 있다. 검투사 시합이나 각종 오락에 초대받아 공짜로 즐기면서도, 땔감에 대한 과세에는 항의하는 목소리가 일어난 것도 당연했다. 칼리굴라는 경기장에서 그에게 항의하는 사람들을 근위병들을 출동시켜 진압할 수밖에 없었다.

정보를 알 수 있는 처지에 있고 그것을 이해할 능력도 있는 원로원이 외치를 포함하여 제국 전역에 걸친 칼리굴라의 실정(失政)을 깨닫지 못한 것은 아니다. 하지만 원로원은 마치 뱀의 시선을 받은 개구리 같았다. 원로원이 꼼짝 못하고 있었던 데에는 몇 가지 이유가 있다.

첫째, 국가반역죄 처벌법을 무기로 이용한 칼리굴라의 공격은 오로

지 원로원 계급만 겨냥하고 있었기 때문에, 내일은 내 차례가 아닐까 하는 공포가 그들을 꽁꽁 묶어놓고 있었다.

둘째, 아직도 '게르마니쿠스 신화'가 살아 있는 라인 강 연안의 군단이 게르마니쿠스의 아들인 칼리굴라에게 무슨 일이 생기면 가만히 있지 않을 거라고 예상했기 때문이다.

본명이 가이우스인 로마 제국 제3대 황제는 '작은 군화'라는 의미의 '칼리굴라'로 불리는 것을 몹시 싫어했다고 한다. 하지만 로마군에서도 최강을 자랑하는 라인 강 연안의 군단병들에게, 그들의 마스코트였던 가이우스는 황제가 된 뒤에도 여전히 '작은 군화'였고, 그들의 기대를 한 몸에 받다가 젊은 나이에 아깝게 세상을 떠난 게르마니쿠스의 아들이었다.

셋째, 칼리굴라를 타도한 뒤 제국을 어떻게 통치할 것인가에 대해 원로원 의원들 자신이 명확한 생각을 갖지 못했기 때문이다. 원로원 의원들 가운데 일부는 뿌리깊은 공화주의자로서 공화정 부활을 꿈꾸고 있었다. 하지만 제정으로 바뀐 지 벌써 70년이 지났다. 의원들 대다수는 아우구스투스가 쌓아올린 '팍스 로마나' 체제하에서 태어나 자란 사람들이었다. 이들에게는 제정을 폐지하고 공화정을 부활시킨다는 생각이 현실적이라고는 도저히 생각되지 않았다. 하지만 칼리굴라의 실정은 더 이상 방치할 수 없는 단계에까지 와 있었다.

넷째, 칼리굴라를 죽이기가 현실적으로 무척 어려운 사정이 있었기 때문이다. 칼리굴라의 신변 경호는 완벽했다. 카이사르 암살에서 교훈을 얻은 아우구스투스는 카이사르가 해체한 게르만족 경호원 체제를 부활시켰다. 이것이 그가 천수를 누린 원인이기도 했지만, 칼리굴라는 이것을 더욱 확대하여 근위병들도 경호에 가담시켰다. 로마군의 꽃이라고 불린 근위대에는 제국 각지에 주둔하는 군단에서 선발된 정예들이 모여 있다. 칼리굴라는 자신의 신변 경호를 강화하기 위해, 근위대

장교들을 아버지 게르마니쿠스가 지휘한 게르마니아 군단에서 발탁했다. 즉 '게르마니쿠스 신화'의 신봉자들만 주변에 모아놓은 것이다. 이런 상황에서는 아무리 용기있는 원로원 의원도 쉽게 손을 댈 수 없었다.

그러나 칼리굴라는 그 자신이 누구보다도 자기한테 충성스럽다고 믿었을 게 분명한 '게르마니쿠스 신화'의 신봉자들에게 살해되었다.

서기 41년 1월 24일, 신격 아우구스투스에게 바치는 팔라티노 축제가 황궁이 있는 팔라티노 언덕에서 열리고 있었다. 축제 때는 으레 그렇듯이, 제물을 바친 뒤에는 연극이나 경기대회가 이어진다. 팔라티노 축제가 닷새째를 맞은 그날은 연극을 상연하는 날이었다.

선황 티베리우스가 이런 행사에 참석하지 않은 것이 인기를 얻지 못한 하나의 원인임을 알고 있는 칼리굴라는 연극이든 경기대회든 열심히 얼굴을 내밀었다. 그날도 오전에 상연된 연극을 끝까지 열심히 감상했다.

오후 한 시쯤, 그는 점심을 먹기 위해 자리에서 일어났다. 극장과 황궁은 짧은 지하도로 이어져 있다. 그 지하도를 빠져나가려는 순간, 근위대 대대장(트리부누스)인 카시우스 카이레아가 뒤에서 그의 목을 베었다. 칼리굴라가 비틀거렸다. 그러자 또 다른 근위대 대대장인 코르넬리우스 사비누스가 정면에서 그의 가슴에 칼을 꽂았다. 다음 순간, 카이레아가 쓰러진 칼리굴라의 머리를 향해 칼을 내리쳤다.

게르만족 경호원이 달려왔을 때는 황제만이 아니라 황제의 네번째 아내인 카이소니아도 심장을 단칼에 찔려 숨을 거둔 뒤였고, 한 살바기 딸 드루실라도 죽어 있었다. 근위대 대대장들은 유모의 품에 안겨 있던 드루실라를 낚아채어 지하도 벽에 내동댕이쳤다. 칼리굴라라는 애칭으로 불린 가이우스 율리우스 카이사르 게르마니쿠스의 통치는 이로써 3년 10개월 6일 만에 끝났다. 28세 5개월에 맞은 죽음이었다.

칼리굴라를 살해한 이유에 대해서는 당사자들이 모두 아무 말도 남기지 않고 죽었기 때문에 연구자들도 추측할 수밖에 없다. 전문가들 중에는 칼리굴라 살해로 근위대가 황제 교체에 개입하는 선례가 만들어졌다고 평가하고, 그 이유를 근위병들이 돈에 유혹되었기 때문이라고 주장하는 사람이 많다. 최초의 선례가 만들어졌다는 데에는 나도 동의하지만, 돈에 유혹되었기 때문이라는 주장은 납득할 수 없다.

칼리굴라를 죽이고 클라우디우스를 제위에 앉힌 공로자라는 이유로 근위병들이 일인당 1만 5천 세스테르티우스의 포상금을 받은 것은 사실이다. 하지만 그것은 일이 끝난 뒤의 이야기다.

또한 근위대 9개 대대의 9천 명 병사들이 모두 황제 살해에 가담한 것은 아니다. 가담한 것은 2개 대대뿐이고, 게다가 2개 대대의 2천 명 병사도 모두 가담한 것은 아니었다. 실제로는 2개 대대를 이끄는 두 대대장과 20명 안팎의 병사들만이 절대적인 충성을 맹세한 황제를 죽이는 큰일을 결행했다.

직접 손을 댄 대대장 두 명은 포상금을 받기는커녕 황제 살해죄로 사형선고를 받고 순순히 승복했다. 그들의 직속 부하들도, 단결력이 강한 것으로 알려진 근위대의 다른 병사들도 두 사람의 죽음에 전혀 반발하지 않았다. 이것도 단지 돈에 유혹당한 결과일까.

칼리굴라 살해의 주모자이고 실제로 손을 댄 두 사람 가운데 하나인 카시우스 카이레아가 27년 전인 서기 14년에 게르마니아 군단에서 백인대장을 지낸 것은 사료에도 나와 있는 사실이다.

서기 14년이라면 아우구스투스가 죽고 티베리우스가 제위를 물려받은 해였고, 황제가 바뀐 지금이야말로 자신들의 요구사항을 관철할 좋은 기회라고 생각한 병사들이 스트라이크를 벌여 라인 강 연안의 군단 기지가 시끄러웠던 해이기도 하다. 당시 2세였던 칼리굴라가 간접적으로 나마 병사들의 폭동을 진정시키는 데 이바지한 것은 앞에서 이야기한 바와 같다. 그리고 게르마니아 군단 총사령관인 게르마니쿠스 일가를 지키기 위해, 폭도로 변한 병사들 앞을 칼을 빼들고 막아선 사람이 바로 백인대장 시절의 카이레아였다.

로마 군단의 등뼈라고 불리는 백인대장은 대개 80명의 병사를 휘하에 두고, 근위대로 치면 중대장이다. 하지만 로마군에서는 하사관이고, 장교의 경력은 800명을 지휘하는 대대장부터 시작되는 게 보통이었다. 명문 자제나 유력자의 연고자는 입대한 뒤 적응 기간을 거치면 곧바로 대대장에 임명된다. 유대인이라도 필로 같은 유력자의 아들은 백인대장도 거치지 않고 장교인 대대장이 된다. 따라서 군단장이든 대대장이든, 백인대장을 지낸 경험이 있다는 것은 군대에서 '밑바닥부터 온갖 고초를 겪으며 한 단계씩 올라간 사람' 이라는 뜻이었다.

이처럼 연줄도 없는 사람은 17세에 군대에 지원했다 해도 30세 안팎이 된 뒤에야 백인대장까지 진급할 수 있다. 카이레아도 서기 14년에 30세 안팎이었다면, 서기 41년에는 50대 후반이었다는 이야기가 된다. 50대 후반에 근위대 대대장이라면 '밑바닥부터 한 단계씩 올라간 사람' 치고는 순조로운 출세였다. 근위병은 16년간의 병역을 마친 뒤에 퇴역하지만, 이것은 사병한테만 적용되고 대대장 같은 장교급에는 적용되지 않는다. 따라서 50대 후반에 현역이었다 해도 이상할 것은 없다. 다만 군단장이 아닌 한, 60세가 넘으면 현역에서 은퇴하는 게 보통이었던 모양이다.

서기 14년부터 41년까지 카시우스 카이레아의 소식은 전해지지 않는다. 하지만 14년부터 16년까지 2년 동안 게르마니아 군단 총사령관인 게르마니쿠스는 다시 질서를 되찾은 8개 군단을 이끌고 라인 강을 건너 게르만족과 싸우는 데 열중했다. 봄부터 가을까지는 원정을 하고, 겨울철에는 라인 강 연안의 기지로 돌아오는 생활이었다. 소요가 일어났을 때 이름을 날린 백인대장 카이레아가 2년 동안 게르마니쿠스와 함께 원정을 떠나고 다시 기지로 돌아오는 생활을 했을 것은 충분히 상상할 수 있다. 전투에 부적합한 겨울을 지내는 군단 기지에서는 병사들이 '작은 군화' (칼리굴라)라고 부르는 총사령관의 아들 가이우스가 병사들이 만들어준 유아용 '군화' (칼리가)를 신고 아장아장 걸어다니며 자라고 있었다.

서기 17년 5월에 수도 로마에서 거행된 게르마니쿠스의 개선식에는 카이레아도 참석했을 가능성이 크다. 개선식을 거행하는 것은 개선장군의 전공을 축하할 뿐 아니라, 그 휘하에서 전공을 세우는 데 협력한 병사들의 노고를 위로하기 위해서이기도 하다. 개선식을 통해 장수와 병사들은 명예를 나누어 갖는다. 게르마니쿠스는 다정다감한 성격을 가진 사람이었다. 그의 가족을 지키기 위해 칼을 빼들고 병사들 앞을 막아선 카이레아를 잊지 않았을 게 분명하다. 휘하 병사들 가운데 누구를 로마로 데려가 개선식에 참가시킬 것인지는 개선장군이 결정할 문제였다.

게르마니쿠스가 그해 가을에 오리엔트로 떠날 때도 카이레아는 따라갔을지 모른다. 티베리우스가 오리엔트 문제를 해결하도록 파견한 게르마니쿠스의 수행단 명단에는 군단장과 대대장을 비롯한 게르마니쿠스의 측근들 이름이 많이 보이기 때문이다. 라인 강 연안의 총사령부가 그대로 유프라테스 강으로 이동한 느낌이다.

만약 카이레아도 수행단에 끼어 있었다면, 게르마니쿠스와 아내 아그리피나와 아들 칼리굴라를 따라 이집트 여행에도 동행했을 게 분명하다. 그리고 이집트에서 시리아로 돌아온 직후에 병으로 쓰러져 죽은 게르마니쿠스의 곁을 지키다가 남편의 유골을 가슴에 안고 일곱 살바기 칼리굴라의 손을 잡고 귀국한 아그리피나를 따라 고국 땅을 밟았을 게 분명하다.

그후 카이레아의 소식은 전혀 알 수 없다. 상상력을 발휘하려 해도 최소한의 사료는 필요한데, 그것조차도 존재하지 않는다. 하지만 총사령관을 잃은 병사가 갈 곳은 군대밖에 없다. 카이레아는 라인 강 연안의 군단 기지로 돌아간 게 아닐까. 티베리우스는 로마 제국의 북쪽 방위선을 라인 강과 도나우 강으로 정착시키는 데 전력을 쏟았다. 방위선 확립은 화려하지는 않지만 중요한 임무였다. 그리고 카이레아처럼 우수하고 충실한 군사 전문가는 그런 임무에 꼭 필요한 인재였다.

카이레아가 군단병이라면 누구나 부러워하는 근위대 대대장으로 승진하여 수도에서 근무하기 시작한 것은 '작은 군화'가 황제에 즉위한 뒤가 아닐까. 그리고 그후 카이레아의 임무는 칼리굴라의 신변 경호가 되었다. 칼리굴라가 가는 곳이라면 리옹에도, 라인 강 전선 기지에도, 도버 해협이 눈앞에 펼쳐져 있는 갈리아 북부에도 그림자처럼 따라가는 것이 카이레아에게는 일상생활이 되었다. 이 생활도 어느덧 4년째에 접어들어 있었다.

칼리굴라는 결혼도 하지 않고 계속 독신으로 지내는 카이레아를 동성애자라고 놀렸다고 한다. 여기에 원한을 품고 칼리굴라를 죽였다는 게 수에토니우스의 주장이지만, 병사로서 절대적인 충성을 맹세한 황제를 그 정도의 원한으로 죽였다는 건 근거가 너무 빈약하다. 미숙한 채로 끝난 칼리굴라의 성격을 생각하면, 카이레아를 업신여기고 놀렸다기보다는 일종의 응석이 아니었을까. 나이로 치면 아버지뻘인 카이레아도 친아버지를 일찍 여의고 어머니와도 인연이 멀었던 칼리굴라를 아버지 같은 눈으로 바라보지 않았을까.

하지만 칼리굴라 황제의 언동에는 그토록 충성스런 카이레아도 가슴이 아플 뿐이었다. 60세가 가까워진 그를 기다리고 있는 것은 제대한 뒤의 쓸쓸한 독신생활뿐이었다. 그런 카이레아가 자식을 죽이는 아버지의 심정으로 '작은 군화'에게 칼을 휘두른 건 아닐까. 마치 가족의 불상사는 가족이 처리하겠다는 듯이.

칼리굴라를 죽인 뒤, 카이레아는 두려움에 떨며 숨어 있던 클라우디우스를 데려오라고 부하에게 명령했다. 클라우디우스가 끌려오자, 그를 데리고 근위대 병영으로 돌아가 병사들에게 '임페라토르'라는 환호를 받게 했다. 칼리굴라는 게르마니쿠스의 아들이었지만, 클라우디우스는 게르마니쿠스의 동생이다. 다시 말해서 클라우디우스도 어디까지나 '가족'이었다. 카이레아는 원로원이 행동에 나서는 것도 기다리지 않고 이것을 기정 사실로 만들어버렸다. 가부장권이 강한 로마인들의 가족의식이 있었기에 이처럼 신속한 조치를 취할 수 있었던 것이다.

기정 사실을 인정할 수밖에 없었던 원로원의 추인으로 황제가 된 클라우디우스가 황제 살해라는 대역죄를 지었으니 죽으라고 요구했을 때, 카이레아는 아무 말도 하지 않고 순순히 따랐다. 동지인 사비누스도 카이레아를 뒤따라 자결했다. 둘 다 대대장이다. 마음만 먹었다면 휘하에 있던 2천 명의 병사를 동원할 수도 있었을 것이다. 게다가 폭군 칼리굴라를 죽이고 클라우디우스를 제위에 앉힌 공로자다. 그런데 아무 말도 하지 않고 순순히 죽어갔다. 처음부터 죽음을 각오하고 대역죄를 지었기 때문이 아닐까. 그리고 근위대 병사들에게 주어진 1만 5천 세스테르티우스의 상여금은 두 대대장의 죽음에 대한 병사들의 저항을 봉쇄하기 위해서가 아니었을까.

하지만 이것은 어디까지나 나의 상상이다. 역사적 사실로 밝혀진 것은 다음 사항뿐이다.

서기 41년 1월 24일, 가이우스 황제가 살해되었다. 아내도 딸도 함께 살해되었다.

범인은 근위대 대대장이었던 카시우스 카이레아와 코르넬리우스 사비누스, 그리고 소수의 근위병들이다. 원로원 의원이 가담한 사실은 전혀 없다.

황제를 죽인 직후, 황제의 숙부인 클라우디우스를 찾아내어 근위대 병영으로 데려가 "황제!"라는 환호를 받게 한다. 원로원도 어쩔 수 없이 추인했다.

카이레아와 사비누스는 아무런 저항도 하지 않고 죽음에 승복했다. 살해에 가담한 다른 병사들에게는 죄를 묻지 않았다. 칼리굴라의 죽음에 대한 시민들의 반응은 냉담하기 짝이 없었다. 칼리굴라를 테베레 강에 내던지라는 목소리는 일어나지 않았지만, 눈물을 흘린 사람도 없었다.

칼리굴라의 유해는 에스퀼리노 언덕의 정원 구석에서 서둘러 화장한 뒤 매장되었다. 황족의 묘지인 '황제묘'(마우솔레움)에는 묻히지 않았다. 무덤이 어디인지는 분명치 않다.

칼리굴라 자신이 수없이 만들어 제국 각지로 보낸 그의 조상(彫像)은 눈에 띄는 족족 파괴되었다. 오늘날까지 남아 있는 게 놀랄 만큼 적은 까닭도 그가 피살된 직후에 파괴되었기 때문이다. 로마인들은 한시라도 빨리 잊고 싶은 악몽이라도 되는 것처럼 칼리굴라 황제의 흔적을 지워버렸다. 그리고 별다른 기대도 없이 50세의 새 황제를 맞이했다.

제3부

클라우디우스 황제

〔재위 : 서기 41년 1월 24일~54년 10월 13일〕

예기치 않은 등극

티베리우스의 조카이자 게르마니쿠스의 동생이고 칼리굴라의 숙부인 제4대 황제 클라우디우스는 기원전 10년 8월 1일 루그두눔(오늘날의 프랑스 리옹)에서 태어났다. '토가의 갈리아', 즉 로마화(로마인의 표현으로는 문명화)가 진행된 남프랑스가 아니라, 로마화가 뒤늦게 시작된 프랑스 중북부의 이른바 '장발의 갈리아'가 그의 출생지인 셈이다. 그 당시에는 아버지 드루수스가 게르마니아 전쟁을 총지휘하는 총사령관의 지위에 있었고 남프랑스를 제외한 갈리아 속주 전체의 총독이기도 했기 때문에, 총사령관 겸 총독의 가족은 갈리아 속주의 수도인 루그두눔에 살고 있었다.

어머니는 안토니아. 이름만 보아도 알 수 있듯이, 마르쿠스 안토니우스와 아우구스투스의 누나인 옥타비아 사이에 태어난 딸이다. 안토니우스는 이집트 여왕 클레오파트라와 손잡고 로마에 도전했다가 아우구스투스한테 패하여 죽었지만, 아우구스투스는 그의 아들딸을 가족으로 키워서 각자 자리잡고 살 곳을 마련해주었다. 안토니우스의 딸 안토니아도 아우구스투스의 아내 리비아가 데려온 아들인 드루수스와 짝을 지었다. 공화정 말기에 벌어진 권력투쟁의 두 주역 가운데 안토니우스는 클라우디우스 황제에게는 외조부가 되고, 아우구스투스는 외조모의 남동생이 되는 셈이다.

따라서 클라우디우스에게도 아우구스투스의 피가 흐르고 있었지만, 나이어린 칼리굴라가 먼저 황제가 된 데에는 다른 사정이 있었다. 고대 역사가들이 말하는 클라우디우스의 신체적 결함만이 원인은 아니었다.

제6권에서도 이미 말했듯이, 만년의 아우구스투스는 제위를 물려줄 예정이었던 혈육을 모두 잃고 티베리우스를 양자로 맞아들일 때, 티베리우스에게는 게르마니쿠스를 양자로 삼게 했다. 티베리우스는 리비아가 데려온 아들이니까, 아우구스투스와는 혈연이 아니다. 하지만 게르마니쿠스와 클라우디우스 형제는 아우구스투스의 누나인 옥타비아를 통해 아우구스투스와 혈연관계에 있다. 혈통에 집착한 아우구스투스는 게르마니쿠스를 티베리우스의 양자로 삼아서, 티베리우스의 다음 제위가 자신의 피를 이어받은 사람에게 돌아가도록 한 것이다. 그런데 게르마니쿠스가 요절하는 바람에 티베리우스의 다음 제위는 게르마니쿠스의 아들인 칼리굴라에게 돌아갔다.

황제 자리는 양자 결연을 통해서나마 율리우스 씨족의 남자들이 차지해온 셈이다.

게르마니쿠스가 아우구스투스의 양자인 티베리우스의 양자로 들어가 율리우스 씨족의 일원이 되었기 때문에, 그의 동생 클라우디우스가 공화정 시대부터의 명문 귀족인 클라우디우스 씨족에 남은 유일한 남자가 되었다. 바꿔 말하면 클라우디우스는 율리우스 씨족과는 다른 클라우디우스 씨족에 속해 있었다. 이 클라우디우스에게 제위에 대한 야심이 없었던 것은 아니다. 다만 야심을 이룰 수 있는 처지가 아니었을 뿐이다.

생전의 아우구스투스와 티베리우스가 클라우디우스를 제위 계승 후보자로 대우하지 않았던 것도 클라우디우스가 율리우스 씨족의 일원이 아니었기 때문이다. 율리우스 씨족의 남자들이 제위를 이어야 한다는 데 집착한 아우구스투스와 그의 유지를 받드는 것을 가장 중요하게 생각한 티베리우스가 클라우디우스를 후계자 후보로도 고려하지 않았던 이유는 바로 그것이었다.

하지만 4년 동안에 걸친 칼리굴라의 통치가 아우구스투스의 계획을 빗나가게 해버렸다. 게다가 율리우스 씨족에는 다른 남자가 남아 있지 않았다. 공화정으로 복귀하지 않고 제정을 계속하려면 누군가를 제위에 앉혀야 한다. 군무에 종사하는 사람은 누구나 황제에게 충성을 맹세하기 때문에, 근위대 대대장인 카이레아의 머릿속에는 자기가 충성을 맹세할 황제는 신격 아우구스투스의 피를 이어받은 사람이어야 한다는 고정관념이 박혀 있었을 게 분명하다. 클라우디우스는 율리우스 씨족에 속하지는 않았지만, 어머니와 외할머니를 통해 아우구스투스와 핏줄이 이어져 있었다.

황제가 된 클라우디우스의 공식 이름은 티베리우스 클라우디우스 카이사르 아우구스투스 게르마니쿠스다.

티베리우스는 개인 이름(프라이노멘), 클라우디우스는 씨족 이름(노멘), 카이사르와 아우구스투스는 모든 황제가 계승하는 명칭이기 때문에 '황제 이름'으로 생각해도 좋고, 게르마니아를 제압한 자라는 의미의 게르마니쿠스는 원래 그의 아버지 드루수스에게 주어진 별명이지만, 스키피오 아프리카누스(아프리카를 제압한 스키피오)의 아프리카누스와 마찬가지로 로마에서는 자손에게까지 계승권이 인정된 이름이었기 때문에 오늘날로 치면 성(姓), 고대에는 가문 이름(코그노멘)을 나타낸다.

카이사르도, 아우구스투스도, 티베리우스도, 칼리굴라도 모두 '율리우스'라는 씨족 이름을 갖고 있었지만, 클라우디우스한테만은 그 이름이 없다는 점에 유념해주기 바란다. 그의 씨족 이름은 '클라우디우스'로 되어 있다. 카이사르가 그린 청사진에 따라 아우구스투스가 구축한 제정 로마의 역사에서도 초대 황제 아우구스투스에서 시작되어 티베리우스, 칼리굴라, 클라우디우스에 이어 제5대 황제 네로에서 끝나는 한 세기는 '율리우스-클라우디우스 왕조'라고 불린다. 율리우스 씨족과 클라우디우스 씨족에서 나온 황제들이 다스린 시대라는 뜻이다. 아우구스투스, 티베리우스, 칼리굴라까지가 율리우스 씨족이고, 클라우디우스와 그의 양자인 네로가 클라우디우스 씨족 출신 황제다. 하지만 이 두 씨족이 아무 연고가 없었던 것은 아니다. 티베리우스의 본가는 클라우디우스 씨족이고, 클라우디우스와 네로는 각자 어머니를 통해 아우구스투스와 핏줄이 이어져 있었다. '율리우스 왕조'와 '클라우디우스 왕조'로 나누지 않고 '율리우스—클라우디우스 왕조'라고 부르는 것도 이런 사정 때문이다. 그리고 '율리우스'와 '클라우디우스'는 로마 건국 초기부터 이어져 내려온 유서깊은 명문 귀족이라는 공통점도 갖고 있었다.

왜 이런 이야기를 장황하게 늘어놓는가 하면, 로마 제정에서는 바로 이런 관계가 통치의 정당성을 이루고 있었기 때문이다.

통치의 정당성이란 통치받는 것을 피통치자에게 납득시키는 이유다. 오늘날의 대통령이나 수상은 직접선거에서는 득표수, 간접선거에서는 국회의 지명투표로 통치의 정당성을 얻는다. 이런 선거가 없었던 제정 로마에서도 황제가 되려면 원로원과 시민의 승인이 필요했다. 이것은 공화정이 제정으로 바뀐 뒤에도 통치의 정당성이 중시되었다는 뜻이다. 그 이유는 참으로 간단명료하다. 어떤 정치체제에서든, 통치받는 쪽의 콘센서스(이 낱말의 어원은 라틴어로 동의나 승인을 뜻하는 콘센수스다)가 없으면 통치는 불가능하기 때문이다. 이런 의미에서의 콘센서스는 '납득'이라는 뜻으로 해석해도 좋을 것이다.

아우구스투스가 혈통에 집착한 것은 그것이야말로 정국의 안정과 직결된다고 생각했기 때문이다. 황제 살해라는 충격적인 사건이 일어난 직후였는데도, 클라우디우스의 즉위가 뜻밖일 만큼 순조롭게 이루어진 것도 클라우디우스가 율리우스 씨족에 속하지는 않았지만 아우구스투스의 피를 이어받았기 때문이다. 제정이 된 지 70년, 아우구스투스가 구축한 제정이라는 체제 자체에 대한 콘센서스는 원로원에도 일반 시민에게도 계속 존재하고 있었다는 증거다. 그렇지 않다면 아무리 근위대가 클라우디우스의 제위 계승을 기정사실로 만들었다 해도 그의 통치가 그후 13년 동안이나 계속될 리는 없었다.

역사가 황제

건강한 육체에 건전한 정신이 깃들인다는 생각이 지배적이었던 시대, 로마인들은 명백한 신체적 결함을 가진 인물을 제국의 통치자로 갖게 되었다.

어렸을 때 소아마비를 앓은 탓이 아닐까 싶지만, 클라우디우스는 걸을 때 오른쪽 다리를 질질 끌곤 했다. 체형도 좌우가 조화를 이루지 못했다. 신체를 단련하고 싶어도 그럴 수 없었기 때문인지 전체적으로 허약한 체격이었고, 무릎이 건들거리는지 걸음걸이도 건들거리는 느낌이다. 머리를 움직이는 버릇을 끝내 고치지 못했고, 긴장하면 말을 더듬는 버릇도 있었다. 키는 작은 편이고, 자세도 좋지 않았다. 머리는 작고, 얼굴은 역삼각형이고, 턱은 빈약하고, 좁은 이마에는 세 가닥의 주름이 깊게 패어 있었다.

한마디로 말해서 불구자는 아니지만 볼품없는 용모였다고 말할 수밖에 없다. 그래도 몸차림에 신경을 쓰면 불쾌감도 다소 누그러졌겠지만, 돈이 없었던 것도 아닌데 클라우디우스는 본디 그런 데에는 무관심한 사람이었다.

황족 여자들이 이런 클라우디우스를 귀여워하지 않은 것도 납득이 간다. 하지만 클라우디우스가 23세 되던 해에 세상을 떠난 아우구스투스는 누나의 외손자인 클라우디우스의 장점을 알아차리고 있었던 모양이다. 티베리우스 황제는 천성적으로 혈육에 대한 정이 많지 않은 사람이라서 조카인 클라우디우스를 특별취급하지 않았지만, 매정하게 대하지도 않았다. 하지만 클라우디우스의 최대 보호자는 형인 게르마니쿠스였다.

황족으로 태어나 팔라티노 언덕의 저택에서 자라는 아이들에게 학우 겸 놀이친구는 같은 저택에 기거하는 동맹국 왕자들이다. 이들은 볼모로 로마에 와 있었지만, 실제로는 마음대로 귀국할 수 없다는 점을 제외하면 옛날 대영제국 식민지에서 영국으로 유학을 온 식민지 유력자의 자제나 풀브라이트 장학금을 받고 미국에 공부하러 간 유학생에 가까웠다.

아이들은 뜻밖에 잔인한 법이다. 신체적 결함을 가진 클라우디우스 같은 아이는 자칫하면 '구박'의 대상이 되기 쉽다. 그런데 다섯 살 위인 형 게르마니쿠스가 그를 철저히 지켜주었다. 게르마니쿠스는 아우구스투스에게도 귀여움을 받았고 여자들한테도 사랑을 받았을 뿐 아니라, 책임감이 강한 성격을 갖고 있었다. 첫돌이 지나자마자 아버지를 여읜데다 신체적 결함까지 가진 동생은 자기가 지켜주어야 한다고 생각했을 것이다. 이런 형의 보호 아래서 클라우디우스는 유년기에도 사춘기에도 정신적으로 안정된 생활을 보낼 수 있었다. 어쩌면 이것이 '불건강한 육체에도 건전한 정신이 깃들일 수 있다'는 것을 보여준 클라우디우스 통치의 토양을 형성했는지도 모른다.

그러나 아우구스투스와 티베리우스는 클라우디우스가 성인이 된 이후에도 그를 공직에 앉히려 하지 않았다. 군대 지휘관에 임명하지 않은 것은 당연하다 쳐도, 정치적인 직책조차 주려 하지 않았다. 그 대신 클라우디우스가 소년 시절부터 정열을 쏟은 역사 연구와 저술에 전념하는 것은 인정해주었다. 칼리굴라가 살해되지 않았다면, 클라우디우스의 일생은 '역사'에 묻힌 채 끝났을 것이다.

클라우디우스가 역사 연구와 저술에 전념할 때, 그의 스승은 만년의 티투스 리비우스였다고 한다.

티투스 리비우스에 대해서는 제1권 『로마는 하루아침에 이루어지지 않았다』의 참고문헌에서 이렇게 설명한 바 있다.

"리비우스(Titus Livius, BC 59~AD 17) : 『로마사』를 32세 때부터 10권씩 모아서 간행하여 142권 전체를 간행하고 생애를 마친 인물. 로마인이 쓴 로마 역사의 금자탑. 내용은 로마 건국부터 기원전 9년까지를 다루고 있다. 유감스럽게도 현재 남아 있는 것은 전체의 3분의 1 정도에 불과하다. 리비우스가 쓴 『로마사』의 상당 부분이 중세에 소실된 것은 로마사 연구자에게는 무엇보다도 통탄할 일로 여겨지고 있다."

이 리비우스가 청년기의 클라우디우스에게 역사 연구와 저술을 가르친 스승이었다.

로마인인 티투스 리비우스는 그리스 역사의 금자탑을 세운 투키디데스와 마찬가지로 격동기에 태어났기 때문에 역사에 관심을 가졌다고 말할 수 있는 사람이었다. 역사에 관심을 갖는다는 것은 결코 회고 취미가 아니다. '인간성'에 관심을 갖느냐 아니냐가 그것을 결정한다. 격동기에 태어나면, 평온한 시대에 사는 것보다 인간의 온갖 언행을 좌우하는 인간성에 더 많은 흥미를 갖게 마련이다. 특히 관찰력과 분석력을 충분히 갖고 있으면서도 시대의 키잡이가 될 수 없는 아웃사이더라면 더욱 그렇다.

리비우스가 10세 때—율리우스 카이사르가 루비콘 강을 건너다. 내전이 시작되다.

11세 때—원로원 주도의 공화파가 옹립한 폼페이우스의 군대와 원로원 체제 타도파인 카이사르의 군대가 그리스의 파르살로스 평원에서 격돌. 패배한 폼페이우스는 이집트로 달아났다가 살해된다.

12세 때—카이사르가 독재관에 취임하다.

13세 때—도망친 폼페이우스파(派)를 뒤쫓아 북아프리카로 전선을 이동한 카이사르가 탑수스 전투에서 또다시 승리. 공화파 논객인 소(小)카토가 자결하다.

14세 때—카이사르가 에스파냐의 문다 회전에서 승리하여 공화파에 최후의 일격을 가하다.

15세 때—카이사르가 종신독재관에 취임, 사실상의 제정이 시작되다. 3월 15일, 브루투스를 주모자로 하는 14명의 원로원 의원이 원로원 회의장에서 카이사르를 암살하다.

16세 때—카이사르 암살 주모자인 브루투스와 카시우스는 형세가 불리해지자 그리스로 달아나, 카이사르파인 안토니우스와 옥타비아누스를 맞아 싸울 준비를 한다. 로마에서는 공화정 신봉자인 키케로가 살해된다.

17세 때—반카이사르파와 카이사르파가 그리스의 필리피 들판에서 격돌. 카이사르파가 승리하고, 패배한 브루투스와 카시우스는 자결하다.

그후 카이사르파(원로원 체제 타도파)도 안토니우스파와 옥타비아누스파로 분열하여 권력투쟁이 시작되지만, 이것도 리비우스가 28세 되던 해에 악티움 해전으로 결말이 난다. 이듬해 안토니우스와 클레오파트라의 자살로 카이사르의 양자인 옥타비아누스가 최후의 승자로 남다.

리비우스가 32세 되던 해—아우구스투스로 이름을 바꾼 옥타비아누스가 공화정 복귀를 선언. 그러나 그 내용은 제정을 확립하기 위한 첫걸음에 불과했다.

아우구스투스는 기원전 63년에 태어나 서기 14년에 죽었다. 리비우스는 기원전 59년에 태어나 서기 17년에 죽었다. 황제와 역사가는 시대의 인사이더와 아웃사이더라는 차이는 있었지만 동시대인이라고 해도 좋다. 리비우스는 카이사르의 루비콘 도강부터 아우구스투스의 '팍스 로마나' 확립까지 직접 알 수 있었던 사람이다.

하지만 로마 건국부터 기원전 9년까지 744년간의 역사를 서술한 『로마사』 142권 가운데 저자 리비우스의 동시대 역사, 즉 공화정에서 제정으로 넘어가는 시기에 대한 서술은 일부 단편을 빼고는 거의 남아 있지 않다. 이것이야말로 로마사 연구자에게는 통탄할 일이다. 리비우스는 아우구스투스 시대에 살면서도 여전히 공화주의자였기 때문이다. 그 서술이 남아 있었다면, 공화정을 부활시키는 척하면서 제정으로 이끌어간 아우구스투스의 절묘하기 짝이 없는 정치를 공화주의자의 관점에서 파악할 수도 있었을 것이다.

하지만 고대에는 142권이 모두 건재했다. 그것을 읽은 아우구스투스는 리비우스를 '폼페이우스 동조자'라고 부르면서 놀렸다고 한다. 놀리기는 했지만, 제정 수립의 으뜸 공로자인 아우구스투스는 '폼페이우스 동조자'가 쓴 역사서를 판금할 생각 따위는 꿈에도 하지 않았다. 공화정 신봉자였던 키케로의 전집이 간행된 것도 아우구스투스 시대였다. 로마의 명문 귀족인 클라우디우스 씨족의 가장이자 황제의 친척인 클라우디우스가 '폼페이우스 동조자'를 스승으로 모셔도, 그것이 항간에 물의를 일으킬 분위기는 전혀 아니었다.

50세에 황제로 끌려나올 때까지 클라우디우스가 쓴 저술을 보면, 역시 리비우스한테 받은 영향이 엿보여서 쓴웃음을 금할 수 없다.

그는 우선 20권에 달했다는 『에트루리아 역사』를 썼다. 이어서 모두 8권이었다는 『카르타고 역사』를 썼다. 에트루리아 민족은 로마가 소년기일 때는 중부 이탈리아의 패권자였지만 서서히 로마의 패권 밑에 들어가 결국 로마에 흡수되었고, 카르타고는 청년기에 접어든 로마와 정면으로 격돌하여 세 차례에 걸친 포에니 전쟁을 거쳐 결국 로마의 지배를 받게 되었다는 차이는 있지만, 두 민족은 패배자라는 공통점을 갖고 있다. 역사 서술에 전념했던 시기에 클라우디우스는 승리자인 로마를 대표하는 환경에서 태어나 자라면서도 패배자의 역사에 관심을 가진 듯싶다.

다음에 쓴 것이 정치가로서는 역시 패배자라고 말할 수밖에 없는 키케로의 전기였다. 키케로를 변호한 것이 이 전기의 특징이었다고 한다. 이 전기의 연장인지, 아니면 스승의 영향 때문인지, 클라우디우스는 동시대 역사에도 손을 댔다. 카이사르 암살로 재개된 동란의 역사를 『내전기』라는 제목으로 쓸 작정이었던 모양이다. 하지만 2권까지 썼을 때 붓을 꺾을 수밖에 없었다. 어머니 안토니아의 충고로 중단했다고 한다. 클라우디우스의 처지는 아웃사이더였던 리비우스와는 역시 달랐다. 이 내전의 주역인 안토니우스와 아우구스투스는 둘 다 클라우디우스와 혈연관계에 있는 사람이었기 때문이다. 패배자를 좋아하는 클라우디우스는 브루투스나 안토니우스에 대해 호의적으로 썼을 테고, 안토니우스의 딸인 안토니아는 이 저술이 간행되면 아들의 처지가 난처해질 것을 우려하여 그만두라고 충고한 모양이다.

클라우디우스는 동시대 역사인 『내전기』는 쓸 수 없게 되었지만, 동시대 역사에 대한 관심은 버릴 수 없었는지, 모두 41권으로 이루어진 『평화기』를 썼다. 평화로운 시대에 대한 기록이라고 제목을 붙인 이상, 아우구스투스가 '팍스 로마나'를 확립해가는 과정을 서술한 게 분명하다. '평화'(팍스)라고 부를 수 있는 시대가 그 이전의 로마에는 존재하지 않았기 때문이다.

로마 황제가 쓴 역사라는 점에서 이 저술은 역사적 가치로는 일급 사료가 되었을 게 분명하지만, 모두 소실되어 단편조차 남아 있지 않다. 학자들은 클라우디우스가 남긴 연설이나 비문 등의 문체로 미루어 볼 때, 그가 자료 조사도 충분하고 지식도 풍부하지만 역사 서술을 문학작품으로 끌어올리는 데 필요한 번득이는 재치와 날카로운 맛은 부족했을 거라고 추측한다. 요컨대 그의 저술은 '학자의 저술'이었기 때문에 후세에 남지 않았다는 것이다. 이것은 학자들의 평가니까 믿어도 좋을 듯하다.

하지만 후세에까지 남을 만한 역사책은 쓰지 못했다 해도, 역사 연구와 저술에 바친 반생은 황제가 된 클라우디우스에게 큰 도움이 되었다. 황제로 끌려나올 때까지 그는 칼리굴라가 깊이 생각지도 않고 지명해준 덕에 몇 달 동안 집정관을 지낸 것을 빼고는 군대 경험도 정치 경험도 전혀 없었다. 난생 처음 해보는 일에 대처하려면, 비록 책을 통해 얻은 지식이라 해도 50세까지 축적된 지식이 효과를 나타내는 법이다. 역사가 황제의 탄생이었다.

치세의 시작

서기 41년 1월 24일 오후 1시에 제3대 황제 칼리굴라가 살해되어, 폭풍과도 같았던 그의 치세는 4년도 채 되기 전에 끝났다.

황제 암살의 주모자이자 행동대장인 근위대 대대장 카이레아와 그의 동지인 근위병들이 맨 먼저 한 일은 팔라티노 언덕에 있는 황궁을 점거한 것도 아니고, 카이사르를 암살했을 때의 브루투스 일당처럼 카피톨리노 언덕에 있는 유피테르 신전에 틀어박혀 자신들의 정당성을 호소한 것도 아니었다. 두려움에 떨며 숨어 있는 클라우디우스를 찾아내어, 수도 북동쪽에 있는 근위대 병영으로 끌고 간 것이었다(실제로 그것은 옹립이라기보다 연행이라고 하는 편이 진상에 가까웠다).

대대장 두 명의 주도로 불과 20명 안팎의 근위병이 황제를 죽이는 엄청난 일을 결행했지만, 그들이 클라우디우스를 근위대 병영으로 데려간 것은 다른 7명의 대대장과 기병을 포함하여 1만 명에 이르는 근위대 전체의 지지를 기대할 수 있었다는 뜻이다. 근위대가 '지지'한 것은, 황제는 바꿀 수 있지만 제정이라는 정체는 바꿀 수 없다는 것, 그리고 칼리굴라를 대신할 황제도 역시 아우구스투스의 피를 이어받은 사람이어야 한다는 것이었다. 이것이야말로 칼리굴라를 죽인 카이레아의 의도이기도 했다.

카이레아가 클라우디우스를 근위대 병영으로 '연행'한 것은 제정에 반대하는 유일한 세력이 될 수 있는 원로원에 대해 인질로 삼기 위해서였다.

인질을 이용하는 방법에는 두 가지가 있다. 첫째, 이쪽의 뜻에 거역하면 잡아둔 인질을 죽이겠다고 협박하는 방법이다. 둘째, 이쪽의 뜻에 거역하면 잡아둔 인질을 내세운 군대를 보내 반대세력을 궤멸시키는 것도 불사하겠다고 협박하는 방법이다.

로마에서 손꼽히는 명문 귀족인 클라우디우스 씨족의 어른이지만 유력한 지위를 가진 적은 한번도 없이 역사 연구에만 몰두하면서 50세를 맞은 클라우디우스가 죽어봤자 원로원으로서는 아쉬울 게 하나 없다. 따라서 카이레아가 생각한 클라우디우스의 이용법은 당연히 후자였다. 또한 수도 경찰도 칼리굴라가 암살된 직후에는 원로원을 지지했지만, 근위대 전체가 클라우디우스를 지지한 것을 안 뒤로는 클라우디우스 쪽으로 돌아섰다. 근위대 9개 대대 1만 명과 수도 경찰 3개 대대 3천 명의 동향이 이것으로 결정되었다. 수도 로마만이 아니라 본국 이탈리아에 배치된 군사력이 모두 제정이라는 정체를 유지하는 쪽에 선 것이다.

긴급히 소집된 원로원에서 칼리굴라 암살이야말로 공화정을 부활시킬 절호의 기회라고 열변을 토하고 있던 공화주의자들은 원래 소수파였던 만큼, 이 현실 앞에서는 입을 다물 수밖에 없었다. 하지만 근위대의 협박에 순순히 굴복하면 원로원의 권위가 땅에 떨어진다. 또한

근위대의 꼭두각시를 최고권력자로 인정하면 로마 제국의 앞날도 걱정
스러웠다.

그래서 1월 24일 밤에 원로원은 두 호민관을 클라우디우스에게 파견
했다. 근위대 병영에 있는 클라우디우스를 직접 만나 그의 생각을 듣
기 위해서였다.

두 호민관이 지참한 원로원의 서한은 다음 두 가지 항목으로 이루어
져 있었다.

(1) 일개인의 생활로 돌아가면 오늘의 행동에 대한 책임은 묻지 않
겠다.

(2) '제일인자'가 될 마음이 있다면 원로원의 승인을 받을 필요가
있다.

두번째 항목은 원로원도 속으로는 제정 유지를 인정하고 있음을 시
사하고 있었다.

억지로 끌려갔는데도 클라우디우스는 망설이지 않고 (2)를 택했다.
그리고 호민관들에게 말했다. '제일인자'가 될 생각은 꿈에도 하지 않
았지만, 주어진 이상 회피할 마음은 없다고.

클라우디우스가 갑자기 권력욕에 눈을 뜬 것은 아니었다. 로마의 엘
리트들에게 가장 깊은 영향을 준 철학은 소크라테스 이전의 그리스 철
학도 아니고, 소크라테스의 철학도 아니다. 같은 그리스 철학이긴 하
지만, 후기에 일어난 스토아 학파의 철학이다. 폐쇄적인 도시 국가가
아니라 세계 국가의 필요성을 강조하고, 공익에 봉사하는 것이 엘리트
의 책무라고 주장한 스토아 학파의 철학이 로마 엘리트들의 심정에 호
소하는 바가 컸기 때문이다. 클라우디우스도 엘리트 계급으로 태어난
사람이었다. 게다가 인간성을 탐구하는 역사 연구와 저술로 반생을 보
낸 사람이기도 하다. 꿈에도 생각지 않은 사태에 대처하면서 그의 마
음 속에도 공익에 대한 봉사정신이 되살아났다. 그는 이제 더 이상 꼭

두각시가 아니었다.

그날 밤 원로원은 칼리굴라가 갖고 있던 모든 권한을 클라우디우스에게 부여하는 것을 만장일치로 가결했다. 제일인자. 로마군 최고사령관. 원로원 의결에 거부권을 행사할 수 있는 호민관 특권. 로마 종교의 우두머리인 최고제사장. 그리고 카이사르와 아우구스투스의 이름을 이어받을 권리. 요컨대 클라우디우스를 '황제'로 승인한 것이다. 젊은 칼리굴라에게 넌더리가 난 뒤인 만큼, 50세라는 나이도 그들을 안심시키는 요소가 되었을지 모른다.

황제가 된 뒤 클라우디우스가 맨 먼저 한 일은 칼리굴라 살해범을 처형하는 일이었다. 제정을 유지하기로 한 이상, 황제를 죽인 자를 그대로 놔둘 수는 없는 노릇이었기 때문이다. 그러나 클라우디우스가 명령한 것은 대대장 카이레아의 처형뿐이다. 또 다른 대대장인 사비누스는 카이레아만큼 이름이 알려지지 않았기 때문에 눈감아줄 작정이었던 모양이다. 20명 안팎으로 여겨지는 병사들은 황제 암살에 관여하긴 했지만 직접 손을 댄 것은 아니라는 이유로 죄를 묻지 않았다.

'작은 군화' 칼리굴라를 직접 살해한 카시우스 카이레아는 순순히 사형선고에 승복했다. 게르마니쿠스의 동생인 클라우디우스가 황제에 즉위한 것을 보고 난 뒤의 죽음이다. 목숨을 걸고 못난 '가족'을 처리한 뒤 편안한 마음으로 죽지 않았을까. 동료 사비누스는 사형을 면했는데도 자살을 택했다. 전우끼리의 우정은 다른 사람은 짐작조차 할 수 없는 감정인지도 모른다. 어쨌든 두 '주범'이 모든 죄를 짊어지고 죽었기 때문에 칼리굴라 암살사건은 오랫동안 꼬리를 끌지 않고 깨끗이 처리될 수 있었다.

몇 번이나 되풀이했기 때문에 나도 내키지 않지만, 이것은 너무 중요한 사항이라서 역시 되풀이할 수밖에 없다.

로마가 제정으로 바뀐 뒤에도 주권자는 여전히 S.P.Q.R(원로원과 로마 시민)이었다. 황제는 원로원과 로마 시민이라는 '유권자' 한테서 통치를 위임받은 존재다. 따라서 대관식도 없는 로마 황제의 치세는 원로원과 시민이 통치를 위임하기로 승인했을 때 시작된다.

그렇긴 하지만 통신수단이 발달하지 않은데다 유럽과 중근동, 북아프리카를 아우르는 광대한 로마 제국에서는 '유권자'의 의사를 반영하는 데 한계가 있다. 의사를 반영할 수 있는 유권자가 한정된 수에 불과했다는 뜻이다. 당시 여론조사로 황제의 지지율을 조사할 수 있었다면, 거기에 반영되는 것은 원로원과 수도 로마와 본국 이탈리아에 사는 시민의 '목소리'뿐이었을 것이다.

속주민은 로마 시민권 소유자가 아니기 때문에 '유권자'가 아니고, 따라서 자신들의 통치를 위임할 수 있는 처지도 아니지만, 피통치자라는 점에서는 로마 시민과 같은 처지에 있다. 로마 시민의 열 배는 되었을 이 속주민들도 그저 얌전히 통치만 받고 있었던 것은 아니다. 로마 중앙정부는 이들에게도 속주 총독의 악정을 호소할 권리를 인정해주었고, 총독의 악정을 이유로 폭동이나 봉기 같은 실력행사에 호소하는 일도 있었기 때문에, 그들의 '목소리'를 반영시킬 수단이 전혀 없었던 것은 아니다.

당시 여론조사가 존재하여 조사 대상을 속주민에게까지 확대했다면, 수도와 본국에서 낮았던 티베리우스의 지지율은 분명 역전되었을 것이다. 역대 로마 황제의 평가를 가늠하는 기준이 된 것은 본국 이탈리아, 그 중에서도 특히 수도 로마에서의 지지율이었기 때문이다.

유대교도는 물론 종교적인 이유로 '신'이라는 호칭을 쓸 수 없었지만, 이들을 제외한 로마 시민과 속주민이 모두 별다른 저항감 없이 카이사르와 아우구스투스를 계속 '신격'이라고 부른 것은 두 사람이 로마 시민과 속주민 양쪽에서 높은 지지를 얻는 데 성공했기 때문이다. 그런데 이들의 뒤를 이은 티베리우스는 수도 주민의 지지를 희생하면서까지 제국 전체의 이익을 중시했기 때문에 악평을 받았고, 칼리굴라는 수도 주민의 지지를 지나치게 중시한 나머지 재정 파탄으로 자멸하고 말았다.

황제가 되기로 결심한 클라우디우스는, 건국 이래 로마 역사와 로마인들이 반면교사로 삼은 도시국가 시대의 그리스 역사, 그리고 알렉산드로스 대왕이 창조한 헬레니즘 시대의 역사만이 아니라, 조상들의 '역사'도 마음 속으로 되씹고 있었을 게 분명하다. 역사에 관심을 갖는 것은 자신을 포함한 개개인의 창의력을 전적으로 신뢰하지 않는 것이기도 하다. 바꿔 말하면, '역사는 내가 창조한다'고 생각지 않고 '역사는 인간들이 창조한다'고 생각한다. 따라서 조상들이 보여준 선례를 참고하는 데에도 저항감을 느끼지 않는다. 서기 41년에 황제가 된 '역사가'는 이 조상들 중에서도 특히 카이사르와 아우구스투스를 자신의 통치 지표로 삼았다.

그러나 원로원에서 행한 연설에서는 아우구스투스만을 자신의 통치 지표로 삼겠다고 선언했을 뿐, 카이사르의 이름은 들먹이지 않았다. 청중이 원로원 의원들이었기 때문이다. 카이사르는 비록 원로원 자체는 존속시켰지만, 원로원 주도의 공화정을 타도한 인물이었다. 반면에 아우구스투스는 공화정 복귀를 선언하여, 실제로는 제정이면서도 원로원의 역할을 평생 동안 존중하는 체했다. 그러니 아우구스투스의 정치를 부활시키겠다고 선언해도 원로원의 반발을 걱정할 필요는 없었다.

티베리우스의 이름을 언급하지 않은 것은 그가 악평을 받은 황제였기 때문만이 아니라, 원로원을 무시하고 카프리 섬에 은둔한 채 통치를 계속한 인물이었기 때문이다.

그러나 통치 지표로 내걸지는 않았어도 클라우디우스 황제의 정치에는 카이사르와 티베리우스가 그림자를 짙게 드리우게 된다. 특히 재정문제와 속주 통치에서는 티베리우스 정치의 부활이 두드러진다. 물론 공공의 이익을 우선하자면 티베리우스의 정치를 답습할 수밖에 없었지만.

그러나 지표가 같더라도 거기에 도달하기까지의 과정에는 당사자의 역량이 영향을 미치지 않을 수 없다. 클라우디우스는 훌륭한 의지를 가졌고, 그 의지를 실현하고자 하는 의욕도 충분했지만, 지도자에게는 필수불가결한 조건인 무언가가 모자랐다.

50세라면 원숙기에 이른 나이다. 그런데도 클라우디우스가 황제로서 내디딘 첫걸음은 그야말로 엉망진창이었다. 아우구스투스의 정치로 복귀하겠다고 선언한 것까지는 좋았지만, 그에 뒤이어 클라우디우스는 로마에 예로부터 내려오는 미풍양속으로 돌아가자고 외치면서, 그 방책으로 다음 사항을 법제화하자고 제안했다.

──로마 시민인 자들은 '토가' 착용을 일상화할 것.

클라우디우스의 의도도 이해할 수 없는 것은 아니다. 선황 칼리굴라는 오늘날에도 대중가수나 입을 만한 기발한 옷차림으로 빈축을 사고 있었기 때문이다. 하지만 토가는 제4권(51쪽)에서도 설명했듯이 근엄하고 위풍당당한 옷이기는 하지만 일상생활에 적합하다고는 말할 수 없다. 원로원 의원이나 변호사처럼 위엄을 차릴 필요가 있는 사람들은 별문제지만, 로마 시민권 소유자들 중에는 무산계급도 있다. '토가'를 걸치고 있으면 일을 할 수가 없다. 토가를 입는 의미는 인정하지만, 법제화할 성질의 문제는 아니었다. 새 황제의 말을 들은 원로원 의원들은 토가를 일상적으로 착용하고 있으면서도 일제히 냉소를 지었다. 그래도 폭소를 터뜨려 경멸감을 노골적으로 드러내지는 않았다. 원로원 의원들도 새 황제에 대한 예의는 지켰다.

하지만 회의장을 가득 채운 냉소에 클라우디우스는 그만 마음의 평정을 잃었다. 원로원에서 행한 첫 연설인데, 긴장했을 때의 버릇대로 말을 더듬고 말았다. 더듬으면서도 필사적으로 말을 계속하려 했기 때문에 입가에 하얀 거품이 고인다. 몸차림에 신경을 쓰지 않는 클라우디우스는 의원들이 눈치채지 못하도록 처리하지도 않았기 때문에, 입가에 고인 거품이 침이 되어 질질 흘러내리기 시작한다. 그러는 동안 그는 자기가 무슨 말을 하고 있는지도 알 수 없게 되었다. 클라우디우스 황제의 첫 연설은 이런 식으로 끝났다.

그런데도 그의 통치가 중단되지 않고 출범한 데에는 두 가지 요인이 있었다.

첫째, 공익에 봉사하겠다는 의욕이 첫 연설의 실패에도 꺾이지 않을 만큼 강했다.

둘째, 추태를 보고도 새 황제의 정치가 어디로 가는지를 지켜보기로 작정한 원로원 의원이 비록 소수이긴 했지만 존재했다. 이들이 소수이긴 했지만 유력하고 유능했을 뿐 아니라, 국가 로마의 통치체제로서 제정의 유효성을 이해하고, 따라서 클라우디우스에게 협력을 아끼지 않는 사람들이었다는 게 새 황제에게는 행운이었다. 이들의 대표는 티베리우스가 등용한 인재의 한 사람인 루키우스 비텔리우스였다. 따라서 클라우디우스는 티베리우스가 등용한 인재를 물려받는 행운도 얻은 셈이다. 이것은 외교와 군사 분야에서 클라우디우스의 '정치'가 성공하는 데 크게 이바지하게 된다.

신뢰 회복

칼리굴라의 통치는 4년도 채 지속되지 않았지만, 그 짧은 기간에 제정에 대한 사람들의 신뢰를 땅에 떨어뜨렸다. 클라우디우스의 '정치'는 우선 이 신뢰를 회복하는 데 초점을 맞추었다.

그는 '국가반역죄'를 이유로 한 처벌을 폐지하겠다고 선언한다. 법을 폐지한 것은 아니다. 이 법률 자체는 아우구스투스가 성립시킨 것이었기 때문이다. 법은 존속시키되 행사하지는 않겠다고 선언한 것이다. 그리고 이 법에 따라 추방되거나 유배당한 자들의 귀국을 허락했다.

이를 계기로 귀국한 사람들 중에는 벤토테네 섬에 유배당한 칼리굴라의 두 누이동생도 끼어 있었다. 그 중 하나인 아그리피나는 섬생활로 초췌해지기는커녕 원기왕성하게 귀국한다. 유형지라 해도, 생활의 쾌적함을 추구하는 로마인답게 각종 편의시설이 갖추어져 있었기 때문이다. 그녀의 어머니인 '대(大)아그리피나'를 유배했을 때 티베리우스의 배려로 저수조가 정비된 것은 물론, 바다가 거칠어져 고기를 잡으러 나갈 수 없는 날에도 신선한 생선을 먹을 수 있도록 바닷물을 끌어들인 대규모 '활어 수족관'까지 완비되어 있었다. 그해에 26세였던 아그리피나는 칼리굴라 황제의 누이동생이고, 얼마 후에는 클라우디우스 황제의 아내가 되고, 최종적으로는 네로 황제의 어머니가 된다. 이름이 같은 어머니와 구별하기 위해 역사에서는 '소(小)아그리피나'라고 부르게 되는 이 여인은 1년 동안의 섬생활로 수영의 명수가 되어 귀국했다.

'국가반역죄 처벌법'을 행사하지 않겠다는 새 황제의 선언이 걸핏하면 이 법의 표적이 된 원로원 의원들에게 환영받은 것은 말할 나위도 없다. 클라우디우스는 또한 원로원이 환영하는 정책도 실시했다.

집정관을 비롯한 로마 제국 중앙정부의 요직을 티베리우스 시대와 마찬가지로 원로원에서 선출하게 한 것이다. 선거운동 비용을 걱정할 필요가 없게 된 원로원 의원들이 환영한 것도 당연했다. 하지만 클라우디우스가 티베리우스의 정치를 답습한 것은 여기까지뿐이고, 황제 자신을 비롯한 부유층 사람들이 선거운동의 일종인 각종 오락 스포츠를 후원하는 것은 금지하기는커녕 오히려 장려했다. 이로써 요직 선거권을 빼앗긴 민중의 불만도 억누를 수 있었다. 다만 이 정책 전환에는 정치적인 이유보다 개인적인 취향이 강하게 작용했다고 말해야 할 것이다. 티베리우스는 이런 오락 스포츠를 싫어했지만, 클라우디우스는 반대로 무척 좋아했기 때문이다. 진지한 학자이면서도 권투나 프로 레슬링 경기에 열중하는 사람이 있는데, 클라우디우스도 그런 사람이었다.

그러나 황제가 된 그에게 부과된 가장 중요한 임무는 칼리굴라의 실정을 뒤처리하는 일이었다. 이것은 클라우디우스 자신이 누구보다도 잘 알고 있었다.

우선 칼리굴라의 낭비로 파탄에 빠진 국가 재정을 재건해야 한다. 클라우디우스도 세금을 늘려서 재정을 재건할 생각은 전혀 하지 않았다. 그렇다고 해서 티베리우스가 실시한 긴축재정 정책을 채택할 마음도 없었다. 티베리우스가 받은 악평을 피하고 싶은 생각도 있었을 것이다. 하지만 그보다는 공공사업을 중시해야만 실현할 수 있는 '인프라 정비'를 지도자들의 책무로 여기는 것이 로마의 전통이었기 때문이다. 클라우디우스는 역사가인 만큼 이 전통을 잘 알고 있었다.

클라우디우스는 칼리굴라가 시작한 대규모 수도공사를 칼리굴라가 갖지 못했던 불굴의 의지로 재개했다. 공사 도급업자들도 칼리굴라 시대에는 자주 있었던 공사대금 지연을 걱정하지 않고 공사에 전념할 수 있게 되었다. 또한 율리우스 카이사르가 기획했지만 그 후계자들이 아무도 손을 대려고 하지 않은 양대 공공사업에도 도전했다. 그 중 하나는 로마의 외항 오스티아를 지중해 최고의 설비를 갖춘 항구로 바꾸는 공사였고, 또 하나는 중부 이탈리아에 있는 피치노 호수를 개간하여 경작지로 바꾸는 공사였다.

지출을 줄이지 않고 세금도 늘리지 않고 국가 재정을 재건할 수 있을지 의심스럽지만, 클라우디우스는 '가능'하다고 확신했다. 그 확신은 전문적인 경제 지식 따위는 전혀 필요하지 않은 상식에 근거를 두고 있었다.

(1) 칼리굴라가 폐지한 '1퍼센트의 매상세'를 부활시켰다.

이것은 아우구스투스가 신설한 세금이니까, 신격 아우구스투스의 정치로 복귀하겠다고 선언한 클라우디우스에게는 그 세금을 부활시킬 대의명분이 있었다. 하지만 신격이 신설한 것이라 해도, 호평을 받은 세금은 아니다. 칼리굴라가 인기를 얻기 위해 폐지한 것을 부활시키면, 세금을 내는 쪽은 새로운 세금을 부과당한 것과 같은 기분이 된다. 그래서 클라우디우스는 칼리굴라가 부과한 연료세를 비롯하여 자질구레한 각종 세금을 모두 폐지했다. 이로써 세제 자체도 칼리굴라 이전으로 돌아가 단순명쾌함을 되찾았다.

(2) 클라우디우스는 필요한 지출은 줄이지 않았지만 불필요하다고 여겨지는 지출은 가차없이 삭감했다.

사람들이 눈을 똥그랗게 뜨고 놀랄 만한 지출은 모두 모습을 감추었다. 연극, 구경거리, 운동경기, 검투사 시합을 제공하는 비용은 필요한 지출로 여겨졌다. 반면에 칼리굴라가 높이 25미터나 되는 오벨리스크를 이집트에서 운반하기 위해 만든 대형 선박은 그대로 놓아둘 필요조차 없다고 하여, 오스티아 항만공사 때 제방의 토대로 삼기 위해 암석을 가득 채워 침몰시켰다.

몸차림에 신경을 쓰지 않은 클라우디우스는 자기가 사는 집에도 무관심했다. 아우구스투스의 검소한 집에는 더 이상 아무도 살려고 하지 않았기 때문에, 티베리우스는 같은 팔라티노 언덕에 새 집을 짓기 시작했지만 카프리 은둔으로 건축공사가 중단되었다. 그 집을 완성한 것은 칼리굴라였다. 클라우디우스는 그 집에 사는 것으로 만족했다. 클라우디우스는 축재에도 무관심한 사람이었다.

이 정도 긴축으로 재정을 재건하기는 어렵지 않았을까 하는 의심이 들지만, 실제로는 이 정도 긴축으로도 효과가 있었다.

엄격한 긴축재정을 실시해야 했던 티베리우스는 서기 14년에 즉위했다. 클라우디우스가 즉위한 것은 서기 41년이다. 30년 남짓 계속된 평화와 인프라 확충으로 로마 제국 전역의 경제력이 크게 향상되었던 것이다.

로마 제국의 세금은 모두 징수 금액이 일정한 정액세가 아니라 백분율로 되어 있다. 매상세는 1퍼센트, 상속세는 5퍼센트, 관세도 5퍼센트, 속주민이 내는 속주세는 10퍼센트, 동양에서 수입되는 사치품에 대한 관세는 25퍼센트다. 경제력이 향상되면, 세율은 변하지 않아도 징수액은 늘어난다. 클라우디우스 시대에는 재정 재건의 토대를 세금의 자연 증가에 둘 수 있을 만큼 로마 제국이라는 거대한 경제권이 기능을 발휘하기 시작하고 있었다.

그러나 세금의 자연 증가에 토대를 둔다면, 세금이 들어오는 통로가 잘 뚫려 있어야 한다. 징세 관계자의 부정행위를 방치해두면 통로가 막혀버린다. 클라우디우스가 황제인데도 지나치게 자주 얼굴을 내민다는 불평을 살 만큼 법정에 열심히 다닌 것은 여기에 이유가 있었다. 살인이나 강도 사건을 재판하는 일은 남에게 맡겨도, 선정의 근간인 공정과세는 황제가 직접 챙겨야 한다고 확신했기 때문이다. 이런 면에서 클라우디우스는 티베리우스를 완벽하게 계승하고 있었다.

칼리굴라는 외교에서도 큰 실책을 저질렀다. 4년도 채 안되는 치세

에 용케도 이렇게 외교를 망쳐놓았구나 하는 개탄이 저절로 나올 정도
다. 칼리굴라의 외교적 실정 가운데 첫번째는 북아프리카의 마우리타
니아 왕국 문제, 두번째는 유대 문제, 세번째는 도버 해협에 대군을
소집해놓고는 아무 일도 하지 않고 철수하는 바람에 발생한 브리타니
아 문제였다.

북아프리카

우선 마우리타니아 문제부터 살펴보자. 이 문제는 단지 북아프리카
의 일부에 그치는 것이 아니라, 지브롤터 해협을 사이에 두고 마우리
타니아와 마주보고 있는 이베리아 반도 전체의 안전과도 관련된 문제
인 만큼, 해결을 뒤로 미룰 수는 없었다.

칼리굴라의 경솔함 때문에 로마의 충실한 동맹국에서 반란이 일어나
고 말았지만, 칼리굴라가 죽인 왕을 대신할 수 있는 인물은 없었다.
반란은 군단을 투입하여 제압할 수밖에 없었다. 클라우디우스도 평화
적인 해결은 고려하지 않았다. 마우리타니아 쪽에 교섭 상대가 없었다
기보다, 로마는 절대로 로마에 반대하여 봉기한 자들을 교섭 상대로
삼지 않았기 때문이다. 불만이 있으면 사절단을 보내거나 하여 로마의
중앙정부에 호소하는 방법도 있었다. 그런데 그런 방법을 시도해보지
도 않고 힘을 앞세워 반란을 일으키는 상대한테는 로마도 힘으로 대응
한다. 이것이 로마의 방식이었다. 칼리굴라가 죽을 때 남겨놓고 간 마
우리타니아 왕국의 반란은 클라우디우스 황제가 즉위한 지 1년도 지나
기 전에 진압되었다. 하지만 같은 '제국주의'(임페리얼리즘)라는 이름
으로 묶여 있어도 후세의 제국주의와는 다른 로마 통치의 독특한 특징
이 여기서 나타난다.

반란을 일으킨 지역에 대한 통치상의 이유 때문에 옛 마우리타니아

마우리타니아가 분할된 뒤의 북아프리카

왕국은 둘로 분할되었다. '마우리타니아 팅기타나'(탕헤르의 마우리타니아)와 '마우리타니아 카이사리엔시스'(셰르셸의 마우리타니아)가 그 것이다. 둘 다 로마의 속주가 된 것이다. 전자의 수도는 팅게(오늘날의 탕헤르), 후자의 수도는 카이사레아(카이사레아가 아랍식으로 바뀌어 지금은 셰르셸)였다.

클라우디우스는 로마에서 파견되는 장관이 다스리게 된 이 두 속주에 일찍이 율리우스 카이사르가 북아프리카에서 실시한 통치방식을 도입했다. 군단에서 만기 제대한 사람이나 로마인 지원자를 대거 파견하여 건설한 식민도시(콜로니아)들을 핵으로 삼고, 그 사이를 로마식 가도로 연결하여 산업을 진흥하는 방식이다. 이 방식은 큰 성과를 거두었다. 두 속주와 그 동쪽에 있는 옛 누미디아 왕국인 '누미디아 속주', 옛 카르타고인 '아프리카 속주', 그리고 크레타 주재 장관이 관할하는 '키레나이카 속주'를 포함한 북서 아프리카 전역이 수도 로마와 본국 이탈리아에 필요한 밀의 3분의 1을 생산하게 되었다.

이집트가 본국에 필요한 밀의 3분의 1을 조달한 것은 클라우디우스가 북아프리카 서부 지역 전체를 본격적으로 재개발한 뒤의 일이다. 그 전에는 로마로 수입되는 밀에서 이집트산 밀이 차지하는 비율이 훨씬 높았을 것이다. 하지만 주식인 밀을 수입에 의존하는 나라가 한 지 방에만 생명줄을 매달고 있는 것은 현명한 방법이 아니다. 북아프리카 가 본국에 필요한 밀의 3분의 1을 보장하게 되자 로마의 생명줄은 세 가닥으로 늘어나게 되었다. 이집트와 북아프리카, 그리고 본국 이탈리 아 및 본국이나 다름없는 시칠리아 섬을 합하여 세 가닥이 된 것이다.

북아프리카—정확히 말하면 남쪽에 펼쳐진 사막을 경계로 한 지중 해 연안의 북아프리카 지방—일대에서 진행된 로마화는 산업 진흥에 만 머물지 않았다. 경제력이 향상되면 인재를 등용할 필요가 생기게 마련이다. 인재는 경제면에서도 필요하지만, 풍요로워지는 경제를 지 키기 위해서도 필요하다. 다시 말하면 군사면에서도 재능있는 인재에 대한 등용문이 활짝 열렸다는 뜻이다. 그리고 경제와 군사를 효율적으 로 운영하기 위해서는 행정면에도 인재가 반드시 필요하다. 이리하여 카르타고계 주민이 로마의 통치체제로 침투하게 되었다.

로마는 기원전 146년에 카르타고를 멸망시키고, 3년 동안 공격한 끝 에 함락한 카르타고의 수도에는 소금을 뿌려 불모지로 만들어버렸다. 기원전 46년, 율리우스 카이사르는 일찍이 지중해 최고의 번영을 자랑 한 이 황무지에 도시를 재건했다. 게다가 카르타고라는 이름까지 부활 시켰다. 카르타고는 로마인에게 잊을 수 없는 옛 숙적의 수도 이름이 다. 그리고 그로부터 90년 뒤, 비록 로마의 속주이긴 하지만 실제로는 농업대국이고 통상대국인 과거의 카르타고가 되살아난 것이다. 로마의 이런 '제국주의' 통치가 이루어졌기 때문에, 그로부터 150년 뒤에 이 지방은 로마 황제까지 배출하게 되었다.

유대 문제

칼리굴라가 죽을 때 남기고 간 또 다른 과제는 유대 문제였다. 로마화를 거부한 이들에 대해 클라우디우스 황제는 현실에 바탕을 둔 '케이스 바이 케이스'로 대처하기로 했다. 유대인 문제는 하나가 아니라, 예루살렘을 중심으로 한 유대 땅에 사는 유대인과 알렉산드리아를 비롯한 그리스계 도시에 사는 유대인으로 나누어 대처해야 할 문제였기 때문이다. 클라우디우스는 유대 땅에 사는 유대인에 대해서는 아우구스투스 방식을 답습하고, 그리스계 도시에 사는 유대인에 대해서는 티베리우스 방식을 채택하기로 했다.

예루살렘을 중심으로 한 유대 땅에 대해서는 35년 만에 같은 유대인 왕에게 통치를 맡기기로 결정했다. 현지법인 사장을 본사에서 파견하지 않고 현지인 중에서 기용하는 것과 비슷하다. 유대 통치를 맡게 된 인물은 헤롯 왕의 자손으로, 서양식 이름으로는 율리우스 아그리파, 유대식 이름으로는 헤롯 아그리파였다. 그는 좋은 의미에서도 나쁜 의미에서도 풍부한 재능을 타고난 인물이었다. 어렸을 때 로마에 볼모로 와서 자랐기 때문에 칼리굴라의 친구였고, 클라우디우스와도 깊은 신뢰관계를 맺고 있었다.

다만 티베리우스는 풍부한 재능을 타고난 이 유대 왕자를 믿지 않았다. 티베리우스가 그를 유대 왕위에 앉힐 작정이었다면 얼마든지 앉힐 수도 있었는데 그러지 않은 것은 동맹 상대로 믿을 수 없었기 때문이다. 하지만 클라우디우스는 50세까지 '책상물림'으로 지냈다. 남을 쉽게 믿는 것이 클라우디우스의 성격이기도 했다.

칼리굴라는 유대인과의 대결을 강행했고, 그를 본떠 제작한 유피테르 신상을 예루살렘 신전에 세우는 것은 그 대결의 상징이었지만, 그의 죽음으로 이 문제는 흐지부지되어버렸다. 칼리굴라의 명령에 태업으로 저항한 시리아 총독 페트로니우스도 임기를 마치고 귀국했다.

알렉산드리아에 사는 그리스인과 유대인의 적대관계는 유대 쪽이 철학자 필로를 단장으로 하는 사절단을 로마에 보내 칼리굴라에게 직접 호소했을 만큼 심각했다. 클라우디우스는 티베리우스 방식을 채택하여 이 문제를 해결하고자 했다. 로마가 어느 편도 들지 않고, 우위에 서서 철저히 중재자 역할만 맡는 방식이다.

클라우디우스는 즉위하자마자 '알렉산드리아인에게 보내는 편지'라는 제목의 공식 서한을 보냈다. 이 서한의 제목부터가 이 문제에 대한 로마 황제의 '자세'를 보여주고 있었다.

수신인은 알렉산드리아에 사는 그리스인도 아니고, 알렉산드리아에 사는 유대인도 아니다. 수신인이 '알렉산드리아인'으로 되어 있는 것은, 동지중해의 최대 도시인 알렉산드리아에 사는 그리스계 주민과 유대계 주민 전체가 민족의 차이를 초월하여 '알렉산드리아 주민'으로서 생각하고 행동해야 한다는 의미를 담고 있었다. 산업과 통상의 도시 알렉산드리아는 그리스계 주민과 유대계 주민의 공존공영이 이루어져야만 번영할 수 있고, 로마는 그것을 위해 중재의 노력을 아끼지 않겠다고 선언했다. 요컨대 불만이 있으면 상대에게 폭발시키기 전에 로마에 와서 이야기하라는 것이다. 클라우디우스는 두 민족의 공존공영이 성립되느냐의 여부는 종교와 생활습관이 다른 사람들에게 '관용'(클레멘티아)의 정신을 가질 수 있느냐의 여부에 달려 있으며, 그리스인과 유대인은 양쪽 다 상대에게 관용의 정신을 가져야 한다고 말했다.

구체적으로는 3년 전에 일어난 폭동으로 재산상의 손실을 본 유대인에 대해 손해배상은 하지 않기로 했다. 손해배상을 하려면 가해자인 그리스계 주민에게 배상을 시킬 수밖에 없지만, 그런 것을 문제삼으면 폭동 재발을 초래할 뿐이었다.

그러나 유대계 주민에 대해서는 티베리우스가 인정한 권리를 모두 재확인했다.

(1) 알렉산드리아의 5개 지구 가운데 2개 지구에 거주할 권리.

(2) 종교의 자유 및 예루살렘 신전에 매년 헌금할 권리.

(3) 유대인 거주지역 안에서의 재판권. 다만 사형만은 이집트 장관의 허가를 받아야 한다.

(4) 토요일마다 안식일을 지킬 권리.

(5) 군무를 비롯한 공직의 면제.

티베리우스 방식을 채택했으니까, 카이사르와 아우구스투스와 티베리우스 시대에 인정된 유대인과 그리스인의 사업상 평등관계도 재확인된 것은 당연하다. 로마는 유대교의 특수성을 고려하여 (5)의 병역 면제를 인정했지만, 그리스계 주민은 로마가 인정하니까 어쩔 수 없이 울며 겨자 먹기로 '관용'을 베풀어준 느낌이었다.

사막에는 강도가 출몰한다. 홍해에는 해적이 출몰한다. 이런 무법자를 격퇴하여 '평화'를 유지하는 것은 패권국가인 로마의 임무다. 이집트에 주둔해 있는 2개 군단은 로마인 군단장과 로마 시민권 소유자인 병사들로 편성되어 있었다. 하지만 로마군은 주력인 군단병과 같은 수의 보조병으로 이루어져 있다. 이 보조병에 로마는 현지인을 적극적으로 채용했다. 실제로 이집트의 '평화'를 지키는 데 단단히 한몫을 하고 있는 보조병, 특히 소대나 중대급 지휘관은 그리스계 이집트인이 맡고 있었다. 그리스계 주민이 보기에, 사업에서는 평등을 누리면서 종교적 이유를 방패삼아 '평화' 유지에는 관여하지 않는 유대계 주민은 요즘 말로 하면 '안보 무임승차'를 하는 것으로 보였을 것이다. 동지중해를 양분하고 있는 그리스계와 유대계의 적대의식은 '관용'으로 해결하기에는 너무나 복잡했다.

그래도 클라우디우스의 공식적인 태도 표명으로 알렉산드리아는 일단 정상을 찾았다. 그것은 그리스계와 유대계를 포함하는 '알렉산드리아인'이 클라우디우스가 말하는 이치를 납득했기 때문이라기보다 편지 말미에 적혀 있는 로마 황제의 위협에 굴복했기 때문이다. 이치를 이해하고 납득하는 사람은 항상 소수파이게 마련이다. 다수파한테는 위협이 더 효과적인 경우가 많다. 강대한 군사력을 가진 자의 위협에 다수파가 굴복하면, 이치를 이해하는 소수파의 입장도 강해지는 이점이 있었다. 클라우디우스가 쓴 '알렉산드리아인에게 보내는 편지'는 다음과 같은 구절로 마무리되어 있었다.

"로마의 '제일인자'가 앞으로도 계속 이해심을 가지고 이 문제에 대응할 것인지의 여부는 상대가 어떻게 나오느냐에 달려 있다."

클라우디우스가 황제에 즉위하자마자 손을 댄 유대인 대책은 이것으로 일단 마무리되었다. 하지만 클라우디우스가 잘못 계산한 것이 하나 있었다. 생전의 티베리우스가 꿰뚫어보았듯이, 헤롯 아그리파의 야심은 역시 로마 동맹국의 군주로 만족하기에는 너무 컸던 모양이다. 이웃인 시리아 속주에 주재하는 로마 총독은 유대 왕의 행동에 대한 감시를 게을리할 수 없게 되었다.

헤롯 아그리파는 아우구스투스가 인정한 헤롯 왕 당시의 영토를 거의 다 물려받았지만, 클라우디우스와의 개인적인 친교를 너무 믿었는지도 모른다. 상대는 심약한 클라우디우스니까 자기 마음대로 할 수 있다고 생각했는지도 모른다. 헤롯 왕이 죽은 뒤 아우구스투스는 예루살렘 성벽을 짓는 것을 금지했지만, 헤롯 아그리파는 마음대로 예루살렘 성벽을 짓기 시작했다. 이것을 안 시리아 총독은 단호한 태도로 유대 왕에게 성벽을 파괴하라고 '진언'해야 했다.

헤롯 아그리파는 작전을 바꾼다. 로마 제국 동방에 있는 모든 왕국의 왕들을 회의에 초대한 것이다. 그러나 시리아 총독의 보고를 받은 클라우디우스의 엄중한 권고로 이 계획도 실현되지 못했다. 로마는 가상적국 제1호인 파르티아 왕국과 로마 제국 사이에 완충지대가 되어 있는 동방의 왕국들과 개별적으로 동맹관계를 맺고 있다. 하지만 이 왕국들이 자기들끼리 동맹관계를 맺는 것은 허락하지 않았다.

그래도 유대인 왕의 유대 민족 통치는 별다른 문제 없이 진행되었다. 하지만 왕위에 오른 지 3년 만에 헤롯 아그리파가 병으로 세상을 떠났다. 클라우디우스는 낙담과 안도감을 동시에 느끼지 않았을까. 헤롯 아그리파의 아들은 아버지의 뒤를 잇기에는 너무 어렸고, 따라서 유대인 왕을 내세워 유대 지역을 통치하는 것은 단념할 수밖에 없었다. 하지만 클라우디우스처럼 매사를 오로지 성심성의만으로 대하는 사람에게는 좋은 의미에서도 나쁜 의미에서도 유능한 헤롯 아그리파는 벅찬 상대였다.

결국 서기 41년부터 44년까지 3년 동안 유대인 왕의 지배를 거쳐, 예루살렘을 중심으로 하는 유대 지방은 다시 로마의 직할 통치를 받게 되었다. 황제가 임명하는 유대 장관이 직속상관인 시리아 총독의 감독을 받아 다스리는 체제다.

클라우디우스는 체제를 티베리우스 방식으로 돌려놓았을 뿐 아니라, 내용도 티베리우스 방식으로 되돌렸다. 유대에서 지배자 로마를 연상시키는 인물이나 물건은 최대한 배제했다. 유대 장관도 예루살렘이 아니라 카이사레아에 주재한다. 로마군 병영도 카이사레아에 있다. 로마 황제를 나타내는 것은 우상숭배로 여겨질 수도 있기 때문에, 조상(彫像)은 물론 군단기조차도 예루살렘에 가지고 들어가는 것을 금지했다.

그러나 몇 년마다 바뀌는 장관들 중에는 무지하고 무신경한 장관도 없지 않았고, 그래서 로마인과 유대인 사이에 전혀 마찰이 일어나지 않았다고는 말할 수 없다. 그래도 항상 중동의 '화약고'였던 팔레스타인 땅은 그후 20년 동안 평화를 누리게 된다. 헤롯 왕이 죽고 유대가 로마의 직할 통치를 받게 된 서기 6년부터 헤아리면, 이교도인 로마의 지배를 받으면서도 무려 60년 동안이나 평화를 유지한 셈이다.

브리타니아 원정

칼리굴라가 남기고 간 마지막 과제는 브리타니아 문제였다. 칼리굴라가 대군을 도버 해협에 소집해놓고는 배도 띄우지 않고 철수했기 때문에 그대로 놓아둘 수는 없다는 이유만은 아니다. 50년 전인 아우구스투스 시대에는 브리타니아 문제에 대처할 필요도 없었지만, 1세기 중엽인 클라우디우스 시대에는 대처할 필요가 생겼다. 이것이 클라우디우스가 브리타니아 원정을 결행한 진짜 이유였다.

로마는 현재의 영국을 브리타니아라고 불렀는데, 이것을 영어식으로 발음하면 브리튼이 된다. 브리튼이라는 지명은 라틴어의 브리타니아에서 유래한 것이다. 이것으로도 알 수 있듯이, 현재의 영국은 국토의 4분의 3이 로마 제국 경계선 밖에 있었던 독일과는 달리 로마에 정복당한 역사를 갖고 있다. 영국 학자들이 즐겨 쓰는 표현을 빌리면, 영국인은 로마 세계에 들어감으로써 게르만족(독일인) 같은 야만족의 신세에서 벗어났다.

브리타니아와 로마가 처음 접촉한 것은 기원전 55년과 그 이듬해인 기원전 54년에 율리우스 카이사르가 이끄는 로마군이 두 차례에 걸쳐 브리타니아를 원정했을 때였다. 클라우디우스 시대를 기준으로 보면 100년 전의 일이다.

당시 카이사르의 의도는 브리타니아를 정복하는 것이 아니었다. 갈리아 전역을 제패하고 있는 카이사르로서는 갈리아에서 도버 해협만 건너면 갈 수 있는 브리타니아가 로마에 반대하는 갈리아인들의 도피처가 되는 것을 저지할 수만 있으면 그것으로 충분했다. 또한 갈리아인의 한 갈래인 벨가이족(벨기에인) 중에는 브리타니아로 건너가 정착한 사람이 많았기 때문에, 갈리아 북동부에 사는 갈리아인과 브리타니아에 정착한 갈리아계 브리타니아인이 공동투쟁 체제를 구축하는 것을

브리타니아

미리 저지하려는 목적도 있었다.

　이와 같은 시기에 카이사르는 라인 강을 건너 게르만족을 공격했다. 이것도 브리타니아를 공격한 것과 같은 이유였다. 제패를 목적으로 하는 공격이 아니라, 적의 움직임을 미리 봉쇄하기 위한 공격이었다. 하지만 카이사르는 게르마니아와는 달리 브리타니아의 경우에는 궁극적으로 정복하는 것도 고려하고 있었던 게 아닌가 싶다. 게르마니아 땅은 동쪽으로 계속 퍼져 있지만, 브리타니아는 섬이었다.

　하지만 그 시점에서는 카이사르의 이 전략이 주효하여, 갈리아 전역(오늘날의 프랑스·벨기에·룩셈부르크·네덜란드 남부·독일 서부·스위스)은 완전히 로마의 패권 밑에 들어왔다. 이 상태를 아우구스투스가 그대로 물려받는다. 아우구스투스가 다스린 40여 년 동안 로마의 갈리아 지배는 점점 확고해졌고, 그동안 브리타니아인의 불온한 움직임은 전혀 일어나지 않았다. 도버 해협을 사이에 두고 갈리아와 마주보는 켄트 지방의 주민들과 로마의 속주가 된 갈리아의 주민 사이에는 로마가 제패하기 전과 다름없이 교역이 이루어지고 있었다. 아우구스투스는 아무 문제도 일으키지 않는 브리타니아에 굳이 군대를 보낼 필요가 없었다.

티베리우스 시대가 된 뒤에도 로마와 브리타니아는 여전히 간접적으로만 접촉하는 상태를 유지했다. 그러나 티베리우스의 시대에는 아직 표면화하지 않았지만, 수면 밑에서는 이미 변화가 일어나고 있었다.

로마인들이 갈리아인이라고 부른 민족은 켈트족이라고도 불린다. 오늘날에는 켈트(그리스어)와 갈리아(라틴어)를 구분하여, 로마에 정복당하기 전을 가리킬 때는 켈트라는 용어를 사용하고 정복당한 뒤를 가리킬 때는 갈리아라는 용어를 사용하는 모양이다. 또한 아일랜드인처럼 로마의 지배를 받은 적이 없는 경우에도 켈트라고 부른다. 이 켈트족의 민족종교는 드루이드교였다. 드루이드교에는 전문 사제계급이 있는데, 이 사제들은 종교만이 아니라 사법과 교육도 지배하며, 갈리아 부족들의 지배층에도 막강한 영향력을 행사하고 있었다. 다신교였지만, 종교와 신자들의 관계는 일신교인 유대교와 비슷했다. 전문 사제계급을 두지 않고 사법과 교육 및 정치와 군사는 모두 인간이 스스로 생각하여 처리하는 거라고 믿는 로마인이 켈트족 사제의 이런 방식을 용납할 수는 없었다. 게다가 켈트족의 종교에는 인신공양의 관습이 있었다. 로마인은 에트루리아 민족한테서 많은 것을 배웠지만, 인신공양만은 받아들이지 않았다. 로마인이 카르타고인을 혐오한 이유 가운데 하나는 카르타고에서 어린아이를 제물로 바치는 풍습이 성행했기 때문이다.

그렇다고 해서 로마가 갈리아인의 민족종교인 드루이드교 자체를 탄압한 것은 아니다. 그때까지 줄곧 사제계급의 영향권 안에 있었던 것들을 하나씩 빼앗았을 뿐이다.

율리우스 카이사르는 자기한테 굴복한 갈리아 부족장들에게 로마 시민권을 주었다. 로마 시민권은 세습이 인정되어 있다. 그리고 로마 시민이 된 이상, 민족이나 부족에 관계없이 로마법에 따를 의무가 있었다.

이로써 적어도 갈리아인의 상층부는 법적으로 로마인과 동등해졌다. 카이사르는 갈리아가 로마의 지배를 받게 된 뒤에도 갈리아 부족장들의 부족 지배권을 인정해주었다. 그 결과 부족장의 지배를 받는 부족의 구성원들은 로마 시민권 소유자가 아닌데도 실질적으로는 로마법에 따르게 되었다. 현실주의자인 로마인답게 참으로 교묘한 정략이었다고 말할 수밖에 없다. 이로써 민족 지배층에 대한 영향력과 부족 구성원에 대한 사법권이 드루이드교 사제들의 손을 떠나게 되었다.

이어서 드루이드교 사제들은 교육권마저 빼앗기게 된다. 아우구스투스가 갈리아 중부의 비블라크테(오늘날의 오툉 부근)에 고등교육기관을 설치했기 때문이다. 갈리아 전역에서 부족장 예비군인 청소년들이 여기에 모여 그리스-로마식 교양과목을 배우고, 원하는 사람에게는 로마나 아테네에 유학할 수 있는 길도 열려 있었다.

사제들에게 남은 교육권은 초등교육뿐이었다. 하지만 부족장들은 로마 시민권을 얻는 데 열심이었고, 보조병으로 로마군에 지원하는 사람부터 교역에 종사하는 사람에 이르기까지 많은 갈리아인이 라틴어를 말하는 세상에서는 사제들도 켈트족의 전통교육보다 좀더 현실에 도움이 되는 읽기와 쓰기 및 산술을 주로 가르칠 수밖에 없다. 그들이 읽고 쓰는 것은 라틴어였고, 산술에 쓰이는 숫자도 라틴 숫자다. 그래도 사제계급이 자신들의 존재이유를 종교에만 한정할 작정이었다면 하층 갈리아인들 사이에서나마 살아남을 수 있었을 것이다. 하지만 사제들이 느낀 위기의식은 자신들을 거기까지 몰아넣은 로마인에 대한 반항으로 타올랐다.

티베리우스의 치세가 시작될 무렵에 일어난 반란이 갈리아 땅에서는 드루이드교 사제들의 마지막 저항이 되었다. 반란은 당장 진압되었지만, 티베리우스 황제는 드루이드교 사제들이 오툉의 학생들을 반란에 끌어들인 것을 중시했다. 사회의 안녕과 질서를 파괴하는 요인이라는 이유로 드루이드교 사제들은 갈리아 전역에서 추방되었다. 이들이 도망쳐간 곳이 바로 로마인의 지배가 미치지 않은 브리타니아였다. 좁은 해협을 사이에 두고 갈리아와 마주보고 있는 브리타니아가 켈트족의 민족종교인 드루이드교의 메카가 되는 데에는 20년도 채 걸리지 않았다. 이것을 방치해두면 로마의 갈리아 지배에 중대한 영향을 초래할 우려가 있었다.

율리우스 카이사르 시대로부터 한 세기 뒤에 클라우디우스 황제의 브리타니아 원정이 재개된 데에는 이런 사정이 있었다.

티베리우스와 클라우디우스는 황제에 즉위했을 때 아우구스투스의 정치를 계승하겠다는 뜻을 밝혔다. 티베리우스는 아우구스투스의 정치가 자기한테는 곧 '법'이라고 말하기까지 했다. 하지만 이것은 아우구스투스의 모든 정치를 충실히 본뜨겠다는 의미는 아니다. 그들도 로마인이다. 유대인은 법에 인간을 맞추지만, 로마인은 인간에게 법을 맞춘다. '법'이란 필요에 따라 손을 보는 대상이다.

게르마니아 땅을 엘베 강까지 정복하는 것이 아우구스투스에게는 평생의 꿈이었을 게 분명하지만, 티베리우스는 아우구스투스가 죽고 그에게 주도권이 돌아오자 로마의 방위선을 엘베 강까지 확대하는 계획을 백지화해버렸다. 그리고 클라우디우스는 더 이상의 영토 확장을 금지한 아우구스투스의 유언을 어기고 브리타니아 정복을 결행한다. 그래도 두 사람은 아우구스투스의 '정치'에 따르지 않았다고는 생각지 않았을 것이다. 로마 제국은 무엇보다도 방위를 우선한다는 아우구스투스의 기본노선에서는 조금도 벗어나지 않았기 때문이다.

나는 이따금 도버 해협 연안에 대군을 집결했을 당시 칼리굴라가 무슨 생각을 했을지 궁금해진다. 고대의 역사가들은 이것을 칼리굴라의 변덕으로 간단히 처리하고 있지만, 칼리굴라는 미치광이도 아니고 머리도 나쁘지 않았다. 그때 칼리굴라의 발목을 잡은 것은 그 자신의 낭비로 말미암은 국가 재정의 파탄이었다. 클라우디우스는 황제에 즉위한 지 2년 뒤에 브리타니아 원정을 시작했다. 그것은 클라우디우스의 국가 재정 재건책이 효과를 나타내기 시작한 시기와 일치한다. 게다가 유리한 조건이 또 하나 있었다.

1년 전인 서기 42년, 브리타니아 부족들 중에서 가장 강대한 부족을 오랫동안 잘 다스리던 크노벨리누스가 세상을 떠났다. 이 왕의 수도는 론디니움(오늘날의 런던)에서 북동쪽으로 100킬로미터쯤 떨어진 곳에 있는 카물로두눔(오늘날의 콜체스터)이다. 크노벨리누스의 죽음은 오랫동안 안정을 유지해온 브리타니아를 뿌리부터 뒤흔들게 되었다. 동생과 아들들이 후계자 싸움에 말려들어 내전이 일어났기 때문이다. 서로 군대를 동원한 이 싸움은 갈리아 북동부(벨가이) 해안지대까지 확대되었다. 싸움에 가담한 한 사람의 영토가 그 땅에 있었기 때문이다.

북동부라 해도 갈리아 땅인 이상, 로마 제국의 패권 밑에 있는 지역이다. 이 영주들은 로마의 피보호자(클리엔테스)였고, 로마는 그들의 보호자(파트로네스)였다. 피보호자는 보호자를 따를 의무를 갖고 보호자는 피보호자를 도와줄 의무를 갖는 로마식 상호안전보장체제다. 이로써 로마가 브리타니아를 공략할 대의명분이 생기게 되었다.

클라우디우스는 군무에 종사한 경험이 전혀 없었지만, 전쟁을 군사전문가에게 맡길 만한 양식은 갖고 있었다. 브리타니아 원정군 총사령관에 임명된 것은 아울루스 플라우티우스였다. 53세인 클라우디우스와 동년배였고, 브리타니아 원정을 명령받을 때까지는 판노니아 총독을 지내면서 도나우 강 방위선을 확립하는 어려운 일을 훌륭하게 해낸 것으로 알려져 있었다.

총사령관 플라우티우스에게 주어진 병력은 4개 군단 2만 4천 명에 갈리아 및 라인 강 서쪽의 게르마니아와 에스파냐 출신 보조병을 합한 4만 명의 정예였다. 97년 전에 카이사르가 두번째 브리타니아 원정을 떠났을 때의 병력은 5개 군단 3만 명에 보조병을 합하여 3만 2천 명이었다. 병력은 비슷하지만 목적이 달랐다. 97년 전에는 적을 공격하여 움직임을 미리 봉쇄하는 것이 목적이었지만, 서기 43년의 원정은 정복이 목적이다. 역시 정복을 목적으로 한 카이사르의 갈리아 전쟁에서 카이사르에게 주어진 병력은 4개 군단뿐이었지만, 카이사르는 전쟁을 시작하기 전에 이미 2개 군단을 새로 편성하도록 명령했고 그후 4개 군단을 더 편성하여, 8년에 걸친 갈리아 전쟁에 동원된 것은 10개 군단 6만 명의 병력이었다.

물론 갈리아는 브리타니아보다 세 배나 넓다. 하지만 어떤 식으로 정복을 추진할 것인가를 결정하는 것은 최고사령관이다. '전쟁터의 사람'인 카이사르는 병력을 집중 투입하여 단기간에 일을 끝내는 전략을 채택했지만, '서재의 사람'인 클라우디우스는 무리하지 않고 투입할 수 있는 병력만 동원하여 천천히 일을 추진하는 방식을 채택했다. 그 결과 갈리아 전쟁은 전후 처리까지 포함하여 8년 만에 끝낼 수 있었지만, 브리타니아 전쟁은 20년이나 걸리게 되었다.

하지만 클라우디우스의 방식을 군사에 대한 무지로 돌릴 수만은 없다. 카이사르가 살았던 시대와는 달리, 클라우디우스 시대의 로마는 제국의 모든 방위선에 군대를 상주시켜야 했다. 이런 현실에서 '무리하지 않고 투입할 수 있는 병력'은 4개 군단뿐이었다. 사실 클라우디우스는 4개 군단의 정예를 브리타니아에 투입하기 위해 위험한 줄타기를 했다.

우선 총사령관에 임명된 플라우티우스의 전임지인 판노니아에서 1개 군단을 브리타니아에 보내기로 결정했다. 이로써 도나우 강 방위선을 지키는 군단은 7개에서 6개로 줄어들었다.

또한 라인 강 방위선을 지키는 8개 군단 가운데 3개 군단을 브리타니아에 보내기로 결정했다. 하지만 라인 강 동쪽의 게르만족과 맞서서 로마 제국을 지키려면 5개 군단만으로는 부족했다. 그래서 2개 군단을 새로 편성했다. 새로 편성된 2개 군단은 라인 강 연안으로 보내졌다. 브리타니아 원정군의 주력인 4개 군단을 전투에 익숙한 정예부대로만 편성할 필요가 있었기 때문에 이런 고육책을 쓴 것이다.

그렇다 해도, 아우구스투스 시대의 25개 군단에 2개 군단을 늘린 27개 군단만으로 방위선을 지키면서 브리타니아를 정복하여 로마 제국에 편입시키는 것이다. 편입시킨 뒤에도 3개 군단은 브리타니아에 상주할 필요가 있었다. 그렇다면 로마 제국의 가장 중요한 방위선인 라인 강과 도나우 강은 각각 1개 군단씩이 줄어든 병력으로도 충분히 지킬 수 있게 되었다는 뜻이다. 티베리우스 황제의 방위체제 확립이 착실히 효과를 거두고 있었다는 뜻이기도 하다. 클라우디우스도 라인 강과 도나우 강의 방위체제는 티베리우스의 방식을 충실히 답습했다.

플라우티우스가 이끄는 4만 명의 로마군은 무사히 도버 해협을 건너 브리타니아 남동부에 상륙했다. 브리타니아인은 무장도 싸우는 방식도 카이사르 시대와 별 차이가 없었다. 총사령관 플라우티우스는 죽은 크노벨리누스의 두 아들이 지키는 카물로두눔을 우선 공략하기로 했다. 브리타니아에서 가장 막강한 부족을 먼저 쳐부수면, 브리타니아 전역을 제패하기도 훨씬 쉬워질 거라고 생각했기 때문이다.

최초의 본격적인 전투는 템스 강 남쪽에서 벌어져 로마군의 대승으로 끝났다. 그러나 로마군은 승리한 뒤에도 곧장 템스 강을 건너지는 않았다. 로마에서 올 클라우디우스 황제를 기다리고 있었기 때문이다.

클라우디우스는 원로원에서 그를 이해해주는 소수의 유력 의원 가운데 하나인 비텔리우스에게 뒷일을 맡긴 뒤, 배를 타고 마르세유로 갔다. 갈리아에 상륙한 뒤에는 고향인 리옹에 들르기도 하면서 느긋한 여행을 계속한 끝에, 로마군이 기다리고 있는 템스 강변에 도착했다. 황제를 모시고 템스 강을 건널 때도, 거기서 카물로두눔까지 갈 때도, 적지를 통과한다기보다는 정복이 끝난 지역을 행진하는 듯한 느낌이었다. 적의 모습은 전혀 보이지 않았다. 크노벨리누스의 두 아들 가운데 하나는 템스 강 근처의 전투에서 죽었고, 또 하나는 웨일스 지방으로 도망쳐버렸기 때문이다. 카물로두눔 입성도 순조롭게 끝났다.

클라우디우스는 이곳에서 브리타니아를 속주화하는 데 필요한 기본 정책을 결정했다. 이 시점에서 로마가 정복한 것은 브리타니아의 극히 일부에 불과하다. 하지만 기본정책을 결정하는 것은 황제이고, 그것을 현실화하는 것은 장수들의 임무였다. 또한 브리타니아를 속주화하는 기본정책은 다른 지방과 마찬가지다. 만기 제대한 병사들을 이주시켜 식민도시를 건설하고, 원주민 도시에는 '지방자치권'을 주고, 이 '핵'과 로마식 도로망으로 이루어지는 네트워크를 만드는 것이 속주 통치의 기본노선이었기 때문이다. 황제는 카물로두눔에 로마 시민인 퇴역병을 이주시켜 식민도시를 건설하기로 결정했다.

클라우디우스 황제는 이것만 결정한 뒤, 뒷일은 장수들에게 맡기고 브리타니아를 떠났다. 수도를 떠나 있었던 6개월 동안, 그가 브리타니아에 머문 것은 16일뿐이었다.

수도 로마로 돌아온 클라우디우스에게 원로원은 개선식 거행을 허락한다고 통보했다. 정식 개선식이었기 때문에 개선장군인 클라우디우스는 네 필의 백마가 끄는 전차를 몰아야 한다. 그 몸으로 과연 전차를

몰 수 있었을지 궁금하다. 그 일은 시종에게 맡기고, 클라우디우스는
군중의 환호에 손을 흔드는 정도로 끝냈을지도 모른다.

원로원은 또한 클라우디우스 황제의 외아들에게 브리타니아를 제패
한 자라는 의미인 '브리타니쿠스'라는 이름을 주었다. 브리타니쿠스는
당시 세 살바기 어린애였다.

황제가 떠난 뒤 브리타니아에서는 플라우티우스가 지휘하는 로마군
의 진격이 재개되었다. 유능한 지휘관 밑에는 유능한 부하가 모인다.
플라우티우스 휘하의 군단장들 중에는 나중에 황제가 되는 베스파시아
누스도 끼어 있었다.

로마군의 브리타니아 공략은 카물로두눔이 있는 에식스 지방에서 북
쪽의 노퍽 지방으로 확대되었다. 그 일대를 제패한 뒤에는 전선을 템
스 강 남쪽으로 옮긴다. 오늘날의 캔터베리·런던·바스를 잇는 선의
남쪽 지방에 대한 파상 공격이 벌어졌다. 로마군의 두번째 물결이 브
리타니아를 덮친 것이다. 로마 시대에는 아콰이 솔리스라고 불린 오늘
날의 바스에서 온천을 발견한 로마 병사들은 뛸 듯이 기뻐했다. 로마
인은 온천을 좋아한다. 그리고 역사가 타키투스의 말은 아니지만, 이
탈리아에서 온 사람에게 브리타니아는 "하늘도 땅도 습기가 많은"곳
으로 느껴진다. 지금도 이탈리아제 구두를 신고 영국에서 며칠만 지내
면 구두가 망가져버린다. 그런 땅에서 생활할 수밖에 없었던 로마인에
게 온천은 정신까지 치유해주는 존재였을 것이다.

브리타니아 전쟁이 시작된 지 4년이 지난 서기 47년, 아울루스 플라
우티우스는 총사령관직을 후임자에게 물려주고 로마로 돌아왔다. 클라
우디우스와 원로원은 이 사실상의 승리자에게 약식 개선식을 허락했
다. 개선장군이 말을 타고 행진하는 개선식이다. 플라우티우스가 떠난
뒤, 브리타니아 주둔 로마군은 웨일스 지방으로 전선을 옮긴다. 이 지

방에 거의 달라붙어 있는 느낌을 주는 모나 섬(오늘날의 앵글시)이야
말로 드루이드교 사제들이 파도처럼 밀려드는 로마 세력에 저항하여
도망친 곳이었다. 그러나 로마에 대한 반감으로 불타는 사제들을 잉글
랜드와 웨일스에서 추방하여 아일랜드로 몰아넣는 데 성공한 것은 다
음 황제인 네로 시대였다.

비서관 체제

역사 현상을 크게 나누면, 역사적으로 유명한 사실과 유명하지 않은
사실로 양분된다. 현대식으로 말하면 뉴스가 되었느냐 아니냐의 차이
다. 하지만 민간기업 경영자가 기자회견을 열고 발표할 만한 일만 하
고 있으면 경영이 이루어지지 않는 것과 마찬가지로, 제국 경영자가
역사 연표에 기록될 만한 일만 하고 있으면 조만간 제국 경영이 파탄
날 것은 뻔하다. 따라서 제국을 경영하는 일은 대부분 통상적인 행정
이라 해도 좋은 수수한 일로 채워진다. 그런 일이라면 휘하 장수나 총
독이나 장관들한테 맡겨둘 수도 있을 것 같지만, 이들은 명령받은 일
을 하기 때문에 누군가가 그들에게 명령할 필요가 있다. 식민도시를
어디에 건설할 것인지, 원주민 도시 가운데 어떤 것을 지방자치단체로
인정하여 자치권을 부여할 것인지, 당시의 고속도로인 로마식 가도를
속주의 어디에서 어디까지 뚫을 것인지. 이런 일은 행정이 아니라 정
치에 속한다. 따라서 원로원과 로마 시민한테 제국 통치를 위임받은
'제일인자' 가 결정해야 할 일이었다.

고대의 로마 제국은 오늘날의 서부 및 중부 유럽에 중근동과 북아프
리카를 포함하는 광대한 영토를 갖고 있었다. 통상적인 일만 해도 막
대한 양이었다. 게다가 고생은 막심한데도 보답은 적다. 어쨌든 뉴스
가 되지 않는 일의 연속이기 때문이다. 그 일을 맡고 있는 사람이 확

고한 인식과 상당한 각오를 갖지 않고는 계속할 수 없는 일이었다.

하지만 클라우디우스는 황제를 꿈도 꾸지 않았고, 황제가 되기 전에는 역사 연구와 저술로 50년을 보낸 사람이다. 따라서 뉴스가 되지 않는 일의 중요성을 충분히 인식하고 있었다. 뉴스가 되는 일인 브리타니아 원정 외에는 뉴스거리가 될 만한 일은 시도조차 하지 않았다. 라인 강 방위선에서도 수세로 일관했고, 도나우 강에서도 방위체제를 확립하는 일에만 몰두했다. 다만 이 제4대 황제는, 같은 클라우디우스 씨족 출신인 제2대 황제 티베리우스와는 달리, 오만한 귀족성에 뒷받침된 각오까지는 갖고 있지 않았다. 마음씨 착한 그는 진심으로 원로원의 협력을 원했다. 재판제도 개혁안을 법제화해줄 것을 원로원에 요구하는 자리에서 황제는 이렇게 말했다.

"내가 생각한 이 개혁안은 여러분의 동의를 얻어야만 비로소 법이 됩니다. 그러니까 자유롭고 진지하게 토론한 뒤에 찬반을 결정해주시오. 이 개혁안에 반대한다면, 이 자리에서 대안을 제출해주시오. 대안을 만드는 데 시간이 필요하다면, 충분히 시간을 들여도 좋소.

의장인 집정관 한 사람만 내 제안에 대해 의견을 말할 뿐, 다른 의원들은 그저 '찬성이오!' 하고 외치기만 하고, 회의장 밖에 나가서는 '내 의견을 제시했다'고 말하는 게 보통이지만, 이런 것이 원로원의 권위에 어울리는 행동이라고는 말할 수 없소."

클라우디우스가 즉위한 직후 원로원 의원들의 입가에 떠올랐던 냉소는 사라졌다. 공적인 자리에서 연설하는 데에도 익숙해졌기 때문에 클라우디우스도 이제는 말을 더듬지 않게 되었다. 또한 비텔리우스처럼 황제에게 협력을 아끼지 않는 원로원 의원도 적지 않았다. 그러나 '황제 입법'이라 해도 좋은 황제의 제안이 국가의 법, 즉 국가의 정책이 되려면 원로원 의결을 필요로 하는 것은 로마식 제정의 근간이었다. '종신독재관'인 카이사르도, 공식적으로는 '제일인자'로 통한 아우구

스투스도, 카프리 섬에 은둔한 채 제국을 통치한 티베리우스도 이 근
간을 지켜왔다. 국가 정책을 결정하는 것이 정치라면, 행정의 최고책
임자인 황제가 하는 일도 정치이고, 입법기관이라고 말할 수 있는 원
로원이 하는 일도 정치다. 이것이 로마 제정의 정치체제라면, 그것이
효율적으로 기능을 발휘하기 위해서는 황제나 원로원이 결정한 일을
충실하고 정확하게 수행할 기관이 필요하다. 다시 말해서 관료조직이
필요하다는 뜻이다.

　제정 시대가 진행될수록 제국 경영도 복잡해질 수밖에 없다. 그런
가운데에서 통치능력을 유지하려면 기능을 조직화할 수밖에 없었다.

　카프리 섬에 틀어박혀 제국을 통치한 티베리우스는 이미 기능별 조
직화를 실현했을 게 분명하다. 카프리 섬에 지금도 남아 있는 유적을
보면, 황제가 거처하는 별장 가까이나 같은 섬 안에 상당한 규모의 관
사가 있었다는 것을 알 수 있다. 하지만 티베리우스는 비밀주의자였기
때문에, 그것이 어떤 조직이었는지는 전혀 알려져 있지 않다.

　티베리우스의 조카인 클라우디우스는 매사에 솔직하고 개방적인 사
람이었기 때문에, 자신의 통치를 돕는 비서관 체제도 공공연한 존재로
만들었다.

　그러나 당시에는 관료 양성기관도 없었고, 관료를 배출하는 사회
계층조차도 존재하지 않았다. 이런 상황에서도 충분히 기능을 발휘하
는 조직은 무엇일까. 로마 사회에서는 그것이 부유하고 유력한 집안
이었다.

　노예가 없는 로마인 가정은 생각할 수 없을 만큼, 로마인 유력자의
가정은 역할에 따라 조직된 노예나 해방노예들이 떠받치고 있었다. 이
고용인들의 정점에 있는 사람이 '마요르도무스'다. 집사를 뜻하는 이
탈리아어 '마조르도모'의 어원인 '마요르도무스'도 대개는 해방노예

다. 고용인인 노예의 자식이 주인집 자식과 함께 공부하는 관습은 이 체제를 존속시킬 필요성에서 나온 지혜였다. 인적 자원을 활용하기 위한 방안이라고도 말할 수 있다.

클라우디우스가 50세가 될 때까지 그 자신은 물론 다른 누구도 그가 황제가 되리라고는 생각지 않았기 때문에, 그의 주변에는 파벌이 형성되지도 않았고 '브레인'도 없었다. 또한 신체적인 결함 때문에 그에게 경의를 표하는 사람도 없었다. 황제가 된 클라우디우스는 그의 신체적 결함에도 개의치 않고 그에게 복종하는 자기 집 고용인들에게 협력을 청할 수밖에 없었다. 그래서 그는 고용인들을 거느리고 황궁으로 들어갔다. 황궁은 이를테면 총독관저 같은 곳이다. 클라우디우스 집안의 노예나 해방노예들 가운데 우수한 사람들로 관저에서 일하는 비서관 조직이 형성되었다. 우수한 해방노예라면, 당시에는 거의 다 그리스인이었다.

나르키소스나 팔라스 같은 이름은 그리스 자유시민의 이름이 아니다. 미소년 노예에게나 어울리는 이름이다. 그러나 나르키소스의 나이는 주인인 클라우디우스와 동갑이거나 그보다 조금 아래였던 모양이다. 50대의 나르키소스라면 좀 이상하게 들리지만, 그들은 대단히 우수한 관료였기 때문에 그들을 발탁한 클라우디우스도 만족했다. 이들 해방노예에게 부과된 임무는 다음과 같이 나뉘어 있었다.

'아브 에피스툴리스'(ab epistulis)——직역하면 '편지' 담당이다. 로마인의 언어인 라틴어와 제국 동방의 통용어인 그리스어로 된 보고서는 모두 이 부서에 모인다. 그 보고서를 개봉하고, 읽고, 검토하고, 자신의 의견과 함께 황제에게 보고하여 황제의 결정을 청하고, 포고문이나 긴급조치령으로 대처할 경우에는 그 문서 작성을 '아 스투디스'에 의뢰하고, 작성된 문서를 공표한다. 긴급조치가 아니라 항구적인 법률로 만들고 싶은 경우에는 황제 입법의 형태로 원로원에 법안을 제출하여 의결을 요구한다.

명칭은 '편지' 담당이지만, 로마사 연구자들은 내각의 총무처 장관 같은 존재였다는 데 의견이 일치해 있다. 정치인이 장관에 임명되는 나라에서는 관료 가운데 가장 지위가 높은 차관 같은 존재일까.

클라우디우스는 자기 집 고용인인 해방노예 나르키소스를 이 부서의 책임자로 임명했다.

임무상 누구보다도 자주 황제를 만나는 나르키소스한테는 또 한 가지 중요한 임무가 있었다. 클라우디우스 황제의 일정을 조정하는 일이다. 가족 이외에는 어떤 사람도 나르키소스를 통하지 않고는 황제를 만날 수 없게 되었다.

'아 라티오니부스'(a rationibus)—직역하면 '회계' 담당이다. 하지만 이 부서의 임무는 국가 재정을 총괄하는 것이었고, 클라우디우스가 책임자로 임명한 해방노예 팔라스 밑에는 국세를 담당하는 부서가 딸려 있었다. 원로원 속주에서 들어오는 속주세, 황제 속주에서 들어오는 속주세, 노예를 해방할 때 내는 5퍼센트의 노예해방세, 5퍼센트의 상속세, 1퍼센트의 매상세, 그리고 황제의 개인 영지인 이집트에서 들어오는 세금을 담당하는 부서가 따로 있었다. 각 세금을 담당하는 책임자도 해방노예였고, 그 밑에서 일하는 사무관료들도 노예로 구성되어 있었다.

'아 리벨리스'(a libellis)—직역하면 '청원서' 담당이다. 이 부서의 임무는 제국 각지에서 황제에게 보내오는 청원서나 진정서를 접수하는 것이었다. 클라우디우스는 자기 집에서 일하던 해방노예 칼리스투스를 이 부서의 책임자로 임명했다. 어떤 청원서를 보내도, 칼리스투스가 황제에게 전할 만한 가치가 있다고 인정하지 않으면 클라우디우스는 알 수가 없다. 칼리스투스라는 '필터'를 통과한 청원서만 황제에게 전달되고, 황제는 칼리스투스와 함께 그것을 검토하여 어떤 회신을 보낼 것인가를 결정한다. 실제로 회신을 작성하는 일은 다음 부서로 넘어간다.

'수브스크립티오'(subscriptio)——직역하면 '필기' 담당이라고 할 수밖에 없지만, 황제에게 보내온 청원서나 진정서에 대한 황제의 회신을 작성하는 것이 이 부서의 임무다.

'아 코그니티오니부스'(a cognitionibus)——직역하면 '지식·정보' 담당이지만, 황제에게 모여드는 모든 서류를 정리하여, 필요하면 당장 참고할 수 있도록 해두는 것이 이 부서의 임무다. 특히 사법 관계 서류는 클라우디우스의 강한 관심을 반영하여 법무부 문서실처럼 정비되어 있었다.

'아 스투디스'(a studiis)——의역하면 '공부' 담당이라고 할 수밖에 없는 이 부서는 연구를 좋아하는 클라우디우스의 성격을 반영하고 있어서 재미있다. 하지만 이 부서의 임무는 황제의 연구를 돕는 것이 아니라, 황제의 이름으로 나가는 포고문을 작성하는 것이었다. 연설문은 자신에게도 학식이 있다고 자부하는 클라우디우스가 직접 썼지만, 대리석이나 동판에 새겨지는 포고문은 정말로 학식이 있었던 노예들이 작성했다.

이것이 클라우디우스가 실행한 비서관 체제다. 황제의 임무를 효율적으로 수행하는 것이 이 체제의 목적이다. 이것은 강철 같은 건강과는 거리가 먼 클라우디우스가 자신의 두 어깨에 걸린 최고통치자의 무거운 짐을 조금이라도 덜기 위해 생각해낸 제도이기도 했다.

실제로 이 비서관 체제는 훌륭하게 기능을 발휘했다. 클라우디우스는 프랑스 리옹에서 태어났지만, 태어난 지 1년 뒤에 아버지 드루수스가 게르마니아 땅에서 병사했기 때문에 어머니 안토니아와 함께 수도 로마로 돌아왔다. 그리고 50세에 황제가 될 때까지 신체적 결함 때문에 정치에서도 군사에서도 멀찌감치 떨어져 있었다. 그래서 본국 이탈리아를 한 걸음도 나가지 않고 50년을 보냈다. 이탈리아에서도 그의 행동반경은 로마와 나폴리 사이에 한정되지 않았을까. 북부 이탈리아도, 나폴리 남쪽의 남부 이탈리아도 모른 채 50년을 지냈을 것으로 여겨진다. 황제가 된 뒤에도 본국 밖으로 나간 것은 단 한 번뿐이었다. 로마의 외항 오스티아에서 배를 타고 마르세유까지 간 다음, 갈리아를 가로질러 도버 해협을 건너서 브리타니아에 갔다가 다시 같은 길로 돌아온 6개월의 외유가 클라우디우스의 유일한 여행 경험이었다. 그가 로마의 속주를 본 것은 그게 처음이자 마지막이었다. 그런데도 통치자로서 그의 눈은 제국 전역에 골고루 미치고 있었다.

독일의 역사가 몸젠은 로마 제국 전역에 퍼져 있는 금석문을 수집하고 간행하는 일을 본격적으로 시작한 인물이다. 그리하여 후세의 우리들도 로마 황제들이 남긴 업적 가운데 유명하지 않은 역사적 사실, 즉 통상적인 행정의 성과까지도 알 수 있게 되었다. 유명한 역사적 사실에만 눈을 돌리는 경향이 강한 고대의 역사가들에게 비난만 당했던 티베리우스나 클라우디우스가 최근에 복권된 것은 바로 역사 연구의 이런 발전 덕분이었다. 클라우디우스만 해도, 그의 정책은 그 광대한 제국 전역에 흔적을 남기고 있다. 로마식 가도를 만들고, 식민도시를 건설하고, 동맹국을 재편성하고, 적당한 왕위 계승자가 없는 동맹국을 속주화하는 등, 그의 손길이 미치지 않은 곳이 없다. 자기 눈으로 본 적도 없고 자기 발로 밟은 적도 없는 지역인데, 그 지역의 실정에 정확히 들어맞는 배려를 한 것은 50년 동안 책을 통해 축적한 지식에 바탕을 두고 있었을 게 분명하다. 하지만 책에서 얻은 지식은 현실과의 대조를 거쳐야만 비로소 인식이 될 수 있다. 인식은 철학적으로 말하면 이성을 통해 사물의 궁극적인 의미를 깨닫는 것이지만, 쉽게 말하면 무엇이 중요한지를 이해하는 것이다.

클라우디우스에게는 축적된 지식이 있었다. 뜻밖에 황제의 자리에 올랐지만, 그것을 계기로 솟아난 의지도 있었다. 하지만 '현실과의 대조'까지도 스스로 할 수 있었던 카이사르나 아우구스투스나 티베리우스는 다양한 인생 경험을 갖고 있었지만, 클라우디우스에게는 그것이 없었다. 그래서 통치자에게 반드시 필요한 '현실과의 대조'는 남에게 의존할 수밖에 없었다.

이런 클라우디우스를 가장 잘 이해하고 가장 잘 도와준 것은 비서실장이라고 해도 좋은 나르키소스였다고 한다.

하지만 모든 체제에는 장단점이 있듯이, 해방노예나 노예를 활용하는 것이 특징인 비서관 체제에도 단점은 있었다.

몇 년 동안 전선에서 적과 싸운 장수가 귀국해도 나르키소스를 통하지 않고는 황제에게 인사를 하거나 보고를 할 수도 없게 되었다. 원로원 의원이 황제를 면담하고 싶어도, 나르키소스는 '제일인자'가 만나줄 형편이 안되니까 자기가 이야기를 듣고 황제에게 전하겠다고 대답한다. 또한 각 속주에는 세무를 담당하는 '황제 재무관'이 파견되어 있는데, 이들의 보고를 받는 사람은 재무 담당 비서관인 팔라스였다.

로마 사회는 계층간의 유동성이 강한 게 특징이긴 했지만, 원로원 계급, 기사계급, 평민, 해방노예, 노예로 계층이 나뉘어 있었다.

원로원 의원은 물론 원로원 계급에 속한다. 전략 단위인 2개 군단 이상을 지휘하는 사령관에 기사계급 출신이 등용되는 경우가 눈에 띄게 늘어나긴 했지만, 대다수는 원로원 의석을 가진 신분이다. 속주 총독은 모두 원로원 계급에 속하고, 황제 재무관에는 경제인인 기사계급 출신이 임명되는 게 보통이었다. 로마 사회의 상층부를 이루는 이들이 아무리 황제의 신뢰가 두텁다 해도 원래는 노예에 불과했던 비서관들에게 고개를 숙이지 않고는 황제와 연락도 취할 수 없다.

이들 사이에 불만과 분노가 퍼지기 시작했다. 로마를 짊어지고 있다
고 자부하는 이들은 비서진 중에서도 특히 거만한 나르키소스와 팔라
스와 칼리스투스를 '해방노예 3인방'이라고 부르며 증오하게 되었다.
게다가 해방노예를 기용하는 이 체제에는 또 다른 단점도 있었다.

　로마 사회에서는 시민 생활을 하기에 충분한 재산이 있고 자식도 있
으면 로마 시민권을 취득할 수 있었으니까, 해방노예들 중에는 경제계
에서 성공한 사람도 있고 지방자치단체에서 활약하는 사람도 있었다.
하지만 원래는 노예다. 다시 말해서 배경이 없는 몸이다. 또한 클라우
디우스도 영원히 황제 자리에 앉아 있을 수는 없었다. 이런 상황에서
믿을 건 자기뿐이라고 생각하는 것도 당연한 귀결이다. 이것이 긍정적
으로 작용하면 실력으로 지위를 높이려는 의욕을 갖고 열심히 노력하
게 되지만, 부정적으로 작용하면 믿을 건 돈밖에 없다고 생각하기 쉽
다. 황제한테 충실할 뿐 아니라 일에서도 유능하고 열성적인 이 비서
관들은 공공사업을 발주하는 임무도 맡고 있었다. 이들은 이것을 이용
한 축재에도 열성을 쏟게 되었다. 클라우디우스 자신은 축재에 무관심
했지만, 황제의 측근들은 축재에 지나치게 관심이 많았다. 팔라스는
무려 3억 세스테르티우스를 축재했다는 소문이 날 정도였다. 원로원
의원이 될 수 있는 자격 조건이 '100만 세스테르티우스 이상의 재산'
이었던 시대다.

　사회적으로 지위가 높은 사람에게 오만하고 건방진 태도를 보이거나
자신의 지위를 이용하여 축재에 열을 올리는 것은 최고권력자와 가장
가까이에 있는 측근들이 빠지기 쉬운 유혹이다. 그들이 이런 유혹을
완전히 극복하기를 기대하는 것은 비현실적이다. 인간은 유혹에 약한
법이기 때문이다. 하지만 극복하는 것은 어렵다 해도 억누를 수는 있
다. 카이사르도 아우구스투스도 티베리우스도 남의 협력을 받지 않고

혼자 힘으로 통치한 것은 아니다. 어떤 형태로든 협력자는 늘상 있었다. 다만 이들은 수족으로 일해주는 부하들에게 경외심을 불러일으키는 재능을 갖고 있었다. 그 경외심은 부하들에 대한 무언의 브레이크이기도 하다. 경외심의 사전적 의미는 '공경하고 두려워하는 마음'이다. 공경만이 아니라 두려움의 대상이 될 필요도 있는 것이다. 클라우디우스의 성격에는 부하들에게 경외심을 불러일으키는 면이 없었다. 바꿔 말하면 얕잡아 보이기 쉽다는 뜻이다. 그 결과 노예 출신 비서관들은 무슨 짓을 해도 괜찮다고 생각하게 되었다. 그리고 상대가 클라우디우스라면 무슨 짓을 해도 괜찮다고 생각한 것은 비서진만이 아니라 여자들도 마찬가지였다.

메살리나 황후

클라우디우스는 50세에 황제에 즉위할 때까지 세 번 결혼했고 두 번 이혼했다. 첫 아내인 우르굴라닐라와는 이혼했고, 두번째 아내인 아일리아 페티나와의 사이에는 딸이 하나 태어났지만 이혼으로 끝났다. 클라우디우스는 육체적으로나 정신적으로 여자가 좋아할 타입이라고는 말할 수 없었기 때문에, 그가 원해서 이혼한 게 아니라 여자한테 버림받은 게 아닌가 싶다. 하지만 큰아버지인 티베리우스와 형 게르마니쿠스가 양자로 율리우스 씨족의 일원이 된 뒤로는 클라우디우스가 로마의 명문 중에서도 명문인 클라우디우스 씨족의 우두머리가 되었다. 아무리 육체적으로나 정신적으로 매력이 없다 해도 아내감은 부족하지 않았을 것이다. 세번째 아내는 공화정 시대부터의 명문 귀족인 메살라 집안의 딸 메살리나였다. 그녀는 클라우디우스보다 35세나 젊었다.

메살리나는 어머니인 도미티아 레피다를 통해 율리우스 씨족과도 혈연관계를 갖고 있었다. 외조모가 아우구스투스의 누나인 옥타비아와

메살리나

마르쿠스 안토니우스 사이에 태어난 딸이었기 때문이다. 로마에서는
아버지 이름의 여성형을 딸의 이름으로 삼는 것이 보통이라서, 딸이
둘이면 둘 다 같은 이름을 갖게 된다. 그래서 클레오파트라와의 연애
로 유명한 안토니우스와 옥타비아 사이에 태어난 딸도 둘 다 안토니아
다. 하지만 이래서는 혼동이 되기 때문에, 역사 연구자들은 언니를 큰
〔大〕 안토니아, 동생은 작은〔小〕 안토니아로 구별해 부르고 있다. 메살
리나의 외조모는 큰 안토니아이고, 작은 안토니아는 티베리우스의 동
생 드루수스와 결혼하여 게르마니쿠스와 클라우디우스를 낳았다. 따라
서 메살리나와 결혼한 클라우디우스는 메살리나의 어머니와는 사촌간
이고, 메살리나에게는 외종숙이 된다. 메살리나의 외삼촌이자 큰 안토
니아의 아들인 도미티우스 아헤노바르부스는 게르마니쿠스의 딸이자
칼리굴라의 누이인 작은 아그리피나와 결혼하여 제5대 황제인 네로를
낳았다.

　서른다섯 살이나 나이가 많은 외종숙에게 시집갔을 당시, 메살리나
는 자기가 이제 곧 황후가 되리라고는 꿈에도 생각지 않았을 것이다.
클라우디우스가 황제에 등극한 서기 41년, 50세의 클라우디우스는 칼리굴라처럼 들뜨지는 않았지만, 16세였던 메살리나는 하늘에 오른 기분이었다. 남편이 황제가 되었기 때문만이 아니라, 자기한테는 신격 아우구스투스의 피가 흐르고 있다는 이유도 있었기 때문에 더욱 우쭐해졌다. 대(大)아그리피나와 그 딸인 소(小)아그리피나한테서도 볼 수 있듯이, 남자보다 오히려 여자가 핏줄을 더욱 중요하게 생각하는 것은 흥미로운 일이다. 여자는 자신의 지위를 정당화할 수 있는 근거를 '피'에서 찾을 수밖에 없었기 때문일까. 게다가 메살리나는 황후가 된 직후에 그동안 딸밖에 얻지 못한 클라우디우스가 애타게 기다리던 아들을 낳았기 때문에 더욱 기고만장해졌다.

아우구스투스가 규정한 제위 세습제는 제위 계승자를 낳은 여자의 지위를 강화시킬 수밖에 없었다. 능력을 인정받고 황제의 양자가 되어 제위를 계승한다면, 그 사람이 누구한테서 태어났는지는 문제가 되지 않는다. 하지만 세습제는 능력보다 혈통을 중시하기 때문에 성립되는 제도다. 황족의 여자들, 그 중에서도 특히 제위 계승자를 출산한 여자의 지위가 강해지는 것은 이 제도의 숙명이기도 했다.

뿐만 아니라 클라우디우스의 개인적인 성향도 아내의 전횡을 조장했을 것이다.

클라우디우스는 비서진을 부리는 방식에서도 볼 수 있듯이, 남에게 경외심을 불러일으키는 타입은 아니었다. 해방노예에 불과한 비서관들도 그를 얕보았듯이, 여자들도 그를 얕보았다. 그리고 학자들이 흔히 그렇듯이, 클라우디우스는 집안일에 무관심했다. 가정을 아랑곳하지 않았다는 뜻은 아니지만, 황제가 되기 전에는 역사 연구에 몰두했고 황제가 된 뒤에는 통치에 열중해서, 다른 일은 너희들이 알아서 처리해달라는 심경이었을 것이다. 또한 여자들이 이러쿵저러쿵 귀찮게 굴면 금방 싫증이 나서, 자기를 방해하지 말고 뭐든지 좋을 대로 하라는 식으로 행동했을 게 분명하다. 그 결과 메살리나의 언동은 브레이크

없는 자동차처럼 방종을 향해 치닫게 되었다. 메살리나의 방종은 허영심과 물욕과 성욕이라는 여자다운 욕망을 만족시키는 쪽으로 흐르게 된다.

허영심은 남편의 개선식에 참가하는 것으로 발휘되었다. 서기 44년, 브리타니아 정복—사실 정복은 아직 진행중에 있었지만, 그래도 로마가 새 영토를 획득한 것은 참으로 오랜만이었다—을 축하하여 거행된 개선식은 이런 축제를 무척 좋아하는 수도 서민을 열광시켰지만, 사람들은 그 행렬에 메살리나가 끼어 있는 것을 보고는 깜짝 놀랐다.

개선식은 로마 제국이라는 공동체의 이익을 무력으로 쟁취한 사람들을 공동체 구성원인 시민들이 축하하고, 개선장군과 휘하 병사들은 전공을 올리도록 도와준 신들에게 감사를 드리는 데 의미가 있다. 개선식에 참가할 권리는 어디까지나 전투에 참가한 사람만이 가질 수 있다. 여자가 개선식에 참가하는 경우도 있었지만, 그들은 모두 포로들이었다. 다시 말해서 신들과 인간들에게 보여줄 전리품이었다.

개선식의 주인공인 개선장군이 후계자 후보를 일반에게 선보이기 위해 개선식에 참가시키는 경우는 있었다. 예를 들어 카이사르의 개선식에는 소년 아우구스투스가 말을 타고 참가했고, 아우구스투스의 개선식에서는 마르켈루스와 티베리우스가 말을 타고 아우구스투스의 전차를 뒤따라 행진했다. 하지만 카이사르와 아우구스투스의 본심이 이들을 일반에게 선보이는 것이었다 해도, 이들은 전투에 실제로 참가하여 싸운 장수들이었다.

아무리 황제의 아내라 해도 종군하지도 않은 여자가 개선식에 참가한 것은 전례없는 일이었다. 사람들은 이것을 개탄스러운 일로 생각했지만, 19세의 메살리나는 아랑곳하지 않았다. 사람들이 한심하게 생각하는 이유를 알면서도 무시한 게 아니라, 몰랐기 때문에 무시했다. 클라우디우스는 당연히 개선식의 의미를 이해하고 있었겠지만, 젊은 아내가 귀찮게 졸라대자 그만 고개를 끄덕이고 말았을 것이다. 메살리나는 당신의 외아들—브리타니쿠스(브리타니아를 제패한 자)라는 이름을 사용해도 좋다고 원로원이 인정한 아들—을 낳아준 내가 개선식에 참가하는 게 뭐가 잘못이냐고 따졌을 것이다. 하지만 클라우디우스는 무지한 아내를 제대로 통제하지도 못한다는 비판을 받게 되었다.

　메살리나가 물욕을 추구한 것은 가난했기 때문이 아니다. 아버지도 어머니도 공화정 시대부터의 명문 귀족이다. 남편인 클라우디우스는 그 중에서도 손꼽히는 명문 귀족이었다. 다만 이 젊은 황후에게는 원래부터 낭비벽이 있었다. 황후가 되자 그 낭비벽은 더욱 심해졌다. 남편이 명문 출신의 '책상물림'에 불과했을 무렵에는 본 적도 없었던 온갖 호화로운 선물이 그녀 앞에 산더미처럼 쌓였다. 젊고 무지한 메살리나는 그걸로 만족하지 않고, 더 많은 것을 갖고 싶어했다.

　갖고 싶으면, 가질 수 있는 수단은 있었다. 아우구스투스가 제정한 간통죄 처벌법으로 단죄된 자는 재산을 몰수당한다. 그 몰수된 재산을 국고에 넣지 않고 자기 품에 넣으면 되었다. 철학자 세네카도 여기에 말려들어 코르시카 섬에 유배되었다. 국가반역죄 처벌법도 물욕을 채우는 수단으로 이용되었다. 이 법에 따라 유죄판결을 받으면 사형이다. 재산몰수도 간통죄보다 더 철저하다. 메살리나는 마구잡이로 이 무기를 휘둘렀다. 그녀가 이 두 가지 법률을 이용하는 데에는 이렇다 할 기준이 있는 것도 아니어서, 간통죄로 고발할 수 없는 경우에는 국가반역죄로 고발하는 식이었다.

　로마의 재판에서는 고발당한 당사자의 자백만으로는 충분치 않고, 증거가 중시된다. 하지만 황제가 고발자가 되면, 그것만으로도 노예인 고용인들은 동요한다. 따라서 그들의 증언을 얻는 것은 간단했다.

하지만 이런 일을 메살리나 혼자서 할 수 있었을 리가 없다. 메살리나는 그럴 능력도 없었다. 그런데도 그런 일이 가능했던 것은 해방노예 출신인 비서진의 도움이 있었기 때문이다. 그들은 남편과 아내의 역학관계를 잘 알고, 힘이 강한 쪽을 도왔다. 게다가 가장인 클라우디우스의 무책임이 아내의 방종을 조장했다. 아내가 귀찮게 조르면, 아무래도 좋다는 식으로 고발장을 읽어보지도 않고 서명했을 게 분명하다. 메살리나가 자살로 몰아넣은 포파이아(네로 황제의 아내가 된 포파이아 사비나의 어머니)가 그 좋은 예다. 메살리나는 제 애인인 유명한 배우를 포파이아가 가로챈 데 화가 나서 그녀를 간통죄로 고발했다. 클라우디우스가 고발장에 서명하자 포파이아는 자살했다. 그로부터 며칠 뒤 클라우디우스가 만찬회를 열었다. 그런데 남편인 스키피오만 만찬에 참석하고 포파이아의 모습이 보이지 않자, 이를 의아하게 여긴 클라우디우스가 스키피오에게 아내의 소식을 물었다. 스키피오의 대답은 "죽었습니다"는 한마디뿐이었다. 그제서야 비로소 클라우디우스는 며칠 전에 포파이아라는 이름이 적힌 무슨 서류에 서명한 것을 생각해냈다. 이런 일이 거듭되는데도 아내를 대하는 클라우디우스의 태도는 변하지 않았다.

하지만 유력하고 명성도 높은 인물까지 메살리나의 희생자가 되자, 원로원과 일반 서민도 젊은 황후의 변덕을 위험하게 생각하게 되었다. 클라우디우스가 황제에 즉위한 지 7년째인 서기 47년에 일어난 아시아티쿠스의 자살 사건은 그 좋은 예일 것이다.

그해 57세였던 발레리우스 아시아티쿠스는, 이름만 보면 로마인 같지만, 남프랑스의 유력 부족인 알로브로게스족 출신이다. 남프랑스는 로마의 속주가 된 지 오래지만, 로마는 유력 부족의 존속을 인정하고 있었기 때문에 알로브로게스족은 부족으로서 주체성을 유지하고 있었다. 그래도 로마는 부족 상층부에 로마 시민권을 주고, 카이사르는 원로원 의석까지 주었기 때문에, 로마와의 융합도 진행되고 있었다. 발레리우스의 성(姓)이 아시아티쿠스인 것은 제국 동방에서 거둔 군사적 업적에 대해 주어진 존칭이 그대로 가문의 성이 되었는지도 모른다. 이 사람은 서기 35년과 46년에 집정관에 선출되었다. 즉 로마 제국의 중앙정부에서 법적으로는 가장 높은 지위에까지 오른 인물이다.

속주 출신으로 집정관까지 지낸 사람이 그가 처음은 아니다. 카이사르에게 등용된 에스파냐 출신 발부스도 카이사르가 암살된 뒤 집정관에 선출되었다. 하지만 남프랑스 속주 출신 집정관은 아시아티쿠스가 처음이다. 이 사람은 남프랑스로 이주한 로마 군단병의 자손이 아니라, 로마가 제패하기 전에는 로마인들이 야만족이라고 부른 현지인의 자손이었다. 그런데도 로마인들은 인종이나 민족과는 관계없는 순수한 의미에서 국가에 공헌한 아시아티쿠스에게 경의를 표했다. 이제 이 야만족 출신은 로마인 이상으로 로마인이었다. 따라서 아시아티쿠스가 공화정 시대의 용장 루쿨루스가 만든 정원을 사들여 더욱 아름답게 꾸몄을 때도 그것을 문제삼은 사람은 하나도 없었다.

22세의 메살리나는 로마에서 제일 아름답다고 평판이 난 이 정원을 갖고 싶었다. 그것을 손에 넣기 위해 그녀는 아시아티쿠스를 국가반역죄로 고발하기로 했다. 누군가가 꾀를 일러주었을 게 분명하지만, 남프랑스 출신인 아시아티쿠스의 친척들 중에는 라인 강 방위선에서 보조부대 지휘관으로 복무하는 사람이 많은데, 아시아티쿠스가 이들과 공모하여 클라우디우스에 대한 봉기를 획책하고 있다는 것이 고발 이유였다. 이번에도 클라우디우스는 고발장을 제대로 읽어보지도 않고 아시아티쿠스 체포영장에 서명했다. 아시아티쿠스는 클라우디우스에게 면담을 요청했고, 그 자리에서 자신의 결백을 논리정연하게 입증했다. 클라우디우스도 납득한 것 같았다. 하지만 메살리나는 포기하지 않았다. 남편과 아내 사이에 어떤 대화가 오갔는지는 모른다. 혐의가 풀렸다고 믿고 있던 아시아티쿠스에게 날아온 것은 자살을 권하는 황제의 편지였다.

57세의 남프랑스 출신 로마인은 친구들을 초대하여 잔치를 베풀고, 죽는 건 괜찮지만 여자의 사기에 걸려들어 죽는 게 유감이라고 말한 다음, 그 자리에서 손목의 동맥을 끊었다. 정원은 메살리나의 차지가 되었다.

역사가들은 메살리나가 허영심과 물욕만이 아니라 성욕도 동시에 추구했다고 말한다.

그녀의 성욕이 유난히 강했는지, 아니면 남편이 정무에 몰두한 나머지 아내를 돌보지 않는 밤이 계속되자 반기를 들었는지는 알 수 없다. 황후는 밤마다 황궁이 있는 팔라티노 언덕에서 내려와, 이 언덕 옆에 세워진 대경기장의 관람석 밑에 즐비하게 늘어서 있는 매음굴에서 손님을 받았다고 역사가들은 말한다. 서민들이 모이는 대경기장 밑의 매음굴은 로마 전역에서도 가장 싼 값에 창녀를 제공하는 곳으로 알려져 있었다. 따라서 손님의 질도 가장 낮았다. 다만 이 이야기를 전하는 역사가들 가운데 메살리나의 동시대인은 하나도 없다. 수에토니우스도, 타키투스도, 카시우스 디오도 모두 그녀보다 최소한 반세기 뒤에 살았던 사람들이다. 그때쯤에는 소문이 전설이 되었을 테고, 그 전설을 그대로 전했을 게 분명하다.

하지만 그게 사실이 아니었다고 단정할 수도 없다. 클라우디우스는 온종일 정무에 몰두한 뒤 지친 몸으로 저녁 식탁에 앉으면 과음과 과식을 일삼았고, 공식 연회 석상에서도 손님들을 앉혀둔 채 그대로 잠들어버리는 남자였기 때문에, 아내가 옆방에 사내를 끌어들여 무슨 짓을 해도 남편에게 들킬 염려는 없었을 것이다. 하지만 고용인들이 있다. 황궁 안에서 제멋대로 굴기는 어려웠을지도 모른다. 또한 황후라는 신분으로 비천한 사내에게 몸을 맡김으로써 얻을 수 있는 쾌락도 있었을 것이다. 메살리나에게 이런 취향이 있었는지 어떤지는 알 수 없다. 항간에 널리 퍼졌을 뿐 아니라 후세에까지 살아남은 이 풍설이 사실이었는지, 아니면 단지 사람들의 상상에 불과했는지를 밝힐 방법은 없지만, 한 가지만은 사실이었다고 말할 수 있을 것이다. 메살리나는 자기 억제에 서투른 여자였다는 점이다. 남자들은 자제심이 강한 여자를 여자답다고 평하지 않는 법이지만.

어쨌든 현대 이탈리아어의 '메살리나'는 성욕을 억제하지 못하고 아무하고나 자는 여자의 대명사로 쓰인다. 따라서 이탈리아 남자가 "너는 메살리나 같다"고 말하면, 황후 같다는 말이 아니라는 것쯤은 알아두는 게 좋다.

젊은 아내의 방종 덕택에 원로원 의원에서부터 일반 서민에 이르기까지 그를 보는 눈이 달라졌는데도, 클라우디우스는 그것을 알아차리지 못했다. 어린 시절부터 그는 찬미나 경의보다 경멸과 혐오의 눈길을 받는 데 익숙해져 있었다. 그리고 이 무렵 클라우디우스에게는 황제로서 해야 할 일이 산더미처럼 쌓여 있었다.

국세조사(켄수스)

제국의 통치 내지 경영은 유명하지 않은 역사적 사실, 즉 뉴스가 되지 않는 작업으로 지탱된다. 클라우디우스는 이 사실을 알고 있는 황제였다. 수수한 정무를 중시하는 사람에게는 현재 상황을 정확히 파악하는 일이 필수불가결하다. 클라우디우스는 국세조사를 실시하기로 결정했다. 아우구스투스와 티베리우스가 실시한 지 34년 만의 국세조사다. 클라우디우스는 국세조사를 위해 제정 시대가 된 뒤로는 모습을 감추었던 재무관(켄소르) 제도를 부활시켰다. 공화정 시대에 재무관의 원래 임무가 국세조사였기 때문이기도 하다. 최소한 1년 반의 임기로 정원이 두 명인 이 관직에는 클라우디우스 자신과 그에게 협력을 아끼지 않았던 비텔리우스가 취임했다.

이때의 조사 결과, 병역이 가능한 17세 이상의 남자 가운데 로마 시민권 소유자의 수는 통틀어 598만 4,072명으로 밝혀졌다. 서기 14년에 실시한 지난번 조사에서는 493만 7천 명이었다. 34년 동안 100만 명 가량이 늘어난 셈이다. 그런데 본국 이탈리아보다 속주의 증가율이 더 높았다. 피정복자인 속주민도 보조병으로 로마군에 지원하여 만기인 25년을 복무하면 정복자와 같은 로마 시민이 될 수 있게 한 아우구스투스의 정책이 거둔 성과였을 것이다. 또한 로마 시민권을 가진 성인 남자라는 '로마 제국의 등뼈'가 본국의 경계선을 넘어 속주에서도 형성되고 있었다는 증거이기도 하다.

하지만 클라우디우스는 군사력을 증강하려고 마음만 먹었다면 얼마든지 할 수 있었고, 그 군사력을 이용하여 영토 확장에 나서려고 마음만 먹었다면 얼마든지 할 수 있었는데도, 그런 데에는 전혀 관심을 보이지 않았다. 이것이 클라우디우스의 훌륭한 점이다. 브리타니아에서 진행중인 군사적 제패 외에는 어디에서도 공세를 취하지 않았다. 게다가 이 무렵 라인 강 전선에서는 엘베 강까지 이르는 게르마니아 전역을 제패하겠다는 아우구스투스의 꿈도 마음만 먹으면 실현할 수 있는 상황이 전개되고 있었다.

라인 강 동쪽에 사는 게르만족의 일부 부족이 저지 게르마니아군 사령관이 교체되는 시기를 노려 라인 강 서쪽으로 쳐들어온 것이 발단이었다. 한때 밀렸던 로마군은 새로 부임한 코르불로의 지휘로 게르만족을 격퇴하는 데 성공한다. 기세가 오른 로마군은 라인 강을 건너 적지로 진격해 들어가기 시작했다.

코르불로(이 사람도 남프랑스 출신 로마인이었던 모양이다)는 강력한 군율로 병사들을 엄격히 단속하는데도 무슨 까닭인지 병사들에게 인망이 높고 전략과 전술이 모두 뛰어난 장수였다. 그에게 10개 군단을 주어 게르마니아 정복을 맡기면, 게르마니아 땅을 완전히 제패할 수도 있을 거라고 생각하는 사람이 많았다.

그러나 라인 강을 건너 진격하고 있는 코르불로에게 전달된 황제의 친서는, 적에게 충분한 타격을 주었으니 더 이상 동쪽으로 진격하지 말고 라인 강까지 철수하라는 내용이었다. 클라우디우스는 이 지역에서는 티베리우스 방식을 충실히 답습했다.

사령관 코르불로는, 과거의 장수들은 행운아였다는 한마디로 아쉬움을 달래고는 병사들을 모아 라인 강 연안의 방위기지로 돌아왔다. 하지만 공격 일변도인 것처럼 여겨지는 이 장수도 그후 10년도 지나기 전에 맡게 된 동방 전선에서는 공세보다 방위를 우선하는 제정 로마의 대원칙을 솔선하여 수행하는 사람이 된다. 로마에서는 군인조차도 유연한 사고방식을 갖고 있었다.

클라우디우스는 코르불로를 제지했지만, 이 장수의 열의에 보답하는 것은 잊지 않았다. 로마인에게는 최고의 영예인 개선식을 허락한 것이다.

클라우디우스는 또 다른 장수에게도 개선식을 허락했다. 고지 게르마니아군 사령관인 클루티우스 루푸스다. 하지만 이 경우에는 군사적 성과에 보답하기 위한 개선식이 아니었다.

그냥 앉아서 적을 기다리고만 있으면 병사들의 사기를 유지할 수 없다. 그래서 루푸스는 광산 개발에 병사들을 동원했다. 광산 개발만이 아니라 도로 부설 같은 토목사업에 군단병을 동원하는 것은 평시에 병사들을 이용하는 로마군의 전통적인 방식이었다.

그런데 그때 루푸스가 개발한 광산은 산출량이 너무 적어서, 고생만

많고 보람은 없는 결과가 되었다. 여기에 염증이 난 병사들은 몰래 황제에게 편지를 보내, 루푸스에게도 코르불로처럼 개선식을 허락해달라고 청원했다. 개선식이라도 하면 그걸로 만족하여 퇴역할 거라고 기대했기 때문이다.

클라우디우스는 이들 두 장수에게 약식이나마 개선식 거행을 허락했다. 그런데 코르불로도 그랬지만, 루푸스도 이 영예에 만족하여, 퇴역하기는커녕 전보다 더욱 좋은 기분으로 귀대했다. 루푸스는 결국 광산 개발은 체념했지만, 토목사업을 통해 국가에 공헌하는 것은 체념하지 않은 듯, 병사들에게 라인 강과 모젤 강을 좀더 효율적으로 연결하기 위한 운하 공사를 명령했다. 아이고 맙소사! 하고 실망하는 병사들의 얼굴이 눈에 보이는 듯하다.

도미티우스 코르불로가 티베리우스에게 등용되었는지는 확실치 않지만, 클루티우스 루푸스는 티베리우스가 등용한 인재였던 게 확실하다. 소문에 따르면 검투사 출신이라고 한다. 그런데 티베리우스의 눈에 띄어 아프리카 속주에서 회계감사관을 지냈고, 그후 수도 로마로 불려와 법무관을 지낸 뒤 라인 강 전선에 파견된 모양이다. 역사가 타키투스는 그를 나쁘게 평하고 있지만, 그는 성실하고 유능한 인재로 자신의 처지를 분별하면서 로마 제국을 실제로 움직인 수많은 톱니 가운데 하나였다.

우편제도

하지만 개개의 톱니가 아무리 잘 만들어져 있어도, 그것만으로 기능이 향상되는 것은 아니다. 개개의 톱니를 맞물리게 해야만 기능도 향상된다. 시속 500킬로미터의 고속을 낼 수 있는 열차가 하루에 한 편씩 다니는 것보다 시속 300킬로미터의 열차가 15분마다 한 편씩 다니는 게 더 효율적인 것과 마찬가지다.

고속도로식 가도는 기원전 페르시아 제국에 이미 존재했다. 하지만 그것을 도로망이라는 네트워크로 만든 것은 로마인이다. 우편도 페르시아 황제가 이미 개발했다. 하지만 그것을 제국 전역에 걸친 우편망으로 만든 것은 로마인이다.

초대 황제 아우구스투스가 창설한 국영 우편제도를 '쿠르수스 푸블리쿠스'(cursus publicus)라고 부르는데, 의역하면 '공용 파발(擺撥)'이다. 문자 그대로, 공적인 명령과 정보 전달을 목적으로 창설된 것이었다. 광대한 제국을 통치하려면 이런 제도를 확립할 필요가 있었기 때문이다. 공화정 시대에는 무언가를 남에게 전달할 필요가 있을 때는 사설 우체국에 맡기거나 자기 집 노예에게 심부름을 시켜야 했다.

제정 시대에 들어온 뒤에도 우편제도를 '공용' 파발이라고 불렀을 정도니까, 공적인 경우에만 이 제도를 이용할 수 있었다. 개인은 여전히 공화정 시대와 같은 방법을 이용할 수밖에 없었다. 그렇긴 하지만, 군용 도로로 부설된 로마 가도가 민간에게도 활용되었듯이 '공용 파발'을 위한 네트워크를 개인 파발꾼도 이용할 수 있었다.

로마 가도 연변에 10킬로미터 내지 15킬로미터의 거리를 두고 '무타티오네스'(mutationes), 즉 역참(驛站)이 설치되었다. 역참 사이의 거리는 지형에 따라 결정된다. 산악지대라면 10킬로미터, 평야지대라면 15킬로미터가 보통이다. 역참에는 몇 마리의 파발마가 항시 준비되어 있고, 장소에 따라서는 파발꾼도 대기하고 있었다. 역참 다섯 곳마다 '만시오네스'(mansiones)라는 역관(驛館)이 설치되었고, 거기에는 교대할 파발마와 파발꾼 외에 나그네를 위한 숙박시설도 완비되어 있었다. 식사도 해결할 수 있는 여인숙과 마구간은 물론, 마차 수리공과 우체국 직원들도 있었다. '무타티오네스'는 요즘으로 치면 고속도로 연변에 있는 주유소와 비슷하다. 그리고 맨션의 어원인 '만시오네스'

는 모텔과 레스토랑과 차량 정비소까지 갖춘 대형 휴게소 같은 곳이다. 게다가 여행에 필요한 각종 정보를 교환하는 곳이기도 했다.

평화를 유지하는 것은 곧 질서를 유지하는 것이고, 일반인에게 가장 중요한 일 가운데 하나는 치안이라고 확신한 제2대 황제 티베리우스는 이 네트워크를 더욱 확장하는 동시에, 만시오네스에 경비원 대기소까지 설치했다. 사람의 여행도, 편지의 여행도 더욱 안전해진 것이다. 그리고 제4대 황제 클라우디우스가 실시한 개선책은 이 국영 우편제도를 공용만이 아니라 민간에게도 개방한 것이었다.

클라우디우스에게 이 아이디어가 어떻게 떠올랐는지는 알 수 없다. 사료는 거기에 대해 아무 말도 해주지 않는다. 하지만 그는 자신의 주도로 시작된 브리타니아 정복에 매진하고 있는 장병들의 생활 환경을 개선해주기 위해 여러 가지 배려를 아끼지 않은 황제였다. 공기 맑은 이탈리아에서 태어나 '하늘도 땅도 습기가 많은' 브리타니아에 간 병사들이 하다못해 고국에 남아 있는 가족과 편지라도 쉽게 주고받을 수 있도록 배려해준 게 아닐까. 당시 영국은 로마 제국의 어디보다도 생활 수준이 낙후된 지역이었다.

그러나 일반 서민들도 국영 우편제도를 이용할 수 있게 된 결과, 민영 우체국은 장사를 할 수 없게 되어버렸다. 민영 우체국이 다시 활약하기 시작한 것은 로마 제국이 쇠퇴기로 접어든 뒤였다.

우편제도 개선책에서도 볼 수 있듯이, 통치자로서의 클라우디우스는 일반인의 생활 환경·향상에 많은 관심을 기울였다. 그 가운데 하나가 변호비 상한선을 법제화한 것이다.

아무리 로마인을 싫어하는 사람이라도, 법체계의 창시자가 로마인이라는 것을 인정하지 않는 사람은 없다. 로마인은 법체계의 창시자답게 변호의 중요성을 잘 알고 있어서, 옛날부터 변호사가 활약하고 있었다. 변호는 사회 상층부에 속하는 사람의 책무로 여겨지고 있었기 때문에, 변호비는 무료였다.

하지만 개인의 책임감에만 의존해서는 체제가 존속하기를 바랄 수 없다. 이런 '노블레스 오블리주'(높은 신분에 따르는 도덕적 의무)에만 의지하면, 능력은 있어도 가난한 변호사(오라토르)는 설 자리가 없어지기 때문에 결국 공동체의 불이익을 초래한다. 또한 고매한 이상을 내건 체제에는 항상 빠져나갈 길이 생기게 마련이다. 변호비는 무료지만, 의뢰인에게 선물을 받거나 의뢰인의 유산 상속인이 되는 편법을 사용하여 실제로는 변호비를 받고 있었다. 공화정 말기의 로마에서 제일가는 변호사로 명성을 날린 키케로가 지방의 기사계급 출신인데도 엄청난 재산을 모은 것은 바로 이 편법을 활용했기 때문이다.

하지만 공화정 시대의 로마에서 우수한 변호사가 많이 배출된 것은 변호사로 성공하면 부자가 될 수 있다는 이유만은 아니다. 변호사로 성공하면 정치가로 출세할 길이 열렸기 때문이다. 집정관을 비롯한 국가 요직을 민회에서 선출하던 시대였다. 변호 능력은 곧 득표 능력과 연결되었다. 그런데 이미 변호를 의뢰해본 경험이 있는 사람이나 앞으로 의뢰할 가능성이 있는 사람들이 유권자로서 표를 던지니까, 능력은 있어도 변호비가 지나치게 비싼 변호사에게는 표가 모이지 않는다. 그래서 변호비에도 자연히 제동이 걸렸다.

제정 시대에 들어온 뒤에도 아우구스투스 시대에는 여전히 집정관을 비롯한 국가 요직(군무에 종사하는 무관을 제외한 문관)은 민회에서 선출되었다. 하지만 티베리우스는 원로원에서 이들을 선출하도록 제도를 바꾸었다. 칼리굴라는 선거권을 민회에 돌려주었지만, 클라우디우스는 그것을 다시 원로원으로 옮긴다.

하지만 문제는 어디서 선거를 하느냐가 아니었다. 집정관으로 선출되는 것 자체가 두 가지 이유로 매력을 잃어버렸다. 우선 황제가 나라를 다스리게 되자 집정관은 이제 더 이상 국정의 키잡이가 아니었다.

둘째, 집정관을 지낸 뒤 전직 집정관이라는 이름으로 부임하는 속주 총독도 이제는 공화정 시대처럼 한재산 모을 수 있는 직책이 아니었다. 티베리우스와 클라우디우스는 직권을 이용하여 축재한 총독을 엄하게 다스렸다. 총독의 지위를 이용하여 속주민을 등친 사실이 밝혀지면, 그를 기다리고 있는 것은 사형뿐이다. 목숨을 걸고 모은 재산도 유죄판결을 받으면 몰수당한다.

따라서 그들이 변호사업으로 돈을 버는 쪽으로 방향을 돌린 것은 당연하다. 다만 변호비는 원칙적으로 무료니까, 편법만 발달해서 변호비도 천정부지로 올라갔다. 이래서는 변호받을 권리를 보장하는 것은 꿈에 불과하다.

클라우디우스는 변호비를 공식적으로 인정하고 그 상한선을 정했다. 상한선은 1만 세스테르티우스. 병졸의 10년치 봉급에 해당한다. 싸지는 않다. 하지만 이것은 어디까지나 상한선이다. 그리고 로마법에서 가장 중요한 사항이 사유재산 보호였다는 것을 보아도 알 수 있듯이, 로마인들은 유형의 재산이든 무형의 재능이든 개인의 소유물을 존중해주는 전통을 갖고 있었다. 우수한 변호사는 비싼 대가를 받는 게 당연했다.

클라우디우스의 통치는 상당히 훌륭했지만, 황제에 즉위하기 전에 역사를 연구하던 시절의 버릇이 고개를 들 때도 있었다. 역사가는 자칫하면 사소한 문제에 구애받기 쉽다. 서기 48년, 클라우디우스 황제는 '세기제'(世紀祭, Ludi saeculares)를 거행한다고 발표했다. 로마 건국 800주년을 기념한다는 것이다.

사람들은 지난번에 '세기제'를 거행한 지 64년밖에 지나지 않았는데 왜 또 축제를 치르는 걸가 하고 의아하게 생각했지만, 역사가 황제의 설명은 다음과 같았다.

기원전 17년에 아우구스투스가 아그리파와 공동으로 거행한 '세기제'는 계산을 잘못한 것이고, '세기제'가 한 세기마다 거행하는 것이라면 로물루스가 건국한 지 정확히 800년이 되는 서기 48년에 거행하는 게 옳다는 것이다.

그렇게 설명하면 납득할 수밖에 없다. 로마는 기원전 753년에 건국된 것으로 되어 있었기 때문이다. 기원전 17년에 처음으로 '세기제'를 거행하고, 시인 호라티우스에게 '세기제 찬가'(카르멘 사이쿨라레) 제작을 의뢰하고, 축제를 어디서 어떤 식으로 치를 것인지를 자세히 규정한 아우구스투스는 자기 계산이 틀린 것을 잘 알고 있었다. 알면서도 잘못을 저질렀다. 건국한 지 몇 년이 지났는지는 사실 아무래도 좋았다. 내전을 끝내고, 제정을 확립하고, 그리하여 로마 제국 전역에 '평화'가 확산되고 있던 기원전 17년, 유일한 패권자로서 '팍스 로마나'를 유지해야 할 운명인 로마 시민에게 로마인으로서의 자긍심을 재인식시키는 것이 '세기제'의 목적이었다. 기원전 17년은, 기원전 30년에 최고권력자가 된 아우구스투스가 기원전 23년에 사실상의 황제로서 모든 권력을 장악하고 로마 제국 확립에만 골몰할 수 있게 된 시기와 일치한다. '세기제'를 어디서 어떻게 거행할 것인지를 세부까지 규정하고, 그것을 새긴 대리석판을 포로 로마노 한켠 벽에 박아넣은 것도 한 세기마다 이 축제를 거행함으로써 로마인의 자긍심을 재인식하라는 의미였다.

이 의도에는 클라우디우스도 찬성이었다. 하지만 아무리 신격 아우구스투스가 정한 일이라 해도, 잘못된 계산을 그대로 방치하는 것은 클라우디우스의 학자적 양심이 허락하지 않았다. 서기 48년은 로물루스가 로마를 건국한 지 800년째가 되는 해였다.

최고제사장이기도 한 클라우디우스는 자신과 함께 '세기제'를 주최할 동료로 비텔리우스를 임명한다. 그리고 서기 48년의 '세기제'는 아우구스투스가 정한 세부 규정에 따라 거행되었다. 그게 어떤 것이었는지는 제6권(171쪽)에서 이미 이야기했다.

'세기제' 거행으로 로마 제국의 기관차라는 자긍심을 재인식한 것은 누구보다도 클라우디우스 황제 자신이 아니었을까. 그해에 그는 58세를 맞았다. 황제에 즉위한 지 7년이 된다. 브리타니아 정복은 느리게나마 착실히 진행되고 있다. 제국의 다른 전선에서도 방위체제가 충분히 기능을 발휘하고 있었다. 황제의 가장 중요한 임무인 제국의 안전 보장은 어디에도 틈새가 보이지 않는다. 로마의 군단기지, 로마인 퇴역병을 이주시켜 건설하는 식민도시, 원주민에게 모든 자치를 맡기는 자유도시, 원주민에게 내정의 자치만 맡기는 지방자치단체 등을 핵으로 하고, 이 핵들을 로마식 가도로 연결하는 네트워크는 카이사르나 아우구스투스 시대의 대동맥 시대를 지나 제국 전역에 모세혈관을 뻗치는 시대로 접어들어 있었다. 다만 이런 수수한 일은 타키투스나 수에토니우스처럼 수도의 가십거리를 뒤쫓는 경향이 강한 인텔리의 귀에는 들어오지 않았다.

하지만 가진 권력을 이용하여 실제로 나라를 다스리는 사람과 권력은 없지만 비판능력은 있는 사람의 차이는 있지만, 양쪽 다 같은 로마인이다. 사회간접자본이 중요하다는 것은 로마인들에게는 피와 살처럼 자연스러운 생각이다. 이 면에서 클라우디우스가 큰 공헌을 한 것은 로마인이라면 누구나 인정하고 있었다.

'클라우디우스 항'

속주까지 범위를 넓히지 않고 수도와 그 주변에만 한정해도, 클라우디우스의 공공사업은 다방면에 걸쳐 있었다.

칼리굴라 시대인 서기 38년에 착공한 수도공사는 클라우디우스 시대에도 착실히 진행되어, 전체 길이 70킬로미터 가운데 10킬로미터는 고가수도로 만들 수밖에 없는 대공사인데도 4년 뒤에는 완공을 내다볼 수 있게 되었다. 이것과 동시에 착공한 또 하나의 수도가 완성되면 수도 로마에 집중된 수도는 모두 아홉 개가 되고, 수도 주민에게는 1인당 하루에 900리터나 되는 물을 공급할 수 있게 된다. 항상 신선한 음료수를 공급할 수 있다는 것은 위생 수준이 높아진다는 것도 의미했다.

하지만 자기가 시작한 사업에 더 많은 애착을 갖는 것은 인지상정이다. 클라우디우스 황제가 칼리굴라의 유업인 수도공사보다 오스티아 항만 공사에 더 관심을 쏟은 것도 당연할 것이다. 이 공사는 클라우디우스가 황제에 즉위한 이듬해에 착공되었다. 그는 이런 대사업을 추진할 수 있는 처지가 되자마자 당장 오스티아 항만 공사를 생각했다는 뜻이다. 그러나 착공한 지 12년 만에 이 항만이 완공되었을 때 그는 암살당했고, 완공식은 네로 황제가 거행하게 된다.

처음엔 건축가들도 황제의 생각에 맹렬히 반대했다. 고대에 최초의 건축서를 간행한 비트루비우스도 강어귀에 항구를 건설하는 것은 좋지 않다고 단언했다. 하천에서 흘러나오는 토사로 결국 항구가 메워져버리기 때문이다.

하지만 클라우디우스는 역사가였다. 세계의 수도이기도 한 로마의 외항은 지형적으로 적합하면 어디나 좋은 것은 아니라고 말하면서 건축가나 엔지니어들의 반대를 물리쳤을 게 분명하다. 물론 이것은 내 상상일 뿐이지만, 역사가의 시야에는 항상 인간이 있다. 테베레 강은 로마인의 '혼'이다. 그 테베레 강에 로마인은 다음 페이지의 복원 모형에서도 볼 수 있는 완벽한 설비를 갖추어 항구로 활용했다. 하안에 있는 이 항구는 강어귀에 있는 오스티아 항과 짝을 이루고 있다. 오스티아 항이 항구로서 기능을 발휘해야만 테베레 강을 수로로 활용할 수 있다. 로마의 외항은 테베레 강어귀에 자리잡고 있는 오스티아 외에는 생각할 수 없었다.

하지만 문제는 테베레 강에서 흘러나오는 토사로 메워질 위험을 어떻게 제거하느냐에 있다. 오스티아에 본격적인 항구를 만들겠다는 황제의 결단에 따라, 이 문제를 해결하는 일은 엔지니어들에게 맡겨졌다.

전문가들이 생각해낸 방안을 요약하면 다음과 같다.

(1) 언젠가는 토사로 메워질 게 뻔한 강어귀 부근에는 항구를 건설하지 않는다.

(2) 항구는 오스티아에서 북서쪽으로 3킬로미터 떨어진 해안에 건설한다. 오늘날에는 레오나르도 다 빈치 공항의 바로 남쪽에 해당한다.

(3) 이 항구와 테베레 강은 운하로 연결하여, 오스티아를 거치지 않고도 테베레 강을 거슬러 올라가 로마와 연락할 수 있게 한다.

(4) 새 항구와 로마 사이에는 가도를 부설하여, 육로로도 로마와 직접 연결될 수 있게 한다. 이 발상은 '비아 포르투엔시스'(직역하면 '항구 가도')로 실현된다.

(5) 항구에는 선착장과 창고 및 필수불가결한 설비만 갖추고, 교역장이나 교역회사 사무소는 오스티아에 남겨둔다. 새 항구와 오스티아 항구는 가도를 통해 육로로도 연결될 수 있게 한다.

오스티아와 로마는 종래와 마찬가지로 테베레 강을 거슬러 올라가는 수로와 육로인 '오스티아 가도'로 이어져 있었다.

후세의 우리들은 그로부터 반세기 뒤에 트라야누스 황제가 크게 개조한 모습밖에는 알 수 없지만, 클라우디우스 황제가 애초에 항구를 건설한 첫째 목적은 제국 각지와 로마 사이를 오가는 수많은 선박의 피난항을 건설하는 게 아니었을까. 로마와 역사를 함께 한 오스티아 항구의 기능은 그대로 남겨두려고 했기 때문이다. 그러나 오스티아는 강변에 자리잡고 있기 때문에 피난항으로는 적합하지 않다. 그래서 로

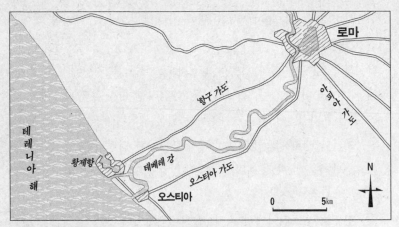

로마와 오스티아 항 및 신항(황제항, 트라야누스 황제가 개조한 뒤)의 위치 관계

테베레 강어귀의 항구(복원 모형)

마의 외항 오스티아를 계속 활용하면서, 새로운 항구를 건설하여 오스티아 항구의 결함을 보완하려 한 게 아닐까. 그래도 '클라우디우스 항'이라는 이름이 붙은 이 항구의 건설공사는 인간이 자연에 도전하는 대규모 사업이었다. 그것을 보면, 로마인의 토목사업은 바로 이런 것이라는 느낌을 준다.

공사는 우선 해안의 땅을 파내려가는 작업으로 시작되었다. 해안이라서 군데군데 늪이 있는 모래땅이라는 이점은 있었지만, 적어도 5미터 깊이까지는 파내려갈 필요가 있다. 지중해를 오가는 화물선이 드나들고 정박하려면 수심이 그 정도는 되어야 했다.

그림으로도 알 수 있듯이, 바다로 튀어나간 제방 건설공사와 테베레 강의 오른쪽 연안을 잘라서 테베레 강과 새 항구의 독을 연결하는 운하 공사가 동시에 진행된다. 이 운하는 50년 뒤에 트라야누스 황제가 개조하여 '트라야누스 운하'로 불리게 된다.

깊이가 5미터를 넘는 대규모 독의 총면적은 약 90만 제곱미터. 너비는 약 1천 100미터. 선착장의 총길이는 2천 500미터에 이르러, 300척의 화물선이 한 줄로 나란히 닻을 내릴 수 있었다고 한다.

이 항구를 양쪽에서 감싸안고 있는 방파제는 커다란 석회암을 죔쇠로 연결한 7톤짜리 돌덩어리를 바다 속에 수없이 가라앉혀 만들었다.

좌우 방파제 사이의 바다에는 등대를 겸한 방파제가 또 하나 있었다. 따라서 항구로 드나드는 출입구는 두 군데가 된다. 출입구의 너비는 둘 다 206미터였다.

등대가 서 있는 중앙 방파제의 기반이 된 것은 칼리굴라의 대형선이었다. 이 배에 암석을 가득 실어 가라앉힌 뒤, 그것을 토대로 방파제를 만든 것이다. 칼리굴라가 이집트에서 높이가 25미터나 되는 오벨리스크를 절단하지 않고 그대로 가져오기 위해 특별히 만든 선박이다.

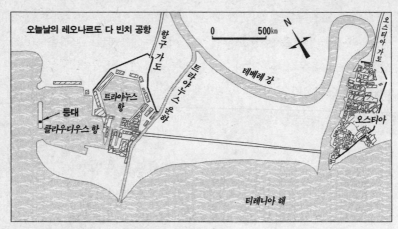

오스티아와 황제항(트라야누스 황제가 개조한 뒤의 모습)

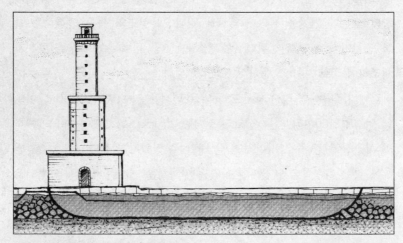

방파제 겸 등대가 된 칼리굴라의 대형선(상상도)

이 대형 선박에 대해서는 칼리굴라의 동시대인이었던 박물학자 대(大) 플리니우스의 서술과 현대의 고고학적 조사로 상당히 정확하게 파악할 수 있는데, 선체는 전나무로 되어 있고 흘수선 아래의 중량만 해도 800톤에 이른다. 중앙 돛대도 엄청나게 굵어서, 선원 네 명이 두 팔을 활짝 벌려야만 겨우 둘러쌀 수 있을 정도였다. 전체 길이는 105미터. 너비는 20.3미터. 모두 6층으로 되어 있고, 짐을 가득 실었을 때의 배수량은 7천 400톤. 선원이 700명 내지 800명은 필요했을 것이다.

고대 로마인이 최고의 조선술을 발휘하여 만든 선박이었을 게 분명하지만, 단지 오벨리스크를 운반하기 위해 이런 배를 만들게 했으니까 국가 재정이 파탄난 것도 당연하다. 칼리굴라의 뒤를 이은 클라우디우스가 이런 대형 선박은 실제로 사용하기에 적합하지 않다는 이유로 사용하지 않은 것은 옳았다. 이리하여 고대의 '타이태닉' 호는 왼쪽 그림에서 볼 수 있는 형태로 침몰되었다. 목재는 바닷물에 잘 견딘다는 이유도 있었다.

돛대와 선교를 모두 해체하여 '껍데기'만 남긴 뒤, 암석을 채워넣어 수심 7미터 바다에 가라앉혔다. 그런 다음 철제 죔쇠로 연결한 암석들을 그 전후좌우에 가라앉혀 배를 고정시키고 그 위에 등대를 세웠다. 이리하여 칼리굴라의 대형선은 등대가 딸린 방파제로 다시 태어났다.

클라우디우스가 본격적인 로마 외항을 완성한 덕택에, 세금 우대 조치를 받은 곡물 수송선은 겨울철에도 안심하고 로마로 갈 수 있게 되었다. 타키투스 같은 이들은 주식을 수입에 의존하는 체제 자체가 나쁘다고 비난하지만, 로마는 그후에도 주곡 수입 정책을 견지하면서 그로 말미암은 결함을 보완하는 쪽을 선택했다. 거대한 소비지인 수도 로마와 본국 이탈리아에 밀을 수출하지 않으면, 이집트와 북아프리카의 경제는 성립되지 않는다. 따라서 주곡 수입 정책을 고수하는 것은 이집트와 북아프리카의 경제를 지탱해주는 것이기도 했다.

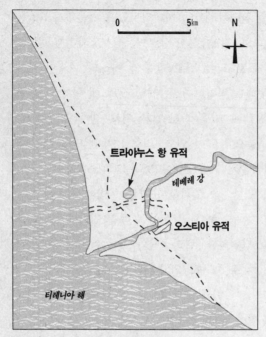

오늘날의 해안선(점선은 고대의 해안선)

한 가지 목적을 달성하기 위해 완벽하게 이루어진 공사는 반드시 다른 목적에도 이바지하게 된다. 지류를 만들어 테베레 강의 물줄기를 분산한 결과, 바다의 조류와 상류에서 내려오는 강물이 충돌하여 걸핏하면 물에 잠기던 로마 시가지의 침수 현상도 크게 완화되었다. 강어귀에서 로마까지는 20킬로미터다. 조류가 어떻게 20킬로미터나 거슬러 올라갈 수 있겠는가 싶지만, 1966년에 피렌체 대홍수를 본 뒤로는 나도 생각을 바꿀 수밖에 없었다. 그때도 멀리 떨어진 티레니아 해의 조류가 아르노 강을 거슬러 올라와, 장마로 불어난 강물과 베키오 다리 근처에서 부딪쳐 시가지로 범람했다. 조류는 그렇게 무섭다. 클라우디우스 이후 로마에서 홍수가 났다는 기록이 크게 줄어든 것은 새 항구 건설이 낳은 부수적인 효과인지도 모른다.

그리고 반세기 뒤에 트라야누스 황제가 항구를 크게 개조한 뒤로는 독이 두 군데로 늘어나 각각 '클라우디우스 항'과 '트라야누스 항'이라고 부르지만, 전체는 '황제항'(Portus Augusti)이라고 부른다. 그러나 지금은 '황제항'과 직접 연결되어 있던 테베레 강 지류와 오스티아를 경유하는 테베레 강 본류가 양쪽 다 흘러내리는 토사로 물줄기가 바뀌어, 해안선이 왼쪽 그림처럼 바뀌었다. '황제항'은 육지로 둘러싸이게 되었고, 과거에는 '트라야누스 항'이었던 육각형의 만(灣)에 물이 차 있을 뿐이다.

그러나 2천 년 뒤의 이 현상은 강어귀에 항구를 건설하는 것은 좋지 않다는 건축가 비트루비우스의 정당성을 입증해준다기보다, 국가가 기능을 발휘하고 있던 시대와 기능을 발휘하지 않게 된 시대의 차이를 보여주는 좋은 예인 것처럼 여겨진다.

로마 가도를 건설한 군단 소속 엔지니어는 자랑스럽게 말하곤 했다. "100년 동안은 개조할 필요가 없는 도로를 만들었다"고. 하지만 이 말은 개조할 필요가 없다는 것이지, 보수할 필요도 없다는 뜻은 아니다. 패권국이 된 뒤로는 가만히 앉아 있어도 평화를 누릴 수 있는 것은 아니다. 평소에 평화를 유지하려고 노력해야만 비로소 평화가 지속되는 법이다. 그와 마찬가지로 토목사업도 완성한 뒤의 보수는 필수불가결하다. 로마가 국가로서 기능을 발휘하고 있던 시대에는 강바닥을 준설하는 일도 게을리하지 않았다. 한때 카르타고 항구의 두 배에 이르는 지중해 최대 규모를 자랑하면서 500년 동안 기능을 발휘한 '황제항'을 늪지대와 약간의 유적으로 바꾸어버린 것은 로마 제국의 붕괴였다.

메살리나의 몰락

클라우디우스는 황제로서의 책무는 성실하게 수행했지만, 또다시 집안의 불상사가 그를 괴롭혔다. 공사의 진척 상황을 제 눈으로 확인하기 위해 오스티아에 가 있던 클라우디우스에게 로마에 남아서 정무를 처리하고 있던 비서진이 한 가지 소식을 전해왔다.

젊은 황후 메살리나는 여전히 난잡한 생활을 계속하고 있었지만, 상대가 배우나 난봉꾼에 머물러 있는 동안은 문제가 되지 않았다. 누구보다도 남편 클라우디우스가 문제삼지 않았다. 아내를 사랑하지 않았던 것은 아니다. 황제로서 해야 할 일이 산적해 있었기 때문에 집안일을 생각할 정신적 여유가 없었을 뿐이다. 메살리나의 방종은 갈수록 심해졌다.

이번 상대는 미남으로 평판이 자자한 실리우스였다. 원로원 의원일 뿐 아니라, 이듬해 집정관에 이미 선출된 신분이다. 황족이 아닌 경우에는 40세가 넘어야만 집정관이 될 수 있다는 규정이 있었으니까, 단순히 젊은 혈기로 난봉을 피우는 잘생긴 건달은 아니다. 하지만 독신이고 자식도 없었다.

이런 실리우스에게 23세가 된 메살리나가 홀딱 반해버렸다. 바람을 피우는 정도로 그쳤다면 입방아에 오르는 것으로 끝났겠지만, 메살리나는 결혼을 생각하고 실행했다.

로마에서 결혼식을 올리려면 우선 새점으로 길일을 택하고, 그날이 오면 신랑 신부 앞에서 제물을 바쳐 혼인서약을 한 다음 친구와 친지들을 초대하여 잔치를 벌인다. 메살리나는 남편이 없는 틈을 이용하여 진짜 결혼식을 올린 것이다. 이것은 변명할 수 없는 이중 결혼이다. 도대체 무슨 마음이었을까. 단지 젊은 여자의 무분별함 때문일까. 하지만 상대는 장년의 남자다. 둘 다 어쩔 셈이었을까. 역사가들의 말처럼 클라우디우스를 죽이고 황제 자리를 가로챌 계획이었을까. 그렇다고 하기에는 순서가 반대다. 죽이는 게 먼저고, 결혼은 그 다음에 해야 한다. 메살리나에게도 아우구스투스의 피가 조금은 흐르고 있었으니까 제위 계승권이 없었던 것은 아니다.

황후의 이중 결혼을 알게 된 나르키소스와 팔라스와 칼리스투스는 이번만은 그냥 둘 수 없다는 데 의견이 일치했다. 무엇보다도 클라우디우스 황제에게 알리는 게 선결문제였다. 이 보고서는 하루라도 빨리 수도로 돌아와달라는 말로 끝을 맺었다.

그러나 클라우디우스는 로마에서 불과 20킬로미터밖에 떨어지지 않은 거리에 있으면서도 당장 로마를 향해 떠나지는 않았다. 무슨 묘책을 궁리하고 있었기 때문이 아니라, 아무것도 생각하고 싶지 않았기 때문이다. 그는 여전히 오스티아에 남아서 여느 때처럼 날마다 공사 현장에 얼굴을 내밀었다.

그동안 메살리나도 클라우디우스에게 소식이 전해진 것을 알게 되었다. 그제서야 비로소 사태의 중대함을 깨달은 모양이다. 간통뿐이라면 유배형이지만, 혼인서약을 어긴 아내에게 남편이 가부장권을 행사하기로 마음먹으면 처벌은 사형이다.

메살리나는 자기가 직접 오스티아에 가서 남편과 이야기하기로 결심했다. 만나서 이야기만 하면 클라우디우스의 마음을 돌릴 자신이 있었다. 지금까지도 매번 그랬기 때문이다. 하지만 오스티아로 가기 위해 마차를 준비하라고 명령해도, 그 명령에 따르는 하인이 하나도 없었다. 노예들까지도 메살리나를 저버린 것이다. 메살리나는 딸 옥타비아와 아직 일곱 살밖에 안된 아들 브리타니쿠스를 불러, 아버지가 귀가하면 어머니를 살려달라고 애걸하라고 말했다. 또한 로마에서는 유일한 전문 사제인 여제사장한테도 황제에게 황후의 구명을 탄원해달라고 부탁했다. 그렇게만 해두고 그녀 자신은 아시아티쿠스한테 빼앗은 별장에 틀어박혔다. 이 별장은 첫 주인의 이름을 따서 아직도 '루쿨루스의 정원'이라고 불리고 있었다.

396

 겨우 무거운 몸을 일으켜 로마로 돌아온 클라우디우스는 비서관들의 재촉을 받고 이미 체포된 실리우스를 심문하게 되었다. 하지만 무슨 생각이었는지 클라우디우스는 시종 말이 없었고, 심문은 비서관들이 대신 진행했다. 실리우스는 한마디도 변명하지 않았다. 판결은 자살이라는 형태의 사형이었고, 이 판결은 당장 집행되었다.

 메살리나에 대해서는 공적인 범죄로 처리하느냐 아니면 집안 문제로 처리하느냐를 놓고 클라우디우스도 망설인 모양이다. 아직 소녀인 딸과 어린 아들은 어머니가 시킨 대로 아버지에게 어머니의 구명을 간청했다. 여제사장도 메살리나에게 변명할 기회는 주어야 한다고 권했다.

 결국 클라우디우스는 곁에서 대기하고 있던 나르키소스에게 내일 아침에 그 불행한 여자의 변명을 들을 테니 메살리나에게 그렇게 전하라는 말을 남기고 자리에서 일어났다.

 나르키소스는 황제의 말을 황후에게 전하지 않았다. 클라우디우스를 너무나 잘 알고 있던 이 해방노예는, 메살리나를 만나기만 하면 클라우디우스가 분노도 수치도 잊어버리고 아무 일도 없었던 것처럼 원상태로 돌아갈 것을 걱정했다. 원상태로 돌아간다는 것은 메살리나의 방종한 생활이 다시 시작된다는 뜻이었다.

 비서실장이라 해도 좋은 나르키소스는 근위대 백인대장을 은밀히 불러서 황제의 명령이니 황후를 죽이라고 명령했다. 백인대장은 한 무리의 병사를 거느리고 '루쿨루스의 정원'으로 갔다.

 메살리나로서는 예상치도 않은 결말이었다. 백인대장이 황제의 명령이라면서 내민 단검을 받아들긴 했지만, 자살할 용기는 전혀 없다. 눈물을 흘리면서 부들부들 떨리는 손으로 가슴을 찌르려고 하지만, 찌를 수가 없다. 기다릴 마음이 없는 백인대장이 황후를 칼로 찔렀다. 그것으로 모든 게 끝났다. 23세의 죽음이었다.

 아내의 죽음을 전해들은 클라우디우스는 그때도 그후에도 오랫동안 모든 감정을 잃어버린 것 같았다. 슬픔도 분노도 드러내지 않았다. 어린 나이에 어머니를 잃은 딸과 아들한테도 특별한 배려는 하지 않았다. 아내에게 배신당한 60대 남자는 묵묵히 정무에만 몰두했다.

비서관들은 메살리나의 조상(彫像)들을 은밀히 제거하고 폐기했다. 입회한 가족도 없이 화장된 메살리나의 유해는 '황제묘'에 매장되지도 못했다. 무덤이 어딘지는 당시에도 밝혀지지 않았다.

하지만 이 사건으로 클라우디우스는 아내한테도 업신여김을 당한 황제라는 평가가 서민들의 가슴에까지 자리잡게 되었다. 이렇게 이미지가 손상되면 공인인 클라우디우스에게는 여간 큰일이 아닐 터인데, 그런 일도 얼마 후에는 깨끗이 잊어버리는 것이 클라우디우스라는 남자의 특징이었다. 건망증이 심해서라기보다는, 50세까지 남에게 존경을 받아본 적이 없기 때문에 남에게 경외의 대상이 된다는 것의 의미를 배우지 못한 탓이 아닐까 싶다. 바꿔 말하면 경외라는 문자가 두뇌에 입력되지 않은 채 황제가 되어버린 것이다. 황제는 남에게 경외심을 불러일으키는 능력이 실제 효용성과 연결되는 경우가 누구보다 많다. 하지만 그것이 두뇌에 입력되지 않았기 때문에 이로운 면도 있었다. 한마디로 말해서 맷집이 강해지는 것이다. 남들이 경멸하는 눈으로 바라보든 말든 아랑곳하지 않고 정무에만 몰두했던 클라우디우스는 이 무렵 유명한 연설을 하고, 그것을 토대로 한 정책을 실시했다. 후대 역사가들은 이 연설을 로마 문명이 인류에게 남긴 교훈의 하나라고까지 칭찬하게 된다.

개국 노선

일은 원로원의 결원을 어떻게 보충할 것인가를 둘러싼 토론으로 시작되었다. 원로원의 정원은 아우구스투스의 개혁 이래 600명으로 정해져 있었다. 하지만 파견 근무로 수도를 비우는 의원도 많았기 때문에 정원에 대한 생각은 그리 엄격하지 않아서 결원이 생겨도 당장 보충하지는 않았다. 하지만 서기 48년에는 그 결원이 상당수에 이르렀던 모양이다. 원로원에 받아들일 것인가 말 것인가에 대한 최종 결정권은 황제에게 있었기 때문에, 클라우디우스가 마음만 먹으면 그의 정책에 찬성하는 사람들을 원로원에 받아들여 자신의 세력을 강화할 수 있는 좋은 기회가 되었을 터였다.

그러나 클라우디우스는 50세까지 파벌을 갖지 않은 채 지냈고, 황제가 된 뒤에도 그런 배경이 없이 정치를 계속한 사람이다. 그리고 그는 역사가이기도 했다. 원로원 안에 자기 세력을 확립하는 것보다 로마 제국 원로원으로서 본연의 모습을 추구하는 쪽에 더 관심이 끌렸다. 하지만 이것은 그가 독자적으로 생각해낸 것은 아니었다. 어떤 일이 자극제 구실을 했다.

많은 의원이 보충될 예정인 것을 알게 된 갈리아 부족장들이 로마 원로원에 청원서를 보냈다. 자기네한테도 원로원 의석을 달라는 것이다. 로마 제국의 요직에 출마하려면 원로원에 의석을 갖고 있어야 한다. 따라서 원로원 의석을 달라는 것은 로마 제국 중앙정부에 자기들도 참여하고 싶다는 말과 마찬가지였다.

'나르보 속주' (갈리아 나르보넨시스)라고 불린 남프랑스는 로마의 속주가 된 지 오래여서 원로원 의원은 물론 집정관까지 배출했기 때문에, 이 지방의 부족장들은 청원서에 서명하지 않았다. 로마에 청원서를 보낸 것은 카이사르에게 정복된 중부와 북부 갈리아의 부족장들이다. 머리를 짧게 자르는 로마인들이 야만족이라는 의미를 담아 '장발의 갈리아' (갈리아 코마타)라고 부른 지방의 유력자들이었다.

여기서 몇 가지 주목할 점이 있다. 첫째, 청원서를 보낸 이들은 100

년 전에 카이사르에게 패배한 사람들의 자손이라는 점이다. 갈리아를 정복한 뒤에도 부족을 그대로 유지하고, 부족장들에게는 로마 시민권을 준 것이 카이사르의 전후 처리 방식이었다. 둘째, 로마의 군사력에 굴복한 갈리아인은 광복을 마음 속으로 맹세하고 그 기회를 기다리는 것이 아니라, 오히려 자신들을 속주민으로 만든 로마의 중앙정부에 참여하고 싶다는 뜻을 밝혔다는 점이다. 식민지 시대에 인도인들이 대영제국 정부에 인도의 독립을 요구하지 않고, 대영제국 의회에 의석을 달라고 요청하는 것과 마찬가지다. 의석을 받는 것에서 시작하여 대영제국 중앙정부에도 참여하고 싶다고 말한 것과 마찬가지다.

피지배자의 이런 요청에 대해 지배자인 로마의 원로원은 어떻게 대응했을까.

활발한 토론이 벌어졌다. 클라우디우스 황제도 참석해 있었다. 예상된 일이지만 반대가 심했다.

정확히 말하면 93년 전, 카이사르가 종신독재관의 권력으로 '장발의 갈리아' 부족장들에게 원로원 의석을 주었을 때에도 본국 이탈리아 출신 의원들은 거세게 반발했다. 일반 시민들조차 원로원 의원이 라틴어도 제대로 못한다느니, 원로원 회의장으로 가는 길을 몰라서 남에게 물어본 원로원 의원이 있었다느니, 토가 밑에는 바지(갈리아인 특유의 복장)를 입고 있는 모양이라느니 하면서 비판을 쏟아냈다. 카이사르 암살 음모에 가담한 사람의 수가 많았는데도 비밀이 유지된 것은 브루투스를 비롯한 행동대에 낄 마음은 없어도 암살 계획에 대해서는 침묵을 지킨 의원이 많았기 때문이라고 한다.

암살당하지 않는 것을 가장 중요하게 여긴 아우구스투스는 '장발의 갈리아' 출신을 더 이상 원로원에 받아들이지 않았다. 이런 상태는 티베리우스와 칼리굴라 시대에도 계속 유지되었다. 클라우디우스 시대에도 원로원의 문호개방에 거부반응을 일으키는 분위기는 바뀌지 않았다. 원로원 회의장에서 나온 반대 의견을 열거하면 다음과 같다.

"수도 로마와 본국 이탈리아는 원로원 의원을 배출할 수 없을 만큼 인재가 모자란 상태는 아니다."

"옛날에는 정원이 300명이었는데도 수도 로마의 주민만으로 원로원을 구성할 수 있었고, 그 원로원이 이탈리아의 다른 부족들을 통치해 왔다. 그래도 통치에 필요한 역량과 명예심을 가진 사람은 부족하지 않았다."

"신격 카이사르는 북이탈리아에 사는 갈리아인을 원로원에 받아들이는 것을 기정사실로 만들었는데, 그걸로도 부족하다는 것인가. 이제 포로라고 해도 좋은 속주민까지 받아들이겠다니, 참으로 개탄스럽기 짝이 없는 일이다."

"속주민을 원로원에 받아들이면 유서깊은 명문 출신이 따돌림당할 게 뻔하다. 이제는 소수밖에 남지 않은 옛날 명문 집안에는 어떤 명예가 남는단 말인가."

"원로원 의석을 달라고 요청하는 자들은 과거에는 로마의 1개 군단을 궤멸시키거나 신격 카이사르를 알레시아에서 포위 공격한 무리의 자손들이다. 게다가 이런 사건들은 그리 먼 옛날에 일어난 일도 아니고, 그보다 더 과거로 거슬러 올라가면 로마에까지 쳐들어와 우리 조상을 카피톨리노 언덕으로 몰아넣은 갈리아인과 동족에 속하는 자들이다. 이런 과거까지 잊어버리자는 말인가."

"우리 로마는 정복한 갈리아 민족의 유력자들에게 로마 시민권을 주었다. 거기에다 원로원 의석까지 주고 국가 요직을 맡는 명예까지 줄 필요는 없다."

여기서 클라우디우스가 일어났다. 찬반 양론이 아니라 '반대론'만 전개되고 있었는데도, 그는 다음과 같이 말하기 시작했다. 이때의 발언 요지는 그로부터 1480년 뒤인 1528년에 프랑스 리옹에서 발굴된 비문으로 실증되어 있지만, 여기서는 『악타 세나투스』(원로원 의사록)를 많이 참고했다고 작가 스스로 말하고 있는 타키투스의 『연대기』를 번역하기로 하겠다. 다만 로마인이 동시대의 로마인에게 말한 내용이기 때문에, 2천 년 뒤의 비로마인인 우리가 이해하려면 '주해'가 필요하다. 하지만 내가 쓰는 것은 연구서가 아니니까, 그런 '주해'를 본문 안에 집어넣어 번역하는 것도 허용될 것이다.

"내 조상을 생각해보아도, 시조인 클라우수스는 사비니족 출신이었다. 그분이 로마로 이주한 기원전 505년, 로마인은 다른 부족 출신인 클라우수스와 그 일족을 로마 시민으로 받아들였을 뿐 아니라, 클라우수스에게는 원로원 의석을 주어 귀족의 반열에 올려놓았다. 조상들이 보여준 이런 방식은 우리 시대에도 통치의 지침이 될 수 있을 것이다. 그것은 출신지가 어디든, 출신 부족이 과거의 패배자든 아니든, 우수한 인재는 중앙에 흡수하여 활용해야 한다는 사고방식이다.

이런 사례를 열거하자면 한이 없으므로 여기서 그치겠지만, 중부 이탈리아의 에트루리아 지방이나 남부 이탈리아의 루카니아 지방, 아니 이탈리아 반도 전역에서 일찍이 로마에 패배한 과거와는 관계없이 우수한 인재들이 로마로 모여들어 원로원 의석을 차지해온 것이 우리의 역사다. 그리고 신격 카이사르는 이런 경향에 더욱 명확한 방향을 제시했다. 기원전 49년에 카이사르는 국경을 루비콘 강에서 알프스 산맥으로 확대하여, 속주였던 북부 이탈리아를 본국에 편입시켰다. 그때까지는 로마 시민화가 개인에 한정되어 있는 상태였지만, 이로써 주민과 토지를 포함한 북부 이탈리아 전역이 로마의 이름 아래 통합된 것이다.

그후에도 국내의 평화가 확립되고 국외로 패권이 확대됨에 따라 이 경향은 더욱 강화되었다. 로마의 주력인 군단병을 지원하는 보조부대에 우수한 속주 출신이 앞다투어 지원하고, 피로를 보이기 시작한 제국은 이 새로운 피를 수혈한 덕에 다시 활력을 되찾았다.

그런데 우리들의 아버지 세대에 해당하는 그 시대의 로마인은 카이사르가 등용한 에스파냐 출신 발부스를 비롯하여 카이사르가 로마 시민의 대열에 합류시킨 남프랑스 속주의 우수한 인재들에게 로마인과 같은 대우를 해준 것을 후회했던가. 우리 시대에는 그들의 아들이나 손자들이 살고 있다. 그리고 국가 로마에 대한 그들의 충정은 옛날부터 로마인인 우리의 애국심보다 더하면 더했지 결코 못하지 않다.

스파르타인도 아테네인도 전쟁터에서는 그토록 강했는데도 단기간의 번영밖에 누리지 못했다. 그 주요 원인은 과거의 적을 자국 시민과 동화시키려 하지 않고, 언제까지나 이방인으로 따돌리는 방식을 계속했기 때문이다.

하지만 우리 로마의 건국자 로물루스는 현명하게도 그리스인과는 반대되는 방식을 택했다. 오랜 적도 일단 물리친 뒤에는 로마 시민에 편입시켰다. 뿐만 아니라 우리는 다른 나라 출신을 지도자로 삼은 역사까지 갖고 있다. 일곱 명의 왕 가운데 제2대 왕인 누마는 사비니족 출신이고, 제5대와 제6대 및 제7대 왕은 에트루리아 출신이었다. 또한 기원전 310년에는 그해의 재무관이었던 아피우스 클라우디우스가 해방노예의 아들들을 국가 요직에 등용한 예가 있다. 해방노예의 다음 세대에 공직의 문호를 개방한 것은 우리가 생각하는 것처럼 가까운 과거의 일이 아니라, 먼 옛날에 이미 선례가 만들어져 있었다.

그렇긴 하지만 여러분의 반대도 이유가 없는 것은 아니다. 갈리아의 한 부족인 세노네스족은 기원전 390년에 로마까지 쳐들어와 한때나마 로마의 대부분을 점령한 자들이다. 하지만 지금은 옛날부터 로마인이었다고 누구나 믿어 의심치 않는 볼스키족이나 아이퀴족도 로마인과 싸우지 않았다고 단언할 수 있을까. 우리 조상들은 갈리아 민족의 포로가 된 일도 있었다. 에트루리아 민족에게 볼모를 보내야 했던 시절도 있었다. 삼니움족은 기원전 321년에 로마군 2개 군단을 무찌르고, 지금도 '카우디움의 굴욕'으로 어린애들도 알고 있는 굴욕을 우리한테 맛보게 한 자들이다. 그때 우리 로마군은 무장을 해제당한 채, 창을 들고 늘어서 있는 삼니움족 사이를 지나가야 했다. 하지만 이 삼니움족도 우리와 똑같은 의무와 권리를 지닌 로마 시민이 된 지 오래다.

이제까지 로마와 타민족 사이에 벌어진 전쟁을 비교해보면, 갈리아 민족과의 전쟁은 어떤 전쟁보다도 단기간에 결말이 났다. 게다가 그후 갈리아인과 로마인 사이에는 줄곧 평화와 신의가 유지되어왔다. 지금은 '장발의 갈리아'의 주민이라 해도, 생활습관이나 교육이나 혼인을 통해 계속 로마인과 동화하고 있다. 그렇기 때문에 그들과의 사이에 경계선을 긋고 로마인과 분리하기보다는 그들이 가진 황금과 부를 이탈리아와 로마로 갖고 들어오게 하는 편이 상책일 것이다.

원로원 의원 여러분, 우리가 오랜 전통으로 믿고 있는 일도 처음 이루어졌을 때는 모두 새로운 것이었다. 국가 요직도 오랫동안 귀족이 독점하고 있었지만 로마에 사는 평민에게 개방되었고, 다음에는 로마 밖에 사는 라티움인에게 개방되었고, 다음에는 이탈리아 반도에 사는 사람들에게 개방되는 식으로 문호개방의 물결이 차츰 확대되었다.

의원 여러분, 갈리아인에 대한 문호개방도, 지금은 우리의 결정을 기다리고 있지만, 언젠가는 로마의 전통이 될 것이다. 우리는 지금 그것을 토의하면서 수많은 선례를 들었지만, 이것도 언젠가는 선례의 하나로 인용될 것이다."

역사가 황제의 진면목을 뚜렷이 보여주는 연설이었다. 과연 후대 역사가들한테 로마 문명이 인류에게 남긴 교훈의 하나로 칭찬받을 만한 고결하고 관대한 정신의 결정체다. 게다가 이 정신이 고립된 이상(理想)으로 끝나게 하지 않은 로마인도 훌륭하다.

클라우디우스 황제의 연설이 끝난 뒤 갈리아인을 원로원에 받아들이는 문제를 표결에 부친 결과, 찬성표를 던진 의원이 다수였다. 다만 '장발의 갈리아'의 모든 부족장에게 원로원 의석이 인정된 것은 아니었다. 반대파가 찬성 조건으로 수정을 요구했기 때문이다. 수정안은 우선 로마와 오래 전부터 동맹관계에 있는 하이두이족한테만 그 권리를 인정하고, 다른 부족장들을 원로원에 받아들이는 것은 그후 단계적으로 실시한다는 내용이었다.

중북부 갈리아에서는 가장 강대한 부족인 하이두이족이 로마와 오래 전부터 동맹관계에 있었던 것은 사실이지만, 알레시아 공방전에서는 베르킨게토릭스 편에 붙어서 카이사르와 싸운 부족이다. 승리한 카이사르는 이 배신을 용서했을 뿐 아니라, 갈리아에서 가장 강력한 부족의 지위를 그대로 유지하게 해주었다. 이런 하이두이족한테도 원로원에 들어갈 권리가 인정되었으니, 다른 갈리아인한테까지 이 권리가 확대되는 것은 시간 문제일 뿐이었다. 그리고 갈리아인에게 인정된 권리가 에스파냐인과 그리스인, 북아프리카나 이집트 출신에서부터 동방 출신한테까지 확대되는 데에는 다소 시간이 걸리겠지만, 이것도 이제는 이념 문제가 아니라 시간 문제가 되었다.

클라우디우스 황제는 조국(파트리아)의 개념을 이탈리아 반도에만 한정하지 않고 로마 제국 전역으로 확대하려 한 율리우스 카이사르의 정신을 부활시킨 것이다.

그러나 로마 제국의 중추에 대한 문호를 개방한 것뿐이라면, 기득권을 지키기 위해 필사적으로 쇄국론을 외치는 본국 출신 의원들을 절망시키고, 대부분 속주 출신인 개국론자들을 감동시키는 것으로 끝났을 것이다. 하지만 로마인의 대단한 점은, 한편으로는 개국 노선을 추진하면서 또 한편으로는 그 노선에 제동을 걸기 위한 법안도 성립시켰다는 사실이다.

아우구스투스는 개국론자인 카이사르의 뒤를 이어 그의 정책을 거의 다 답습했지만, 거기에 제동을 걸어 균형을 유지할 필요가 있다는 것도 잊지 않았다. 그것은 기원전 2년과 서기 4년에 노예해방을 제한하는 법률을 성립시킨 것이었다.

노예해방 규제법

고대 로마의 노예제도를 논할 경우, 노예제도는 인권에 어긋나니까 폐지하는 게 당연하다는 근대적 관점에 서면 논의조차 이루어질 수 없게 된다. 노예제도는 고대 로마가 붕괴하고 기독교 세계가 된 뒤에도 완전히 폐지되지는 않았다. 기독교라는 신앙에 눈을 뜨지 못한 자는 기독교도와 대등한 인간이 아니라는 교회의 묵인 아래, 비기독교도인 노예는 계속 존재했다. 노예제도가 완전히 폐지된 것은 인권 존중을 제일의 가치로 내건 계몽주의 시대였다. 따라서 모든 나라의 노예제도 폐지 선언은 18세기 말에 집중되어 있다. 고대에는 소크라테스도 아리스토텔레스도 노예제 사회에 의심조차 품지 않고 살았다. 그러나 고대인은 노예가 자신들과 같은 종교를 믿지 않으니까 자기네와 동등해질 권리가 없는 인간이라고는 생각지 않았다. 고대의 노예는 전쟁에 지거나, 해적한테 붙잡히거나, 빚을 갚지 못해 담보로 잡히거나, 아니면 노예의 자식으로 태어났거나, 부모가 노예로 팔았거나 하는 따위의 '불운' 때문에 노예 신세로 전락한 사람을 가리켰다. 따라서 주인이 온정을 베풀거나 빚을 갚거나 몸값을 내고 노예에서 풀려나는 것이 널리 인정되고 있었다. 노예로 태어난 사람도 몸값을 내면 자유를 되찾을 수 있다는 점에서, 해적한테 붙잡힌 사람이나 전쟁터에서 포로가

된 사람과 같은 처지였다. 자유민과 노예의 구별은 믿는 종교의 차이
가 아니라 이런 '불운'을 당했느냐 아니냐의 차이에 불과했다.

　그리스인(헬라스)과 야만인(바르바로이)을 차별하여 그 경계선을 고
수한 그리스인보다는 도시 국가를 벗어나 세계 국가로 변모하는 길을
선택한 로마인이 이런 생각을 더 강하게 갖고 있었다. 아테네에도 스
파르타에도 해방노예라는 사회계급은 끝내 생겨나지 않았지만, 로마에
는 생겨나서 존속했다. 게다가 로마인은 이들 가운데 자격이 있는 자
에게는 로마 시민권까지 주었다.

　로마인의 가정은 노예가 없이는 성립되지 않았다. 국가 지도층인 원
로원 의원의 가정을 예로 들면, 아침마다 주인의 수염을 깎아주는 것
도 노예다. 요리를 하고 식사 시중을 드는 것도 노예다. 자녀의 교육
을 맡는 가정교사도 대부분 노예다. 집안 살림을 꾸려나가는 것도 주
부가 아니라 노예다. 전쟁터에서 무기를 나르는 것도 노예다. 원로원
의원에게는 체면상 허용되지 않는 장사에 이름을 빌려줄 뿐 아니라 실
무까지 맡아서 처리하는 것도 노예다. 주인이 불러주는 편지를 받아적
는 것도 노예다. 국영 우편제도가 생기기 전에는 편지를 가지고 먼 오
리엔트까지 가서 답장을 받아오는 것도 노예다. 해외에 살면서 주인의
재산을 운용하는 것도 노예다.

　그런데도 노예 반란이 거의 일어나지 않은 것은 그들의 세계가 태어
나면서부터 신분 차이가 생기는 자유민의 사회보다 훨씬 치열한 경쟁
사회였기 때문이다. 이 사회에서 문제가 되는 것은 출신이 아니라 기
능이다. 교양이 많거나 어학에 소질이 있거나 예능면에 뛰어나거나 장
사에 뛰어난 재능이 있거나 특수한 기능을 가진 노예는 데려가려는 사
람이 많았다. 이런 노예들이야말로 해방노예가 되는 지름길에 있는 사
람들이었다. 특수한 재주를 타고나지는 못했다 해도, 날마다 함께 살
고 있으면 정이 든다. 그래서 고대 로마에서는 뜻밖에 노예해방이 성

행했다. 아우구스투스가 노예해방을 규제하기 전에는 사실상 방임상태가 계속되고 있었다. 이런 실정에서는 위험이 뒤따를 수밖에 없는 반란을 일으키기보다는 해방노예가 되려고 애쓰는 편이 훨씬 현실적인 선택이다.

현대의 연구자들 중에는 아우구스투스의 노예해방 규제법을 그의 보수성 탓으로 돌리는 사람이 많다. 하지만 나는 이것도 아우구스투스의 현실주의를 보여주는 증거로 생각한다.

카이사르가 가장 명확하게 보여주었듯이, 로마 시민이 아닌 사람을 로마 시민으로 만드는 것, 즉 자기들과 동화시키는 것에 대한 로마인의 생각은 크게 두 가지로 나뉜다. 첫째는 우수한 인재 등용, 둘째는 병역 등으로 로마 제국의 안전보장에 이바지한 사람들에 대한 논공행상이다. 그러나 해방노예가 되면 로마 시민권을 얻을 길이 열린 것과 마찬가지인 이상, 노예해방을 계속 방임하면 저질 노예들까지 로마 시민의 반열에 오르게 되는 것은 당연한 귀결이다. 그렇게 되면 로마 시민권 소유자 전체의 질이 떨어지는 동시에, 사회 불안의 원인이 될 우려도 있다.

현대의 국가들이 불법 이민이 늘어나는 현상에 신경을 곤두세우는 것과 마찬가지로, 아우구스투스도 이 문제에 대처해야 했다. 연구자들이 이 문제를 서술할 때 '노예와 로마 시민권'이라는 제목을 붙이는 것도 고대 로마에서는 노예해방이 로마 시민권 획득을 의미했기 때문이다.

아우구스투스는 기원전 2년에 '푸리우스 카미니우스 법'을 성립시킨다. 법의 명칭은 이 법안을 제출한 집정관 두 명의 이름을 딴 것이지만, 실제로는 아우구스투스가 입안자였다. 자기 이름을 붙인 법안만 제출하면 독재로 여겨질 위험이 있기 때문에 남의 이름을 빌린 것인데, 이런 수법은 카이사르도 곧잘 이용했다. '황제'가 아니라 '제일인자'로 통한 아우구스투스와 티베리우스의 경우에는 이 방식을 더 많이 활용했다.

'푸리우스 카미니우스 법'은 요컨대 유언에 따른 노예해방을 규제한 법이고, 5년 뒤인 서기 4년에 아우구스투스가 역시 그해의 집정관 두 명의 이름을 빌려서 성립시킨 '아일리우스 센티우스 법'은 생전의 노예해방을 규제한 법이었다.

'푸리우스 카미니우스 법'에 따르면, 3명 이하의 노예를 가진 자는 이 법의 적용을 받지 않았다. 따라서 해방하고 싶으면 전부 해방할 수도 있다. 그밖에 유언에 노예해방을 명시하는 경우, 4명 이상 100명 이하의 노예를 소유하고 있는 자는 노예의 절반까지 해방할 수 있고, 100명 이상 500명 이하의 노예를 가진 자는 5분의 1까지 해방할 수 있다. 그렇긴 하지만, 어떤 경우에도 한 사람의 유언으로 100명 이상의 노예를 해방할 수는 없었다.

'아일리우스 센티우스 법'은 유언에 따른 노예해방을 규제한 '푸리우스 카미니우스 법'을 생전의 노예해방에도 적용했고, 해방할 경우의 각종 제한도 명시하고 있다.

국가나 주인에게 처벌을 받은 적이 있는 전과자 노예는 해방될 수는 있지만, 다른 노예와 동등한 권리를 누리지 못하고, 수도에서 100로마 마일(약 150킬로미터) 이상 떨어진 곳에서 살아야 하고, 재산 사유권도 인정되지 않는다. 다만 로마 시민권을 취득할 권리만 포기하면 거주지 제한은 해제되고, 재산 소유권도 인정된다. 해방노예에서 로마 시민으로 신분이 상승될 길이 그들에게는 막혀 있었던 셈이다.

또한 주인이 20세 미만인 경우, 이 나이에는 판단력이 충분치 않다는 이유로 노예해방이 허락되지 않았다. 그리고 주인이 20세 이상이고

해방 대상인 노예가 30세 이상인 경우에는 전과 마찬가지로 법무관 앞
에서 해방 선언만 하면 된다는 규정이 재확인되었다. 다만 해방되는
노예의 수가 법률로 정해진 범위를 넘어서면 안되는 것은 물론이다.
또한 주인이 20세 이상이라도 해방 대상인 노예가 30세 미만일 경우에
는 이런 일을 전문적으로 담당하는 심사위원회의 재가가 필요하다. 심
사위원회의 위원은 10명이다. 수도 로마에서는 5명의 원로원 의원과 5
명의 '기사계급' 출신으로 구성된다. 지방자치단체에서는 로마 시민권
소유자가 위원을 맡았다. 재가가 내려진 경우에도 해방노예가 30세 미
만이면 재산을 사유할 수는 있어도 그 재산을 자식에게 물려줄 권리는
인정받지 못했다. 해방노예가 로마 시민권을 얻으려면 3만 세스테르티
우스 이상의 재산을 가져야 한다. 따라서 이 규제는 해방노예의 자손
이 로마 시민화하는 데 제동을 거는 것이 목적이었음을 알 수 있다.

그리스인이 생각한 '시민권'은 자신들과 피를 공유하는 것이었다.
로마인이 생각한 '시민권'은 자신들과 정신을 공유하는 것이었다. 따
라서 로마인의 '노예해방 규제법'은 정신을 공유한다는 로마의 전통을
지키면서 열등분자가 섞여들어 로마의 정신이 희박해지는 것만 막을
수 있으면 그것으로 충분했다. 노예해방을 '금지'하지 않고 '규제'하
는 데 그친 것도 여기에 이유가 있다. 그렇긴 하지만 규제를 할 수밖
에 없었다는 것은 그만큼 많은 노예가 자유의 몸이 되었다는 뜻이다.
노예해방을 규제한 뒤에도 50명 내지 100명의 노예가 해방되는 일은
끊이지 않았다. 해방노예라는 사회계급이 존속하는 것도 당연했다.

아우구스투스의 이런 생각은 그대로 티베리우스에게 계승되었다. 그
러나 티베리우스는 아우구스투스와는 달리 무인의 자질을 겸비한 사람
이다. 전선에서 군대를 지휘한 경험이 풍부했던 만큼, 재능이 풍부한

무인을 알아보는 안목도 뛰어났다. 그래서 남프랑스만이 아니라 '장발의 갈리아'에서도 지휘관급 인재를 등용하는 것이 일반화했다. 아우구스투스 시대에는 기껏 출세해봤자 보조부대 대장을 맡는 것이 고작이었지만, 티베리우스 시대에는 로마군의 주력인 군단 지휘까지도 맡게 되었다. 양질의 이질분자를 받아들이는 면에서라면, 로마의 개국 노선은 꾸준히 진전되고 있었다.

제4대 황제 클라우디우스가 원로원의 문호를 개방한 것도 이 선상에서 해석되어야 할 정책이다. 클라우디우스는 이상주의에 사로잡혀 혁명적인 일을 이룩한 게 아니다. 그가 스스로 밝혔듯이 로마인의 전통에 따랐을 뿐이다. 로마 시대의 그리스인이자 『영웅전』 저자인 플루타르코스도 말했다. 로마를 강대하게 한 요인은 패자조차 자기들과 동화시키는 로마인의 생활방식에 있었다고. 이렇게 말한 플루타르코스의 고국 그리스에는 노예계급은 있었지만, 소크라테스가 살았고 페리클레스가 활약한 전성기에도 해방노예라는 사회계급은 존재하지 않았다.

제정 로마의 최고 역사가로 알려진 타키투스는 오현제 시대에 집필활동을 한 탓도 있어서, 그 이전의 황제는 아우구스투스까지 포함하여 전부 다 혐오의 대상이 되었다. 그 이유는 나중에 종합적으로 정리할 예정이니까 여기서는 자세히 말하지 않겠지만, 그런데도 타키투스가 최고의 역사가로 꼽히는 것은 역사적 사실을 최대한 충실하게 소개하는 그의 태도 때문이었다. 다만 행적을 소개한다 해도 그 일을 한 주인공을 무척 싫어하기 때문에, 행적이 '선'이냐 '악'이냐에 따라 타키투스의 소개 방식도 달라진다. 연설이나 정책이 '선'일 경우, 타키투스는 그 행적을 소개한 뒤 자신의 논평을 덧붙이지 않는다. 마치 사람은 싫지만 이것만은 인정해주겠다고 말하고 싶은 것 같다. 반대로 '악'인 경우에는 행적을 소개하기도 전에 이미 무자비하게 붓을 휘둘러 일도양단으로 비판한다.

속주민이 원로원에 들어올 수 있는 길을 재확인한 클라우디우스 황제의 연설은 전자였다.

하지만 앞으로 서술할 일은 타키투스의 소개 방식으로는 후자에 속한다. 다시 말해서 타키투스는 이것을 '악'으로 단정했다. 어쨌든 그는 처음부터 "클라우디우스란 사람은 혼자서는 살아갈 수 없고, 아내의 지배를 받는 데 익숙한 사내였다"고 쓰기 시작했기 때문이다. 그렇긴 하지만, 사실은 사실이니까 변명할 수도 없다.

아그리피나의 야망

메살리나를 죽음으로 몰아넣은 뒤 클라우디우스는 다시 홀몸이 되었지만 벌써 60세의 나이다. 결혼은 세 번이나 경험했고, 1남2녀의 아버지다. 이미 시집간 안토니아를 비롯하여 옥타비아와 브리타니쿠스를 슬하에 두고 있었다. 혼자 살 수 없다면, 애인을 가지면 된다. 알려진 것만으로도 애인은 둘이나 있었다. 그러나 클라우디우스는, 황제가 재혼하면 제위 계승 문제가 복잡해질 뿐이라면서 독신을 고수한 티베리우스와는 달랐다. 평소에는 아내를 귀찮게 여기면서도, 정실 배우자가 없으면 마음이 차분해지지 않는 타입의 사내였다. 아내에게 지배당하는 데 익숙한 사내라기보다, 독신으로 있으면 마음이 차분해지지 않기 때문에 재혼했지만 결국 재혼 상대의 손아귀에 잡혀 이리저리 휘둘려버린 느낌이다.

그렇다 해도 상대를 고르는 일쯤은 스스로 해야 마땅했다. 아무리 클라우디우스가 여자에게 인기있는 타입이 아니었다 해도, 그는 황제다. 로마 제국의 퍼스트 레이디를 꿈꾸는 자천타천의 후보자는 수두룩했다. 또한 메살리나의 경우를 보아도, 클라우디우스와 결혼하면 이중 결혼 같은 비상식적인 일만 저지르지 않으면 제멋대로 살 수 있었다. 이것은 여자 쪽에서 보면 아주 좋은 조건이었다. 그런데 클라우디우스는 여자를 고르는 일조차도 하지 못했다. 여자에게 인기를 얻은 경험이 없는 사내는 여자를 마음대로 고를 수 있게 되어도 그만 주눅이 들고 만다. 그래서 아내를 고르는 일조차 비서진에게 맡겨, 그들에게 후보자 추천을 의뢰하는 사태가 벌어졌다.

비서진을 구성하고 있는 해방노예 세 사람은 자신들의 이해관계도 고려하여 검토한 결과, 각자 한 사람씩 세 명의 후보를 추천했다.

나르키소스가 추천한 여자는 아일리아 페티나. 클라우디우스의 두번째 아내였지만, 딸 안토니아를 낳은 뒤에 이혼한 여자다.

칼리스투스가 추천한 여자는 롤리아 파울리나. 칼리굴라의 세번째 아내였지만 얼마 못 가서 이혼했다. 칼리굴라와의 사이에 자식은 없었다.

팔라스가 추천한 여자는 율리아 아그리피나. 역사학자들은 같은 이름을 가진 어머니와 구별하기 위해 어머니를 대(大)아그리피나라고 부르는 것이 보통이다. 팔라스가 황후 후보로 추천한 아그리피나는 게르마니쿠스와 대아그리피나 사이에 태어난 딸이니까 칼리굴라의 누이동생이고, 남편 아헤노바르부스를 사별한 과부였다.

세 여자 다 로마의 상류층 여자다. 집안도, 용모도, 30대 중반이라는 나이도 엇비슷했다. 하지만 클라우디우스는 자신의 판단에만 의지하여 세 명의 후보 가운데 한 사람을 고르는 일조차도 하지 못했다. 황제는 세 비서관에게 각자 추천 이유를 말해보라고 명령했다.

나르키소스는 페티나가 적당한 이유를 설명했다. 과거에 아내였던 여자를 다시 집안에 들여놓는 것이므로 가정에 변화를 초래하지 않아도 된다는 것. 클라우디우스와의 사이에 이미 성장한 딸이 있으니까, 메살리나가 남긴 두 아이도 어머니로서 잘 양육해주리라는 것.

파올리나를 추천한 칼리스투스의 주장은 다음과 같았다. 파올리나는 자식을 낳아본 적이 없으니까 두 의붓자식의 어머니 역할을 하기에 적합하다. 칼리굴라와 이혼한 것은 칼리굴라의 변덕 탓이고, 그녀의 성격은 아주 좋다. 게다가 로마 최고의 미인으로 평판이 자자한 미모의 소유자이기도 하다. 또한 전처였던 페티나를 다시 아내로 삼으면, 우쭐해진 그녀 때문에 가정의 평화가 깨질 우려도 있다.

아그리피나를 내세운 팔라스의 추천 이유는 참으로 교묘한 것이었다. 아그리피나는 아직도 인기가 시들지 않은 게르마니쿠스의 딸이다. 그런 아그리피나를 아내로 맞아들이면, 율리우스와 클라우디우스라는 두 명문 씨족의 관계를 좀더 밀접하게 만드는 데 도움이 된다. 또한 자식이 없는 파올리나와 결혼하면 자식을 얻지 못할 우려가 있지만, 이미 아들을 낳은 아그리피나와 결혼하면 그럴 염려도 없다면서, 클라우디우스의 은밀한 소망에도 넌지시 대답했다.

그래도 클라우디우스는 여전히 결단을 내리지 못했다. 이렇게 되면 각 후보자의 적극성이 효과를 발휘하게 된다. 황족에 속해 있는 아그리피나는 황궁에 마음대로 드나들 수 있다는 이점이 있었다. 하지만 그녀에게도 불리한 점은 있었다. 클라우디우스와 아그리피나는 숙부와 질녀 사이였기 때문이다.

여기에 이르러 로마역사에도 권력자의 아내가 되는 것으로는 만족하지 못하고 직접 정치를 하기로 작심한 여자가 처음으로 등장하게 된다. 그해 34세였던 아그리피나는 어머니인 대(大)아그리피나를 닮아서 자기가 아우구스투스의 피를 이어받았다는 사실을 강하게 의식하는 여자였다. 그렇기 때문에 제국을 통치할 정당한 권리가 있다고 확신했고, 그것을 실행에 옮기기 위해서라면 수단 방법을 가리지 않았다. 또한 로마 역사상 여자로는 처음으로 회상록을 썼을 정도니까, 어머니보다 훨씬 머리도 좋았다.

칼리굴라 황제의 누이동생인 그녀는 당분간은 황제의 아내가 되고, 언젠가는 황제의 어머니가 되어 로마 제국을 통치하기로 결심한다. 클라우디우스와의 사이에 자식을 낳는다는 건 처음부터 아예 생각지도 않았다. 그녀가 섭정이 되어 조종할 황제 후보자는 이미 존재했기 때문이다. 그해 12세가 된 아들 도미티우스다. 이런 속셈이 있었기 때문에 그녀는 숙부와 결혼하는 것도 전혀 망설이지 않았다.

클라우디우스는 아그리피나의 맹렬한 공세에 마침내 굴복했다. 하지만 숙부와 질녀의 결혼에는 뭔가 구실이 필요했다. 이때도 오랜 협력자인 비텔리우스가 나서서 지원 사격을 맡아주었다. 원로원 의원과 시민들을 관객석에 모셔놓고 희극을 상연한 것이다.

클라우디우스와 함께 집정관을 지냈고, 클라우디우스의 동료 재무관이 되어 국세조사를 함께 실시한 루키우스 비텔리우스는 원로원 의원들 앞에서 이렇게 말했다.

"제국 통치의 책임을 짊어지고 있는 최고지도자의 일상은 일반인으로서는 상상할 수도 없는 노고의 연속이다. 그런 사람에게는 집안의 온갖 걱정거리를 도맡아 처리해줄 누군가가 필요하다. 집안의 걱정거리라는 사소한 일에서 해방되어야만 비로소 제국을 통치하는 큰일에 전념할 수 있는 법이다. 이런 일을 맡아줄 수 있는 사람은 오직 아내뿐이다. 국사에 전념하는 남편을 가장 잘 이해할 수 있는 사람은 날마다 고락을 함께하는 아내이기 때문이다. 젊은 시절부터 항상 국법을 지키고, 황제가 된 뒤에도 쾌락에는 관심조차 보이지 않고 국사에만 전념해온 사람이 그 신분 때문에 남에게는 밝힐 수 없는 일까지 털어놓을 수 있는 상대, 아직 어린 딸과 아들의 양육을 맡길 수 있는 상대를 필요로 하는 것은 당연하지 않은가."

원로원 의원들은 일제히 고개를 끄덕이며 동감을 표시했다. 비텔리우스는 더욱 목청을 높였다.

"의원 여러분, 아그리피나의 몸 속을 흐르는 피가 고귀하다는 사실은 새삼 말할 필요도 없다. 물론 친형의 딸과 결혼하는 것은 전례없는 일이다. 하지만 옛날에는 금지되었던 사촌끼리의 결혼도 이제는 드물지 않은 것이 현실이다."

하지만 숙부와 질녀의 결혼은 그 자체도 문제지만, 두 당사자의 신분 때문에 개인의 사사로운 일로는 끝나지 않는다. 원로원 의원들의 마음은 왠지 석연치 않았다. 그러나 줄거리는 이미 완성되어 있었다. 의원 한 사람이 회의장 밖으로 나가자, 거기에는 시민들이 기다리고 있었다. 미리 소집되어 있었을 게 분명한 시민들은 의원이 황제의 결혼에 찬성해달라고 호소하기도 전에 일제히 삼촌과 조카의 결혼을 인정하는 법률을 제정하라고 요구했다. 회의장 밖에서 들려오는 시민들의 목소리가 회의장 안에 있던 의원들에게 곤혹스러움을 떨쳐버릴 구실을 주었다.

비텔리우스는 마지막 마무리에 착수한다. 클라우디우스를 향해 그는 이렇게 물었다.

"원로원과 시민들이 아그리피나와 결혼하라고 요구하면, 그 요구를 받아들이겠습니까?"

클라우디우스는 대답했다.

"나는 로마 시민의 한 사람에 불과하오. 따라서 나에게는 로마의 주권자인 원로원과 시민들의 요구를 거절할 권리가 없소."

희극은 여기서 막을 내렸다. 고대에는 무엇 때문인지 아테네에서도 로마에서도 희극과 비극이 같은 날 잇따라 상연되는 것이 보통이었다. 사람의 일생이 희극이나 비극 가운데 하나로만 끝나는 경우는 드물고,

대다수 사람의 인생은 희극과 비극의 되풀이로 이루어져 있다는 것이 고대인의 생각이었는지도 모른다. 클라우디우스 황제의 인생도 마찬가지였다.

황제의 아내가 된 아그리피나는 옆에서 성가시게 졸라대면 그만 귀찮아져서 잘 읽어보지도 않고 서명해버리는 클라우디우스의 버릇을 충분히 활용한다.

그녀는 우선 자신을 '아우구스타'의 지위로 승격시켰다. 옥타비아누스가 아우구스투스를 자신의 이름으로 삼은 이후, '아우구스투스'는 '카이사르'와 더불어 '황제'를 뜻하는 칭호가 되었다. 아우구스타는 아우구스투스의 여성형이다. 초대 황제 아우구스투스도 유언에서 비로소 아내 리비아에게 이 칭호를 주었다. 그런 존칭을 아그리피나는 일찌감치 손에 넣은 것이다.

다음에는 여자의 몸으로 도시에 제 이름을 붙이는 일까지 해치웠다. 이것은 로마 역사상 전례가 없는, 아니 로마 역사만이 아니라 고대에는 전례가 없는 일이었다.

고대는 본질적으로 도시 문명이었기 때문에, 통치의 '핵'이 되는 도시를 건설하는 것은 위정자의 중요한 임무였다. 알렉산드리아는 알렉산드로스의 도시라는 뜻으로, 알렉산드로스 대왕의 이름을 딴 도시는 이집트의 알렉산드리아만이 아니다. 카이사르의 도시를 뜻하는 카이사레아는 율리우스 카이사르나 그의 양자인 아우구스투스에게 바쳐진 도시의 이름이다. 티베리우스의 도시는 티베리스이고, 클라우디우스의 이름을 형용사처럼 사용한 도시 이름도 많다. 특히 로마의 경우에는 퇴역병을 이주시켜 건설한 식민도시를 제국 통치의 '핵'으로 삼는 정책을 일관되게 추진하고 있었다. 황제 이름을 붙인 도시는 대부분 만기 제대한 병사를 보내 건설한 도시다. 여자 이름을 붙인 도시가 없었던 이유도 바로 여기에 있었다.

아그리피나는 서기 15년에 콜로니아(오늘날 독일의 쾰른)에서 태어났다. 아버지 게르마니쿠스가 당시 게르마니아 전쟁을 치르고 있던 8개 군단의 총사령관을 맡고 있었기 때문이다. 그 무렵 쾰른은 갈리아 전쟁 당시 카이사르가 우군으로 끌어들인 게르만의 유력 부족 우비족의 근거지여서, 이 우호적인 부족의 땅이라면 가족을 놔두어도 안심할 수 있었다. 이 땅을 로마군의 겨울철 숙영지로 이용하기 시작한 것은 아그리피나의 외조부이자 아우구스투스의 오른팔이었던 아그리파다.

하지만 외조부나 아버지와 인연이 깊고 자신의 출생지이기도 하다는 이유만으로 한 도시에 자기 이름을 붙일 수는 없다. 퇴역병을 이주시켜 식민도시를 세워야만 비로소 그 일을 수행한 사람의 이름을 도시에 붙이는 것이 로마의 전통이다. 그래서 아그리피나는 출생지인 쾰른에도 만기 제대한 고참병들을 이주시켜 로마의 식민도시(콜로니아)로 격상시켰다. 따라서 쾰른의 옛 이름은 아그리피나의 식민도시를 뜻하는 '콜로니아 아그리피넨시스'다. 쾰른은 식민도시를 뜻하는 라틴어 콜로니아를 독일어식 발음으로 읽은 것에 불과하다. 자기 이름을 딴 도시를 갖는 것은 제정 시대로 접어든 뒤에는 오직 황제에게만 허용된 영예다. 아그리피나는 이 영예까지도 손에 넣게 되었다.

이 사건은 요란한 비난을 받아도 이상하지 않았지만, 뜻밖에도 원로원과 시민들은 순순히 받아들였다. 그 첫째 이유는, 아그리피나라는 말 자체에 '아그리파의'라는 뜻도 있어서, 사람들은 '콜로니아 아그리피넨시스'를 '아그리피나의 식민도시'가 아니라 '아그리파의 식민도시'라는 뜻으로 받아들였기 때문이다. 아그리파가 국가에 큰 공을 세운 것은 널리 알려진 사실이었다. 두번째 이유는, 라인 강을 제국 방위의 최전선으로 삼는 것이 로마의 전략인 이상, 라인 강 연안의 쾰른은 전략적 가치가 높았고, 이 도시를 로마 시민권 소유자가 중심을 이루는 '콜로니아'로 격상시켜 전방 기지로 만드는 것은 로마의 국익에 들어맞았기 때문이다. 쾰른이 식민도시로 격상된 것은 현지인인 우비족에게도 환영을 받았다. 우비족은 게르만족이긴 하지만, 오랫동안 로마와 우호관계를 맺고 있어서 로마 병사와 결혼한 여자도 많았고, 사실상은 이미 로마화되어 있는 상태였기 때문이다. 쾰른이 식민도시가 된 것은 이 상태가 공인된 것에 불과했고, 게다가 로마의 식민도시가 되면 더욱 많은 발전을 기대할 수 있었다.

아그리피나는 자신의 야심을 만족시킬 때도 국익과 일치시키는 교묘한 수법을 사용했지만, 한편으로는 여자 특유의 방자함을 끝까지 밀고 나아가는 것도 서슴지 않았다. 그녀는 자기보다 뛰어난 여자의 존재를 인정하지 않았다. 황후를 간택할 때 그녀와 경쟁한 두 여자, 그 중에서도 특히 미모로 평판이 자자한 롤리아 파올리나를 아그리피나는 용서하지 않았다.

그녀는 롤리아 파올리나가 클라우디우스 황제와 결혼할 가능성을 점성술사에게 물어보았다는 혐의를 날조하여, 클라우디우스가 읽어보지도 않고 서명한 고발장을 원로원에 제출했다. 본국 이탈리아에서 점성술사가 돈을 받고 점을 쳐주는 것은 티베리우스의 명령으로 금지되어 있었다.

원로원은 아그리피나가 뒤에서 조종하고 있음을 간파했지만, 고발장에 엄연히 황제의 서명이 있으니 어찌할 도리가 없다. 가련한 파올리나에게는 500만 세스테르티우스의 재산만 갖고 수도를 떠나라는 추방령이 내려졌다. 하지만 이 정도로는 아그리피나의 직성이 풀리지 않았다. 어떤 식으로 위협했는지는 모르지만, 파올리나를 자살로 몰아넣은 뒤에야 겨우 만족했다.

하지만 아그리피나는 메살리나가 아니었다. 황후가 메살리나에서 아그리피나로 바뀐 뒤에도 황후의 전횡은 여전했지만, 아그리피나의 전횡은 메살리나처럼 변덕이나 서방질의 결과가 아니라 야망을 실현하기 위한 냉철한 계획에 따른 것이었다. 아그리피나는 서방질도 하지 않았고, 가정도 완벽하게 꾸려나갔다. 아이들 양육에도 열심이었다. 그리고 무엇보다도 12세가 된 친아들 도미티우스의 교육에는 주도면밀한 배려를 아끼지 않았다.

철학자 세네카

실용 학문인 독해력이나 문장력, 수학, 제국 동방의 통용어인 그리스어와 서방의 언어인 라틴어 등을 가르치는 교사는 수도 로마에 얼마든지 있었다. 하지만 외아들에게 제왕 교육을 시킬 필요성을 느끼고 있던 아그리피나는 이름이 널리 알려진 철학자를 선생으로 모셔야 한다고 생각했다. 알렉산드로스 대왕의 가정교사가 아리스토텔레스였다는 사실을 생각해냈는지도 모른다. 아그리피나가 점찍은 것은 코르시카 섬에 추방되어 있던 철학자 세네카였다.

후세 연구자들의 평가에 따르면, 로마 철학계를 대표하는 인물은 공화정 시대에는 키케로, 제정 시대에는 세네카다. 루키우스 안나이우스 세네카는 기원전 4년에 에스파냐의 코르도바에서 태어났다. 하지만 성장한 곳은 로마다. 원로원에 들어간 아버지를 따라 어렸을 때 로마로 이주했다. 원로원 의원이라도 에스파냐 출신은 로마에서는 신참자다. 신참자는 자식 교육에 열성을 쏟는다. 세네카 집안의 삼형제는 최고의 교육을 받았다. 삼형제 중에서도 특히 둘째인 루키우스의 재능이 두드러졌다.

아우구스투스 시대 말기에 소년기를 보낸 세네카는 국가 로마의 지도층에게는 명예로운 책무로 여겨진 공직에 취임한다. 35세 무렵인 서기 31년에 공직 경력의 출발점인 회계감사관을 지냈다. 당시는 티베리우스 황제 시대였다.

회계감사관을 지낸 사람은 황제만 거부하지 않으면 원로원 의석을 얻을 수 있다. 세네카의 재능은 원로원 회의장에서 꽃을 피운 모양이다. 덕분에 자신도 꽤 재치있는 웅변가였던 칼리굴라 황제한테 미움을 받게 되었다. 칼리굴라는 뭔가 구실을 붙여 세네카를 사형시키려 했지만, 칼리굴라의 측근들이 그자는 그냥 내버려두어도 이제 곧 죽을 테니까 구태여 죽일 필요까지는 없다고 말하여 세네카를 구해주었다. 세네카는 재치있는 사람으로 인기가 대단해서, 연회를 베푸는 사람들은 서로 그를 초대하려고 야단이었다. 이런 방종한 생활을 계속했기 때문인지, 당시 세네카는 결핵을 앓고 있었던 모양이다. 그래서 칼리굴라 시대에는 무사했지만, 클라우디우스 시대에는 메살리나 황후의 노여움을 사고 말았다. 이번에는 메살리나가 그의 재주를 미워했기 때문이 아니라, 클라우디우스의 누이동생을 중심으로 형성된 반메살리나파 살롱에 단골로 드나든 것이 진짜 이유였다. 물론 그런 이유만으로 추방할 수는 없다. 그래서 사실인지 거짓인지는 알 수 없지만, 황족 여자와 간통한 죄를 물어서 코르시카 섬으로 추방했다. 서기 41년이니까, 그의 나이 45세에 당한 불운이었다.

화려한 수도 생활에 익숙한 세네카에게 코르시카 생활은 죽도록 따분했을 게 분명하다. 하지만 8년 동안에 걸친 유배는 세네카에게 두 가지 선물을 주었다. 첫째, 어쩔 수 없이 자연에 묻혀 소박한 식사를 하고 규칙적인 생활을 한 덕에 건강을 회복할 수 있었다. 둘째, 다른 낙이 없기 때문에 문필업에 전념할 수 있었다. 아그리피나가 손을 써서 황제의 추방해제령이 내려진 뒤, 귀국한 철학자는 옛 친구들이 눈을 크게 뜰 만큼 건강해져 있었다.

아그리피나의 뛰어난 점은 아들이 황제가 될 때까지 제왕 교육을 시킬 교사로서만이 아니라 아들이 제위를 계승한 뒤에도 그 보좌역을 맡을 수 있는 인물로 세네카를 선택했다는 점이다. 다시 말해서 문무를 겸비해야 하는 로마 황제의 '문'(文)을 세네카에게 맡긴 것이다. 그렇다면 '무'(武)를 맡길 수 있는 인물도 필요하다. 아들이 황제가 될 때까지는 무술을 가르치고, 황제가 된 뒤에는 무술로 아들을 지켜줄 사람이 필요하다.

아그리피나는 그 역할을 맡아줄 사람으로 섹스투스 아프라니우스 부루스를 선택했다. 세네카는 에스파냐 태생의 로마 시민이지만, 부루스는 남프랑스 출신의 로마 시민이다. 원로원에서 두각을 나타낸 세네카와는 달리, 부루스는 군단에서 두각을 나타냈다. 일개 병졸로 시작하여 대대장까지 진급했다. 역사가 몸젠은 티베리우스가 등용한 속주 출신 인재들을 '티베리우스 문하생'이라고 불렀는데, 부루스도 그 중 한 사람이다. 천재적인 번득임은 부족하지만, 성실하고 책임감이 강한 무인이었다. 티베리우스는 그런 사람을 좋아했다. 나이는 세네카보다 대여섯 살 젊었던 모양이다. 전투에서 왼팔을 잃었다.

아그리피나는 '문'인 세네카에게는 원로원 의원 이상의 지위를 주지 않았다. 이것은 아들이 황제가 된 뒤 보좌관 역할을 맡기기 위해서였을 것이다. 하지만 '무'는 공적인 지위가 없으면 완전한 기능을 발휘할 수 없다는 것을 알고 있었다. 그녀는 부루스를 근위대장 자리에 앉히기로 결정했다. 1만 명의 정예로 이루어진 근위대는 로마 교외에 병영을 갖고 있을 뿐 아니라, 본국 이탈리아 안에서는 조직적인 군사력을 가진 유일한 집단이었다.

이리하여 아그리피나는 당대 최고의 재능을 자랑하는 철학자와 로마인보다 더 로마인다운 무인을 12세의 아들에게 붙여주었다. 소년 시절부터 관계를 맺으면 누구한테나 친밀감이 생기게 마련이다. 아그리피나는 이 점도 고려하여 아들의 선생을 선택한 것이다.

그렇다 해도 소년 시절의 가정교사 역할만이 아니라 황제가 된 뒤에 보좌관 역할까지 맡을 인물로 선택된 사람이 둘 다 본국 출신이 아니라, 한 사람은 에스파냐 출신이고 또 한 사람은 남프랑스 출신인데도, 이것을 문제삼는 사람이 아무도 없었다는 사실은 주목할 만하다. 로마 제국은 본국이 속주를 지배하는 것이 아니라 속주까지도 품안에 끌어안은 운명 공동체였다는 증거다.

그러나 클라우디우스 황제에게 영향력을 행사하고 있었던 사람은 아그리피나만이 아니었다. '해방노예 3인방'이라고 불린 세 명의 그리스 출신 비서진이 있었다. 이들이 반대하면 아그리피나의 계획도 순조롭게 추진될 수 없었을 것이다. 하지만 아그리피나는 이것을 내다보고, 미리 대책을 강구했다.

황후를 간택할 때 그녀를 후보자로 추천한 팔라스를 자기편으로 끌어들인 것이다. '해방노예 3인방' 가운데 하나다. 이 팔라스에게는 펠릭스라는 동생이 있었다. 아그리피나는 팔라스의 소망이 이루어지도록 도와주겠다고 약속하고, 이 약속을 지켰다. 클라우디우스를 움직여 펠릭스를 유대 장관에 임명한 것이다.

유대를 다스리는 것은 여간 어려운 일이 아니다. 그런데 이 해방노예 출신 장관은 그 어려운 임무를 꽤 잘 해냈다. 아그리피나에게는 사람을 보는 안목도 있었다고 말할 수밖에 없다.

이리하여 아그리피나는 야망을 실현하기 위한 제1단계를 끝냈다. 뒤이은 제2단계는 아들 도미티우스의 지위를 높이는 것이었다. 여기서도 아그리피나와 팔라스의 협력관계가 기능을 발휘하게 된다. 게다가 아그리피나는 '쇠는 뜨거울 때 두드리라' 는 원칙도 알고 있었다.

네로의 등장

서기 50년, 황후가 된 지 1년밖에 지나지 않은 해에 아그리피나는 아들 도미티우스를 클라우디우스 황제의 양자로 삼는 데 성공했다. 클라우디우스에게는 브리타니쿠스라는 아들이 있기 때문에, 아내가 데려온 자식이라고는 하지만 도미티우스를 양자로 맞아들일 필요는 없었다. 하지만 아그리피나는 남편을 이런 말로 설득했다.

브리타니쿠스는 생모를 잃은 뒤로는 걸핏하면 우울해지고, 마음도 약하다. 그리고 이제 겨우 아홉 살이니까 어른이 되려면 아직 멀었다. 그런 브리타니쿠스를 친동생처럼 여기고 보호해줄 사람으로는 네 살 위인 도미티우스가 가장 적합하다. 현재 열세 살인 도미티우스를 양자로 삼아서 브리타니쿠스의 누나인 옥타비아와 결혼시키면, 법률상으로나 혈연으로나 형제관계가 된다. 클라우디우스의 뒤를 이어 황제가 된 뒤에도 브리타니쿠스는 강력한 측근을 갖게 된다.

아그리피나의 설득을 납득했는지, 아니면 아그리피나가 집요하게 졸라대자 아무래도 좋다는 식으로 서명했는지는 알 수 없다. 어쨌든 클라우디우스 황제는 친아들보다 네 살 위인 의붓자식을 양자로 삼고, 그 양자와 친딸 옥타비아를 약혼시키겠다고 공표했다.

아그리피나의 아들 도미티우스 아헤노바르부스의 이름은 네로 클라우디우스로 바뀌었다. 네로는 클라우디우스 씨족의 출신 부족인 사비니족의 말로는 '과감한 사나이' 라는 뜻으로, 클라우디우스 씨족 남자들의 전형적인 이름 가운데 하나였다.

아그리피나는 야망을 실현하기 위한 걸음을 쉬지 않고 착실히 내딛

고 있었다. 이듬해인 서기 51년, 네로가 14세가 되기를 기다려 성년
식을 올렸다. 대개는 17세에 성년식을 치른다. 빨라야 16세이고, 16
세도 안된 나이에 성년식을 치른 예는 없다. 성년식을 치르면 노예나
평민과 마찬가지로 무릎까지 내려오는 투니카밖에 입을 수 없는 나이
에서 벗어나, 발목까지 내려오는 토가를 입을 권리가 인정된다. 토가
착용이 허용된다는 것은 공적 생활을 시작할 수 있다는 것과 같은 의
미였다.

14세의 나이에 성인으로 인정받은 네로는 예정 집정관의 권리도 부
여받아, 21세가 되면 집정관에 선출될 권리를 얻게 되었다. 그와 동시
에 '프린켑스 유벤투스' 라는 칭호도 얻었다. 이것은 '젊은 제일인자',
의역하면 '황태자' 라는 뜻이다. 이런 대우는 초대 황제 아우구스투스
가 후계자로 지목했던 손자들에게 준 것과 같은 대우였다.

또한 아그리피나는 이런 일을 기념한다는 명목으로 모든 군단의 병
사들에게—그리 대단한 액수는 아니지만—네로의 이름으로 돈을 나
누어주고, 경기대회를 개최하여 서민들을 초대하는 등, 네로의 지위가
강화된 것을 일반에게 널리 알리는 것도 잊지 않았다. 같은 해에는 부
루스를 근위대장에 취임시키는 계획도 실현되었다. 황제의 친아들 브
리타니쿠스의 존재는 점점 희미해질 뿐이었다.

2년 뒤인 서기 53년, 네로와 옥타비아가 결혼식을 올렸다. 게다가
아직 16세밖에 안된 네로를, 성년식도 치렀고 결혼까지 한 몸이라는
이유로 원로원 회의장에 데뷔시켰다. 그렇기는 하지만 네로에게는 아
직 의석이 없다. 그래서 네로는 정책입안자로서 원로원의 의결을 요구
하는 형식으로 원로원에서 첫무대를 밟았다.

아이디어와 연설 원고는 아그리피나와 세네카의 합작품이었을 게 분
명하다. 하지만 16세의 네로는 생기발랄하고 재치도 풍부했다. 연설

주제는 네 가지로 나뉘어 있었다.

첫째, 트로이 전쟁터로 유명한 소아시아 일리오스의 주민한테서 들어온 청원을 지지하고, 그 땅의 주민들을 속주세 면제 대상으로 지정하는 문제에 대한 가부를 물었다. 네로는 트로이가 함락되었을 때 거기서 도망쳐 이탈리아로 흘러들어온 아이네아스가 로마인의 기원이라는 점을 열정적으로 설명하면서, 아무리 먼 옛날 일이라 해도 같은 피를 가진 사람들이라면 속주세를 면제해주는 것은 당연하다고 역설했다. 일리오스가 그리스어권에 속한다는 이유로 연설은 그리스어로 이루어졌다. 귀를 기울이는 원로원 의원들도 통역을 필요로 하지는 않았다. 로마인은 두 언어를 자유로이 구사하는 민족이었기 때문이다.

두번째 주제는 최근에 일어난 볼로냐 화재의 이재민들에게 지원금을 보내는 문제였다. 볼로냐는 본국 이탈리아 안에 있는 도시다. 따라서 연설도 라틴어로 이루어졌다. 네로는 피해 규모가 지방자치단체에서 처리하기에는 너무 커서 국가의 지원이 필요하다고 설명했다. 지원금 액수는 1천만 세스테르티우스로 하자고 제안했다.

셋째, 에게 해의 로도스 섬에 자유도시의 권리를 다시 인정할 것인지의 여부를 물었다. 네로는 다시 그리스어로 역설했다. 아테네와 스파르타는 그들의 조상이 남긴 업적으로 자유도시의 권리를 인정받고, 내정의 자치와 함께 면세권도 인정받고 있다. 로도스 섬도 이 두 도시 못지않게 빛나는 역사를 갖고 있다. 아테네와 스파르타 주민의 면세권은 영원히 지속되는 권리지만, 로도스 주민에게는 영구적인 권리까지는 보장하지 않더라도 속주세 면제는 인정해주어야 마땅하다고 네로는 말했다.

네번째 주제는 역시 최근에 일어난 소아시아 남부의 지진에 관한 것이었다. 이곳은 풍요로운 속주니까 국가의 지원금은 필요없지만 주민의 자력 갱생을 돕기 위한 면세조치는 필요하다고 역설하면서, 네로는 5년 동안 속주세를 면제해주자고 제안했다. 소아시아는 그리스 어권에 속한다. 따라서 여기에 대해 이야기할 때도 그는 그리스어를 사용했다.

아무리 통역이 필요없는 사람들에게 이야기한다 해도, 라틴어와 그 리스어를 번갈아 사용하는 것은 아니꼽지만, 이때 행한 연설은 젊은 네로가 높은 교양과 통치자로서의 자질도 갖추고 있다는 인상을 원로 원 의원들에게 심어주는 데 목적이 있었다. 의원들이 그에게 좋은 인 상을 받았는지, 그의 제안은 모두 가결되었다. 네로의 데뷔는 성공적 이었다.

그거야 어쨌든 속주에서 일어난 재해에 대해 로마 중앙정부가 대책 을 마련하기 시작한 것은 티베리우스 시대였는데, 클라우디우스 시대 에는 이 재해 대책이 완전히 정착한 것을 알 수 있다. 피해에 따라 지 원의 종류는 다양하지만, 피해가 큰 것이 보통인 지진의 경우에는 우 선 중앙정부가 지원금을 보내 그것으로 긴급지원과 사회간접자본 복구 가 이루어진다. 이재민들에게 개인적으로 의연금이 지급되지는 않지 만, 피해 정도에 따라 3년 내지 5년 동안 속주세라는 이름의 직접세가 면제되었다. 세금은 내지 않아도 좋으니까 사회간접자본을 제외한 복 구작업은 자기 힘으로 하라는 것이다. 주민 대다수가 로마 시민권 소 유자인 본국 이탈리아나 로마 시민이 이주하여 건설한 식민도시는 원 래 직접세를 면제받고 있기 때문에, 재해를 당해도 면세조치는 없다. 그 대신 지원금 액수가 늘어난다. 로마인만큼 '케이스 바이 케이스'를 절묘하게 구사할 수 있는 민족은 없었다.

만년의 클라우디우스

이 무렵 클라우디우스 황제는 62세가 되어 있었지만, 아내인 아그리피나에게 계속 휘둘리기만 한 것은 아니다. 성심성의껏 나라를 다스리는 태도는 여전했다. 비서실장인 나르키소스가 아그리피나의 전횡에 반감을 품고 클라우디우스를 정성으로 보필해주었기 때문이기도 하다.

브리타니아 정복에 착수한 지 벌써 10년이 지났다. 현재의 잉글랜드는 일단 제패했지만, 현재의 웨일스 지방에 병력을 보낸 뒤로는 좀처럼 진척이 이루어지지 않았다. 산악지대로 들어간 곳에서 갑자기 기세를 잃고 더 이상 앞으로 나아가지 못한 채 애를 먹고 있었다. 총사령관을 몇 년에 한번씩 교체한 방식이 좋지 않았다. 이들은 모두 우수하긴 했지만 결코 천재적인 전략가라고는 할 수 없었다. 3개 내지 4개 군단 이상의 병력을 투입할 수 없었던 것도 제패가 늦어지는 이유였다. 전선에서 싸워보기는커녕 군단 경험도 없는 클라우디우스는 전쟁이 어떤 것인지를 알지 못했다. 그래도 로마군의 브리타니아 제패가 별다른 타격을 입지 않고 진행될 수 있었던 것은 나중에 황제가 된 베스파시아누스 같은 인재들이 군단장을 맡고 있었기 때문이다.

제국 서방의 또 다른 전선인 라인 강과 도나우 강의 방위선에서는 고착이라고 해도 좋은 상태가 지속되고 있었다. 오랫동안 로마의 동맹국으로서 도나우 강 하류의 방위를 분담했던 트라키아 왕국은 티베리우스 시대에 왕실의 대가 끊긴 뒤로는 로마의 속주가 되었지만, 거기에 근거를 둔 티베리우스의 방위체제는 30년이 지난 뒤에도 여전히 기능을 발휘하고 있었다. 흑해에 출몰하던 해적까지도 잠잠해진 상태여서, '팍스 로마나'는 변경에까지 미치고 있었다.

'로마에 의한 평화'는 제국의 남쪽 변경에도 확립되어 있었다. 북아프리카의 방위와 치안을 어지럽히는 것은 사막 건너편에서 느닷없이 나타나 습격해오는 유랑민이다. 하지만 마우리타니아 왕국이라는 완충지대가 없어진 뒤에도, 그리고 주요 전력을 1개 군단밖에 배치할 수 없는 실정에서도 로마는 속주민으로 조직된 보조병을 활용하여 이곳을 지키는 데 성공하고 있었다.

그러나 제국의 안전보장이라는 관점에서 볼 때 가장 까다롭고 문제가 많은 곳은 동방이었을 것이다. 이 지역에서 문제를 완전히 해결할 길은 요원했다. 서방의 적은 문명도가 뒤떨어진 야만족인 반면에 동방의 적은 민도가 높은 파르티아 왕국이었기 때문은 아니다. 동방에 있는 중소 규모의 전제군주국들로 네트워크를 형성하여 그것을 파르티아와의 완충지대로 삼는 것이 공화정 시대부터 일관된 로마의 기본전략이었기 때문이다. 전제군주국은 정세가 불안하다. 왕위를 둘러싼 내분은 전제군주국에서는 일상적인 일이고, 그때마다 제국 전역이 동요한다. 왕실들은 혼인관계로 연결되어 있기 때문에, 내분은 한 나라에만 국한되지 않고 다른 나라의 간섭을 초래하는 게 보통이었다.

왕이 죽을 때마다 정세가 불안해지는 것은 로마의 유일한 가상적국인 파르티아 왕국도 마찬가지였다. 내분이 파르티아 국내에만 국한되면, 파르티아를 공략하지 않기로 결정한 로마에는 강 건너 불이나 마찬가지였다. 그런데 곤란한 것은 새로 왕위에 오른 파르티아 왕이 자신의 위세를 보이려고 이웃나라인 아르메니아를 침공하는 것이었다. 파르티아는 아르메니아 침공이 새 왕의 즉위를 축하하는 행사라도 되는 것처럼 새 왕이 즉위할 때마다 아르메니아로 쳐들어왔다.

아르메니아 왕국은 로마가 오리엔트 방위망의 핵심으로 여기고 있는 나라다. 서기 51년에 또다시 파르티아가 아르메니아를 침공했다. 시리아에 주둔해 있는 4개 군단에는 대기 명령이 떨어진다. 시리아 총독은 클라우디우스 황제에게 전투 개시가 불가피하다는 긴급 보고를 보낸다. 이 시기는 네로를 양자로 맞아들인 시기였지만, 클라우디우스에게는 그게 문제가 아니었는지도 모른다. 그러나 로마에는 다행하게도 겨울철에 군대를 철수한 파르티아가 이듬해 봄에도 다시 출동하지 않았기 때문에, 그해의 아르메니아 침공은 기묘한 형태로 수습되었다. 그

래도 로마는 전보다 더욱 파르티아 왕의 동향을 경계하지 않을 수 없
었다.

동방에 상존하는 또 다른 문제는 유대였다. 유대교도들은 자신들의
특수성을 내세워 로마화를 계속 거부하고 있었다. 당시의 로마화는 곧
보편화를 뜻한다. 클라우디우스는 로마에 반대하지만 않으면 그들의
특수성을 인정해주는 로마의 종래 방식을 고수하고 있었다. 게다가 유
대인 통치는 같은 유대인에게 맡기는 편이 좋다고 생각하여 헤롯 아그
리파에게 유대 전역을 맡기기까지 했다. 하지만 헤롯 아그리파가 죽은
서기 44년부터는 로마의 직할 통치가 계속되고 있었다. 후계자인 아그
리파 2세가 너무 어렸기 때문이다.

서기 50년, 클라우디우스는 성장한 아그리파 2세를 유대 왕위에 앉
히기로 결정한다. 다만 이 젊은 유대 왕은 성실함에서는 아버지를 능
가했지만 군주의 자질은 부족했다. 클라우디우스는 그런 젊은이가 유
대 전역을 통치하는 것은 무리라고 판단했다. 그래서 유대를 크게 세
지역으로 나누어, 처음에는 그 가운데 3분의 1만 아그리파 2세가 다스
리게 하고, 사마리아와 갈릴리는 로마에서 파견된 두 장관이 분담하여
다스리기로 결정했다. 얼마 후에는 유대를 양분하여 아그리파 2세와
로마 장관 1명이 분할 통치하는 체제로 바뀌었지만, 예루살렘과 그 주
변은 로마의 직할 통치 구역으로 남았다. 그러나 종교와 정치는 별개
라고 생각하는 로마인과 신권정치를 요구하는 유대교도의 동거는 항상
폭탄을 안고 있는 거나 마찬가지였다. 게다가 그리스계 주민과 유대계
주민의 해묵은 불화가 문제를 더욱 복잡하게 만들었다. 중동이 화약고
가 된 것은 어제오늘의 문제가 아니다.

이런 땅에 부임하는 총독이나 장관이나 군단장들은 임지로 떠나기
전에 클라우디우스 황제를 알현한다. 부임 인사를 하기 위해서다. 그

자리에서 그들은 자신을 이런 중책에 임명해준 황제에게 감사를 표한다. 그러면 클라우디우스는 으레 이렇게 말하곤 했다.

"나야말로 그대에게 감사해야 하오. 그대 같은 사람들이야말로 내가 짊어지고 있는 제국 통치라는 무거운 짐을 덜어주는 사람들이니까."

중소 군주국을 지원하거나 유대교도를 달래가면서 로마 제국의 동방을 다스리는 것은 번거롭고 골치아픈 일이다. 그럴 바에는 차라리 전체를 로마가 직할 통치하면 되지 않느냐고 생각하는 사람도 있을 것이다. 당시 로마 군사력의 질과 양을 생각하면 직할 통치도 충분히 할수 있었기 때문이다. 하지만 속주화하는 것과 그 지방을 속주로 계속 유지하는 것은 별개 문제다. 동방 전체를 속주로 유지하는 것은 시리아에 주둔해 있는 4개 군단만으로는 절대 불가능한 일이었다. 제국 전역의 방위력인 25개 군단 15만 명의 군단병과 15만 명 가량의 보조병이 로마가 가질 수 있는 군사력의 한계였다. 브리타니아 정복을 결행한 클라우디우스도 2개 군단밖에는 증원하지 않았다. 군사력을 더 이상 늘리려면 로마 제국도 어딘가에서 무리를 해야 한다. 손쉽게 할 수 있는 '무리'는 안전보장비로 여겨진 속주세를 인상하는 것이다. 하지만 속주세를 올리면 속주민의 반발을 초래한다. 반발을 억누르려면 군사력을 더욱 증강할 필요가 있다. 이 악순환은 절대로 피해야 했다.

군단병의 수를 25개 군단 15만 명으로 정한 것은 초대 황제 아우구스투스였다. 군단은 로마 제국의 주요 전력이기 때문에 로마 시민권 소유자만이 지원할 수 있다. 당시 로마 시민(병역 해당 연령인 17세 이상의 남자)의 수는 통틀어 500만 명이었다. 제4대 황제인 클라우디우스 시대에는 100만 명이 늘어나서 600만 명이 되었다. 이론상으로는 군단을 25개에서 30개로, 군단병은 15만 명에서 18만 명으로 늘릴 수도 있었을 것이다. 그런데 티베리우스는 23년 동안이나 제국을 다스리면서 시민 인구가 늘어나는 것을 보았을 텐데도 군단병을 한 명도 증원하지 않았고, 브리타니아 정복을 결행한 클라우디우스도 2개 군단 1만 2천 명을 증원했을 뿐이다. 게다가 브리타니아를 완전히 제패한 뒤에는 이곳에 2개 군단만 주둔시키면 충분하다고 생각했고, 그렇게 되면 아우구스투스가 정한 25개 군단으로 되돌릴 수 있을 터였다.

아우구스투스도 티베리우스도 클라우디우스도, 그리고 그후의 황제들도 대부분 'security'(영어)의 어원인 'securitas'(라틴어)를 군사력에만 의존하는 안전보장이 아니라 현대의 전문가들이 말하는 종합안전보장으로 생각하고 있었다. 군사력을 행사할 필요가 없는 사회 형성을 중시하는 사고방식이다. 이를 위해 로마는 본국과 수도에 필요한 주곡을 전적으로 수입에 의존하는 방침조차 바꾸려 하지 않았다.

서기 51년, 날씨가 좋지 않아서 수입이 중단되는 바람에 수도 로마의 테베레 강변과 외항 오스티아의 창고에 비축된 밀이 보름치밖에 남지 않는 사태가 일어났다.

시민들은 공황에 빠졌다. 무상으로 밀을 배급받고 있는 빈민들까지도 배급이 중단되는 게 아닐까 하고 걱정했다. 비축량이 보름치밖에 남지 않았다는 소식이 퍼지자, 밀의 시중 가격이 폭등했다. 이런 경우 책임자로 비난받는 것은 으레 황제였다. '안전'과 '식량'을 보장하는 것이 황제의 2대 책무였기 때문이다. 역사가 타키투스는 주곡을 외부에 의존한 국가 정책의 실패라고 맹렬히 비난하고 있다.

이때는 황제의 명령으로 여러 곳에서 밀이 수집되고 날씨도 좋아졌기 때문에, 식량을 달라는 시위까지는 일어나지 않고 사태가 해결되었다. 하지만 이런 문제가 완전히 해결된 것은 아니어서, 황제가 임시 대응책을 취해야 하는 경우는 자주 있었다. 이런 식량 위기는 주곡인 밀을 외부에 의존하는 국가 정책의 실패라고 싸잡아 비난하는 것으로 끝날 문제가 아니었다.

국가 로마는 그라쿠스 형제가 앞장서서 제창하고 율리우스 카이사르가 실현한 '농지법'에 이미 나타나 있듯이, 공화정 시대부터 자작농을 장려했다. 요즘으로 말하면 중소기업 보호육성에 열심이었다. 빈민층에 대한 사회복지정책인 '소맥법' 역시 그라쿠스 형제가 시작한 정책이지만, 이 법에 따라 빈민에게 무상으로 밀을 배급하는 것은 이미 국가 정책으로 정착되어 있었다.

이런 일이 중시된 것은 호민관 그라쿠스 형제만이 아니라 종신독재관으로 제정의 토대를 쌓은 카이사르의 지지층도 중류층과 하류층에 속하는 시민들이었기 때문이다. 이와 대립하는 당파는 기득권을 고수하려 하는 대지주 계층이다. 이들은 대부분 조상 대대로 원로원에 의석을 가진 원로원 계급에 속한다. 미국인 학자들 중에는 전자를 '민주당', 후자를 '공화당'이라고 부르는 사람도 있다. 후자에는 공화정 지지파가 많았기 때문에, 의역하면 '공화당'이라고 해도 틀린 것은 아니다. 하지만 미국의 양대 정당을 다른 선진국 정당처럼 간단히 좌파와 우파로 나눌 수 없는 것처럼, 고대 로마의 '양대 정당'도 정책상으로 간단히 양분할 수는 없다. 로마인의 태반이 이데올로기보다는 통치 능력을 더 중시하고 있었기 때문이다.

원로원 체제 고수파 중에는 설령 본심은 기득권 유지에 있다 해도 이론에서는 공화주의라는 이데올로기로 단단히 무장한 사람들도 있었다. 이 이데올로기의 주창자는 키케로였고, 이를 받들어 카이사르를 암살한 것이 브루투스다.

그러나 공화파는 우선 카이사르에게 패했고, 카이사르를 죽인 뒤에는 그의 후계자인 아우구스투스에게 패했다. 이리하여 로마는 공화정에서 제정으로 권력구조가 바뀌었다. 미국에 비유하면, '민주당'의 연속 집권 시대에 접어든 셈이다. 고대 로마의 '공화당'은 원로원에서 과반수를 계속 유지하여, 황제에 대한 반대 세력으로 머무는 것에 만족할 수밖에 없었다. 하지만 황제도 단순한 좌파 정권은 아니었다.

본국 이탈리아의 자작농을 덮친 최초의 위기는 카르타고와 벌어진 제1차 포에니 전쟁으로 로마의 지배를 받게 된 시칠리아 섬에서 밀이 본국으로 대량 수입되면서 일어났다. 그리스인이 많이 사는 시칠리아에는 큰 농장이 발달하여, 시칠리아산 밀이 이탈리아산 밀보다 값이 쌌다. 본국의 밀 농업은 경쟁력을 잃는다. 그라쿠스 형제가 강행하려다가 살해당했기 때문에 중단할 수밖에 없었던 '농지법'은 존망의 위기에 놓인 본국 자작농을 구제하는 데 그 목적이 있었다.

그러나 고대 로마인은 선택권을 하나로 좁혀서 그것 외에는 생각지 않는 융통성 없는 민족은 아니다. 밀이 시장에서 경쟁력을 잃으면, 경쟁에서 이길 수 있는 다른 생산물로 바꾸어 승부할 정도의 유연성은 갖고 있다. 이탈리아 반도는 밀의 대량생산에 적합한 넓은 평야는 없지만, 포도나 올리브를 생산하기에는 적합한 지형을 갖고 있다. 품종은 달라도 농산물이 다시 시장에서 경쟁력을 갖게 되자 본국 이탈리아의 농업도 되살아났다. 그리고 카이사르가 성립시킨 '농지법'에 따라 중소 규모의 자작농을 핵심으로 하는 본국 이탈리아의 농업이 재건되었다. 다만 주곡인 밀을 수입에 의존하는 체제는 그후에도 여전히 지속되었다. 그 까닭은 무엇일까.

현대식으로 생각하면, 시장 원리에 맡긴다는 이야기가 될 것이다. 하지만 로마인은 그것을 제국의 통치 전략으로 생각했다. 뭐든지 자기들끼리만 하려 들지 않고, 능력있는 남에게 맡기는 것이 로마인의 뛰어난 점이었다. 밀 생산에 적합한 땅이 다른 데 있으면 밀은 거기서 생산하고 자기들은 그걸 수입하면 되지 않느냐는 생각이다.

이렇게 생각하는 이상, 본국 이탈리아만이 아니라 제국 전역을 고려해야 하는 제정 시대가 도래하면서 주곡의 자급자족이 더욱 요원해진 것은 당연한 귀결이다.

본국의 자작농을 정책적으로 장려한 것은 로마 시민권 소유자인 이들이 유권자이기도 했기 때문이다. 말하자면 선거대책이었다. 그러나 속주민은 유권자가 아니다. 로마인이 현지인을 고용하여 대규모 농장을 운영하는 것이 속주의 지배적인 농업 형태가 된 것도 속주에서는 유권자를 배려할 필요가 없었기 때문이다. 그 결과 제정 시대의 로마에도 현대의 다국적 기업이 탄생하게 된다. 속주의 대농장은 노임이 싼 노예나 현지인을 대량으로 고용하여 경영하는 일종의 기업이었기 때문이다.

티베리우스의 만년에 발생한 금융위기도 요즘으로 말하면 '대출경색'이다. 금융업자가 속주의 대농장에만 돈을 빌려주고 본국 이탈리아의 자작농한테는 대출을 꺼렸기 때문에 돈줄이 막힌 것이다. 그때 티베리우스는 본국 농업의 공동화(空洞化)를 막기 위해 본국의 중소기업에 대한 구제책을 마련했다. 융자의 일부는 반드시 본국에 투자하도록 규정한 카이사르의 법을 엄격하게 시행하고, 1억 세스테르티우스의 공공자금을 도입하여 3년간 무이자로 빌려준 것이 그의 대책이었다.

농산물의 종류를 바꾸고 품질 향상에 노력한 것도 본국 농업의 경쟁력을 유지하는 데 도움이 되었다. 로마에 후추 따위의 향신료를 수출하는 인도 왕의 식탁에는 이탈리아산 고급 포도주가 놓여 있었다고 한다.

로마 제국은 대경제권이기도 했다(로마 제국과 유럽 연합[EU]을 비교한 오른쪽 지도를 참조할 것). 통치전략상의 문제도 있어서, 주곡인 밀을 수입에 의존하는 방식을 바꿀 수는 없었다. 늘 거기에 마음을 쓴 티베리우스처럼, 또는 밀 수송선의 손해를 보상해준 칼리굴라처럼, 또는 오스티아 항구를 개선하기 위해 대규모 항만공사를 결행한 클라우

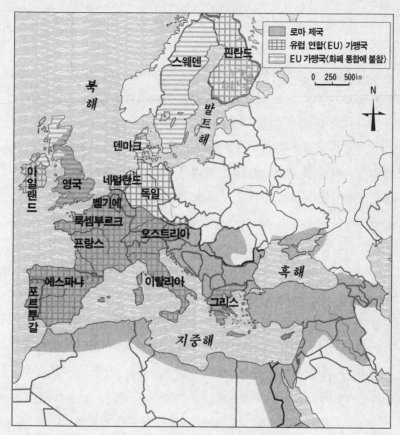

로마 제국(최대 판도, 5현제 시대)과 유럽 연합(1998년 9월 현재)의 비교

디우스처럼, 로마 황제들은 본국에서 필요로 하는 밀을 확보하려고 노력할 수밖에 없었다. 역사가 타키투스의 비난은 이런 국제정치의 현실을 고려하지 않고 식량불안이라는 현상밖에 보지 않은 것이다.

그러나 인구 100만 명에 이르는 수도 로마에서도 굶어죽는 사람은 없었고, 본국 이탈리아에서도 식량을 달라고 요구하는 시위는 일어난 적이 없었다. 만약 그런 시위가 일어났다면 황제의 목쯤은 간단히 날아가버렸을 것이다.

안전보장과 식량확보 이외에 로마인들이 황제의 책무, 즉 국가의 책무로 생각하고 있었던 것은 사회간접자본의 정비였다. 안전도 보장하고 식량을 확보하는 데에도 소홀하지 않았던 티베리우스 황제가 시민에게 좋은 평판을 얻지 못한 것은 국가 재정 건전화를 목표로 긴축재정을 실시하여 공공사업을 회생했기 때문이다. 클라우디우스도 칼리굴라의 방만한 재정을 뒤처리하는 일을 떠맡아야 했지만, '평화' 덕분에 제국 경제력이 증강되어 있었다. 따라서 티베리우스만큼 강력한 긴축재정을 실시할 필요는 없었다. 그리고 역사가이기도 한 클라우디우스는 위정자의 책무인 공공사업의 중요성도 충분히 인식하고 있었다.

칼리굴라가 착공한 수도공사는 클라우디우스가 이어받아 서기 51년에 완공했다. 로마의 사회간접자본에는 착공자의 이름을 붙이는 것이 보통이지만, 칼리굴라는 누구나 잊고 싶어하는 이름이었기 때문에 이 수도는 '아쿠아 클라우디아'(클라우디우스 수도)라고 불렸다. 2천 년 뒤인 지금도 로마 근교의 평원에 길게 이어져 있는 구조물에서 그 흔적을 볼 수 있다.

오스티아 항만공사도 완공을 앞두고 마지막 '끝손질'만 남아 있을 뿐이었다. 이것이 완성되면 지중해 최대의 물동량과 지중해 최고의 설비를 자랑하는 항구가 출현한다.

본국 이탈리아에서 클라우디우스가 벌인 또 하나의 공공사업은 중부 이탈리아에 있는 피치노 호를 간척하여 경작지로 바꾸는 공사였다. 그러나 이 사업만은 실패로 끝났다. 운하를 충분히 파지 않았기 때문에 물이 범람하여 사망자까지 나오는 참사로 끝나버렸다. 황제를 모시고 운하 완공을 축하할 예정이었던 행사는 황제 앞에서 나르키소스와 아그리피나가 말다툼을 벌이는 싸움판으로 변했다. 아그리피나는 공사 전반을 책임진 나르키소스가 공사비의 일부를 착복하여 부실공사를 했기 때문이라고 비난했다. 나르키소스는 해방노예지만 오랫동안 황제의 실무를 대행했다고 자부하는 사람이다. 아그리피나의 그런 비난을 잠자코 듣고만 있지는 않았다. 그는 황후에게 여자가 뭘 안다고 주제넘게 나서느냐고 쏘아붙였다. 클라우디우스는 말다툼하는 두 사람 사이에서 어찌할 바를 모르고 그저 허둥댈 뿐이었다. 카이사르의 기획에 바탕을 둔 이 토목사업이 완성된 것은 그로부터 1천 800년 뒤인 19세기 말이었다. 오늘날에는 광활한 경작지가 되어 있어서, 한때 거기에 드넓은 호수가 있었다고는 상상조차 하기 어렵다. 고대 로마에도 생태학자가 있었다면 도저히 불가능한 사업이었을 것이다.

하지만 나르키소스가 아그리피나에게 주제넘게 나서지 말라고 대꾸한 것도 무리는 아니었다. 아그리피나가 아들(네로)을 원로원에 데뷔시키는 데 전념하든 말든, 비서실장인 나르키소스는 주군인 클라우디우스를 도와서 수수하고 통상적인 정치에 전념하고 있었다. 그런 일은 공공사업처럼 화려하지는 않지만, 그 일을 하지 않으면 제국이 제대로 돌아가지 않는다. 세금 감면을 요청해온 비잔티움 주민에게 속주세를 면제해준 것도 그런 일 가운데 하나였다.

나중에 콘스탄티노폴리스(영어로는 콘스탄티노플), 그리고 오늘날에는 이스탄불이라고 불리는 비잔티움은 서기 1세기에는 제국의 일개 소도시에 불과했다. 특색이 있다면 흑해 출입구에 자리잡고 있다는 것뿐이었다. 이곳 주민들이 황제에게 세금 감면을 요청한 것은 지진이 일어났기 때문도 아니고 화재가 일어났기 때문도 아니다. 원인이 무엇인지는 알 수 없지만, 경제 사정이 나빠졌기 때문이다. 클라우디우스는 5년 동안 속주세를 면제해주기로 결정했다. 세금은 몇 년 동안 면제해줄 테니까 그동안 자력으로 재기하라는 것이 이런 경우에 로마의 중앙정부가 취하는 기본방침이었다. 세금을 낼 수 없게 된 원인이 지진이나 화재나 홍수 같은 자연재해든, 경제 부진 같은 인위적인 재해든 관계없이 면세조치를 취해준 모양이다.

사망

서기 54년 가을, 클라우디우스는 이제 63세가 되어 있었다. 황제에 즉위한 지 13년이 지났다. 예상치도 않게 굴러든 황제 자리였지만, 그는 그 13년 동안 성심성의껏 임무를 수행했다고 자부했다. 피치노 호수의 간척사업은 실패로 끝났지만, 그가 가장 신경을 쓴 오스티아 항만공사는 완성을 눈앞에 두고 있었다. 63세의 클라우디우스는 할 수 있는 일은 다 했다고 생각했을 것이다. 하지만 아그리피나도 준비가 끝나 있었다. 바꿔 말하면 황제로서의 클라우디우스를 필요로 하는 일은 모두 끝났다는 뜻이다. 황제의 섭정이 되어 스스로 국정을 관리하려면, 황제가 될 사람이 너무 성숙해도 곤란하다. 때마침 그 무렵, 건강을 해친 나르키소스가 나폴리 근교에서 요양하기 위해 수도 로마를 떠났다. 클라우디우스에게 충성스런 나르키소스가 없는 지금이야말로 아그리피나에게는 더없이 좋은 기회였다.

버섯요리를 무척 좋아하는 클라우디우스에게 독버섯을 먹였다고 역사가들은 말한다. 그 때문인지 클라우디우스는 식사를 한 뒤에 곧바로 증세를 보이지 않고 한밤중이 지났을 때 갑자기 용태가 나빠져서 그대로 숨을 거두었다.

황제의 죽음은 즉시 공표되지 않았다. 이튿날인 10월 13일 정오, 황궁의 문이 좌우로 활짝 열리고, 네로가 근위대장인 부루스와 나란히 모습을 나타냈다. 그는 황제를 경호하는 역할을 맡고 있는 1개 대대 1천 명의 근위병을 거느리고 있었다. 이때 비로소 클라우디우스 황제의 죽음이 공표되었다.

클라우디우스

네로는 그 길로 곧장 로마 근교에 있는 근위대 병영으로 가서, 근위병들한테 "임페라토르"라는 환호를 받았다. 네로는 병사들에게 일인당 1만 5천 세스테르티우스의 증여금을 약속했다. 13년 전 클라우디우스가 즉위할 때와 똑같았다.

근위대가 네로를 지지한 사실을 안 원로원이 재빨리 네로에게 전권을 부여하기로 결의한 것도 13년 전과 똑같았다.

그러나 원로원 의원들의 기분은 13년 전과 같지 않았고, 네로가 황제에 즉위한 것을 안 시민들의 반응도 13년 전과는 달랐다. 원로원 의원들과 일반 서민들은 아직 17세도 되지 않은 젊은 황제의 출현을 환영했다. 원로원 의원들은 이제 해방노예 나부랭이가 우쭐대는 꼴도 보지 않게 되었다고 기뻐했고, 일반 서민들은 마누라 엉덩이에 깔려 꼼짝 못하는 클라우디우스를 경멸하고 있었기 때문이다. 장례식에서는 세네카가 쓴 추도사를 네로가 낭독했는데, 네로의 추도사가 클라우디우스의 신중함과 사려깊음을 찬양하는 대목에 이르자 장례식에 참석한 사람들이 킬킬거리며 웃었다고 한다.

　원로원에서 네로가 맨 먼저 꺼낸 말은 클라우디우스를 신격화하자고 제안한 것이었다. 클라우디우스는 카이사르나 아우구스투스와 같은 '신격'이 되었다. 하지만 네로에게 이런 제안을 시킨 아그리피나의 속셈은 클라우디우스가 살해된 게 아닐까 하는 의혹으로부터 사람들의 눈을 돌리는 데 있었다고 한다. 신격화라는 파격적인 영예를 주었으면서도, 클라우디우스의 유언장은 공표하지도 않고 완전히 무시해버렸다. 네로를 후계자로 지명하지 않았기 때문이라고 역사가들은 말한다.

　신격이 되면, 그 신격에게 바치는 신전을 지어야 한다. 그러나 클라우디우스를 모신 신전은 카이사르나 아우구스투스의 경우처럼 도심인 포로 로마노에 지어지지 않고, 로마의 일곱 언덕 중에서도 중요한 건물이 없는 첼리오 언덕이 신전 건축부지로 결정되었다. 게다가 건축공사도 얼마 후에는 중단되었다. 책임지고 공사를 추진할 의무가 있는 네로 황제가 열의를 보이지 않았기 때문이다.

　성실하게 황제의 직무에 몰두한 클라우디우스에게는 미안한 이야기지만, 그를 카이사르나 아우구스투스와 동격으로 보는 것은 무리가 아닐까. 로마인들도 그렇게 생각했는지, 로마 역사상 '신격'으로 남은 것은 카이사르와 아우구스투스뿐이다.

　클라우디우스 황제는 신격 클라우디우스가 된 뒤에도 사람들의 비웃음을 면치 못했다. 그리고 이런 면에서 치명적인 독화살을 날린 것은 네로의 가정교사이고 네로가 황제에 즉위한 뒤에는 보좌관 역할을 맡게 된 세네카였다.

　로마 제국 최고의 철학자이자 비극작가일 뿐 아니라, 네로 황제의 보좌관이 되어 로마의 지식인 중에서는 유일하게 적극적으로 정치에 참여한 세네카는 『Apokolokyntosis』라는 제목의 글에서 클라우디우스 황제를 실컷 비웃었다.

『아포콜로킨토시스』가 무슨 뜻인지는 현대의 연구자들도 알지 못하고 있다. 다만 15쪽 남짓한 이 글의 내용은 『거부당한 신격』이라는 제목을 붙여도 좋다는 느낌을 준다. 죽은 뒤 신들 앞에서 재판을 받게 된 클라우디우스가 얼마나 신격이라는 이름에 어울리지 않는 인간인지가 폭로되고, 마지막에는 신격 아우구스투스한테도 단죄를 당한다는 내용이기 때문이다. 패러디는 속사정을 잘 알지 못하면 즐길 수 없는 법이기 때문에, 오늘날에는 본문보다 긴 '주석'을 붙여서 간행하고 있다. 하지만 당시에는 낭송되는 것을 듣기만 해도 웃을 수 있었을 것이다. 세네카는 타키투스에게 "유쾌한 재치와 당대의 취향에 가장 잘 들어맞는 감성의 소유자"라는 평을 받은 사람이다. 이런 풍자문은 사건이 일어난 직후에 쓰거나 아니면 영원히 쓰지 않는 게 보통이니까, 10월 13일 클라우디우스가 죽은 직후에 씌어져, 12월 17일부터 시작되는 로마인의 '바캉스' 기간인 사투르누스 축제 때 네로가 참석한 잔치 자리에서 낭송되었을 것이다. 사람들은 그것을 들으면서 폭소를 터뜨렸을 것이다. 나는 2천 년 뒤에 읽었기 때문인지, 인간성에 대한 상냥함이 결여되어 있다는 느낌밖에는 받지 못했다. 이것은 재기 넘치는 지식인한테서 흔히 볼 수 있는 경향이다.

하지만 클라우디우스 자신에게도 잘못은 있었다. 존경받지 못하고 자란 사람은 존경받는 것으로 얻을 수 있는 실제적인 '플러스 알파', 즉 파급 효과의 중요성을 이해하지 못한다. 그래서 성심성의껏 해나가면 남들도 알아줄 거라고 믿어버린다.

유감이지만 인간성은 그렇게 간단치 않다. 인간이란 존재는, 마음속으로는 남에게 기분좋게 속기를 바라고 있는 게 아닐까—나는 이따금 이런 생각이 든다. 클라우디우스 황제는 기분좋게 남을 속이는 재주라고는 전혀 없는 사람이었다. 이런 재주의 달인이었던 카이사르와 아우구스투스가 로마인에게는 두말할 여지없는 '신격'으로 자리잡고,

세계 역사에서도 제일급 스타라는 사실이 인간성의 이 진실을 증명해
주는 건 아닐까.

클라우디우스 황제는 아내 아그리피나의 야망에 희생되어 63세에 세
상을 떠났다. 그러나 그는 벌여놓은 사업을 미처 끝내지 못하고 죽었
다는 인상은 주지 않는다. 역사가 타키투스는 만년의 클라우디우스가
노화현상을 보였다고 말했지만, 나이가 들면 누구에게나 나타나는 노
화현상이라기보다 13년 동안 황제의 직무를 수행하면서 피로가 쌓인
탓이 아닌가 싶다. 티베리우스는 갑절에 가까운 23년 동안이나 나라를
다스렸지만, 그것은 카프리 섬에 은둔하여 자기에게 편리한 환경을 갖
추었기 때문에 가능한 일이었다. 그는 카프리 섬에서 10년 동안 살았
다. 아우구스투스는 무려 40년 동안이나 황제 자리에 있지 않았느냐고
말할지도 모르지만, 그는 보통 사람이 아니다. 단순히 성심성의만으로
황제의 직무를 수행한 사람은 아니었다.

반대로 클라우디우스는 원로원 회의에도 성실하게 참석하여 충분히
토의를 해달라고 부탁하고, 법정에도 배심원들이 싫어할 만큼 자주 얼
굴을 내밀었다. 황제한테는 그밖에도 중요한 임무가 있지 않느냐는 사
람들의 비판도 아랑곳하지 않고, 법률을 공정하게 집행하는 데 신경을
썼다. 이런 생활을 10년 이상 계속하면 기력이 쇠진하는 것도 당연하
다. 살해된 것은 딱하지만, 그때 죽은 게 차라리 다행이 아니었을까.
죽어서 신들의 법정에 끌려나갔다 해도, 로마의 신들이라면 그를 동정
해주었을 테고, 아우구스투스라면 클라우디우스를 단죄하지는 않았을
것이다.

클라우디우스 황제를 시종일관 도와준 해방노예 나르키소스는 그후
어떻게 되었을까. 그의 소식을 전해주는 확실한 사료는 존재하지 않는
다. 어떤 역사가는 그가 전재산을 바치는 조건으로 남부 이탈리아에서

일개인으로 살아가는 게 허용되었다고 말한다. 그가 옥사했다고 말하는 사람도 있다. 어쨌든 클라우디우스를 풍자한 세네카의 글이 네로를 비롯한 궁정인들 앞에서 낭송되었을 때, 그의 동료였던 팔라스는 그 자리에 있었지만 나르키소스의 모습은 없었다.

현대 연구자들 중에는 그가 나폴리 근교로 요양하러 가게 된 원인은 보통 질병이 아니라 스트레스 때문이었다고 주장하는 사람도 있다. 주인인 클라우디우스도, 그의 노예였던 나르키소스도 기력이 쇠진한 것은 마찬가지였는지도 모른다.

제4부

네로 황제

〔재위 : 서기 54년 10월 13일~68년 6월 9일〕

소년 황제

네로가 황제에 즉위했을 당시, 그의 나이는 16세 10개월에 불과했다. 30세가 넘어야 책임있는 공직에 앉을 수 있는 로마에서는 이례적으로 젊은 황제가 출현한 것이다. 하지만 당시의 로마에 매스 미디어가 존재했고, 그 언론매체가 활용하는 무기의 하나인 여론조사가 존재했다면, 즉위했을 당시 네로가 얻은 지지율은 역시 젊은 황제였던 칼리굴라보다 높으면 높았지 결코 낮지는 않았을 것이다.

하지만 칼리굴라가 등장했을 때와 마찬가지로 그의 지지율이 높았던 것은 선황의 실책으로 평화가 위협받고 경제가 위기에 빠져 사람들의 불만이 높았기 때문은 아니었다. 황제의 가장 중요한 책무는 '안전'과 '식량'의 확보인데, 이것은 둘 다 보장되어 있었다.

그러나 인간은 문제가 없으면 불만을 느끼지 않는 존재가 아니다. 사소한 문제라도 찾아내서 그것을 불만거리로 삼는 게 인간의 본성이다. 이런 인간을 상대해야 하기 때문에 '정치는 고도의 속임수'라는 말도 나온다. 일반 시민이 네로의 등극을 환영한 것은 단지 분위기가 쇄신되기를 원했기 때문이다. 원로원이 환영한 이유는 해방노예로 이루어진 비서관 정치가 폐지되리라고 기대했기 때문이다.

분위기가 새로워진 것은 당연했다. 환갑이 지난 꼴사나운 노인네, 연설을 시키면 고사를 인용하며 강의하는 느낌을 주는 역사가 황제 대신, 영리하고 발랄한 십대 소년이 등장한 것은 신선하기 이를 데 없었다.

비서관 정치에 대한 원로원의 불만도 이유가 없는 것은 아니었다. 클라우디우스가 마음을 써서 이 해방노예들을 '기사계급'으로 격상시키긴 했지만, 로마 사회에서 기사계급은 어디까지나 제2계급이다. 그리고 로마에서는 전통적으로 전방 근무를 중요시한다. 나르키소스를

즉위 당시의 네로

비롯한 비서진이 아무리 격무에 시달려도, 그들의 일터는 황궁이다.

그러나 비서관 정치는 상당히 효율적으로 기능을 발휘하고 있었다. 후세에는 이 비서관 정치가 관료제의 시작으로 여겨질 정도다. 황제는 다방면에 걸쳐 시급히 해결해야 할 문제를 안고 있었다. 황제 혼자서는 도저히 그 많은 문제를 처리할 수 없다. 원로원은 비서관 정치를 싫어했지만, 원로원 의원으로 이루어진 보좌관 정치는 허용했다. 세네카는 아버지 때부터 원로원 계급에 속해 있었다. 그리고 젊은 황제를 보좌하게 된 세네카는 이런 사정을 충분히 알고 있었다.

세네카가 초를 잡고 네로가 원로원 회의장에서 낭독한 새 황제의 '시정 연설'은 다음과 같은 내용으로 이루어져 있었다.

(1) 아우구스투스의 정치로 돌아간다.

(2) 원로원의 권리를 존중한다.

(3) 황제는 사법 집행에 관여하지 않는다.

(4) 도무스(사저)와 레스 푸블리카(직역하면 국가, 이 경우에 맞게 의역하면 관저)를 분리한다.

17세도 안된 황제는 네 항목을 동판에 새겨 보존하고, 매년 초에 새 집정관이 취임할 때 낭독하겠다고 약속했다.

동시대 로마인이라면, 동시대인이 아니더라도 제국이 존재하고 있을 당시의 로마인이라면 이들 항목의 의미를 당장 이해할 수 있었을 것이다. 그러나 우리는 그로부터 2천 년 뒤에 살고 있다. 로마 제국은 멸망한 지 오래다. 따라서 로마인에게는 불필요했던 해설이 필요해지는 것도 당연하다.

우선 첫번째 항목부터 살펴보자. 네로가 복귀하겠다고 선언한 '아우구스투스의 정치'란 무엇일까. 이 말을 들은 원로원 의원들은 그것을 '정체는 공화정이지만 진두에 서서 실제로 통치를 지휘하는 책임은 로마 시민 중의 제일인자에게 맡기는 체제'로 받아들였다. 현대의 연구자들 중에도 그것을 '원수정'으로 생각하는 사람이 적지 않으니까, 당시 로마인들 중에 아우구스투스가 창조한 '교묘한 속임수'——겉모습은 공화정이지만 실체는 제정——를 이해하지 못하는 사람이 많았다 해도 어쩔 수 없는 일이다. 카이사르의 말마따나, 인간은 대부분 자기가 보고 싶은 현실밖에는 보려고 하지 않는 법이기 때문이다. 그래서 아우구스투스의 정치로 복귀하겠다고 선언한 네로는 원로원 의원들의 호감을 샀다.

하지만 생각해보면 티베리우스도, 칼리굴라도, 클라우디우스도 첫마디는 언제나 '아우구스투스의 정치로 돌아간다'였다. 그런데도 원로원은 그들 세 사람, 네로를 포함하면 네 사람 모두에게 비난을 퍼붓는다. 그들의 통치가 당초의 선언에 어긋났기 때문이라면 간단하다. 하지만 진짜 문제는 그게 아니었던 것 같다. 아우구스투스의 정치를 하겠다고 말하긴 했지만, 그 본질인 '교묘한 속임수'를 전개하는 데 필요한 냉철함이 부족했기 때문이 아닐까.

하지만 이런 냉철함을 계속 유지하는 것은 보통 사람에게는 견디기 어려운 일이다. 세네카는 17세도 안된 애제자에게 이론 무장을 시킬 필요를 느꼈는지 『관용에 대하여』(de Clementia)라는 책을 출판했다. 황제에게 왜 관용의 정신이 필요한가를 서술한 이 책은 선정이 실현되기를 바라는 60세 지식인의 열의가 담긴 명저다. 이 책은 네로에게 바쳐졌고, 네로와 문답을 나누는 형식을 취하고 있다. 역사가 타키투스와 더불어 제정 로마를 대표하는 문장가답게, 그의 라틴어 문체는 품격있고 간결하고 우아하다.

내용은 황제의 책무인 관용의 중요성을 이야기한 것인데, 관용의 정신을 계속 유지하려면 반드시 필요한 냉철함에 대해서는 한마디도 언급되어 있지 않다. 세네카는 에스파냐 태생이지만 본국에서 태어난 로마인 이상으로 로마인이었다는 느낌을 주는 대목이 있다. 동정과 관용의 차이를 서술한 대목에서 세네카는 이렇게 말하고 있다.

"동정이란 현재 눈앞에 있는 결과에 대한 정신적 반응이고, 그 결과를 낳은 요인에는 생각이 미치지 않는다. 반면에 관용은 그것을 낳은 요인까지 고려하는 정신적 반응이라는 점에서, 지성과도 완벽하게 공존할 수 있다."

네로는 정말 대단한 스승을 만났다고 말할 수밖에 없지만, 교육의 성과는 '가르치는' 쪽의 자질보다 '배우는' 쪽의 자질에 좌우되는 법이다. 또한 이것은 일종의 군주론이지만, 1천 400년 뒤에 씌어진 또 다른 군주론과는 다르다. 세네카의 '군주론'은 이미 획득한 권력을 어떻게 선용할 것인가를 이야기한 글이고, 마키아벨리의 『군주론』은 어떻게 하면 권력을 얻을 수 있고 어떻게 하면 그 권력을 유지할 수 있는가를 냉철하게 분석한 글이다. 전자는 성선설에 바탕을 두고 있는 반면, 후자는 성악설에 바탕을 두고 있다고 말해도 좋다. 그런데 서양 문명 3천 년 역사에 군주론—즉 지도자론—의 고전으로 남은 것은 마키아벨리의 『군주론』이었다는 게 재미있다.

그렇긴 하지만, 젊은 황제 네로의 슬로건은 세네카의 이론에 따라 '관용'으로 결정되었다. 네로 시대의 화폐에 가장 많이 새겨진 낱말이 바로 'Clementia'(클레멘티아)이다.

네로 황제의 시정 연설의 두번째 항목은 '원로원의 권리를 존중한 다'는 것이었다. 이것은 구체적으로는 공화정 시대부터 '원로원 권고' (세나투스 콘술툼)라는 이름으로 인정된 원로원의 입법권을 존중한다 는 뜻이다. 바꿔 말하면 아우구스투스 이후 황제의 권리가 된 '긴급조 치령'(데클레툼) 발동을 줄이고, 입법부의 지위를 원로원에 돌려주겠 다는 뜻이다. 원로원이 환영한 것도 당연하다.

세번째 항목도 구체적으로 말하면 사법권 독립을 선언한 것과 마찬 가지다. 로마의 법정에서는 그해의 법무관이 재판장을 맡고, 전문 검 사를 두지 않기 때문에 원고나 그 대리인이 검사 역할을 맡고, 피고도 변호인을 선임하여, 원고측과 피고측이 서로 증거와 증인을 내세워 논 전을 벌이고, 배심원들이 판결을 내린다.

그러나 아우구스투스 이후로는 황제가 재판에 관여하는 것이 당연시 되었다. 그래서 제2대 황제 티베리우스나 제4대 황제 클라우디우스는 자주 법정에 얼굴을 내밀었다. 하지만 이들 두 사람이 모든 재판에 얼 굴을 내민 것은 아니다. 그들이 참석하려고 애쓴 재판은 대부분 속주 민이 원고가 되어 속주 총독이나 장관을 고발한 경우였다는 사실을 잊 어서는 안된다. 속주에 근무하는 총독이나 장관이 직권 남용으로 부정 을 저지르거나 공갈 행위로 속주민을 등치는 것이 속주 통치의 가장 큰 폐해라고 생각했기 때문이다.

티베리우스는 날카롭고 가차없는 질문을 퍼부어 피고를 궁지에 몰아 넣었고, 클라우디우스는 자세한 증거를 늘어놓아 피고를 꼼짝 못하게 했다. 황제의 이런 적극적인 관여가 배심원들의 판결에 영향을 준 것은 쉽게 짐작할 수 있다.

그러나 배심원이 되려면 일정한 재산을 갖고 있어야 했기 때문에, 사실상 배심원은 로마 사회의 제1계급과 제2계급인 원로원 계급과 기사계급에 속하는 사람들이었다. 그리고 직권 남용으로 고발당한 속주 총독이나 장관들도 원로원 계급이나 기사계급 출신이었다. 피고와 그 피고를 재판하는 사람들이 한통속인 셈이다. 이 방식의 문제점은 부정축재를 한 속주 총독이 면죄부를 받는 현상으로 나타났다. 공화정 말기에는 속주에 근무하는 동안 큰 재산을 모은 속주 총독이 본국으로 돌아온 뒤 속주민에게 고발당해도 로마 법정에서는 결국 무죄 판결을 받는 경우가 많았기 때문이다.

아우구스투스는 이런 문제점을 개선하려고, 로마 사회의 계급을 초월한 존재──그가 즐겨 쓴 표현을 빌리면 '제일인자'──가 재판에 관여하는 것을 법제화했다. 티베리우스와 클라우디우스도 그것을 충실히 답습했다. 실제로 황제들이 눈을 부릅뜨고 감독한 탓도 있어서, 제정 시대에 접어든 뒤로는 속주 근무자의 직권 남용이 크게 줄어들었다. 공화정 동조자인 타키투스조차도 "몰라볼 만큼 깨끗해졌다"고 쓸 수밖에 없었다. 하지만 최고권력자가 법정에 얼굴을 자주 내미는 것은 로마의 특권층이 티베리우스와 클라우디우스에게 반발하는 이유가 되었다.

네로 황제는 사법 집행에 '제일인자'가 관여하지 않겠다고 선언했다. 티베리우스와 클라우디우스의 흉내는 내지 않겠다고 말한 것이다. 사법권 독립은 누가 생각해도 옳다. 하지만 당시 로마의 실정을 생각하면 이것은 한통속끼리의 재판을 방치하는 상태로 돌아간 것을 의미했다.

네로가 시정 연설에서 네번째로 거론한 것은 도무스(사저)와 레스 푸블리카(관저)를 분리하는 문제였다. 이것도 분명 클라우디우스와의

세네카

차별화를 노린 선언으로, 비서관 정치 폐지를 표명한 것에 불과하다. 세번째 항목과 함께 이 네번째 항목도 원로원의 호감을 산 것은 물론이다. 클라우디우스의 비서관들은 비록 말투는 정중하지만 원로원 의원들을 얕잡아보는 태도가 역력했다. 해방노예 나부랭이한테 그런 수모를 당하고 있던 원로원 의원들로서는 10년 묵은 체증이 내려간 기분이었을 것이다.

하지만 비서관 정치를 폐지하고 보좌관 정치로 바꾸었다 해도, 제국 통치의 실무를 보필하는 역할은 누군가가 맡아야 한다. 결국 비서관은 클라우디우스 시대처럼 공식적인 존재가 아니라, 카이사르나 아우구스투스나 티베리우스 시대처럼 비공식적인 관료 시스템으로 남게 되었다.

이렇게 해석하면, 즉위했을 당시 네로의 정책이 얼마나 원로원 쪽으로 기울어져 있었는가를 알 수 있다. 세네카는 원로원 의원이었지만, 그보다는 지식인이고 저술가였다. 그는 원로원이라는 존재가 입법기관이자 인재 풀(pool)일 뿐 아니라, 요즘 말하는 '미디어'이기도 하다는 것을 알고 있었을 게 분명하다. 실제로 로마 역사상 저술활동을 한 사람은 대부분 원로원 의원이다. 또한 원로원에서 토의된 내용은 티베리우스 시대부터는 정기적으로 『악타 세나투스』(원로원 의사록)라는 이름으로 제국 전역에 배포되고 있었다. 그리고 요즘 같은 '대중매체'가 아니면 '미디어'가 영향력을 발휘할 수 없는 것은 아니다. 후세의 우리가 로마에 대해 갖고 있는 지식은 고고학적 업적을 제외하면 대부분 원로원 의원들의 저술에서 얻은 것이다. 저술가이기도 했던 세네카가 여론의 호감을 사려면 우선 원로원의 호감을 사야 한다고 생각한 것은 옳았다.

빈곤 상태에 있는 유서깊은 명문 출신 원로원 의원에게 해마다 50만 세스테르티우스의 연봉을 지급하는 법안은 세네카가 발의하여 네로 황제의 이름으로 제출한 것이었다. 원로원은 이 법안을 다수의 찬성으로 가결했다. 연봉 지급 대상은 생활을 꾸려나갈 수 없을 만큼 가난한 사람이 아니라, 원로원 의원에게 어울리는 생활 수준을 유지할 수 없는 사람들이다. 신참 의원들 가운데 이런 의미의 빈곤자가 있으면 어떻게 하나 싶은 생각도 들지만, 100만 세스테르티우스의 재산이 있어야만 원로원에 들어갈 자격을 갖는다. 그러니 연봉을 받지 못하면 원로원 의원의 품위를 유지할 수 없을 만큼 가난한 사람은 신참 의원들 중에는 없었을 것이다. 그리고 여기에 나타난 네로의 원로원 편향 정책은 그가 죽은 뒤에도 사람들이 "네로의 5년 동안의 선정"이라고 평가한 이유가 되었다. 이것은 원로원이 곧 '미디어'였다는 증거가 아닐까. 원로원이 곧 '미디어'라는 사실을 알고 있었던 또 한 사람은 바로 율리우스 카이사르였다. 원로원 체제를 타도하려 한 카이사르는 '원로원 미디어'에 저항하여, 그 체제의 타도 과정을 자기 손으로 썼다. 『내전기』라는 제목으로.

그러나 아우구스투스의 정치로 복귀하겠다고 선언한 네로의 성의는 인정한다 해도, 아우구스투스가 창조한 로마식 제정은 단순한 원로원 편향이 아니라, 그 제정을 실시하는 사람에게 무엇보다도 냉철함을 요구하는 '교묘한 속임수'였다. 이 복잡미묘한 성격을 지식인인 세네카는 이해하고 있었을까. 여기에 대한 평가는 뒤로 미루기로 하고, 즉위한 직후의 네로와 그의 보좌역인 세네카의 통치능력을 평가하는 시금석은 원로원 대책이 아니라 파르티아 문제였다. 서기 54년 가을도 깊어갈 무렵, 파르티아군이 아르메니아 영토에 침입했다는 소식이 로마로 전해졌다.

강국 파르티아

기원전 21년, 네로가 즉위한 해로부터 74년 전, 아우구스투스는 파르티아 왕국과 평화조약을 맺었다. 유프라테스 강을 국경으로 정하고, 상호불가침을 약속한 것이다. 유프라테스 강에 떠 있는 섬에서 황제 대리로 이 조약을 체결한 것은 당시 21세였던 티베리우스였다.

하지만 이것은 평화와 우호관계 유지를 약속한 것일 뿐, 동맹조약은 아니다. 오리엔트인의 머릿속에는 동맹이라는 개념이 존재하지 않는다. 이겨서 지배하거나 져서 굴종하거나, 둘 중 하나일 뿐이다. 카이사르가 암살당하지 않고 계획대로 파르티아 침공을 실현했다면 어떻게 되었을까. 카이사르라면 당연히 파르티아에 승리했을 테고, 그후에 동맹조약을 맺었을 것이다. 로마인은 우선 상대를 이기고 나서, 패배한 상대와 동맹관계를 맺는다.

하지만 카이사르의 뒤를 이은 아우구스투스는 쓰라린 경험—기원전 53년에 일어난 크라수스 군대의 전멸, 기원전 36년에 일어난 안토니우스 군대의 원정 실패—을 겪지 않으면 안되었다. 로마군은 파르티아에 대해 한번도 이겨본 적이 없었다. 아우구스투스 자신도 군사력에 호소하여 성공할 자신이 없었다. 그래서 평화조약을 맺는 쪽을 선택한 것이다. 이것은 현실적인 선택이었다.

그런데 로마인들이 동맹국을 '아미쿠스'(친구)라고 부른 것이 보여주듯이, 동맹관계라면 우방이다. 하지만 평화조약만 맺은 상대는 적도 아니지만 우방도 아니다. 그래서 로마는 북쪽과 서쪽과 남쪽에서 파르티아를 에워싸는 형태의 포위망을 형성하고, 언제 적으로 변할지 모르는 파르티아에 대비하고 있었다.

이 네트워크는 시리아 속주나 이집트 같은 직할 통치 지역과 아르메니아나 카파도키아, 아우구스투스 시대의 유대 같은 중소 군주국으로 이루어져 있었다. 로마는 동방의 중소 군주국들과는 동맹관계를 맺고 있었다. 동맹국은 로마에 속주세를 낼 의무는 없지만, 로마가 군사행동을 일으킬 경우에는 병력을 제공하거나 군량과 무기를 지원할 의무가 있었다.

그러나 어떤 체제라도 반드시 단점을 갖게 마련이다. 로마가 오리엔트에 형성한 방위망의 아킬레스 힘줄은 파르티아와 접경하고 있는 아르메니아 왕국이었다. 이 나라를 우방으로 끌어들이지 않는 한, 포위망은 제대로 기능을 발휘할 수 없기 때문이다.

로마는 아르메니아한테는 져본 적이 없다. 공화정 말기에 루쿨루스와 폼페이우스가 이끄는 로마군이 아르메니아를 상대로 싸웠지만 매번 승리를 거두었다. 루쿨루스는 카스피 해까지 진격했다. 그렇기 때문에 아르메니아와는 동맹관계를 맺을 수 있었고, 이런 관계를 유지하기에 편리하도록, 로마가 원하는 군주를 아르메니아 왕위에 앉힐 수도 있었다.

그러나 다른 동맹국들보다 지리적으로 동쪽에 자리잡고 있는 아르메니아는, 언어도 풍습도 주민들의 사고방식도 파르티아를 맹주로 하는 페르시아 문명권에 속한다. 페르시아 민족이 아르메니아는 자기네 땅이라고 생각했다 해도 무리는 아니다. 그리고 이런 생각을 가진 파르티아인은 로마와 싸우면 항상 이겼다는 자신감도 갖고 있었다.

이것이 현실인 이상, 로마의 아르메니아 대책—다시 말하면 파르티아 대책—이 임기응변의 미봉책으로 일관한 것도 어쩔 수 없는 일이었다. 제국의 서방에서는 근본적인 해결책을 쓸 수도 있었겠지만, 동방에서는 그것이 불가능했다.

그래서 로마 제국의 역사에서는 '아르메니아—파르티아 문제'가 되풀이 발생한다. 그때마다 로마는 임기응변으로 대처했지만, 그런 미봉책도 수십 년 동안은 문제 발생을 억제하는 데 도움이 되었다. 그것은 로마가 단순한 대화로 문제 발생을 억제한 것이 아니라, 군단을 배경으로 한 힘의 외교로 대처했기 때문이다.

흥미로운 것은, 파르티아가 로마와 동맹관계에 있는 아르메니아 왕국을 침공하여 '아르메니아—파르티아 문제'를 일으키는 것은 로마 황제의 힘이 약해졌다고 판단했을 때라는 사실이다. 지난번에 문제가 발생한 것은 서기 34년, 카프리 섬에 은둔한 지 오래인 티베리우스 황제가 75세 되던 해였다. 파르티아는 노쇠한 황제가 단호히 대응할 수는 없으리라고 판단하고 아르메니아를 침공했다. 하지만 티베리우스는 어느 연구자의 말을 빌리면 "늙어서도 여전히 테러블"했다. 파르티아군이 아르메니아를 침공한 것을 안 티베리우스는, 나중에 클라우디우스 황제의 좋은 협력자가 되는 루키우스 비텔리우스를 급파하여, 아르메니아를 지키겠다는 로마의 의지를 분명히 했다. 제국 동방의 로마군 총사령관으로서 전권을 부여받은 비텔리우스는 동방에 있는 로마군을 모두 아르메니아로 집결시켰다. 그것만으로도 충분했다. 파르티아 왕은 아르메니아에서 손을 뗄 수밖에 없었다.

그로부터 20년이 지난 서기 54년, 이번에도 파르티아는 이제 갓 즉위한 젊은 황제가 단호히 대응하는 것은 무리라고 판단했다. 하지만 이번에도 로마에는 티베리우스만큼 '테러블'하지는 않았지만, 속주 출신인데도 제국의 안전보장에 열의를 갖고 있는 세네카가 있었다. 세네카는 티베리우스만큼 과감하지는 않았지만, 또다시 발생한 '아르메니아—파르티아 문제'에 대한 대처는 티베리우스 못지않게 신속했다.

코르불로 기용

세네카는 동방에 파견할 총사령관을 제대로 골랐다. 그나이우스 도미티우스 코르불로는 8년 동안 저지 게르마니아군 사령관을 지내면서, 4개 군단에 보조병을 합하여 4만 명에 이르는 병력을 이끌고 라인 강하류 일대를 성공적으로 지켜온 장수다. 게다가 제정 로마가 충분히 기능을 발휘하고 있던 시대에는 라인 강 앞에 가만히 앉아서 적을 기다리는 게 아니라, 무시로 강을 건너 공격함으로써 게르만족에게 로마의 군사력을 과시하는 것이 방위의 요체로 여겨지고 있었다. 코르불로의 적극 전술이 효과를 거둔 것도 여기에 이유가 있다. 하지만 때로는 그 적극 전술에 지나치게 박차를 가하여 게르만족 땅으로 너무 깊숙이 쳐들어갔다가, 클라우디우스 황제의 명령으로 라인 강까지 철수한 적도 있었다.

남프랑스 속주 출신인 코르불로는 그밖에도 동료들과는 다른 특징을 갖고 있었다. 부하 병사들만이 아니라 적에게도 인망이 높았던 것이다. 코르불로가 온후한 성격이라서 누구나 따뜻하게 대해주었기 때문은 아니다. 그와는 정반대로, 코르불로는 엄격하기로 유명했다. 이처럼 사람들에게 경외심을 불러일으킨 것이 아군만이 아니라 적에게도 인망이 높았던 이유인지 모른다. 나이는 확실치 않지만, 동방 파견이 결정된 서기 54년 말에는 50대 중반이었을 것이다. 이 시기에 로마 제국 변경을 지킨 사령관들 가운데, 강대국 파르티아와 맞서 싸우게 될지도 모르는 동방 주둔군 총사령관을 맡을 만한 인물은 코르불로밖에 없었다.

세네카의 잘못은 코르불로에게 전권을 주지 않은 것이다. 서기 55년 봄, 라인 강에서 유프라테스 강까지 먼 길을 달려간 코르불로는 체면을 구기고 기분이 상해 있는 시리아 속주 총독 콰드라투스의 영접을 받았다.

하지만 장수들 사이의 경쟁심은 늘상 있는 것이니까, 이것이 로마의 동방대책에 장애가 된 것은 아니다. 파르티아와 전쟁에 돌입한 것은 아니기 때문에, 코르불로의 지위는 동방 주둔군 총사령관이 아니라 카파도키아와 갈라티아 속주의 총독으로 되어 있었다. 동방에 주둔해 있는 로마군의 계급에서는 4개 군단을 지휘하는 시리아 속주 총독이 가장 지위가 높다. 속주화되긴 했지만 군단도 배치하지 않은 소아시아 동부의 카파도키아와 갈라티아 총독은 지휘계통상 시리아 속주 총독보다 밑에 있었다. 그래서 콰드라투스가 로마에서 받은 훈령은 휘하의 4개 군단 가운데 2개 군단을 코르불로에게 떼어주고, 콰드라투스는 남쪽에서, 코르불로는 서쪽에서 파르티아군을 공격하여 아르메니아에서 몰아내도록 노력하라는 것이었다. 군무 경험이 없는 세네카의 군사적 무지를 그대로 드러낸 훈령이었다.

지휘계통이 확립되지 않으면 군사행동은 일으킬 수 없다. 그래도 일으키면 조만간 파탄이 난다. 코르불로는 현지에서 정황을 냉철히 관찰했을 것이고, 그 결과 파르티아 왕이 동생인 티리다테스를 아르메니아 왕위에 앉힌 뒤에는 군사행동을 중지해버린 것을 알았을 것이다. 사실 파르티아 왕 볼로가세스는 로마와 싸울 생각이 전혀 없었지만, 로마는 아직 그것을 모르고 있었다. 그러니 서둘러 군대를 진격시켜야 할 상황이 아니라는 것은 코르불로도 깨달았을 것이다. 그리고 콰드라투스가 코르불로에게 보내온 2개 군단은 그대로는 도저히 전쟁터로 데려갈 수 있는 상태가 아니었다.

이런 여러 가지 사정을 고려한 결과, 코르불로는 엄한 규율로 병사들의 군기를 잡는 데 어느 정도의 시간은 쓸 수 있겠다고 판단했다. 그때까지는 로마에 있는 황제—실제로는 세네카—가 지휘계통을 확립할 필요성을 깨달아주리라고 기대한 것이다.

그런데 로마에서는 전략을 변경했다는 통보가 좀처럼 오지 않았다. 파르티아군이 유프라테스 강을 건너 시리아로 쳐들어온 것도 아니기 때문에 절박감이 적었던 탓도 있다. 하지만 동방을 방치한 진짜 이유는 네로도 세네카도 이 시기에는 다른 문제로 머리가 복잡했기 때문이다.

어머니에 대한 반항

교묘히 술수를 부려 아들 네로를 제위에 앉히는 데 성공한 아그리피나는 의기양양했을 것이다. 만사가 그녀 뜻대로 진행되어, 원로원도 일반 시민도 클라우디우스 황제가 독버섯 중독으로 죽었다는 공식 발표를 순순히 받아들였다. 조금은 의심했을지 모르지만, 아무도 그 문제를 파고들지 않았다. 그리고 선황의 유언장을 공표하라고 요구하지도 않고, 선황의 친아들 브리타니쿠스를 제치고 양자인 네로가 제위를 계승하는 것을 승인했다. 아직 십대인 새 황제의 섭정으로 사실상 제국을 다스리겠다는 아그리피나의 야망은 완벽하게 실현된 듯싶었다.

사실 아그리피나는 황후였을 때보다 황태후가 된 뒤에 자기 존재를 더 강력히 주장하게 되었다. 공식 석상에서는 늘 네로 옆에 자리를 잡았고, 원로원 회의도 포로 로마노 근처에 있는 의사당이 아니라 팔라티노 언덕에 있는 황궁에서 열게 했다. 아그리피나가 눈에 띄지 않게 숨어서나마 의원들의 발언을 듣기 위해서였던 것은 말할 나위도 없다.

로마 제국의 화폐는 액면가치와 실질가치를 일치시키려고 애씀으로써 제국이라는 대경제권의 국제통화 역할을 맡는 동시에, 역대 황제의

네로와 어머니

옆얼굴을 새겨 최고통치자의 존재를 일반인에게도 널리 알리는 '선전 수단' 역할도 맡고 있었다. 하지만 황제가 바뀌어도, 선황의 얼굴이 새겨진 화폐를 모두 회수하고 새 황제의 얼굴이 새겨진 화폐로 바꾸지는 않았다. 국제통화의 신용을 유지하기 위해서는 액면가치와 실질가치가 일치하기만 하면 되기 때문이다. 따라서 몇 대 전의 황제 얼굴이 새겨진 화폐, 심지어는 공화정 시대의 화폐가 시중에서 계속 유통되어도, 액면가치와 실질가치가 일치하면 문제될 게 없었다. 이것이 후세의 지폐와는 다른 점이다. 이런 사정으로 로마 제국에서는 로마 역사를 장식한 수많은 인물들의 얼굴이 새겨진 화폐가 계속 유통되었지만, 바로 그렇기 때문에 새로 황제가 된 사람이 발행하는 화폐가 더욱 주목을 받았다.

아그리피나는 아들과 자기가 마주보고 있는 구도의 그림을 화폐 도안으로 채택했다(위의 사진 참조). 여자의 옆얼굴을 새긴 화폐는 그전에도 있었다. 국가 로마의 표상은 원래 여신의 얼굴인 경우가 적지 않다. 하지만 황제와 어머니가 같은 화폐에 함께, 게다가 평등한 지위를 과시하듯 마주보는 형태로 새겨진 것은 금시초문의 일이었다. 오늘날까지 남아 있는 것은 금화(아우레우스)뿐이지만, 금화보다 유통량이 많았던 은화(데나리우스)에도 이 도안이 채택되지 않았다고는 아무도 단언할 수 없다. 언제 어디서 무엇이 발굴될지 모르는 게 고고학이다. 어쨌든 아그리피나의 권세는, 적어도 네로가 즉위한 직후에는 그녀가 바란 대로였다. 황제의 포고령에도 'Augusta. Mater augusti'(황후이자 황태후)라고 쓰게 했을 정도였다.

하지만 로마 여자로서는 처음으로 자기 뜻에 따라 권력을 행사하고 싶어한 아그리피나는 터무니없는 오산을 하고 있었다. 네로는 그녀의 피를 받은 아들이고, 따라서 그녀와 똑같은 생각을 할 가능성이 크다는 것까지는 계산에 넣지 않은 것이다. 어머니가 자기 뜻대로 하고 싶어한다면, 아들 역시 그러고 싶어한다 해도 이상할 게 없다. 십대 소년이니까 아직 그렇게까지 자립하지는 않았을 거라고 생각했다면, 그거야말로 터무니없는 오산이라고 말할 수밖에 없다. 네로에게 지성이 있었는지 여부는 제쳐두고, 네로는 당대 제일의 재주꾼인 세네카가 사랑한 제자다. 네로는 영리하고 재기가 넘치는 젊은이였다. 아그리피나의 성격으로 미루어보아, 그녀는 자기와 비슷한 성질을 가진 아들에게 날마다 '네가 황제가 된 건 엄마 덕분'이라는 말을 되풀이했을 게 분명하다. 그 결과, 여느 가정의 십대 아들과 어머니 사이에서 일어날 수 있는 사태가 일어났다.

아들이 어머니에게 반항하기 시작한 것이다. 첫번째 반항은 어머니가 경멸할 게 뻔한 여자를 사랑한 것이었다. 네로는 아크테라는 여자 노예한테 홀딱 반해버렸다. 하지만 처음에는 어머니한테 그것을 감추려고 애썼고, 세네카에게 도움을 청했다. 네로가 울며 매달리자, 세네카는 제 사촌이고 황궁 경호대장인 안니우스에게 아크테를 사달라고 부탁했다. 그런 다음 아크테를 해방노예의 신분으로 만들고 안니우스의 애인으로 위장하여 네로와 밀회할 수 있게 해주었다.

그래도 어머니의 눈을 계속 속일 수는 없었다. 노예였던 여자와 아

아그리피나

들의 관계를 알게 된 아그리피나는 무자비한 어조로 비난했다. 옥타비
아라는 아내가 있는데 다른 여자와 관계했기 때문에 화를 낸 것은 아
니다. 관계한 여자가 해방노예라는 사실이 그녀를 화나게 했다. 아그
리피나는 아크테를 경멸하는 말을 아무렇게나 내뱉었다. 하지만 아들
이 사랑한 여자를 경멸하는 것은 그 여자를 선택한 아들을 경멸하는

것과 마찬가지라는 사실을 아그리피나는 미처 깨닫지 못했다.

세네카도, 근위대장으로 본국 이탈리아의 군사력을 장악하고 있는 부루스도, 어머니에 대한 네로의 반항을 지지했다. 아니, 뒤에서 은밀히 지지한 정도가 아니라 적극적으로 협력했다. 네로의 두번째 반항은 클라우디우스 시대의 '해방노예 3인방' 가운데 한 사람으로 '경제 비서관' 자리를 차지하고 있던 팔라스를 해임한 것이었다. 선황의 비서관 정치를 폐지하겠다고 선언한 이상, 네로에게는 팔라스를 해임할 명분이 있다. '3인방' 가운데 나르키소스와 칼리스투스는 실각했는데 팔라스만 유임시킬 수는 없는 노릇이었다.

그러나 팔라스는 클라우디우스의 재혼 상대로 아그리피나를 추천했을 때부터 시작하여, 황후가 된 아그리피나가 네로를 황제로 옹립하기 위해 음모를 꾸밀 때도 적극적으로 도와준 사람이다. 아그리피나가 팔하나를 잘린 기분이 든 것도 당연하다. 게다가 세네카는 팔라스를 해임시키는 대신, 팔라스의 동생을 유대 장관에 유임시키고 팔라스 자신의 안락한 여생을 보장하겠다는 두 가지 조건을 제시한 모양이다. 그것으로 팔라스 해임을 저지하려 들 게 뻔한 아그리피나와 팔라스의 공동 전선을 무너뜨리려 한 것이다. 해임을 순순히 받아들인 팔라스는 수도를 떠났고, 아그리피나는 혼자서 분노를 폭발시켰다.

화가 복받친 여자가 기승을 떨기 시작하면 말을 홍수처럼 쏟아내게 마련이다. 누구 앞이든, 누가 듣고 있든 아랑곳하지 않게 된다. 아들 방으로 쳐들어간 아그리피나의 입에서는 온갖 언사가 쏟아져나왔다.

네놈이 황제가 될 수 있었던 게 누구 덕인지 아느냐. 네놈을 황제 자리에 앉히려고 내가 어떤 희생을 치렀는지 아느냐. 그런데 어떻게 나한테 이럴 수가 있느냐. 불효막심한 놈. 배은망덕한 놈. 병신(왼팔이 없는 부루스를 가리킴)과 추방자(유배당했다가 돌아온 세네카를 가리킴)의 보좌만 받으면 이 대제국을 통치할 수 있을 성싶으냐!

아헤노바르부스 씨족 출신인 네가 황제가 될 수 있었던 것은 어머니인 나를 통해 율리우스 씨족의 피를 물려받은 덕분이다. 그것조차 인정하지 않는 너보다는 차라리 브리타니쿠스가 훨씬 낫다. 그 아이도 이제 열네 살이다. 더 이상 어린애가 아니다. 나는 브리타니쿠스를 데리고 근위대 병영으로 갈 작정이다. 근위병들도 게르마니쿠스의 딸이 하는 말에는 귀를 기울여줄 것이다. 브리타니쿠스는 선황의 적자다. 제위 계승권에서는 중간에 밀고들어온 양자보다는 적자가 정통을 주장할 수 있다. 황제로 만들어준 은혜도 잊어버리고 어머니를 업신여길 줄밖에 모르는 너 같은 놈은 천벌을 받아 마땅하다!!!

이런 식으로 아그리피나는 로마 시대의 역사가들을 기쁘게 해주기에 충분한 말을 쏟아냈다. 하지만 이것이 네로의 가슴에 공포심을 불러일으켰다. 지금까지는 그저 어머니와 되도록 얼굴을 마주치지 않으려고 애쓰는 게 고작이었지만, 이제 어머니 같은 여자는 한바탕 퍼부어대는 것만으로 끝내지 않고 그 말을 실행에 옮길지도 모른다는 두려움이 고개를 든 것이다. 건강도 좋지 않고 재능도 성격도 두드러지지 않았기 때문에 존재가 희미했던 브리타니쿠스의 운명은 이것으로 결정되었다.

세네카와 부루스를 좋게 평가하고 싶은 역사가들은 브리타니쿠스 살해에 이들이 관여하지 않은 게 분명하다고 주장하지만, 나는 방조라는 형태로나마 관여했다고 생각한다. 만약 아그리피나가 브리타니쿠스를 옹립하여 네로와 대립하는 입장에 섰다면, 병사들 사이에 아직 '게르마니쿠스 신화'가 살아 있는 현실에서는 자칫하면 내전이 일어났을지도 모른다. 황제가 젊고 자식도 없는 경우, 제위 계승권을 주장할 수 있는 자는 후계자라기보다는 경쟁자가 된다. 그자를 없애는 것은 곧 경쟁자 제거를 의미한다. 칼리굴라도 선황 티베리우스의 친손자인 게

멜루스를 죽였다. 아우구스투스도 카이사리온(클레오파트라가 카이사
르와 관계해서 낳은 아들이라고 주장한 인물)을 죽였다. 그러나 같은
클레오파트라의 아들이라도 안토니우스의 자식들은 그가 친히 맡아서
키워주었다.

카이사리온을 죽였다는 이유로 아우구스투스를 비난한 사람은 아무
도 없었다. 칼리굴라도 게멜루스를 죽였다는 이유로 비난받지 않았다.
브리타니쿠스는 지병인 천식 발작으로 죽은 것으로 공표되었다. 의심
을 품은 사람도 있었겠지만, 대부분은 납득했다. 1천 600년 뒤인 17세
기에 프랑스 극작가 라신이 쓴 『브리타니쿠스』는 이때 죽은 브리타니
쿠스를 주인공으로 한 비극이다.

그러나 브리타니쿠스의 죽음으로 누구보다 타격을 받았을 터인 아그
리피나는 체념이라는 것을 모르는 여자였다. 브리타니쿠스의 죽음은
확실히 큰 타격이었지만, 그것은 이 의붓아들을 사랑했기 때문이 아니
라 그녀 자신이 권력을 상실할 우려가 있었기 때문이다. 당시 40세였
던 아그리피나는 맹렬한 반격을 개시했다.

우선 자금을 모아야 한다. 그녀만한 혈통과 지위를 갖고 있으면, 유
산 상속으로 많은 재산을 축적할 수 있었다. 그 재산은 사유지나 투자
자산의 형태로 대리인을 통해 관리하고 있었다. 아그리피나는 그것을
팔아서 현금을 마련했다.

다음에는 이렇게 마련한 자금을 라인 강 연안에 주둔해 있는 게르마
니아 군단에 투입했다. 뿐만 아니라 클라우디우스 황제의 아내였을 때
그녀는 자신의 고향인 오늘날의 쾰른에 퇴역병들을 이주시켜 식민도시
(콜로니아)로 승격시키고, 그 도시에 자기 이름을 붙였다. 자기 이름
이 붙은 지역을 명실공히 도시화하기 위해 자금을 투입하는 것이므로

명분은 충분했다. 하지만 진짜 목적은 라인 강 주둔 군단병을 자기편
으로 끌어들이는 데 있었다. 7개 군단이니까 4만 2천 명이다. 이 정예
를 우군으로 끌어들일 수 있다면 뭐든지 할 수 있다. 아그리피나는 황
궁에 살면서, 라인 강 주둔군 군단장들과 은밀히 연락하기 시작했다.

셋째, 남편 네로에게 소박을 맞고 동생 브리타니쿠스마저 세상을 떠
나 우울증에 빠진 옥타비아를 위로한다는 구실로 며느리에게 접근했
다. 로마의 일반 서민들은 수수하고 얌전한 이 여인을 동정하고 사랑
했다. 옥타비아를 자기편으로 끌어들이는 것은 서민층에 인기가 없었
던 아그리피나로서는 자신의 단점을 보완하는 것을 의미했다.

하지만 아들도 가만히 있지는 않았다. 우선 황태후의 신변 경호를
맡고 있던 병사들을 그 임무에서 철수시켰다. 아그리피나를 '황후이자
황태후'에서 보통 여자와 다름없는 신분으로 떨어뜨린 것이다. 그리고
황궁에서도 쫓아냈다. 아그리피나는 같은 팔라티노 언덕에 있는 할머
니 안토니아의 저택으로 이사할 수밖에 없었다. 물론 공식 석상에 얼
굴을 내밀 기회도 크게 줄어들었다. 아들이 어머니를 초대손님 명단에
서 삭제했기 때문이다. 게다가 아들은 어머니가 호되게 비난한 또 한
가지 일을 전보다 더욱 당당하게 하기 시작했다.

그것은 동년배의 수행원들을 데리고 밤마다 로마 시내로 몰려나가
는 것이었다. 몰려나갈 때는 황제나 유력한 원로원 의원의 아들로 보
이지 않도록 평범한 젊은이 차림으로 변복한다. 쾌활한 젊은이들은
거리로 몰려나가 멋대로 즐긴다. 한번은 너무 난폭하게 굴다가 주민
의 신고를 받고 달려온 야경꾼들과 난투극까지 벌인 일도 있었다. 간
신히 제압한 젊은이들 틈에 황제가 끼여 있는 것을 야경꾼 반장이 알
아차렸기 때문에 경찰 신세는 지지 않고 무사히 끝났지만, 이튿날 아
침 원로원 회의에 참석한 네로의 얼굴에는 언어맞은 자국이 뚜렷이
남아 있었다고 한다.

하지만 세네카도 부루스도 젊음을 발산하는 것은 필요하다고 생각했
는지, 눈 밑에 검푸른 멍이 든 얼굴로 원로원에 등원하는 것도 내버려
두었다. 네로는 아직 17세였다.

어쨌든 아그리피나는 아들 네로가 즉위한 지 1년도 지나기 전에 모
든 영향력을 잃어버리게 되었다. 17세의 나이로 이렇게 멋진 수완을
보일 수 있을 리가 없다. 아그리피나의 권력을 꺾을 필요가 있다는 데
에는 세네카와 부루스도 적극적으로 동의했다고 생각할 수밖에 없다.

그러나 아그리피나는 패배를 인정하고 얌전히 물러날 여자가 아니었
다. 자금을 모으는 것도 그만두지 않았고, 라인 강 연안에 주둔해 있
는 병사들과도 접촉을 계속했다. 그리고 이제 옥타비아의 가장 강력한
보호자가 되었다. 게다가 회상록까지 쓰기 시작했다. 오늘날에는 남아
있지 않지만, 역사가 타키투스가 그 회상록을 참고했다고 말한 것을
보면 적어도 그때까지는 남아 있었던 모양이다. 로마 역사상 저술까지
한 여자는 아그리피나를 빼고는 전무후무하다. 자립심이 왕성한 아들
에게는 성가신 어머니였다.

치세의 시작

그러나 젊음을 발산하는 데에도 열심인 젊은 황제를 모시고, 이 시
기의 원로원은 로마 제국의 장래를 결정하게 될 몇 가지 정책을 진지
하게 토의하여 흥미로운 결과를 내놓고 있었다.

그 중 하나는 해방노예에 관한 문제였다. 클라우디우스 시대의 '해
방노예 3인방'의 활약에 대한 반동으로, 원로원 의원들 중에는 네로의
비서관 정치 폐지 선언만으로는 만족하지 않고 해방노예 자체의 사회
진출을 크게 제한해야 한다고 주장하는 사람이 많았다. 구체적으로 말
하면, 노예 신분에서 자유를 얻어 '해방노예'로 격상된 뒤에도 잘못을

저지르면 원래의 노예 신분으로 돌아가야 한다는 것이다. 일부 의원들은 이것을 정책화하자고 제의했다.

여기에 대한 반론도 제기되었다. 반대하는 의원들은 이렇게 말했다.

해방노예들 중에는 노예 신분으로 되돌려보내고 싶은 자들도 얼마든지 있다. 하지만 개개인에게 잘못이 있었다는 이유로 전체를 규제하는 것은 잘못이다. 해방노예의 사회 진출은 이미 기정 사실이고, 그들은 로마 사회의 중류층과 하류층의 중요한 성원으로 정착해 있다. 속주에 주재하는 사무관료, 수도 로마의 하급 공무원, 본국 이탈리아의 지방 자치단체 공무원, 축제 행사의 실무를 맡고 있는 사무직, 소방관이나 경찰관 등에 해방노예 출신이 많이 진출해 있다. 해방노예를 적극적으로 등용하기 시작한 것은 율리우스 카이사르지만, 그로부터 100년이 지난 오늘날 해방노예 등용 정책은 국가 로마의 전통이라고 해도 될 만큼 정착되어 있다. 지금은 원로원 계급이나 기사계급에 속하는 사람들도 해방노예의 후손인 경우가 적지 않다.

그리고 로마 시민권에는 예로부터 선거권까지 갖는 '로마 시민권'과 선거권이 없는 '라틴 시민권'의 두 가지 종류가 있었던 것과 마찬가지로, 해방노예에도 두 가지 부류가 있었다. 자유를 얻은 뒤에는 옛 주인과 인연을 끊을 수도 있는 공식 해방노예가 있는가 하면, 자유를 얻고도 옛 주인 집에 계속 눌러사는 사적 해방노예도 있다. 다만 사적 해방노예라도 심사에 통과하면 공식 해방노예가 될 수 있었다. 심사 기준은 로마 시민이 되기에 어울리는 실적을 쌓았느냐 여부였다.

따라서 'Libertus'(자유)라는 공공선(公共善)을 공유하기에 적합한 인물인지의 여부는 종전과 마찬가지로 사례별로 대처해야 할 문제이고, 법률화하여 일괄적으로 다루어버릴 문제는 아니라고 생각한다.

네로도 참석한 회의에서 이 문제를 표결에 부친 결과, 후자의 의견이 다수표를 얻었다. 패자 부활을 용인하는 국가는 건전하게 기능을 발휘하는 국가이기도 하다. 로마는 바로 그런 국가였다.

그러나 해방노예의 인권을 인정한 원로원 의원들도 노예의 인권까지는 인정하지 않았다. 로마에는 예로부터 노예가 주인을 죽이면 한지붕 밑에 사는 모든 노예에게 연대책임을 물어, 살인자만이 아니라 노예 전원을 사형에 처하도록 규정한 법률이 있었다. 하지만 이 법률은 오랫동안 시행되지 않아서 사문화된 상태였다. 그동안에는 줄곧 주인을 살해한 자만 사형에 처하고 있었다.

그런데 수도 경찰청장이 노예에게 살해되는 사건이 일어났다. 살해된 세콘두스의 집에는 무려 400명이나 되는 노예가 있었다. 원로원은 법률을 엄격하게 적용하여 이들을 모두 사형에 처하기로 결정했다. 일반 시민들은 시대착오도 이만저만이 아니라고 시위까지 벌이며 반대하고 나섰다. 그러나 원로원은 태도를 바꾸지 않았다. 법이 시대에 맞지 않을 경우, 그 법을 새로운 법으로 개정하면 시대착오적인 법은 자동적으로 사라진다. 그런데 원로원은 그것을 거부했다. 사회 상층부에 속하는 원로원 의원의 저택에는 수백 명의 노예가 있는 것이 보통이었기 때문이다.

네로는 마음만 먹으면 얼마든지 개입할 수 있는 지위와 권력을 갖고 있으면서도 개입하지 않았고, 세네카도 개입을 권하지 않았다. '원로원의 권리를 존중하겠다'는 즉위 당시의 선언을 지키고 싶었기 때문이다. 서민들이 눈물로 지켜보는 가운데, 아녀자까지 포함된 400명의 노예가 처형장으로 끌려갔다. 그나마 다행인 것은 이런 사건이 그후에는 거의 일어나지 않았다는 점이다. 연대책임을 재인식시킨 것이 억지력으로 작용했기 때문인지, 법률 적용이 좀더 유연해졌기 때문인지, 황제가 개입하게 되었기 때문인지는 모르지만.

이듬해인 서기 57년의 담당 집정관 가운데 한 사람은 네로였다. 네

로가 집정관에 선출된 것은 55년에 이어 두번째였다. 자격 연령이 43
세인 집정관에 십대 젊은이를 선출한 것은 원로원 의원 대다수가 그것
을 바라고 있었다는 사실을 입증한다. 최고권력자에게 아부한 것은 아
니다. 국가 로마에서 공식적으로는 가장 지위가 높은 집정관 자리에
앉힘으로써 '제일인자'라는 비공식적인 직책을 공화정 체제에 편입시
키기 위해서였다. 공화정 체제에 편입시켜 황제의 권력을 견제하려는
생각도 그 뒤에 깔려 있었다.

　몇 번이나 되풀이해 말하지만, 아우구스투스가 창조한 로마식 제정
은 '교묘한 속임수'라고 말할 수밖에 없는 정치체제다. 엄밀히 말하면
'황제'(임페라토르)는 로마군 최고사령관이라는 의미밖에 갖지 않는
다. 따라서 장병들이 충성을 맹세하는 대상일 뿐, 일반 시민이 충성을
맹세할 의무는 없다. 원로원 의원이라도 군대 요직인 사령관이나 군단
장을 맡으면 황제에게 충성을 맹세하는 것은 당연하다. 또한 속주를
책임지는 총독도 군무를 겸하고 있으니까 황제에게 충성할 의무가 있
다. 하지만 원로원 의원일 뿐 다른 공직을 겸임하지 않는 사람은 '제
일인자'(프린켑스)한테는 충성을 맹세할 의무가 있어도, '황제'에게
충성을 맹세할 의무는 없었다. 그것은 당연하다. 국가 로마의 양대 주
권자는 'Senatus Populusque Romanus'(원로원과 로마 시민), 약자
로 'S.P.Q.R'이었기 때문이다. '제일인자'는 로마 시민 가운데 으뜸
가는 사람이라는 의미밖에 없다.

　그런데 어떻게 황제라고 말해도 좋을 정도의 절대권력을 휘두를 수
있었을까. 이 '제일인자'는 다음과 같은 권력을 아울러 갖고 있었기
때문이다.

　'최고사령관'——군단병과 보조병을 합하여 30만 명에 이르는 군사력
을 명령 하나로 움직일 수 있다는 뜻이다.

'호민관 특권'——공화정 시대에 평민의 권리를 보호하기 위해 창설된 호민관직을 계승한 것인데, 법안이 원로원에서 부결되어도 민회에서 가결되면 정책화할 수 있다고 규정한 호르텐시우스 법에 따라, '제일인자'는 원로원의 의향과 반대되는 정책도 실시할 수 있는 권리를 부여받았다. 게다가 원로원에서 다수결로 결정된 사항까지도 호민관 특권을 발동하여 무효화할 수 있는 거부권까지 부여받고 있었다.

국제연합 안전보장이사회의 상임 이사국인 미국·영국·프랑스·중국·러시아가 권력을 갖고 있는 것은 상임 이사국이기 때문이 아니라 거부권을 갖고 있기 때문이다. 이 거부권은 오늘날에도 라틴어인 'VETO'(베토, 영어로는 비토)로 통용된다. 따라서 거부권이 없는 상임 이사국은 의미가 없다. 거부권은 강력한 권한이다.

'최고제사장'——로마 종교계의 최고책임자. 나라가 결정한 축제일에는 앞장서서 제사 의식을 거행할 의무가 있다.

'국가의 아버지'——원로원이 시민들의 뜻에 따라 결의하여 증여하는 존칭. 티베리우스 황제는 이것을 거부했지만, 정치적으로는 잘못이었다고 나는 생각한다. 율리우스 카이사르와 아우구스투스가 받은 이 존칭에는 로마 사회를 구성하고 있는 원로원 계급이나 일반 평민 같은 각계층의 이해관계를 초월한 국민 전체의 '아버지'라는 의미가 담겨 있었기 때문이다. 국민 개개인은 공정하고 유능한 '아버지' 밑에서 안심하고 각자의 임무를 수행하면 되는 '자식'이다. 고대 로마에서는 '가부장권'이 강했다. 로마인에게 '국가'(파트리아)는 '가정'(파밀리아)의 연장이었다.

그리고 '최고사령관'도 '호민관 특권'도 '최고제사장'도 '국가의 아버지'도 공화정 시대부터 이미 존재한 관직이거나 존칭이었고, 따라서 완벽하게 합법적이었다. 이런 '합법'이 단 한 사람에게 집중되면, 그 사람은 유일한 최고권력자로 변모하게 된다. 한 사람에게 권력이 집중되는 것은 로마 국법에 비추어보면 '비합법'이라고 말할 수밖에 없다. 그런데도 그 사람을 시민 가운데 으뜸가는 사람이라는 의미밖에 없는 '프린켑스'라고 부르다니, 이보다 더한 속임수가 어디 있는가. 하지만 광대한 로마 제국은 한 사람이 통치하는 게 가장 현실적인 방법이라고 확신한 아우구스투스가 그것을 실현할 수 있는 방법은 이 '교묘한 속임수' 밖에 없었다.

합법기관인 원로원은 그것이 비합법이라는 것을 알고 있었다. 비합법을 합법으로 돌려놓는 길이 바로 '제일인자'를 집정관 자리에 앉히는 것이었다.

초대 황제 아우구스투스도 40년에 걸친 치세 가운데 4분의 1을 집정관으로 지냈다. 제2대 황제 티베리우스는 23년의 치세 가운데 세 번밖에 집정관을 지내지 않았지만, 이것도 그가 원로원을 무시한 증거라 하여 평판이 나빴다. 제3대 황제 칼리굴라는 4년이 채 못되는 치세 동안 네 번이나 집정관을 지냈지만 취임 기간은 짧았다. 제4대 황제 클라우디우스도 13년의 치세 가운데 집정관을 겸임한 해를 모두 합하면 5년에 이르렀다. 아우구스투스가 창조한 로마식 제정이라는 '교묘한 속임수'를 둘러싸고 물밑에서 벌어진 공방을 보는 듯한 기분이 든다. 원로원으로서는 최고권력자를 집정관 자리에 앉혀 손아귀에 잡아놓을 수만 있다면, 그 사람이 십대 젊은이라는 것 따위는 별 문제가 아니었다. 이런 사정을 원로원 의원인 세네카는 잘 알고 있었다.

그러나 이것은 어디까지나 '공방'(攻防)인 만큼, 양쪽 다 유리한 입지를 차지하려고 허허실실의 책략을 부린다. 서기 58년, 원로원은 '종신 집정관'(콘술 페르페투아)이라는 새로운 관직을 창안하여, 20세가 된 네로에게 그 자리를 주기로 결의했다. 그러나 네로는 그것을 받지 않았다. 원로원의 손아귀에 잡히고 싶지 않았기 때문이다. 이때의 거부가 네로 자신의 의지에 따른 것인지, 아니면 세네카의 진언을 받은 결과인지는 알 수 없다. 하지만 이 무렵부터 네로는 이제까지의 원로원 편향 정치에서 명백한 황제 정치로 옮아가게 된다.

우선 평민들에게 1인당 400세스테르티우스의 증여금을 네로의 이름으로 나누어주었다. 로마의 평민은 전통적으로 원로원 계급과 대립하는 계층이었다.

이어서 네로는 만기 제대한 군단병들의 정착지를 오랜만에 본국 이탈리아로 바꾸었다. 카이사르 이후, 퇴역병들의 정착지는 주로 속주였다. 게다가 네로는 군단별로 한꺼번에 모아서 한곳에 이주시키는 종래의 방식을 버리고, 병사 개개인이 원하는 지방에 땅을 주어 이주시키는 방식으로 돌아갔다. 퇴역병들은 이제 고향으로 돌아갈 수 있었다. 본국의 인적 공동화(空洞化)를 막기 위한 방책이었던 것은 말할 나위도 없다. 하지만 그와 동시에 만기 제대한 뒤 고국에 땅을 받고 만족한 병사들이 그 일을 해준 네로를 지지할 것을 계산에 넣은 시책이기도 했다. 그리고 이는 로마 시민인 군단병을 한꺼번에 이주시키지 않으면 속주를 로마화할 수 없는 시대가 끝났음도 의미하고 있었다.

경제 정책

시대가 바뀌면 정책도 바뀌는 게 당연하다. 네로는 '피스쿠스' (fiscus, 황제 속주에서 들어오는 세금) 가운데 4천만 세스테르티우스를 융자하여 '에라리움'(erarium, 원로원 속주에서 들어오는 세금)의 부족을 메워주었다. 이로써 그는 둘로 나뉘어 있던 국고를 일원화하는 데 성공한 듯싶다. 합병은 상대가 적자를 보고 있을 때가 더 하기 쉬웠다.

원래부터 이 두 가지는 동일하다. 직접세인 속주세와 관세를 비롯한 간접세를 거두어들이는 것은 황제 속주나 원로원 속주나 마찬가지다. 그런데 그것을 양분했을 뿐 아니라, '피스쿠스'와 '에라리움'으로 이름까지 다르게 한 것은 원로원을 적으로 만들지 않기 위한 아우구스투스의 심모원려였다. 원로원 속주를 통치하는 총독은 원로원 의원의 호선으로 선출되지만, 황제 속주를 통치하는 총독이나 장관은 황제가 임명한다. 따라서 '에라리움'은 원로원이 관리하고, '피스쿠스'는 황제가 관장하게 했다. 이로써 아우구스투스는 '제일인자 통치'로 넘어가던 시기에 원로원의 불만을 억누를 수 있었다.

제6권에서도 말했듯이, '황제 속주'와 '원로원 속주'의 차이는 군단을 상주시킬 필요가 있느냐 없느냐에 있다. 군단은 외적을 막기 위해 상주시키는 것이니까, 파르티아 왕국과 맞서 있는 시리아 속주를 제외하면 나머지 황제 속주는 모두 변경에 있고, 따라서 문물의 발전이 낙후된 저개발 지역이었다. 반대로 원로원 속주는 로마화가 진행되어 있고, 경제적으로도 발전한 지역이 많다. 아우구스투스가 이 체제를 가동하기 시작했을 당시에는 황제 속주가 재정 적자에 시달렸고, '에라리움'에서 남는 돈을 '피스쿠스'로 돌려 그 적자를 메우고 있었다.

그런데 평화가 정착하고 인프라가 정비됨에 따라 이 경제력의 차이는 조금씩 줄어들어, 아우구스투스 시대로부터 한 세기가 지난 네로 시대에는 양쪽이 어깨를 나란히 하게 되었다. 실제로 네로는 원로원 속주 총독에게만 경비 절감을 명령했다. 이 변화의 원인은 원로원 속주의 경제력이 쇠퇴했기 때문이 아니라 황제 속주의 경제력이 향상했기 때문이다. 생산성은 여기저기 떠돌아다니며 사는 수렵민족보다는 한곳에 정착하여 농업이나 목축업에 종사하는 농경민족이 훨씬 높다. 적의 침입을 걱정할 필요가 없게 된 황제 속주의 주민들은 안심하고 농업이나 목축업에 전념할 수 있게 되었고, 생산도 크게 늘어났다. 그에 따라 세금도 늘어났다.

그러나 네로의 국고 일원화 정책은 '피스쿠스'가 '에라리움'을 흡수하는 형태로 이루어졌기 때문에, 황제의 권력이 더욱 강대해지는 결과를 낳았다. 이제는 세금까지도 전부 다 황제가 관할하게 되었기 때문이다.

경제 정책만 살펴보면 네로는 14년에 걸친 치세에서 세 가지 개혁을 단행했다. 첫째는 위에서 말한 국고 일원화다. 둘째는 간접세 폐지, 셋째는 화폐 개혁이었다. 서기 64년에 실시된 화폐 개혁은 개혁이라기보다 '손질'이라고 말하는 편이 옳지만, 이것은 나중에 다시 다루기로 하고 여기서는 언급하지 않겠다. 하지만 국고 일원화를 실시한 이듬해에 제출된 간접세 폐지안에 대해서는 여기서 말하기로 하겠다.

결론부터 말하면, 첫번째와 세번째 개혁은 네로가 악평을 받고 자살한 뒤에도 오랫동안 제국의 정책으로 계승된 반면, 두번째 개혁만은 처음부터 원로원의 맹렬한 반대에 부딪쳐 알맹이가 빠진 형태로 겨우 성립되었다. 그런데도 여기서 그 문제를 다루는 까닭은, 간접세 폐지를 둘러싸고 대립한 네로와 원로원이 세금과 경제에 대해 어떻게 생각하고 있었는가를 여실히 보여주는 사례이기 때문이다.

서기 58년, 종신 집정관직은 거절했지만 지난해에 이어 집정관에 취임한 20세의 네로가 원로원 회의를 주재했다. 회의에 참석한 400여 명의 의원들은 모두 그보다 연장자였다. 그 자리에서 의장 역할을 맡은 네로 황제가 간접세 폐지안을 제출했다.

제6권(235쪽)에서도 도표로 설명했듯이, 로마 시민과 속주민이 내야 하는 간접세는 세율이 5퍼센트인 관세와 1퍼센트인 매상세로 이루어져

	로마 시민	비로마 시민(속주민)
직접세	소득에 붙는 직접세는 없음 노예해방세 5% 상속세 5%	지조세(地租稅) 내지 속주세는 수입의 10% (병역에 복무하는 속주민은 면제)
간접세	관세 1.5~5% (오리엔트산 사치품에 대해서는 25%) 매상세 10%	

아우구스투스가 정한 세제

있다. 다만 동양에서 들어오는 보석이나 비단이나 향신료 같은 사치품에 대한 관세는 25퍼센트였다. 이 세제가 확립된 아우구스투스 시대에는 경제력이 뒤떨어진 지역에 대해서는 감세 정책을 취하여, 일부 속주의 관세율은 1.5퍼센트나 2퍼센트였다. 황제 속주에 편입된 지방이 이런 세금 우대를 받는 대상이 되었다. 본국 이탈리아를 포함한 나머지 지역은 모두 5퍼센트의 관세를 내고 있었다.

하지만 네로의 국고 일원화에 대해 원로원이 거의 반대하지 않았다는 사실이 보여주듯, 네로 시대에는 황제 속주와 원로원 속주의 조세 수입에 별 차이가 없었다. 이는 황제 속주의 경제력이 향상했다는 증거다. 그렇다면 황제 속주에 대한 관세 우대 정책도 철폐되어 있지 않았을까. 이를 입증하는 사료는 없지만, 네로가 관세 폐지를 제안했을 때 사람들의 발언 내용을 보면 '20분의 1세'(비케시마)라는 말밖에는 나오지 않는다. 황제 속주의 경제력이 향상함에 따라 관세도 동양에서 들어오는 사치품 외에는 모두 5퍼센트로 통일되었을 게 분명하다.

네로는 이 5퍼센트의 관세를 철폐하자고 제안했다. 관세를 철폐하면 경제활동이 더욱 활발해질 테고, 그러면 경제력도 향상하여 '10분의 1세'인 속주세도 더 많이 들어오리라는 게 그 이유였다.

그러나 원로원은 반대했다. 원로원 의원들은 로마 시민권 소유자이기 때문에 속주세를 낼 의무도 없고, 관세가 철폐되면 그 세금도 낼 필요가 없으니까 이득일 터인데 왜 반대했을까. 그들은 말했다. 관세를 철폐하면 속주세가 늘어나는 것은 나중 일이고, 당장은 조세 수입이 줄어든다. 철폐된 관세를 대신할 만한 재원이 어디에 있느냐. 줄어든 조세 수입을 충당하려면 속주세 세율을 올릴 수밖에 없고, 그렇게되면 제국 통치에 큰 문제가 발생할 우려가 있다.

현대 연구자들이 온갖 사료를 참고하여 계산한 바에 따르면, 관세를완전히 철폐했을 때 발생하는 조세 수입 감소는 1억 세스테르티우스안팎이고, 그것은 국고 수입의 15분의 1 정도에 해당한다고 한다. 낙관적 예측이 옳으냐 그르냐는 별문제로 하고, 우선은 그 구멍을 어떻게 메울 것인가를 생각하는 게 선결 문제라는 주장은 옳을지도 모른다. 그렇긴 하지만 네로는 적극경제론자였던 모양이다.

그러나 관세 철폐는 네로가 직접 입안하여 법제화를 요구한 정책이었다. 표결에 부치면 틀림없이 부결되겠지만, 그래서는 황제의 체면이구겨진다. 그래서 의원들이 수정안을 냈다. 생필품인 밀에 대해서는'20분의 1세'를 폐지한다는 타협안이다. 네로는 이것으로 만족할 수밖에 없었다.

원로원 의원들은 관세 철폐 문제에서는 정론을 내세워 황제의 개혁안을 물리쳤지만, 속으로는 의욕이 왕성한 20세 풋내기의 코를 납작하게 만들어주고 싶은 마음도 있었을 것이다. 그것은 네로가 1년쯤 전에그들에게 명령한 어떤 일에 대한 불쾌감에서 비롯되었다.

테베레 강 서안에 자리잡고 있는 바티카누스(오늘날의 바티칸)에는칼리굴라 황제가 개인용으로 지은 경기장(스타디움)이 있었다. 네로는그것을 개축하여 시민들의 오락장으로 개방하고 있었다. 그 당시 로마에는 경기장이라고는 대경기장 하나밖에 없었다. 칼리굴라가 일부러이집트에서 운반해온 25미터 높이의 오벨리스크 덕분에 바티칸 경기장도 대경기장 못지않은 외관을 갖추고 있었다.

네로는 여기서 열리는 체전, 요즘 말로 하면 육상대회에 로마 사회의 상층부에 속하는 원로원 의원과 기사계급이 출전하도록 명령했다. 그리고 관중석에는 일반 시민을 초대했다.

헐렁한 토가를 입고 있으면 불룩 튀어나온 배도, 축 늘어진 몸매도 눈에 띄지 않는다. 토가는 높은 사회적 지위를 나타내는 옷이어서 당당한 인상마저 준다. 목욕을 하거나 마사지를 받을 때는 알몸이 되지만, 그 알몸을 보는 것은 고용인인 노예들이다. 운동장에서 몸을 거의 다 드러낸 채, 관중석을 가득 메운 일반 시민의 시선을 받는 것과는 달랐다. 게다가 뛰거나 던지는 운동은 젊은 시절에 그만두어버렸다. 로마인은 그리스인과 달리, 운동은 청소년의 신체 단련을 위한 것이고 국가의 운명을 걱정해야 하는 성숙한 남자가 할 일은 아니라고 생각하고 있었다. 황제의 명령이니까 마지못해 출전했을 뿐이다.

물론 관중은 무척 기뻐했다. 생각해보라. 국회의원이나 고위 관료나 재계의 거물들이 반나체의 몸으로 육상경기를 한다면, 신문과 방송은 졸졸 따라다니며 보도할 테고, 일반 대중도 입장료를 내고라도 구경하러 갈 게 분명하다. 네로는 정말 멋쟁이야 하면서. 원로원 의원들이 네로를 건방진 풋내기로 생각한 것도 무리는 아니다. 하지만 로마에서 멀리 떨어진 제국의 동쪽 변방에서는 성숙한 한 사내가 성숙한 사내만이 할 수 있는 책무를 수행하고 있었다.

아르메니아 전선

아르메니아 왕위를 빼앗은 파르티아 왕제(王弟)를 쫓아내고 아르메니아 왕국을 다시 로마의 패권 안으로 끌어들이는 사명을 띠고 있던 코르불로는 로마에서 전략을 변경했다는 소식이 오기를 기다렸지만,

아무리 기다려도 그 소식은 오지 않았다. 파르티아 대책의 지휘계통은 여전히 양분된 채였고, 파르티아 왕과의 휴전 교섭조차 시리아 속주 총독인 콰드라투스와 코르불로가 동시에 추진하고 있는 형편이었다. 파르티아와의 전쟁에 대비하는 군사력도 콰드라투스와 코르불로가 양분하고 있었다. 코르불로에게 주어진 군사력은 콰드라투스가 네로의 명령으로 어쩔 수 없이 나누어준 2개 군단과 도나우 강 중류의 모이시아에서 동방으로 이동 명령을 받은 1개 군단을 합하여, 3개 군단 1만 8천 명이었다. 여기에 모이시아 군단에 딸린 보조병이 6천 명. 동맹국에서 참가한 병사와 속주민 지원병이 합해서 1만 명 남짓. 이들을 모두 합해도 3만 4천 명밖에 안된다. 하지만 코르불로는 이 3만 4천 명도 전력으로 생각할 수 없었다. 시리아 속주에서 온 2개 군단이 도저히 그대로는 전쟁터에 내보낼 수 없는 상태였기 때문이다.

로마의 유일한 가상적국이라고 말할 수 있는 파르티아 왕국과 대치해 있는 최전선인 만큼, 경제가 발달한 지역인데도 시리아 속주만은 황제가 직접 관할하는 '황제 속주'로 분류되어 있었다. 4개 군단이 상주해 있는 곳은 제국 동방에서는 시리아뿐이다. 시리아에 주둔한 4개 군단은 제국의 동쪽 국경을 지키는 임무를 띠고 있었다.

하지만 똑같은 국경 방위라도, 라인 강이나 도나우 강, 브리타니아나 북아프리카 사막에서는 야만족을 상대하게 된다. 부족장은 제쳐놓는다 해도, 일반인은 짐승가죽을 걸치고 다니는 야만인이다. 주둔지도 변방의 군단 기지이기 때문에 불편함을 면할 수 없었다. 게다가 야만족의 동향은 선진국 군대보다 예측하기가 어렵다. 그래서 변경을 지키는 병사들은 늘 긴장을 강요당하고 있었다.

그런데 시리아만은 달랐다. 당시 로마 제국의 3대 도시는 세계의 수도라고 일컫는 로마, 이집트의 알렉산드리아, 그리고 시리아의 안티오키아였다. 알렉산드리아는 프톨레마이오스 왕조의 수도였던 도시다.

안티오키아도 셀레우코스 왕조의 수도였던 도시다. 게다가 이 '변경'은 국경인 유프라테스 강 동쪽에 사는 사람들과의 교역으로 번영을 누려온 것이 특징이다. 적이라 해도 일반인에게는 교역 상대다. 쳐들어왔을 때만 '적'으로 일변한다. 게다가 로마 시민으로 이루어진 4개 군단의 시리아 주둔군은 번영을 만끽하고 있는 상업도시 안티오키아 안에 병영을 두고 있었다. 이 지방에서도 '평화'는 벌써 100년 동안이나 지속되고 있었다. 시리아에 주둔해 있는 군단병의 사기가 떨어진 것은 이런 여러 가지 조건이 초래한 결과이기도 했다. 현지인과 손잡고 장사에 열을 올리는 병사들까지 있었다.

이제 노년에 접어들었고 시리아에 근무한 지도 오래인 콰드라투스 총독과는 달리, 아직 50대 중반이고 문자 그대로 변경에서 온 코르불로는 이런 상태를 참을 수가 없었다. 그의 전임지는 라인 강 방위선 중에서도 지리적 조건과 기후 조건이 가장 열악한 저지 게르마니아다. 라인 강 중류에서 하류에 걸쳐, 육지만이 아니라 바다에서도 침입해오는 적을 상대해야 하는 지역이다. 그러나 이 무인은 동방에 부임하자마자, 서방과 질적인 차이는 있지만 동방에도 악조건이 있다는 사실을 깨달았을 게 분명하다. 소아시아에서 아르메니아까지는 험준한 산악지대가 이어져 있고, 시리아 동쪽에서 유프라테스 강까지는 바다 같은 사막이 가로놓여 있었다.

남프랑스 속주 출신이지만, 무인에게는 좋은 시절이었던 옛날 로마의 장수를 연상시키는 코르불로는 우선 안티오키아의 도시 생활에 익숙해진 2개 군단 병사들이 지붕 밑에서 잠을 자지 못하게 했다. 막사가 아니라 천막 생활을 강요한 것이다. 그와 동시에 건강에 문제가 있는 병사나 제대가 가까워진 노병들을 군무에서 제외시켜 후방에 배치했다. 로마에서는 17세부터 45세까지 현역으로 복무하도록 규정되어 있다. 노병이라 해도 40대 중반에 불과하다. 다만 이것은 일반 군단병

482

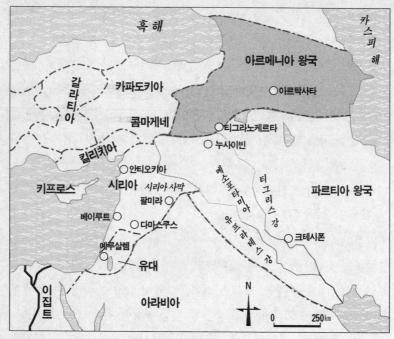

아르메니아 주변도

한테만 적용된 연령 제한이고, 백인대장 이상의 지휘관들은 연령 제한을 받지 않았다.

시리아에서 온 2개 군단을 선별하는 작업이 다 끝났을 무렵, 모이시아 속주에서 동방으로 이동 명령을 받은 도나우 강 방위군 1개 군단이 도착했다. 같은 시기에 동맹국에서 참가한 병사들도 도착했다. 다국적 군으로 싸우는 것이 로마군의 전통이지만, 로마군의 본체는 군단병이라고 불린 중장비 보병으로 구성되어 있기 때문에, 동맹국 참가병은 기병이거나 궁수(弓手) 같은 경장비 보병이다. 사령관 코르불로는 부적격자를 후방 근무로 돌린 뒤에 생긴 구멍을 카파도키아나 갈라티아의 산악지대에서 온 동맹국 참가병으로 보충했다지만, 그래도 황제한 테서 받은 3만 4천 명보다는 줄어들었을 게 분명하다. 저지 게르마니아군을 지휘할 당시에는 4개 군단과 보조병을 합하여 5만 명 가까운 병력을 동원할 수 있었다. 대국 파르티아를 상대로 싸워야 하는 전선에 게르마니아의 야만족을 상대할 때보다 적은 병력밖에 주지 않다니, 로마는 도대체 무슨 생각을 하고 있을까 하고 코르불로는 생각했을 것이다. 카이사르라면 당장 자비로—자기 돈이라 해도 결국 남에게 빌린 돈이지만—새 군단을 편성하여 재빨리 문제를 해결했겠지만, 세상은 이제 더 이상 그런 일을 허용하는 공화정 시대가 아니었다. 제정 시대에는 최고사령관인 황제와 휘하 사령관들 사이의 위계질서가 확고해져 있었다. 코르불로는 수중에 있는 병력을 활용할 수밖에 없었다.

로마에서 네로와 원로원의 '공방'이 다소 희극적으로 진행되고 있던 서기 57년부터 58년에 걸친 겨울, 코르불로는 모든 장병을 험준한 산악지대로 데려갔다. 맹훈련을 시키기 위해서다. 다만 지형과 기후가 험한 곳이라면 어디라도 좋은 것은 아니었다. 코르불로는 소아시아 동쪽 끝에 아르메니아와 국경을 맞대고 있는 산악지대를 훈련장으로 골랐다. 아르메니아인들에게 로마의 위세를 과시하는 동시에, 맹훈련을 끝낸 군대를 이끌고 그대로 아르메니아 영토로 진격해 들어갈 수 있다고 생각했기 때문이다.

해발 2천 미터에 이르는 고지대에서는 천막을 쳐려 해도 우선 지표면을 덮고 있는 얼음을 깨는 작업부터 시작해야 했다. 동상 환자가 속출하고, 야간에 보초를 서다가 동사하는 사람까지 생겼다. 사령관 코르불로도 일반 병사들과 같은 군장 차림으로 훈련중인 병사들을 시찰하고 다녔다. 로마의 군장은 두 팔과 두 다리를 드러낸 갑옷이다. 그 갑옷만 입은 채 눈과 얼음과 삭풍 속에서 겨울을 나는 것이다. 낙오자가 많아서, 이미 선발 과정에서 줄어든 병력이 더욱 줄어들었다.

키가 남달리 크고 우람한 체격을 가진 코르불로는 절대로 난폭한 행

로마의 갑옷 군장

동은 하지 않는 사내였고, 말수도 많지 않았다. 하지만 그가 찬바람에 머리카락을 휘날리며 다가가기만 해도 그 자리의 분위기가 싹 달라졌다. 다른 군단에서는 지각이 두 번까지 용납되었지만, 코르불로의 군단에서는 한번만 지각해도 처벌을 받았다. 군단기를 버리고 달아나면 즉결처분을 당했다. 이렇게 맹훈련을 받으면 탈영병이 나오게 마련이다. 다른 군단에서는 탈영했다가도 돌아오면 용서를 받을 수 있지만, 코르불로의 군단에서는 돌아와도 사형을 면치 못했다. 이런 맹훈련을 받은 결과, 봄이 될 무렵에는 안티오키아의 도시 생활로 해이해져 있던 병사들까지도 정예라는 이름에 부끄럽지 않은 전사로 탈바꿈했다.

서기 58년 5월, 사령관은 병사들에게 천막을 걷으라고 명령했다. 54년 말에 동방 전근을 명령받은 코르불로에게는 3년이 지나서야 처음으로 찾아온 기회다. 하지만 코르불로는 병력을 이끌고 아르메니아 영토 안으로 진격해 들어가면서도, 군사밖에는 생각지 않는 군인은 아니었다.

부임하자마자 파르티아 왕과 휴전을 교섭할 때, 시리아 총독 콰드라투스는 하급 장교를 대리로 보낸 반면, 코르불로는 고급 장교를 보냈다. 코르불로는 상대의 감정을 배려해줌으로써 목적을 달성할 줄도 아는 남자였다. 아르메니아로 진격해 들어간 뒤에도 그는 당장 전투에 돌입하지 않았다. 선두에 서서 말을 몰면서도 그는 전투로 목적을 달성하는 방법과 대화로 목적을 달성하는 방법을 머릿속으로 저울질하고 있었다.

아르메니아 왕국은 로마의 패권 아래 들어간 뒤에도 지리적·문명적 조건 때문에 항상 로마파와 파르티아파가 대립한 나라다. 파르티아 왕제가 왕위를 빼앗은 뒤로는 당연히 파르티아파가 우세해졌다. 아르메니아 영토로 진격하는 것은 적지에 들어가는 것과 마찬가지였다. 코르불로는 3만 명밖에 안되는 병력으로 파르티아—아르메니아 연합군을 상대하게 될지도 모른다. 코르불로는 파르티아군이 본격적으로 출동하기 전에 파르티아 왕제인 아르메니아 왕 티리다테스와 문제를 해결하고 싶었다.

소규모 접전을 몇 차례 치른 뒤, 코르불로는 티리다테스에게 사절을 보내 회담을 요청했다. 하지만 이 회담은 결국 이루어지지 않았다. 젊은 왕 티리다테스는 회담 요청을 받아들이고도 막상 때가 되면 망설였기 때문이다. 그래서 코르불로는 자신의 제안을 사절에게 주어 왕에게 보냈다. 총사령관을 전선으로 보낼 때는 백지 위임장을 주는 것이 로마의 전통이지만, 아무리 그렇더라도 코르불로의 제안은 실로 대담한 것이었다.

코르불로는 동방에서 3년을 허송세월하고 있었던 것은 아니다. 그동안 그는 파르티아 왕이 아르메니아 왕위를 빼앗은 진짜 이유를 찾고 있었다. 마침내 그 이유를 알아낸 것이다.

서기 51년에 파르티아 왕위에 오른 볼로가세스는 첩의 자식이었다. 티리다테스는 그의 동생이지만 본처 소생이다. 하지만 이 왕자는 성실한 성격의 소유자인 듯, 첩의 소생이라도 나이가 위인 형에게 파르티아 왕위를 양보했다. 이에 감동한 형은 동생에게 자리를 마련해주어야 한다는 의무감에 불탔다. 파르티아 왕의 적자에게 어울리는 자리는 아르메니아 왕위밖에 없었다. 그래서 즉위한 이듬해인 서기 52년에 로마가 승인한 왕이 있는 아르메니아를 침공한 것이다. 하지만 그해는 클라우디우스 황제가 임명한 시리아 총독이 재빨리 파르티아군을 맞아 싸울 태세를 취했기 때문에, 파르티아는 겨울에 군대를 철수한 채 군사행동을 보류할 수밖에 없었다.

하지만 로마 쪽에 약점이 보이면 파르티아는 그것을 놓친 적이 없었다. 클라우디우스 황제의 죽음과 네로의 즉위가 파르티아에는 기회로 여겨졌다. 서기 54년, 파르티아군은 다시금 행동을 개시한다. 이번에는 아르메니아를 점령하고, 약체인데다 백성한테도 인기가 없었던 왕을 몰아내고 티리다테스를 왕위에 앉히는 데 성공했다.

이런 사정을 코르불로는 알아차렸다. 우선 로마 쪽에는 군사력을 동원하여 아르메니아 왕위에 앉힐 만한 카드가 없었다. 게다가 파르티아 왕은 로마와 싸울 생각이 전혀 없고, 동생을 위해 아르메니아 왕위를 확보하는 것만이 목적이다. 코르불로는 이것을 이해했다.

코르불로가 파르티아 왕과 그의 동생인 티리다테스에게 제안한 내용은 다음과 같았다.

로마 황제 네로에게 티리다테스가 아르메니아 왕위에 오르는 것을 승인해달라고 부탁하는 게 어떠냐. 티리다테스가 로마의 패권을 인정하는 조건으로 로마 황제한테 아르메니아 왕위를 선물로 받는 게 어떠냐.

로마 황제로부터 왕위를 하사받는 것은 로마의 권위를 인정한다는 뜻이고, 오리엔트인의 생각으로는 종속을 의미한다. 이것은 코르불로도 알고 있었다. 그런데도 코르불로는 파르티아가 명분을 버리고 실리를 취한다면 로마는 실리를 버리고 명분을 취할 가능성이 크다고 파르티아 왕에게 전했다.

루쿨루스의 원정과 폼페이우스의 제패 이후 120년이 넘도록 지속된 로마의 아르메니아 정책을 180도로 전환하겠다는 말과 다름없는 대담한 제안이었다. 코르불로는 알고 있었던 게 아닐까. 현지 사정을 제 눈으로 본 코르불로는 로마에서 교육을 받고 로마를 좋아하는 왕자를 아르메니아 왕위에 계속 앉혀두는 게 얼마나 어려운 일인지를 꿰뚫어 본 게 아닐까.

나중에 생각해보면 선견지명이라고 말할 수밖에 없는 이 제안은 그러나 당장은 실현되지 않았다. 볼로가세스에게는 동생을 로마에 종속시킬 수 없다는 파르티아인의 긍지가 있었다. 또한 그런 일을 인정하면 파르티아 국내에서 거부반응이 일어날 게 뻔했다. 볼로가세스로서는 그것도 두려웠을 것이다. 코르불로에게 돌아온 것은 제안을 거절한다는 회답이었다. 코르불로에게는 이제 군사적으로 문제를 해결하는 길밖에 남지 않았다.

사령관은 휘하 병력을 이끌고 북동쪽으로 향했다. 코르불로의 목표는 아르메니아 왕국의 수도인 아르탁사타를 공략하는 것이었다.

수도 공략

흑해와 카스피 해의 중간에 자리잡고 있는 아르탁사타는 옛 소련의 남쪽 끝에 있고, 지금은 아르메니아 공화국의 작은 마을에 불과하다. 오늘날에도 이 지방에는 아르메니아인이 많이 살지만, 2천 년 전에는 아르메니아 왕국의 수도로 번영하고 있었다.

그러나 코르불로는 단숨에 아르탁사타로 달려가지는 않았다. 거기까지 가는 길에 마주치는 각지의 성채를 각 부대에 공략 목표로 할당하고, 융단 폭격처럼 성채를 격파하면서 진격했다. 마치 확대된 전선 자체가 전진을 계속하여, 아르탁사타를 향해 반원형의 고리를 좁혀가는 것 같았다. 아르탁사타를 쉽게 공략하기 위한 작전이었던 게 분명하다.

실제로 아르메니아 왕 티리다테스는 수도 방위를 일찌감치 포기하고, 로마군과 한번 싸워보지도 않은 채 도망쳤다. 코르불로는 피 한 방울 흘리지 않고 아르탁사타에 들어갈 수 있었다. 로마군이 아르메니아 왕국의 수도를 점령했다는 소식은 그해 말에 로마에도 전해졌다. 시민들은 기뻐 날뛰었고, 로마군 최고사령관인 네로에게 "임페라토르!"라는 환호를 보냈다. 제정 로마에서는 승자의 영광에 빛나는 것은 전선의 사령관이 아니라 황제였다. 네로와 원로원, 그리고 일반 시민들은 이제 아르메니아도 다시 로마의 패권 안으로 돌아왔다고 믿었다.

그러나 전선의 코르불로는 그처럼 안이하게 생각하고 있을 수 없었다. 도망친 티리다테스의 배후에 있는 파르티아 왕 볼로가세스가 이대로 물러설 리는 없기 때문이다. 그래서 코르불로는 전투를 계속할 수밖에 없다고 판단했다. 공략한 아르탁사타도 지키고 싶었지만, 이곳 방위에 병력을 할당하기에는 휘하 병력이 너무 적다는 점을 고려하여, 주민의 생명에는 손을 대지 않더라도 시가지는 전부 불태우기로 했다. 적이 돌아와도 금방 사용할 수는 없게끔 하기 위해서였다. 서기 58년부터 59년에 걸친 겨울을 아르메니아 왕국의 수도에서 보낸 로마군은 봄이 오자 시가지에 불을 지르고 떠났다. 목적지는 아르메니아 왕국 제2의 수도인 티그라노케르타였다.

티그리스 강 상류에 자리잡고 있는 티그라노케르타는 오늘날에는 터키 영토로 되어 있다. 고대 아르메니아 왕국은 서쪽으로는 흑해, 동쪽으로는 카스피 해, 남쪽은 티그리스 강까지 아우르는 광대한 왕국이었다. 아르탁사타에서 남서쪽의 티그라노케르타까지는 직선거리로 400 킬로미터나 된다. 사령관의 책무 가운데 하나인 군량 확보는 여간 어렵지 않았지만, 병사들의 사기는 높았다. 코르불로의 전략은 아르탁사타를 공략하러 갈 때와 마찬가지로 융단 폭격식이었다. 그리고 역시 왕국 제1의 수도인 아르탁사타를 함락시킨 것은 선전 효과가 컸다.

수비군이 지레 겁을 먹고 도망쳐버렸기 때문에, 왕국 제2의 수도도 피 한 방울 흘리지 않고 점령할 수 있었다. 로마군은 아르메니아 왕국의 주요 도시를 두 개나 공략하여, 아르메니아에서 파르티아 세력을 완전히 몰아내게 되었다. 로마의 중앙정부가 강경한 태도로 나온 것도 무리는 아니다. 네로는 아우구스투스 방식이라고 불러도 좋은 종래의 동방 정책에 따라, 아르메니아 왕위에 로마가 고른 왕자를 앉히기로 결정했다. 선택된 왕자의 이름은 티그라네스였다. 티그라네스는 오리엔트의 모든 왕가와 혈연관계를 갖고 있었기 때문에 혈통에는 문제가 없지만, 로마에서 자랐기 때문에 아르메니아인과는 친숙하지 않은 왕자였다. 기반도 없고 자기편도 없는, 말하자면 낙하산을 타고 떨어진 왕이다. 네로는 티그라네스의 왕위를 지키기 위해 1천 명의 로마 군단병과 1천 명의 보조병, 그리고 500명의 기병을 떼어 티그라네스에게 주라고 코르불로에게 명령했다.

이 정도 병력으로 낙하산을 타고 내려온 왕을 지킬 수 있다고 생각했다면, 네로는 22세가 되도록 군사라는 것을 전혀 몰랐다고 말할 수밖에 없다. 사실 이 조치는 1년도 지나기 전에 파탄이 나지만, 콰드라투스의 죽음으로 공석이 된 시리아 속주 총독에 코르불로를 임명해놓은 것이 네로에게는 행운이었다. 그렇긴 하지만, 네로는 또다시 지휘계통을 이원화하는 잘못을 저지르게 된다.

이 시점까지 네로의 통치는 '네로의 초기 5년' 이라 하여, 폭군으로

만 알려진 네로가 선정을 베푼 시기로 되어 있다. 그가 선정을 펼 수 있었던 것은 세네카와 부루스가 잘 보좌했기 때문이라는 것도 정설이다. 더구나 이렇게 말한 사람이 오현제 가운데 하나인 트라야누스 황제였기 때문에 아무도 의심하지 않고 믿었지만, 나에게는 의문이다. 선정이라는 것의 내용을 살펴보면, 전임자들의 공과 행운이 크게 작용했다. 이 시기의 로마 제국에는 티베리우스와 클라우디우스가 남긴 조직과 인재가 건재했고, 덕분에 제국 자체도 충분히 기능을 발휘하고 있었을 뿐 아니라, 큰 문제도 발생하지 않았다. 제국의 안전보장에서 중요한 과제는 아르메니아 문제 정도였고, 이것도 조기에 해결할 수 있었지만 네로가 군사전략상 실수를 저지르는 바람에 결국 해결하는 데 10년 세월이 걸렸다. 이 5년 동안의 통치를 실제로 담당한 사람이 정말로 세네카와 부루스라면, 근위대를 네로 편으로 끌어들이는 것이 최대 임무였던 부루스는 제쳐두고라도, 세네카의 외교와 군사적 재능에는 합격점을 주기 어렵다.

철학자이자 문인인 세네카는 군사도 외교도 경험하지 않은 상태에서 황제 보좌관이 된 건 사실이지만, 직접 경험하지 않았기 때문에 서투르다는 변명은 성립되지 않는다. 현대의 우리도 대통령이나 수상을 지낸 경험이 없는 사람을 대통령이나 수상으로 선출하지 않는가. 세네카는 철학자나 비극작가나 풍자작가로는 일류였지만, 정치에서는 이류였다고 말할 수밖에 없다. 내가 생각하는 '이류'는 돌발사태에 대처해야 할 경우를 제외하면 웬만큼은 해나갈 수 있는 사람이라는 뜻이다.

기록을 남기는 사람은 지식인이자 문인이다. 다시 말해서 전통적으로 권력과는 관계가 없는 계층에 속한다. 따라서 자기와 동류인 지식인이자 문인한테는 무의식적으로 호의적인 태도를 보이게 마련이다. 신랄한 타키투스조차도 세네카한테는 너그러운 걸 보면 재미있다.

나는 '네로의 초기 5년' 동안 세네카가 네로에게 충분한 영향력을 행사할 수 있었다고는 생각지 않는다. 어머니의 영향력에서 일찌감치 벗어난 사실이 보여주듯, 네로는 스승한테서도 일찌감치 떠나가고 있었던 게 아닐까. 바꿔 말하면 '초기 5년' 동안에도 네로는 상당 부분 제 머리로 결정하고 그 결정을 행동에 옮긴 게 아닌가 싶다. '초기 5년'의 마지막을 장식하는 사건은 스승 세네카의 영향력이 건재했다면 결코 일어날 수 없는 사건이었기 때문이다.

어머니 살해

네로는 문제를 시급히 해결해야 할 경우에는 극단적인 해결책밖에 생각해내지 못하는 성질을 가지고 있었다. 그것은 그 자신의 성격이 본질적으로는 나약했기 때문이 아닐까 하고 나는 생각한다.

20세를 맞이할 무렵, 네로는 한 여자를 사랑하고 있었다. 그녀의 이름은 포파이아 사비나였다. 특별히 고귀한 혈통은 아니지만, 하층계급 출신도 아니다. 할아버지는 역사가 몸젠이 말하는 '티베리우스 문하생'의 한 사람으로, 도나우 강 방위선을 확립하는 데 공을 세운 인물이었다. 포파이아는 미인이었다지만, 로마 최고의 미인이라고 할 정도는 아니다. 머리도 뛰어나게 영리하지는 않았다. 네로의 어머니인 아그리피나 같은 야심가는 아니지만, 여자로 태어난 이점을 헛되이 하지 않는 타입의 여자였다.

첫 남편은 기사계급에 속하는 유복한 남자였다. 아이를 둘이나 낳고도 첫 남편과 이혼한 것은 원로원 계급에 속하는 명문 출신 젊은이와 재혼하기 위해서였다. 재혼 상대는 원로원 의원의 아들이자 네로 황제의 놀이 친구인 오토였다. 결국 네로는 친구의 아내를 사랑한 셈이다.

네로는 '황태자' 시절에 클라우디우스 황제의 딸인 옥타비아와 정식

포파이아 사비나

으로 결혼했으니까, 첫 결혼은 정략결혼이었다. 하지만 정략결혼이라서 네로와 아내 사이가 항상 소원했던 것은 아니다. 옥타비아가 수수하고 심심하고 우울한 성격을 가진 여자였기 때문이다. 네로가 맨 처음 반했던 노예 아크테는 정성을 다해 진심으로 네로를 사랑했지만, 그녀도 재치있는 여자라고는 말할 수 없었다. 네로는 이 첫사랑 여인에게 금세 싫증이 나버렸다. 그때 나타난 것이 아름답고, 출신 가문도 황제의 애인에게 어울리고, 무엇보다도 재치가 있는 포파이아였다.

훼방꾼을 멀찌감치 떼어놓는 것은 간단했다. 네로는 오토를 오늘날의 포르투갈에 해당하는 루시타니아 속주 총독에 임명하여 멀리 보내버렸다. 그런데 속주 총독이 된 오토는 밤마다 네로와 함께 놀러 다니던 사람치고는 꽤 유능했다. 9년 동안이나 벽지에 근무했는데도, 오토의 속주 통치는 선정이라고 불러도 좋을 정도였다. 네로가 파멸한 뒤에 제위를 이어받았다가 죽는 세 명의 황제가 등장하는데, 오토도 그중 한 사람이다.

하지만 사랑의 걸림돌을 제거했는데도, 포파이아는 네로의 애인이 되는 것을 허락하지 않았다. 오토를 사랑했기 때문이 아니라, 애인의

네로의 어머니 아그리피나
(V.마라노의 데생)

처지로 만족하기가 싫었기 때문이다. 그래서 네로는 난감해졌다.

포파이아를 아내로 맞이하려면 옥타비아와 이혼해야 한다. 하지만 옥타비아와 이혼하는 것은 어머니인 아그리피나가 단호히 반대했다.

아그리피나의 주장에도 일리가 없는 것은 아니었다. 네로가 황제에 즉위할 수 있었던 것은 선황인 클라우디우스의 양자가 되었기 때문이고, 그 자리가 더욱 확고해진 것은 선황의 딸 옥타비아와 결혼했기 때문이니까, 이혼은 당치 않다는 것이다.

그러나 아그리피나는 티베리우스를 들볶았던 어머니—대(大)아그리피나—를 닮아서, 아우구스투스의 피를 이어받은 몸이라는 것만 코에 걸고 살아온 여자였다. 아우구스투스가 죽은 지 23년 뒤에 태어난 네로는 황제에게 중요한 것은 '피' 보다 '실력' 이라고 생각하게 되었지만, 아그리피나는 그 사실을 알아차리지 못했다.

어머니의 단호한 반대가 벽처럼 앞을 막아서자, 그 벽을 어떻게 뛰어넘어야 좋을지 알 수 없게 된 네로는 극단적인 해결책으로 치달았다.

어머니를 죽일 하수인으로는 능력은 있지만 인격이 비열한 아니케토스가 선정되었다. 해방노예인 아니케토스는 당시 미세노 해군기지 장관을 지내고 있었다. 소년 시절의 네로를 가르친 체육교사였고, 그후에도 네로와는 친하게 지냈다. 하지만 그런 자기를 아그리피나가 중용하지 않았다는 이유로 황태후에게 원한을 품고 있었다.

살해는 우연한 사고로 위장할 필요가 있었다. 네로는 아니케토스의 진언을 받아들여, 밑창의 일부를 떼어내면 간단히 침몰해버리는 배를 은밀히 만들었다. 배가 만들어지는 동안, 네로 자신은 어머니와 화해하겠다고 떠벌리고 다녔다. 잔소리가 심한 어머니지만, 어떤 결점이 있더라도 어머니는 어머니라면서.

결행 날짜도 결정되었다. 미네르바(그리스어로는 아테나) 여신의 축일이었다. 미네르바는 장인(匠人)의 수호신이라서, 그날은 장인들도 일을 쉰다. 로마인이라면 누구나 알고 있는 'Idus Martiae'(3월 15일, 카이사르가 암살된 날)의 닷새 뒤니까 3월 20일이다. 그날 나폴리 서쪽의 미세노 곶 근처에 있는 바코리 별장에서 네로가 잔치를 베풀고 어머니를 초대한 것은 그날이 미네르바 여신의 축일이라는 이유도 있었다.

별이 아름답게 빛나는 밤이었다. 22세의 아들이 다정하면서도 공손하게 어머니를 대접하는 모습은 동석한 세네카와 부루스에게는 오랜만에 보는 편안하고 아름다운 광경으로 보였을 것이다. 별장에서 바라다보이는 바다도 3월치고는 보기 드물게 잔잔하여, 커다란 은쟁반에 물을 담아놓은 듯했다.

한밤중이 지나서 아들은 가까운 바닷가 별장으로 돌아가는 어머니를 선착장까지 배웅했다. 배에 올라타는 어머니를 아들은 소년 시절처럼 다정하게 포옹했다.

배는 예정대로 침몰했다. 하지만 아그리피나는 예정대로 물에 빠져 죽지 않았다.

아그리피나는 칼리굴라 황제 시절에 1년 동안 벤토테네 섬에 유배되어 있을 때 수영의 명수가 되어 있었다. 게다가 침몰 장소는 칼리굴라가 배를 잇대어 급조한 발판 위를 말을 타고 달려갈 수도 있었을 만큼 파도가 잔잔한 포추올리 만이다. 또한 그날 밤에는 바다가 유난히 잔잔해서 수면이 거울 같았다. 별이 빛나는 밤하늘 아래에서 황태후는 멋진 수영 솜씨를 뽐내며 유유히 헤엄쳤을 게 분명하다. 밤중에 고기를 잡으러 나온 어부가 건져 올렸을 때도 전혀 흐트러지지 않은 침착한 목소리로 자기가 황제의 어머니라는 것을 알리고, 배를 바닷가에 대라고 명령했다고 한다.

별장에 돌아온 아그리피나는 조난 사고가 우연이 아니라 아들 네로가 꾸민 짓이라는 것을 알아차리고 있었다. 하지만 거기에 대해서는 아무 말도 하지 않았다. 그녀는 해방노예인 시종에게 편지를 주어 아들에게 보냈다. 편지에는 배가 침몰하긴 했지만 나는 어깨에 가벼운 상처를 입었을 뿐 무사하니까 걱정할 필요는 없다고 적혀 있었다.

어머니가 죽었다는 소식을 잠도 자지 않고 기다리던 네로는 이 편지를 읽고 소스라치게 놀랐다. 세네카와 부루스를 급히 불러 모든 것을 자백하고, 어떻게 하면 좋으냐고 매달렸다. 둘 다 오랫동안 한마디도 하지 않았다. 하지만 두 사람은 아그리피나가 모든 것을 눈치챘다고 판단했다. 그 점은 네로도 마찬가지였다. 아그리피나의 성격을 생각하면, 아무 일도 없었던 것처럼 끝날 리는 없었다. 내버려둘 수는 없는 노릇이었다. 세네카는 근위병을 보내 아그리피나를 죽이는 게 어떠냐고 말한 모양이다. 하지만 부루스가 게르마니쿠스의 딸에게 칼을 들이댈 근위병은 한 사람도 없다고 말했기 때문에 이 제안은 받아들여지지 않았다. 결국 실패한 자가 책임을 지게 한다는 이유로, 아니케토스에게 아그리피나를 죽이라는 명령이 떨어졌다. 어느새 동이 트고 있었다.

우선 아그리피나의 시종인 해방노예를 많은 시종들 앞에 불러내어, 아그리피나의 명령으로 황제를 죽이려 한 고얀놈이라고 규탄하고, 시종이 뭐라고 항변도 하기 전에 재빨리 죽여버렸다. 해방노예라도 단검은 갖고 있다. 그 단검이 증거물이 되었다.

그후 아니케토스는 부하들을 데리고 아그리피나의 별장으로 갔다. 그들은 도착하자마자 별장을 포위한 뒤, 문을 부수고 침입하여 시종들을 쫓아냈다. 침실에서 쉬고 있던 아그리피나는 쳐들어온 사내들을 보고도 흐트러진 모습을 보이지 않았다. 침상에서 일어나지도 않은 채, 아들이 병문안을 위해 보낸 사람들이라면 상처는 다 나았으니 걱정 말라고 아들에게 가서 전하라고 말했다.

아니케토스와 부하들은 침상을 에워쌌다. 아그리피나도 만사가 끝난 것을 깨달았다. 죽이려면 네로가 들어 있었던 여기를 찌르라면서 아랫배를 가리켰다. 그 손짓이 끝나기가 무섭게 아랫배만이 아니라 온몸에 칼이 꽂혔다.

포추올리에서 바이아나 바코리를 지나 미세노 곶에 이르는 해안에는 로마 상류층에 속하는 사람들의 별장이 즐비하게 늘어서 있다. 하수인들은 밤이 되기를 기다렸다가 아그리피나의 유해를 몰래 별장 밖으로 운반하여 재빨리 화장해버렸다. 용기있는 노예들이 무덤을 만들고, 아그리피나의 뼈를 매장했다. 황제의 누이이고 아내이며 어머니이기도 했던 여인의 무덤을 네로는 한번도 찾지 않았다.

세네카는 고심 끝에 아그리피나가 국가반역죄로 죽음을 맞았다고 공표했다. 원로원도 일반 시민들도 속으로는 믿지 않았지만, 아그리피나에게 호감을 갖고 있지 않았기 때문에 믿는 '척' 했다.

하지만 어머니 살해는, 그 이유가 무엇이든 가족을 중시하는 로마인에게는 인간의 도리에 어긋나는 대죄였다. 그것은 네로도 이해하고 있었다. 원로원과 시민들의 반응이 두려워 한동안은 수도 로마에 가까이 가지 못했을 정도다. 망설인 끝에 겨우 마음을 다잡고 로마로 돌아왔지만, 시민들이 적개심을 보이기는커녕 따뜻하게 맞아주었기 때문에 가슴을 쓸어내렸다.

하지만 옥타비아와 이혼하고 포파이아와 재혼하는 일은 금방 실행하지 않았다. 옥타비아는 시민들의 동정을 받고 있었다. 자식을 낳지 못하는 것은 로마에서는 이혼 사유가 되지 않았다. 그리고 포파이아도 장차 정실로 삼겠다는 조건이라면 애인이 되는 것을 승낙했을지도 모른다. 아그리피나라는 걸림돌이 제거된 뒤에도 이런 상태가 3년 동안 지속되었다. 민심을 자극할 만한 언행은 당분간 삼가라는 세네카의 설득이 주효했는지도 모른다. 하지만 아그리피나의 죽음으로 마음에 가장 큰 상처를 입은 것은 누구보다도 네로 자신이었다. 22세의 네로는 밤마다 망령에 시달려 잠을 이루지 못했다.

망령은 제삼자에게도 보이는 경우가 있고, 본인밖에는 볼 수 없는 경우도 있다. 전자의 전형적인 예는 햄릿이 본 부왕의 망령이고, 후자의 좋은 예는 브루투스가 본 카이사르의 망령이다. 네로를 괴롭힌 망령은 후자 쪽이었을 것이다. 네로가 지르는 비명소리에 놀라 달려온 시종들한테는 아무것도 보이지 않았기 때문이다. 원로원에서 네로는 아그리피나가 제국을 직접 통치하겠다는 야망을 실현하기 위해 해방노예를 보내 자기를 죽이려 했다고 말했다. 의원들도 납득한 듯한 표정으로 그 말을 들었다. 하지만 네로 자신은 납득한 듯한 표정조차도 지을 수 없었을 것이다. 그런 네로에게는 아내와 이혼하는 것보다, 애인과 재혼하는 것보다, 자신의 정신을 추스르는 것이 선결 문제였다.

슬럼프에 빠져 있는 사람은, 초발심으로 돌아가 자기가 정말로 하고 싶은 일이 무엇인지를 곰곰 생각해보고, 그 일을 해보라는 충고를 받

는 경우가 많다. 당시 로마의 지식인들이 모두 그랬듯이, 네로도 그리
스 문화를 좋아했다. 하지만 로마인들은 그리스 문화를 좋아하면서도
그 정신까지 로마에 도입하여 로마인 사이에 뿌리내리게 할 필요성은
느끼지 않았다. 그리스 문화에 조예가 깊은 세네카도 그 점은 마찬가
지였다. 하지만 네로는 자칫하면 극단으로 치닫는 성벽을 갖고 있었
다. 네로는 그리스 문화를 도입하여 로마에 뿌리를 내리게 함으로써
로마를 문화국가로 변모시켜야 한다고 진심으로 믿고 있었다.

오늘날에도 세계 각지의 박물관에 흩어져 있는 로마 황제들의 초상
이 언제 제작되었는가를 대충 구분하는 것은 간단하다. 그리스 문화
애호가로 유명한 하드리아누스 황제를 경계로 하여, 그 이전의 황제들
은 수염이 없고 그 이후의 황제들은 수염을 기른 얼굴이기 때문에, 보
면 당장 알 수 있다. 소크라테스나 페리클레스를 보아도 알 수 있듯
이, 그리스인은 풍성한 수염을 기르는 풍습이 있었다. 그러나 로마인
에게는 그런 풍습이 없었다. 로마 남자들은 수염을 깨끗이 깎는 것이
어엿한 사나이의 몸가짐이라고 생각했기 때문이다. 그들은 그리스인의
철학이나 미술이나 문예는 존중했지만, 그리스인의 정치나 군사는 경
멸하고 있었다. 그런 그리스인과는 분명하게 선을 긋겠다는 로마 남자
들의 기개가 수염을 깨끗이 깎는 풍습에 나타나 있었다.
하드리아누스 황제 이전에는 황제들이 모두 수염을 깎았지만, 유독
네로만은 수염을 기르고 있다. 하지만 젊기 때문인지, 수염을 길렀다
해도 풍성함과는 거리가 멀어서 턱 언저리를 간신히 덮은 게 고작이
다. 황제에 즉위했을 당시의 초상에는 수염이 없다. 턱 언저리에 수염
이 있는 초상은 어머니를 죽인 시점을 전후하여 나타난다. 이것은 그
리스 애호가 표출되기 시작한 시기와도 겹친다.

'로마 올림픽'

서기 60년, 어머니가 죽은 지 1년이 지났다. 그해는 1년 동안 준비해온 일을 수도 로마에서 실행에 옮긴 첫 해가 되었다.

그것은 공식적으로는 '루디 퀸퀘날리'(Ludi quinquennali, 5년마다 열리는 제전〔祭典〕)로 불렸지만, 일반적으로는 '네로 제전'이라고 불린, 그리스 '올림피아 제전'의 로마판이었다. 다만 네로는 그리스도 좋아했지만 새로운 것도 좋아했다. 그래서 4년마다 열리는 올림피아 제전과 구별하여, 로마에서는 5년마다 열기로 한 것이다.

기원전 776년에 처음 열렸다는 '올림피아 제전'의 경기 종목은 현대 올림픽의 육상 종목에 권투와 레슬링을 추가한 것이라고 생각해도 좋다. 다만 출전 선수는 남자뿐이다. 현대 올림픽의 마지막 날을 장식하는 것은 마라톤이지만, 마라톤은 근대 올림픽 때 창설된 종목이니까 고대의 경기 종목에는 포함되지 않는다. 그 대신 마지막 날 관중을 가장 열광시킨 경기는 네 필의 말을 몰고 속도를 겨루는 전차경주였다.

신체 하나로 승부할 수 있는 경기와 달리, 전차경주에 출전하려면 돈이 든다. 그래서 이 경기에는 유명인사가 출전하는 경우가 많다. 이것도 전차경주가 인기를 얻은 이유 가운데 하나였다. 소크라테스가 살았던 시대에 전차경주에서 우승한 아테네 정치가 알키비아데스는 개선장군이라도 되는 양 아테네 시민들의 열광적인 환영을 받았다. 올림피아에서 우승한 것이 그후 알키비아데스의 정치 경력에 큰 도움이 된 것을 보면, '올림픽' 우승자가 영웅시되는 것은 고대에나 현대에나 별차이가 없다.

티베리우스도 로도스 섬에 은퇴해 있을 때 이 전차경주에 참가하여 우승했다. 네로의 외조부인 게르마니쿠스도 월계관의 영예에 빛나는 사람이었다. 하지만 로마 상류층에 속하는 이들도 전차경주에 참가하기 위해 그리스의 올림피아 제전에 나갔다. 티베리우스는 황제가 된 뒤에도 전차경주를 로마에 도입할 생각은 꿈에도 하지 않았다.

반대로 네로는 그것을 생각하고 실행했다. 로마 제국 남자들도 그리스 남자들처럼 신체 단련에 힘써야 하고, 5년마다 그 성과를 대중 앞에 보여야 한다고 생각한 것이다.

네로는 운동경기만이 아니라 문예나 음악의 재능을 겨루는 자리도 마련해야만 그리스 문화를 완벽하게 이식할 수 있다고 생각했다. 일반 로마인들도 그리스 문화의 정수인 시와 음악에 친숙해지게 함으로써 로마 제국을 문화국가로 변모시키려 했다. 네로 자신도 정치나 군사보다 시와 음악을 더 좋아했다. 그리고 재능도 있다고 자부했다. 애호가와 창조자가 반드시 일치하는 것은 아니지만, 애호가들이 대부분 그렇듯이 네로도 애호가와 창조자는 일치한다고 생각했을 것이다. 다만 문화국가를 외치며 문화 이식이나 교류에 열심히 몰두하는 데에는 창조자보다 애호가가 더 적합하다.

네로의 '로마 올림픽'은 성황리에 끝났다. 대중이 '네로 제전'이라고 불렀듯이, 수도 로마에 있는 공공시설을 모두 사용한 대대적인 축제였기 때문이다. 대경기장, 바티카누스 경기장, 폼페이우스 극장, 마르켈루스 극장, 발부스 극장 등 로마 전체가 행사장이 되었고, 입장료는 모두 무료였다. 게다가 프로 선수는 출전 자격이 없고 아마추어만 출전할 수 있었는데, 그것은 또 그 나름대로 재미있었다. 네로는 대회의 흥을 돋우기 위해 '아우구스티아니'—직역하면 '황제단'—라는 응원단까지 조직했다. 축제 목적은 완벽하게 달성되었다.

그러나 운동경기는 그 자체가 아름다움이라는 것을 깨우쳐주고, 그러려면 날마다 거르지 않고 신체를 단련해야 한다는 것을 로마인에게 자각시키려는 목적은 별 성과를 거두지 못했다. 네로는 체육관이라고

비만해진 네로

말할 수 있는 '김나시움'을 지었지만, 여기에 와서 운동하는 사람은 청소년뿐이고 성인 남자들은 이곳으로 발길을 돌리지 않았다. 그래서 네로는 사람들을 끌어들이기 위해 김나시움 바로 옆에 로마식 목욕탕을 지었다. 여기에는 목욕 설비만이 아니라 마사지실과 오락실까지 갖추어져 있었다. 하지만 성인 남자들은 목욕탕에는 왔지만 체육관 쪽은 쳐다보지도 않았다. 로마인에게 신체 단련은 어른이 될 때까지 몸을 만들기 위해 하는 것일 뿐, 어른이 된 뒤에도 열중할 만한 일은 아니었다.

네로가 그리스의 올림피아 제전과 쌍벽을 이루는 '로마 올림픽'으로 발전시킬 계획이었던 '네로 제전'은 5년 뒤에 한 번 더 개최되었을 뿐, 결국 네로의 죽음과 함께 잊혀버린다. 김나시움도 같은 운명을 걸어서, 얼마 후에는 헐리고 다른 건물이 대신 들어섰다. 목욕탕은 그후에도 오랫동안 남아 있었지만.

여기서 흥미로운 것은 네로가 그리스적인 아름다움에 차츰 심취해가는 것과 반비례하듯, 네로 자신의 육체는 추하게 변해간 것이었다.

17세에 황제가 되었을 당시의 네로는 통통하고 귀여운 얼굴을 하고 있었다. 하지만 화폐에 새겨진 옆얼굴은 갈수록 뚱뚱해진다. 네로 제전' 당시의 네로는 아직 스물두세 살에 불과하다. 그런데도 투실투실 살이 쪄서 보기가 흉하다. 굵은 목만 보아도 정상은 아니다. 로마 시민들 중에는 누구보다도 신체 단련이 필요한 건 네로 자신이 아닐까 하고 생각한 사람도 있었을 것이다.

하지만 젊은 나이에 이렇게 비정상적으로 살이 찌는 것은 체질 때문이었을 게 분명하다. 그런데 네로는 육체의 아름다움과는 무관한 정치에—즉 로마적인 것에—전념하지 않고, 육체의 아름다움을 중시하지 않을 수 없는 그리스적인 것에 정열을 기울였다. 이렇게 모순되고 굴절된 정신의 균형을 잡는 것은 너무나 어려운 일이 아니었을까 하고 나는 이따금 생각한다.

'네로 제전' 이듬해인 서기 61년, 로마 제국의 변경이 오랜만에 소란해졌다. 브리타니아인이 로마에 반대하여 총궐기한 것이다. 그리고 또 하나는 역시 아르메니아—파르티아 문제였다. 다만 소란해진 것은 제국의 서쪽 끝과 동쪽 끝이고, 제국 전체의 '평화'는 꿈쩍도 하지 않았다. 하지만 네로는 로마 제국 전체의 안전을 보장하는 최고책임자다. 그 책무를 완수해야만 '황제'라고 불릴 자격을 갖는다. 일반 시민은 그런 일에 무관심한 나날을 보낼 수 있지만, 황제에게는 그것이 허용되지 않는다. 응급조치는 현지 지휘관의 임무지만, 근본적인 해결책을 마련하는 것은 황제의 임무였다.

결론부터 말하면, 24세의 황제가 취한 브리타니아 대책은 적절했지만, 아르메니아—파르티아 문제에 대한 조치는 잘못이었다. 하지만 이 실책은 결코 결정적인 것은 아니었다. 문제를 해결하는 데에는 오랜 세월이 걸렸고, 또 코르불로가 나서야 했지만, 최종적으로는 네로의 외교가 성공한 사례로 남았기 때문이다.

브리타니아 문제

외국을 침공하여 약탈과 폭행을 저지른 뒤 물러나는 강도짓 같은 군사행동은 일시적인 것으로 끝난다. 하지만 외국을 침공하여 그 땅을 점령할 뿐 아니라, 그 땅과 주민들을 자기네 세계에 편입시키는 것을 목적으로 하는 군사행동은 그렇게 간단치 않다.

우선 군사력을 이용한 제패는 되도록 짧은 기간에 끝내는 것이 바람직하다. 전쟁 상태가 오래 지속되면 정복당한 쪽의 적개심이 증폭되게 마련이다. 이를 막기 위해서는 대군을 일시에 투입하여 속전속결로 나가야 한다. 소수의 병력을 파견하여 천천히 제패를 진행하는 것은 공격하는 쪽에도 당하는 쪽에도 바람직하지 않다. 나쁜 짓을 해야 하는 경우에는 단숨에 해치워야 한다고 마키아벨리도 말했다. 타민족을 침략하는 못된 짓은 단기간에 끝내고 전후 처리를 충분히 하는 편이 정복자에게도 피정복자에게도 좋다는 것이다. 침략은 무조건 나쁘다는 식의 이상주의는 물론 여기서 배제된다. 인류의 역사는 곧 침략의 역사이기도 하다. 다시 말해서 인간이 저지른 악행의 역사이기도 하다. 이것이 인간성의 현실이라면, 악행에 따른 폐해를 어떻게 줄일 것인가에도 인간의 지혜를 발휘할 여지는 있다.

로마인이 저지른 '악행' 가운데 가장 성공적인 사례는 율리우스 카이사르의 갈리아 정복이다. 그는 원로원의 결의를 기다리고 있다가는 시간만 허비할 뿐이라고 생각하고, 빚까지 내서 자비로 편성한 10개 군단을 동원하여 8년 만에 갈리아 전역을 제패했다. 로마 군단에는 어김없이 보조부대가 딸려 있지만, 그의 시대에는 그런 제도가 없었다. 따라서 10개 군단은 6만 명의 병력을 의미한다. 갈리아 전쟁 기간의 사상자를 빼면, 실제로는 5만 명 안팎이었을 것이다. 하지만 인류 역사상 손꼽히는 명장인 카이사르가 지휘하는 정예 집단이다. 게다가 8

년 만에 갈리아를 제패한 뒤에는 전후 처리에 다시 1년 남짓한 시간을 소비했다. 그의 전후 처리는 보복행위를 삼가고, 기존의 지배계층과 부족을 그대로 유지할 뿐 아니라, 피정복자에게도 로마 시민권을 주고, 부족 내부의 자치까지 인정해주는 것이었다. 정복자의 언어인 라틴어를 강요하지 않고, 풍속과 관습도 전과 다름없이 유지한다. 갈리아 민족을 게르만 민족의 위협으로부터 지켜주는 것은 로마의 역할이다. 갈리아는 낙후된 지역이기 때문에, 속주세와 관세를 당분간은 다른 속주보다 낮게 유지하여 경제력 향상을 꾀한다.

갈리아가 로마 통치의 우등생이라는 말을 듣는 것은 갈리아인의 독립심이 희박했기 때문이 아니다. 로마 세계에 편입되어도 별로 불편하지 않았기 때문이다. 역사가 몸젠의 말에 따르면, 갈리아인은 스스로 갈리아인이라고 말하지 않고 로마인이라고 말했다고 한다. 카이사르가 갈리아를 로마화하는 데 성공한 것은 '단숨에 해치운 악행과 충분한 고려에서 나온 선행'의 산물이었다.

그런데 로마인이 브리타니아에서는 갈리아와 정반대되는 일을 했다. 브리타니아 정복을 결행한 클라우디우스 황제의 군사적 무지가 그 원인이었던 게 분명하다.

브리타니아에 투입된 군단은 당초에는 4개 군단이었지만 곧 3개 군단으로 줄어들었고, 그후에는 2개 군단이 정복을 계속했다. 보조병 제도 덕분에 2개 군단이라도 총병력은 1만 2천 명의 두 배 가까이 되지만, 그래도 겨우 2만 명이다. 정예병력은 1만 명도 채 안되었을 거라고 생각하는 게 현실적이다. 카이사르의 5만 명과는 큰 차이다. 갈리아를 제패하는 데 걸린 기간은 8년이었던 반면, 브리타니아는 정복을 시작한 지 18년이 지나도록 아직 제패하지 못했다. 5만 명과 2만 명의 차이는 바로 이 결과에 나타나 있었다. 이것은 전선 지휘관에게 책임을 돌릴 수 있는 문제가 아니라, 로마의 황제가 결정할 수밖에 없는 전략상의 문제였다.

현대의 관료처럼 2~3년마다 교체되는 사령관이 무슨 일을 할 수 있겠는가. 조금씩 정복지를 넓히고, 정복이 끝난 땅에는 퇴역병을 이주시켜 식민도시로 만들고, 종래의 도시를 지방자치단체로 만들어 속주 통치의 '핵'으로 삼고, 그 핵들을 로마식 가도로 연결하는 정도의 작업밖에는 추진할 수 없었을 것이다. 이런 방식 자체는 로마의 전통적인 방식이니까 나쁘지 않다. 다만 그 작업에 걸린 시간이 너무 길었다.

서기 61년에 브리타니아에서 일어난 총궐기는 아직 로마가 제패하지 못한 지역에서 일어난 게 아니었다. 제패가 끝나, 로마와 우호관계를 맺은 지방에서 일어났다. 따라서 이것은 로마의 브리타니아 통치가 실패했음을 보여주는 사례였다.

총궐기한 브리타니아인의 우두머리는 여자였다. 이름은 부디카. 이 여자는 로마와 처음부터 우호관계를 맺은 부족장의 미망인이었다. 그녀는 총궐기를 주도한 게 아니라 우두머리로 추대된 데 불과했던 모양이지만, 그럴 만한 이유가 있었다. 부디카의 두 딸이 로마인에게 강간당한 것이다.

카이사르도 갈리아 전쟁 때 강간은 아니지만 패배한 갈리아인 여자들과 관계했다. 하지만 무엇 때문인지, 거기에 분개한 피정복민이 로마에 반대하여 궐기하는 일은 일어나지 않았다. 카이사르가 이런 관계를 비밀로 하지 않고, 여자들의 부모에게 로마 시민권을 주고(지배계층에 속해 있었기 때문이겠지만), 율리우스라는 자기 가문 이름까지 주어 '보상'을 확실히 끝냈기 때문이다. 카이사르 시대로부터 한 세기가 지난 네로 시대에도 가이우스 율리우스라는 이름까지 카이사르와 똑같은 게르만 부족장이 등장하여 자신의 조상이 카이사르의 사생아라고 주장하는 데에는 웃을 수밖에 없지만, 아무리 도처에 씨를 뿌려도 양쪽이 다 만족하면 문제가 되지 않는다. 브리타니아에서는 그러지 않았기 때문에 문제가 된 것이다.

하지만 이것은 어디까지나 겉으로 내세운 이유였고, 진짜 이유는 따로 있었다.

첫째, 아직 정복이 끝나지 않았기 때문에, 로마인들은 이미 패배하여 로마의 패권 밑에 들어간 브리타니아인에게도 필요 이상으로 정복자 노릇을 했다. 무리도 아니다. 지금은 적이 아니라 해도 언제 적과 손잡고 다시 적이 될지 모르는 상대를 자기편으로 대우하기는 어렵다. 제패를 단기간에 끝내지 않고 질질 끈 폐해가 여기에도 나타나 있었다.

둘째는 돈 문제다. 10퍼센트의 속주세율이 지나치게 높은 것은 아니다. 그 세금을 내려면 빚을 져야 할 때가 많았는데, 금리가 너무 높았다. 본국 이탈리아에서는 금리의 상한선이 법으로 정해져 있어서 12퍼센트 이상은 받을 수 없게 되어 있었지만, 속주에서는 금융업자들이 마음대로 받을 수 있도록 방치한 상태였다. 그리고 발전이 뒤떨어진 브리타니아에서는 금융업자라면 로마인이었다.

공화정 말기에 브루투스가 속주에서 48퍼센트나 되는 고금리로 돈을 빌려주는 데 분개한 키케로의 편지가 남아 있지만, 제패가 진행되고 있던 브리타니아에서도 이런 고리대금이 횡행했을 게 분명하다. 제패가 끝나지 않은 지역에서 돈을 빌려주는 데에는 위험이 따른다. 위험이 높을수록 금리도 올라가는 것은 경제의 이치다. 여기에 제동을 거는 것이야말로 정치에 속하는 중요한 '전후 처리'지만, 전선에서 군대를 지휘해본 적이 없는 클라우디우스 황제와 네로 황제는 이런 문제의 중요성을 깨닫지 못했을 것이다. 네로의 보좌관인 세네카가 막대한 재산을 모은 것도 브리타니아에 고금리로 투자한 결과라는 소문이 있었다. 황제의 측근이 이럴진대, 경제의 이치에 제동을 거는 것은 꿈 같은 이야기다.

로마 시민권을 가진 금융업자들은 제동장치가 없는 것을 기화로 브리타니아에서 폭리를 탐하고 있었다. 브리타니아인의 분노가 금융업자만이 아니라 로마인 전체로 확산된 것도 당연하다. 로마인은 우리를 착취 대상으로밖에 보지 않는다고 생각하게 되면, 로마인과 우호관계를 맺은 것도 후회하게 된다. 바로 그 무렵, 브리타니아 속주 총독인 수에토니우스(『황제열전』의 저자와는 다른 인물)가 브리타니아에 주둔해 있는 로마군의 절반을 이끌고 모나 섬(오늘날의 앵글시 섬)에 틀어박혀 있는 드루이드교 사제와 신도들에 대한 소탕작전을 전개하고 있었던 것도 불행이었다.

궐기한 브리타니아인들은 오늘날의 콜체스터에 정착한 로마 퇴역병을 습격했다. 이들을 피의 제물로 바쳐 더욱 기세가 등등해진 반란군은 출동한 로마군 1개 군단까지 궤멸시키는 전과를 올렸다. 브리타니아 속주의 수도인 콜체스터가 적의 공격을 받은 데 이어 1개 군단까지 궤멸하는 참상에 로마군 지휘관은 평정심을 잃었다. 그들은 모나 섬의 수에토니우스에게 당장 돌아오라는 구원 요청을 보내놓고도, 수에토니우스가 돌아올 때까지 기다리지 않았다. 군단장도 황제 재무관도 도버 해협을 건너 갈리아로 도망쳐버렸다.

로마측 군사력이 공백 상태에 빠지자, 반란군측의 분노를 저지할 수 있는 것은 이제 아무것도 없었다. 로마인만이 아니라 로마인과 우호관계에 있던 브리타니아인까지도 화를 당했다. 여자와 아이들까지 살해되었다. 이때 살해된 사람의 수는 7만 명에 이르렀다고 한다. 브리타니아인에게는 포로로 잡아서 노예로 파는 관습이 없었기 때문에, 항복한 사람은 모조리 죽였다.

수에토니우스 총독이 사용할 수 있는 병력은 1만 명 안팎에 불과했다. 로마는 갈리아에 군단을 상주시키지 않으니까, 라인 강이나 에스파냐에서 원군이 오기를 기다릴 수밖에 없다. 지금 상황에서는 그럴 여유가 없었다. 수에토니우스는 평원에 포진하여 정면 대결을 벌이는 회전으로 승부를 겨루기로 결정했다. 아직 미개한 민족인 브리타니아인은 이런 회전에 서투르지만, 회전에서는 전술을 구사할 수 있기 때문에 로마군으로서는 가장 자신있는 전투 방식이다.

결과는 대성공이었다. 로마군은 역사가 타키투스가 "옛날 장수들의 후예답다"고 평했을 정도의 전과를 거두었다. 8만 명이 넘는 적군의 시체가 전쟁터를 가득 메웠다. 아군의 손실은 없는 거나 마찬가지였다. 이로써 일단 응급조치는 끝났다. 이제부터는 로마의 네로가 나설 차례다.

네로는 우선 라인 강 방위군 병력 중에서 2천 명의 군단병과 8개 대대의 보조병 및 1천 기의 기병을 떼어 브리타니아로 이동시키라고 명령했다. 전부 합하면 1만 1천 명 정도일 것이다. 궤멸한 1개 군단을 보충하기 위해서였다. 그와 동시에 브리타니아의 실정을 시찰하도록 해방노예인 폴리클레토스를 파견했다. 원래 노예였던 자가 특사로 도착한 것은 로마측에 붙어 있던 브리타니아인들의 웃음거리가 되었지만, 폴리클레토스는 유능한 시찰관이었다. 그의 보고를 토대로 네로는 브리타니아 통치 체제를 크게 바꾸었다.

개혁의 상세한 내용은 분명치 않다. 하지만 보복 조치가 전혀 없었던 것만은 확실하다. 이를 계기로 피정복자인 브리타니아인에 대한 로마인의 태도는 180도로 바뀌었다. 또한 네로는 수에토니우스 총독을 본국으로 소환하고, 페트로니우스를 신임 총독으로 브리타니아에 보냈다. 절망적인 상황에서도 용감하게 싸운 수에토니우스에게는 미안한 일이지만, 로마의 통치 방식이 바뀌었다는 인상을 브리타니아에게 심어주려면 사람을 바꾸는 것이 가장 효과적이었기 때문이다.

그후 무려 400년 동안 브리타니아인이 로마에 본격적으로 저항하는 일은 전혀 일어나지 않았다고 해도 좋을 정도다. 물론 로마의 제패가 끝난 것은 아니다. 하지만 현재의 잉글랜드와 웨일스 지방의 브리타니아인은 '팍스 로마나'를 모토로 하는 로마 세계에 편입되었다. 그리고 드루이드교로 상징되는 켈트 문명은 이 무렵부터 브리타니아에서도 쫓겨나 아일랜드로 옮겨갔고, 거기서 살아남게 된다. 영국과 아일랜드는 프로테스탄트와 가톨릭으로 갈라지기 오래 전에 이미 로마 세계와 비로마 세계로 갈라져 있었던 것이다.

아르메니아-파르티아 문제

네로는 브리타니아 문제에 대해서는 적절히 대응할 수 있었지만, 아르메니아-파르티아 문제에 대한 대처는 합격점을 받기 어렵다. 그것은 아마 이 두 가지 문제가 질적으로 달랐기 때문일 것이다. 브리타니아 문제는 제국의 한 지역을 통치하는 문제였던 반면, 아르메니아-파르티아 문제는 제국 전체의 안전보장과 관련된 문제였다.

로마가 낙하산식으로 아르메니아 왕위에 앉힌 티그라네스는 아니나 다를까 1년도 지나기 전에 적임자가 아니라는 것을 드러냈다. 아르메니아가 도로 파르티아의 수중에 들어가느냐, 아니면 계속 로마 편에 남아 있느냐는 로마 제국의 오리엔트 방위체제가 기능을 발휘하느냐 못하느냐를 좌우한다. 또한 아르메니아 문제를 어떻게 처리하느냐에 따라 자칫하면 파르티아와 전면전이 벌어질 위험도 있었다. 이 문제 해결에 골몰하던 네로가 선택할 수 있는 길은 다음 세 가지였다.

(1) 적당한 후보자가 달리 없는 이상, 로마의 군사력을 동원하여 끝까지 티그라네스의 왕위를 지켜준다.

(2) 아르메니아 왕국의 두 수도가 로마의 수중에 들어와 있는 지금, 문제가 끊이지 않는 아르메니아 왕국을 아예 로마의 속주로 만들어버린다.

(3) 시리아 총독 코르불로의 생각을 받아들여, 파르티아 왕제(王弟)인 티리다테스가 신하로서 로마 황제에게 복종하겠다고 서약하는 조건으로 아르메니아 왕위에 앉는 것을 승인한다.

(1)을 채택했을 경우, 불안 요인은 바로 티그라네스의 능력이었다. 그는 아무래도 평범한 인물이었던 모양이다.

(2)를 채택할 경우, 아르메니아를 속주로 만들어 로마가 직접 통치하는 것은 상당히 어려울 것으로 예상되었다. 미개한 민족인 트라키아 왕국을 속주화한 것과는 문제가 다르다. 아르메니아 왕국은 페르시아 문명권에 속하는 문명국이다. 로마는 문명도가 높은 지방을 속주화할 때는 많은 자치권을 부여한다. 원래 파르티아 쪽으로 기울어져 있는 아르메니아에 그리스나 시리아의 그리스계 도시와 같은 자치권을 부여하면 로마의 속주화는 유명무실해질 우려가 있었다.

(3)을 채택하려면 용기가 필요하지만, 네로는 그 용기를 가질 수 없었다. 그것은 초대 황제 아우구스투스의 정책을 180도로 전환하는 것을 의미하기 때문이다. 파르티아와 우호관계를 지속하려면 (3)의 선택이 가장 효과적이라는 것은 네로도 알고 있었다. 하지만 원로원과 로마 시민들은 파르티아 왕제가 아르메니아 왕위에 앉는 것을 승인하면 로마의 권위가 땅에 떨어진다고 비난할 것이다. 네로는 그게 두려웠다.

네로는 고민에 빠졌다. 그의 판단을 도와줄 재료는 몇 가지 있었다.

(A) 아르메니아의 상층부는 전통적으로 파르티아파와 로마파로 양분되어 있는데, 로마가 두 수도를 공략했기 때문에 기세가 오른 로마파 사람들을 의지할 수 있다.

(B) 수도는 국가의 중요한 거점이다. 그 요충을 둘 다 수중에 넣었기 때문에 로마가 군사적으로 유리한 고지를 점하고 있는 것은 분명하다.

(C) 로마 시민들 대다수는 로마의 영토가 확장되는, 아르메니아 속주화를 요구하고 있다.

결국 네로는 (1)도 될 수 있고 (2)도 될 수 있는 대책을 채택했다. 티그라네스의 왕위를 지켜주는 데 성공하면 좋고, 성공하지 못하면 속주화한다는 것이다. 하지만 이로써 파르티아와 정면으로 충돌할 가능성은 높아진 정도가 아니라 확실해지고 말았다.

이 결정을 통고받은 코르불로는 로마의 네로에게 아르메니아 전선만 담당할 사령관을 파견할 필요가 있다고 진언했다. 네로는 이 진언을 받아들였다. 사령관에는 문제를 군사적으로 해결하자고 주장하는 강경파인 페투스가 임명되었다.

서기 62년 초에 부임한 페투스에게는, 네로의 명령으로 라인 강에서 이동해올 2개 군단을 포함하여 3개 군단이 주어졌다. 보조병과 동맹국 참가병을 합하면 3만이 넘는 병력이다. 코르불로는 역시 3개 군단 병력으로 시리아 속주 총독의 임무에만 충실하게 되었다. 유프라테스 강 서쪽을 철저히 방위하여, 파르티아군이 진격해오지 못하도록 저지하는 것이 시리아 총독의 임무다. 코르불로는 유프라테스 강 서안에 늘어서 있는 요새를 강화하는 데 전념한다. 이 지역의 로마측 방위선은 철벽으로 변했다. 이 전략은 군사력을 양분하여 두 방면에서 파르티아를 포위하게 되기 때문에 합리적이고 적절한 것처럼 보였다.

그러나 이 지역의 로마 방위선이 철벽이라면, 파르티아 왕 볼로가세스가 직접 이끄는 파르티아군 본대는 철벽인 서쪽을 피해 페투스의 군대가 집결하고 있는 북서쪽으로 창끝을 돌릴 게 뻔했다. 특히 볼로가세스의 속셈은 로마와 전쟁을 하려는 게 아니라, 첩의 소생인 자기한테 파르티아 왕위를 양보해준 동생 티리다테스를 위해서 아르메니아 왕위를 확보해주려는 것이었다. 로마의 '철벽'을 부수는 게 목적도 아닌데 일부러 그 '철벽'에 머리를 부딪칠 바보는 없다.

한 명의 병사도 지휘해본 적이 없는 나 같은 사람도 충분히 짐작할 수 있는 일인데, 당대 최고의 장수인 코르불로가 그것을 예측하지 못했을 리 없다. 코르불로는 결과가 어떻게 될지 뻔히 알면서도 페투스의 솜씨를 지켜볼 작정이었을까. 직접 체험하지 않으면, 즉 뼈에 사무치지 않으면 이해하지 못하는 사람이 많다.

하지만 이 무렵 로마인의 대다수는 페투스가 파르티아군을 무찔러 아르메니아가 명실공히 로마의 것이 되리라고 믿었다. 벌써 다된 밥처럼, 털끝만한 의심도 품지 않았다. 민중은 항상 낙관적인 이야기를 더 좋아하는 법이다. 서기 62년 당시 로마에 여론조사가 있었다면, 이 무렵 네로 황제는 높은 지지율을 기록했을 것이다. 이따금 기발한 행동으로 시민들을 놀라게 하고 어이없게 만드는 젊은 황제지만, 브리타니아 문제에서 보여준 적절한 대처와 아르메니아—파르티아 문제에서 보여준 과감한 대응을 보면 최고통치자의 자격이 충분하다고 여겨졌기 때문이다. 최고책임자의 직무를 완수하기만 한다면, 어느 정도의 기발한 행동은 웃고 넘어갈 수도 있었다.

수도 로마에 물을 공급하는 수도는 수원지가 모두 다르다. 수원지는 대개 지하에서 솟아나는 물을 담아놓은 저수지인데, 로마인들은 그 저수지를 신성시하여 거기서 헤엄을 치거나 하는 일은 엄격히 금지되어 있었다. 신성한 곳이니까 헤엄을 치지 말라는 것은 겉으로 내세운 명분이고, 사실은 음료수의 청정함을 유지하기 위해서였던 것은 물론이다.

그런데 이 저수지에서 네로가 헤엄을 쳤다. 하지만 땅에서 솟아난

물이니까 차갑다. 그날 밤 네로는 고열을 내며 쓰러지고 말았다. 며칠 뒤에는 거짓말처럼 건강을 되찾았지만, 수도 로마의 시민들은 어이가 없었다. 네로도 호되게 앓은 뒤로는 두번 다시 그런 짓을 하지 않았기 때문에, 시민들은 화를 내기보다는 젊은 혈기로 생각하여 오히려 호감을 가졌다.

하지만 높은 지지율은 자칫하면 함정이 되기 쉽다. 그렇기 때문에 지지율이 올라갈수록 더욱 철저한 자기통제가 필요하다. 그러나 자기통제는 네로가 가장 서투른 분야였다. 게다가 이 무렵 25세의 네로는 사리사욕과는 무관하게 그에게 직언할 수 있었던 두 사람을 한꺼번에 잃었다.

세네카 퇴장

우선 측근에서 네로를 지켜준 근위대장 부루스가 병사했다. 후세에는 네로의 명령으로 죽음을 당했다는 설이 퍼졌지만, 증세로 보아 후두암이 아니었나 싶다. 하지만 부루스가 죽자 세네카는 은퇴를 결심했다.

세네카와 마찬가지로 문필로 이름을 날린 역사가 타키투스는 "부루스의 죽음으로 세네카의 권력도 쇠퇴했다"고 말했다.

하지만 타키투스는 세네카와 마찬가지로 문필로 성공했고 원로원 의원이기도 했지만, 별로 중요하지 않은 속주에 근무해본 경험밖에 없다. 황제 보좌역을 맡아 국정에 관여한 세네카와는 정치에 참여한 정도가 전혀 다르다. 제국의 중추에 깊이 관여했기 때문에, 세네카는 지식인이 발휘할 수 있는 영향력의 한계를 절실히 깨달았을 것이다.

지식인이 지식인으로 남는 한, 실권은 아무것도 없다. 영향을 줄 수는 있지만, 영향을 받아들이는 사람이 없으면 그 영향력도 발휘할 수 없다. 작가는 독자가 없으면 존재할 수 없는 법이다.

철학자이자 비극작가이기도 한 세네카는 네로가 12세였을 때부터 14년 동안이나 네로를 최측근에서 섬겼다. 처음 6년 동안은 스승이었고, 다음 8년 동안은 보좌관이었다. 그렇긴 하지만, 네로가 황제가 된 이후 줄곧 세네카가 영향력을 발휘할 수 있었던 것은 아니다. 트라야누스 황제는 "초기 5년 동안"이라고 말했지만, 나는 그보다 훨씬 전부터 네로의 자립이 시작되었다고 생각한다. 네로의 자립심이 얼마나 왕성한지를 어머니인 아그리피나는 끝내 이해하지 못했지만, 세네카는 일찍부터 알아차리고 있었을 게 분명하다. '작가'인 세네카는 '독자'인 네로가 갈수록 외면하는 사실을 직시할 수밖에 없었다.

하지만 그래도 타키투스가 말하는 '세네카의 권력'은 아직 막강했다. 최고통치자로서 광대한 제국을 다스리는 것은 무거운 짐이다. 귀족적인 티베리우스 황제조차도 이따금 푸념을 늘어놓았고, 클라우디우스 황제는 이 부담에 짓눌려 기력이 소모되었을 정도다. 정치나 군사보다 음악이나 시를 더 좋아한 네로는 많은 분야를 남에게 맡겨버렸다. 세네카가 그 일을 대행해온 것이다. 원로원의 지지를 얻는 것을 목적으로 한 수많은 법안이 그것을 증명하고 있다. 이 법안들은 형식적으로는 네로가 입안한 것으로 되어 있지만 실제로는 세네카가 입안한 것이다. 세네카가 이런 '권력'을 행사할 수 있었던 것은 네로 황제가 인정했기 때문이지만, 그와 동시에 부루스의 지지가 있었기 때문이다.

세네카는 아무리 교양이 뛰어나다 해도 속주인 에스파냐 출신이고, 로마의 명문 귀족에게는 반드시 따라다니는 '클리엔테스'도 갖고 있지 않다. 조상 대대로 내려오는 클리엔테스는 후원회 같은 존재다. 세네카 같은 독불장군이 큰 목소리를 낼 수 있었던 것은 본국 이탈리아에 주둔해 있는 유일한 군사력인 1만 명의 근위병을 좌우할 수 있는 부루스가 그 옆에서 눈을 부릅뜨고 있었기 때문이다.

권력을 가지면 그것이 어떤 권력이든, 권력을 갖지 못한 사람들의 비난을 뒤집어쓰게 마련이다. 게다가 그들은 권력자가 약점을 보이자마자 집중 공격을 가해온다. 부루스가 죽기 전에도 세네카에 대한 비난이 일기 시작한 것은, 네로가 세네카의 영향력에서 벗어나고 있음을 원로원 의원들이 간파했기 때문이다. 브리타니아에서 고리대금을 하고 있는 사람은 세네카만이 아니었는데도 세네카는 고리대금업자의 대표처럼 비난을 받았고, 브리타니아에서 일어난 반란의 책임자라도 되는 듯이 탄핵을 당했다. 이런 상황에서 부루스가 사망한 것이다. 세네카는 발 밑의 흙이 무너지기 시작한 것을 알았다. 그래도 네로에게 매달려 독불장군의 비참한 말로를 보이는 것은 지식인인 세네카의 감성에 맞지 않았다. 그는 은퇴하여 일개 야인으로 돌아가 저술 활동에 전념하는 쪽을 택했다. 나이도 60대 후반에 접어들어 있었다.

현대의 연구자들 중에는 세네카가 지식인이라서 네로의 악정을 견디지 못하고 부루스의 죽음을 계기로 은퇴했다고 주장하는 사람도 있다. 이런 추측을 하는 사람은 지식인이 어떤 존재인지를 모르고 있다. 지식인은 '지'(知)를 탐구할 뿐 아니라, '지'로 승부하는 생활방식을 선택한 사람이다. 승부에서 질 게 뻔한 경우에는 일단 물러서는 게 당연하다.

이 무렵까지만 해도 네로의 통치는 악정이 아니었다. 전략에 대한 무지 때문에 실책을 저지르거나 엉뚱한 집념으로 '로마 올림픽' 따위를 개최하기는 했지만, 악정이라고는 말할 수 없다. 원로원 의원들의 암살 음모도 일어나지 않았고, 시민들도 불만을 외치지 않았고, 변경을 방위하고 있는 군단에서 황제에 대한 충성을 거부하는 움직임도 일어나지 않았다. 현대 지식인이 생각하는 것보다 훨씬 강인한 지식인이었던 세네카는 자기가 딛고 서 있는 기반이 무너진 것을 깨닫고 은퇴하기로 결단을 내렸을 것이다.

타키투스의 『연대기』는 스승과 제자의 고별 장면을 서술하고 있다. 그 부분을 요약하면, 이제 자기 역할은 끝났으니까 일개 야인으로 돌아가겠다고 말하는 세네카에게, 네로는 지금까지의 봉사에 감사하고 스승의 여생이 편안하기를 바란다고 대답했다. 정말로 이런 대화가 오갔는지는 모르지만, 정말이었다 해도 그건 연극이다. 세네카는 자기가 은퇴하는 이유를 네로에게 말하는 형태로 공표하고 싶은 마음이 있었을 테고, 오랜 관계를 끊을 때에는 네로 쪽에서도 무언가 태도를 밝히는 게 당연했다. 66세의 스승과 25세의 제자는 따뜻한 분위기에서 헤어졌다.

하지만 이로써 원래 자제력이 떨어지는 네로에게 직언할 수 있는 사람이 없어졌다. 게다가 이 무렵 네로는 브리타니아 문제를 조기에 해결하고, 아르메니아에 군대를 파견하여 동방 문제에 적극적으로 개입하기로 결정했기 때문에 시민들에게 높은 지지를 받고 있었다.

부루스가 죽고 세네카가 은퇴하자, 네로는 아내 옥타비아와 이혼하고 애인인 포파이아와 결혼했다. 게다가 이혼한 옥타비아를 섬으로 유배하여 죽여버렸다. 옥타비아를 죽인 것은, 그녀를 동정하고 있던 일반 시민들이 이혼에 분개하여 시위를 벌이자 네로가 지레 겁을 먹었기 때문이라고 한다. 어쨌든 이로써 네로는 어머니만이 아니라 아내를 죽였다는 오명까지 뒤집어쓰게 되었다.

그러나 아무 죄도 없는 아내를 죽인 이 사건은 오명을 뒤집어쓰는 것만으로 끝나지 않았다. 네로는 선황 클라우디우스의 양자가 되어, 클라우디우스의 딸 옥타비아와 결혼했다. 이 결혼은 옥타비아와의 사이에 자식을 낳아 그 자식에게 제위를 물려준다는 것을 전제로 하고 있었다. 황제로서 네로의 권위와 권력은 여기에서 정당성을 얻고 있다. 그런데 아직 자식도 낳기 전에 옥타비아와 이혼하면 그 정당성을 잃게 된다. 아그리피나가 이혼에 반대한 것도 이런 이유 때문이지만, 아우구스투스가 정해둔 '피의 계승' 제도를 받드는 한 아그리피나의 반대론이 옳았다. 게다가 네로는 자기한테도 아우구스투스의 피가 흐르고 있다는 증거였던 아그리피나마저 죽여버렸다. 황제로서 네로의 정당성은 점점 희박해지고 있었다. 정식으로 황후가 된 포파이아는 시민들의 미움을 받고 있었다. 그녀는 아그리피나 같은 야심가는 아니지만, 사치를 좋아했기 때문이다. 하지만 만사가 순조롭게 진행되고 있는 동안은 이런 불상사도 크게 두드러지지 않는다. 하지만 일이 삐걱거리기 시작하면 당장에 불만이 폭발한다. 홀딱 반한 여자와 마침내 결혼하여 희색이 만면했던 네로는 자기가 폭탄을 품에 안아버린 사실을 깨닫지 못했다.

25세의 네로는 '피'의 후원을 받지 못해도 '실력'으로 승부할 자신이 있었을 것이다. 하지만 '피'의 후원이 사라지면, 원로원과 시민들만이 아니라 군대도 네로 황제가 실력으로 거둔 성과를 더욱 엄정하게 채점하게 된다.

로마군의 투항

동방에 부임한 페투스는 네로의 명령에 따라 휘하 병력을 모두 아르메니아에 투입했다. 하지만 병력을 양분하고 군량 보급로를 확보하지 않는 실수를 저질렀다. 그래도 로마군의 진격은 순조롭게 진행되었기 때문에, 연말에 페투스가 로마에 보낸 보고서는 마치 아르메니아 제패를 완전히 끝낸 듯한 낙관적인 내용이었다. 이 보고를 믿은 네로는 파르티아에 대한 승리를 경축하는 승전비를 세우라고 명령했다.

그러나 페투스가 네로에게 보낸 두번째 보고서가 아직 지중해를 건너고 있는 동안 상황이 완전히 바뀌었다. 왕이 직접 이끄는 파르티아군이 페투스가 이끄는 로마군을 공격해왔기 때문이다. 게다가 페투스는 병력을 양분했기 때문에, 당시 그의 휘하에는 2개 군단도 안되는 병력밖에 없었다.

네로는 서기 55년 때와 마찬가지로 서기 62년에도 제국 동방의 지휘계통을 이원화하는 잘못을 저질렀다. 페투스와 코르불로의 지위와 권한은 대등했다. 두 사람에게 주어진 병력도 비슷했다. 이래서는 유기적인 기능을 우선해야 하는 전략이 성립될 수 없다. 게다가 페투스는 휘하 병력을 어떻게 활용할지는 생각지도 않고, 그 병력을 다시 양분했다. 파르티아 왕 볼로가세스가 그 약점을 찌른 것은 너무도 당연했다. 페투스가 이끄는 병력은 그래도 파르티아군과 맞서 싸웠지만 패배하고, 군량도 충분히 비축되어 있지 않은 겨울철 숙영지로 도망쳤다. 하지만 이곳도 적에게 포위되고 말았다. 볼로가세스는 포위만 한 게 아니라 맹공을 가해왔다. 페투스는 코르불로에게 구원을 청하는 편지를 보냈다.

아군의 위기를 알게 된 코르불로는 휘하 병력을 둘로 나누었다. 하지만 그의 경우에는 일관된 전략에 따라 병력을 양분했다. 우선 절반의 병력에는 유프라테스 강 방위선을 사수하라고 명령했을 뿐 아니라, 배를 연결하여 다리를 만들고 유프라테스 강 동쪽의 파르티아 영토에도 요새를 짓게 하여, 명령이 떨어지면 언제라도 파르티아 본국으로 쳐들어갈 수 있는 태세를 갖추었다. 그와 동시에 많은 군량을 준비하기 시작했다. 겨울이 다가오는 계절에 적지로 들어가는 것이다. "로마군은 병참으로 이긴다"는 말이 있지만, 속주 출신인 코르불로가 본국 출신인 페투스보다 훨씬 로마군의 전통에 충실한 사령관이었다. 그렇게 모은 군량을 수많은 낙타 등에 실었다. 코르불로가 이끄는 로마군은 시리아에서 소아시아 동쪽을 북상하여 아르메니아로 향했다.

여기가 고대부터 역사가들의 의견이 갈리는 대목이지만, 코르불로가 일부러 늑장을 부렸다는 설이 있다. 하지만 코르불로에게 호의적인 타키투스의 말에 따르면, 코르불로는 아르메니아 정복보다 포위된 아군을 구하는 것이 목표라면서 앞장서서 병사들을 질타하고 격려하며 밤낮을 가리지 않는 강행군을 계속했다고 한다. 그렇지만 페투스는 코르불로가 구원하러 오는 것을 알지 못했다. 코르불로가 보낸 전령이 파르티아군에 붙잡혀 목적을 달성하지 못했는지도 모른다. 어쨌든 적에게 포위되어 있던 페투스가 너무 일찍 체념한 것은 사실이었다. 그는 파르티아 왕에게 항복을 제의했고, 볼로가세스는 그것을 수락했다. 코르불로의 군대가 도착하기 사흘 전이었다.

파르티아 왕 볼로가세스는 생각지도 않은 선물을 받은 기분이었을 것이다. 전투라고 부를 수 없는 소규모 전투라 해도, 파르티아가 로마에 연전연승하는 기록을 세웠기 때문이다. 투항한 페투스의 군대에 대한 관대한 조치는 볼로가세스의 이런 기분을 반영하고 있었다. 그리고 볼로가세스는 원래부터 로마와 정면으로 대결할 마음이 없었다.

페투스의 군대는 무장해제도 요구받지 않았다. 다만 볼로가세스는 로마 군단이 자랑하는 토목공사 능력을 최대한 활용하여, 유프라테스 강 상류에 다리를 놓으라고 요구했다. 파르티아가 제시한 조건은 아르메니아 영토에서 로마군이 완전 철수하라는 것이었다. 페투스는 받아들일 수밖에 없었다.

남서쪽으로 철수한 페투스의 군대와 북상하고 있던 코르불로의 군대는 유프라테스 강 연안에서 만났다. 로마 군단병들이 다리를 놓은 곳에서 약간 하류로 내려간 지점이다. 코르불로의 병사들은 동정의 눈물을 흘리며, 수치심으로 표정이 굳어진 페투스의 병사들에게 달려가 끌어안고 불행을 위로했다.

병사들과는 달리 사령관끼리의 재회는 짧았고, 분위기도 냉랭했다.

코르불로는 군사적 우세가 유지되고 있는 상황에서 파르티아 왕과 평화협정을 맺을 작정이었지만, 이번 패배로 그 계획이 수포로 돌아갔다고 불평했다. 그러자 페투스는 파르티아 왕이 언제까지나 아르메니아에 눌러앉아 있을 리는 없으니까, 파르티아 왕이 본국으로 돌아가기를 기다렸다가 쳐들어가면 아르메니아는 다시 로마의 수중에 들어올 테고, 따라서 상황은 아무것도 달라진 게 없다고 항변했다.

코르불로는 이 항변을 차가운 어조로 물리쳤다. 나는 네로한테 아르메니아로 진격하라는 명령은 받지 않았다. 내 임무는 시리아 속주를 방위하는 것이다. 그런데도 여기까지 온 것은 아군의 위기를 외면할 수 없었기 때문이다. 그리고 이 일대는 적의 주력인 기병에게 유리한 지형이다. 여기까지 무사히 올 수 있었던 것만도 행운이라고 말할 수밖에 없다.

이것으로 두 사령관의 회견은 끝났다. 페투스는 휘하 군대를 이끌고 카파도키아로 떠났고, 코르불로도 휘하 군대를 이끌고 시리아로 돌아갔다.

시리아 속주의 수도인 안티오키아로 돌아오자마자 파르티아 왕의 사절이 코르불로를 찾아왔다. 사절은 볼로가세스의 요구사항을 전했다. 내용인즉, 유프라테스 강 동쪽 연안에 코르불로가 지은 요새를 철거하고 다리를 파괴하라는 것이었다.

코르불로는 사절에게 대답했다. 파르티아군이 아르메니아 영토에서 완전히 철수한다면 유프라테스 강 동쪽 연안의 요새와 다리를 철거하겠다고.

파르티아 왕은 이 조건을 받아들였다. 파르티아 영토로 되어 있는 유프라테스 강 동쪽 연안에 로마군 요새가 있는 것은 목에 칼을 들이 대고 있는 것이나 마찬가지였다. 그 칼을 쥐고 있는 것은 코르불로다. 시리아 속주 총독인 코르불로에게는 방위 책임이 있을 뿐, 유프라테스 강을 건너 파르티아로 쳐들어갈 권한은 없다. 하지만 파르티아인과 로마군이 충돌했다는 등의 구실로 쳐들어갈 수는 있다. 구실은 얼마든지 만들 수 있었다. 코르불로라면 그렇게 할지도 모른다고 볼로가세스는 판단했다. 파르티아 왕 볼로가세스는 첩의 소생이라는 약점을 갖고 있었다. 파르티아인이 격앙할 만한 일이 일어나면, 누구보다도 그에게 먼저 불똥이 튈 위험이 있었다. 이런 속사정을 동방에 주재한 지 8년이 된 코르불로는 완벽하게 파악하고 있었다.

이 무렵부터 파르티아 왕 볼로가세스와 시리아 총독 코르불로 사이에는 '물밑 교섭'이 시작된 듯하다. 서기 63년으로 해가 바뀌자 볼로가세스는 로마의 네로에게 특사를 보냈는데, 코르불로 휘하의 백인대장이 특사 일행의 호위역으로 동행했다.

네로를 만난 특사는 파르티아 왕의 친서를 건네주었다. 외교문서는 점잔빼는 표현으로 일관되어 있어서, 하고 싶은 말이 도대체 무엇인지 얼른 알 수가 없다. 이것은 동서고금을 막론하고 변함없는 현상인지도 모른다. 이때 파르티아 왕이 보낸 친서도 마찬가지였지만, 그의 주장을 조목별로 정리하면 다음과 같다.

(1) 파르티아측이 늘 주장해온 아르메니아 영유권은 새삼 문제삼을 필요도 없는 사실이다. 그것은 지금까지 파르티아와 로마가 싸울 때마다 신들이 파르티아 편을 든 것만 보아도 분명하다.

(2) 최근의 일만 보아도, 우리는 로마가 왕위에 앉힌 티그라네스와 그를 지키는 페투스의 군대를 포위했고, 마음만 먹었다면 얼마든지 궤

멸시킬 수도 있었다. 하지만 우리는 그들이 모두 철수하는 것을 허락
했다. 이것은 파르티아 군사력의 우위를 보여주는 동시에, 파르티아인
의 관용 정신도 보여준 예다.

(3) 아르메니아 왕위에 오른 내 동생 티리다테스는 제사장이고, 파
르티아의 제사장에게는 항해가 금지되어 있다. 그가 직접 로마에 와서
황제에게 왕관을 받으려면, 그 자신은 그럴 마음이 있어도 제사장이기
때문에 불가능한 일이다.

따라서 티리다테스가 로마군 숙영지로 가서 군단병들이 지켜보는 가
운데 황제의 조상(影像) 앞에서 아르메니아 왕관을 받아도 좋다면, 우
리는 기꺼이 그렇게 할 용의가 있다.

이보다 조금 전에 도착한 페투스의 낙관적인 보고서 내용과는 사정
이 전혀 다른 것 같았다. 그래서 네로는 파르티아 왕의 특사를 따라온
코르불로 휘하의 백인대장을 불러, 실제로는 상황이 어떠냐고 물었다.
백인대장은 로마군이 아르메니아에서 완전히 철수했으며 파르티아군도
철수했다고 대답한 모양이다. 네로는 요즘 말로 내각이라고 할 수 있
는 '콘실리움'을 소집했다.

아우구스투스가 창설한 '제일인자 보좌위원회'는 '제일인자'인 황제
를 중심으로 집정관 두 명, 각부 장관에 해당하는 법무관, 회계감사
관, 재무관, 안찰관, 여기에 원로원 의원들 중에서 선발된 20명이 모
여서 여는 어전회의다. 이 자리에서 네로는 모든 사정을 알린 뒤, 어
떻게 해야 할 것인가를 물었다. 전쟁에 돌입할 것이냐, 아니면 아르메
니아 왕위를 파르티아에 넘기는 불명예를 감수하고 평화를 택할 것이
냐. 참석자들은 대부분 '전쟁'에 찬성했다. 로마는 이기고 강화를 맺
는 일은 있을지언정 지고 강화를 맺는 전통은 없다는 것이 주전파의
이유였다. 파르티아 왕의 특사는 네로 황제의 회신을 가지고 본국으로

돌아갔다.

하지만 전쟁에 돌입하기로 결정했다 해도 이제 페투스는 믿을 수 없
었다. 역시 **코르불로**밖에 없다. 그런데 코르불로는 시리아 총독이다.
속주 총독의 임무에는 통상적인 행정과 사법도 포함된다. 그래서 이
임무에는 다른 사람을 임명하고, 코르불로를 아르메니아—파르티아 문
제에만 전념하도록 했다.

코르불로에게는 '마그누스'(최고)라는 형용사가 붙은 지휘권을 주기
로 결정되었다. 비록 동방에만 한정된다 해도, 황제와 다름없는 권한
이다. 백지 위임장을 준 것이나 마찬가지다. 문제를 외교로 해결하든
군사로 해결하든, 그것을 결정할 재량권은 그에게 있고, 황제에게 훈
령을 청할 필요도 없다. 게르마니쿠스도 동방에 파견될 때 티베리우스
황제에게 이런 대권을 받았다. 그후로는 코르불로가 처음이었다. 마침
내 동방에서도 지휘계통의 통일이 이루어진 것이다.

페투스는 본국으로 소환되었다. 그는 문책당할 것을 각오하고 귀국
했지만, 네로는 빈정거리는 투로 한마디 던졌을 뿐이다.

"그대를 당장 용서하겠다. 문책을 당하지나 않을까 하는 두려움 때
문에 그대가 병에 걸리기 전에. 겁에 질리면 당장 평정을 잃는 것이
그대의 특징인 모양이니까."

최고통수권을 손에 넣고, 4개 군단과 보조병과 동맹국 참가병을 합
하여 5만 명의 병력을 동원할 수 있게 된 코르불로는 시간을 낭비하지
않았다. 아르메니아—파르티아 문제에 그가 관여하기 시작한 지 벌써
8년이 지났다. 반드시 해결하지 않으면 안된다. 그는 모든 병력을 이
끌고 북상하기로 결정했다. 아르메니아 본토가 목적지였다. 목적지는
아르메니아지만 싸울 상대는 파르티아군이다. 수도 로마의 민중은 홍

분으로 들끓었다. 승전보를 기다리는 것은 원로원도 마찬가지였다. 누구보다도 네로 자신이 그것을 애타게 기다렸을 것이다. 로마는 파르티아와 싸울 때마다 매번 지기만 했다. 크라수스도 졌고, 안토니우스도 졌다. 그것을 설욕하기에는 이번이 좋은 기회였다. 코르불로는 저지 게르마니아군 사령관을 지낼 때부터 과감한 전법으로 알려져 있었다. 코르불로는 당시의 로마군에서는 최고의 용장이라는 평가를 받았고, 다른 장수들까지도 여기에 동의했다. 이기고 돌아올 것을 아무도 의심 치 않았다. 그리고 파르티아를 이기기만 하면, 아르메니아는 자동적으로 로마의 수중에 들어온다.

하지만 사람들은 알지 못했다. 처음으로 전권을 손에 넣고 5만 대군을 동원할 수 있게 되었는데도, 코르불로의 머릿속은 전쟁 일색으로 물들지 않았다는 사실을 시민과 원로원은 물론 네로도 까맣게 모르고 있었다.

그동안 로마에서는

동방에서 코르불로가 북상하기 시작한 해, 본국 이탈리아에서는 사건이 잇달아 일어나고 있었다.

우선 남부 이탈리아의 도시인 폼페이에서 지진이 일어났다. 피해는 대단치 않아서, 국고 지원금에 의존하지 않고 폼페이 시가 자력으로 복구할 수 있을 정도였다. 하지만 나중에 생각해보면, 이것은 그로부터 16년 뒤에 베수비오 화산이 폭발하여 폼페이와 그 주변이 매몰된 대재난의 전조였을 것이다.

다음에는 마르스 광장 한켠에 네로가 세운 '체육관'(김나시움)이 벼락을 맞고 불타버린 사고가 발생했다. 앞에서 말한 이유로 이 체육관은 로마 시민에게 인기가 없었기 때문에 인명 피해는 없었다. 날씨도

궂은 날 그런 장소에 찾아갈 사람도 없었을 것이다. 네로는 당장 체육관을 재건하기로 결심한다. 그리스적인 신체 단련 습관을 로마에도 도입하고 싶다는 네로의 열의는 조금도 시들지 않았다.

그해에 네로는 처음으로 아버지가 되었다. 포파이아가 딸을 낳은 것이다. 젊은 아버지는 기뻐 날뛰며, 갓 태어난 딸에게 아우구스타라는 이름을 주었다. 아우구스타는 신성한 존재라는 뜻과 황후라는 뜻을 가진 이름이다. 하지만 그 아이는 태어난 지 석 달도 지나기 전에 죽었다. 네로는 진심으로 탄식했다.

네로는 자신의 허영심을 충족시키고 아내가 기뻐하는 모습을 보기 위해, 포파이아에게 선물 공세를 퍼붓고 있었다. 딸이 태어나자 첫 아이를 낳아주어서 고맙다고 선물을 주고, 그 아이가 죽자 자식을 잃은 어머니를 위로하기 위해 선물을 주었다. 이유는 얼마든지 있었다. 포파이아 사비나는 역사에서 말하는 것처럼 악녀는 아니다. '황후'라는 칭호도 요구하지 않았고, 인사에 개입하지도 않았다. 사치는 좋아했지만, 그것도 국가 재정에 영향을 미칠 정도는 아니었다. 이집트 여왕 클레오파트라가 좋아한 우유 목욕을 흉내낸 정도다. 제국의 경제력은 계속 향상되고 있었기 때문에, 황후의 여자다운 낭비 정도로는 끄떡도 하지 않았다.

다만 포파이아의 사치벽은 수도 로마의 유대인들이 황궁 안으로 침투할 수 있는 여지를 만들어주었다. 제국의 수도에 사는 것은 커다란 이점을 갖고 있었기 때문에 로마에 사는 유대인의 수는 계속 늘어나고 있었지만, 그래도 이집트 알렉산드리아의 유대인 사회에 비하면 아직은 인구도 적고 경제력도 뒤떨어져 있었다. 제국 동방의 유대인 사회는 유대교 계율에 따라 유대인을 재판할 수 있는 특전을 황제에게 인정받고 있었지만, 서방의 유대인 사회는 그런 특전을 누리지 못했다. 제국 서방에서는 유대인도 로마법을 지키며 살아야 한다는 것이 아우구스투스 이후 모든 황제들의 방침이었다.

하지만 칼리굴라 황제에 대해 서술할 때도 말했듯이, 유대인들은 유대교 계율이 허락하지 않는다는 이유로 로마 시민이 되기를 계속 거부하고 있었다. 이것은 로마 세계에서 이방인으로 남아 있다는 의미다. 로마에 사는 유대인이 보호자를 찾는 것은 힘없는 이방인 공동체의 존속을 위해서는 당연한 방위책이었다. 그리고 사치를 좋아하는 황후에게는 호화로운 보석이나 금품을 선물하는 것만으로도 충분했다.

포파이아와 로마에 거주하는 유대인들의 친밀한 관계는 유대교에 대한 포파이아의 관심에서 비롯된 것은 아니다. 그녀는 종교 따위에는 흥미를 보이지 않는 현세주의적인 여자였다. 여자답게 현세주의적이었기 때문에, 자기가 보호해주는 단체가 종교적 색채를 갖고 있다는 것도 문제삼지 않았는지 모른다. 하지만 이런 태도는 남편 네로가 2천년 동안 반(反)그리스도라는 악평을 받는 원인을 만들게 되었다.

서기 63년에는 그밖에도 로마 제국다운 사건이 두 건 더 기록되어 있다. 첫째는 근엄한 타키투스의 말을 빌리면 '수치스러운 관습'을 둘러싼 토의로 원로원 회의장이 한바탕 떠들썩해진 사건이었다.

집정관이나 법무관을 비롯한 로마 중앙정부의 요직은 원로원에서 선출한다. 속주 총독은 집정관을 지낸 사람들 중에서 추천으로 선발된다. 하지만 80년 전에 아우구스투스가 원로원의 강력한 반대를 무릅쓰고 입법한 '율리우스 법'(제6권 160쪽 참조)은 자식을 가진 자에게 우선권을 인정하고 있다. 아우구스투스가 이 법률을 제정한 목적은 제국의 통치를 담당하는 계층의 연소화(年少化)에 제동을 걸기 위해서였다. 이 법률에 따르면, 선거에서 얻은 표가 같을 경우, 독신자보다는 기혼자, 기혼자 중에서도 자식을 가진 자, 자식을 가진 사람 중에서도 더 많은 자식을 가진 자가 우선권을 갖는다. 속주 총독이나 정부 고위직을 선임하는 경우에도 같은 순서로 우선권을 갖는다. 이런 법률이 80년 동안 시행되었다.

하지만 인간은 반드시 빠져나갈 구멍을 찾아내게 마련이다. 법치국가라고 자타가 인정하는 로마도 예외는 아니었다. '율리우스 법'의 빠져나갈 구멍은 허위로 양자를 들이는 방법이었다.

정부 고위직을 선출하거나 속주 총독을 선임하는 계절이 가까워지면, 갑자기 양자 결연이 성행한다. 게다가 선거나 선임이 끝나기가 무섭게 가짜 양자와 인연을 끊어버린다. 이래서는 타키투스가 '수치스러운 관습'이라고 단죄한 것도 당연하다는 생각이 든다. 자식을 가진 의원들이 이 '수치스러운 관습'에 항의하고 나섰다.

자식을 낳아 기르는 것만도 어려운 일이다. 자식이 없는 사람은 경제적으로나 정신적으로 이익을 누리고 있다. 그런데 가짜 양자를 맞아들임으로써, 법으로 보호받고 있는 자식 가진 사람의 권리를 침해하다니 될 말이냐. 그래서 이런 양자 결연으로 얻은 공직은 무효로 한다는 법안이 제출되었다.

이 법안은 다수의 찬성으로 가결되었다. 찬성표를 던진 의원들 중에는 자식이 없는 의원도 있었다니, 과연 법치국가답다. 이 법안은 보충 조항까지 덧붙여서 가결되었다. 보충 조항은 이런 양자 결연으로 자식이 된 자에게는 상속권을 인정하지 않는다는 것이었다. 상속권도 인정받지 못한다면 양자가 되는 이점이 사라져서, 이런 양자 결연에 응하는 사람도 줄어들기 때문이다. 이 법률의 성립으로 로마 제국에서는 자식 가진 사람이 '고위 공무원'의 출세 코스에서 유리한 고지를 점하는 전통이 재확인되었다.

두번째 사건도 원로원이 무대가 되었다. 로마에서는 속주민이 속주 총독을 고발할 권리가 인정되어 있다. 속주에서의 악정을 막는 것이 목적이지만, 사법은 자칫하면 '무기'로 바뀌기 쉽다. 속주 근무를 마치고 귀국하자마자 법정에 끌려나가면 견딜 재간이 없기 때문에, 속주 총독은 임기 동안 속주 유력자들과 좋은 관계를 맺으려고 애쓴다. 로마의 법정에 고발하는 것은 유력자가 아니면 불가능한 일이었기 때문이다. 이것이 나쁜 일은 아니지만, 매사에는 한계라는 게 있다. 한도를 넘으면 총독과 유력자가 유착된다. 그러면 유력하지 않은 속주민까지 고려해야 하는 공정한 통치는 실현할 수 없다. 하지만 속주민의 총독 고발권은 오랫동안 인정되어왔기 때문에, 이제 와서 그 권리를 빼앗는다는 것은 생각조차 할 수 없는 일이었다.

이런 현실을 개선하라는 요구가 나온 것은 어느 속주민이 함부로 내뱉은 한마디 때문이었다. 크레타 섬에 사는 그 사람은 로마에서 파견되는 총독의 평판은 자기가 마음먹기에 달렸다고 말했다. 이 말을 전해들은 원로원은 분개했다. 그 말을 한 사람을 추방하라고 요구하고, 속주민의 횡포를 법으로 규제해야 한다고 주장했다.

그러나 네로는 법으로 규제하는 데에는 반대했다. 그보다 임기가 끝난 총독에 대해 관례적으로 이루어진 속주민의 감사 결의를 폐지하는 법안을 제출했다. 감사 결의는 총독에 대한 '인사고과'가 되기 쉬웠기 때문에, 이것을 완화하는 것이 법안의 목적이었다. 원로원은 이 법안을 다수의 찬성으로 가결했다. 그거야 어쨌든, 이 사건은 속주민도 상당히 만만찮았다는 것을 엿보게 해주는 대목이어서 흥미롭다.

그러나 로마 시민권을 갖고 있기 때문에 속주민은 아니지만, 역시 속주 태생인 코르불로는, 함부로 말을 내뱉은 그 크레타 사람과는 비교도 되지 않을 만큼 만만찮았다. 이 남프랑스 출신 장수는 아우구스투스 이래 지속되어온 로마 제국의 아르메니아 대책을 180도로 전환시켜버렸기 때문이다.

외교전

아르메니아 문제에 대한 전권과 5만 명의 병력을 받은 코르불로는 아르메니아 영토로 들어간 지점에서 유프라테스 강을 건넜다. 로마군의 앞길을 가로막는 성채는 모조리 공략하여 파괴하고, 파르티아파 귀족의 영지는 불태우고 약탈하면서, 마치 불도저가 지나가는 것처럼 진격했다. 아르메니아는 온 나라가 공황상태에 빠져버렸다.

아르메니아에서 파르티아군을 총지휘하고 있는 티리다테스도, 파르티아 본국에서 동생을 걱정하며 노심초사하고 있는 볼로가세스도, 코르불로의 로마군이 어떤 식으로 진격하고 있는지를 알고, 이번에는 로마도 진지하다고 생각지 않을 수 없었다. 두 사람은 코르불로 진영에 사절을 보내 강화를 맺자고 청했다.

코르불로는 파르티아 사절을 정중하게 맞이하여 그의 말을 끝까지 들어주었다. 하지만 거기에 대한 회신은 파르티아 사절한테 주지 않고 자기 휘하의 백인대장에게 주어, 티리다테스 진영으로 보냈다. 코르불로의 회신은 다음과 같은 내용으로 되어 있었다.

그대는 시시한 전투(페투스를 상대로 한 전투를 가리킴)에서 이겼다고 오만해진 모양인데, 그런 그대의 눈을 뜨게 해주기 위해 말하건대, 내가 진격하기 시작한 뒤 로마군이 올린 전과는 누구나 다 아는 사실이다. 이대로 가면 우리 로마군은 아르메니아를 초토화할 것이다. 로마는 마음만 먹으면 그렇게 할 수 있는 힘이 있다. 따라서 그대는 초토화되기 전의 아르메니아를 로마 황제의 선물로 받는 편이 현명하지 않을까.

볼로가세스도 로마와 우호관계를 빨리 회복하고 자국 통치에만 전념하는 편이 현명하다. 늘상 동쪽의 외적에 시달리고 있는 파르티아는 서방의 로마와 대결하는 데 군대를 투입할 여유가 없다. 반대로 로마는 아르메니아를 제외하면 다른 지역은 모두 평화롭기 때문에 현재보다 더 많은 군사력을 투입할 수도 있는 형편이다. 따라서 양국이 정면으로 격돌하면 로마가 이길 것은 뻔하고, 그렇게 되면 볼로가세스도 그대도 회복할 수 없는 손실을 입게 될 것이다.

코르불로의 회신에는 티리다테스가 아르메니아 왕위를 로마 황제의 선물로 받는 편이 현명하다고 적혀 있지만, 왕관을 받는 구체적인 방법은 언급되어 있지 않다. 그래서 코르불로의 회신을 받은 티리다테스도, 그 내용을 통고받은 볼로가세스도, 로마가 결국 볼로가세스의 제의를 수락했다고 해석했다. 볼로가세스는 네로에게 보낸 친서에서, 티리다테스가 로마에 가서 황제에게 왕관을 받을 마음은 있지만, 항해가 금지되어 있는 제사장의 신분이라 로마에 갈 수가 없으니까 로마군 진영에 있는 황제의 조상 앞에서 왕관을 받겠다고, 구체적인 대관(戴冠) 방법을 제시한 적이 있었다.

로마측이 이 제의를 받아들였다면 파르티아측에도 불만은 없다고 생각한 볼로가세스와 티리다테스는 로마와 평화조약을 맺는 것을 수락하고, 강화 교섭을 위해 휴전하겠다는 뜻을 코르불로에게 전해왔다. 그러자 코르불로는 당장 사절을 보내 티리다테스와의 회담을 요구했다.

코르불로는 일부러 구체적인 대관 방법을 말하지 않았다. 거기에 대해서는 티리다테스를 직접 만나서 결정할 작정이었다. 따라서 티리다테스와의 회담은 반드시 실현되어야 했다. 코르불로는 티리다테스와의 회담을 요구하는 사절로 티베리우스 알렉산드로스와 아니우스 비니키아누스라는 두 고관을 보냈다. 티베리우스 알렉산드로스는 유대교를 버리고 로마 시민이 되어, 로마의 군인으로서 제국의 일원이 되기로 작정한 유대인이다. 칼리굴라 황제 시절에 로마인과 유대인의 관계가 어떠했는지를 서술할 때 소개한 바로 그 사람이다. 코르불로 휘하에서는 병참 책임자였다. 아니우스 비니키아누스는 코르불로의 사위로, 코르불로 휘하에서는 제5군단장을 맡고 있었다. 둘 다 코르불로에게 꼭 필요한 사람인 것은 파르티아측도 잘 알고 있었다. 게다가 코르불로는 티리다테스와의 회담이 끝날 때까지 이들 두 사람을 파르티아군 진영에 볼모로 잡아두라고까지 말했다. 티리다테스는 이것이 코르불로의 성의를 보여주는 증거라고 믿고, 회담을 수락하는 회신과 함께 회담 날짜와 장소를 정하는 일은 코르불로에게 일임하겠다는 뜻을 전해왔다.

코르불로가 지정한 회담 날짜는 며칠 뒤, 장소는 페투스가 패배를 맛본 곳이었다. 불과 며칠 뒤를 회담 날짜로 지정한 것은 '쇠는 뜨거울 때 두드려라'는 격언을 실천한 것이고, 페투스의 패전지를 회담 장소로 지정한 것은 그곳을 동방 로마군 총사령관과 파르티아 왕제이자 이제 아르메니아 왕이 될 사람의 회담장으로 만들어 페투스의 로마군이 파르티아에 패배한 기억을 씻어버리기 위해서였다.

이리하여 코르불로와 티리다테스의 회담이 실현되었다. 둘 다 20기의 기병만 거느리고 회담 장소로 간다. 거리가 가까워지자, 연장자에 대한 예의를 중시했는지 티리다테스가 먼저 말에서 내렸다. 그것을 보고는 코르불로도 말에서 내렸다. 서로 다가간 두 사람은 손을 맞잡고 포옹했다. 코르불로는 티리다테스가 모험심에 사로잡히지 않고 확실하고 현명한 선택을 했다고 칭찬했다. 젊은 티리다테스는 코르불로를 직접 만나는 것은 처음이지만, 지금까지 8년 동안 단 하루도 코르불로의 이름을 듣지 않은 날이 없었다. 적에게도 존경받는 것은 코르불로의 특기다. 파르티아 왕 볼로가세스도 코르불로는 비록 적장이지만 믿을 만한 인물이라고 말했다. 그런데 그 사람이 지금 눈앞에 있다. 눈앞에서 자기를 칭찬해주었다. 순진한 파르티아 젊은이는 감격한 나머지,

안해도 좋을 말을 해버렸다. 자기가 직접 로마에 가서 왕관을 받아도 좋다고 말해버린 것이다.

회담에서 무슨 대화가 오갔는지를 말해주는 사료는 남아 있지 않다. 하지만 그후의 경과로 미루어보아, 코르불로의 외교는 완벽하게 성공했다. 며칠 뒤에 대관식의 전반부가 거행되었다.

로마군 진영 한복판에 네로 황제의 조상이 놓였다. 그 앞에 제단이 마련되고, 제각기 다른 차림으로 무장한 로마인과 파르티아인들이 제단 주위를 에워쌌다. 정장을 하고 아르메니아 왕관을 머리에 쓴 티리다테스가 제단 앞으로 나아갔다. 코르불로는 제단 옆에 선다. 티리다테스는 네로의 조상을 향해 절을 하고, 왕관을 벗어서 제단 위에 놓았다. 티리다테스는 로마에서 네로에게 이 왕관을 받아 다시 머리에 쓰게 될 것이다. 대관식의 후반부는 로마에서 거행될 예정이었다.

티리다테스는 제사장이기 때문에 항해가 금지되어 있는데, 어떻게 로마로 갈까. 코르불로는 긴 여행이 되겠지만 육로로 가면 된다고 말했다. 파르티아에서 로마까지는 까마득히 먼 거리이고, 아시아와 유럽을 가르고 있는 헬레스폰토스 해협을 건너는 문제는 어떻게 처리할지 모르지만, 육로로 가려고 생각하면 갈 수 없는 것은 아니다. 티리다테스가 왕관을 받으러 로마에 가고 싶은 마음은 있지만 제사장 신분이라서 항해가 금지되어 있기 때문에 불가능하다는 이유를 내세워 동생의 로마행을 막았던 파르티아 왕 볼로가세스는 이로써 코르불로에게 완전히 한 방 먹게 되었다. 육로로 가면 제사장의 계율을 어기지 않아도 되기 때문이다. 애초부터 로마를 제 눈으로 직접 보고 싶은 마음으로 가득 차 있던 티리다테스는 코르불로의 말에 설득되었고, 이것을 기정사실로 들이대자 볼로가세스도 수락할 수밖에 없었다.

왕관을 맡기는 의식이 끝난 뒤 잔치가 열렸다. 주빈인 티리다테스는 로마군 진영인데도 완전히 마음을 터놓고 있었다. 옆자리에 앉은 코르불로에게 젊은이다운 호기심으로 이것저것 질문을 퍼부었다. 로마군 진영에서는 야간에 세 시간씩 네 교대로 보초를 서는데, 그것을 시작할 때마다 백인대장이 일부러 보고하는 것은 무엇 때문인가. 식탁에서 일어날 때도 뿔피리 신호를 듣고 일제히 일어나는데, 그것은 무엇 때문인가. 사령관 막사 앞에는 밤새 횃불이 켜져 있는데, 그것은 무엇 때문인가. 이런 질문들에 대해 코르불로는 아버지처럼 자상하게 설명해주었다. 아르메니아의 젊은 왕은 로마군의 엄격한 규율에 감탄해버렸다. 로마에 대한 호기심도 점점 높아졌다. 두 사람의 대화는 당시 오리엔트에서 가장 널리 통용된 그리스어로 이루어졌을 게 분명하다.

티리다테스는 로마로 떠나기 전에 파르티아에 있는 어머니와 형제들에게 작별을 고하고 싶다고 말했다. 코르불로는 당연한 일이라고 승낙했다. 티리다테스는 성의의 표시라면서 어린 딸을 볼모로 맡기고 파르티아로 떠났다.

귀국한 티리다테스를 만나 모든 사정을 안 뒤, 파르티아 왕 볼로가세스에게는 로마로 가는 동생이 새로운 걱정거리가 되었다. 그는 코르불로에게 편지를 보내 몇 가지 사항을 약속해달라고 부탁했다. 그의 요구는 네 항목으로 이루어져 있었다.

(1) 로마로 가는 동안은 물론 로마에 도착한 뒤에도 티리다테스가 로마 황제의 신하로 보일 수 있는 대우는 절대 하지 않는다.

(2) 티리다테스가 여행길에 만나는 속주 총독들이 티리다테스를 마중하고 포옹하는 것을 금지하지 말아달라. 이것은 동생에게 로마 제국을 대표하는 고관과 대등한 대우를 해달라는 의미였다.

(3) 수도 로마에 머무는 동안 티리다테스를 집정관과 동등하게 대우해달라. 집정관이 가는 곳에는 늘 12명의 릭토르가 '선도자' 역할을

맡는 것이 로마의 전통인데, 이것이 상징하는 경의를 티리다테스한테
도 표해달라는 뜻이다.

(4) 티리다테스에게는 네로 황제를 만나는 자리에 칼을 휴대할 수
있는 특권을 허락해달라. 무장을 해제당한 모습으로 황제를 만나는 것
은 황제의 신하라는 증거이기도 했다.

얼핏 보면 동생을 염려하는 형의 애틋한 심정이 전해져오는 것 같아
서 감동적이기까지 하다. 어제까지만 해도 칼을 들이대고 싸운 적의
본거지로 들어가는 동생이 걱정스럽기도 했을 것이다. 하지만 잘 읽어
보면 파르티아 왕의 걱정은 동생의 신변 안전보다는 체면 유지에 있다
는 것을 알 수 있다. 본처 소생인 파르티아 왕자가 로마인에게 굴욕적
인 대우를 받는다면, 첩의 자식이면서 파르티아 왕위에 앉아 있는 볼
로가세스에 대한 파르티아 궁정의 반발이 거세질 터였다. 볼로가세스
는 그게 걱정이었다. 코르불로도 이런 사정을 잘 알고 있었다. 또한
로마와 파르티아 사이의 평화 회복은 코르불로가 스스로 주도한 일이
다. 그로서는 이 일을 반드시 성사시켜야 했다. 코르불로는 볼로가세
스에게 편지를 보내 네 가지 조건을 엄수하겠다고 약속한다. 그리고
티리다테스 일행이 로마까지 가는 길에 만나게 될 속주의 총독과 장관
들에게 그 뜻을 적은 명령서를 보냈다. 로마 제국 동방의 최고지휘권
을 부여받은 코르불로는 그렇게 할 수 있는 권한을 갖고 있었다.

문제 해결

파르티아 왕 볼로가세스도 기정 사실을 승인할 수밖에 없었지만, 로
마 황제 네로도 그 점에서는 마찬가지였다. 둘 다 코르불로에게 '한
방 먹은' 것이다. 네로가 코르불로의 보고를 받은 것은 서기 63년 말

부터 64년 봄 사이였을 것이다. 파르티아군을 이겼다는 승전보를 기다리고 있었는데, 난데없이 평화조약을 체결했다는 보고가 날아왔다. 아무리 백지 위임장을 주었다 해도, 코르불로가 한 일은 황제와 내각의 방침과는 반대되는 것이었다.

황제에게는 거부권을 행사할 권리가 있다. 또한 로마 제국의 법적 주권자인 원로원과 시민은 로마의 사령관이 적과 맺은 협정을 승인하지 않는 방식으로 거부할 권리가 있었다. 어느 경우든 이 권리가 행사되면 코르불로의 외교 성과는 수포로 돌아가버린다. 하지만 네로도 원로원도 시민도 거부하기는커녕 기꺼이 승인했다. 네로는 티리다테스 일행의 여비를 로마측이 부담하겠다는 뜻을 코르불로를 통해 파르티아측에 전하기까지 했다.

로마가 이런 뜻밖의 반응을 보인 데에는 두 가지 이유가 있었다.

첫째, 오랜 숙적이었던 파르티아 왕가가 일부러 로마까지 와서 황제에게 아르메니아 왕관을 받는 것을 승낙했다. 이것이야말로 로마가 파르티아보다 우위에 있다는 증거였다. 일반 시민들도, 원로원 의원들도, 황제도 그것으로 만족했다. 로마인 대다수는 무릎을 꿇은 파르티아 왕제에게 로마 황제가 왕관을 씌워주는 광경을 상상하기만 해도, 오랫동안 로마가 걱정했던 아르메니아 왕위를 파르티아인에게 빼앗기는 것 따위는 까맣게 잊어버렸다.

두번째 이유는 첫번째 이유와 달리, 보고 싶지 않은 현실도 직시할 수 있는 소수의 로마인이 납득한 이유였다.

코르불로와 마찬가지로, 이들도 페르시아 문명권에 속하는 파르티아와 아르메니아를 계속 떼어놓기가 얼마나 어려운지를 알고 있었다. 하지만 아르메니아가 파르티아 쪽에 완전히 붙어버리면 제국 동방의 방위전략이 기능을 발휘할 수 없게 되니까, 로마는 아르메니아를 자기쪽에 붙잡아둘 필요가 있다. 파르티아 왕 볼로가세스의 진의가 로마와 전쟁을 하려는 게 아니라 동생한테 한자리 마련해주는 데 있다는 것은 코르불로의 보고를 통해 황제와 원로원도 알고 있었을 게 분명하다. 그래서 아르메니아 왕위를 차지하는 사람이 파르티아 왕제라도, 로마와 동맹관계를 유지한다면 아르메니아 왕으로 인정하자고 그들은 생각했다. 네로도 역시 그렇게 생각했을 것이다. 네로가 허영심은 강하지만, 어쩔 수 없을 때는 현실적인 선택도 할 줄 아는 남자였다.

티리다테스는 파르티아로 돌아가 어머니와 형제들에게 작별인사를 한 다음, 오리엔트 군주답게 수많은 수행원을 거느리고 아내와 자식까지 대동하여 여로에 올랐다. 도중의 속주에서는 총독을 비롯한 고관과 유력자들이 총출동하여 극진히 환대했기 때문에, 티리다테스가 로마에 도착하는 데에는 무려 9개월이나 걸렸다. 군단이 육로로 이동할 경우, 로마에서 시리아의 수도 안티오키아까지는 아드리아 해를 건너는 이틀 동안의 항해를 포함하여 125일이 걸린다. 파르티아에서 안티오키아까지의 거리를 생각해도, 군단은 150일이면 이동할 수 있다. 그런데 그 두 배가 걸렸으니 정말 느긋한 여행이 아닐 수 없다.

여행하는 동안에는 로마 기병대와 파르티아 기병대가 공동으로 티리다테스 일행을 호위했다. 이들 일행이 쓴 여비는 하루에 80만 세스테르티우스였으니까, 9개월 동안의 여비는 로마 국고에도 큰 부담이 되었을 것이다. 하지만 이것도 평화를 위한 비용으로 간주되어, 어디에서도 불평이 나오지 않았다. 9개월이나 되는 긴 여행을 마치고 일행이 무사히 이탈리아에 상륙한 것은 서기 65년으로 해가 바뀐 뒤였다. 로마군 진영에서 네로의 조상 앞에 아르메니아 왕관을 바치는 대관식 전반부를 거행한 뒤 1년 남짓한 세월이 흘렀다.

이탈리아에 '상륙'했다고 말한 것은 티리다테스 일행이 아드리아 해를 뱃길로 건너온 게 거의 확실하기 때문이다. 네로가 일행을 마중하기 위해 나폴리로 간 것을 보면, 티리다테스는 아드리아 해를 건너는 데 필요한 이틀만은 제사장에게 금지되어 있는 항해를 택한 모양이다. 계속 육로를 고집했다면 북이탈리아로 들어와야 한다. 따라서 네로가 로마 남쪽에 있는 나폴리로 마중을 나갈 리가 없다. 파르티아에서 멀리 떨어진 곳이고, 해로로는 이틀도 안 걸리는 거리니까, 제사장의 계율에 잠시 눈을 감기로 했는지도 모른다. 어쨌든 나폴리까지 마중을 나간 네로는, 거기서 로마까지 이어진 아피아 가도를 따라 파르티아 왕제와 함께 여행한다. 속국의 왕이 아니라 제국의 빈객을 맞는 대우였다. 동년배이기도 했기 때문에 두 사람은 당장 죽이 맞는 사이가 되었다.

대관식은 포로 로마노에서 거행되었다. 중앙 연단 위에 보랏빛 옷차림의 네로가 왕관을 들고 서 있고, 그 앞에 황금빛 예복 차림의 티리다테스가 무릎을 꿇는다. 네로는 아르메니아 왕관을 티리다테스의 머리 위에 올려놓았다. 연단 왼쪽에는 하얀 토가 차림의 원로원 의원들이 늘어서 있고, 오른쪽에는 가지각색의 오리엔트식 정장을 차려입은 파르티아와 아르메니아 고관들이 늘어서 있다. 포로 로마노를 가득 메운 시민들이 환성을 지른다. 아르메니아 왕이 된 파르티아 왕제에게는 '로마의 친구이자 동맹자'라는 호칭이 주어졌다.

대관식이 화기애애하게 끝난 뒤, 폼페이우스 극장에 딸린 넓은 회랑으로 자리를 옮겨 축하연이 벌어졌다. 잔치는 호화로웠지만 역시 화기애애하게 진행되었다. 기분이 좋아진 네로는 아르메니아 왕이 된 티리다테스에게 호화로운 선물을 주었을 뿐 아니라, 7년 전에 코르불로가 공략하여 불태운 아르메니아 왕국의 수도 아르탁사타를 재건하는 일을 지원해주겠다고 약속하기까지 했다. 건축기사와 유능한 직공을 파견하여 도와주겠다는 것이므로, 말하자면 기술 원조다. 이 약속은 실행되었다. 이를 고맙게 여긴 티리다테스는 재건된 아르탁사타를 네로니아(네로의 도시)로 개명했다.

모든 일을 끝낸 아르메니아 왕 티리다테스와 그 일행은 귀로에 올랐다. 돌아갈 때도 육로를 택했다. 하지만 또다시 긴 여행을 한 뒤 티리다테스가 도착한 곳은 파르티아가 아니라 아르메니아였다. 그리고 필요가 없어진 동방 로마군 최고사령관 자리에서 해임된 코르불로는 네로의 명령으로 다시 시리아 속주 총독으로 돌아가 있었다. 새로운 시대를 맞이한 로마와 파르티아의 관계가 계속 유지되도록 감시하는 것이 코르불로의 새로운 임무가 되었다. 승진은 아니었지만, 코르불로는 만족하여 그 임무에 전념했다. 이 임무의 중요성은 양국 관계 개선에 노력한 코르불로 자신이 누구보다도 잘 알고 있었기 때문이다.

명분을 버리고 실리를 취한 것은 파르티아측이었다. 그렇다면 로마는 실리를 버리고 명분만 취했을까.

아우구스투스 시대부터 아르메니아 왕국은 다른 동맹국들과 비교하면 특별 대우를 누리고 있었다. 동맹국은 독립국이니까, 로마에 속주세를 낼 의무는 없다. 하지만 로마가 군사행동에 나설 때는 병력을 지원할 의무가 있고, 요즘 말로 하면 '후방지원'을 제공할 의무도 있었다. 그렇기 때문에 동맹국이다. 하지만 유독 아르메니아에는 참전 의무도 후방지원 의무도 부과되지 않았다. 오리엔트에서는 대국 파르티아에 버금가는 강국이었기 때문이지만, 특별 대우인 것은 분명하다.

로마는 왕위에 앉을 사람을 직접 고르거나 승인하는 방식으로 아르메니아를 통제해왔지만, 이런 아우구스투스 방식과 네로 방식의 차이는 아르메니아 왕위에 파르티아인이 앉았다는 것뿐이다. 물론 이 파르티아인이 앞으로 어떻게 나올지는 신만이 알 수 있는 일이고, 로마는 감시를 게을리할 수 없기 때문에 앞으로도 계속해서 시리아에 4개 군 단을 상주시킬 필요가 있었다. 따라서 도박이다. 하지만 외교는 어차 피 일종의 도박이다. 그리고 로마는 이 도박에서 이겼다고 말할 수밖 에 없다.

아르메니아 왕 티리다테스는 파르티아인이라고는 생각할 수 없을 만 큼 로마와의 우호관계를 유지하려고 애썼다. 로마측도 티리다테스를 존중하여, 그의 처지를 위태롭게 할 만한 행동은 전혀 하지 않았다. 파르티아인이 통치하는 아르메니아 왕국이 태평하면 파르티아 왕은 만 족이니까, 파르티아와의 관계도 자연히 좋아진다. 트라야누스 황제 시 대에 들어설 때까지 반세기 동안 로마와 파르티아 사이에는 평화가 유 지되었다. 50년 동안의 평화가 얼마나 중요한 가치를 갖는지는 오늘날 에도 많은 나라 사람들이 증언해줄 게 분명하다.

네로가 티리다테스의 머리에 왕관을 씌워준 날부터 3년 뒤, 네로는 모든 사람에게 버림을 받고 자살한다. 하지만 이 소식을 들은 파르티 아 왕 볼로가세스는 로마 원로원에 이런 서한을 보내왔다. 당신들이 네로를 어떻게 평가하느냐는 당신들 문제지만, 파르티아와 아르메니아 는 네로에게 큰 은혜를 입었다. 따라서 지금까지 해마다 거행해온 '네 로 감사제'를 앞으로도 계속하고 싶으니 허락해달라.

파르티아와 우호관계를 유지하는 것은 로마에 중요한 일이었기 때문 에, 네로를 '국가의 적'으로 선언한 원로원도 파르티아 왕의 요구를 인정해주기로 했다.

전쟁은 무기를 사용한 외교이고, 외교는 무기를 사용하지 않은 전쟁 이다. 코르불로는 이 사실을 잘 알고 있는 무인이었다.

하지만 코르불로의 이런 생각을 네로가 좀더 일찍 받아들여 실행했 다면, 파르티아—아르메니아 문제를 해결하는 데 12년이나 소비할 필요는 없었을 것이다. 코르불로는 시리아 총독에 부임한 지 몇 년 뒤, 티리다테스가 아르메니아 왕에 즉위하는 것을 인정하는 방식으로 이 문제를 해결하자고 진언했기 때문이다. 유능한 지도자란 인명과 노력과 시간을 절약하는 데 능한 사람을 말하는 게 아닐까 하는 생각이 든다.

가수 데뷔

티리다테스가 육로를 따라 천천히 로마로 향한 것은 서기 64년의 일이다. 아직 로마에서의 대관식은 거행되지 않았지만, 아르메니아—파르티아 문제는 해결된 것이나 마찬가지다. 네로에 대한 원로원과 시민들의 지지는 이 공적으로 더욱 높아져 있었다. 지지율이 올라가면 더 많은 자제력이 필요해지는 법이지만, 네로는 오히려 그 반대였다. 그동안 하고 싶은데도 자중해온 일을 지지율이 높아진 틈을 타서 실행에 옮기는 게 네로의 버릇이었다. 이때도 그 버릇이 나왔다.

네로는 소년 시절부터 시를 좋아했다. '키타라' 라는 일종의 리라를 연주하면서 자작시를 노래하는 것을 무척 좋아했다. 좋아하는 이유도 있었다. 그리스 문화의 정수이기 때문이라는 것이다. 그걸 혼자 즐기면 좋을 텐데, 제딴은 재능이 있다고 자부하니까 남들에게도 들려주고 싶어진다. 또한 악기를 연주하면서 시를 노래하는 것이 그리스 문화의 정수라는 문화적 이유는 남들에게 들려주는 데 좋은 핑계가 되었다.

이제까지는 황궁 안에서 궁정인이나 측근들만 모아놓고 자작시를 낭송했다. 그리스 문화는 유약하다고 싫어하는 일반 시민들의 반응이 걱정스러웠기 때문이다. 하지만 황제가 된 지도 벌써 10년째다. 나이도 27세. 게다가 높은 지지율도 네로에게 자신감을 주었다. 지금까지도 인사치레로 박수를 치는 궁정인이 아닌 대중에게 자신의 재능을 평가

복원된 '키타라'

받고 싶은 마음이 굴뚝 같았지만, 이제 그것을 실행에 옮길 결심이 선 것이다.

하지만 역시 '로마혼(魂)'의 발상지인 수도 로마에서는 그럴 용기가 나지 않았다. 그래서 데뷔 장소를 나폴리의 야외극장으로 결정했다. 나폴리는 네아폴리스라는 그리스어 이름이 보여주듯 원래는 그리스인이 이주하여 세운 도시였고, 로마 시대에 들어온 뒤에도 그리스색이 짙게 남아 있었다. 타키투스도 그리스 본토의 도시 같다고 말했다. 이 나폴리의 주민이라면 그가 그리스 문화의 정수라고 믿는 리라를 타면서 자작시를 낭송하는 것도 이해하고 인정해주리라고 네로는 믿었다.

극장은 입추의 여지도 없을 만큼 관중으로 가득 메워졌다. '그리스 문화의 정수'를 맛보고 싶어서가 아니라, '노래하는 황제'를 보고 싶었기 때문이다. 네로는 황제로서가 아니라 예술가로 데뷔하고 싶었기 때문에, 황제의 보랏빛 옷도 입지 않고 황금 월계관도 쓰지 않고, 프로 가수보다 더 수수한 투니카 차림이었다. 관중은 여기에 다소 실망했지만, 무대 위에서 열심히 리라를 타면서 노래하는 것은 틀림없는 네로 황제였다. 관중은 무척 즐거워하며 성대한 박수갈채를 보내주었다. 이 성공적인 데뷔로 자신감을 얻은 네로는, 다음에는 로마혼의 아성인 로마에서 그리스 문화의 정수를 보여주기로 결심했다. 그 다음에는 드디어 본바닥인 그리스로 진출하여 그리스인들 앞에서 재능을 펼쳐 보이자고 결심했다. 하지만 그 직후, 이런 꿈을 일단 접어둘 수밖에 없는 사건이 일어났다.

로마의 대화재

서기 64년 7월 18일부터 19일에 걸친 밤, 대경기장 관중석 밑에 들어차 있는 가게에서 일어난 불은 때마침 불어온 강풍을 타고 삽시간에 가까운 팔라티노 언덕과 첼리오 언덕으로 번졌다. 여름철이면 로마에서는 자주 아프리카에서 불어오는 시로코라는 남서풍이 맹위를 떨친다. 이 바람이 불기 시작하면, 평소에는 서늘한 서풍이 부는 로마 시가지도 순식간에 기온이 올라가 견디기가 어려워진다. 시로코가 며칠 동안 계속 부는 일은 별로 없지만, 그해 여름은 달랐다. 밤사이에 팔라티노 언덕과 첼리오 언덕까지 집어삼킨 불길은 '수부라'(서민층 주거지역)로 번지고 있었다. 팔라티노 언덕에는 황제 일가의 저택이 몰려 있었고, 공화정 시대부터의 명문 귀족들도 많이 살고 있었다. 이 저택들이 모두 잿더미가 된 것이다. 첼리오 언덕은 위쪽에는 고급주택이 늘어서 있지만, 아래쪽은 서민의 집들로 메워져 있었다. 맹렬한 불길은 상류층과 하류층을 구별하지 않았다.

로마인들은 새로 건설하는 도시에서는 훌륭한 도시계획 재능을 발휘했지만, 자기네 수도인 로마에서는 이 재능을 발휘하지 않았다. 그 이유는 우선 로마가 자연발생적으로 생긴 도시였기 때문이고, 둘째는 도시계획에서 장점도 되고 단점도 되는 언덕을 일곱 개나 가진 도시였기 때문이다. 게다가 '세계의 수도'가 된 뒤로는 유입 인구가 많아서, 로마는 다른 어느 도시보다도 많은 백만 인구를 거느린 대도시가 되어 있었다.

초대 황제 아우구스투스는 벽돌로 물려받은 로마를 대리석으로 물려주겠다고 호언했지만, 그것은 공공건물에 한정되었다. 계속 늘어나는 인구를 수용하려면 '인술라'라는 5~6층의 공동주택에 의존할 수밖에 없었다. '인술라'는 중하층과 하층 주민을 위한 주택이다. 따라서 벽은 석조라도 바닥과 천장에는 목재를 사용한다. 그리고 주거 공간을 조금이라도 넓히기 위해 이층 이상은 내닫이창이 도로 쪽으로 튀어나온 구조가 많다. 가뜩이나 좁은 도로가 양쪽에서 튀어나온 내닫이창 때문에 더욱 좁아졌다. 또한 이 아파트는 바깥벽을 이웃 아파트와 공유하고 있는 경우가 많았다. 따라서 공동주택 사이에는 빈터가 없고, '인술라'들이 벽을 맞대고 다닥다닥 붙어 있었다. 불길이 번지면 막을 방도가 없는 것이다.

부자들의 호화로운 단독주택에도 약점이 없는 것은 아니었다. 로마 제국의 경제력 향상을 반영하여, 이들의 저택에는 대리석이나 모자이크가 많이 사용되어 있었지만, 기둥과 기둥 사이에 건너지른 들보는 목재다. 그림이나 문양이 그려져 있긴 하지만, 목재인 것은 변함이 없다. 그리고 하인 숙소나 창고로 쓰이는 위층 바닥도 목재다. 문이나 창틀도 목재다. 들보로 불길이 옮겨 붙으면 지붕이 무너지는 것은 시간 문제였다. 죔쇠로 연결한 석재를 들보로 쓴 곳은 신전이나 회당이나 극장 같은 공공건물뿐이었다.

소방대는 있었다. 아우구스투스가 창설한 소방대 조직은 7개 대대, 소방수는 7천 명이나 되었다. 하지만 고무가 없던 시절, 테베레 강물을 호스로 날라 불을 끄는 것은 생각조차 할 수 없다. 소화 작업은 물동이에 담아서 릴레이식으로 나르는 수돗물에 의존할 수밖에 없다. 이런 상황에서 소방대가 할 수 있는 일은 불이 번지는 것을 막기 위해 아직 불타지 않은 건물을 부수는 것뿐이었다. 하지만 이것이 나중에 네로가 불을 질렀다는 소문이 나돌게 된 한 원인이 되었다.

엿새째 저녁에야 겨우 불길을 잡는 데 성공했다. 하지만 성공했다고 생각한 것도 잠시뿐, 이번에는 동쪽에서 불어온 강풍에 불씨가 되살아났다. 불길은 또다시 사흘 동안 맹위를 떨쳤다. 결국 '세계의 수도'는 아흐레 동안 불에 희롱당하게 되었다.

불이 났을 당시, 네로는 무더위를 피해 로마에서 남쪽으로 50킬로미터 떨어진 해변도시 안치오의 별장에 머물고 있었다. 로마에서 불이 난 것은 그 이튿날 알았다. 그것을 알자마자 네로는 두 필의 말이 끄는 전차를 몰고 아피아 가도를 따라 수도로 들어갔다. 에스퀼리노 언덕에 있는 별궁은 무사했지만, 26세의 황제는 별궁에 편안히 앉아 있을 생각은 하지 않았다. 그는 이재민 대책을 진두 지휘했다. 네로의 입에서는 차례로 명령이 떨어졌고, 그 명령은 신속하고 확실하게 집행되었다.

재난을 모면한 구역 중에서도 도심과 가까운 마르스 광장 주변의 공공건물은 모두 이재민 수용소로 개방되었다. 신전인 판테온(하드리아누스 황제 시대에 지어진 현재의 판테온이 아니라, 아그리파가 지은 판테온), 투표장인 사이프타 율리아, 폼페이우스나 옥타비아의 이름을 붙인 회랑…… 지붕이 있는 건물은 모두 이재민에게 제공되었다. 하지만 그래도 다 수용할 수 없었기 때문에, 이런 공공건물을 둘러싼 빈터에는 근위대 병영에서 가져온 수많은 천막이 쳐졌다. 로마 군단 병사들은 행군하는 동안 밤마다 임시 숙영지를 짓기 때문에, 천막을 치는 데에는 능숙했다. 마르스 광장에는 질서정연한 대규모 천막촌이 출현했다.

네로는 이재민 수용과 함께, 전재산을 잃어버린 사람들에게 식량 공급도 잊지 않았다. 로마의 외항 오스티아에는 창고에 비축되어 있는 밀도 있었고, 하역한 직후여서 아직 선착장에 쌓여 있는 밀도 있었다. 네로는 그 밀을 몽땅 로마로 운반하라고 명령했다. 오스티아 가도와 테베레 강을 통해 수송된 밀은 불길이 미치지 않은 구역의 제분소로 보내졌고, 이재민들에게 밀가루나 빵으로 배급되었다. 하지만 밀가루로 만든 로마식 수프나 빵만 먹고 살 수는 없다. 로마 근교의 도시나 농촌은 치즈나 채소나 과일을 공출하라는 명령을 받았다. 부족하지 않은 것은 음료수뿐이었다. 이것은 수도에 집중되어 있는 9개의 수도 덕분이었다.

이재민에게는 모든 것이 무료였지만, 그들 중에는 피해를 입지 않은 지역에 사는 친척이나 친지를 찾아간 사람도 많았다. 그래서 네로는 로마에서 팔리는 밀의 가격을 1모디우스(약 7리터)당 3세스테르티우스로 인하했다. 평소 가격은 10세스테르티우스였다.

불에 타 죽거나 무너진 건물에 깔려 죽거나 불길을 피해 달아나는 사람들에게 밟혀 죽은 사람의 수가 어느 정도였는지, 로마 시대의 역사가들은 대강의 수치도 남겨두지 않았다. 타키투스는 야외극장 붕괴 사고로 인한 사상자 수는 명확하게 기록했지만, 서기 64년에 일어난 대화재로 죽은 사람의 수는 기록하지 않았다. 현대의 연구자들 중에는 건물 피해는 막대했지만 인명 피해는 적었다고 보는 사람이 많다. 영화 『쿠오 바디스』는 반로마적인 기독교의 입장에서 묘사한 것이기 때문에 피해가 과장되었는지도 모른다. 어쨌든 이 대화재로 '세계의 수도'가 큰 타격을 입은 것은 분명했다.

아우구스투스가 정한 이후, 수도 로마는 14개 행정구로 나뉘어 있었

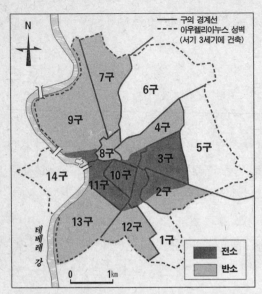

14개 행정구의 화재 피해 상황(편의상, 이 시대에는 존재하지
않았던 아우렐리아누스 성벽도 그려넣었다)

다. 로마는 자연발생적으로 생겨난 도시인 만큼 질서정연한 도시계획
에 따라 건설할 수는 없었지만, 그래도 로마인들은 넓은 도로나 광장
으로 각 행정구의 경계를 명확히 해두었다.

　이 14개 행정구 가운데 전소한 행정구는 팔라티노 언덕을 중심으로
하는 제10구, 대경기장이 있는 제11구, '수부라'가 있는 제3구였다.
모두 도심 중의 도심이지만, 포로 로마노와 신전으로 가득 차 있는 카
피톨리노 언덕은 피해를 면했다. 대리석으로 지은 공공건물이 집중되
어 있는 지역이었기 때문일 것이다.

　반소한 행정구는 제2구, 제4구, 제7구, 제8구, 제9구, 제12구, 제13
구 등 7개 행정구였다. 로마 북서부에 있는 제7구와 제9구는 2차 화재
로 피해를 입었다.

　무사했던 행정구는 제1구와 제5구 및 제6구, 테베레 강 서쪽에 있는
제14구를 합하여 모두 4개 행정구에 불과했다. 모두 로마의 변두리에

자리잡고 있는 지역이다. 불이 대경기장이라는 도심에서 일어났기 때문일 것이다.

재건

14개 행정구 가운데 3개 행정구가 전소되고 7개 행정구가 반소되었으니, 이를 복구하는 작업은 사실상 본격적인 재건 작업이 될 수밖에 없다. 우선 황제 이름으로 제국 각지에 재건을 위한 의연금을 요청했다. 그로부터 몇 년 뒤 리옹에서 대화재가 일어났을 때 로마는 의연금으로 400만 세스테르티우스를 보냈는데, 이것은 리옹이 로마 재건을 위해 보내온 의연금과 같은 액수였다고 한다. 갈리아 속주의 수도인 리옹이 400만 세스테르티우스를 보냈다면, 그보다 훨씬 풍요로운 알렉산드리아나 안티오키아에서는 훨씬 많은 의연금을 보내왔을 것이다. 티베리우스가 지진 피해를 당한 지역에 지원금을 보낸 것을 보아도 알 수 있듯이, 로마 제국에서는 재해가 일어났을 때 서로 원조하는 것이 당연한 일이었던 모양이다. 네로는 로마를 재건하는 작업도 진두 지휘한다. 황제의 명령은 이제까지 로마인들이 들어본 적도 없는 것들뿐이었다. 네로는 화재에 강할 뿐 아니라 좀더 쾌적하고 아름다운 로마를 건설하겠다는 생각을 품고 있었기 때문이다.

(1) 도로의 폭을 전보다 넓게 규정하고, 시내 도로도 가능한 한 직선으로 하도록 노력한다.

(2) 주거용 건물의 높이는 60보(약 17미터)가 넘어서는 안된다.

(3) 건물 사이의 공간은 법으로 규정되어 있는 2.5보(약 70센티미터)를 엄수하고, 여유가 있으면 공간을 더 넓게 둔다. 그리고 모든 건물은 각각 별도의 외벽을 설치한다. 외벽을 공유하는 것은 엄금한다.

(4) 건물에 사용하는 들보는 목재가 아니라 석재로 한다.

(5) '인술라'에도 안뜰을 갖출 것.

(6) 도로에 면한 주택의 방화대책으로, 주택을 지을 때는 도로 쪽에 기둥이 있는 포치를 설치한다. 이 포치 건축비는 국고에서 부담한다.

(7) 잔해를 철거하는 작업이 끝나는 대로, 토지는 원래의 주인에게 반환한다.

(8) 자신들이 거주할 집이나 임대용 주택(인술라)을 기한 안에 재건한 사람에게는 국가에서 포상금을 준다.

(9) 주택용 건물 소유자는 안뜰에 저수조를 설치하고, 거기에 언제나 물을 채워두어야 한다.

(10) 수도관 복구작업은 각자 마음대로 해서는 안되고, 수도 담당자에게 맡겨야 한다. 이것은 로마에도 괘씸한 자들이 있어서 수도관에 구멍을 뚫어 물을 훔치는 자가 끊이지 않았기 때문이다. 덕분에 수압이 떨어져, 길가나 광장에 설치된 공동수도를 이용한 소화작업이 거의 이루어지지 않은 데서 나온 반성이었다.

(11) 잔해는 모두 테베레 강변으로 운반할 것. 오스티아에서 밀을 실어온 배는 돌아갈 때 이 잔해를 실어갈 것. 이런 잔해는 오스티아 늪지대 매립공사에 활용되니까, 지정된 곳 이외의 장소에 버려서는 안된다.

이것은 모두 재난을 당한 뒤의 재건책이었다. 재건에는 돈이 든다. 속주 각지에서 들어오는 의연금만으로는 충분치 않았다. 네로는 나중에 이야기할 '도무스 아우레아' 건설을 통해 로마 도심부를 개조하는 작업도 동시에 추진할 계획이었기 때문이다. 그래서 재원을 확보하기 위해 앞에서 잠깐 언급한 화폐 개혁—개혁이라기보다는 '손질'—을 이 시기에 실시했다.

그것은 7.8그램의 순금으로 만들어지던 아우레우스(금화)의 무게를

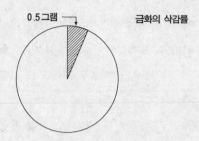

0.5그램 → 　　　금화의 삭감률

7.3그램으로 줄이고, 3.9그램이던 데나리우스(은화)의 무게를 3.4그램
으로 줄인 것이었다. 데나리우스는 원래 100퍼센트 순은으로 만들었지
만, 이 함유량도 92퍼센트로 떨어졌다. 아시스(동화)는 전과 마찬가지
였다.

　기원전 23년에 아우구스투스가 정한 이후 87년 만의 화폐 개혁이었
다. 연구자들 중에는 이것을 평가절하로 보는 사람도 있다. 하지만 나
는 그렇게 생각지 않는다.

　첫째, 3세기에 로마 제국의 경제력이 쇠퇴했을 때 이루어진 수많은
평가절하와 비교해볼 때, 네로의 절하 폭은 너무 적다. 고작 0.5그램
이다.

　둘째, 원로원도 시민들도 이것을 전혀 비판하지 않았다.

　평가절하는 경제력의 쇠퇴를 보여주지만, 네로 시대는 오랫동안 지
속된 평화와 인프라 정비가 효과를 나타내기 시작한 무렵이라 로마 제
국의 경제력이 계속 향상되고 있었다. 경제가 성장하면 통화량을 늘릴
필요가 생기는데, 그렇다고 해서 금광이나 은광에서의 산출량이 경제
성장과 비례하여 늘어나지는 않는다. 그래서 근대에 지폐를 개발한 것
이지만, 고대인은 지폐를 생각지 못했다.

　금이나 은의 산출량은 전에 비해 조금밖에 늘어나지 않았는데 경제
성장률은 높다. 그렇다면 생각할 수 있는 대책은 금화나 은화의 크기
를 줄이는 것이다. 액면가치와 실질가치의 일치가 신용할 수 있는 화

폐의 조건이었던 시절에는, 이물질을 섞어 함유량을 낮추는 것은 피할 수만 있다면 피해야 할 일이었다. 실제로 경제력이 쇠퇴한 3세기의 화폐 개혁은 함유량을 낮춘 것이 특징이다. 1세기인 네로 시대에는 그렇게까지 할 필요가 없었다.

대화재 후의 재건과 '도무스 아우레아'를 통한 로마 개조 작업 때문에 네로에게 돈이 필요했던 것은 분명하다. 하지만 동기가 '나쁘다'고 해서 결과도 반드시 '나쁘다'고는 할 수 없다. 실제로 네로가 '손질한' 금화와 은화는 오현제 시대를 거쳐 서기 215년에 카라칼라 황제가 화폐 개혁을 단행할 때까지 무려 150년 동안 계속 유통되었다. 우리 귀에 익숙한 평가절하와는 달리, 네로의 화폐 개혁은 로마 제국의 경제력 향상을 반영했기 때문에 현실적이고 타당한 개혁이었다는 증거가 아닐까.

건설과 재원 확보를 통한 네로 황제의 로마 재건책은 시민들에게 좋은 평판을 얻었다. 재난을 당한 사람도 당하지 않은 사람도 모두 힘을 합쳐, 로마 재건 작업은 급속히 진행되었다. 로마는 전보다 더욱 질서 정연하고 아름다운 도시로 변모했다. 하지만 불평하는 사람도 있었다. 햇빛이 집 구석구석까지 들어오게 되어, 더위를 전보다 더 견디기 어려워졌다는 불평이다. 하지만 네로를 혹평하는 역사가 타키투스도 네로의 이 로마 재건책에 대해서는 인간의 지혜를 총동원한 유효적절한 시책이었다고 칭찬을 아끼지 않았다.

'도무스 아우레아'

건설은 남자의 꿈이다. 로마에는 권력자가 사재를 털어 공공건물을 지어 조국에 바치는 전통이 있었다. 이익을 사회에 환원한다기보다,

로마에서는 명예를 사회에 환원한다고 하는 편이 적절하다. 기증받은 쪽은 기증한 사람의 이름을 그 건물에 붙이는 것으로 답례했다.

네로는 자기도 그런 일을 하고 싶다고 생각했다. 하지만 네로가 생각한 것은 폼페이우스 극장이나 카이사르 포룸이나 아우구스투스 포룸 같은 개개의 건축물이 아니었다. 게다가 자기 돈이 아니라 국비를 사용한다. 그러나 네로는 국비를 사용할 가치가 있다고 믿고 있었다. 네로는 팔라티노 언덕에서 첼리오 언덕 아래의 저지대를 지나 에스퀼리노 언덕에 이르는 거대한 규모의 도심부를 뜯어고칠 생각이었기 때문이다.

현대의 우리는 첼리오 언덕 아래의 저지대에 우뚝 서 있는 콜로세움이 없는 로마를 상상할 수도 없다. 그리고 우리가 보는 콜로세움은 팔라티노 언덕 아래에 펼쳐져 있는 포로 로마노의 유적을 통해 바라보기 때문에, 거기에 있는 게 당연하다는 인상을 준다. 하지만 로마 제국이 건재했던 시대의 포로 로마노는 지금처럼 기둥이나 돌덩어리가 흩어져 있는 유적이 아니라, 신전이나 회당이나 각종 기념비가 늘어서 있는 곳이었다. 그리고 그 연장선상에는 카피톨리노 언덕에 서 있는 여러 개의 신전이 바라다보였고, 시선을 북쪽으로 돌리면 당당한 카이사르 포룸이나 아우구스투스 포룸이 시야에 들어온다. 도심 중의 도심인 이 일대는 공공건물로 가득 메워져 있었다.

그런데 역대 권력자들이 다투어 지은 것치고는 저속한 인상이라고는 전혀 없었다. 주랑을 예로 들어보아도, 지붕을 얹는 것만이 목적이라면 그렇게 많은 기둥은 필요없다. 하지만 기둥이 늘어서 있는 것 자체로 아름다움이 생겨난다. 건축물도 한곳에 모여 있으면 위용과 힘을 자아낸다. 바다가 내려다보이는 절벽 위에 신전을 짓는 것이 그리스인의 미의식이라면, 로마인의 미의식은 많은 건물을 한곳에 모아놓음으로써 위용과 힘을 증대시키는 데 있었다.

그러나 네로는 그리스 문화에 심취해 있었다. 그런 네로가 생각한 것은 그리스인들이 '아르카디아'라고 부른 목가적 이상향을 로마 도심에 재현하는 것이었다. 팔라티노 언덕에서 에스퀼리노 언덕에 이르는 50만 제곱미터의 땅을 모두 사용한 '도무스 아우레아' 건설이 바로 그것이었다.

팔라티노 언덕 밑에서 '도무스 트란시토리아'(굳이 번역하자면 '통행실'이라고나 할까)가 시작된다. 구조는 기둥이 늘어서 있는 주랑 형식이고, 한복판에는 높이가 4미터나 되는 네로의 황금상이 서 있다. 그곳을 지나 오피우스 언덕까지 가는 길의 오른쪽, 오늘날 콜로세움이 서 있는 저지대는 드넓은 인공호수로 변모한다. 오피우스 언덕에 서 있는 '도무스 아우레아'(황금 궁전)의 본관 정면은 이 인공호수를 향해 열려 있다. 그리고 그 본관 배후에 있는 에스퀼리노 언덕 전체는 동물들을 놓아기르는 자연공원으로 만들 예정이었다. 인공호수에 담을 물은 로마에서 북동쪽으로 멀리 떨어져 있는 티볼리에서 끌어오기로 되어 있었던 모양이다. 오피우스 언덕에서 호수를 바라보는 쪽은 모두 기둥이 세 줄로 늘어서 있는 주랑으로 되어 있고, 그 전체 길이는 1.5 킬로미터나 되었다. 본관도 넓고 기발해서, 살롱의 천장은 회전하도록 되어 있고, 사람들의 머리 위로 꽃잎이 흩뿌려지는 장치가 마련되어 있었다. 사치와 기술의 정수와 꿈을 모두 투입한 것이 '도무스 아우레아'였다.

'도무스'는 개인 집을 뜻한다. 이 어마어마한 건조물에 '도무스'라는 낱말을 붙인 것부터가 잘못이었던 것 같다. 이 '황금 궁전'에는 울타리도 없고 벽도 없다. 황제 전용 구역에는 아무나 자유롭게 드나들 수 없었겠지만, 인공호수와 자연공원에는 시민들이 자유롭게 드나들 수 있었다. 로마 도심에도 푸르름을 가져오자는 것이 네로의 생각이었기 때문이다. 당시에도 생태학자가 있었다면, 네로의 생각에 동의했을 게 분명하다.

그러나 도시에 대한 로마인들의 생각은 네로와는 달랐다. 로마인들은 도시, 특히 도심에는 도시에 필요한 것이 있으면 되고, 푸르름은 교외 산장이나 해변 별장에서 만끽하면 된다고 생각했다. 로마인들은 별장에 대한 집착이 대단해서, 별장의 정원을 가꾸는 데 기울이는 정성은 요즘 영국인보다 더했으면 더했지 결코 못하지 않다.

그런데 네로는 '도무스 아우레아'라는 이름을 붙였을 뿐 아니라, 이제야 드디어 인간에게 어울리는 집을 가질 수 있게 되었다고 말했다. 도시에서는 정원을 갖고 싶어도 가질 수 없는 시민들의 반감을 산 것은 당연했다. 네로로서는, 그러니까 '도무스 아우레아'를 찾아와 푸르름을 만끽하라고 말할 작정이었겠지만.

'도무스 아우레아'는 결국 네로의 죽음으로 완성되지 못했다. 베스파시아누스 황제는 인공호수 예정지에 콜로세움을 짓고, 네로의 황금상 머리부분은 태양신의 머리로 교체했다. 티투스 황제는 정원 자리에 목욕탕을 지었고, 트라야누스 황제는 본관을 허물고 거기에 대목욕탕을 지었다. 그리고 하드리아누스 황제는 '도무스 트란시토리아' 자리에 신전을 지었다. 이리하여 '도무스 아우레아'는 완전히 사라져버렸다. 시민들의 반감은 황제들의 파괴행위를 정당화한 동시에, 네로의 도시관이 로마인의 도시관과 일치하지 않았다는 사실을 증명하고 있다. 드넓은 호수보다 드넓은 콜로세움, 동물을 놓아기르는 자연공원보다 시민의 휴식처인 목욕탕이 로마인들에게는 한결 적절한 도시 활용법으로 여겨졌던 것이다.

하지만 네로는 또 한 가지 잘못을 저질렀다. 공사 재개 시기를 잘못잡은 것이다. 서기 64년 초에 착공한 '도무스 트란시토리아'가 완공을 눈앞에 두고 대화재로 전소되자, 네로는 공사 재개를 서둘렀다. 재난을 당한 시민들을 배려했다면 시기를 늦추었을 텐데, 네로는 그런 배려조차 하지 않았다. 네로는 이재민 주택 재건에도 진력했지만, 자신의 궁전을 재건하는 데에도 진력하고 말았다. 이것은 '도무스'를 문자 그대로 황제의 '사저'로 받아들인 일반 시민을 자극했다. 시민들 사이에서는 네로가 로마 전체를 사유화하기 전에 로마에서 이사가자는 농담이 유행했다.

게다가 대화재로 전소한 지역이 네로의 '도무스 아우레아' 건설 예정지와 거의 일치했다는 것이 시민들의 의심을 샀다. 사유재산을 철저히 보호한 로마에서는 아무리 황제라 해도 땅이 필요하면 소유자한테 사야 한다. 그런데 그렇게 넓은 땅을 사려면 소유자들과 일일이 교섭할 필요가 있기 때문에 상당한 시간과 비용이 든다. 하지만 불타버리면 주인도 체념하니까 사들이기가 쉬워진다. 그래서 네로가 방화의 주범이라는 소문이 퍼졌다. 네로는 에스퀼리노 언덕의 별궁에서 불타는 로마를 내려다보며, 스스로 연주하는 리라 소리에 맞춰, 호메로스가 지은 『일리아드』의 트로이 함락 장면을 읊었다는 소문이 불행을 탄식하고 있던 사람들 사이에 퍼진 것이다.

27세의 네로는 사람들의 반감이나 적개심에 익숙지 않았다. 그들을 위해 많은 일을 했으니까 호감을 사는 게 당연하다고 생각했고, 실제로 그때까지의 네로는 간혹 시민들의 웃음거리가 될 때도 있었지만 전반적으로는 사랑받는 황제였다. 그런데 황제가 된 뒤 처음으로 시민들의 반감을 샀다. 네로는 당황했다. 사람들의 적개심을 어떻게든 다른 데로 돌리지 않으면 언젠가는 자기가 화를 당할 거라는 강박관념에 사로잡혔다. 그리고 이런 경우, 못된 꾀를 일러주는 사람은 항상 있게 마련이다.

기독교도 박해

왜 네로는 기독교도를 방화범으로 지목했을까. 종교적인 이유로 로마 사회의 일원이 되기를 거부한 점에서는 기독교도와 마찬가지인 유대교도들은 어떻게 방화 혐의를 면할 수 있었을까.

유대교도들은 서기 64년 여름에 대화재의 피해를 입지 않은 4개 행정구 가운데 하나인 테베레 강 서쪽의 제14구에 모여 살고 있었다. 초대 황제 아우구스투스가 그곳에서는 공동체를 조직해도 좋다고 허락했기 때문이다. 그 시대에는 아직 기독교가 존재하지 않았다. 기독교가 생겨난 것은 제2대 황제인 티베리우스의 만년이다. 예수 그리스도가 십자가에서 처형된 것은 서기 33년으로 되어 있다. 그리고 예수가 죽은 뒤부터 시작된 사도들의 포교활동은 그들의 동포인 유대인을 대상으로 먼저 이루어졌다. 유대인 사회는 로마 제국의 모든 주요 도시에 존재했기 때문에, 로마에도 기독교가 포교되었다. 따라서 제3대 황제 칼리굴라와 제4대 황제 클라우디우스 시대에 로마의 기독교도는 테베레 강 서쪽의 유대인 사회와 동거하고 있었다.

그러나 새로운 운동은 무엇이든 가장 가까운 사람들한테서 맨 먼저 반발을 받게 되는 법이다. 예루살렘의 유대교회가 예수에게 보인 적개심이 예수가 처형된 진짜 원인이었다는 사정도 있다. 네로 시대에 들어온 뒤, 로마에 사는 기독교도는 대부분 유대인이었지만, 유대인 거주구역인 제14구가 아니라 거기서 멀리 떨어진 테베레 강 건너편에 살게 되었다. 그곳은 공화정 시대의 세르비우스 성벽 바깥쪽에 있는 제12구였다. 이 성벽은 카이사르가 파괴했지만, 로마에는 아직도 성벽의 일부가 군데군데 남아 있었다. 제12구는 대화재 때 반소되었지만, 시외라고 해도 좋은 변두리였기 때문에 피해는 그리 심하지 않았다.

로마인은 다신교 민족이라서 종교에 대해서는 관대했기 때문에, 기독교에 대해서도 사회 불안의 원인이 되지 않는 한 허용하는 방침을 취하고 있었다. 로마인들이 보기에는 기독교도 유대교의 한 분파에 불과했다. 하지만 관용은 상대에게 동의하는 것을 의미하지는 않는다. 동의하지는 않지만 상대의 존재는 인정해준다는 뜻이다. 유대교도에 대한 로마인들의 태도는 이런 의미의 진정한 관용이었다.

이런 로마인과 로마에 사는 유대교도 사이에 이렇다 할 마찰이 일어나지 않은 것은 유대교의 선민사상과도 관계가 있었다. 유대인들은 저들만이 신의 선택을 받은 민족이라고 믿고 있다. 다른 민족도 유대교도가 되어 신의 선택을 받는다면, 유대인은 더 이상 선민이 아니다. 따라서 자기들 내부에서 유대교를 고수하는 데에는 열심이지만, 다른 민족에게 유대교를 포교하는 데에는 열성을 보이지 않는다. 유대교가 포교한다는 이야기는 들어본 적도 없지 않은가.

이와는 반대로 예수는 기독교의 신 앞에서는 모든 인간이 평등하다고 말했다. 유대적인 선민사상에서 벗어난 것이다. 하지만 '기독교의 신 앞에서'라는 전제조건이 있는 이상, 예수의 평등사상도 다른 종류의 선민사상이라고 나는 생각한다. 그렇긴 하지만, '선민사상'의 이 차이 때문에 남에 대한 유대교도와 기독교도의 태도에 큰 차이가 생겼다. 유대교도는 남에게 유대교를 포교하는 데 열성을 보이지 않는 반면, 기독교도는 포교에 열심이다.

셍키에비치의 소설 『쿠오 바디스』에 상징적인 장면이 있다. 로마에서 포교활동을 하던 베드로가 로마에서 손꼽히는 지식인이고 네로 황제의 측근이기도 한 페트로니우스를 찾아가 그리스도의 가르침에 귀의하라고 설득한다. 이에 대해 페트로니우스는 이렇게 대답한다.

"당신이 말하는 가르침은 틀림없이 옳을 것이오. 하지만 나는 죽지 않으면 안될 때는 스스로 독배를 마실 것을 알고 있소. 그러니 나를 그냥 내버려두시오."

그냥 내버려두지 않는 것이 기독교다. 기독교의 입장에서 보면, 그냥 내버려둘 수 없는 것도 당연하다. 그들이 믿는 신은 유일신이고, 그 신을 믿지 않는 사람은 참된 종교에 눈을 뜨지 못한 불쌍한 사람이니까, 그 상태에서 구해주는 것이야말로 기독교도의 사명이라고 믿고 있기 때문이다. 하지만 이것은 비기독교도가 보기에는 '쓸데없는 참견'이다. 그리고 당시 로마에는 비기독교도가 압도적으로 많았다.

당시 로마인의 눈에 비친 기독교도의 쓸데없는 참견은 다신교의 입장에서 보면 오만불손과 마찬가지였다. 『사도행전』에 나오는 에피소드인데, 그리스에서 포교활동을 하던 바울은 많은 신들(그리스인도 다신교도였다)에게 바쳐진 신상을 살펴보다가 맨 마지막에 '아직 알려지지 않은 신에게'라고 적힌 신상을 발견한다. 베드로와는 달리 전투적인 포교자였던 바울은 군중을 향해 "이것이야말로 내가 말하는 유일신이다"라고 외친다. 이 말에 그리스인들이 화를 냈다. 성난 그들은 바울을 내쫓아버렸다.

'아직 알려지지 않은 신에게'——이것은 인간의 지혜가 아직 미치지 않은 미지의 것이 있을지도 모른다는 겸허한 심정의 표현이다. 그런데 이것이야말로 내가 말하는 신이라고 단언하는 것은 인간의 한계를 모르는 오만함의 발로라고 다신교도인 그리스인들은 생각한 것이다. 패배자들이 믿는 신까지 받아들여 결국에는 30만이나 되는 신을 가질 만큼 관대한 로마인들도, 화가 나서 바울을 내쫓은 그리스인과 같은 사고방식을 가진 사람들이었다.

여기에다 로마인 특유의 감정도 작용하고 있었다.

로마인들은 멸망한 뒤 자신들과 동화한 에트루리아 민족한테서 많은 것을 배웠다. 아치를 만드는 법부터 의식을 거행하는 법, 검투사 시합에 이르기까지 많은 것을 배웠지만, 인신공양의 관습만은 절대로 흉내

내지 않았다. 기원전 2세기에 패배한 카르타고의 수도를 불모지로 만들어버린 로마인의 마음 속에는 어린아이를 제물로 바치는 카르타고인을 경멸하는 마음이 있었다. 켈트족의 드루이드교를 로마 제국 영토가 된 갈리아와 브리타니아에서 추방하고도 부끄러워하지 않은 것은 드루이드교에 인신공양의 관습이 있었기 때문이다. 로마인은 인간을 제물로 바치는 행위를 그리스인보다 더 싫어했다.

기독교 미사에서는 빵과 포도주가 제공된다는 것은 로마인들도 알고 있었다. 그리고 빵은 예수 그리스도의 살을 의미하고, 포도주는 예수의 피를 의미한다는 것도 알고 있었다. 로마인들이 생각하기에 이것은 신에게 제물로 바친 소나 양을 신 앞에서 나누어 먹는 것과 마찬가지였다. 예수의 죽음은 단순한 죽음이 아니라 희생이라고 기독교도 자신도 말하고 있었기 때문이다.

자기들은 제물로 바친 소나 양의 고기를 먹는다. 그런데 기독교도는 제물로 바친 인간의 살을 먹고 피를 마신다. 로마인들이 보기에 기독교도는 에트루리아인보다, 카르타고인보다, 그리고 분명한 야만족인 켈트족보다 더 야만스러운 인간으로 보였을 것이다. 기독교도에 대한 로마인들의 혐오는 야만족을 피하고 꺼리는 감정에 더 가까웠다.

지식인인 경우에는 기독교도에 대한 태도도 역시 달랐다. 역사가 타키투스가 보는 기독교도는 로마인이 창설한 인류 공생체의 규칙을 어지럽히려 드는 어둡고 불길한 적이었다. 300년 뒤의 로마 제국을 예언하는 듯한, 정확한 파악이었다고 말할 수밖에 없다.

그러나 네로 시대에 로마의 기독교도 공동체는 유대인 사회에 비해 규모도 작고 약체여서, 철저한 박해로 궤멸시켜야 할 정도의 세력은 아니었다. 그리고 유대인 사회는 포파이아 황후라는 보호자를 갖고 있었지만, 기독교도 공동체는 그런 보호자도 갖고 있지 않았다. 이런 여러 가지 사정 때문에 로마의 기독교도들은 방화죄를 뒤집어씌우기에 알맞은 상대였다. 네로가 기독교도를 고발한 이유에는 방화죄만이 아니라 '인류 전체를 증오한 죄'도 포함되어 있었다.

체포는 일망타진이 아니라 고구마 덩굴을 잡아당기는 식으로 이루어졌다. 스스로 기독교도임을 밝힌 몇 사람을 잡아서 고문하여 다른 사람들까지 고발하게 하고, 자백을 끌어낸 뒤 재판에 회부한다. 이 경우, 판결은 재판을 하기 전부터 뻔했다. 물론 사형이다. 체포한 뒤 재판도 하지 않고 처형장으로 보내는 것은 로마법에 어긋나는 일이었다. 로마의 사법기관은 고발을 받아야만 비로소 행동을 개시할 수 있다. 그리고 자백이나 증거가 있어야만 비로소 판결을 내릴 수 있었다.

타키투스를 비롯한 로마 시대의 역사가들은 아무도 이때 목숨을 잃은 순교자의 수를 기록하지 않았다. 하지만 처형법이 복잡하고 선정적이었다는 점과 로마 이외의 도시에 있는 기독교도 공동체의 규모 등을 참고하여 현대의 연구자들이 추산한 결과에 따르면, 순교자의 수는 200명 내지 300명이었다는 것이 정설이다. 그래도 이만한 수의 사람을 한꺼번에 처형하는 것은 기독교와 무관했던 일반 시민의 이목을 끌기에는 충분했다. 네로는 이것을 단순한 처형이 아니라 잔혹한 구경거리로 삼을 작정이었기 때문이다. 바티칸에 있었던 경기장이 처형장으로 사용되었다.

일부는 야수의 모피를 뒤집어쓰고 들개 떼에 물려죽었다. 다른 이들은 로마 시대의 일반적인 처형법이었던 십자가에 매달려 죽었다. 나머지는 밤의 구경거리로 남겨졌다. 땅에 박은 말뚝에 한 사람씩 묶은 다음, 산 채로 불을 붙이는 것이다. 활활 타오르는 인간 기둥들이 관중석에서 마른침을 삼키는 시민들의 얼굴을 비추었다. 네로도 경기장 안으로 끌어들인 전차 위에서 그 광경을 감상했다.

하지만 수많은 기독교도들이 당한 잔혹한 죽음은 네로가 기대했던 것과는 다른 감정을 시민들의 가슴에 불러일으켰다. 네로의 방화설을 믿지 않았던 타키투스도 이렇게 말했다. "이들이 더 무거운 죄를 지었다 해도, 처형 방식의 잔혹함은 그것을 보는 시민들의 가슴을 동정심으로 가득 채웠다. 시민들은 알고 있었다. 기독교도라고 불리는 그들에게 그토록 잔혹한 운명을 내린 것은 공공의 이익을 위해서가 아니라 단 한 사람의 잔인한 욕구를 충족시키기 위해서임을 알고 있었다."

시민들이 혐오하는 기독교도를 방화범으로 만들어 자신에 대한 시민들의 의혹을 풀려고 했던 네로의 의도는 완전히 빗나가고 말았다. 네로가 불을 질렀다는 소문은 끈질기게 남게 되었다.

제정 시대만이 아니라 공화정 시대까지 포함하는 로마 역사에서 가장 이름이 알려진 인물은 율리우스 카이사르도 아니고, 아우구스투스도 아니다. 바로 네로다. 유명할 뿐 아니라, 로마 황제의 대표자처럼 여겨지고 있다. 하지만 로마 제국이 건재했던 시대에는 그렇지 않았다. 로마가 멸망하고, 세계의 주인공이 기독교도로 바뀐 뒤에 정착한 평가다. 서기 64년의 이 박해사건이 네로를 로마 역사상 최고의 유명인으로 만든 것이다. 기독교도는 네로를 '반그리스도'(앤티 크라이스트)라고 부르며 규탄하게 된다. 이 경향은 2천 년 뒤인 오늘날에도 건재하여, 노벨문학상을 받고 영화로도 만들어진 『쿠오 바디스』도 바로 이런 관점에서 네로를 묘사하고 있다.

그러나 네로의 기독교도 박해는 방화죄를 전가하려는 목적 때문인지, 수도 로마에만 국한되어 있었다. 게다가 그후로는 두번 다시 되풀이되지 않았다. 기독교도가 다음에 박해를 받는 것은 30년 뒤인 서기 95년이다. 이때도 종교적인 이유보다는 도미티아누스 황제가 자신에 대한 시민들의 적개심을 다른 데로 돌리기 위해 기독교도를 희생양으로 삼은 것이었다.

기독교도까지도 '현제'로 평가하는 오현제는 박해와 무관했는가 하면, 반드시 그렇지는 않다. 트라야누스 황제 시대에 예루살렘과 안티오키아에서 주교 두 명이 순교했다. 마르쿠스 아우렐리우스 황제도 리옹의 기독교도 사회를 탄압했다. 하지만 이 시대에도 박해 지역은 한정되어 있었고, 제국 전역에 박해가 미치지는 않았다. 탄압 이유가 종교적인 것보다 사회질서 유지에 있었기 때문이다.

박해가 제국 전역에 미치게 된 것은 서기 202년, 셉티미우스 세베루스 황제 시대였다. 하지만 서기 250년까지는 여전히 일시적인 현상에 머물러 있었다. 그러다가 250년을 경계로 하여 상황이 완전히 달라진다. 253년, 257년, 258년…… 기독교도에게는 수난의 해가 계속되었다.

하지만 서기 260년부터 303년까지 기독교 박해는 거짓말처럼 모습을 감춘다. 로마 제국에 사는 기독교도에게는 조용하고 평온한 시절이었다.

그러다가 서기 303년부터 다시 수난기를 맞는다. 로마 제국 재건을 결심한 디오클레티아누스 황제가 "로마인이 창설한 인류 공생체의 규칙을 어지럽히려 드는 기독교도"를 제국에서 소탕하기로 결정했기 때문이다. 이 시기에 기독교도를 대상으로 나온 황제 칙령의 수만 보아도 디오클레티아누스 황제의 단호한 결심을 엿볼 수 있다. 기독교도에게는 최대의 수난기였다. 하지만 서기 313년에 기독교도에게 신앙의 자유를 인정한 콘스탄티누스 대제의 밀라노 칙령으로 이 수난도 막을 내린다. 황제들 사이의 권력투쟁을 교묘히 이용했다고는 하지만, 어쨌든 기독교는 승리자가 되었다.

기독교도 박해의 역사를 대충 살펴보면 위와 같다. 네로 한 사람만 기독교도의 적이 되는 것은 공평하지 못하다는 생각이 든다. 하지만 네로가 기독교도를 박해한 이유에는 방화범과 그 공범자라는 것 외에 인류 전체를 증오한 죄도 포함되어 있었다. 당시 로마인이 말하는 '인류 전체'는 곧 '로마 제국'을 의미한다. 네로는 역시 그후에 계속된 기독교도 박해의 선도자였다. 생전의 그로서는 생각지도 않은 일이었겠지만.

노래하는 황제

네로는 나약한 성격의 소유자였다. 자신에 대한 악평이나 반감이나 적개심을 견디지 못했다. 튀어나온 말뚝은 얻어맞는다는 속담도 있듯이, 남보다 잘나서 '튀어나온 말뚝'이 되면 악평이나 반감이나 적개심의 대상이 되는 게 당연하다고 초연하게 생각할 수 없는 성격이었다. 이런 성격을 가진 사람은 자칫 극단으로 치닫기 쉽다. 잃어버린 지지를 되찾으려고 허둥대는 추태를 보이거나, 과민하게 반응하여 공격적인 태도를 취한다. 모두 다 마음의 평정을 잃었기 때문에 생기는 현상일 뿐이다. 잔혹하게 처형된 기독교도를 동정하는 시민들을 보고 네로는 당황했다.

이듬해인 서기 65년은 제2회 '로마 올림픽'이 열리는 해였다. 사람들은 이것을 '네로 제전'이라고 불렀지만, 정식 명칭은 '5년제'(루디 퀸퀘날리)였다. 육체와 시와 변론을 겨루는 이 제전의 당초 목적은 일반 로마인에게도 그리스 문화의 정수를 침투시키려는 것이었지만, 이번에는 시들어버린 인기를 만회하려는 목적도 추가되었다. 그래서 네로는 자작시를 음악에 맞춰 노래하는 경연대회에 자기도 출전하겠다고 말했다. 데뷔는 나폴리에서 이미 끝냈고, 그때는 박수갈채를 받았기 때문에 잘해낼 자신도 있었다. 그리고 무엇보다도 그 자신이 로마 민중 앞에서 노래를 부르고 싶어 견딜 수가 없었다.

여기에 당황한 원로원은, '탤런트 황제 등장'이라는 추문을 막기 위해, 경연대회가 열리기도 전에 재빨리 네로를 변론 부문과 가창 부문의 우승자로 결의해버렸다.

그러나 네로는 이를 거부했다. 원로원이 뒤에서 밀어주지 않아도 자기한테는 재능이 있으니까 다른 출전자들과 대등한 입장에서 겨루어볼 작정이고, 심판의 엄정한 판단에 따라 실력으로 월계관을 쟁취할 작정이라고 언명한 것이다. 원로원 의원들은 이제 손을 맞잡고 지켜볼 수밖에 없었다.

그날 폼페이우스 극장은 노래하는 황제를 보러 온 시민들로 대만원이었다. 입장료는 무료이고, 로마의 봄은 아무 일이 없어도 밖으로 나가고 싶어지는 날씨다. 하지만 3만 명을 수용하는 로마 제일의 노천극장이 만원을 이룬 것은 네로가 출전하는 것을 알고 호기심이 동했기 때문이다.

무대에 올라갔을 때부터 이미 네로는 박수와 환호에 휩싸였다. 그것이 잠잠해지기를 기다려, 황제는 리라를 켜면서 자작시를 자작곡에 맞추어 노래하기 시작했다. 남아 있는 몇몇 작품을 보아도 시를 짓는 솜씨는 그렇게 형편없지는 않다고 해도 좋은 정도다. 녹음기가 없는 시대니까 곡이 어땠는지는 판단할 방법이 없다. 하지만 동시대인의 평으로는 "제멋에 겨운 풋내기" 수준이었다. 가수의 생명인 목소리는 "그렇게 나쁘지는 않지만 성량이 부족하다"는 평가였다.

하지만 이런 평가는 관중에게는 아무래도 좋은 것이었다. 네로도 열심히 노래했다. 노래를 끝내고, 입고 있던 그리스식 투니카의 소맷자락으로 흐르는 땀을 닦았다. 땀은 땀닦는 천으로 닦는 것이 상류층 사람들의 예법이지만, 그러려면 시종을 무대 위로 불러내야 하는데, 이것이 극장에서는 황제이고 싶지 않은 네로의 뜻에 어긋났기 때문이다. 네로는 노래를 끝내고 심판들의 판정을 기다리는 동안에도 다른 출전

자들과 마찬가지로 무대에 한쪽 무릎을 꿇고 리라를 가슴에 껴안은 겸
손한 자세를 취했다. 이런 태도가 관객들을 더욱 기쁘게 해주었다. 우
레 같은 박수갈채가 터져나왔다. 역사가들은 네로가 우승했는지 어떤
지는 기록하지 않았다. 하지만 대성공이었던 것은 확실하다. 심판의
평가와 함께 관객의 인기투표도 실시되었다면, 인기상은 네로가 차지
했을 게 틀림없다. 출전자들 중에는 네로가 가장 성대한 박수갈채와
환호성을 받았기 때문이다.

하지만 관객석 앞쪽의 '지정석'에 앉아 있던 원로원 의원이나 '기사
계급' 남자들은 씁쓸한 표정을 감추지 못했다. 그리고 관객 속에 섞여
있던 속주나 동맹국 사람들은 로마 황제가 탤런트 노릇을 하는 것을
보고는 깜짝 놀라고 말았다.

네로는 성공에 만족했지만, 28세를 눈앞에 둔 나이인데도 인간의 속
성을 너무 몰랐다. 인간은 꽤 복잡하고 까다로운 존재여서, 그들의 마
음 속에서는 친근감과 존경심이 양립하기 어렵다는 사실을 그는 알지
못했다. 그리고 사람들의 존경을 받지 않으면 황제의 임무는 추진해갈
수 없다는 것도 알지 못했다. 같은해 말, 역사상 '피소 음모'라고 불리
는 네로 암살 음모가 발각되었다

피소 음모

가이우스 칼푸르니우스 피소는 이런 경우에 추대되는 인물의 전형이
었다. 우선 가문이 좋다. 공화정 시대부터의 명문 귀족이고, 율리우스
카이사르의 마지막 아내의 친정이기도 했다. '결혼은 정략'이라고 명
쾌하게 결론짓고 있던 카이사르가 인척관계를 맺었을 정도니까, 칼푸
르니우스 씨족은 원로원에서 대단한 유력자였을 것이다. 제정으로 접
어든 뒤에는 율리우스 씨족의 강력한 경쟁자였고, 그 때문에 칼리굴라

황제에게 추방되었다가 클라우디우스 황제의 허락으로 귀국한 역사가 있다.

피소는 남에게 관대하고 친절한 신사였고, 중늙은이가 된 뒤에도 후리후리한 키의 미남이었다. 아직 30세가 되기도 전에 갈수록 비만해지는 네로와 비교하면, 군장 차림도 토가 차림도 훨씬 사나이다웠다. 하지만 재능이나 성격은 평범했다고 말할 수밖에 없다. 남다른 재능이나 강한 성격의 소유자가 아니었기 때문에 네로를 죽인 뒤의 황제감으로 점찍혔을 것이다.

율리우스 카이사르에 대한 '브루투스 음모'와 이 '피소 음모'를 비교해보면 두 가지 점에서 완벽한 차이가 있는 것을 알 수 있다.

'브루투스 음모'는 국가체제를 둘러싼 갈등에 원인이 있었다. 당시에는 광대해진 제국을 혼자서 통치할 것이냐, 아니면 이전처럼 원로원이 통치하는 과두정을 계속할 것이냐로 의견이 갈라져 있었다. 이런 의미에서 카이사르는 개혁파였고, 브루투스는 수구파였다. 하지만 이와 함께 음모 가담자들 가운데 일부가 카이사르에게 품고 있었던 사적인 원한도 음모의 원인이 되었다.

반면에 '피소 음모'에는 국가체제를 둘러싼 갈등도 없었고, 사적인 원한도 없었다. 음모 가담자들 가운데 심정적인 공화주의자는 있었지만, 그들조차도 제정을 쓰러뜨리고 공화정을 부활시킬 생각은 하지 않았다. 광대한 로마 제국을 통치하려면 원로원을 통한 소수지도체제보다 한 사람이 책임지는 제정이 더 현실적이라는 것은 이미 정착된 개념이었기 때문이다. 음모 가담자의 수는 20명 내지 30명. 이들 가운데 개인적인 야심이나 사적인 원한이나 공포 때문에 음모에 가담한 사람은 하나도 없었다. 모두 로마 제국의 장래를 우려하는 마음——그들의 표현을 빌리면 '공동체의 이익'을 지키려는 의무감——에서 네로 암살 음모에 가담한 것이다.

주모자도 없었다. 누군가가 먼저 말을 꺼냈다기보다 제국의 행방을 우려하며 이야기를 나누는 동안 자연히 음모가 형성되었고, 네로를 죽인 뒤 누구를 제위에 앉힐 것인지도 결정되었다. 피소를 제외하면, 음모 가담자는 거의 다 네로와 친한 사람들이었다. 젊은 시절부터 네로와 함께 놀러다닌 친구이거나 원로원에서 네로파로 여겨지고 있는 의원들이었다. 그리고 세네카는 더 이상 설명할 필요도 없겠지만 네로의 가정교사이자 보좌관이기도 했던 인물이다. 즉 '피소 음모'는 네로파가 꾸민 음모였고, 국가체제를 바꾸는 것이 아니라 우두머리만 교체하는 것이 목적이었다는 점에서 브루투스의 카이사르 암살보다는 오히려 칼리굴라 암살과 더 가깝다. 칼리굴라도 네로도 아직 20대 젊은이였다. 배제하고 싶으면 죽일 수밖에 없었다.

그런데 어떻게 결행을 앞두고 발각되었을까.

음모 가담자들 가운데 스카이비누스라는 자가 있었다. 이 사람이 재산 정리를 해버렸다. 생전에 유언을 집행하듯, 지금까지 충실히 봉사해준 데 감사한다는 명목으로 하인들에게 돈을 나누어준 것이다. 돈을 받은 사람 가운데 밀리쿠스라는 해방노예가 있었다. 스카이비누스는 밀리쿠스에게 단검을 잘 갈아두라고 명령하고, 지혈제와 붕대도 준비해두라고 일렀다.

해방노예가 품은 의심은 이것으로 결정적이 되었다. 주인에게 자주 사람이 찾아오고, 손님이 찾아오면 주인이 측근들을 물리친 뒤 손님하고만 밀담을 나눈 것도 이제 와서 생각하면 수상쩍었다. 밀리쿠스는 아내에게 의논했다. 아내도 남편과 마찬가지로 스카이비누스의 집에서 하녀로 일하고 있었는데, 그 아내가 이렇게 충고했다. 당신이 잠자코 있어도 다른 사람이 누설할 테니, 그때 공범죄를 뒤집어쓰기보다는 지금 밀고하는 편이 낫다고. 밀리쿠스는 주인이 갈아두라고 지시한 단검을 들고 네로의 거처를 찾아갔다. 팔라티노 언덕의 황궁은 불타버렸고, '도무스 아우레아'도 아직 완공되지 않았기 때문에, 네로는 로마 교외에 살고 있었다.

밀리쿠스의 이야기를 듣고 네로는 소스라치게 놀랐다. 황제에 즉위한 지 10여 년. 그동안 그를 죽이려는 음모를 꾸민 사람은 하나도 없었다. 재위 4년 만에 암살된 칼리굴라와 달리, 자기는 누구한테나 사랑과 존경을 받는 황제라고 믿어 의심치 않았다. 공포에 사로잡힌 네로는 부루스가 죽은 뒤 근위대장에 임명한 두 사람 가운데 하나인 티겔리누스에게 수사권을 주었다. 티겔리누스는 비천한 출신이라는 약점을 충성으로 보완하려고 발버둥치는 타입의 사내였다.

스카이비누스가 체포되었다. 하지만 그는 딱 잡아뗐다. 단검을 갈아 두는 것은 당연한 일이고, 원래 노예였던 사람의 말과 원로원 의원의 말 가운데 어느 쪽을 믿는 거냐고 따지기까지 했다. 네로도 그 말을 믿을 뻔했지만, 티겔리누스는 다시 밀리쿠스를 심문했다. 해방노예는 주인을 찾아와 밀담을 나눈 사람 가운데 나탈리스라는 사람이 있었다고 진술했다.

나탈리스가 연행되었다. 로마 사회에서는 원로원 계급에 버금가는 '기사계급'에 속한 이 사내는 고문 도구만 보고도 겁에 질려, 피소와 세네카의 이름을 댔다. 그리고 나탈리스가 자백한 것을 안 스카이비누스도 마음이 약해졌는지, 음모 가담자의 이름을 댔다. 거기에는 세네카의 조카이자 시인인 루카누스의 이름도 들어 있었다.

네로와 동년배인 이 시인은 숙부인 세네카와 마찬가지로 에스파냐에서 태어났지만, 어릴 적부터 숙부한테 배웠기 때문에 네로와는 사형사제(師兄師弟) 사이다. 네로는 아테네의 최고학부에서 공부하고 있던 그를 로마로 불러들여, '네로 제전'의 주제가를 짓게 했다. 아우구스투스가 정착시킨 '세기제'의 찬가는 시인인 호라티우스가 지었다. 네로는 베르길리우스와 더불어 아우구스투스 시대의 국민시인이었던 호라티우스와 같은 영예를 젊은 시인에게 주었다고 믿었다. 그러나 루카누스는 심정적인 공화주의자였다. 이 정열적인 시인이 쓴 장편 서사시 『파르살로스』는 그 제목으로도 알 수 있듯이 율리우스 카이사르와 폼페이우스의 결전을 노래한 작품이었고, 게다가 공화파의 우두머리인 폼페이우스를 편든 표현으로 차 있었다. 그걸 알면서도 네로는 루카누스를 기용하기로 결정했다. 그런데 이 젊은이까지도 그에게 칼을 들이댄 것이다.

정열적인 젊은 시인은 고문에 약했다. 그가 실토한 음모 가담자들 중에는 모친까지 포함되어 있었다. 심문자들도 이 진술은 믿지 않았다.

티겔리누스 휘하의 근위병들이 음모자를 체포하기 위해 로마 전역으로 달려갔다. 각오한 피소는 병사들이 그의 집 문을 두드리기 전에 혈관을 잘랐다. 이듬해 집정관에 선출되어 있던 라테라누스에게는 자살할 시간조차 주어지지 않았다. 그는 심문도 받지 않고 처형장으로 끌려가 목이 잘렸다.

철학자 세네카가 적극적으로 음모에 가담했는지, 아니면 알면서 잠자코 있었을 뿐인지, 또는 완전히 국외자였는지는 확실치 않다. 세네카가 암살 음모에 가담했다고 증언한 사람은 나탈리스 한 사람뿐이고, 나탈리스도 자기는 피소의 심부름으로 세네카를 찾아가 피소의 말을 전하고 세네카의 대답을 들었다고 말했을 뿐이다. 피소는 세네카가 만나주지 않는 것을 불평했다고 한다. 그런데 거기에 대한 세네카의 대답이 해석하기에 따라서는 어느 쪽으로도 받아들일 수 있는 모호한 것이었다. "우리 두 사람이 자주 만나는 것은 양쪽에 모두 지장을 초래할 거요. 그렇긴 하지만 은퇴하여 완전한 야인으로 돌아온 내가 무사히 여생을 보낼 수 있을지 어떨지는 피소의 운명에 따라 결정될 게 분명하오."

이것으로 세네카는 음모 가담자로 단정되고 말았다. 네로는 스승이자 보좌관이었던 늙은 철학자에게 "죽음을 주었다." 즉 자결할 수 있는 시간을 허락했다.

70세가 다된 세네카는 혈관을 잘라도 피가 잘 나오지 않았다. 죽음을 빨리 맞으려고, 철학자는 뜨거운 물이 담긴 욕조에 몸을 눕혔다. 그래도 죽지 않았다. 땀을 흘리기 위한 한증막의 자욱한 수증기 속에서 겨우 죽을 수 있었다. 죽음을 앞둔 그의 입에서는 네로를 규탄하는 말은 거의 나오지 않았다. 그보다 세네카는 친구들과 철학적인 대화를 나누면서 조용히 죽고 싶어했다. 로마 역사상 유일하게 정치에 적극적으로 관여한 지식인은 이렇게 죽었다. 철학자는 은퇴한 뒤, 그가 그토록 기대하고 협력을 아끼지 않았던 네로를 어떻게 생각했는지를 보여주는 글은 한 줄도 남기지 않았다. 어느 누구보다도 인간에 대해 깊은 통찰력을 가져야 하는 지식인이 기대가 배신당했다는 한마디로 뭉뚱그려 처리하는 것은 너무 단순하다고 생각했는지도 모른다. 그래도 은퇴한 뒤에 쓴 수많은 저술에 일관되게 흐르는 침울한 어조는 과거의 애제자를 멀리서 바라보는 스승의 심경을 반영하고 있는 듯하다.

그와는 반대로, 단순함이 미덕인 무인들이 죽음을 앞두고 한 말은 유쾌할 만큼 명쾌했다.

네로 암살의 실행자로 예정되어 있던 근위대 대대장 플라우스는 충성을 맹세한 황제에게 왜 칼을 들이댈 마음이 났느냐는 네로의 질문에 이렇게 대답했다.

"폐하를 증오하고 있었기 때문입니다. 폐하가 황제답고 존경할 만한 분이었을 무렵에는 저만큼 폐하에게 충성스런 부하도 없었을 것입니다. 그러나 폐하가 어머니를 죽이고 아내를 죽이고 운동경기에 열광하고 가수 노릇에 열중하고 심지어 방화까지 저지르게 된 뒤로는 폐하에게 증오밖에는 느낄 수 없었습니다."

백인대장 아스플루스도 당당하게 네로를 비난한 뒤 죽음을 맞았다. 왜 내가 죽기를 바랐느냐는 네로의 질문에 백인대장은 이렇게 대답했다.

"폐하가 저지른 숱한 잘못을 바로잡으려면 폐하를 죽일 수밖에 없었습니다."

선거를 통해 통치자를 교체할 수 있는 제도가 존재하지 않는 정체에서 절대권력자를 제거할 수 있는 방법은 테러밖에 없는 것도 사실이다. 음모 가담자들은 모두 로마 시민권 소유자였다. 시민권 소유자는 곧 유권자라는 뜻이다.

공모자 이름을 댄 대가로 처벌을 면한 나탈리스만 빼고, 나머지는 모두 자결하거나 처형당했다. 티겔리누스와 함께 근위대장을 지내고 있던 루푸스도 처음 얼마 동안은 음모 가담자들을 심문하는 쪽이었지만, 결국 음모에 가담한 사실이 들통나서 처형당했다. '피소 음모'는 이렇게 실패로 끝났다. 네로는 무슨 마음이었는지, 모든 심문 과정을 공개하고 출판했다. 이것을 읽은 사람들이 음모자들의 언동에 공감할까봐 두렵지 않았을까. 국가의 제일인자에 대한 범죄는 곧 국가에 대한 범죄라는 아우구스투스의 '국가반역죄'에 비추어보면, 음모 가담자들이 법률적으로 모두 유죄인 것은 분명했지만.

어쨌든 사람은 자기가 공격 대상이 된 것을 알게 되면 마음을 단단히 닫아버리게 마련이다. 개방적이었던 네로도 경계심의 덩어리로 변했다. 곧이어 사랑하는 아내 포파이아가 죽었다. 당연한 귀결이지만, 고독에 시달리고 의심이 많아진 네로는 근위대장 티겔리누스의 권력에 제동을 걸지 않게 된다. 이렇게 되면 정열적인 타키투스나 수에토니우스가 말하는 '공포시대의 재현'이다. 자살을 강요당한 사람들 중에는 풍자문학의 걸작 『사티리콘』의 저자이며 네로의 측근이기도 했던 페트로니우스도 끼어 있었다. 이 사람은 기독교도의 입장에서 로마를 묘사한 소설 『쿠오 바디스』에서도 주인공의 한 사람이 되었다. 실존인물들 중에서도 페트로니우스는 네로를 철저한 폭군으로 모는 소설의 주인공으로 삼기에 안성맞춤이다. 그는 충분한 방어태세를 취하고는 있지만, 네로를 비판한 로마인을 대표하고 있었기 때문이다.

어떤 가설도 나름대로 설득력을 가져야 한다. 반체제(기독교) 쪽의 비판만으로는 체제(로마 제국) 비판이 충분한 설득력을 가질 수 없다. 완전한 설득력을 가지려면 체제 쪽에도 비판하는 사람이 있었다는 사실을 소개하는 게 효과적이다. 그것도 황제와 친한 사람이면 더욱 효과적이다. 소설가도 이 정도 전략은 세울 수 있다. 다만 글을 무기로 하는 사람의 '전략'은 전략이라고 하지 않고 '구성'이라고 부르는 것만 다를 뿐이다.

측근들이 차례로 등을 돌렸지만, 네로가 황제의 책무는 소홀히 하고 황제의 권력만 남용한 것은 아니었다. '피소 음모'가 해결되기를 기다렸다는 듯이, 9개월이나 되는 긴 여행을 마친 파르티아 왕제 티리다테스가 로마에서 대관식을 거행하기 위해 이탈리아에 상륙했다. 앞에서도 말했듯이 네로는 나폴리까지 마중을 나가서 로마의 숙적인 이 파르티아인을 국빈으로 대우했고, 로마에서 거행된 성대한 대관식도 무사히 마칠 수 있었다. 이것은 아르메니아 왕위를 둘러싼 로마와 파르티아의 분쟁을 해결했을 뿐 아니라, 로마의 가상적국 제1호인 파르티아와도 '평화'를 재확립했다는 의미를 갖는다. 무릎을 꿇고 있는 티리다테스의 머리에 네로가 아르메니아 왕관을 씌워주었을 때, 식장인 포로 로마노를 가득 메운 일반 시민들은 네로를 "황제!"(임페라토르)라고 부르며 환호를 보냈다. 진짜 공로자는 코르불로였지만, 서민들은 그것까지는 모른다. 평화 회복의 공로자는 그들의 눈에는 네로로 보였다. 네로는 국정의 최고책임자였기 때문에, 누가 차린 밥상이든 그것을 승인한 네로가 공식 공로자임에는 틀림없었다. 네로 황제는 '평화'를 기뻐하는 일반 시민들의 환호에 따라 야누스 신전의 문을 닫게 했다. 로마가 전쟁 상태에 있는 동안은 전쟁의 신 야누스의 신전 문을 열어두고, 평화로워지면 문을 닫는 것이 예로부터의 관례였다.

이 무렵 네로는 '피소 음모'로 흔들린 자신감을 되찾은 게 아닌가 싶다. 로마 시민 중의 '제일인자'라는 위선적인 명칭을 사용할 수밖에 없는 자신이 '황제'라는 환호를 받은 것이다. 이것은 민회에서 시민들의 박수와 환성으로 우두머리에 뽑힌 것이나 마찬가지였다.

역사를 공부하면서 절실히 느끼는 것은, 승자와 패자를 결정하는 것은 당사자가 가진 자질의 우열이 아니라, 갖고 있는 자질을 어떻게 활용했는가에 달려 있다는 점이다. 이런 면에서 네로는 서투르다고 말할 수밖에 없었다. 그는 좋아진 평판을 떨어뜨리는 일만 한다. 어쩌면 그는 평판이 좋아지면 무슨 짓이든 마음대로 해도 된다고 생각해버리는 사람이 아니었을까. '평화'의 수호신처럼 찬양을 받은 직후에 그는 평소에 동경하던 그리스를 여행하기로 결정했다. 그것도 황제의 순행이 아니라 가수로서 역량을 시험해보기 위한 여행이었다.

청년 장교들

만약 네로가 조짐만 보고도 재빨리 대책을 세울 수 있는 사람이었다면, 다음과 같은 보고를 받았을 때 그리스 여행을 포기했을 것이다. 뿐만 아니라 라인 강이나 팔레스타인 지방처럼 문제가 끊이지 않

는 지역을 시찰하는 것이 지금은 그리스 여행보다 훨씬 중요하다고
생각했을 게 분명하다. '베네벤토의 음모'라고 불리는 이 사건은 '피
소 음모'에 비하면 소규모였고, 싹이 자라기 전에 잘라버렸기 때문에
네로는 걱정도 하지 않았다. 하지만 사실은 심각하게 받아들여, 단순
한 사후처리가 아니라 근본적인 대책을 세워야 했다. 그 사건은 로마
군의 주력인 군단이 처음으로 네로에 반대하여 일어날 조짐이었기 때
문이다.

　주모자들이 모여 비밀회의를 가진 도시의 이름을 따서 '베네벤토의
음모'라고 부르는 서기 66년의 이 음모는 군단의 청년 장교들이 모의
한 네로 암살 계획이다. 그들도 제정을 폐지하고 공화정으로 돌아갈
생각은 하지 않았다. 변경에서 오래 근무했다고는 하지만, 젊은 나이
에 군단장이나 대대장을 지내고 있는 이들은 로마군의 엘리트다. 장차
4개 군단 이상을 지휘하는 사령관 자리가 약속되어 있는 그들은 29세
인 네로와 같은 세대에 속했다. 네로는 같은 세대의 젊은이들한테도
황제에 어울리지 않는 부적격자로 평가받은 것이다. 우국지심에 사로
잡힌 이들 젊은 장교들의 지도자는 아르메니아-파르티아 문제 해결의
진짜 공로자인 코르불로의 사위 비니키아누스였다. '베네벤토의 음모'
주모자들은 네로를 죽이고 코르불로를 제위에 앉히기로 결정한 모양이
다. 결정한 '모양'이라고 말한 것은, '피소 음모'와는 달리 이 '베네벤
토의 음모'에 대해서는 자세한 내용이 전혀 전해지지 않기 때문이다.
네로는 '피소 음모'의 심문기록은 공표했지만, 청년 장교들이 꾸민 음
모의 심문기록은 공표하지 않았다. 구태여 공표할 것까지도 없었기 때
문이다. 베네벤토에서 비밀회의를 열고 있는 일당을 일망타진하고 보
니 모두 군인들이었다. 다시 말해서 로마군 최고사령관인 네로에게 충
성을 맹세한 사람들이었고, 게다가 그 맹세를 병졸보다 앞장서서 지켜

야 할 장교들이었다. 요즘 같으면 군사법정에서 다루는 분야에 속한다. 고대 로마에서도 이것은 시민들에게 보장되어 있는 재판 범위에 속하지 않았다. 재판도 하지 않고 일당을 모조리——그래봤자 10명도 채 안되었던 모양이지만——처형하는 것으로 사건은 끝났다. 그리고 네로는 계획대로 그리스 여행을 떠났다.

그리스 여행

로마의 역대 황제들 중에서도 네로만큼 바깥 세상을 보지 않은 황제도 없다. 서쪽으로는 브리타니아에서 동쪽으로는 유프라테스 강, 북쪽으로는 라인 강어귀에서 남쪽으로는 사하라 사막까지 펼쳐져 있는 광대한 로마 제국, 통치하는 민족의 수만 600개에 이르는 로마 제국의 최고통치자인데도, 네로가 그때까지 자기 눈으로 본 곳은 로마와 나폴리뿐이었으니 어처구니가 없다.

광대한 로마 제국의 동서남북을 두루 돌아다니며 싸운 율리우스 카이사르는 예외라 해도, 책상 앞에서 전략을 짜는 사람의 인상이 강한 아우구스투스도 황제가 되기 전의 내전 시대부터 황제가 된 이후에도 여러 곳에 발자취를 남겼다. 55세가 된 뒤에야 황제에 즉위한 티베리우스는 그때까지 바깥 세상을 지나칠 만큼 충분히 경험했다. 칼리굴라도 4년이 채 안되는 통치 기간에 라인 강과 도버 해협을 자기 눈으로 보았다. 그리고 소년 시절이기는 하지만, 아버지 게르마니쿠스와 함께 오리엔트를 여행한 경험도 있다. 클라우디우스 황제는 외국을 모른 채 황제가 된 사람이지만, 브리타니아 정복이 진행되고 있을 때 현지에 갔다. 이런 선조들과는 비교가 되지 않을 만큼 평화로운 제국을 물려받고도 네로의 외지 경험이 전혀 없는 것은 놀라울 뿐이다. 게다가 그리스로 떠날 때까지 네로의 통치 기간은 12년이나 되었다. 12년 동안이나 황제 자리에 앉아 있으면서도 자기 눈으로 본 땅은 로마와 나폴리뿐이었던 것이다.

여행은 정보를 얻기보다, 현지를 자기 눈으로 보고 공기를 들이마시며 그 고장에 대한 감각을 키우는 것이다. 네로는 이것의 중요성을 인식하지 못했고, 순수한 호기심도 부족했다고 말할 수밖에 없다. 황제니까 마음만 먹으면 간단히 실행할 수 있고, 변경 방위에 종사하는 군단병들도 기꺼이 맞아주었을 게 분명한데도 여행을 하지 않았기 때문이다.

네로는 천성적으로 겁이 많은 성격이었던 듯싶다. 여행은 미지와의 만남이다. 아무리 세밀한 계획을 세워도, 반드시 예정에 없는 일과 마주치게 마련이다. 네로는 젊은 나이에 어울리지 않게 그것을 두려워했다. 그렇다고 해서 그가 새로운 일을 싫어한 것은 아니다. '로마 올림픽'을 주최한 것도, '도무스 아우레아'를 세워 로마의 도심을 개조하는 것도, 일찍이 아무도 하지 않은 새로운 일이었다. 하지만 이것들은 어디까지나 그가 '예정한 일'에 속했다. 네로는 한번도 즉흥연설을 한 적이 없다. 자작시를 노래하는 가수로 데뷔할 때도 성공할 게 확실한 나폴리를 데뷔 무대로 선택했다. 로마에서 가진 공연도 응원단을 조직하여 성공을 확실히 보장해주는 '견실한' 준비 절차를 밟은 뒤에야 결행했다.

동경하던 그리스 여행은 황제의 속주 순행이 아니라 자작시를 노래하는 가수로서의 솜씨를 시험해보는 것이 목적이었으니까, '아우구스티아니'라고 불리는 응원단도 데려가게 되었다. 올림피아 제전이나 코린트 제전은 4년마다 한번씩 열렸으니까, 서기 66년은 제전이 열리는 해가 아닌데도 황제의 명령으로 개최되었다. 올림피아 제전에는 원래 음악 경연 종목이 없었지만, 네로는 음악 경연을 종목에 추가시키기까지 했다. 자기가 출전하기 위해서였다. 유명한 이 양대 제전 외에도 네로는 그리스 각지에서 제전을 열게 하고, 그 대회에 모두 출전했다. 응원단의 성원과 노래하는 황제를 보고 싶어 모여든 그리스인들의 박수갈채 덕분에 네로는 출전할 때마다 우승하여 황금 월계관의 수를 늘려갔다. 보통 월계관은 월계수 가지로 만들지만, 이때만은 네로를 위해 특별히 황금으로 만든 모양이다.

그래도 네로는 그리스를 여행할 때 황제다운 일을 몇 가지 했다. 그 중 하나는 코린트 지협을 뚫어서 운하를 만들어 이오니아 해와 에게 해를 연결하는 공사였다. 펠로폰네소스 반도를 돌아가는 시간과 거리를 단축하는 것이 이 토목공사의 목적이었다. 이 공사를 처음으로 기획한 로마인은 율리우스 카이사르지만, 그후의 황제들은 아무도 거기에 손을 대려고 하지 않았다. 지중해의 '평화'를 유지하는 데 반드시 필요한 공사는 아니었기 때문이다. 하지만 코린트 지협을 배로 지나갈 수 있게 되면, 군사적 이익은 별로 없지만 경제적 이익은 막대했다. 로마 제국 전역으로 인재가 빠져나가 두드러지게 쇠퇴한 그리스 본국의 경제를 진흥하는 데에는 큰 도움이 되기 때문이다.

하지만 이 공사도 네로의 죽음으로 중단되었고, 그후에는 잡초만 무성한 채 방치된다. 이 운하는 수에즈 운하 등으로 사람들이 이런 공사에 관심을 갖게 된 19세기에야 비로소 완성되었다. 1천 800년 뒤에 공사를 재개하고 보니, 네로 시대에 암석을 깎아낸 흔적이 아직도 남아 있었다고 한다.

수없이 획득한 월계관에 답례하기 위해서인지, 아니면 그리스를 동경하는 마음의 증표를 남기고 싶었는지는 모르지만, 그리스 각지를 '순회공연'하며 돌아다니던 네로는 그리스인들이 가장 기뻐할 만한 선

리라를 켜는 아폴로 신

물을 주었다. 그리스 전역을 '자유도시'로 선언한 것이다. '자유도시'는 내정의 자치를 인정받고 속주세도 면제받는 특전이 주어진 도시를 말한다. 이제까지는 아테네와 스파르타만 이 특전을 누리고 있었다. 인류 문명에 대한 이 양대 도시국가의 공헌을 로마인들이 존중해주었기 때문이다. 네로는 아테네나 스파르타와 똑같은 특전을 그리스 전역에 주겠다고 선언했다. 수입의 10퍼센트인 속주세가 면제되면, 그리스인이 아니더라도 누구나 환영할 것이다. 그리스인들이 네로를 최고의 황제로 찬양한 것도 당연했다.

  하지만 자유도시 선언은 네로가 죽은 지 2년도 지나기 전에 백지화된다. 건전한 상식인이었던 베스파시아누스 황제가 속주들을 차별 대우하는 것은 제국 전역을 통치하는 데 적절치 않다고 판단했기 때문이다. 그리스 문화에 대한 동경과 냉철함을 유지해야 하는 통치는 서로 다른 분야에 속한다. 하지만 베스파시아누스 황제도 아테네와 스파르타에 대한 특별 대우는 그대로 유지했다. 이것도 '정치'다.

그렇긴 하지만 네로도 때로는 실패에서 배우기도 한 모양이다. 유대에서 반란이 일어나자 그는 처음부터 베스파시아누스에게 전권을 주었다. 아르메니아―파르티아 문제를 해결할 때는 지휘계통을 이원화하는 바람에 10년 세월을 허비했지만, 이번에는 그 전철을 밟지 않았다.

하지만 이때도 네로의 언동은 지리멸렬했다고 말할 수밖에 없다. 베스파시아누스에게 유대 진압의 전권을 준 반면, 로마 제국의 안전보장을 일선에서 담당하고 있는 군단병들의 생각이 완전히 달라질 만한 어리석은 짓을 저지른 것이다. 청년 장교들이 꾸민 '베네벤토의 음모'에 대해 사후처리를 할 셈이었겠지만, 이 무렵에는 평온한 상태였던 로마군의 분위기가 그후 완전히 달라진 것을 보아도 네로가 그리스를 여행할 때 취한 조치는 참으로 어리석기 짝이 없는 짓이었다.

사령관들의 죽음

로마는 라인 강 방위선에 8개 군단을 상주시키고 있었다. 상류에서 중류까지의 방위는 고지 게르마니아군이 담당하고, 한 사령관 밑에 4개 군단이 배치되어 있다. 중류에서 하류까지를 방위하는 것은 저지 게르마니아군이고, 역시 한 사령관 밑에 4개 군단이 배치되어 있다. 25개 군단으로 이루어진 로마군 중에서도 라인 강을 방위하고 있는 8개 군단이 가장 막강하다는 게 모든 사람의 일치된 평가였다. 이 시기의 사령관은 우연히도 스크리보니우스 집안의 두 형제였다. 둘 다 오랫동안 전선에서 근무한 베테랑 사령관이다.

네로는 이 두 장수를 그리스로 불러들였다. 이와 같은 무렵, 시리아 속주 총독으로 유프라테스 강 방위선을 지키고 있던 코르불로도 그리스로 불러들였다.

세 장수는 최고사령관의 명령이기 때문에, 또한 네로의 편지가 그들의 노고를 치하하는 내용으로 차 있었기 때문에, 티끌만한 의심도 품지 않고 두 사람은 서쪽에서, 한 사람은 동쪽에서 그리스로 갔다. 그러나 그리스에 도착한 세 사람을 기다리고 있었던 것은 황제의 초대장이 아니라 죽음의 통고였다. 네로는 그들을 만나보지도 않고 죽음을 명령했다. 라인 강에서 온 두 사람은 네로가 마중하러 보낸 티겔리누스 휘하의 근위병에게 둘러싸여 자살을 강요당했고, 코르불로는 역시 네로가 마중하러 보낸 근위병한테서 자살을 명령하는 네로의 친서를 받았다.

누구보다 상세한 기록을 남긴 타키투스의 『연대기』에서 이 시기 이후의 기록이 사라져버렸기 때문에, 아르메니아—파르티아 문제 해결의 진짜 공로자인 코르불로가 어떻게 죽었는지를 알려주는 확실한 사료는 남아 있지 않다. 따라서 그가 어떤 심정으로 자결했는지에 대해서는 상상할 수밖에 없다. 어쨌든 한마디 변명도 하지 않고 칼로 제 몸을 찌른 것만은 확실하다. 이들 세 장수가 정말로 '베네벤토의 음모'에 가담했는지, 아니면 혈기왕성한 청년 장교들의 입에 오르내렸을 뿐인지는 알 수 없다. 진상은 여전히 어둠에 가려져 있다. 그러나 네로가 로마 제국의 가장 중요한 전선인 라인 강과 유프라테스 강을 오랫동안 지켜온 베테랑 장수 세 명을 확실한 증거도 없이 죽인 것만은 분명하다. 게다가 그들에게 충성스런 부하들이 모여 있는 근무지에서 멀리 떼어놓은 뒤에 죽음을 명령하는 비열한 방식을 사용했다.

학자들은 그래도 군단이 네로에 반대하여 일어나지 않았다고 말한다. 황제에게 아첨하는 분위기가 로마군 내부에 만연해 있었다는 게 그것으로 증명되기라도 한 듯한 말투다. 사령관이 죽은 뒤에도 부하 병사들은 궐기하지 않았다. 그것은 확실하다. 하지만 네로에 반대하여 일어나지 않았다고 해서 네로에게 반감을 품지 않았다는 뜻은 아니다. 로마군의 주력이고 로마 시민이기도 한 군단병들이 네로를 보는 눈은 사령관의 죽음을 계기로 달라졌다. 그렇지 않다면 그로부터 1년도 지나기 전에 일어난 그들의 궐기를 설명할 수가 없다. 네로는 확실한 증거도 없이 세 사령관을 죽임으로써 로마군 전체를 적으로 돌려버렸다. 경솔했다기보다는 어리석었다고 말할 수밖에 없다.

내버려두면 네로는 언제까지나 그리스에 눌러앉아 있었을 것이다. 하지만 황제인 이상, 그렇게 제멋대로 행동할 수는 없었다. 그가 로마를 비운 동안 내정을 맡고 있던 해방노예 헬리우스가 성가시게 재촉하는 바람에 더 이상 뿌리치지 못하고 1년 반 만에 귀국했다. 남부 이탈리아의 항구 브린디시에 상륙한 것은 서기 68년 1월 하순이었다.

네로의 귀국은 제딴에는 개선장군의 귀국이었다. 따라서 개선장군처럼 나폴리와 로마에 입성하여 개선식을 거행했다.

개선식

그리스 여행에 처음부터 끝까지 동행한 응원단이 각자 플래카드를 하나씩 들고 앞장섰다. 싸움에 이기고 개선한 장군은 대개 플래카드를 앞세우는데, 이 플래카드에는 승리를 거둔 전투 장면이 그려져 있다. 글을 모르는 사람도 이해할 수 있게 하려는 배려 때문이지만, 네로의 개선식 플래카드에는 그가 자작곡 경연대회에서 가수로 우승한 장면이 그려져 있었다. 우승으로 얻은 황금 월계관을 받쳐든 사람들이 플래카드 대열을 뒤따른다. 월계관의 수가 무려 1,808개에 이르렀다니까, 플래카드의 수도 이것과 같았을 것이다. 마지막으로 개선장군 네로가 등장한다. 그는 전통에 따라 네 필의 백마가 끄는 전차를 타고 있다. 금실로 수놓은 진홍빛 망토를 걸친 차림은 전통에 따른 것이지만, 초록빛 올리브 관을 머리에 쓰고 있는 것은 전통과 달랐다. 승리에 빛나는 개선장군은 황금으로 만든 월계관을 쓴다.

개선 행렬이 지나는 길도 포로 로마노에 도착할 때까지는 전통에 따랐지만, 포로 로마노를 빠져나간 다음 카피톨리노 언덕으로 올라가서 최고신 유피테르의 신전에 들어가 신에게 감사를 드리는 전통은 따르지 않았다. 행렬은 포로 로마노로 들어가자 왼쪽으로 구부러져, 팔라티노 언덕으로 올라간다. 거기에 서 있는 아폴로 신전이 개선식의 최종 목적지였기 때문이다. 아폴로 신은 예술의 수호신이다. 네로는 자신의 승리가 전쟁에서 얻은 것이 아니라 예술에서 얻은 것이므로, 감사를 드려야 할 대상은 아폴로 신이라고 확신하고 있었다.

역사가들은 서민들이 네로의 개선식에 열광했다고 전하고 있다. 하지만 로마인들은 재미있는 것이라면 뭐든지 즐긴다. 파격적인 개선식은 신기한 구경거리였고, 의기양양한 네로의 모습도 볼 만했다.

그러나 개선장군은 적과의 싸움에서 승리를 거두어, 국민의 안전을 지키고 돌아온 사람이다. 리라를 켜면서 자작시를 노래하는 '순회공연'을 마치고 귀국한 것과는 전혀 다르다. 로마 서민들의 열광이 급속히 식어버렸다 해도, 그것은 그들의 책임이 아니었다.

하지만 네로는 불만이었다. 로마인은 너무나 비문화적인 민족이라고 개탄하고, 그가 생각하기에 문화의 향기가 짙은 나폴리로 가버렸다. 로마에서는 올림픽 때나 노래를 부를 수 있었지만, 나폴리에서는 언제든지 어느 극장에서나 노래할 수 있다는 이유도 있었다. 하지만 갈리아에서 반란이 일어났다는 소식이 나폴리에 있는 네로에게 날아들었다.

우국(憂國)

가이우스 율리우스 빈덱스. 이름만 들어도 당시 로마인들은 그가 어떤 처지에 있는 인물인지 당장 이해할 수 있었을 것이다. 가이우스 율리우스 카이사르를 생각하면, 2천 년 뒤에 살고 있는 우리도 이해할 수 있다. 빈덱스라는 성만 보아도 갈리아인이 분명한 이 사나이의 이름 가이우스는 율리우스 씨족의 남자에게 흔한 이름이고, 율리우스라는 가문 이름은 100년 전에 갈리아를 정복한 카이사르가 갈리아의 부족장들에게 선물한 것이다. 빈덱스라는 성은 그가 갈리아의 한 지방인 아퀴타니아(오늘날의 아키텐) 출신임을 나타내고 있었다.

이 갈리아인은 아버지 때부터 로마 원로원에 들어갔다. 클라우디우스 황제가 서기 48년에 그 유명한 법률을 제정하여 갈리아인에게도 원로원 의석을 주기로 결정한 덕분이다. 당시에는 우선 로마와 오래 전에 우호관계를 맺은 하이두이족에게만 원로원 의석을 주기로 하고 이 법을 제정했지만, 한 부족이 권리를 인정받은 이상 언젠가는 다른 부족들도 같은 권리를 인정받게 되리라는 것은 입법 당시부터 예상된 일이었다. 그리고 실제로 그렇게 되었다. 빈덱스의 아버지는 하이두이족이 아니라 아퀴타니아족 출신이었기 때문이다.

아버지의 뒤를 이은 빈덱스도 원로원 의원이 되었다. 뿐만 아니라 갈리아 속주 가운데 하나인 '갈리아 루그두넨시스'(리옹 속주) 총독에도 임명되었다. 로마화가 진행된 '갈리아 나르보넨시스'(남프랑스 속주)에 비하면 문명화가 뒤떨어져 있다고 로마인이 생각한 '장발의 갈리아'(프랑스 중북부)의 유력자가 원로원에 들어오는 것을 인정한 클라우디우스 황제의 법이 성립된 지 불과 20년밖에 지나지 않았다. 정복자 로마가 피정복자에게 문호를 개방하고 동화 노선을 추진한 속도는 특필할 만하다.

동쪽으로는 라인 강, 북쪽으로는 도버 해협, 서쪽으로는 대서양, 남쪽으로는 피레네 산맥과 지중해에 접해 있는 갈리아 전역은 모두 5개의 속주로 나뉘어 있었다(제6권 64쪽 참조). 그 가운데 남프랑스 속주만 원로원 관할 속주였고, 나머지 4개 속주는 모두 황제 직할 속주였다. 다만 로마 군단이 상주해 있는 것은 4개 속주 가운데 '게르마니아 속주'뿐이었다. 이 지역은 방위의 최전선인 라인 강 서안에 자리잡고 있었기 때문이다. '벨기카'와 '갈리아 루그두넨시스'와 '아퀴타니아'는 황제 속주지만, 로마군 병영도 없다. '장발의 갈리아'의 수도인 루그두눔(오늘날의 리옹)에 2개 대대(1천 명도 안된다)를 상주시키고 있었을 뿐이다. 그러니 로마인들은, 20년 전에는 원로원에 들어오는 것조차 허락하지 않았던 속주 출신자에게 갈리아에서 가장 중요한 속주 통치를 맡겼을 뿐 아니라, 1천 명이 채 안되지만 군사력도 맡기고 있었던 셈이다. 로마의 개방 노선은 율리우스 카이사르가 시작했고, 클라우디우스 황제가 재확인했다. 빈덱스는 이 노선이 거둔 '성과'였다. 그런데 이 '성과'가 네로에게 반기를 든 것이다.

보통이라면 빈덱스는 동포들에게 이런 격문을 띄웠을 것이다.

"네로는 황제에 어울리지 않는다. 그런 네로를 황제로 받들고 있는 로마인은 갈리아 민족을 통치할 자격이 없다. 지금이야말로 갈리아인이 100년 만에 로마의 굴레에서 벗어나 독립을 되찾을 절호의 기회다."

그런데 격문에서 빈덱스는 이렇게 말했다.

"네로는 제국을 사유화하고, 제국의 최고책임자라고는 생각할 수 없는 만행에 도취해 있다. 어머니를 죽이고, 제국의 유능한 인재까지도 국가반역죄로 죽였다. 게다가 가수로 분장하여 서투른 리라 연주와 노래 솜씨를 보이고는 기뻐하고 있다. 로마 제국의 지도자로는 어울리지 않는 이런 인물은 한시라도 빨리 퇴위시켜야 한다. 그리하여 우리 갈리아인과 로마인을, 아니 제국을 구해야 한다."

빈덱스에게는 당장 10만 명에 이르는 갈리아인이 모여들었다. 하지만 갈리아인이라기보다 로마인으로서 궐기한 이 리옹 속주 총독은 에스파냐 동북부의 속주 총독인 갈바에게도 궐기를 호소했다. 당신이야말로 네로 대신 로마 제국의 '제일인자'가 될 자격이 있는 사람이라면서.

하지만 리옹의 빈덱스가 에스파냐에 있는 갈바에게 보낸 친서가 피레네 산맥을 넘기도 전에 라인 강 연안에 주둔해 있는 고지 게르마니아 군단은 행동을 개시하고 있었다.

라인 강을 지키는 8개 군단에는 강 건너편에 있는 게르만족의 침입에 대비하는 임무와 함께 배후에 있는 갈리아의 질서를 유지하는 임무도 부과되어 있다. 갈리아에서 반란이 일어나면, 사령관은 황제에게 훈령을 청할 필요도 없이 군대를 보내 진압해야 한다. 그해에 고지 게르마니아군 사령관은 군단에서 온갖 고초를 겪으며 밑바닥부터 올라간 베르기니우스 루푸스였다. 빈덱스에게 10만 명의 갈리아인이 집결했다는 보고를 받자마자 루푸스는 군대에 출동명령을 내렸다.

설령 10만 대군이라 해도, 갈리아인은 로마군 정예부대의 적수가 못되었다. 로마군은 그들을 간단히 진압해버렸다. 갈리아측 사상자가 2만 명이었다고 주장하는 역사가도 있다. 하지만 네로 타도를 기치로 내건 속주민의 반란을 진압한 뒤, 로마 군단병들은 사령관인 루푸스에게 이렇게 말했다. 당신에게 황제가 될 마음이 있다면 우리는 지원을 아끼지 않겠다고.

갈리아인의 반란을 진압하긴 했지만, 네로에게 반감을 품고 있는 것은 로마인들도 마찬가지였다. 그러나 루푸스는 거절했다. 군인으로서 황제에게 충성을 맹세했기 때문에, 그 서약에 어긋나는 결심을 할 수 없었을까. 아니면 밑바닥부터 올라갔기 때문에 이제 겨우 '기사계급' 이 되었지만, 원로원 의원도 아닌 처지에 바랄 수도 없는 중책을 짊어지기가 망설여졌을까. 하지만 어쨌든 화살은 이미 시위를 떠났다.

궐기

빈덱스의 호소를 받은 갈바 총독은 루푸스와 달리 망설이지 않았다. 갈바는 조상 대대로 원로원 계급인 명문 출신이다. 8년에 걸친 그의 속주 통치는 선정으로 알려져 있었기 때문에 공직자로서도 뒤가 켕기는 구석이 전혀 없었다. 고작 20년 전에 원로원에 들어간 갈리아인도 그토록 나라를 걱정하는데, 로마인 중의 로마인이 거기에 질 수는 없다고 갈바는 생각했다.

오늘날 이베리아 반도는 에스파냐와 포르투갈로 나뉘어 있지만, 로마 시대에는 3개의 속주로 나뉘어 있었다(제6권 73쪽 참조). 북부와 동부는 '히스파니아 타라코넨시스', 남부 일대는 '베티카', 서부는 '루시타니아'다. 그런데 이베리아 반도에 상주하는 3개 군단은 모두 갈바가 다스리는 타라코넨시스에 집중되어 있었다. 또한 세 명의 총독 중에서는 갈바가 가장 연장자였다.

갈리아인의 반란이 간단히 진압되고 빈덱스가 자결했다는 소식도 갈바의 마음을 바꾸지는 못했다. 속주 총독은 황제가 아니라 원로원과 로마 시민에게 충성을 맹세한다고 갈바는 선언했다. 이것은 반(反)네로 선언이기도 했다. 서기 68년 4월 2일, 네로가 군사력이 아니라 문화로 승리를 얻은 것을 경축하는 개선식을 거행한 지 두 달도 지나지 않았다.

루시타니아 속주 총독인 오토가 갈바를 지지하고 나섰다. 베티카 속주에 주재하는 회계감사관이자 총독 대리인 카이키나도 지지의 뜻을 전해왔다. 이베리아 반도 전체가 네로에 반대하여 일어난 셈이다. 갈리아인인 빈덱스의 궐기에는 동요하지 않았던 네로도 공화정 시대부터의 명문 귀족인 갈바의 궐기에는 깜짝 놀랐다. 어쩔 수 없이 네로는 나폴리를 떠나 수도로 돌아왔다.

하지만 고지 게르마니아의 4개 군단은 루푸스 사령관의 거부로 움직이려 하지 않는다. 저지 게르마니아의 4개 군단도 마찬가지다. 이 때문에 네로는 사태를 낙관하게 되었고, 원로원의 태도는 애매해졌다.

원로원은 갈바 총독을 '국가의 적'으로 규정한다. 에스파냐에서 갈바가 1개 군단을 새로 편성했다는 보고를 받았기 때문이다. 로마 시민권 소유자만 들어갈 수 있는 군단은 우선 최고사령관인 황제의 허락을 얻고, 최고사령관의 요청을 받은 원로원이 승인해주어야만 편성할 수 있도록 되어 있다. 갈바의 행위는 원로원의 주권 침해로 간주되었다.

하지만 이번에는 시민들이 들고일어났다. 주곡인 밀을 실어와야 할 수송선이 네로의 명령으로 경기장에서 쓰이는 모래만 가득 싣고 온 사건이 네로에 대한 그들의 불만에 불을 붙였다. 몇 번이나 되풀이해 말하지만, 로마 황제의 가장 중요한 책무는 국민의 '안전'과 '식량'을 보장하는 것이다. 그런데 네로가 '안전'을 실제로 맡고 있는 군대도 통제하지 못하는데다 '식량'을 보장하는 데에도 무신경한 모습을 보이자 시민들도 화가 났다.

원로원은 '국가의 적'으로 선언한 갈바와 은밀히 연락을 취하기 시작했다. 갈바는 이미 수도에 심복을 보내놓았기 때문에, 갈바와 원로원은 네로에게 들키지 않고 연락을 거듭할 수 있었다.

원로원은 로마 사회에서 혜택받은 사람들로 구성되어 있어서 보수적인 경향이 강하다. 그래서 30세인 네로보다는 72세인 갈바가 황제 자리에 앉는 편이 더 안심할 수 있다고 생각했다. 게다가 갈바는 일선

사령관을 지낸 경험도 풍부했다. 역사가 타키투스는 이렇게 말했다. "제국 통치의 최고책임자로는 누구보다도 갈바가 적임자라고 많은 사람들이 생각하고 있었다. 실제로 제국 통치를 맡겨볼 때까지는……." 이 갈바가 에스파냐에서 군단을 이끌고 로마로 진격해온다는 소문만 듣고도 원로원과 시민들은 태도를 결정해버렸다.

'국가의 적'

네로는 내리막길을, 아니 가파른 비탈을 굴러 떨어지는 것 같았다. 믿고 있던 근위대장 티겔리누스는 어딘가로 도망쳐버렸다. 티겔리누스를 의지할 수 없게 되었다는 것은 본국 이탈리아의 유일한 군사력인 1만 명의 근위병도 의지할 수 없게 되었다는 뜻이다. 또 한 사람의 근위대장인 니피디우스는 재빨리 갈바 쪽으로 돌아섰다.

침몰하는 배에서 도망쳐 나가는 쥐들처럼, 호위병은 물론 심부름하는 노예들까지도 네로의 주위에서 모습을 감추었다. 이집트로 도망치려고 준비해둔 배도 선원들이 모두 도망쳐버리는 바람에 무인지경이 되었다.

이런 상태에서 네로에게 결정타를 가한 것이 원로원이었다. 원로원이 네로를 '국가의 적'으로 선언한 것이다. 공식적으로 '제일인자'인 로마 황제는 원로원과 시민들의 승인이 있어야만 비로소 정당한 통치권을 얻는다. 원로원이 네로를 '국가의 적'으로 선언하자, 그것을 뒤쫓듯 이제 니피디우스 한 사람의 지휘를 받게 된 근위대도 갈바를 '황제'에 추대하기로 결의했다. 근위대도 로마 시민권 소유자로 구성되어 있다. 다시 말해서 어엿한 유권자다. 네로는 원로원과 시민에게 버림을 받고 제국 통치의 정당성을 잃었다. 병사들에게 체포될 사람은 이제 네로 쪽이었다.

그래도 네로는 자살할 마음이 나지 않았다. 특별 대우를 해준 그리스로 도망치기만 하면, 그리스인들이 따뜻하게 맞아주리라고 믿고 있었다. 한때는 파르티아로 망명하는 것까지도 생각한 모양이다. 하지만 지금은 신변의 안전을 확보하는 것이 선결 문제였다.

모든 사람에게 버림받은 네로를 곁에서 끝까지 지켜준 것은 불과 네 사람이었다고 한다. 모두 다 사회적 지위가 낮은 하인이었다. 네로는 그중 한 사람인 해방노예가 교외에 소유하고 있는 집으로 피신하게 되었다. 그 집은 수도에서 북쪽으로 뻗어 있는 살라리아 가도와 노멘타나 가도의 중간에 있고, 로마에서는 6킬로미터의 거리에 있다. 교외라서 인가도 드문드문 떨어져 있기 때문에 소리가 멀리까지 들린다. 그 집으로 들어간 네로의 귀에 근위대 병영에서 병사들이 지르는 "갈바 황제 만세!"라는 환호성이 동풍을 타고 들려왔다.

이 사태를 전후하여 네로가 보여준 꼴사나운 행동은 실제 이상으로 과장되어 퍼져갔고, 그 소문이 그대로 굳어져 전설이 되었을 것이다. 확실한 것은 그 집까지 체포의 손길이 뻗친 것을 안 네로가 절망 끝에 자살을 결심하고 실행했다는 것이다. "이로써 한 예술가가 죽는구나!" 그의 마지막 말도 정말인지 거짓말인지 확실치 않다. 하지만 재치있는 말을 하기 좋아했던 네로니까, 정말로 그런 말을 했는지도 모른다. 다만 네로가 생각하는 재치있는 말은 '도무스 아우레아' 완공을 눈앞에 두고 내뱉은 한마디—"이제 드디어 인간다운 집을 가질 수 있게 되었다"—와 마찬가지로 항상 오해를 불러일으키는 구실밖에 하지 않았다.

제5대 황제 네로는 이렇게 죽었다. 서기 68년 6월 9일, 30세 5개월 20일의 생애였다. 17세도 안된 나이에 황제가 된 뒤, 14년이 지났다.

초대 황제 아우구스투스가 건설한 '황제묘'에 매장되는 것은 바랄 수도 없는 상태였다. 네로의 유해도 제3대 황제 칼리굴라와 마찬가지로 '황제묘'가 아닌 다른 곳에 매장할 수밖에 없었다. 네로를 어릴 적부터 키워온 유모와 네로의 첫사랑이었던 여자노예 아크테가 네로의 유해를 화장한 뒤, 네로의 본가인 도미티우스 씨족의 묘소에 유골을 매장했다. 이 묘소가 마르스 광장에 있었다는 것은 알고 있지만, 마르스 광장의 어디인지는 지금으로서는 알 길이 없다.

하지만 칼리굴라의 무덤과 달리 네로의 무덤에는 철마다 꽃이나 과일을 바치는 사람이 끊이지 않았다. 꽃과 과일이 늘 싱싱하고 양도 많은 것을 보면, 바치는 사람이 아크테나 유모만이 아닌 것은 분명했다. 로마의 서민들도 죽은 네로에게 동정적이었다. 황제였다는 사실만 잊어버리면, 네로는 기발한 이벤트를 베풀어주는 유쾌한 젊은이였다. 그리고 선정과 전혀 인연이 없었던 것도 아니다. 선정을 베풀긴 했지만 그게 지속되지 않았을 뿐이다. 물론 선정을 지속하겠다는 의지는 지도자에게 없어서는 안될 요소이긴 하지만.

네로를 마지막으로, 아우구스투스를 시조로 하는 '율리우스—클라우디우스 왕조'는 무너졌다. 100년 동안 지속된 뒤 무너진 것이다. 하지만 그것은 단순한 왕통의 단절이 아니라, 아우구스투스가 창조한 '교묘한 속임수'로서의 제정이 붕괴된 것을 의미한다고 나는 생각한다.

칼리굴라 황제가 암살되었을 때, 원로원과 시민들은 왕통——아우구스투스의 피——을 조금이라도 물려받은 사람을 찾아내어 제위에 앉히는 데 반발하기는커녕 적극적으로 찬성했다. 클라우디우스가 순조롭게 제위에 오를 수 있었던 것은 그 때문이다. 무력을 가진 근위대의 위협이 효과를 발휘한 것은 확실하지만, 그것만으로 원로원과 시민들을 13년 동안이나 계속 억누를 수는 없다. 클라우디우스가 즉위할 수 있었던 것은 요즘 말로 하면 콘센서스를 얻을 수 있었기 때문이다.

칼리굴라와 마찬가지로 네로한테도 자식이 없었다. 하지만 찾으려고 마음만 먹으면, 아우구스투스의 피를 조금이라도 물려받은 사람을 찾을 수 없었던 것은 아니다. 아우구스투스의 딸이나 누나의 가계를 더듬어 내려가보면, 공화정 시대부터의 명문 귀족인 아이밀리우스 씨족에 출가한 여자도 있었고, 역시 명문 귀족인 유니우스 씨족에 출가한 여자도 있었다. 제위를 노리는 경쟁자로 여겨져 칼리굴라나 네로에게 숙청당한 사람은 많았지만, 아우구스투스의 '피'를 계승하는 것이야말로 로마 황제의 정통성을 보장해준다는 생각을 사람들이 아직도 갖고 있었다면 제위에 앉힐 수 있는 사람이 전혀 없지는 않았다. 그런 사람을 찾아내어 제위에 앉혔다면, '율리우스—클라우디우스—아이밀리우스 왕조'로서 아우구스투스식 제정은 그후에도 지속되었을 것이다.

그러나 원로원은 네로를 버리고 아우구스투스의 '피'와는 아무 인연도 없는 갈바 쪽으로 돌아서는 데 티끌만한 저항감도 느끼지 않았다. 그리고 군단병이든 민간인이든, 시민들도 저항감을 갖지 않았다. '율리우스—클라우디우스 왕조'는 공식적으로 로마의 주권자인 원로원과 시민들에게 버림받은 것이다. 칼리굴라가 죽었을 때는 우두머리만 갈아치우는 것으로 끝났는데, 네로가 죽은 뒤에는 갈바를 제위에 앉히는 것으로도 사태가 수습되지 않고 1년 반 동안 내전이 계속된 이유가 바로 그것이었다. 그러면 왜 100년이 지났을 때 그 왕조가 부적격 판정을 받았을까.

비교적 소수라 해도 여러 사람이 통치권을 갖는 공화정과는 달리, 한 사람에게 통치권이 집중되는 군주정의 결함은 견제 기능 미비에 있는 것으로 여겨지고 있다. 실제로 제정이든 왕정이든, 인류가 경험한 군주정은 대부분 견제 기능이 부족했다.

그런데 아우구스투스가 창설한 로마의 제정만은 견제 기능을 갖추고 있었다.

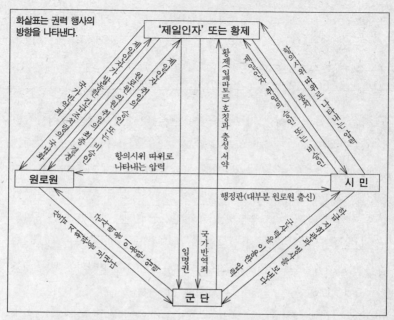

화살표는 권력 행사의 방향을 나타낸다.

'제일인자' 또는 황제

황제(임페라토르) 호칭과 충성서약

원로원

항의시위 따위로 나타내는 압력

행정관(대부분 원로원 출신)

시 민

국가반역죄

임명권

군 단

아우구스투스가 창설한 제정 = 교묘한 속임수 = 견제 기능을 가진 제정

내가 그린 도표를 보아주기 바란다. 이것을 한번 보기만 해도, 로마 황제의 권력이 참으로 미묘한 기반 위에 서 있었다는 점을 이해할 수 있을 것이다.

이렇게 불명료한 권력구조를 고안해내지 않았다면, 아우구스투스는 제정을 창설할 수 없었을 것이다. 그래도 굳이 제정을 창설한 것은 광대한 로마 제국을 통치하는 데에는 소수지도체제인 공화정보다 제정이 적합하다고 확신했기 때문이다. 그것은 카이사르가 가리킨 방향으로 나아가는 데 불과했지만, 아우구스투스의 이런 확신이 옳았다는 사실은 그후 제국의 통치기능이 훌륭하게 작용한 것으로 입증되었다. 황제 한두 명의 실정에도 제국은 끄떡하지 않았다. '평화'는 계속 유지되었다.

하지만 '정치적 인간'(호모 폴리티쿠스) 자체였던 아우구스투스는

그 정치체제가 '교묘한 속임수'라는 사실도 잘 알고 있었다. 이런 체제의 키잡이에게는 고도의 정치적 능력이나 재능이 필요하다는 것도 알고 있었다.

그러나 고도의 정치력을 가진 사람을 지도자로 갖는 것이 얼마나 드문 행운인지는 인류 역사가 보여주는 인간성의 현실이다. 그래서 속임수이긴 하지만 교묘하지는 않은 군주정을 선택한 나라에서는 세습제를 채택하기로 했다. 우두머리가 고도의 정치력을 갖지 못하더라도, 그 주변에 고도의 정치력을 가진 사람들이 모여서 실제 정치를 할 수 있도록 하기 위해서였다. 우두머리가 바보 천치라도 '피'의 연속성만은 보장되고, 그것을 확실하게 보장해주는 것이 고도의 정치력을 가진 사람의 역할이다. 우두머리에게 권위는 인정하되 권력은 주지 않는 것으로, 견제 기능이 없는 약점을 보완하려 한 것이다.

하지만 로마인은 이런 군주정과는 인연이 없는 민족이었다. 로마에서는 권위와 권력이 항상 동일인에게 집중되었다. 로마인은 혈통보다 실력을 존중했기 때문이다. 로마는 왕정 시대부터 세습제가 아니었다. 이런 로마인이 세습제를 받아들이게 하려면 견제 기능을 마련하여 안심시킬 필요가 있었다.

아우구스투스가 세습제에 그토록 집착한 이유로는, 우선 도시인이었던 카이사르와 달리 지방에서 태어난 그가 가족에 대한 집착이 유난히 강했다는 점을 들 수 있다. 하지만 그것도 창업자가 아들에게 기업을 물려주고 싶어하는 따위의 사적인 야심은 아니었다. 제위를 둘러싸고 일어나기 쉬운 내전을 막는 것이 가장 중요한 목적이었다고 나는 확신한다. 그렇긴 하지만 로마인은 최고통치자의 세습제에 전통적으로 익숙지 않다. 그래서 황제가 되려면 '혈통'만으로는 충분치 않고, 원로원과 시민의 승인을 얻어야 한다고 규정한 것이다. 그리고 군단도 충성을 맹세한 경우에만 황제를 최고사령관으로 인정한다고 규정했다.

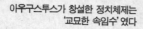
아우구스투스가 창설한 정치체제는
'교묘한 속임수'였다

하지만 이것은 공식적인 규정일 뿐, 실제로는 제6권에서도 말했듯이 아우구스투스의 교묘한 권력 배합으로 말미암아 황제에게 절대 권력이 집중되어 있었다. 하지만 권력이란 아무나 다룰 수 있는 것은 아니다. 권력을 능숙하게 다룰 수 있는 재능을 타고나지 못했거나 권력을 사용할 용기가 없는 사람은 권력이 있어도 없는 거나 마찬가지다. 이런 경우에 고개를 쳐드는 것이 바로 공식적인 규정이다. 원로원과 시민들이 권력 위임을 철회하고 군단이 충성 서약을 거부하면, 어제까지의 황제도 한순간에 보통 사람이 되어버리는 것이다. 네로의 말로가 그 전형적인 예다.

이렇게 되면 '피'는 더 이상 중요한 요소가 아니다. 내가 상상하기에, 로마인이 생각하는 혈통은 요즘 말하는 부가가치였던 것 같다. 로마인은 어디까지나 실력이 중시되는 세계에서 살고 있었다. 그런 로마인에게 '피'는 실체가 있어야만 비로소 가치를 낳는 것에 불과했다. 네로 이후 아우구스투스의 피를 이어받은 사람을 제위에 앉히지 않은 것은, 그 시대의 로마인들이 더 이상 아우구스투스의 피가 갖는 가치를 인정하지 않게 되었음을 보여준다.

하지만 이렇게 되면, 부가가치가 없는 실력들이 공화정 말기처럼 정면 대결하는 시대가 다시 도래할 수밖에 없었다. 칼리굴라 황제가 암살되었을 때는 하루 만에 결말이 났지만, 네로가 죽은 뒤에는 안정을 되찾을 때까지 1년 반 동안의 내전을 거쳐야 했고, 그동안 갈바, 오토, 비텔리우스라는 세 명의 황제를 거쳐 베스파시아누스 황제로 낙착될 때까지 혼미를 겪어야 했다. 베스파시아누스는 율리우스 씨족이나 클라우디우스 씨족의 피를 이어받지 않았을 뿐 아니라, 갈바나 오토나 비텔리우스 같은 로마 출신 원로원 계급에도 속하지 않았다. 아버지의 직업조차 확실치 않은 지방 도시 출신으로, 갖은 고초를 겪으며 밑바닥부터 올라온 사람이었다.

그러나 아우구스투스의 '피'와 결별한 로마인들도 아우구스투스가 창설한 제정과는 결별하지 않았다. 카이사르가 청사진을 그리고 아우구스투스가 구축하고 티베리우스가 반석처럼 튼튼하게 만들고 클라우디우스가 손질한 제정은, 심정적으로는 공화주의자였던 타키투스조차도 제국의 현재 상황에 적합한 정체라고 말할 수밖에 없었을 만큼 훌

룽히 기능을 발휘하고 있었기 때문이다. 로마인은 이데올로기의 민족
이 아니었다. 현실과 싸운다는 의미에서의 현실주의자 집단이었다. 서
기 68년 여름부터 1년 반 동안 계속된 혼란도 정치체제를 모색하는 혼
미는 아니다. 앞으로도 제정을 유지한다는 점에서는 콘센서스가 이루
어져 있었다. 문제는 누구를 '유일한 통치자'로 할 것인가였다. 하지
만 그 때문에 아우구스투스가 고심한 결과였던 제정의 견제 기능 문제
는 미해결 상태로 남게 되었다. 아니, 황제 암살이 견제 기능으로서
정당성을 갖게 되었다고 말해야 할지도 모른다.

연 대	로 마 제 국			중국
	본국	서방 속주	동방 속주	
기원전 4년			유대의 헤롯 왕이 사망하다. 왕국을 삼분하여 세 아들에게 남기다. 예루살렘의 유대교도들이 신권통치 부활을 요구하며 봉기하다. 시리아 속주 총독 바루스가 무력으로 진압하다.	
서기 4년	아우구스투스, 티베리우스를 후계자로 삼기로 결정하다. 또한 티베리우스의 다음 후계자로 게르마니쿠스를 지명하다.	티베리우스, 게르마니아 전선에 복귀하여 엘베 강만 빼고 중요한 강은 모두 제패하다.		
5년		티베리우스가 이끄는 로마군이 14년 만에 엘베 강에 이르다.		
6년		로마군이 마르코만니족을 공략하기 시작하다.	유대교도의 폭동이 재개되자 로마는 예루살렘을 중심으로 하는 유대 중부를 로마의 속주로 삼다.	
7년		판노니아와 달마티아에서 반란이 일어나, 티베리우스는 급히 마르코만니족과 우호조약을 체결하다.		
8년				왕망(王莽), 한(漢)을 멸하고 신(新)을 건국하다.
9년		여름에 판노니아가 항복하다. 겨울에는 달마티아가 로마에 강화를 청하다. 가을에 게르마니아 중부의 토이토부르크 숲에서 바루스가 지휘하는 로마군 3만 5천 명이 아르미니우스가 이끄는 게르만군에 몰살당하다.		
10년	티베리우스, 세번째로 게르마니아 전쟁을 담당하는 총사령관에 임명되다. 이듬해와 그 이듬해도 계속 총사령관을 지내다.			
13년	아우구스투스, 티베리우스를 로마로 소환하여 로마군 전체의 '최고통수권'을 수여하다.			

	그후 게르마니아 전선은 게르마니쿠스가 맡게 되다.		
14년	아우구스투스와 공동 통치자인 티베리우스의 명령으로 국세조사가 실시되다. 로마 시민권 소유자의 총수는 약 494만 명. 나폴리에 머물고 있던 아우구스투스가 8월 19일에 사망하다. 향년 76세.		
14년 (이 책은 여기부터)	9월 17일, 티베리우스가 '제일인자'가 되어 제2대 황제에 즉위하다.	북아프리카에서 타쿠팔리나스가 이끄는 반로마 봉기가 시작되다. 판노니아에서 로마군이 반란을 일으키다. 티베리우스는 사태를 수습하기 위해 아들 드루수스를 파견하여 반란을 진압하다. 저지 게르마니아의 로마 군단에서도 반란이 일어나다. 게르마니쿠스가 갈리아에서 수습하러 가다. 유혈숙청 끝에 저지 게르마니아의 반란도 진압되다. 로마군이 게르만족을 공격하다.	
15년		봄에 게르마니쿠스는 6만 대군을 이끌고 라인 강을 건너 적장 아르미니우스의 아내와 장인을 사로잡다.	
16년		게르마니쿠스, 8만 대군을 이끌고 게르마니아로 쳐들어가다. 회전에서 아르미니우스 군대를 격파하고도 돌아오는 길에 악천후로 고생하다.	
17년	5월 26일, 게르마니쿠스가 개선식을 거행하다. 게르마니쿠스의 다음 임지가 오리엔트로 결정되다. 티베리우스, 통틀어 28년에 걸친 게르마니아 전쟁에 사실상 마침표를 찍고 라인 강 방위체제를 정비하다. 티베리우스의 요구에 따라 원		소아시아 남서부에서 대지진이 일어나다. 티베리우스의 재해대책으로 복구하다.

	로원은 게르마니쿠스에게 '최고통수권'을 부여하다. 가을에 게르마니쿠스는 아내 아그리피나와 아들 칼리굴라를 데리고 새 임지로 떠나다.			
18년	티베리우스. 소아시아의 소왕국 카파도키아와 콤마게네를 로마의 직할 속주로 삼다. 로마의 매상세가 1퍼센트에서 0.5퍼센트로 인하되다(다만 임시조치).	1월. 게르마니쿠스가 '악티움 해전'이 벌어진 곳을 방문하다.	게르마니쿠스. 아르메니아 왕국의 수도 아르탁사타에 가서 새로 즉위한 아르탁시아스의 대관식을 거행하다. 게르마니쿠스. 이듬해까지 이집트를 여행하다.	적미(赤眉)의 난.
19년	티베리우스. 사회 불안을 초래했다는 이유로 로마에 사는 유대인을 일시적으로 이탈리아에서 추방하다.		봄에 게르마니쿠스가 이집트에서 시리아로 돌아와 팔미라로 가다. 10월 10일. 게르마니쿠스가 사망하다.	
20년	시리아 속주 총독 피소가 게르마니쿠스에게 불복종한 죄로 재판을 받고 자살하다.			
21년	티베리우스. 집정관이 된 아들 드루수스에게 시정을 맡기고 나폴리 교외에서 1년을 보내다. 티베리우스. 북아프리카 문제를 해결하기 위해 지휘계통을 일원화하고 신임 총독을 파견하다. 시리아 속주 총독을 지낸 퀴리누스가 사망하여 국장을 치르다.	타쿠팔리나스가 이끄는 북아프리카의 반란이 기세를 더하다. 갈리아 동부에서 고금리에 반발한 반란이 일어나다. 로마의 라인 강 방위 군단이 즉시 진압에 나서다.		
22년	티베리우스. 아들 드루수스에게 '호민관 특권'을 부여해달라고 원로원에 요청하여 동의를 얻다.			
23년	드루수스 급사하다. 티베리우스. 라인 강과 도나우 강 방위 군단의 임무를 정비하는 것을 시작으로 제국 전체의 방위체계에 대한 '손질'을 실시하다. 군단병의 결원을 보충하고 보조병의 정원을 정하다.	타쿠팔리나스의 전사로 북아프리카 문제가 해결되다.		왕망. 유수(劉秀)에게 패하여 사망하다. 신(新). 멸망하다.

25년				유수, 광무제로 즉위하다. 후한(後漢)이 성립되다.
27년	티베리우스, 카프리 섬에 은둔하다. 로마 근교의 소도시 피데네에서 검투사 시합장의 관람석이 붕괴하여 50명의 사상자를 내다. 로마의 첼리오 언덕이 화재로 전소하다.			적미가 광무제에게 투항하다.
28년		라인 강 하류의 동쪽 연안에 사는 게르만족의 한 부족이 로마에 반기를 들다. 로마는 진압했지만 900명의 전사자를 내다.		
29년	티베리우스의 생모이자 아우구스투스의 미망인인 리비아가 사망하다. 연말에 게르마니쿠스의 미망인인 아그리피나와 맏아들 네로 카이사르의 유죄가 확정되어 각각 벤토테네 섬과 폰차 섬에 유배하기로 결정하다.			
30년	아그리피나 모자의 유배형이 집행되다. 둘째아들 드루수스 카이사르도 국가반역죄로 유폐되다. 네로 카이사르, 유배지에서 사망하다.			
31년	1월 1일, 아그리피나파 소탕작전의 핵심인물인 근위대장 세야누스가 티베리우스와 함께 집정관에 취임하다. 티베리우스, 집정관을 사임하다. 그후 은밀히 세야누스를 근위대장에서 해임하고 마크로를 후임에 임명하다. 10월 18일, 티베리우스는 원로원에 보낸 서한에서 세야누스를 국가반역죄로 고발하다. 원로원은 사형판결을 내리고 그			

	날로 집행하다.		
33년	유배된 아그리피나가 벤토테네 섬에서 사망하다. 둘째아들 드루수스 카이사르도 사망하다. 속주에서 고리대금을 하고 있던 원로원 의원이 고발당한 것을 발단으로 한 금융 불안과 땅값 하락으로 로마에 일대 금융 위기가 발생하다. 티베리우스, '공공자금 투입'을 비롯한 여러 가지 대책을 내놓아 위기를 일단 진정시키다.		
34년			아르메니아 왕 아르탁시아스의 죽음을 계기로 파르티아가 개입하다. 이듬해 티베리우스는 비텔리우스를 시리아에 파견하여 사태에 대처하게 하다. 파르티아는 아르메니아에서 철수하다.
36년	로마의 아벤티노 언덕에서 대화재가 일어나다. 티베리우스는 즉석에서 피해자 구제와 복구대책을 실행에 옮기다.		
37년	3월 16일, 티베리우스가 나폴리 만 서쪽 끝의 미세노 곶에 있는 별장에서 사망하다. 향년 77세. 3월 18일. 원로원은 게르마니쿠스의 셋째아들 칼리굴라에게 전권을 부여하기로 결의하다. 칼리굴라, 제3대 황제에 즉위하다. 9월 27일, 칼리굴라에게 '국가의 아버지'라는 존칭이 주어지다. 10월. 칼리굴라가 중병에 걸리다.		
38년	초여름. 칼리굴라의 누이동생 드루실라가 사망하다. 칼리굴라, 새로운 수도를 건설하겠다고 발표하다.		이집트의 알렉산드리아에서 그리스인과 유대인의 대립이 격화하여 폭동으로 발전하다. 필로를 단장으로 하는 유대인 사

	10월. 로마에서 화재 발생.		절단이 로마로 떠나다.	
39년	국가 재정 파탄이 명백해지다. 봄에 칼리굴라는 유대인 및 그리스인 사절단을 접견하다.	가을에 칼리굴라가 갈리아로 가다. 게르마니아 진격을 계획했지만 단념하다.		후한. 전국의 농지 및 호구 조사를 실시하다.
40년	5월 말. 칼리굴라가 로마로 돌아와 8월 31일 개선식을 거행하다. 칼리굴라, 자신에 대한 암살 음모를 꾸민 혐의로 누이동생 아그리피나와 율리아 리비아를 유배하다. 이 무렵부터 원로원 계급과도 대결 상태에 들어가다.	3월에 브리타니아 침공을 단념한 칼리굴라가 도버 해협에 면한 땅에서 시위 행동을 벌이다.	유대에서 그리스인과 유대인의 대립이 격화하여, 칼리굴라에게 바쳐진 제단을 유대인이 부수다. 칼리굴라는 시리아 총독 페트로니우스에게 예루살렘 신전에 유피테르 신상을 세우라고 명령하다.	
41년	1월 24일. 칼리굴라가 근위대장 카시우스 카이레아와 코르넬리우스 사비누스에게 살해되다. 향년 28세. 아내 카이소니아와 딸도 동시에 살해되다. 같은날. 원로원은 클라우디우스에게 칼리굴라가 갖고 있던 전권을 부여하기로 결의하다. 클라우디우스, 제4대 황제에 즉위하다. 클라우디우스, '국가반역죄'를 이유로 한 처벌을 폐지하고, 그 법률에 의해 벤토테네 섬에 유배되어 있던 칼리굴라의 누이동생 아그리피나도 로마로 돌아오다.		클라우디우스, 헤롯 왕의 친척인 헤롯 아그리파에게 유대 통치를 맡기다. 예루살렘을 중심으로 하는 유대 중부는 35년 만에 왕정으로 돌아가다. 클라우디우스, 알렉산드리아를 정상화하다.	
42년	클라우디우스, 로마의 외항 오스티아에 새 항구를 건설하기로 결정하고 공사를 시작하다.	브리타니아에서 가장 강대한 부족의 우두머리인 크노벨리누스가 사망하다. 후계자 싸움이 브리타니아에서 갈리아 북동부까지 번지다.		
43년	클라우디우스, 브리타니아 원정군 총사령관에 아울루스 플라우티우스를 임명하다.	플라우티우스. 4만 병력을 이끌고 브리타니아 남동부에 상륙하여 템스 강 남쪽에서 벌어진 서전을 승리로 장식하다. 클라우디우스, 브리타니아로 건너가 로마군과 합류하여 콜체스터에 입성하다. 브리타니		

		아 속주화에 대한 기본정책을 결정하다.		
44년	클라우디우스, 로마로 돌아와 개선식을 거행하다. 아내 메살리나도 개선식 행렬에 참가하여 사람들을 놀라게 하다.		헤롯 아그리파의 죽음을 계기로 유대는 로마의 직할 통치로 되돌아가다.	
47년	브리타니아 원정군 총사령관 플라우티우스가 로마로 돌아와 약식 개선식을 거행하다. 전직 집정관 발레리우스 아시아티쿠스가 메살리나에게 무고를 당하고 자살하다.			
48년	클라우디우스, 국세조사를 실시하다. 로마 시민권 소유자의 총수는 약 598만 명. 클라우디우스, '세기제'를 거행하다. 메살리나가 중혼죄를 짓고, 클라우디우스의 비서관 나르키소스의 명령으로 살해되다.			
49년	클라우디우스, 질녀인 아그리피나(칼리굴라의 누이동생)와 네번째로 결혼하다. 아그리피나, 간통죄로 코르시카 섬에 유배되어 있던 철학자 세네카를 아들 도미티우스 아헤노바르부스(나중에 네로 황제)의 가정교사로 삼기 위해 로마로 부르다. 또한 아들의 무술 교사로는 나중에 근위대장이 되는 부루스를 임명하다.			
50년	아그리피나, 아들 도미티우스를 클라우디우스의 양자로 삼다. 그후 도미티우스의 이름은 네로 클라우디우스가 되다.		클라우디우스, 아그리파 2세를 유대 왕위에 앉히고, 로마는 예루살렘과 그 주변을 직할 통치하는 분할 통치를 실시하다.	
51년	아그리피나, 14세의 네로에게 성년식을 올리게 하다. 일기 불순으로 밀 비축량이 크게 줄어들다.		볼로가세스, 파르티아 왕에 즉위하다.	이 무렵 간다라 미술이 발생하다.

52년	칼리굴라 시대에 착공한 두 개의 수도가 완공되어 '클라우디우스 수도'로 명명되다.		파르티아, 아르메니아를 침공했지만 로마의 움직임을 보고 철수하다.
53년	네로, 클라우디우스의 딸 옥타비아와 결혼하다. 원로원에서 첫 연설을 하다.		
54년	10월 13일, 클라우디우스가 사망하다. 향년 63세. 같은 날, 네로가 근위병들에게 '황제'의 칭호를 받다. 원로원도 네로에게 전권을 부여하기로 결의하다. 네로, 16세의 나이로 제5대 황제에 즉위하다.		파르티아, 아르메니아로 쳐들어가 점령하고 볼로가세스의 동생 티리다테스를 왕위에 앉히다. 로마, 그나이우스 도미티우스 코르불로를 총사령관으로 파견하기로 결정하다.
55년	네로, 어머니 아그리피나에게 반항하기 시작하다. 네로, 아그리피나가 황제로 옹립할 것을 두려워하여 클라우디우스의 아들 브리타니쿠스를 살해하다.		봄에 코르불로가 카파도키아 및 갈라티아 속주 총독으로 부임하다. 코르불로와 시리아 속주 총독인 콰드라투스는 각각 2개 군단씩을 이끌게 되다.
57년	네로, 원로원 속주와 황제 속주를 합하여 국고를 일원화하다.		이해부터 이듬해에 걸친 겨울, 코르불로는 소아시아 동쪽 끝의 산악지대에서 군단에 대한 맹훈련을 실시하다.
58년	네로, 원로원이 준 '종신 집정관'의 지위를 거절하다. 네로, 간접세를 완전 폐지할 것을 제안했지만, 원로원의 반대에 부딪치자 타협안을 내놓다.		5월, 코르불로가 행동을 개시하여 아르메니아 영토 안으로 진격해 들어가다. 코르불로, 티리다테스가 아르메니아 왕위에 오른 것에 대해 로마에 승인을 요청하라고 파르티아측에 제안했지만 열매를 거두지 못하다. 로마군은 아르메니아의 수도 아르탁사타에 무혈 입성하고 파르티아 세력을 몰아내다.
59년	3월 21일, 네로가 어머니 아그리피나를 살해하다.		봄에 로마군은 아르탁사타에 불을 지르고 아르메니아 제2의 수도인 티그라노케르타로 가다. 티그라노케르타에도 무혈 입성하다. 네로, 티그라네스를 아르메니아 왕위에 앉히다.

60년	5년마다 열리는 '네로 제전'이 처음으로 거행되어 성황리에 끝나다.		
61년	아르메니아 문제가 재발하자. 시리아 속주 총독인 코르불로가 아르메니아 전선만 담당하는 사령관을 파견해달라고 요청하다. 네로, 사령관으로 페투스를 임명하다.	브리타니아인이 로마에 반대하여 총궐기하다. 로마의 1개 군단을 궤멸시키고 7만 명을 참살하다. 앵글시 섬 원정에서 돌아온 브리타니아 속주 총독 수에토니우스는 1만 병력을 이끌고 브리타니아인과 회전을 벌여 승리하다.	
62년	근위대장 부루스가 사망하다. 세네카가 은퇴하다. 네로, 아내 옥타비아와 이혼하고 포파이아 사비나와 결혼하다. 또한 옥타비아를 유배형에 처한 뒤 살해하다.		페투스가 아르메니아 전선에 부임하여 3개 군단을 이끌게 되다. 코르불로 역시 3개 군단을 이끌고 시리아 속주 총독의 임무에 전념하다. 파르티아군에 포위된 페투스는 항복하고, 아르메니아 영토에서 로마군이 완전히 철수할 것을 수락하다. 파르티아 왕 볼로가세스가 코르불로에게 사절을 보내, 유프라테스 강 동쪽 연안에 코르불로가 지은 요새를 철거하고 다리를 파괴할 것을 요구하다. 코르불로는 교환조건으로 아르메니아에서 파르티아군이 완전 철수할 것을 요구하여 파르티아측의 수락을 받아내다.
63년	로마에 파견된 파르티아 왕의 특사가 네로에게 파르티아 왕의 친서를 전달하다. 로마측은 강화를 거부하고, 전쟁에 대비하여 코르불로에게 최고지휘권을 주다. 이탈리아 남부의 폼페이에서 지진이 일어나다. 네로가 마르스 광장에 짓고 있던 '체육관'이 벼락을 맞고 불타다.		코르불로, 5만 병력을 이끌고 아르메니아로 들어가 파르티아측의 성채를 차례로 공략하다. 파르티아측은 강화를 요구했고, 코르불로의 회답에 따라 로마와 평화조약을 맺기로 동의하고 강화교섭이 진행되는 동안 휴전하겠다는 뜻을 로마측에 전달하다. 코르불로와 파르티아 왕제인 티리다테스가 직접 만나 회담하다. 티리다테스는 아르메니아 왕관을 받기 위해 로마로 갈

64년	네로, '도무스 트란시토리아'를 착공하다. 네로, 나폴리의 야외극장에서 가수로 데뷔하다. 7월 18일 밤, 대경기장 관람석 밑에 있는 가게에서 난 불이 번져, 아흐레 동안 로마의 대부분을 태우는 대화재가 되다. 네로는 화재 진압, 이재민 구제, 화재 후의 재건대책을 진두지휘하다. 네로, 화재 후의 재건과 도심 개조를 위한 재원 확보를 겸하여 87년 만에 화폐개혁을 실시하다. 네로, '도무스 아우레아' 건설로 시민들의 반감을 사다. 네로, 방화죄 및 '인류 전체를 증오한 죄' 등으로 기독교도를 체포하여 처형하다. 그래도 '네로가 방화를 사주했다'는 소문은 사라지지 않다.		것을 승낙하다. 티리다테스, 로마로 떠나다.	
65년	봄에 열린 제2회 '5년제'(네로 제전)에 네로가 가수로 출전하여 열창하다. 연말에 20~30명이 가담하여 네로 암살을 획책한 '피소 음모'가 발각되다. 피소와 라테라누스를 비롯한 가담자들은 한 사람만 빼고는 모두 자살하거나 처형되고, 가담자로 의심받은 세네카도 자살하다. 네로의 아내 포파이아가 사망하다. 티리다테스, 이탈리아에 도착하여 포로 로마노에서 네로에게 아르메니아 왕관을 받다. 그후 로마와 파르티아 사이에는 반세기 동안 평화가 계속되다.			
66년	코르불로의 사위인 비니키아누스를 지도자로 하는 청년 장교들이 네로를 죽이고 코르불로		유대에서 반란이 일어나다. 네로는 베스파시아누스에게 전권을 주어 사태에 대처하게 하다.	

	를 제위에 앉히려 한 '베네벤토의 음모'가 발각되다. 청년 장교들은 모두 처형되다. 네로, 가수로서의 기량을 시험해보기 위해 그리스 여행을 떠나다.		
67년		네로, 코르불로와 고지 게르마니아군 및 저지 게르마니아군 사령관을 그리스로 불러 자살을 명령하다.	
68년	1월, 네로가 그리스에서 이탈리아로 돌아와 '개선식'을 거행하다. 원로원은 에스파냐에서 궐기한 갈바를 '국가의 적'으로 규정하다. 로마 시민들이 '식량'이 제대로 보장되지 않는 것을 계기로 네로에 반대하여 궐기하다. 원로원, 네로를 '국가의 적'으로 선언하다. 근위대, 갈바를 '황제'로 추대하다. 6월 9일, 네로가 로마 교외의 은신처에서 자살하다.	갈리아의 리옹 속주 총독 빈덱스가 10만 명을 이끌고 반로마 봉기를 일으켰지만 루푸스가 이끄는 고지 게르마니아 군단에 진압되다. 4월 2일, 빈덱스에게 궐기를 요청받은 에스파냐 속주(히스파니아 타라코넨시스) 총독 갈바가 반(反)네로 선언을 하다. 에스파냐의 다른 속주를 다스리는 오토(루시타니아 속주 총독)와 카이키나(베티카 속주 총독)도 갈바를 지지한다는 뜻을 표명하다. 갈바는 1개 군단을 새로 편성하다.	

□ 참고문헌

제1차 사료

· 타키투스(Publius Cornelius Tacitus)

『연대기』

『게르마니아 아그리콜라』

『동시대사』

· 수에토니우스(Gaius Suetonius Tranquillus)

『황제열전』

· 카시우스 디오(Cassius Dio)

『로마사』

· 세네카(Lucius Annaeus Seneca)

『인생의 짧음에 대하여』

『서간집』

『자연연구』

『비극집』

· 대(大)플리니우스(Gaius Plinius Secundus)

『박물지』

· 필로(Filo)

『Legatio ad Gaium』(가이우스〔칼리굴라〕 접견기)

· 플루타르코스(Plutarchos)

『모랄리아』

후세에 씌어진 역사서 및 연구서

Alexander, W. H., *The Communiqué to the Senate on Agrippina's Death*, 1954.

Anderson, J. G. C., *Traian and the Quinquennium Neronis,* 「Journal of Roman Studies」, 1913.

Atkinson, D., *The governors of Britain from Claudius to Diocletian,* 「Journal of Roman Studies」, XII, 1922.

Auguet, R., *Caligula ou le pouvoir à vingt ans,* Paris, 1984.

Baker, G. P., *Tiberius Caesar,* London, 1929.

Baldwin, *Nero and his Mother's Corpse,* 「Mnemosyne」, 1979.

Balland, A., *Nova Urbs and* 「Neapolis」, 「Mélanges d'archéologie et d'histoire de l'École française de Rome」, 1965.

Balsdon, *The Emperor Gaius,* Oxford, 1934.

Balsdon, *Roman Women,* London, 1962.

Balsdon, *The Romans,* London, 1965.

Balsdon, *Romans and Aliens,* London, 1979.

Barbagallo, C., *La catastrofe di Nerone,* Catania, 1915.

Bardon, H., *Les empereurs et les lettres latines d'Auguste à Hadrien,* Paris, 1940.

Beaujeu. J., *L'incendie de Rome et les Chrétiens,* 1960.

Bell, I. H., *Jews and Christians in Egypt,* 1924.

Béranger, *Recherches sur l'aspect idéologique du principat,* Basel, 1953.

Bianchi Bandinelli, R., *Roma. L'arte romana nel centro del potere,* Milano, 1969.

Boethius, A., *The Neronian* 「nova urbs」, 「Corolla Archaeologica」, Lund, 1932.

Boethius, A., *The Golden House of Nero,* 1960.

Bonacasa, N., *Arte Romana : Scultura,* Roma, 1979.

Bonner, S. F., *Education in ancient Rome,* London, 1977.

Borch, H. C., *Roman Society : A Social, Economic and Cultural History,* Lexington, Mass., 1977.

British Museum Guide to Antiquities of Roman Britain, London, 1922.

Brunt, P. A., *Stoicism and Principate,* 「Papers of the British School at Rome」, 1975.

Brunt, P. A., *The revolt of Vindex and the fall of Nero,* 「Latomus」, 1978.

Carcopino. J., *Ostie*, Paris, 1929.

Carcopino. J., *La Table Claudienne de Lyon*, 1930.

Carcopino. J., *La vie quotidienne à Rome a l'apogée de l'empire*, Paris, 1939.

Carcopino. J., *Aspects mystiques de la Rome païenne*, Paris, 1941.

Carson, R. A. G., *Coins of Greece and Rome*, 2nd. ed., London, 1970.

Carson, R. A. G., *Principal Coins of the Romans*, I-II, London, 1978~81.

Cary, M., Scullard, H. H., *A History of Rome*, London, 1975.

Casson, L., *Travel in the ancient World*, London, 1974.

Charlesworth, M. P., *Pietas and Victoria, the Emperor and the Citizens*, 『Journal of Roman Studies』, 1929.

Charlesworth, M. P., *The Virtues of a Roman Emperor : Propaganda and the Creation of Belief*, London, 1937.

Charlesworth, M. P., *Documents illustrating the reigns of Claudius and Nero*, Cambridge, 1939.

Charlesworth, M. P., *Nero, some aspects*, 『Journal of Roman Studies』, 1950.

Ciaceri, E., *Le vittime del despotismo in Roma nel I secolo dell'impero*, Catania, 1898.

Ciaceri, E., *La congiura pisoniana contro Nerone*, 『Processi Politici e relazioni internazionali』, Roma, 1918.

Ciaceri, E., *Claudio e Nerone nelle storie di Plinio*, 『Processi Politici e relazioni internazionali』, Roma, 1918.

Ciaceri, E., *Nerone matricida*, 1941~42.

Ciaceri, E., *Tiberio successore di Augusto²*, Roma, 1944.

Clarke, M. L., *The Roman Mind*, London, 1956.

Clemente, G., *Guida alla storia romana*, Milano, 1978.

Coarelli, F., *Guida archeologica di Roma*, Milano, 1974.

Coarelli, F., *Roma*, Bari-Roma, 1983.

Collingwood, R. G., Myres. J. N. L., *Roman Britain and the English Settlements*, I², Oxford, 1937.

Columba, G. M., *L'impero romano*, Milano, 1944.

Cowell, F. R., *Everyday Life in ancient Rome*, London, 1961.

Cunliffe, B., *Storia economica di Roma antica*, Firenze, 1979.

De Francisci, P., *Arcana Imperii*, III, 1, Milano, 1948.

Demougin, S., *L'ordre équestre sous les Julio-Claudiens*, 1988.

De Regibus, L., *Politica e religione da Augusto a Costantino*, Genova, 1953.

Earl, D., *The Moral and Political Tradition of Rome*, London, 1967.

Fabbrini, L., *Domus Aurea*, 『Analecta Romana Instituti Danici』, 1983.

Fabia, Ph., *Sénèque et Néron*, 1910.

Fabia, Ph., *La Table Claudienne de Lyon*, Lyon, 1929.

Ferguson. J., *The Religions of Roman Empire*, London, 1970.

Ferrero, G., *Le donne dei Cesari*, Milano, 1925.

Frank, *The Financial Crisis of 33 A.D., An Economic Survey of Ancient Rome*, V, Baltimore, 1940.

Garzetti, A., *Aerarium e fiscus sotto Augusto*, 1953.

Garzetti, A., *L'impero da Tiberio agli Antonini*, Roma, 1960.

Gatti, C., *Gli 『equites』 e le riforme di Tiberio*, 1953.

Gentili, B., *Storia della letteratura latina*, Roma, 1976.

Grant, M., *Aspects of the Reign of Tiberius*, 1950.

Grant, M., *Roman Imperial Money*, London, 1954.

Grant, M., *Roman History from Coins*, 2nd. ed., Cambridge, 1968.

Grant, M., *Nero*, 1970.

Grant, M., *The Jews and the Roman World*, London, 1973.

Grant, M., *History of Rome*, Roma, 1981.

Griffin, M. T., *Seneca, a philosopher in politics*, 1976.

Griffin, M. T., *Nero, the end of a dynasty*, 1984.

Grimal, P., *La civilisation romaine*, Paris, 1960.

Hammond, M., *Corbulo and Nero's Eastern Policy*, 『Harvard Studies in Classical Philology』, 1934.

Hardy, E. G., *Claudius and the Primores Galliae : a Reply and a Restatement*, 1914.

Harris, H. A., *Sport in Greece and Rome*, Ithaca, 1972.

Haverfield, F., Macdonald, G., *Roman Occupation of Britain*, Oxford, 1924.

Heinz, K., *Das Bild Kaiser Neros bei Seneca, Tacitus, Sueton und Cassius Dio*, Bern, 1948.

Hemsoll, D., *The architecture of Nero's Golden House*, in M. Henig(ed.), *Architecture and architectural Sculpture in the Roman Empire*, 1990.

Henderson, B. W., *The Chronology of the wars in Armenia a. D. 51~63*, C. R., XV, 1901.

Heubner, H., P. *Cornelius Tacitus. Die Historien. Kommentar*, Heidelberg, 1963~1982.

Hopkins, K., *Conquerors and Slaves*, Cambridge, 1978.

Humphrey. J. H., *Roman Circuses. Arenas for Chariot Racing*, London, 1986.

Jolowicz, H. F., *Historical Introduction to the Study of Roman Law*, Cambridge, 1972.

Jolowicz, H. F., *The Roman Economy*, Oxford, 1974.

Jossa, G., *Giudei, pagani e cristiani*, Napoli, 1977.

Kent. J. P. F., *Roman Coins*, London—New York, 1978.

Knoke, F., *Die Kriegszüge des Germanicus in Deutschland*, Berlin, 1922.

Kornemann, E., *Tibère*, Paris, 1962.

Lanciani, R., *Rovine e scavi di Roma antica*(1897), Roma, 1985.

Laver, P. G., *The Excavation of a Tumulus at Lexden, Colchester*, 『Archaeologia』, LXXVI, 1927.

Le Gall. J., *Le Tibre, fleuve de Rome dans l'aniquité*, Paris, 1953.

Leon, H. J., *Ball playing at Rome*, 1946.

Levi, M. A., *Nerone e i suoi tempi*, Milano, 1949.

Levi, M. A., *Il tempo di Augusto*, Firenze, 1951.

Lugli, G., *Roma antica. Il centro monumentale*, Roma, 1946.

Luttwak, E. N., *The grand strategy of the Roman Empire*, Baltimore, 1977.

Macdonald, W. L., *The Architecture of the Roman Empire*, New Haven, 1965.

Magdelain, A., *Auctoritas principis*, Paris, 1947.

Manni, E., *La leggenda dell'età dell'oro nella politica dei Cesari,* 『Atene e Roma』, 1938.

Marchesi, C., *Seneca,* Messina, 1920.

Markus, R. A., *Christianity in the Roman World,* London, 1974.

Marrou, H. I., *Histoire de l'éducation dans l'Antiquité,* Paris, 1965⁶.

Marsh, F. B., *The Reign of Tiberius,* Oxford, 1931.

Martinazzoli, F., *Seneca, studio sulla morale ellenica nella esperienza romana,* Firenze, 1945.

Mathieu, H., *Messaline,* Paris, 1961.

Mattingly, H., *The Events of the Last Months of Nero, from the Revolt of Vindex to the Accession of Galba,* 1953.

Mattingly, H., *Roman Imperial Civilization,* London, 1957.

Mattingly, H., *Roman Coins,* 2nd. ed., London, 1960.

Mckay, A. G., *Houses, Villas and Palaces in the Roman World,* Ithaka, 1975.

Meise, E., *Untersuchungen zur Geschichte der Iulisch-Claudischen Dynastie,* München, 1969.

Momigliano, A., *Aspetti dell'antisemitismo alessandrino in due opere di Filone,* 1930.

Momigliano, A., *Corbulone e la politica Romana verso i Pari,* 『Atti del II congresso Nazionale di studi Romani』, Roma, 1931.

Momigliano, A., *La personalità di Caligola,* 1932.

Momigliano, A., *L'opera dell'imperatore Claudio,* Firenze, 1932.

Momigliano, A., *Literary Chronology of the Neronian Age,* 1944.

Neumeister, C., *Das antike ROM. Ein literarischer stadtführer,* München, 1991.

Newbold, R. F., *Social and economic consequences of the A.D. 64 fire at Rome,* 『Latomus』, 1974.

Nony, D., *Caligula,* Paris, 1986.

Omodeo, A., *Saggi sul Cristianesimo antico,* Napoli, 1958.

Paoli, U. E., *Vita romana,* Firenze, 1958.

Parker, H. M. D., *The Roman Legions,* Oxford, 1928.

Pascal, C., *Seneca*, Catania, 1906.

Pascal, C., *Nerone nella storia aneddotica e nella leggenda*, Milano, 1923.

Passerini, A., *Le coorti pretorie*, Roma, 1939.

Passerini, A., *Caligola e Claudio*, Roma, 1941.

Passerini, A., *Per la storia dell' imperatore Tiberio*, Pavia, 1947.

Pelaum, H. G., *Essai sur les procurateurs équestres sous le haut-empire romain*, Paris, 1950.

Philipsborn, A., *L'abandon des esclaves malades au temps de l'empereur Claude et au temps de Justinien*, 1950.

Polacco, L., *Il volto di Tiberio. Saggio di critica iconografica*, Roma, 1955.

Profumo, A., *Le fonti e i tempi dell'incendio neroniano*, Roma, 1905.

Pucci Ben Zeev, M., *Cosa pensavano i Romani degli Ebrei?*, 1987.

Quidde, L., *Caligula, Eine Studie über römische Cäsarenwahnsinn*, 3rd. ed., Leipzig, 1894.

Rabossi, M., *La coniazione di Nerone. Le riforma dell'oro e dell'argento*, 1953.

Radich, V., *Political dissidence under Nero : the price of dissimulation*, 1993.

Ramsay, W. M., *Historical Geography of Asia Minor*, London, 1890.

Reynolds, B. K. P., *The Vigiles of Imperial Rome*, Oxford, 1926.

Rogers, R. S., *Criminal Trials and Criminal Legislation under Tiberius*, Middletown, Conn., 1935.

Rogers, R. S., *Studies in the Reign of Tiberius*, Baltimore, 1943.

Romanelli, P., *Storia delle provincie romane dell'Africa*, Roma, 1959.

Rostovtzeff, M., *Storia economica e sociale dell'impero romano*, Firenze, 1965.

Royal Commission on Historical Monuments, *Roman London*, London, 1928.

Scramuzza, *The Emperor Claudius*, Cambridge, Mass., 1940.

Seager, R., *Tiberius*, London, 1972.

Sherwin-White, A.N., *The Roman Citizenship*, Oxford, 1980.

Silvagni, U., *Le donne dei Cesari*, Torino, 1927[5].

Smallwood, E.M., *Some Notes on the Jews under Tiberius*, 1956.

Smallwood, E.M., *Documents Illustrating the Principates of Gaius, Claudius and Nero*, Cambridge, 1967.

Smallwood, E.M., *The Jews under Roman Rule from Pompey to Diocletian*, Leiden, 1976.

Sordi,M., *I primi rapporti fra lo stato romano e il Cristianesimo e l' origine delle persecuzioni*, 1957.

Sutherland, *Two 『Virtues』 of Tiberius, a Numismatic Contribution to the History of his Reign*, 1938.

Sutherland, *Aerarium and Fiscus during the Early Empire*, 1945.

Sutherland, C.H.V., *Coinage in Roman Imperial Policy, 31 B.C.~A.D.68*, London, 1951.

Sutherland, C.H.V., *Roman Coins*, London, 1974.

Sutherland, S.H.V., *The Roman Imperial Coinage, 1, 31 B.C.~A.D.69*, London, 1984.

Sydenham, E.A., *The Coinage of Nero*, London, 1920.

Syme, R., *The Roman Revolution*, Oxford, 1952.

Syme, R., *Tacitus*, Oxford, 1958.

Syme, R., *Roman Papers*, Oxford, 1977.

Syme, R., *Domitius Corbulo, in Roman Papers*, II, 1979.

Thornton, M. K., *The enigma of Nero's Quinquennium*, 『Historia』, 1973.

Tibiletti, G., *Principe e magistrati repubblicani*, Roma, 1953.

Vanberchem, D., *Les distributions de blé et d'argent a la plèbe romaine sous l' empire*, Genève, 1939.

Van Ooteghem, J., *Les incendies à Rome*, 1960.

Veyne, P., *Le Pain et le Cirque : sociologie historique d' un pluralisme politique*, Paris, 1976.

Warmington, B. H., *Nero, reality and legend*, 1929.

Watson, G., *The Roman Soldier*, London, 1969.

Weber, C. W., *Panem et Circenses. Massenunterhaltung als Politik im antiken Rom, Düsseldorf-Wien*, 1983.

Wheeler, R. E. M., *London in Roman Times*, London, 1930.

Willrich, H., *Caligula*, in 『Klio』, III, 1903.

Wirszubski, Ch., *Libertas as a Political Idea at Rome during the Late Republic and Early Principate*, Cambridge, 1950.

Yavetz, Z., *Plebs and Princeps*, 1969.

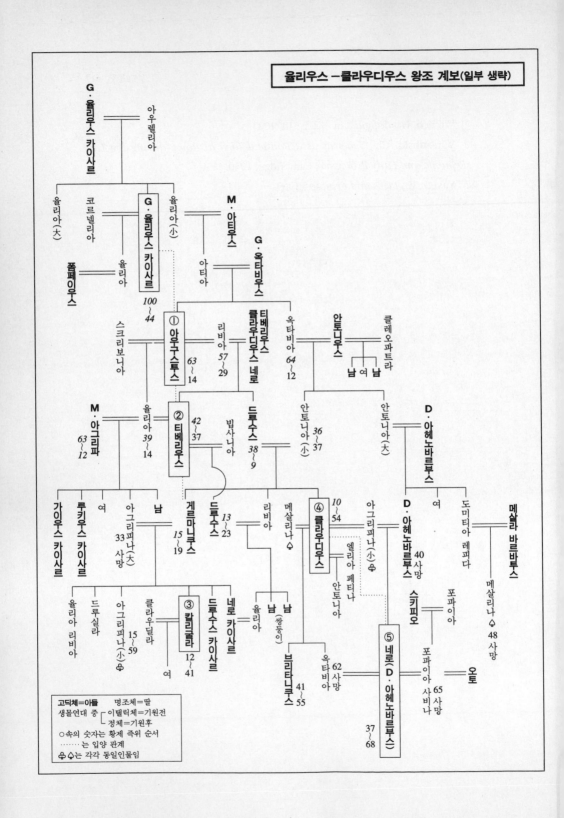

율리우스 –클라우디우스 왕조 계보(일부 생략)

로마인 이야기 7

악명 높은 황제들

지은이 시오노 나나미
옮긴이 김석희
펴낸이 김언호
펴낸곳 (주)도서출판 한길사

등록 • 1976년 12월 24일 제6-15호
주소 • (135-120) 서울 강남구 신사동 506 강남출판문화센터
　　　www.hangilsa.co.kr
　　　E-mail : hangilsa@hangilsa.co.kr
전화 • 02-515-4811~5
팩스 • 02-515-4816

ROMA-JIN NO MONOGATARI VII
AKUMEI TAKAKI KOUTEITACHI
by Nanami Shiono

Copyright ⓒ 1998 by Nanami Shiono

Original Japanese edition published by Shincho-Sha Co., Ltd.
Korean translation rights arranged with Nanami Shiono
through Japan Foreign-Rights Centre

제1판 제 1 쇄 1998년 12월 30일
제1판 제19쇄 2002년　2월 25일

Published by Hangilsa Publishing Co., Ltd.
Seoul, Korea

값 12,000원
ISBN 89-356-1089-5 04900
● 잘못된 책은 바꿔드립니다.